Thema:

Die Auswirkungen der Harmonisierung internationaler Rechnungslegung auf das Controlling von Forschung und Entwicklung

Dissertation

der WHU – Otto Beisheim School of Management
zur Erlangung der Würde einer Doktorin der Wirtschaftswissenschaften

vorgelegt von
ANNEHILD BRAMANN

Genehmigt im Auftrag der Herren
Prof. Dr. Andreas Hoffjan
und
StB Prof. Dr. Rolf Uwe Fülbier

Bibliografische Information der Deutschen Nationalbibliothek

Die Deutsche Nationalbibliothek verzeichnet diese Publikation in der *Deutschen Nationalbibliografie.* Detaillierte bibliografische Daten sind im Internet einsehbar unter http://dnb.d-nb.de.

www.bramann.de

Layout Innenteil: Annehild Bramann
Einbandgestaltung: Margarete Bramann
Druck und Bindung: Verlagsservice Niederland, Frankfurt
Printed in Germany 2009
ISBN 978-3-934054-91-2

Vorwort der Verfasserin

Mein besonderer Dank gilt an erster Stelle meinem hochgeschätzten Doktorvater Herrn Prof. Dr. Andreas Hoffjan, der mir durch die Annahme als Doktorandin erst ermöglicht hat, einen meiner Träume zu verwirklichen. Neben der ausgesprochen herzlichen Betreuung des Dissertationsprojektes hat mir sein Glaube an die Vollendung meiner Arbeit gepaart mit seiner ständigen Gesprächsbereitschaft bei Problemen und seiner offenen und persönlichen Art das Durchhalten in diesem anspruchsvollen Forschungsvorhaben sehr erleichtert. Eine solche Unterstützung kann ich nur jedem Doktoranden wünschen. Ich bin Prof. Dr. Andreas Hoffjan zu besonderem Dank verpflichtet.

Für die freundliche Übernahme des Zweitgutachtens danke ich Herrn StB Prof. Dr. Rolf Uwe Fülbier, der mir durch seine kompetenten Hinweise und Anregungen besonders im Rahmen der Verteidigung eine wertvolle Unterstützung geboten hat.

Als wesentliche Informationsquelle in meiner Dissertation bildeten die persönlichen Interviews mit einer Vielzahl von Unternehmensvertretern die Basis für die vorliegende Forschungsarbeit. Daher möchte ich mich ausdrücklich bei den Interviewpartner für die Zeit und wertvollen Informationen sowie die mir damit gebotene außerordentliche Unterstützung in meinem Forschungsprojekt bedanken. Ohne die geduldigen und auskunftsbereiten Gesprächspartner in den Unternehmen wäre diese Arbeit nicht möglich gewesen. Dabei haben mich die in den Interviews erfahrene Offenheit und das Interesse an den Problemen tief beeindruckt. Auch die Tatsache, dass mir in Zeiten hoher Arbeitsbelastung eine durchschnittliche Interviewdauer von über einer Stunde gewährt wurde, zeigt das ausnehmende Engagement und Entgegenkommen der Interviewteilnehmer! Vielen herzlichen Dank dafür!

Eine wesentliche Unterstützung erfuhr ich auch durch die fruchtbaren Diskussionen mit meinen Freunden und Kollegen. Besonders danken möchte ich an dieser Stelle Sonja Rieger und Christian Buntrock für die wertvollen Anregungen und konstruktiven Verbesserungsvorschläge sowie die auch in harten Phasen meiner Dissertation mir immer entgegengebrachte Gesprächsbereitschaft und Geduld.

Der größte Anteil am Erfolg meiner Forschung gebührt aber meiner Familie. Eine besondere Stütze waren meine lieben Geschwister Dr. Juliane Staubach, Eva Louise Bramann und Johannes Ulrich Bramann. In unzähligen Momenten haben sie mir bei persönlich schwierigen Situationen beigestanden, mein Vertrauen gestärkt und ich konnte mir Ihrer uneingeschränkten Unterstützung immer gewiss sein. Ein unbezahlbares Gefühl: herzlichsten Dank an euch Drei! Mein größter Dank gilt sicherlich meinen Eltern, Dr. Reinhild Bramann und Priv.-Doz. Dr. Heinz Ulrich Bramann. Sie haben mich auf meinem gesamten Lebensweg stets mit großer Zuversicht und Herzlichkeit, mit Rat und Tat sowie unbegrenztem Vertrauen in meine Fähigkeiten begleitet. Ohne ihren überwältigenden und unbedingten Rückhalt wäre diese Arbeit nicht entstanden. Als Zeichen meiner unendlichen Dankbarkeit widme ich ihnen diese Dissertation.

August 2008

Annehild Bramann

Inhaltsverzeichnis

Abbildungsverzeichnis

Tabellenverzeichnis

Abkürzungsverzeichnis

a.F.	alte Fassung
Abs.	Absatz
Abschn.	Abschnitt
Abt.	Abteilung
AfA	Abschreibung für Abnutzung (Begriff aus dem Steuerrecht)
allg.	allgemein
ausf.	ausführlich
AV	Anlagevermögen
bes.	besonders
BilMoG	Bilanzrechtsmodernisierungsgesetz
BilReG	Bilanzrechtsreformgesetz
BMBF	Bundesministerium für Bildung und Forschung
BörO	Börsenordnung
BSC	Balanced Scorecard
bspw.	beispielsweise
bzw.	beziehungsweise
d.h.	das heißt
DRS	Deutsche Rechnungslegungsstandards
DRSC	Deutsches Rechnungslegungs Standards Committee
DSR	Deutscher Standardisierungsrat
dt.	deutsch
EG	Europäische Gemeinschaft
EK	Eigenkapital
emp.	empirisch
EStG	Einkommensteuergesetz
EU	Europäische Union
ext.	extern
F	Framework
f.	folgende
ff.	fortfolgende
Fn.	Fußnote
FuE	Forschung und Entwicklung
gem.	gemäß
ggf.	gegebenenfalls
ggü.	gegenüber
GKV	Gesamtkostenverfahren
GoB	Grundsätze ordnungsmäßiger Buchführung
GuV	Gewinn- und Verlustrechnung
HB	Handelsbilanz
HGB	Handelsgesetzbuch
hrl.	handelsrechtlich
Hrsg.	Herausgeber
i.d.F	in der Form
i.d.R.	in der Regel
i.e.S.	im engeren Sinne
i.S.d.	im Sinne des
i.V.m.	in Verbindung mit
i.w.S.	im weiteren Sinne
IAS	International Accounting Standards
IASB	International Accounting Standards Board
IASC	International Accounting Standards Committee
IFRS	International Financial Reporting Standards
IGC	International Group of Controlling
insb.	insbesondere
KMU	Kleine und mittelgroße Unternehmen
KonTraG	Gesetz zur Kontrolle und Transparenz im Unternehmensbereich
lfr.	langfristig
m.w.N.	mit weiteren Nachweisen

MIS	Managementinformationssystem
n.F.	neue Fassung
Nr.	Nummer
NYSE	New York Stock Exchange
od.	oder
OECD	Organisation for Economic Cooperation and Development
qual.	Qualitativ
RAP	Rechnungsabgrenzungsposten
Rele	Rechnungslegung(s)
Rewe	Rechnungswesen
Rz.	Randziffer(n)
S.	Seite
s.	siehe
SEC	Securities and Exchange Commission (amerikanische Börsenaufsichtsbehörde)
SFAS	Statement of Financial Accounting Standards
sog.	so genannte(s)
strl.	steuerrechtlich
SV	Shareholder Value
TransPuG	Gesetz zur weiteren Reform des Aktien- und Bilanzrechts, zu Transparenz und Publizität
u.	und
u.a.	unter anderem
UKV	Umsatzkostenverfahren
US-GAAP	US-Generally Accepted Accounting Principles
UV	Umlaufvermögen
Vgl.	Vergleiche
vs.	versus
WP	Wirtschaftsprüfer
z.B.	zum Beispiel
zuk.	zukünftig(e)
zw.	zwischen

1 Motivation, Forschungsziele und -grenzen sowie Aufbau der Arbeit

1.1 Motivation und Forschungsbedarf

1.1.1 Motivation

Der Prozess der Harmonisierung der Rechnungslegung in Europa mit Fokus auf den Normen der International Financial Reporting Standards (IFRS)[1] wirkt sich auch auf das traditionell intern ausgerichtete Controlling aus.[2]

Im Zuge der Integration der europäischen Finanzmärkte hat die EU-Gesetzgebung die Rechnungslegung an den Rechnungslegungsstandards der IFRS ausgerichtet. Dieser Harmonisierungsprozess gipfelte in der IAS-Verordnung 1606/2002[3], nach der ab dem Jahr 2005, mit Übergangsregelung ab 2007, kapitalmarktorientierte Unternehmen verpflichtend einen Konzernabschluss nach IFRS aufstellen müssen.[4] Darüber hinaus führten die Mitgliedstaatenwahlrechte dieser Verordnung zu weiteren Umgestaltungen in der deutschen Rechnungslegung, welche durch das Bilanzrechtsreformgesetz in nationale Gesetzgebung transformiert wurden.[5]

Die zunehmende Dominanz der IFRS brachte zunächst starke Veränderungen im externen Rechnungswesen mit sich,[6] da dieser Teil der Unternehmensrechnung den Anforderungen und Zwecken der externen Rechnungslegung entsprechend Informationen für Unterneh-

---

[1] Da die IAS laut IAS 1.11 explizit unter die Bezeichnung IFRS zu subsumieren sind, wird in dieser Arbeit der Oberbegriff IFRS verwandt. Vgl. *Pellens/Fülbier/Gassen* (2006), S. 78f.

[2] Vgl. hierzu exemplarisch *Paetzmann* (2005), S. 291ff.

[3] EU-Verordnung 1606/2002 des Europäischen Parlaments u. des Rates vom 11.09.2002 betreffend die Anwendung internationaler Rechnungslegungsstandards, Amtsblatt Nr. 243, verabschiedet vom Ministerrat der EU am 06.06.2002. Eine EU-Verordnung entfaltet in den Mitgliedstaaten unmittelbare Wirkung u. allgemeine Geltung. Zur rechtlichen „Durchgriffswirkung" einer Verordnung vgl. *Küting/Weber* (2003), S. 522 od. allg. *Weidenfeld/Wessels* (2006), S. 451.

[4] Deutschlandweit sind davon ca. 700 Konzerne betroffen. Vgl. *Weißenberger* (2005a), S. 185. Für die Veränderungen aus der Umstellung von HGB auf IFRS z.B. im Bezug auf das EK siehe die empirische Studie von *Müller/Reinke* (2008), S. 26ff.

[5] Vgl. zum BilReG ausf. *Wendlandt/Knorr* (2005). Weitere Veränderungen sind i.R.d. BilMoG zu erwarten. Vgl. hierzu ebenda S. 57 od. S. 53ff., *Petersen* (2007), S. 5ff., *Fülbier/Gassen* (2007), S. 2605ff., *Kußmaul/Tcherveniachki* (2005), S. 618. Vgl. zum Konzernabschluss *Stibi* (2007), S. 97ff.

[6] Vgl. hierzu die Aussage von *Bruns/Horváth* „Damit werden die IFRS zur Bilanzierungssprache für den globalen Kapitalmarkt". *Bruns/Horváth* (2004), S. 647.

mensexterne generiert.[7] Das traditionell intern orientierte Unternehmenscontrolling ist jedoch zunehmend ebenfalls von diesem Umstellungsprozess betroffen.[8]

Die IFRS bedeuten einen Paradigmenwechsel bezogen auf die Zielsetzungen der Rechnungslegung: Der im HGB fokussierte Gläubigerschutz weicht im Zuge der Bilanzierung nach IFRS nun einer klaren Orientierung an den Investoren und ihren Informationsbedürfnissen.[9] Primäres Ziel der IFRS ist es daher, den aktuellen und potentiellen Investoren entscheidungsrelevante Informationen zu vermitteln.[10]

Die korrespondierende ökonomische Perspektive („fair presentation")[11] der IFRS bedingt eine zweifache Veränderungsbewegung im Controlling. Auf der einen Seite ergibt sich eine zusätzliche Informationsverpflichtung des Controllings für die Abteilungen des externen Rechnungswesens, woraus eine zukünftige Mitverantwortung der Controller für die Bilanzierung begründet wird.[12] Andererseits gibt es durch die neuen Rechnungslegungsstandards vielfach eine Bewegung hin zu einem konvergenten Rechnungswesen.[13] Das bedeutet, dass die auf *Schmalenbach* zurückzuführende traditionelle deutsche Trennung von internem und externem Rechnungswesen in Teilbereichen zurückgeführt und in diesem Kontext konzeptionell neu gestaltet wird.[14]

So findet das externe Rechnungswesen aufgrund der nach IFRS-Rechnungslegung forcierten primären Informationsorientierung als Entscheidungsgrundlage für Investoren und der damit verbundenen Abbildung der tatsächlichen ökonomischen Lage des Unternehmens

---

[7] Vgl. *Schneider* (1997), S. 29. Die Dominanz der IFRS zeigt sich auch im Mittelstand u. damit tendenziell im Bereich der nicht-kapitalmarktorientierten Unternehmen. Vgl. hierzu *von Keitz/Stibi* (2004), S. 423f.

[8] Heintges verweist in diesem Kontext zu Recht auf verschiedene Teilbereiche des Konzerns, (u.a. das interne Berichtswesen), welche ebenfalls über Interdependenzen zum externen Rechnungswesen u. dem Gesamtsystem eines Unternehmens von der Umstellung auf IFRS betroffen sind u. konsequent berücksichtigt werden müssen. Vgl. *Heintges* (2003), S. 621.

[9] Vgl. für eine kompakte Gegenüberstellung von HGB u. IFRS z.B. *Weber/Weißenberger/Haas* (2006), S. 10.

[10] Vgl. F.12. Die Begründung hierfür liefert die im Framework (F.10) formulierte Annahme, dass der Informationsbedarf dieser Zielgruppe als repräsentativ für alle anderen Adressaten, wie etwa Gläubigern, Mitarbeitern od. Lieferanten, gesehen wird.

[11] „Fair Presentation" ist als Generalnorm im IAS 1.13 kodifiziert. Vgl. *Pellens/Fülbier/Gassen* (2006), S. 112f. Diese Norm steht über allen anderen Grundsätzen („overriding priciple") u. stellt somit die wirklichkeitsgetreue Abbildung der ökonomischen Realität in den Vordergrund. Vgl. *Coenenberg* (2005), S. 69, *Baetge/Kirsch/Tiehle* (2005), S. 147.

[12] Vgl. *IGC/Weißenberger* (2006), S. 11 u. S. 29, *Wagenhofer* (2006), S. 3, *Bruns/Horváth* (2004), S. 647 u. aus der Praxis vgl. z.B. *Fleischer* (2005), S. 197. Vgl. ausf. *Kirsch/Steinhauer* (2003), S. 427ff.

[13] Die Konvergenz kann auch im Bezug auf das deutsche Konzept des Controllings hin zum Management Accounting interpretiert bzw. ausgedehnt werden. Vgl. *Scheytt/Unterrieder/Becker* (2005), S. 85f.

[14] Vgl. *Weißenberger* (2004), S. 72, *Kley* (2006), S. 151, *Heintges* (2003), S. 623, *Menn* (2000), S. 205 u. S. 212. Vgl. ausf. *Männel* (1999a), S. 13ff. od. *Küpper* (1999), S. 5ff. Vgl. auch die "Entstehungsquelle" *Schmalenbach* (1919) zitiert nach *Weißenberger* (2005a), S. 191.

zunehmend Verwendung als Informationsinstrument für das Unternehmensmanagement.[15] Konsequent wird der Prozess der Umstellung der Rechnungslegung auf IFRS daher unter wesentlicher Beteiligung des Controllings umgesetzt, welches vor dem Hintergrund seiner Funktion als interner Informationsdienstleister die Neuausrichtung der Unternehmensrechnung konzeptionell begleitet und unter Abwägung von Chancen und Risiken ausgestaltet.[16]

Beide Entwicklungen, sowohl die Harmonisierung der Rechnungslegung auf Basis der IFRS als auch die Konvergenz von externem und internem Rechnungswesen, wirken sich somit deutlich auf den Bereich des Controllings und dessen Aufgaben im Unternehmen aus und sind Auslöser für das Forschungsvorhaben dieser Dissertation. Ziel dieses Dissertationsprojektes ist es, die Auswirkungen der beiden genannten Prozesse, Harmonisierung und der damit verbundenen Konvergenz, auf den bisher in diesem Kontext nicht untersuchten Forschungs- und Entwicklungsbereich im Unternehmen in Form des FuE-Controllings zu beleuchten. Dabei wird in diesem Forschungsvorhaben explorativ eine für Theorie und Praxis gleichermaßen bedeutsame Kombinationsmöglichkeit der Bilanzierung von Forschungs- und Entwicklungsausgaben nach IAS 38 mit dem FuE-Controlling untersucht und Kausalzusammenhänge bzw. Interdependenzen sowie mögliche Effizienz- und Effektivitätspotentiale aufgezeigt.

1.1.2 Forschungsbedarf

Die Forschung im Kontext der Harmonisierung internationaler Rechnungslegung und Konvergenz von internem und externem Rechnungswesen ist ein sehr aktuelles und gleichzeitig junges Forschungsfeld.[17] Begonnen hat die Konvergenzdiskussion des traditionellen deutschen Zweikreissystems des Rechnungswesens mit dem Bericht von *Ziegler* 1994 über die Veränderungen im Hause Siemens, welche eine Neuausrichtung des internen Rechnungswesens beschrieben.[18] Weitere deutsche Unternehmen, wie Bayer, Daimler oder

[15] Vgl. *Weber* (2004b), S. 172, *Weber* (2000), S. 1933. Vgl. ausf. *Zirkler/Nohe* (2005), S. 35ff. od. *Kußmaul* (1999), S. 1579ff. Vgl. zum „Umdenken" die emp. Untersuchung von *Jones/Luther* (2005), S. 175ff.

[16] Vgl. zum internen Rechnungswesen als eine zentrale Aufgabe des Controlling z.B. *Küpper* (2005), S. 518f. Zu den Anforderungen an die Ausgestaltung eines Rechnungswesens vgl. z.B. *Müller* (2003), S. 42.

[17] Vgl. für eine definitorische Abgrenzung der Begriffe Harmonisierung u. Konvergenz den Abschn. 1.2.2.1.1.

[18] Vgl. *Ziegler* (1994), S. 175ff. Vgl. hierzu auch *Lorson* (1997), S. 175ff. od. *Sill* (1995), S. 14ff.

BMW folgten dem Beispiel von Siemens.[19] Auf diese Weise durch die Praxis angestoßen und weiter angetrieben durch die Harmonisierungstendenzen im Bereich der externen Rechnungslegung untersuchten zahlreiche Forschungsbeiträge die Möglichkeiten und Grenzen einer Konvergenz im Bereich des Rechnungswesens insbesondere vor dem Hintergrund der IFRS oder US-GAAP.[20] Dabei ist im Ergebnis allen gemein, dass eine vollständige Vereinheitlichung zu einem Einkreissystem des Rechnungswesens als nicht zielführend gesehen wird.[21] Besondere Bedeutung kommt in diesem Kontext der Arbeit von *Klein* zu, in der die weitgehende Übereinstimmung der Anforderungen der externen Rechnungslegungsnormen nach IFRS mit denen einer steuerungsorientierten Kontrollrechnung herausgestellt wurde.[22] Durch diese Untersuchung manifestierte sich die grundsätzliche Möglichkeit einer Konvergenz und die folgenden Diskussionen unterschieden sich nur noch marginal in der Abgrenzung des Konvergenzbereichs zwischen externem und internem Rechnungswesen.

Auf Basis der Zwecke, als wesentlichem Merkmal einer Rechnung,[23] ist den Ansätzen allerdings gemein, dass aufgrund der Zweckpluralität und insb. der Zahlungsbemessungsfunktion des Einzelabschlusses nach HGB dieser Bereich im externen Rechnungswesen (vorerst) separat bleibt.[24] Genauso wird im internen Rechnungswesen weiter der individuelle Bereich der Planungs- und Entscheidungsrechnungen verbleiben. Dieser stellt aufgrund seiner entscheidungsorientierten Kontextabhängigkeit hohe Anforderungen an die Flexibi-

---

[19] Für einen Überblick über die Konvergenzgestaltung dieser Konzerne s. *Jonen/Lingnau* (2005), S. 294ff. od. *Lorson* (1997), S. 178ff. Ein Überblick über nach Konzernen differenzierte(n) Nachweise(n) der Konvergenz findet sich bei *Hebeler* (2003), S. 2. Aktuelle Veröffentlichungen in diesem Kontext sind u.a. über Lufthansa *Kley* (2006), S. 150ff. od. für den E.ON Konzern *Haeger* (2006), S. 246ff. Zur Relevanz der IFRS auch im Mittelstand vgl. exemplarisch die Studie von *von Keitz/Stibi* (2004), S. 423ff. m.w.N., nach der 2/3 der befragten nicht-kapitalmarktorientierten Unternehmen eine Umstellung planen bzw. diese bereits umgesetzt haben.

[20] Beispielhaft seinen hier die folgenden wissenschaftlichen u. praxisnahen Beiträge angeführt: *Coenenberg* (1995), *Küpper* (1998), *Küting/Lorson* (1998c), *Küpper* (1999), *Küting/Lorson* (1999), *Hax* (2002), *Seeliger/Kaatz* (1998), *Löw* (1999), *Männel* (1999a), *Klein* (1999a), *Zirkler/Nohe* (2004), *Bruns* (1999), *Wussow* (2004), *Hebeler* (2003), *Melcher* (2002), *Hoke* (2001), *Siefke* (1999).

[21] Küpper beschreibt dies sehr treffend wie folgt: „Einer vollständigen Integration der Unternehmensrechnung steht die Erkenntnis entgegen, dass unterschiedliche Rechnungszwecke nur durch unterschiedliche Rechnungssysteme erfüllt werden können." *Küpper* (1999), S. 7.

[22] Vgl. *Klein* (1999b), S. 63ff. od. *Klein* (1999a), S. 69ff. Vgl. auch Abschn. 2.5.2.1.

[23] An dieser Stelle sei angemerkt, dass der Rechnungszweck sich grundsätzlich an den Informationsbedürfnissen der Adressaten orientiert. Vgl. *Schneider* (1995), S. 205. Somit hat der Fokus der IFRS auf die Lieferung entscheidungsrelevanter Informationen an die Investoren eine Annäherung der Adressaten von internem Rechnungswesen, d.h. dem Management, u. dem externen Rechnungswesen verursacht.

[24] Vgl. *Küting/Lorson* (1999), S. 51, *Melcher* (2002), S. 72, *Klein* (1999a), S. 69. Veränderungen im Bereich der Maßgeblichkeit sowie der „Einheitsbilanz" od. der Zahlungsbemessungsfunktionen im Kontext der Harmonisierung bleiben abzuwarten. Vgl. *Pellens/Fülbier/Gassen* (2006), S. 915ff., *Wendlandt/Knorr* (2005), S. 57 m.w.N., *Hoke* (2001), S. 28, *Weber/Weißenberger/Haas* (2006), S. 21, *Küpper* (1999), S. 6. Vgl. hierzu im Kontext des BilMoG *Velte* (2008), S. 61ff.

lität und kann somit nicht sinnvoll an die rechtlichen Anforderungen des externen Rechnungswesens angepasst werden.[25] Der Konvergenzbereich liegt daher im Bereich des Konzernabschlusses, der einzig eine Informationsfunktion besitzt sowie internen Rechnungen mit Kontroll- und Verhaltenssteuerungsfunktion. Diesen Bereichen ist eine grundsätzliche Zweckidentität der Informationsvermittlung gemein,[26] die dahingehend interpretiert werden kann, dass wirtschaftliche Sachverhalte anhand zuverlässiger und aussagefähiger Abbildungsnormen dargestellt werden sollen.

Jones/Luther sehen das deutsche Management Informationssystem aufgrund der Einführung der IFRS an einem bedeutsamen Scheideweg, an dem die grundsätzliche Ausgestaltung und Abgrenzung von externem und internem Rechnungswesen neu ausgelotet werden muss.[27] Aufgrund dieser wesentlichen Veränderungen bezeichnen sie das auch im Rahmen dieser Arbeit untersuchte Forschungsfeld an der Schnittstelle von externem und internem Rechnungswesen als besonders „fruchtbar und interessant“.[28]

Da die Informationsversorgung zu den zentralen Aufgaben der Controller zählt,[29] ist bei dieser Konvergenzdiskussion die Qualität der so zur Verfügung stehenden Daten sowie deren Nutzung aus Controllingsicht von entscheidender Bedeutung. Zusammenfassend sind die (erwarteten) positiven Effekte einer Konvergenz des Rechnungswesens ein einheitliches Berichtswesen, Objektivierung, Vereinfachung, Eindeutigkeit, Zeitgewinn sowie Synergiegewinne bei der Abwicklung, welche sich insgesamt in einer Verbesserung der Kostenstrukturen widerspiegeln.[30]

In der empirischen Arbeit von *Weißenberger/Stahl/Vorstius* aus dem Jahr 2004 werden über die Konvergenz hinausgehend die unternehmensseitigen Zielsetzungen bei der Implementierung der IFRS untersucht. Bei der Studie wurde differenziert nach „Investororientierten Zielen“ (z.B. bessere Vergleichbarkeit, höhere Attraktivität, geringere Eigenkapitalkosten) und „strategischen bzw. unternehmensbezogenen Zielen“ (z.B. Konvergenz, Bekanntheitsgrad der Marke, wertorientierte Steuerungssysteme) die Realisierbarkeit dieser

---

[25] Vgl. *Coenenberg* (1995), S. 2083, *Küting/Lorson* (1998b), S. 2308.

[26] Vgl. *Klein* (1999a), S. 69, *Wussow* (2004), S. 67. Im Ergebnis ähnlich auch *Küting/Lorson* (1999), S. 54 u. *Kammer/Schuler* (2001), S. 146.

[27] Vgl. *Jones/Luther* (2005), S. 188f.

[28] Vgl. *Jones/Luther* (2005), S. 189.

[29] Vgl. *Weber* (2004b), S. 32 u. S. 281.

[30] Vgl. *Sill* (1995), S. 25, *Wussow* (2004), S. 36. Vgl. auch Abschn. 2.5.2.1.

Vorzüge beleuchtet und ließ im Ergebnis an der tatsächlich praktischen Erzielbarkeit Zweifel aufkommen.[31]

Dass die Vereinheitlichung im Rechnungswesen deutscher Konzerne dennoch insgesamt deutlich zunimmt und quasi schon ein Faktum ist, bestätigen diverse Studien.[32] Verstärkt werden die Anpassungen der Unternehmensrechnung durch die zunehmende Bedeutung wertorientierter Steuerungs- und Kontrollrechnungen,[33] die in der Unternehmenspraxis weitgehend unmittelbar auf Basis externer Rechnungslegungsdaten abgeleitet werden.[34] Auf diese Weise können die Zielsysteme der internen Rechnungen bei Ausrichtung an Kapitalmarktzielen, wie z.B. der Unternehmenswertsteigerung, durch ein konvergentes Rechnungswesen durchgehend im internen Rechnungswesen angewandt und damit die externe Marktsicht im Unternehmen mittels dieser Kopplung beider Rechnungen konsequent verankert werden.[35]

Besonders hervorzuheben ist in diesem Kontext die Studie von *Pellens/ Tomaszewiski/Weber* aus dem Jahr 2000, welche die Etablierung der Unternehmenswertsteigerung als Zielsetzung der DAX-100 Unternehmen untersuchte.[36] Neben der Feststellung einer Zunahme wertorientierter Renditekennzahlen wird für die Zukunft auch explizit die Forschungsaufgabe angesprochen, der auch im Rahmen dieses Dissertationsprojektes nachgegangen wird, nämlich die Eignung von Controllinginstrumenten für Ziele der Wertorientierung und damit auch grds. die Untersuchung der Schnittmenge eines Rechnungswesens auf Basis der IFRS mit dem Controlling.[37]

Die Veränderungswirkungen der Rechnungslegung nach IFRS auf das Controlling wurden bisher nahezu ausschließlich aus dem Blickwinkel konkreter Rechnungslegungsnormen

---

[31] Vgl. *Weißenberger/Stahl/Vorstius* (2004a), S. 169ff. Für eine emp. Prüfung der Vor- u. Nachteile aus einer Umstellung auf IFRS im Mittelstand sei an dieser Stelle auf *von Keitz/Stibi* (2004), S. 426ff. verwiesen.

[32] Vgl. *Horváth/Arnaout* (1997), S. 267, *Pellens/Tomaszewski/Weber* (2000), S. 1830, *Hoke* (2001), S. 161, *Haring/Prantner* (2005), S. 151.

[33] Vgl. hierzu die Ergebnisse der Studie zur Zukunft des Shareholder Value von *Weber/Hirsch/Müller* (2004), S. 17ff., nach der die kontinuierliche Steigerung dieses weiterhin oberstes Ziel dt. Unternehmen bleibt.

[34] Vgl. *Löw* (1999), S. 91f., *Fleischer* (2005), S. 191f.

[35] Vgl. *Weber* (2004b), S. 177, *Wenning* (2001), S. 28. „Durch die Verwendung einheitlicher Berichtsgrößen für das interne und externe Rechnungswesen wird auch die Möglichkeit geschaffen, die Leistung der Mitarbeiter nach den gleichen, am Unternehmenswert orientierten Maßstäben zu messen, die von den Investoren und Finanzanalysten zur Beurteilung des Unternehmens herangezogen werden." *Kley* (2000), S. 339. Vgl. auch *Kammer/Schuler* (2001), S. 150, *Zirkler/Nohe* (2003), S. 222.

[36] Vgl. *Pellens/Tomaszewski/Weber* (2000), S. 1825ff. Ein ausf. Überblick über relevante Studien findet sich z.B. auch bei *Hoke* (2001), S. 142ff. od. *Hebeler* (2003), S. 209ff.

[37] Vgl. *Pellens/Tomaszewski/Weber* (2000), S. 1833.

und deren Auswirkungen auf das Controlling untersucht.[38] Dabei gehen diverse Forschungs- und Praktikerbeiträge auf die Veränderungs- und Anpassungsbedarfe vor dem Hintergrund des allgemein durch die IFRS vertretenen „Management Approach" etwa im Rahmen der Segmentberichterstattung sowie durch spezifische Vorschriften wie bspw. der allgemeinen Aktivierungskonzeption, der Gewinnrealisierung oder der Anlagenbuchhaltung ein.[39] Insgesamt sind die Erkenntnisse jedoch sehr allgemein gehalten, sodass dieser Bereich nach wie vor ein attraktives Forschungsfeld mit vielfältigem konkreten Forschungsbedarf darstellt.[40]

Weitgehend unerforscht sind die detaillierten Auswirkungen auf das Controlling in den einzelnen Aufgabenfeldern. Im Rahmen dieses Dissertationsprojekts wird insbesondere der Forschungsmangel in den funktionalen Bereichen des Controllings in Bezug auf die Veränderungen durch die IFRS betrachtet, indem die Kombination von FuE-Controlling mit der Bilanzierung nach IAS 38 vor diesem Hintergrund beleuchtet wird. Der FuE-Bereich bietet in zweifacher Hinsicht Argumente für Forschungspotential. Auf der einen Seite hat sich die Bilanzierung von Forschungs- und Entwicklungsausgaben mit der Einführung der IFRS maßgeblich im Vergleich zum generellen Ansatzverbot des § 248 (2) HGB geändert.[41] Auf der anderen Seite sieht sich das FuE-Controlling im Spannungsfeld des allgemein mit FuE verbundenen außerordentlichen Chancen-Risiken-Profils seit jeher Koordinations-, Kommunikations- sowie Planungs- und Kontrolldefiziten gegenüber.[42] Beispielsweise beschränken sich die Planungen des FuE-Bereichs regelmäßig auf das Budgetieren des in seiner Bedeutung und Ausgabenvolumen deutlich steigenden strategischen Erfolgs-

[38] Vgl. hierzu z.B. die Beiträge von *Kirsch/Steinhauer* (2003), S. 415ff., *Kirsch* (2003), S. 11ff.

[39] Vgl. hierzu ausf. *IGC/Weißenberger* (2006), S. 29ff. Vgl. auch *Kirsch* (2003), S. 11ff., *Kirsch/Steinhauer* (2003), S. 427ff. Vgl. am Bsp. der Lufthansa *Kley* (2006), S. 150ff. Haaker untersucht in diesem Zusammenhang bspw., ob durch den in den IFRS vorgeschriebenen „Impairment-Only-Appoach" dem Controlling ein gutes „Controlling-Instrument" geboten wird u. kommt dabei zu dem Ergebnis, dass diese Methode lediglich als Ergänzung bestehender Kontrollsysteme gesehen werden kann. Vgl. *Haaker* (2005), S. 351ff. u. insb. S. 357. Vgl. auch *Bartelheimer/Kückelhaus/Wohlthat* (2004), S. 22ff.

[40] „As the empirical results reveal such a clear divergence between analytical theory (what one would expect) and business reality (what one perceives), the need for more in depth research on the process of change in GAAP regimes is clearly indicated." *Weißenberger/Stahl/Vorstius* (2004a), S. 187. Vgl. auch *Jones/Luther* (2005), S. 189, *Brockhoff* (2005c), S. 177ff.

[41] Die bisherigen Abschlussinformationen über diese Werte waren überwiegend qualitativer Natur. Vgl. hierzu die Ergebnisse der emp. Studie von *Speckbacher/Güldenberg/Ruthner* (2004), S. 443.

[42] Vgl. mit einer Beispielliste *Schröder* (2003), S. 357 m.w.N. Vgl. mit empirischem Beleg z.B. *Brockhoff* (1989), S. 94f. Zayer bezeichnet diese Probleme zutreffend als „Potentielle Rationalitätsdefizite". *Zayer* (2005), S. 52f. *Bürgel/Zeller* begründen das dem FuE-Bereich inhärent hohe Chancen-/Risikoprofil u.a. damit, dass FuE wesentlich u. nahezu irreversibel Kosten-, Zeit-, Leistungs- u. Qualitätspotentiale von Produkten bzw. Prozessen beeinflusst. Vgl. *Bürgel/Zeller* (1997), S. 219 m.w.N. Das technische u. vor allem wirtschaftliche Risiko belegen folgende Zahlen: Von 100 FuE-Projekten führen 57 zum technischen Erfolg, 31 werden auf den Markt gebracht aber nur 12 rechnen sich wirtschaftlich für das Unternehmen. Vgl. *Commes/Lienert* (1983), S. 349.

faktors „FuE".[43] Aber die entscheidenden Kosten/Nutzen-Wirkungen entfalten sich erst in der Zukunft und sind stark mit anderen Unternehmens- und Produktbereichen verbunden, wie etwa den Herstellkosten späterer Produkte.[44] FuE-Projekte besitzen eine hohe Unsicherheit in Bezug auf die tatsächliche Existenz eines zukünftigen Wertpotentials sowie quasi eine Wirkungs-„Blackbox" zwischen Input und Output.[45] So belegt eine Studie aus 2006, dass eine einfache Erhöhung der FuE-Ausgaben nicht zwingend zu mehr Erfolg führt.[46] Die aufgezeigten Charakteristika gepaart mit der hohen Individualität, den hohen Ausgaben und den langen Laufzeiten erschweren die Bewertung dieser Zukunftspotentiale und damit die Controllingaufgaben der Planung, Kontrolle und Koordination.[47] Auch der Bereich der Kommunikation zwischen Forscher und Controller ist belastet, da auf der einen Seite die Kreativität des Erfinders gefördert werden und gleichzeitig zielgerichtet gelenkt werden soll.[48] Zusätzlich erschwert wird die Zusammenarbeit aufgrund der Tatsache, dass der Controller in der konkreten „Forschungsmaterie" naturgemäß nicht so bewandert ist.[49] Die hier nur auszugsweise angeführten Problembereiche im FuE-Controlling werden durch die bisher sehr fragmentarische Innovationsforschung nicht hinreichend gestützt, da

---

[43] Vgl. die Defizite aus der emp. Studie von *Gaiser* (1993), S. 46ff. Die wirtschaftliche Bedeutung von FuE ist sowohl in der Eurozone als auch in Deutschland beispielhaft in den Auswertungen des BMBF ablesbar. So sind die Ausgaben der Wirtschaft für FuE in Deutschland absolut von 2003 43.758 Mio. € auf 2006 47.985 Mio. € gestiegen. Auch sind die Bruttoinlandsausgaben für FuE relativ zum steigenden BIP von 1994 2,14 % auf 2004 2,49 % gestiegen. Vgl. *BMBF* (2006), S. 662f. u. S. 601f. Dabei liegt die durchschnittliche Ertragsrate für Investitionen in FuE bei ca. 30 %. Vgl. *BMBF* (2007), S. 21. Brockhoff sieht jedoch bereits Anzeichen für eine FuE-Schwäche in Deutschland. Vgl. *Brockhoff* (2005a), S. 12ff.

[44] Vgl. hierzu ausf. Abschn. 3.2.1.

[45] Vgl. hierzu im Kontext eines Soll-Ist-Vergleichs *Schmeisser u. a.* (2006), S. 129 m.w.N.

[46] Vgl. *Goldbrunner* (2006), der in einer Untersuchung von 1000 Unternehmen zu dem Ergebnis kam, dass „keine eindeutige Beziehung zwischen der Höhe der FuE-Ausgaben und den primären Messgrößen des Unternehmenserfolgs erkennbar" ist. *Goldbrunner* (2006), S. 30. Hinzu treten Interdependenzen zw. den FuE-Kosten, der Zeit u. der Qualität bzw. Leistung. Vgl. *Schmeisser u. a.* (2006), S. 88ff.

[47] Vgl. exemplarisch zur Schnittstellenproblematik *Brockhoff* (1989), S. 5ff., *Brockhoff* (1985), S. 623ff. *Brockhoff* (2005d), S. 13f., mit emp. belegen *Brockhoff* (1993a), S. 396. Vgl. zur Problematik mangelnder Umsetzung theoret. Konzepte in der Praxis *Brockhoff* (2005d), S. 13ff. Zur Problematik der Budgetierung vgl. z.B. *Heidenberger/Schillinger/Stummer* (2003), S. 15ff., *Specht/Beckmann/Amelingmeyer* (2002), S. 329 m.w.N. Vgl. zu den Messproblemen *Nixon* (1998), S. 330.

[48] Vgl. *Schmeisser u. a.* (2006), S. 158, *Nehls* (2005), S. 80, *Brockhoff* (1989), S. 73. Weitere Kommunikationsprobleme lassen sich z.B. durch Behavioral Finance Ansätze zur Erklärung psychologischer Phänomene von Entscheidungen ableiten. Zusätzlich werden spezielle psychologische Phänomene für den FuE-Bereich zunehmend aufgedeckt. Beispielhaft sei hier das „Not-invented-here"-Syndrom genannt. Vgl. hierzu *Mehrwald* (1999).

[49] Eine tendenzielle Verbesserung in diesem Konflikt zeigt die Studie von *Leising/Zayer*, bei der ein gutes sowohl fachliches als auch zwischenmenschliches Verhältnis zw. FuE-Mitarbeitern u. FuE-Controllern gefunden wurde. Da die Untersuchung jedoch nur drei Unternehmen u. eine sehr beschränkt aussagefähigen Personenkreis einbezieht, kann hieraus keine emp. Regelmäßigkeit abgeleitet werden, sondern möglicherweise eine Tendenzaussage der Annäherung beider Seiten. *Leising/Zayer* (2003), S. 567ff.

eine ganzheitliche „Innovationstheorie“ nicht erkennbar ist und eine starke Diskrepanz zwischen Theorie und Praxis besteht.[50]

Die Problemfelder des Controllings von FuE sollen daher vor dem Hintergrund der IFRS neu untersucht werden, um mögliche Optimierungspotentiale oder Synergieeffekte etwa durch die Kombination von internem und externem Rechnungswesen zu ergründen. Eine solche Arbeit fehlt bisher in der Literatur und wird diese somit wesentlich ergänzen. Dabei wird über die empirisch fundierten Analysen hinaus auf inhaltliche und konzeptionelle Parameter eingegangen, die im Hinblick auf die aktuellen Entwicklungen der Rechnungslegung einen Einfluss auf den funktionalen Bereich des FuE-Controllings haben.

1.2 Zielsetzung und Abgrenzung der Arbeit

1.2.1 Zielsetzung

Als angewandte Wissenschaft verfolgt die Betriebswirtschaft die Zielsetzung, praktische Entscheidungsprozesse empirisch zu untersuchen und zu bewerten sowie darauf aufbauend verbesserte Entscheidungsmechanismen, -grundlagen und abgeleitete neue Handlungsvorgaben geben zu können.[51]

Im Rahmen dieses Dissertationsprojekts soll der im vorhergehenden Abschn. 1.1.2 beschriebene „weiße Fleck“ in der Forschungslandschaft geschlossen werden. Im Mittelpunkt der Untersuchung stehen die Auswirkungen der Harmonisierung und der korrespondierenden Konvergenz auf das Controlling, speziell im Bereich des FuE-Controllings. Die in vielen Beiträgen angesprochene Notwendigkeit der Anpassungen und damit letztlich auch des Forschungsbedarfes durch die Rechnungslegung nach IFRS, spezifisch des IAS 38 im Bereich der FuE-Ausgaben, wird hierbei aus der Perspektive des Controllings weiterführend untersucht.[52]

Dabei werden hauptsächlich die einzelnen Aufgabenfelder des Controllingbereichs auf ihre individuellen Veränderungs- und Anpassungsbedarfe vor dem Hintergrund der IFRS mit Schwerpunkt der Analyse auf den strategischen Investitionen im FuE-Bereich betrachtet.

---

[50] Vgl. *Schmeisser u. a.* (2006), S. 4f. m.w.N. Vgl. auch *Möller* (2004), S. 485.

[51] Vgl. *Bramann* (2004), S. 37 m.w.N.

[52] Vgl. *Müller/Ordemann/Pampel* (2005), S. 2123, *Weber/Weißenberger/Haas* (2006), S. 50f., *Weißenberger* (2005a), S. 186, *IGC/Weißenberger* (2006), S. 36, *Bruns/Horváth* (2004), S. 648, *Weißenberger/Haas* (2004a), S. 61f. Vgl. grundlegend auch *Männel* (1999a), S. 25.

Die Untersuchung des Controllings auf damit einhergehende mögliche Optimierungspotentiale fokussiert sich insbesondere auf Chancen zur Realisierung von Rationalisierungs- und Verbesserungskonzepten aus der Kombination von FuE-Controlling und der Bilanzierung originärer immaterieller Vermögenswerte nach IAS 38.

Ausgehend vom Controlling wird eine Vorgehensweise auf theoretisch-analytischem Wege operationalisiert und strukturiert. Auf dieser Basis sollen dann die folgenden Detailfragen empirisch untersucht werden:[53]

⇨ Wie kann/muss die Bilanzierung von FuE-Ausgaben nach IAS 38 vom Controlling im Rahmen der Informationsversorgung unterstützt werden?

  Speziell beinhaltet dies:

  ↳ Die Abgrenzungsproblematik zwischen Forschungs- und Entwicklungsphase,

  ↳ Die Ansatzkriterien von immateriellen Vermögenswerten allgemein sowie die spezifischen zusätzlichen Ansatzanforderungen für originäre immaterielle Vermögenswerte und

  ↳ Bewertungsaspekte mit Blick auf die Herstellungskosten und den Fair Value.

⇨ Wie können diese durch das Controlling bereitzustellenden Informationen im Rahmen des FuE-Controllings zielorientiert eingesetzt werden und damit einem zusätzlichen Nutzen im Kontext eines konvergenten Rechnungswesens zugeführt werden?[54]

Ziel der empirischen Untersuchung ist die Exploration spezifischer Zusammenhänge und Interdependenzen zwischen FuE-Controlling und der Bilanzierung von originären immate-

---

[53] Einen Anforderungsbedarf an das Controlling, der sich in den hier aufgeworfenen Fragen spiegelt, stellen auch Weißenberger/Haas fest. Vgl. *Weißenberger/Haas* (2004b), S. 62.

[54] So ist bspw. die Einteilung in FuE über die Folgen in der Bilanzierung auch aufgrund der verbundenen Unterschiede im Zusammenhang mit der Unsicherheit innerhalb der Phasen ein wesentlicher Aspekt im FuE-Controlling auf Projektebene. Vgl. z.B. *Zayer* (2005), S. 53. Oder im Bereich der Bewertungsproblematik im FuE-Controlling könnten die Daten u. Methoden aus dem externen Rechnungswesen Objektivitätsansatzpunkte liefern. An dieser Stelle sei auf ein sehr treffendes Zitat hingewiesen: „[...] weil es innerhalb der Spannungsfelder häufig verschiedene teiloptimale Einzellösungen gibt. So stehen verschiedene Instrumente häufig unverbunden nebeneinander, obwohl vielfältige Interdependenzen zu beachten wären. Daher sind in diesen Konvergenzbereichen die bestehenden Zusammenhänge aufzuzeigen, Inkonsistenzen abzustellen, die Instrumente untereinander zu verbinden u. damit mehrdimensionale Gesamtlösungen zu ermöglichen." *Müller/Ordemann/Pampel* (2005), S. 2121. Gleichzeitig könnte hierdurch die vielfach geforderte Vereinfachung der Steuerung u. eine Vereinheitlichung von ähnlichen Instrumenten erzielt werden. Vgl. exemplarisch z.B. *Weber* (2006), S. 46f.

riellen Vermögenswerten nach IFRS zu formulieren.[55] Im Ergebnis sollen die Erkenntnisse sowohl praktische als auch theoretische Relevanz entfalten, indem diese einerseits Prozesse der Praxis gestalten und damit als Entscheidungshilfe in den Unternehmen im Sinne einer Effektivitäts- und Effizienzsteigerung Verwendung finden sollen. Gleichzeitig können die Resultate als Beitrag zur Verbesserung der Theorie im Problemkreis FuE-Controlling herangezogen werden, da sich neue Lösungsansätze für die aufgeführten Schwierigkeiten durch neue Impulse aus der Rechnungslegung und ihrer Umsetzung ergeben könnten. Ggf. können darüber hinaus aus den theoretischen Überlegungen und Erkenntnissen sogar normative Verhaltensregeln abgeleitet werden.[56]

1.2.2 Definitorische und inhaltliche Abgrenzung

1.2.2.1 Definitorische Abgrenzung

1.2.2.1.1 Harmonisierung und Konvergenz

Für das Verständnis der Thematik wird zunächst eine eindeutige Terminologie den folgenden Untersuchungen vorangestellt, um hinderliche sprachliche Verwirrungen zu vermeiden. Im Rahmen dieses Abschnitts werden daher die folgenden Termini bereits an dieser Stelle definiert: Harmonisierung in Abgrenzung zur Konvergenz.

Der Veränderungsprozess, der sich im Bereich der nationalen und internationalen Rechnungslegungsnormen in den letzten Jahren vollzogen hat sowie der daraus resultierende Einfluss auf die Unternehmensrechnung beschäftigen sowohl Theorie als auch Praxis. Dabei werden im Schrift- und Sprachgebrauch verschiedene Begriffe zur Beschreibung dieser beiden Sachverhalte verwandt. So findet man in der Literatur hierfür die zum Teil synonym gebrauchten Schlagworte „Harmonisierung“[57], „Konvergenz“[58], „Konversion“[59] oder

---

[55] Eckert beschreibt ein derartiges Untersuchungsziel zutreffend wie folgt: „Ziel der empirischen Konfrontation der in der Untersuchung angestellten Überlegungen ist nicht die Aufdeckung repräsentativ anzutreffender Koinzidenz, sondern vielmehr der Versuch der Entschleierung kausaler Kohärenz durch verstärkte Konzentration auf den Einzelfall u. das dort jeweils vorzufindende Gefüge von Einflüssen u. Wirkungen.“ *Eckert* (1997), S. 127, zitiert nach *Kammer* (2005), S. 266.

[56] Vgl. *Fülbier* (2004), S. 267. Vgl. allg. zum normativen Wissenschaftsziel *Möller* (2005), S. 165.

[57] Harmonisierung: vgl. z.B. *Männel* (1999a), *Küting/Lorson* (1999), *Bruns* (1999), *Wussow* (2004), *Zirkler/Nohe* (2005), *Kußmaul/Tcherveniachki* (2005), *Rost* (1991), *Müller* (2006), *Kajüter* (2008), *Bachfellner* (2006) u. *Hebeler* (2003).

[58] Konvergenz: vgl. z.B. *Haring/Prantner* (2005), *Küting/Lorson* (1998a), *Melcher* (2002), *Löw* (1999), *Klein* (1999a), *Horváth* (2006), *Kirsch/Ewelt* (2008) u. *Jonen/Lingnau* (2005).

[59] Konversion: vgl. z.B. *Seeliger/Kaatz* (1998).

„Integration“[60]. An dieser Stelle soll jedoch auf eine differenzierte Auseinandersetzung mit den einzelnen Wortbedeutungen mit Verweis auf die zahlreichen, vor diesem Hintergrund geführten Diskussionen der Begriffsverwendungen in der Literatur verzichtet werden.[61] Der Arbeit liegt in Anlehnung an *Kammer* das folgende Verständnis der Schlüsselworte Harmonisierung und Konvergenz zugrunde:[62]

Der Wandel der Normensysteme externer Rechnungslegung hin zu einer Angleichung von nationalen und internationalen Rechnungslegungsstandards sowie gleichzeitig die Übernahme und damit Anerkennung internationaler Normen wird als **Harmonisierung** der Rechnungslegung verstanden. In diesem Zusammenhang ist z.B. die EU-Verordnung, die für kapitalmarktorientierte Unternehmen einen Konzernabschluss nach IFRS verlangt, als Teil des internationalen Harmonisierungsprozesses der Rechnungslegung zu sehen.[63] In Abgrenzung dazu wird die insbesondere in Deutschland zu beobachtende (Wieder-) Annäherung von internem und externem Rechnungswesen mit dem Begriff der **Konvergenz** beschrieben.[64] Als treibende Kraft der Konvergenzbestrebungen von internem und externem Rechnungswesen kann dabei der Prozess der Harmonisierung internationaler Rechnungslegungsnormen verstanden werden. Erst mit dieser vor- bzw. gleichlaufenden Normenannäherung im Bereich der externen Rechnungslegung sind notwendige Veränderungsüberlegungen in Bezug auf die Unternehmensrechnung angestoßen, begründet und vorangetrieben worden. Beide Bewegungen, Harmonisierung und Konvergenz, sind somit nicht unabhängig voneinander zu sehen, sondern stehen in wechselseitiger Beziehung.

1.2.2.1.2 Controlling

Das **Controlling** ist einer der schillerndsten Begriffe der BWL, dessen Verständnis in der Literatur bisher nicht eindeutig definiert ist.[65] Daher bedarf es auch hier im Vorfeld einer inhaltlichen Klarstellung. Um die Forschungsergebnisse nicht durch ein enges Controllingverständnis einzuschränken, wird im Rahmen der Arbeit eine weit ausgelegte Definition

[60] Integration: vgl. z.B. *Reiners* (2001), *Hax* (2002), *Männel* (1999b), *Männel/Küpper* (1999), *Küpper* (1999), *Kerkhoff/Thun* (2007) u. *Burger/Buchhart* (2001), *Weißenberger* (2006b).

[61] Vgl. ausf. *Melcher* (2002), S. 14ff. m.w.N. Vgl. auch *Küting/Lorson* (1999), S. 47, *Wussow* (2004), S. 7.

[62] Vgl. *Kammer* (2005), S. 2. Zum gleichen Ergebnis bei der Begriffsverwendung kommt auch *Melcher* (2002), S. 12f. u. S. 16f. Vgl. auch *Pellens/Fülbier/Gassen* (2006), S. 49 u. S. 51.

[63] Vgl. zum Begriff Harmonisierung in diesem Kontext auch *Rost* (1991), S. 19f. Vgl. ausf. zum Harmonisierungsprozess in Deutschland ausf. den gleichnamigen Abschn. 2.2.

[64] Beispielhaft sei in diesem Kontext auf Unternehmen wie Siemens, Daimler, Bayer u. BMW verwiesen. Vgl. hierzu *Jonen/Lingnau* (2005), S. 294ff. od. *Klein* (1999b), S. 45ff.

[65] Unter Verweis auf die Vielzahl begrifflicher Diskussionen soll an dieser Stelle auf eine weitere kritische Begriffsauseinandersetzung verzichtet werden. Vgl. hierzu *Berens/Schmitting* (2003), S. 356ff. m.w.N.

gewählt. Aus diesem Grund wird hier dem führungsorientierten Ansatz nach *Weber* gefolgt, welcher die Rationalitätssicherung der Führung als wesentliche Aufgabe des Controllings versteht.[66] Die Umsetzung dieser Zielsetzung beinhaltet Planungs- und Kontrollaufgaben sowie Informationsversorgungs- und Koordinationsaufgaben im Controllingfeld.[67] Diese Sichtweise bezieht sowohl verschiedene Ebenen und Funktionen im Unternehmen ein als auch den situativen Kontext und scheint daher besonders geeignet.

Es sei an dieser Stelle noch darauf hingewiesen, dass die Forschungsresultate auf einer empirisch induktiv geleiteten Controlling-Sichtweise der Untersuchungsunternehmen basieren, die nicht zwingend deckungsgleich mit den vielschichtigen Controlling-Konzeptionen und hieraus deduktiv abgeleiteten Aufgabenbereichen ist. Dennoch ist die gewählte Controlling-Definition als Grundlage für die explorativen Wirkungsergebnisse im Controlling von FuE geeignet. Im Verlauf der Untersuchung wird dabei das Controllingverständnis sowie die betrachteten Teilbereiche näher konkretisiert, bspw. in Abschn. 2.5.1, wo der Bezug zum Rechnungswesen im Vordergrund steht. Die zentrale Fokussierung des Controllings findet im Abschnitt 3.2 statt, in dem das Untersuchungsfeld des Controllings von FuE abgesteckt wird.

1.2.2.1.3 Forschung und Entwicklung, Technik und Technologie, Innovation und Invention

Zentral für die Thematik ist die begriffliche Abgrenzung von **Forschung** und **Entwicklung** (FuE). Als Ausgangspunkt für die Diskussion soll das folgende betriebswirtschaftlich geprägte Grundverständnis der Begriffseinheit FuE nach Brockhoff dienen:

„Forschung und Entwicklung ist eine Kombination von Produktionsfaktoren, die die Gewinnung neuen Wissens ermöglichen soll.“[68]

Auch wenn eine allgemeingültige und trennscharfe inhaltliche Definition der FuE-Aktivitäten nicht möglich ist, zeichnet sich der im Frascati Handbuch manifestierte Definitionsansatz der OECD durch eine hohe Akzeptanz aus.[69] Dort wird FuE wie folgt definiert:

---

[66] Vgl. *Weber* (2004c), S. 470f., *Weber u. a.* (2006), S. 32, *Weber* (2000), S. 1932. Schäffer zieht den treffenden Schluss, dass das Controlling neben Soll-Ist-Abweichungen auch die Differenzen von Abgebildetem u. Abbildung analysieren sollte. Vgl. *Schäffer* (2004), S. 498.

[67] So auch eine aktuelle Studie über die Aufgaben von Controllern u. deren altuelle u. zukünftige Bedeutung in der Praxis. Vgl. *Weber u. a.* (2006), S. 32.

[68] *Brockhoff* (1999a), S. 48.

"Research and experimental development (R&D) comprise creative work undertaken on a systematic basis in order to increase the stock of knowledge, including knowledge of man, culture and society, and the use of this stock of knowledge to devise new applications." [70]

Hierbei wird eine Gliederung in drei Teilbereiche vorgenommen: die Grundlagenforschung, die angewandte Forschung und die (experimentelle) Entwicklung. Als Grundlagenforschung wird diejenige Forschung verstanden, die in erster Linie auf die Gewinnung neuer Erkenntnisse über den zugrunde liegenden Ursprung von Phänomenen und beobachtbaren Tatsachen gerichtet ist, ohne auf eine besondere Anwendung oder Verwendung abzuzielen.[71] Darauf aufbauend versteht man unter der angewandten Forschung die auf eine spezifische praktische Zielsetzung oder Anwendung gerichtete Wissensgenerierung.[72] Der letzte „Prozessschritt" von FuE ist die Entwicklung, welche auf der Grundlage bestehender Forschungsresultate und/oder praktischer Erfahrungen neue oder wesentlich verbesserte Materialien, Geräte, Produkte, Verfahren, Systeme oder Dienstleistungen realisieren will.[73] Aus den inhaltlichen Beschreibungen lässt sich ein implizit unterstellter zeitlicher Ablauf entnehmen, welcher aber praktisch nicht zwingend gegeben ist.

Dieser dreigeteilten Terminologie wird im Rahmen der Arbeit nur zum Teil gefolgt. Die auf gesamtwirtschaftlicher Ebene zweckmäßige Unterteilung von Forschung in Grundlagen- und Anwendungsforschung ist für eine unternehmensbezogene Betrachtung nicht passend. Aufgrund der wirtschaftlichen Zielsetzung von Unternehmen liegt die Vermutung nahe, dass dort tendenziell wenige Forschungsaktivitäten ohne konkretes wirtschaftliches Ziel bzw. verwertbaren Output durchgeführt werden.[74] Diese Eigenschaften sind aber konstituierende Merkmale der Grundlagenforschung. Um an den frühen Forschungsergebnissen dennoch partizipieren zu können, beteiligen sich Unternehmen regelmäßig über Kooperationsprojekte mit Universitäten und anderen speziellen (öffentlichen) Forschungseinrichtungen an der Grundlagenforschung.[75] In diesen Institutionen bündeln sich Know-how und Ressourcen so, dass die aufwendige und langwierige Grundlagenforschung erfolgreich durchgeführt werden kann.

---

[69] Eingang bzw. Anwendung findet diese dreigeteilte Terminologie in nahezu jeder wissenschaftlichen Arbeit od. Veröffentlichung zum Thema sowie als Basis statistischer Erhebungen, wie z.B. vom BMBF, auf europäischer Ebene beim Eurostat od. der NSF.

[70] *OECD* (2002), S. 30.

[71] Vgl. *OECD* (2002), S. 77.

[72] Vgl. *OECD* (2002), S. 78.

[73] Vgl. *OECD* (2002), S. 79.

[74] Vgl. *Brockhoff* (2002), S. 598f.

[75] Vgl. *Weule* (2002), S. 14.

Daraus abgeleitet wird hier unter Forschung nur die in Unternehmen regelmäßig durchgeführte Anwendungsforschung subsumiert. Als weitere Begründung dieser sprachlichen Handhabung kann angeführt werden, dass nicht die Differenzierung der Forschung, sondern der Übergang von der Forschung zur Entwicklung im Rahmen der Untersuchung maßgebliche Bedeutung entfaltet. Ursächlich hierfür ist die Rechnungslegungsvorschrift des IAS 38, auf die im Bilanzierungsteil der Arbeit noch dezidiert eingegangen wird. Zusätzlich ist die Trennung zwischen Forschung und Entwicklung aus der Controllingperspektive ebenfalls eine sinnvolle, da die jeweiligen Controllingobjekte sich wesentlich in ihren Charakteristika unterscheiden und insbesondere die Zielsetzungen und der Unsicherheitsgrad variieren.[76] Folglich wird in dieser Arbeit die im Sprachgebrauch etablierte Begriffspaarung der Hauptaktivitäten Forschung und Entwicklung (FuE) verwendet und dabei die Forschung als Anwendungsforschung verstanden.

Neben der Definition der grundlegenden Termini Forschung und Entwicklung bestehen in diesem Kontext weitere Abgrenzungsfragen bezogen auf die Begriffspaare Innovation und Invention sowie Technik und Technologie. Diese sollen ebenfalls an dieser Stelle kurz inhaltlich geklärt werden.

Die Begriffe Technologie und Technik verschwimmen im allgemeinen Sprachgebrauch, werden häufig synonym verwandt und bedürfen daher einer kurzen inhaltlichen Präzisierung. Wird eine **Technologie**, d.h. das Wissen um Methoden, Verfahren und deren Anwendungsmöglichkeiten (wie etwa die Computertechnologie) im Zeitablauf zu einer konkreten Anwendung (z.B. dem PC), so wird diese nunmehr als **Technik** bezeichnet.[77] Das bedeutet, dass die Technologie die Menge der Technik regelmäßig einschließt. Aus FuE-Tätigkeiten können grundlegende Neuerungen oder Veränderungen im Bereich der Theorien, bei Technologien oder auch direkt im Feld der anwendungsbezogenen Techniken entstehen.[78] Gleichzeitig dienen die Inhalte der drei Bereiche – Theorie, Technologie und Technik – im FuE-Bereich als Ansatzpunkte, um weiterführende Erkenntnisse über wissensbegründete Wirkungszusammenhänge, Technologien und reale Anwendungen zu erlangen.

[76] Vgl. *Brockhoff* (1999a), S. 49, wo eben diese beiden Kriterien zur Abgrenzung zw. Forschung u. Entwicklung herangezogen werden.

[77] Vgl. *Koch/Menke* (2005), S. 619, vgl. auch *Behrens* (1999), S. 58. Eine ausf. Definition des Begriffs Technik findet sich in *Krcmar* (2005), S. 27.

[78] Vgl. *Brockhoff* (1999a), S. 27. Ebenda findet sich im Folgenden eine detaillierte begriffliche Auseinandersetzung mit Technik u. Technologie. Vgl. auch *Steinbauer* (2006), S. 2.

Zur Einordnung und Abgrenzung von FuE gilt es ein weiteres sprachlich uneinheitlich verwendetes Begriffspaar, die Innovationen und Inventionen, zu konkretisieren. Die **Invention** oder auch Erfindung in Form neuer Ideen oder Lösungen kann das Ergebnis erfolgreicher FuE sein und ist ein integraler Bestandteil des Innovationsprozesses.[79] Wird eine solche Invention in Produkten oder Prozessen umgesetzt und damit vom Unternehmen über einschalten von Finanzierungs-, Marketing- und Produktionsabteilungen auf den Markt gebracht bzw. im Unternehmen implementiert, so handelt es sich um eine **Innovation** im engeren Sinne (unterteilt in Produkt- bzw. Prozessinnovationen).[80] Die weite Begriffsfassung von Innovationen (i.w.S.) wird anhand der enthaltenen Aktivitäten und zugehörigen Ergebnisse des (standardisierten) Innovationsprozesses in Abb. 1 modellartig aufgezeigt. Die Innovation i.w.S. geht über das objektbasierte Verständnis der engeren Sichtweise hinaus, indem sie den gesamten Erneuerungsprozess umschließt und damit eine prozessbasierte Inhaltsabgrenzung vornimmt.[81] Da der Fokus der Arbeit auf den originären FuE-Tätigkeiten und damit dem theoretischen Beginn des dargestellten Innovationsprozesses i.w.S. liegt,[82] werden die Wirkungen von Konkurrenten, Imitationen und dem daraus resultierenden Diffusionsprozess ursprünglicher Neuerungen nicht detailliert beleuchtet. Gleichzeitig sei an dieser Stelle darauf hingewiesen, dass der hierbei unterstellte sequentielle Verlauf nicht zwingend als zeitliche Abfolge von Innovationen gegeben sein muss und auch in seinen scheinbar eindeutigen Abgrenzungen durchaus Schwächen aufweist. Beispielhaft seien zwei gravierende Probleme genannt: Zum einen können Innovationen

[79] Vgl. *Brockhoff* (1999a), S. 35f. Diese Sichtweise ist in der Literatur nicht einheitlich. So sind Inventionen z.B. bei Gaiser das Ergebnis der angewandten Forschung nicht der gesamten FuE-Bemühungen u. in ihrer inhaltlichen Abgrenzung eng mit dem Patentrecht verknüpft. Vgl. *Gaiser* (1993), S. 13 m.w.N.

[80] Vgl. *Brockhoff* (1999a), S. 37. Hierbei wird eine objektbezogene Sichtweise der Innovation deutlich, bei der diese das Ergebnis eines Erneuerungsprozesses ist. Vgl. zum Begriff der Innovation exemplarisch *Steinbauer* (2006), S. 15ff., der neben den Produkt- u. Prozessinnovationen auch noch Strukturinnovationen anführt. Vgl. ebenda S. 18 m.w.N. Dieser Einteilung wir i.R.d. Arbeit nicht gefolgt, da zum einen neue Strukturen regelmäßig unter die Prozessinnovationen subsumiert werden u. zum anderen der Fokus unternehmensbezogener FuE-Tätigkeiten nicht auf strukturellen Veränderungen liegt. Eine tiefere Untergliederung des Innovationsbegriffs findet sich bei Schumpeter, der die „Durchsetzung neuer Kombinationen" neben Prozess- u. Produktionsinnovationen noch in Marketing-, Beschaffungs- u. Organisations- bzw. Geschäftsmodellinnovation zerlegt. Vgl. *Schumpeter* (1997), S. 100f. Eine weitergehende Diskussion findet sich bei *Schmeisser u. a.* (2006), S. 13ff.

[81] Eine weitere Kategorisierungsdimension von Innovationen ist der Veränderungsgrad, bei der zw. einer Basisinnovation, einer inkrementalen u. einer radikalen Innovation unterschieden wird. Vgl. *Prange* (2007), S. 250f. Eine kurze Übersicht wichtiger Innovationsansätze findet sich bei *Schmeisser u. a.* (2006), S. 6. Für eine inhaltliche Diskussion des Innovationsbegriffs siehe ebenda S. 8ff.

[82] Vgl. hierzu die inhaltliche Eingrenzung der Arbeit in Abschn. 1.2.2.2. Dass der Begriff der Innovation deutlich über den Untersuchungsbereich geht, zeigt auch das inhaltlich umfassende begriffliche Verständnis der OECD. Demnach sind als technologische Innovationsaktivitäten all jene der wissenschaftlichen, technologischen, organisatorischen, finanziellen u. kommerziellen Schritte, inklusive der Investitionen in neues Wissen, zu verstehen, welche tatsächlich od. in geplanter Weise zu einer Einführung von technologisch neuen od. verbesserten Produkten od. Prozessen führen. Vgl. *OECD* (2002), S. 18. Vgl. für eine komprimierte Begriffsübersicht *Prange* (2007), S. 246ff.

auch ohne vorherigen FuE-Prozess zum Beispiel aus praktischen Erfahrungen entstehen.[83] Zum anderen weist die OECD darauf hin, dass FuE eine Aktivität im Innovationsprozess ist, die an verschiedenen Phasen dieses Prozesses beteiligt ist. So können z.B. Probleme innerhalb des in der Realität häufig durch Überraschungen gekennzeichneten und damit eher unstrukturiert ablaufenden Innovationsprozesses durch den Einsatz von FuE gelöst werden.[84] Dennoch erscheint der idealisierte Ablauf zur Strukturierung der Thematik und begrifflichen Einordnung hilfreich und soll als Grundlage der Arbeit dienen.

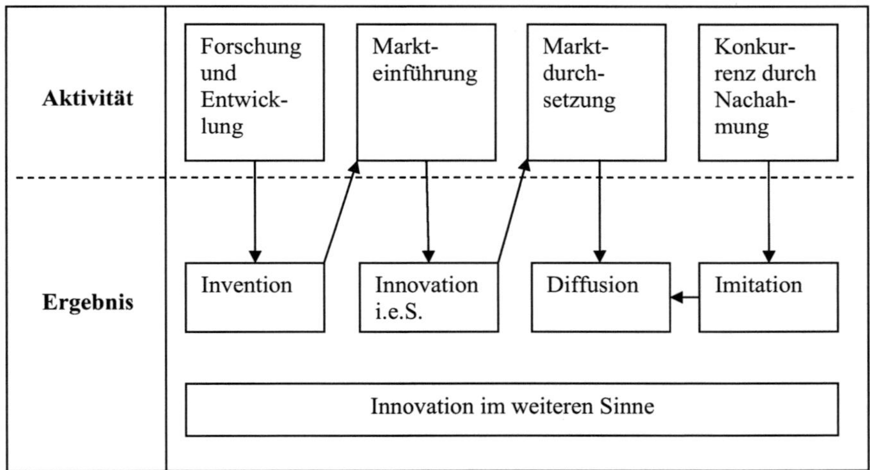

Abb. 1: Der Innovationsprozess im weiteren Sinne.[85]

1.2.2.2 Inhaltliche Abgrenzung

Das Untersuchungsobjekt „Forschung und Entwicklung" wird vor dem Hintergrund der Bilanzierung von FuE im Rahmen der vorliegenden Arbeit wie folgt eingegrenzt.

Der Fokus dieser Arbeit liegt auf der originären Forschung und Entwicklung, d.h. jener, die im Unternehmen selbst vollzogen wird. Ausgegrenzt sind damit durch Markttransaktionen (Kauf, Tausch usw.) erworbene Werte aus Forschung und Entwicklung. Aufgrund des grundsätzlich langfristigen Charakters dieser originären Ressourcen beziehen sich die bilanziell zugrunde gelegten Regelungen auf Werte des Anlagevermögens. Inhaltlich nicht thematisiert werden daher im Rahmen dieser Untersuchung die auch im Standard IAS 38

---

[83] Vgl. *Gaiser* (1993), S. 13f. m.w.N. Vgl. auch die OECD-Definition von Entwicklung.
[84] Vgl. *OECD* (2002), S. 18.
[85] Quelle: *Brockhoff* (1999a), S. 38. Vgl. hierzu auch *Schmeisser u. a.* (2006), S. 20.

ausgegrenzten immateriellen Vermögenswerte aus einer Auftragsforschung für Dritte, welche aufgrund ihrer kurzfristigen Natur in das Umlaufvermögens (IAS 2 oder 11) fallen.

Die neuen Veränderungstendenzen im Rahmen der Bilanzierungsvorgaben für kleine und mittelgroße Unternehmen (KMU) werden ebenfalls in der Thematik nicht berücksichtigt. Zum einen, da im Zeitpunkt der Untersuchung, insb. der Datenerhebung, hierzu nur ein Entwurf vom IASB zur Kommentierung veröffentlicht war.[86] Zum anderen, da der Untersuchungsfokus auf Unternehmen mit erheblichem FuE-Umfang liegt, dies ist naturgemäß eher bei großen, kapitalmarktorientierten Unternehmen der Fall.[87] Aus erstgenannten Gründen wird auch das Bilanzrechtsmodernisierungsgesetz (BilMoG) in der hrl. Betrachtung außen vor gelassen.[88]

IAS 38 ist retrospektiv im Zeitpunkt der Umstellung anzuwenden (IFRS 1). Folglich sind sämtliche originären immateriellen Vermögenswerte des Anlagevermögens, die die Ansatzbedingungen erfüllen, nachträglich zu aktivieren.[89] Diese rückwirkende Betrachtungsweise soll aus zwei Gründen nicht in die Arbeit einbezogen werden. In der Praxis zeichnet sich an dieser Stelle eine sehr zurückhaltende nachträgliche Bilanzierung dieser Wertkategorie ab. Darüber hinaus ist diese Eingrenzung insofern sinnvoll, da die Einführung der Bilanzierung nach IFRS im Untersuchungszeitpunkt überwiegend bereits vollzogen war.[90]

Ebenfalls nicht betrachtet werden die Informationen aus dem Bereich Forschung und Entwicklung, welche in Zusammenhang mit dem Lagebericht generiert werden. Der Untersuchungsfokus liegt auf den Informationen aus einer möglichen Aktivierung von FuE-Ausgaben und deren Wirkungen auf das FuE-Controlling.

Steuerliche Aspekte bleiben im Rahmen der Arbeit unberücksichtigt, da ihre Auswirkungen nicht wesentlich zum im Untersuchungsfokus liegenden Erkenntniszuwachs beitragen.

---

[86] Ein entsprechender Entwurf war auf den Webseiten des IASB veröffentlicht, dessen Kommentierungsfrist am 1.10.2007 endete. Die Verabschiedung wird in 2008 erwartet. Inhaltlich wird den KMUs ein Wahlrecht eingeräumt zw. Aufwands- u. Aktivierungsmodell. Ersteres entspricht der Vorgehensweise nach HGB u. das Aktivierungsmodell verweist explizit auf die Vorgaben des IAS 38.51-.67.

[87] Der Anwendungsbereich der KMU-IFRS bezieht sich lt. Entwurfsfassung auf Unternehmen ohne öffentliche Rechenschaftspflicht.

[88] Die Neuerungen greifen erst im Geschäftsjahr 2009. Vgl. auch *O. V.* (2008a), S. 60 m.w.N. Vgl. ausf. zur Behandlung immaterieller Werte nach dem Entwurf des BilMoG *Hennrichs* (2008), S. 537ff.

[89] Vgl. *Baetge/von Keitz* (2006), Rz. 168 u. zur Bewertung dieser Werte Rz. 170ff.

[90] Lediglich im Falle der Übergangsregelungen aus der EU-Verordnung könnte die rückwirkende Anwendungsvorgabe des IFRS 1 noch Wirkung entfalten.

1.3 Gang der Untersuchung

Der Gang der Untersuchung wird zunächst verbal erläutert und anschließend visualisiert.

Die Arbeit beginnt in **Kapitel zwei** mit einer grundlegenden Einführung und vergleichenden Gegenüberstellung der relevanten Rechnungslegungssysteme HGB und IFRS (Abschn. 2.1). Der Harmonisierungsprozess leitet als wesentlicher Antrieb der Konvergenz von externem und internem Rechnungswesen zu eben diesen über. In Abschnitt 2.3 folgt dann die Beschreibung dieser beiden Rechenkreise. Als Essenz aus Rechnungslegung und Rechnungswesen folgt ein zusammenfassender Überblick (Abschn. 2.4), bevor auf die Auswirkungen der Harmonisierung im Controlling eingegangen wird (Abschn. 2.5).

Im **Kapitel drei** folgt die Schärfung des Fokusses auf den Bereich von unternehmensinterner FuE. Zunächst geht Abschnitt 3.1 dabei auf die Abgrenzung und Organisation dieses Themenfeldes ein. Anschließend wird das Controlling von FuE über die Bereiche der Besonderheiten des Controllinggegenstandes, die Organisation des FuE-Controllings sowie die im Untersuchungskontext bedeutsamen Controllingfelder dargestellt. Der letzte Teil des dritten Kapitels befasst sich mit dem zentralen Bereich der Rechnungslegung von FuE. Dabei wird zunächst die Vorgehensweise nach IFRS ausführlich dargestellt. Nachfolgend schließt sich analog die Sichtweise von FuE im HGB an. Mit dem Ende dieses Abschnitts sind die Grundlagen gelegt.

Der Einstieg in die Forschung der vorliegenden Arbeit startet in **Kapitel vier** mit der Beschreibung des gewählten Forschungskonzepts (Abschn. 4.1). Hierbei werden zunächst die Auswahl des Forschungsdesigns sowie die Interviewpartner und die Sampleauswahl erläutert. Anschließend werden die Datenerhebung sowie ihre Auswertung thematisiert. Der methodische Teil schließt mit einer kritischen Auseinandersetzung mit den Limitationen der Forschungskonzeption. Die zweigeteilten Ergebnisse dieser empirisch basierten Forschungsarbeit sind im Abschn. 4.2 enthalten. Hierbei wird zunächst ein eigenes Modell beobachteter Wirkungsfaktoren (Abschn. 4.2.1) eingeführt und detailliert erläutert. Darauf aufbauend folgt im Abschn. 4.2.2 ein spezifisches Modell zur Abbildung der Primär-, Sekundär- und Tertiärwirkungen im FuE-Controlling sowie begleitenden Veränderungswirkungen.

Das Ende der Arbeit bilden eine Zusammenfassung beider Modelle sowie ein abschließendes Fazit mit weiterführendem Ausblick.

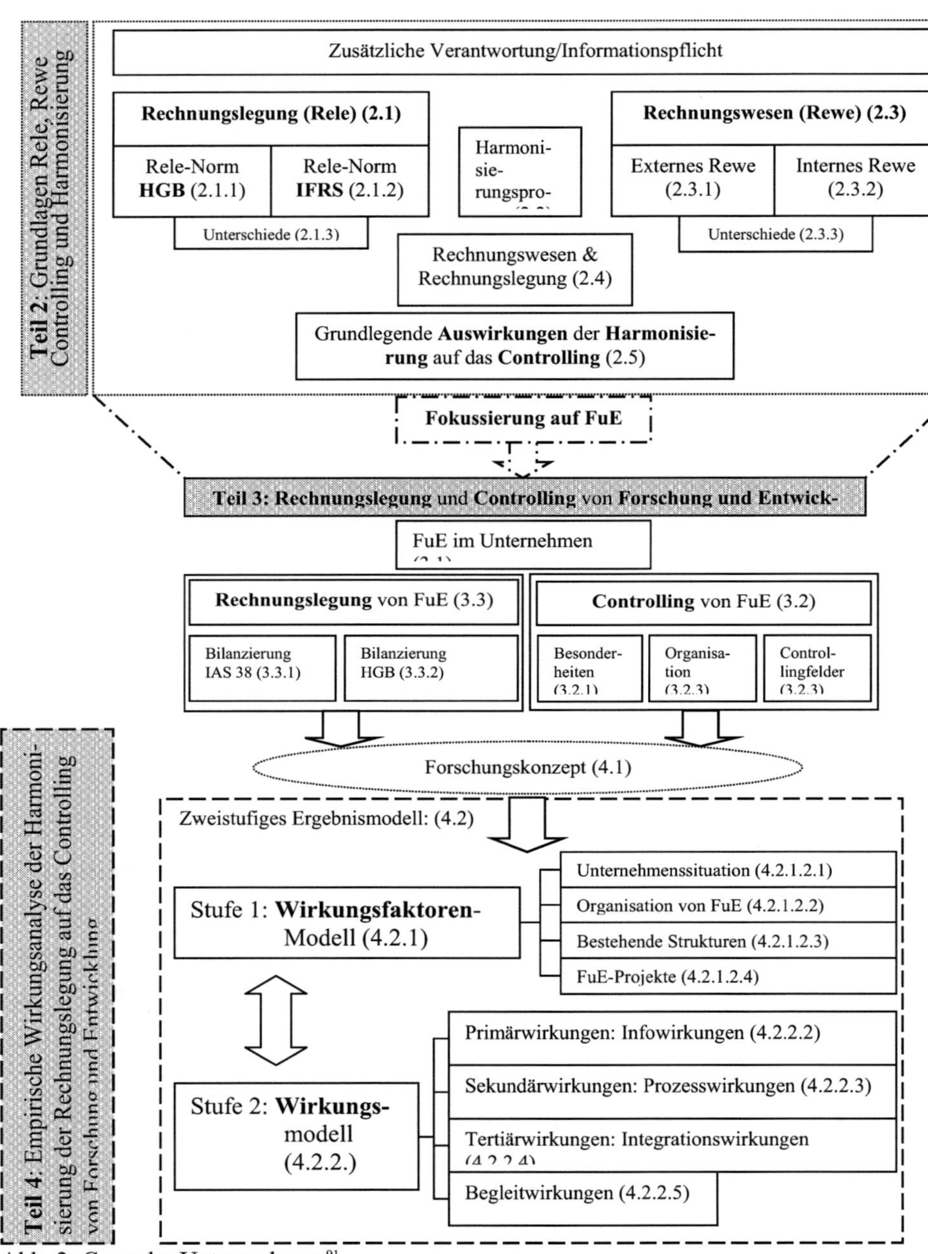

Abb. 2: Gang der Untersuchung.[91]

[91] Quelle: Eigene Darstellung.

2 Grundlagen der Rechnungslegung, des Rechnungswesens und des Controllings vor dem Hintergrund der Harmonisierung internationaler Rechnungslegung

2.1 Rechnungslegung nach HGB und IFRS

2.1.1 Rechnungslegung nach HGB

In Deutschland besteht die Pflicht zur Aufstellung eines Einzelabschusses nach den Rechnungslegungsnormen des HGB, welcher grundsätzlich aus einer Bilanz und einer GuV (§ 242 HGB) besteht. Bei Kapitalgesellschaften ist die gesetzliche Publizitätspflicht durch einen Anhang und ggf. einen Lagebericht erweitert (§ 264 (1) HGB).[92] Der deutsche Gesetzgeber differenziert nicht nur an dieser Stelle die Rechnungslegungspflichten und deren Ausgestaltung nach Größe bzw. Rechtsform der rechnungslegenden Einheit. Beispielhaft seien z.B. die größenabhängigen Erleichterungen des § 267 HGB zu nennen.

Mit Einführung des § 325 (2a) HGB im Rahmen des Bilanzrechtsreformgesetzes (BilReG) haben deutsche Unternehmen ein Wahlrecht, zu Offenlegungszwecken einen Einzelabschluss nach HGB oder IFRS aufzustellen. Ein hrl. Einzelabschluss wird aber weiterhin verpflichtend für die an ihn geknüpften Rechtsfolgen vorgeschrieben, sodass die Erstellung des IFRS-Einzelabschlusses ergänzend zu einem hrl. Einzelabschluss geschieht.[93]

Die Rechnungslegungsvorschriften sind vom Gesetzgeber kodifiziert bzw. in Form der Grundsätze ordnungsmäßiger Buchführung (GoB) deduktiv aus den Zwecken des Jahresabschlusses abgeleitet.[94] Bei einem Normensystem wie dem der deutschen Rechnungslegung handelt es sich somit um ein im kontinentaleuropäischen Raum verbreitetes Rechtssystem, das Code Law, welches aus detaillierten kodifizierten Gesetzen mit einem relativ hohen Abstraktionsgrad besteht.[95] Eine Auslegung der abstrakten Rechnungslegungsnor-

---

[92] Vgl. *Coenenberg* (2005), S. 9, *Ruhnke* (2005), S. 113. Vgl. ausf. zur Rechnungslegungspflicht nach HGB *Pellens/Fülbier/Gassen* (2006), S. 10ff.

[93] Vgl. *Pellens/Fülbier/Gassen* (2006), S. 50f., *Kußmaul/Tcherveniachki* (2005), S. 618, *Coenenberg* (2005), S. 12.

[94] Vgl. *Baetge/Kirsch/Thiele* (2004b), S. 62. Vgl. sehr ausf. zu den GoB z.B. *Baetge* (2002), S. 635ff., *Ruhnke* (2005), S. 185ff. Eine nachträglich durch den Gesetzgeber vorgenommene Kodifizierung der GoB hat dazu geführt, dass diese jetzt vielfach im HGB enthalten sind. Vgl. *Coenenberg* (2005), S. 46.

[95] Vgl. *Pellens/Fülbier/Gassen* (2006), S. 36f., *Coenenberg* (2005), S. 51.

men findet in Deutschland mittels Gesetzeskommentaren, der Rechtsprechung durch die Gerichte sowie durch die bereits genannten GoB statt.[96]

Der wesentliche Zweck der Rechnungslegung nach HGB ist die Zahlungsbemessung für Eigenkapitalgeber und den Fiskus.[97] Im Ergebnis resultiert daher aus den hrl. Rechnungslegungsvorschriften ein vorsichtiger, ausschüttungsfähiger Gewinn, da der Gesetzgeber dem Gläubigerschutz sowie dem damit korrespondierenden Gebot der Vorsicht einen hohen Stellenwert beimisst und einhergehende Informationsdefizite des Jahresabschlusses akzeptiert.[98] Diese Auffassung spiegelt sich wesentlich in den hrl. Bilanzierungs- und Bewertungsregeln. Ein häufig angeführtes Bsp. ist der § 248 (2) HGB, nachdem die zukunftsträchtigen Potentiale selbst erstellter immaterieller Vermögensgegenstände des Anlagevermögens grundsätzlich nicht aktivierbar sind und damit statt als Vermögensposition ausgewiesen zu werden undifferenziert als Periodenaufwand erfasst werden müssen.

Eine Besonderheit der Rechnungslegung nach deutschen Normen ist die enge Verknüpfung von Handels- und Steuerbilanz. Die Maßgeblichkeit der Wertansätze der Handelsbilanz für die Steuerbilanz ist im § 5 (1) S. 1 EStG verankert.[99] Dieser Paragraph besagt, dass die Grundsätze ordnungsmäßiger Buchführung aus dem Handelsrecht auch in die steuerliche Bilanzierung und Gewinnermittlung übertragen werden müssen. Aber auch die Steuerbilanz bzw. die steuerrechtlichen Vorschriften können Relevanz für die Handelsbilanz entfalten, nämlich dann, wenn Wahlrechte des Steuerrechts, z.B. im Rahmen von strl. Sonderabschreibungen, ausgeübt werden sollen.[100] Dies ist nach der umgekehrten Maßgeblichkeit (§ 5 (1) S. 2 EStG) nur dann zulässig, wenn die Wahlrechte in Übereinstimmung mit der Bilanzierung in der Handelsbilanz ausgeübt werden.[101]

Bereits an dieser Stelle wird deutlich, dass an den hrl. Einzelabschluss eine Vielzahl von Rechtsfolgen geknüpft sind, wie etwa die gesellschaftsrechtliche und steuerliche Gewinn-

[96] Vgl. *Ruhnke* (2005), S. 55. Vgl. zu den GoB z.B. *Hebeler* (2003), S. 67f. u. aktuell im Kontext des BilMoG *Fülbier/Gassen* (2007), S. 2605ff.

[97] Vgl. *Coenenberg* (2005), S. 9ff., *Pellens/Fülbier/Gassen* (2006), S. 12. Vgl. ausf. zu den Zwecken der Rechnungslegung auch im Vergleich zu IFRS *Seidler* (2008), S. 148ff.

[98] Vgl. *Pellens/Fülbier/Gassen* (2006), S. 46f. u. S. 37, *Ruhnke* (2005), S. 8, *Weber/Weißenberger* (2006), S. 18, *Kirsch/Steinhauer* (2003), S. 418. Ebenda auf S. 9 merkt Runke kritisch an, dass auch Gläubiger an möglichst präzisen Informationen interessiert sind u. stellt damit die Beziehung zw. Gläubigerschutz u. vorsichtiger Gewinnermittlung in Frage.

[99] Vgl. zum Maßgeblichkeitsprinzip *Coenenberg* (2005), S. 17, *Ruhnke* (2005), S. 9f., *Baetge/Kirsch/Tiehle* (2005), S. 178ff., *Denk u. a.* (2004), S. 76ff.

[100] Für die im Rahmen der umgekehrten Maßgeblichkeit ansetzbaren steuerlichen Sonderabschreibungen vgl. *Baetge/Kirsch/Tiehle* (2005), S. 253ff.

[101] Beide Formen der Maßgeblichkeit werden vom geplanten BilMoG erfasst. Die Maßgeblichkeit wird aufgeweicht, die umgekehrte Maßgeblichkeit sogar abgeschafft. Vgl. *Kirsch* (2008) S. 28, 32 bzw. S. 29.

verteilung bzw. -ermittlung. Demzufolge erfüllt der Einzelabschluss nach HGB nicht nur eine reine Informations- und Dokumentationsfunktion, sondern stellt gleichzeitig auch die Bemessungsgrundlage für Ansprüche von Eigentümern bzw. Gesellschaftern sowie die Grundlagen der steuerlichen Gewinnermittlung dar (Zahlungsbemessungsfunktion).[102]

Der hier betriebene Zielpluralismus führt gepaart mit den vom Vorsichtsprinzip eröffneten Möglichkeiten zur Bildung und Auflösung stiller Rücklagen zu Verzerrungen in der Abbildung der ökonomischen Realität, die letztlich dafür verantwortlich sind, dass ein hrl. Jahresabschluss auf internationalen Kapitalmärkten von Investoren nicht akzeptiert wird.[103] Die Generalnorm des § 264 (2) S. 1 HGB zur Darstellung einer den tatsächlichen Verhältnissen entsprechenden Vermögens-, Finanz- und Ertragslage kann somit ihre Wirkung aufgrund dieser Abbildungsdeformationen nicht repräsentativ entfalten.

Neben dem Einzelabschluss besteht für Konzerne mit Sitz des Mutterunternehmens in Deutschland die Pflicht zur Aufstellung eines Konzernabschlusses (§ 290 HGB), mit den Pflichtbestandteilen einer Konzernbilanz, Konzern-GuV sowie einem Konzernanhang. Für kapitalmarktorientierte Unternehmen sind seit dem Bilanzrechtsreformgesetz (BiReG) zur Konzernrechnungslegung verpflichtend die IFRS anzuwenden.[104] Wahlweise ist der befreiende Konzernabschluss nach IFRS auch für nicht kapitalmarktorientierte Unternehmen möglich.[105] Das bedeutet, dass der deutsche Konzernabschluss wesentlich an Bedeutung verloren hat und mittelfristig keine Relevanz mehr haben wird.

Im Unterschied zum Einzelabschluss erfüllt der Konzernabschluss einzig die Funktion der Vermittlung von Informationen an Kapitalgeber, Management und die interessierte Öffentlichkeit.[106] Dabei ist die primäre Informationsfunktion des hrl. Konzernabschlusses im internationalen Vergleich auch eingeschränkt. Nach § 298 (1) HGB gelten teilweise auch die Vorschriften des Einzelabschlusses, wie z.B. das Vorsichts- oder Realisationsprinzip als Grundsätze ordnungsmäßiger Buchführung für den Konzernabschluss, sodass die Informationsvermittlung im Vergleich zum Einzelabschluss lediglich insofern verbessert wird, dass steuerlich motivierte Abbildungsdeformationen aus dem Konzernabschluss eliminiert wer-

[102] Vgl. *Pellens/Fülbier/Gassen* (2006), S. 12, *Coenenberg* (2005), S. 9ff. u. S. 553.
[103] Vgl. *Born* (2005), S. 4, *Graßhoff/Melcher* (2001), S. 102.
[104] § 315a (1 u. 2) HGB n.F.
[105] § 315a (3) HGB n.F.
[106] Vgl. *Pellens/Fülbier/Gassen* (2006), S. 13, *Coenenberg* (2005), S. 14, S. 18 u. S. 552ff., *Kammer* (2005), S. 107f. Es ist an dieser Stelle jedoch von einer mittelbaren Ausschüttungsbemessungsfunktion auszugehen, da die Anteilseigner letztlich ihre Ansprüche an den Ergebnissen im Konzernabschluss orientieren. Vgl. *Ruhnke* (2005), S. 11.

den müssen.[107] Auch diese Tatsache spricht dafür, dass sich die internationalen Rechnungslegungsnormen bei der Konzernrechnungslegung mittelfristig durchsetzen werden.

Neben dem Gesetzgeber ist als Folge der Verabschiedung des Gesetzes zur Kontrolle und Transparenz im Unternehmensbereich (KonTraG) ein privater Standardsetter, das Deutsche Rechnungslegungs Standards Committee (DRSC) geschaffen worden, welches nach § 342 (1) S. 1 HGB außer der Entwicklung von Empfehlungen zur Anwendung der Grundsätze über die Konzernrechnungslegung das Bundesministerium der Justiz bei Gesetzgebungsvorhaben zu Rechnungslegungsvorschriften berät und die Vertretung der Bundesrepublik Deutschland in internationalen Standardisierungsgremien (z.B. dem IASB) übernimmt.[108] Innerhalb des DRSC hat der „Deutsche Standardisierungsrat" (DSR) die Aufgabe der fachlichen Ausarbeitung von Rechnungslegungsstandards übernommen.[109] Die bisher vom DSR veröffentlichten deutschen Rechnungslegungsstandards (DRS) haben nach ihrer Bekanntmachung durch das Bundesministerium der Justiz gem. § 342 (2) HGB die Vermutung für sich, Grundsätze ordnungsmäßiger Buchführung der Konzernrechnungslegung zu sein.[110] In Kombination mit dem hrl. Konzernabschluss verlieren die Deutschen Rechnungslegungsstandards aufgrund der verpflichtenden bzw. wahlweisen Rechnungslegung nach den Normen der IFRS bereits wieder an Bedeutung.

2.1.2 Rechnungslegung nach IFRS

Als primäre Rechnungslegungsnormen des International Accounting Standards Board (IASB)[111] bestehen die IFRS aus thematisch organisierten, detaillierten Einzelfallregelungen, den eigentlichen Rechnungslegungsstandards IFRS sowie dem Framework (F). Das Framework enthält Rahmengrundsätze und Leitlinien und fungiert als „subsidiäre Interpretationshilfe"[112] bei Anwendungs- oder Auslegungsschwierigkeiten.[113] In seiner inhaltlichen Relevanz steht das Framework in einer Unterordnungsbeziehung zu den einzelnen Rech-

---

[107] Vgl. *Kirsch/Steinhauer* (2003), S. 418, *Coenenberg* (2005), S. 18.

[108] Vgl. *Baetge/Kirsch/Tiehle* (2005), S. 46f.

[109] Vgl. *Pellens/Fülbier/Gassen* (2006), S. 48.

[110] Vgl. ausf. zu den Bestimmungen nach DRS *Coenenberg* (2005), S. 48ff., *Küting/Weber* (2003), S. 522ff. Vgl. auch *Pellens/Fülbier/Gassen* (2006), S. 48f.

[111] Vormals International Accounting Standards Committee (IASC). Um die erlassenen Standards dieser beiden Institutionen unterscheiden zu können, werden die neuen Standards des IASB IFRS genannt. Dabei behalten die bestehenden IAS solange ihre Bezeichnung u. Gültigkeit, bis sie durch neue Regelungen ersetzt, angepasst od. für ungültig erklärt werden. Vgl. *Coenenberg* (2005), S. 53. Da die IAS laut IAS 1.11 explizit unter die Bezeichnung der IFRS zu subsumieren sind, wird in dieser Arbeit der Oberbegriff der IFRS verwandt. Vgl. *Pellens/Fülbier/Gassen* (2006), S. 78f.

[112] *Coenenberg* (2005), S. 59. Vgl hierzu ausf. *Lüdenbach/Hoffmann* (2006), Rz. 1ff.

[113] Vgl. zu den Aufgaben des Framework ausf. F.1. Vgl. auch *Pellens/Fülbier/Gassen* (2006), S. 102f.

nungslegungsstandards. Diese Tatsache zeigt sich u.a. im Falle einer konfliktären Aussage zwischen dem Framework und einem konkreten IFRS, indem nach F.3 grundsätzlich die Regelungen des Standards maßgeblich sind.[114]

Dabei sind in den Standards dokumentierte Einzelfallregelungen ein typisches Merkmal des den IFRS zugrunde liegenden angloamerikanischen Rechtssystems des Case Law.[115]

In der internationalen Rechnungslegung des Normensystems IFRS wird nicht nach Rechtsform oder Größe der Unternehmen unterschieden. Bis zum jetzigen Zeitpunkt gibt es daher weder größenabhängige Erleichterungen,[116] noch eine explizite Differenzierung in Einzel- und Konzernabschluss oder unterschiedliche Rechnungslegungsvorschriften, welche an die Rechtsform der Unternehmung geknüpft sind.[117]

Grundsätzlich besteht ein IFRS konformer Abschluss gemäß F.7 aus einer Bilanz (balance sheet), einer GuV (income statement), einer Kapitalflussrechnung (statement of changes in financial position) und dem Anhang (notes). IAS 1.8 erweitert die Liste der Pflichtbestandteile noch um eine Eigenkapitalveränderungsrechnung.[118] Kapitalmarktorientierte Unternehmen sind darüber hinaus verpflichtet, eine Segmentberichterstattung als selbständiges Element des Jahresabschlusses zu veröffentlichen.[119]

Die IFRS verfolgen das primäre Ziel der Vermittlung entscheidungsrelevanter Informationen (decision usefulness) (F.12) und fokussieren sich dabei auf die Befriedigung der Informationsbedürfnisse der Adressatengruppe der Investoren.[120] Die Begründung hierfür liefert die im Framework (F.10) formulierte Annahme, dass der Informationsbedarf dieser Zielgruppe als repräsentativ für alle anderen Adressaten, wie etwa Gläubigern, Mitarbeitern oder Lieferanten gesehen wird. Bei der Vermittlung der Informationen in den veröf-

---

[114] Anzumerken ist, dass zentrale Aussagen des Frameworks im IAS 1 kodifiziert sind u. daher zumindest in dieser Form bindend sind. Vgl. *Pellens/Fülbier/Gassen* (2006), S. 103, *Coenenberg* (2005), S. 58.

[115] Vgl. zum Case Law *Pellens/Fülbier/Gassen* (2006), S. 36f.

[116] Allerdings sind Erleichterungen für KMU auch im Bereich der IFRS geplant. Vgl. Ruhnke (2005), S. 111, *Coenenberg* (2005), S. 58. Vgl. ausf. *Pape* (2006), S. 159ff., *Beiersdorf/Davis* (2006), S. 987ff. Mit einer Verabschiedung des aktuellen Entwurfs wird in der 2. Jahreshälfte 2008 gerechnet.

[117] Vgl. *Coenenberg* (2005), S. 58.

[118] Vgl. *Pellens/Fülbier/Gassen* (2006), S. 104.

[119] Vgl. *Coenenberg* (2005), S. 63, *Pellens/Fülbier/Gassen* (2006), S. 104 u. S. 819, *Ruhnke* (2005), S. 110. U.a. soll der Investor anhand der gebotenen Informationen auch eine Beurteilung der Managementleistungen ableiten können. Vgl. F.14.

fentlichten Jahresabschlussdaten wird darauf abgestellt, dass der Investor als stellvertretender Empfänger der Rechnungslegung anhand dieser Informationen ökonomische Entscheidungen treffen und Prognosen erstellen kann.[121] Damit rückt in diesem Normensystem die Perspektive der zukünftigen wirtschaftlichen Lage in den Fokus. Manifestiert wird dies durch die beiden grundlegenden Annahmen (F.22f.) der Periodenabgrenzung (accrual basis) und der Unternehmensfortführung (going concern). Zur näheren Konkretisierung entscheidungsrelevanter Informationen existieren zusätzliche, qualitative Anforderungen (F.24ff.), im Einzelnen:

- Verständlichkeit (understandability)
- Relevanz (relevance)
- Verlässlichkeit (reliability) und
- Vergleichbarkeit (comparability)

Die hier aufgeführten qualitativen Anforderungen werden auf einer weiteren Subebene durch ergänzende Grundsätze detaillierter bestimmt. So ist eine weitere Differenzierung der qualitativen Anforderung der Verlässlichkeit durch die ergänzenden Grundsätze der Vollständigkeit (completeness), Vorsicht (prudence), Neutralität (neutrality), glaubwürdigen Darstellung (faithful presentation) sowie der wirtschaftlichen Betrachtungsweise (substance over form) gegeben. Auch die Relevanz und die Vergleichbarkeit werden durch Sekundärgrundsätze näher ausgefüllt.[122] Dabei wird die Wesentlichkeit (materiality) als Relativitätskriterium für die Relevanz einer Information angeführt. Nach IAS 1.27 greift im Bereich der Vergleichbarkeit das Stetigkeitsprinzip (consistency), um die Entscheidungsrelevanz der Informationen zu gewährleisten.[123]

Abgerundet wird das Grundsatzsystem der IFRS-Rechnungslegung durch die drei folgenden Nebenbedingungen: Zeitnähe (timeliness), Abwägung von Kosten und Nutzen (balance between benefit and cost) und Abwägung der qualitativen Anforderungen (balance between qualitative characteristics). Diese Nebenbedingungen sollen die vorhergehenden

---

[120] Vgl. ausf. zu den Kennzeichen u. Anforderungen an eine Rechnungslegung zur Entscheidungsunterstützung *Coenenberg* (2008), S. 20ff. Eine nachgeordnete Zielsetzung im aktuellen Framework ist die Rechenschaft (stewardship), welche aber aktuell im Zuge eines gemeinsamen Frameworks von IFRS u. US-GAAP in Frage gestellt wird. Vgl. zu der Diskussion der grundlegenden Rechnungslegungszwecke ausf. u. kritisch ebenda S. 17ff. Die Notwendigkeit od. Redundanz der Rechenschaftsfunktion wird hier im Zusammenspiel mit der Entscheidungsunterstützung von verschiedenen Seiten beleuchtet.

[121] Vgl. *Kirsch/Steinhauer* (2003), S. 419.

[122] Vgl. zum Konflikt zw. den Rahmengrundsätzen Relevanz u. Verlässlichkeit z.B. komprimiert im Kontext des hier fokussierten IAS 38 *Burger/Ulbrich/Knoblauch* (2006), S. 734f. m.w.N.

Rechnungslegungsgrundsätze in der Weise relativieren, dass eine gewisse Ausgewogenheit zwischen den auf der einen Seite quasi unstillbaren Informationsbedürfnissen der Investoren mit auf der andern Seite gleichzeitig zumutbaren Anforderungen der Rechnungslegung an die Unternehmen hergestellt wird.[124] Im Ergebnis ist anhand dieser Rechnungslegungsgrundsätze eine „fair presentation" angestrebt, welche als Generalnorm fixiert ist.[125] Diese Norm steht über allen anderen Grundsätzen („overriding priciple") und stellt somit die wirklichkeitsgetreue Abbildung der ökonomischen Realität in den Vordergrund.[126]

2.1.3 Wesentliche Unterschiede der beiden Rechnungslegungssysteme

Vergleicht man die Rechnungslegungssysteme HGB und IFRS, so werden grundlegende Unterschiede in der Systematik deutlich. Während das HGB ein in Form von Gesetzen kodifiziertes Normensystem darstellt (sog. Code Law), basieren die IFRS auf von einem privaten Standardsetter, dem IASB, erstellten Rechnungslegungsregeln (sog. Case Law).[127]

Diese verschiedenen Grundkonstellationen der den Rechnungslegungsnormen zugrunde liegenden Rechtssysteme wirken sich auf die Flexibilität und Anpassungsfähigkeit der Rechnungslegung aus. Eine private Institution, wie das IASB, kann etwa auf Anforderungen des Kapitalmarktes deutlich schneller reagieren als es der deutsche Gesetzgeber mittels eines aufwendigen Gesetzgebungsverfahrens vermag. Lediglich im Bereich der nicht kodifizierten GoB sowie der vom DSR erlassenen DRS kann eine Flexibilität in der Anpassung an neue Gegebenheiten auch in der eher statischen deutschen Rechnungslegung unterstellt werden.[128] Letztlich sind diese Vorschriften aber immer durch die gesetzlich kodifizierten Regeln im HGB begrenzt.[129] Darüber hinaus sind im IASB die Kompetenzen der verschiedensten Interessensgruppen, wie z.B. Wirtschaftsprüfer oder Wissenschaftlern, gebündelt und gleichzeitig viele verschiedene Nationalitäten (u.a. das DRSC für Deutschland) an der

---

[123] Für einen Überblick über die Rechnungslegungsgrundsätze der IFRS s. *Gelhausen u. a.* (2006b), Rz. 58ff., *Pellens/Fülbier/Gassen* (2006), S. 107ff., *Coenenberg* (2005), S. 58ff. od. *Ruhnke* (2005), S. 221ff.

[124] Vgl. *Weber* (2004b), S. 182.

[125] IAS 1.13. Vgl. *Pellens/Fülbier/Gassen* (2006), S. 112f.

[126] Vgl. *Coenenberg* (2005), S. 69, *Baetge/Kirsch/Tiehle* (2005), S. 147. Vgl. kritisch zur Generalnorm *Rammert* (2006), Rz. 35ff.

[127] Ein detaillierte Gegenüberstellung von Code Law u. Case Law findet sich bei *Pellens/Fülbier/Gassen* (2006), S. 36ff. Vgl. auch *Coenenberg* (2005), S. 51, *Ruhnke* (2005), S. 55.

[128] Vgl. *Pellens/Fülbier/Gassen* (2006), S. 122. Vgl. zu den Unterschieden im Bezug auf die GoB auch *Ruhnke* (2005), S. 220. Eine ausf. Gegenüberstellung der Grundlagen der IFRS mit den hrl. GoB findet sich z.B. bei *Hommel/Wüstemann* (2006), S. 15ff. Als aktuelle Neuinterpretation sei auf das BilMoG verwiesen. Vgl. hierzu ausf. *Fülbier/Gassen* (2007), S. 2605ff.

[129] Prominenteste Gesetzesschranke ist der bereits angesprochene § 248 (2) HGB, der den Ansatz originärer immaterieller Vermögensgegenstände des Anlagevermögens prinzipiell verbietet.

kontinuierlichen Erarbeitung bzw. Überarbeitung der Rechnungslegungsstandards beteiligt. Diese Tatsachen tragen zu der hohen weltweiten Akzeptanz der IFRS bei.

Neben den angesprochenen organisatorischen Unterschieden ist auch die inhaltliche Ausrichtung sehr verschieden. Der für den Inhalt maßgebliche Adressatenkreis beider Rechnungen unterscheidet sich grundlegend durch das sehr heterogene Stakeholder-Prinzip im HGB und den zentralen Shareholder-Fokus der IFRS. Konsequent trifft der kapitalmarktorientierte Investorenschutz auf der Seite der IFRS mit dem hrl. Gläubigerschutz zusammen.[130] Dabei ist die nachrangige Stellung des Vorsichtsprinzips als Sekundärgrundsatz zum Grundsatz der Verlässlichkeit in den IFRS im Vergleich zu seiner exponierten Stellung im Normensystem des HGB nur ein Beispiel.[131] So ist z.B. das in diesem Zusammenhang vom deutschen Gesetzgeber durchaus legitimierte Anlegen von stillen Reserven nach den Regelungen des IASB explitzit in F.37 verboten.

Ein weiterer wesentlicher Unterschied in der inhaltlichen Auseinandersetzung mit wirtschaftlichen Sachverhalten zeigt sich im Realisationsprinzip. Im deutschen Handelsrecht wird aufgrund der dominanten Stellung des Vorsichtsprinzips die zahlungsorientierte Realisierung von Erträgen gefordert und damit eine pagatorische Objektivierung zum Schutze der Gläubiger verlangt. Im Gegensatz dazu ist das angloamerikanisch geprägte Realisationsprinzip der IFRS-Rechnungslegung an eine sachliche Abgrenzung gekoppelt, das bedeutet, das bspw. bei langfristigen Fertigungsaufträgen die Erträge nicht erst bei Eingang der Zahlung realisiert werden (Completed-Contract-Methode), sondern sukzessive in Relation zu den z.B. angefallenen Aufwendungen des Auftrages periodisiert werden (Percentage-of-Completion-Methode).[132]

Neben den bereits beispielhaft aufgeführten inhaltlichen Unterschieden ist die Verknüpfung in Form einer „zweiseitigen Interdependenzbeziehung“[133] von Handels- und Steuerbilanz über die Maßgeblichkeitsprinzipien ein weiterer wesentlicher Systemunterschied. Im Gegensatz zu den IFRS erfüllt der Einzelabschluss nach HGB neben der Informationsfunktion noch eine Zahlungsbemessungsfunktion in Bezug auf die Steuer- und die Ausschüttungsbemessung. Dem zentralen Ziel der IFRS, der Vermittlung entscheidungsrelevanter

---

[130] Vgl. hierzu ausf. *Melcher* (2002), S. 25f., vgl. auch *Müller/Wulf* (2000), S. 131f.

[131] Vgl. *Pellens/Fülbier/Gassen* (2006), S. 123, *Coenenberg* (2005), S. 63f., *Wagenhofer* (2006), S. 12. Vgl. auch *Hebeler* (2003), S. 57 bzw. S. 25 m.w.N. Bei Freidank/Velte wird das Vorsichtsprinzip sogar als „overriding principle“ bezeichnet. Vgl. *Freidank/Velte* (2007), S. 753.

[132] Vgl. zum Realisationsprinzip *Pellens/Fülbier/Gassen* (2006), S. 107, *Coenenberg* (2005), S. 63f.

[133] *Freidank/Velte* (2007), S. 754.

Informationen entsprechend, wird mit dem Abschluss dieses Normensystems ausschließlich die Informationsfunktion erfüllt. Dabei spielen Aspekte, wie gläubigerschutzorientierte Vorschriften oder steuerliche Bewertungskonzeptionen, welche die Informationsvermittlung stark beeinträchtigen, keine Rolle.[134] Zwar wird in beiden Rechnungslegungssystemen durch eine Generalnorm betont, dass ein tatsächliches Abbild der Vermögens-, Finanz- und Ertragslage abgebildet werden soll,[135] im Resultat wirkt die im hrl. Jahresabschluss verfolgte Zweckpluralität dieser Informationsvermittlung jedoch entgegen.[136]

Lediglich der hrl. Konzernabschluss ist von den steuerlich motivierten Abbildungsverzerrungen befreit und unterliegt darüber hinaus auch keiner direkten Zahlungsbemessung. Dennoch ist die Abbildung der ökonomischen Realität im Vergleich zu den Vorschriften der IFRS verzerrt, sodass die dem hrl. Konzernabschluss inhärente originäre Funktion der Informationsvermittlung im Sinne eines Kommunikationsinstrumentes mit dem Kapitalmarkt von Seiten der Investoren als unzureichend erfüllt angesehen wird.[137] Im globalen Wettbewerb auf den Kapitalmärkten wird neben der Intransparenz hrl. Abschlüsse auch ein Wettbewerbsnachteil aufgrund eines geringeren Eigenkapitalausweises im Vergleich zu nach IFRS bilanzierenden Konkurrenten konstatiert.[138] Aus diesen Gründen ist die Gesetzesänderung im Rahmen des Bilanzrechtsreformgesetzes zur verpflichtenden bzw. wahlweisen Aufstellung eines Konzernabschlusses nach IFRS zu begrüßen.

In diesem Vergleich der Rechnungslegung nach HGB und IFRS sind die wesentlichen Unterschiede der beiden Normensysteme aufgezeigt worden, welche in Abschn. 2.4 noch einmal tabellarisch in Kombination mit den Ergebnissen zum externen und internen Rechnungswesen zusammengefasst werden.[139]

---

[134] Vgl. *Coenenberg* (2005), S. 19, *Coenenberg* (1995), S. 2078. Rammert weist in diesem Zusammenhang zu Recht auf die disziplinierende Wirkung der Maßgeblichkeit vor dem Hintergrund der Manipulationsgefahr bei Jahresabschlüssen hin, welche bei IFRS aufgrund der ausschließlichen Informationsfunktion so nicht gegeben ist. Vgl. *Rammert* (2006), Rz. 56.

[135] Im HGB § 264 (2) S. 1 HGB, für IFRS IAS 1.13. Vgl. *Baetge/Kirsch/Tiehle* (2005), S. 147.

[136] Herzig beschreibt dies wie folgt: „ Das deutsche Konzept der Einheitsbilanz, die unterschiedlichen Zwecken dient und daher Beeinträchtigungen aller verfolgten Zwecke akzeptiert, muss als gescheitert angesehen werden.“ *Herzig* (2000), S. 118. Besonders die Verknüpfung von Handels- u. Steuerbilanz wird zunehmend kritisch beurteilt, vgl. ebenda, S. 60f. Vgl. auch *Freidank/Velte* (2007), S. 753ff.

[137] Vgl. *Kley* (2006), S. 150. Vgl. zu den Möglichkeiten der Bilanzpolitik im Rahmen von jahresabschlusspolitischen Sachverhaltsgestaltungen z.B. *Berens/Hoffjan* (1999), S. 1282ff.

[138] Vgl. *Freidank/Velte* (2007), S. 745.

[139] Für einen ausf. Vergleich sei auf *Lüdenbach/Hoffmann* (2006), Rz. 8ff. verwiesen.

2.2 Harmonisierungsprozess in Deutschland

Der Rückblick auf den Harmonisierungsprozesses externer Rechnungslegung in Deutschland beginnt mit der Grundlegung durch das Bilanzrichtliniengesetz (BiRiLiG) im Jahre 1985.[140] Mit Verabschiedung des BiRiLiG am 19.12.1985 wurden die 4. und 7. EG-Richtlinie zeitgleich in das deutsche HGB integriert und damit der erste wesentliche Meilenstein der Harmonisierung der externen Rechnungslegung in Deutschland gelegt.[141]

Der nächste Schritt wurde nicht von der Legislative initiiert, sondern unternehmensseitig von Daimler Benz mit dem im Jahre 1993 vollzogenen Gang an die NYSE erreicht.[142] Es folgten weitere Unternehmen dem Trend zur internationalen Rechnungslegung.[143]

Diese verstärkte internationale Ausrichtung der Unternehmen und die in der internationalen Rechnungslegung aufgegriffene, wachsende Notwendigkeit zur Orientierung an den Informationsbedürfnissen der Investoren wurden vom deutschen Gesetzgeber erkannt und durch eine Reihe von Gesetzen umgesetzt.[144] Wesentlich für die Annäherung der deutschen Konzernrechnungslegung an internationale Standards war das am 01.07.1998 in Kraft ge-

---

[140] Ein weitergehender Rückblick findet sich z.B. bei *Coenenberg* (2005), S. 10ff., *Wussow* (2004), S. 20f.

[141] Vgl. *Coenenberg* (2005), S. 26, *Kammer* (2005), S. 104f., *Kußmaul/Tcherveniachki* (2005), S. 616. Auch die sog. „Prüferrichtlinie" (8. EG-Richtlinie) wurde in diesem Zusammenhang ins HGB umgesetzt, entfaltet aber für den hier untersuchten Themenbereich keine Relevanz. (Vgl. *Pellens/Fülbier/Gassen* (2006), S. 51.) Dabei war die 4. EG-Richtlinie, auch „Bilanzierungsrichtlinie" genannt, dazu bestimmt, über eine Harmonisierung der Rechtsvorschriften der EU-Mitgliedstaaten die Jahresabschlüsse im EU-Raum vergleichbarer zu machen, was angesichts der vielen Wahlrechte jedoch misslang. (Vgl. *Baetge/Kirsch/Tiehle* (2005), S. 27.) Ein positives Ergebnis war das Wahlrecht zur Anwendung des UKVs bei der Aufstellung der GuV. (Vgl. hierzu *Sill* (1995), S. 22.) Die 7. EG-Richtlinie („Konzernabschlussrichtlinie") strebte eine Vereinheitlichung der Konzernabschlüsse der EU-Länder an. Aus der Umsetzung dieser Richtline im HGB resultierten u.a. die Möglichkeit zur Abkopplung von Einzel- u. Konzernabschluss sowie Änderungen in Konsolidierungsmethodik u. -kreis. (Vgl. *Coenenberg* (1995), S. 2078. Vgl. *Kammer* (2005), S. 104ff. m.w.N. Vgl. auch *Baetge/Kirsch/Thiele* (2004b), S. 18. Vgl. ausf. zur Entwicklung des europäischen Konzernrechts *Albach/Klein* (1990), S. 1ff.)

[142] Aufgrund der Publizitätsanforderungen der SEC musste das deutsche Unternehmen zunächst in Form einer Überleitungsrechnung u. später als vollständigen Abschluss die Rechnungslegungsnormen der US-GAAP erfüllen. Vgl. *Gentz* (2001), S. 12.

[143] Wie z.B. der Bayer-Konzern, der jedoch die internationalen Rechnungslegungsnormen des IASB wählte. Vgl. *Kammer* (2005), S. 108, *Horváth/Arnaout* (1997), S. 258f. Vgl. hierzu auch weiterführend *Kammer* (2005), S. 110ff., der auch den „Siegeszug" der IFRS über die US-GAAP dokumentiert.

[144] Vgl. *Coenenberg* (2005), S. 20. Zunächst wurden im Jahre 1998 mit dem Erlass des Kapitalaufnahmeerleichterungsgesetzes (KapAEG) internationale Rechnungslegungsnormen für den Konzernabschluss börsennotierter deutscher Mutterunternehmen anerkannt. Der zu diesem Zweck eingefügte § 292a HGB a.F. (sog. „Öffnungsklausel") schaffte zunächst börsennotierten Mutterkonzernen die Option, einen befreienden Konzernabschluss nach internationalen Rechnungslegungsstandards (IFRS od. US-GAAP) zu erstellen. (Vgl. *Pellens/Fülbier/Gassen* (2006), S. 48, *Baetge/Kirsch/Thiele* (2004b), S. 20, *Coenenberg* (2005), S. 12, *Freidank/Velte* (2007), S. 742.) Diese bis zum 31.12.2004 befristete Regelung wurde durch das Kapitalgesellschaften u. Co-Richtlinien-Gesetz (KapCoRiLiG) vom 24.2.2000 auch auf Konzerne ausgeweitet, bei denen der organisierte Kapitalmarkt durch ein Tochterunternehmen in Anspruch genommen wurde. (Vgl. *Kammer* (2005), S. 109f., *Coenenberg* (2005), S. 28).

tretene Gesetz zur Kontrolle und Transparenz im Unternehmensbereich (KonTraG).[145] Nahezu einheitliche Anforderungen an die Bestandteile des Konzernabschlusses im Vergleich zu internationalen Normen resultierten im Jahr 2002 mit Verabschiedung des TransPuG.[146]

Die deutsche Börse griff als nächster in den Wandel der internationalen Rechnungslegung in Deutschland ein. Ab Anfang 2003 schrieb die dann gültige Börsenordnung (BörO) allen Unternehmen des Prime Standard der deutschen Börse die Aufstellung eines internationalen Konzernabschlusses verbindlich vor, wobei als internationale Vorschriften sowohl die IFRS als auch die US-GAAP anerkannt wurden.[147] Aus der in dieser Zeit möglichen freien Auswahl einer Konzernbilanzierung nach HGB, IFRS oder US-GAAP resultierte eine unbefriedigende Heterogenität der Rechnungslegung in Deutschland, mit der einer angestrebten internationalen Vergleichbarkeit eher entgegengewirkt wurde.[148] Aus diesem Grunde folgte der bisher bedeutendste Schritt der Harmonisierung der externen Rechnungslegung, die so genannte „IAS-Verordnung“ [149] der EU.[150] Mit diesem Schritt zur Erreichung einer Integration der europäischen Finanzmärkte wurde eine Entscheidung zu Gunsten der IFRS getroffen und eine Standardisierung der Rechnungslegungsvorschriften im EU-Raum erreicht.[151] In dieser Verordnung wird für alle kapitalmarktorientierten Unternehmen der Mitgliedstaaten ab 2005 verbindlich die Erstellung eines Konzernabschlusses nach IFRS

---

[145] Dieses schrieb börsennotierten Mutterunternehmen in Deutschland zusätzlich zu den bisher verpflichtenden Bestandteilen des hrl. Konzernabschlusses, namentlich die Konzernbilanz, Konzern-GuV u. Konzernanhang, auch noch eine Kapitalflussrechnung sowie eine Segmentberichterstattung vor (§ 297 (1) S. 2 HGB i.d.F. KonTraG). Vgl. *Coenenberg* (2005), S. 29, *Kammer* (2005), S. 110. Vgl. weiterführend zum KonTraG *Weber/Weißenberger/Liekweg* (1999), S. 39ff.

[146] TransPuG = Gesetzes zur weiteren Reform des Aktien- und Bilanzrechts, zu Transparenz und Publizität. Hierin wurde zusätzlich noch eine Eigenkapitalveränderungsrechnung als selbständiger Abschlussbestandteil vorgeschrieben (§ 297 (1) S. 2 HGB i.d.F. TransPuG). Vgl. *Pellens/Fülbier/Gassen* (2006), S. 48, *Coenenberg* (2005), S. 29 u. 553, *Hommel/Wüstemann* (2006), S. 15.

[147] Vgl. § 62 BörO. Vgl. *Kammer* (2005), S. 113, *Pellens/Fülbier/Gassen* (2006), S. 47.

[148] Vgl. *Coenenberg* (2005), S. 21, *Kammer* (2005), S.115f. m.w.N.

[149] *Pellens/Fülbier/Gassen* (2006), S. 49 u. S. 132, *Coenenberg* (2005), S. 30. Gemeint ist die EU-Verordnung 1606/2002 des Europäischen Parlaments u. des Rates vom 19.07. 2002 betreffend die Anwendung internationaler Rechnungslegungsstandards, Amtsblatt Nr. L 243 vom 11.09.2002, verabschiedet vom Ministerrat der EU am 06.06.2002. Zur rechtlichen „Durchgriffswirkung“ einer Verordnung vgl. *Küting/Weber* (2003), S. 522, *Kammer* (2005), S. 117f. Zum Anerkennungsverfahren der IFRS in der EU vgl. ebenda S. 120f.

[150] Diese löste die befristete Öffnungsklausel (§292a HGB a.F.) ab. Vgl. *Baetge/Kirsch/Thiele* (2004b), S. 20.

[151] Vgl. EU-Verordnung 1606/2002 Abs. 1 u. 2 sowie *Kußmaul/Tcherveniachki* (2005), S. 616, *D'Arcy* (2004), S. 119, *Kammer* (2005), S. 117. Die Wahl der IFRS u. damit die Ablehnung der US-GAAP, welche ebenfalls eine hohe internationale Akzeptanz genießen, ist u.a. deshalb getroffen worden, weil es sich bei den US-GAAP um nationale Rechnungslegungsnormen der USA handelt, wohingegen die IFRS als „international“ angesehen werden können. Ihnen liegt mit dem IASB eine überstaatliche Institution zugrunde, in denen auch EU-Mitgliedstaaten, z.B. Deutschland über den DRSC, vertreten sind u. dementsprechenden Einfluss auf die Rechnungslegungsnormen nehmen können. Vgl. hierzu *Coenenberg* (2005), S. 22, *Weißenberger/Stahl/Vorstius* (2004b), S. 16, *Klein* (1999a), S. 68. „Schätzungen zufolge werden 2005/2007 rund 90/130 Staaten die IFRS anwenden“, *Freidank/Velte* (2007), S. 744.

vorgeschrieben.[152] Den Mitgliedstaaten wurden durch die „IAS-Verordnung" darüber hinaus Wahlrechte eingeräumt, den Anwendungsbereich der IFRS-Rechnungslegungspflichten weiter auszudehnen. Dieses Wahlrecht wurde in Deutschland mit Verabschiedung des Bilanzrechtsreformgesetzes (BilReG) vom 4.12.2004 ausgeübt.[153] Zunächst regelt der in das HGB in diesem Zusammenhang eingeführte § 315a HGB n.F. als Nachfolger der Öffnungsklausel die Befreiung der unter die EU-Verordnung fallenden Unternehmen von einer Konzernrechnungslegungspflicht nach hrl. Normen.[154] Dabei wird jedoch in Absatz 2 die Kapitalmarktorientierung als Kriterium zur verpflichtenden Aufstellung eines IFRS-Konzernabschlusses auch auf solche Konzerne ausgedehnt, die einzig die Zulassung zu einem organisierten Kapitalmarkt besitzen.[155] Darüber hinaus wird im Zuge der Umsetzung der Wahlrechte aus der „IAS-Verordnung" allen konzernrechnungslegungspflichtigen Unternehmen mit § 315a (3) HGB n.F. das Wahlrecht zur befreienden Aufstellung eines IFRS-konformen Konzernabschlusses zugestanden.[156]

Auch die Rechnungslegung im Bereich des hrl. Einzelabschlusses ist vom BilReG betroffen. Zum Zwecke der Offenlegung räumt der deutsche Gesetzgeber mit dem § 325 (2a) HGB n.F. Unternehmen das Wahlrecht ein, einen Einzelabschluss nach HGB oder IFRS zu publizieren. In jedem Fall muss aber ein hrl. Einzelabschluss aufgrund der mit ihm verbundenen Rechtsfolgen vom Unternehmen aufgestellt werden, sodass die Erstellung des Einzelabschlusses nach IFRS lediglich zusätzlich im Wege der Erfüllung des Offenlegungszweckes des Einzelabschlusses erfolgen kann.[157] Weitere Anpassungen im Kontext der Angleichung der hrl. an internationale Rechnungslegungsvorschriften sind durch das geplante Bilanzrechtsmodernisierungsgesetz durch den Gesetzgeber beabsichtigt.[158]

---

[152] Ein Gemeinschaftsunternehmen ist nach Abs. 17 der Verordnung dann kapitalmarktorientiert, wenn seine Wertpapiere zum Handel an einem geregelten Gemeinschaftsmarkt zugelassen sind. Dabei kann es sich sowohl um Eigenkapital- als auch um Fremdkapitaltitel handeln. Ausgenommen bis 2007 sind europäische Unternehmen, die (noch) nach US-GAAP bilanzieren od. nur unter die Definition eines kapitalmarktorientierten Unternehmens fallen, weil sie Fremdkapitaltitel emittiert haben. Vgl. auch *Pellens/Fülbier/Gassen* (2006), S. 49, *Küting/Weber* (2003), S. 552, *Coenenberg* (2005), S. 12.

[153] Vgl. ausf. zum BilReG *Wendlandt/Knorr* (2005), S. 53.

[154] Vgl. *Kußmaul/Tcherveniachki* (2005), S. 617, *Pellens/Fülbier/Gassen* (2006), S. 50.

[155] Vgl. *Coenenberg* (2005), S. 22, *Kußmaul/Tcherveniachki* (2005), S. 617f.

[156] Vgl. *Pellens/Fülbier/Gassen* (2006), S. 50, *Coenenberg* (2005), S. 22.

[157] Vgl. *Coenenberg* (2005), S. 12 u. S. 22, *Pellens/Fülbier/Gassen* (2006), S. 50f.

[158] Vgl. *Freidank/Velte* (2007), S. 744, *Kußmaul/Tcherveniachki* (2005), S. 618, *Coenenberg* (2005), S. 12, *Wendlandt/Knorr* (2005), S. 57. Die in Deutschland damit weitgehend vollzogene Anerkennung der Rechnungslegung nach IFRS wurde jüngst auch international durch die amerikanische Börsenaufsicht (SEC) bestätigt, welche die Zahlen eines IFRS-Abschlusses für das sog. Cross-Border-Listing an der NYSE nach langem Zögern seit dem 15. November 2007 akzeptiert. Vgl. *IASB* (2007), S. 1, *O. V.* (2007), S. 710, *O. V.* (2008b), S. 120. Vgl. zum Konvergenzprojekt *Erchinger/Melcher* (2007), S. 245ff.

2.3 Rechnungswesen

2.3.1 Externes Rechnungswesen

„Als betriebliches ***Rechnungswesen*** *bezeichnet man die systematische, regelmäßig und/oder fallweise durchgeführte Erfassung, Aufbereitung und Übermittlung der das Betriebsgeschehen betreffenden quantitativen Daten (Mengen- und Wertgrößen) mit dem Ziel, sie für Planungs-, Steuerungs- und Kontrollzwecke innerhalb des Betriebes sowie zur Information und Beeinflussung von Außenstehenden (z.B. Eigenkapitalgebern, Gläubigern, Gewerkschaften, Staat) zu verwenden.“*[159] Sowohl das interne als auch das externe Rechnungswesen werden einzeln in Bezug auf die Dimensionen Aufgaben, Zeitbezug, Empfängerkreis, Basisrechengrößen, Bezugsobjekte und den Wiederholungscharakter vorgestellt,[160] wobei das externe Rechnungswesen in diesem Abschnitt thematisiert ist.

Das externe Rechnungswesen ist der Teil der Unternehmensrechnung, der den Anforderungen und Zwecken externer Rechnungslegungsnormen entsprechend Informationen für Unternehmensexterne im Unternehmen generiert.[161] Dabei können sowohl das HGB als auch die internationalen Rechnungslegungsstandards IFRS als Vorgaben verpflichtend sein und entsprechend zur Anwendung kommen. In Deutschland besteht für kapitalmarktorientierte Unternehmen die Pflicht zur Aufstellung eines Konzernabschlusses nach IFRS. Darüber hinaus wird jedoch auch noch ein hrl. Einzelabschluss zur Erfüllung der Zahlungsbemessungsfunktionen verlangt.[162] Das bedeutet für das externe Rechnungswesen an vielen Stellen eine parallele Abbildung der Geschäftsvorfälle in beiden Normensystemen bzw. aufwendige Überleitungsrechnungen. Daneben sind auch noch steuerrechtliche Regelungen zu berücksichtigen.[163]

Grundsätzlich werden im externen Rechnungswesen sämtliche Geschäftsvorfälle und Geschäftsbeziehungen abgebildet, die sich aus den Interaktionen des Unternehmens mit seiner Umwelt ergeben und ihre jeweiligen Konsequenzen auf die Vermögens-, Finanz- und Ertragslage dokumentiert.[164] Im Bereich des externen Rechnungswesens sind also die Grund-

---

[159] *Hummel/Männel* (1986), S. 4. Vgl. zum Begriff Rechnungswesen im Kontext der Konvergenz auch *Wussow* (2004), S. 8ff., *Hebeler* (2003), S. 11ff.

[160] Die hier vorgenommene Dimensionierung des betriebl. Rechnungswesens lehnt sich an Hebeler an. Vgl. *Hebeler* (2003), S. 46ff. Ergänzend wurde die Dimension des Bezugsobjektes eingeführt.

[161] Vgl. *Schneider* (1997), S. 29.

[162] Vgl. hierzu Abschn. 2.1.1 u. 2.2.

[163] Vgl. hierzu weiterführend die Ausführungen im Abschn. 2.5.2.1 zur Konvergenz.

[164] Vgl. *Hummel/Männel* (1986), S. 4, *Melcher* (2002), S. 19.

rechnungen der Finanzbuchhaltung zu finden, aus denen sich der Jahresabschluss ableitet. Vermögen und Kapital sowie Aufwendungen und Erträge als periodisierte Ein- und Auszahlungen sind dabei die **Grundrechengrößen** im externen Rechnungswesen. Gleichzeitig spielen aber auch Einzahlungen und Auszahlungen als relevante Basisgrößen der Kapitalflussrechnung eine Rolle sowie speziell zur steuerlichen Gewinnermittlung Betriebseinnahmen und -ausgaben.[165] Die Begriffsinhalte der Basisgrößen bestimmen, wie innerhalb des externen Rechnungswesens die abzubildenden Sachverhalte in Zahlen transformiert werden müssen und sind somit ein wesentliches Strukturelement der Rechnung.[166]

Betrachtet man die **zeitliche Dimension** als einen Strukturparameter des externen Rechnungswesens, so werden sowohl zeitpunktbezogene Rechnungen wie die Bilanz zur Abbildung von Bestandsgrößen als auch zeitraumbezogene Rechnungen wie die GuV verwendet, um realisierte Tatbestände in Form von vergangenheitsorientierten Ist- bzw. Nachrechnungen abzubilden.[167] Der Vorteil der Darstellung nahezu ausschließlich bereits verwirklichter Sachverhalte ist eine hohe Objektivität und Zuverlässigkeit der Daten aus dem externen Rechnungswesen.[168] Diesen Eigenschaften wird ein großer Wert beigemessen, da die Empfänger der Informationen Unternehmensexterne sind, die naturgemäß einen Informationsnachteil ggü. der Unternehmensführung haben (sog. Informationsasymmetrie) und folglich verlässlich normierte Informationen benötigen.

Dieser Aspekt soll kurz beispielhaft für die konfliktäre Beziehung zwischen Eignern und Management verdeutlicht werden, da diese für das Verständnis des externen Rechnungswesens und der zugrunde liegenden Rechnungslegungsnormen hohe Relevanz hat.[169] Die Eigentümer einer Unternehmung delegieren in der Regel die Unternehmensleitung an das Management. Infolgedessen besitzen sie wenig Einblick in das tatsächliche Geschäftsgeschehen und die Aktivitäten innerhalb ihres Unternehmens. Der aus dem Delegationsverhältnis resultierende Konflikt, sowie die mit ihm einhergehenden Risiken werden in der Theorie durch das Principal-Agenten-Problem aufgegriffen.[170] Der Informationsvorteil des

---

[165] Vgl. *Hebeler* (2003), S. 57.

[166] Vgl. *Hebeler* (2003), S. 47. Zu den Grundrechengrößen ausf. *Hummel/Männel* (1986), S. 63ff.

[167] Vgl. *Küpper* (2005), S. 133.

[168] Vgl. *Küpper* (2005), S. 133.

[169] Die IFRS fokussieren nicht nur den Investor u. die Vermittlung entscheidungsrelevanter Informationen ganz allgemein, sondern nehmen den hier genannten Konflikt explizit in F.14 auf, indem sie dem Investor anhand der IFRS-Daten auch eine Managementbeurteilung ermöglichen wollen. Aus der vermehrten Trennung zw. Eignern u. der Verfügungsmacht vor dem Hintergrund unvollständiger Verträge u. Informationsasymmetrien resultierte auch die Corporate Governance. Vgl. *Paetzmann* (2005), S. 295ff.

[170] Vgl. *Melcher* (2002), S. 32. Vgl. grundlegend zum Prinzipal-Agenten-Theorem z.B. *Christensen* (2002), S. 28ff., *Laux* (2006), S. 198ff., *Fritsch/Wein/Ewers* (2007), S. 282ff.

Managements ist besonders vor dem Hintergrund kritisch zu sehen, dass opportunistisches Verhalten nur unzureichend von den Eignern kontrolliert und sanktioniert werden kann. Das externe Rechnungswesen fungiert hier als Kommunikationsinstrument und Bindeglied zwischen dem Unternehmen und den Eigentümern, welches die Informationsasymmetrien mit verlässlichen und meist sogar durch einen WP geprüften Jahresabschlussinformationen auszugleichen versucht.[171] In diesem Kontext gewinnt die wertorientierte Unternehmenssteuerung auf den internationalen Kapitalmärkten an Bedeutung, da hierdurch eine Zielkongruenz zwischen Eignern und Management erreicht werden soll.[172]

Das wesentlichste Strukturmerkmal einer Rechnung sind die ihr zugeordneten Aufgaben. Das externe Rechnungswesen ist in seinen **Zwecken** darauf ausgerichtet, die Zahlungsbemessungsfunktion für Eigentümer und Fiskus zu erfüllen, sowie darüber hinaus der notwendigen Dokumentations- bzw. Informationsfunktion der Rechnungslegung nach zu kommen.[173] Es werden daher nur Informationen bereitgestellt und entsprechend generiert, die zum einen den gesetzlichen Vorgaben der Rechnungslegungsnormen entsprechen und zum anderen für die Öffentlichkeit, sprich die externen Adressaten, bestimmt sind. In Anlehnung an die jeweils maßgeblichen Pflichten aus den zugrunde liegenden Normen der Rechnungslegung wird das Ergebnis des externen Rechnungswesens in Form eines Einzel- bzw. Konzernabschlusses (oder der Steuerbilanz) den Rechnungslegungsadressaten offen gelegt und damit die wirtschaftliche Lage des Unternehmens in normierter Form nach außen kommuniziert.

Das **Bezugsobjekt** als weiteres Charakteristikum einer Rechnung ist im externen Rechnungswesen regelmäßig die Unternehmung als Ganzes. Lediglich in der Segmentberichterstattung werden die aggregierten Jahresabschlussdaten auf einzelne, dennoch recht grobe Segmente verteilt, sodass der Jahresabschluss insgesamt hoch verdichtete Daten enthält.

Nach *Schneider* bestimmt sich der Rechnungszweck aus den Informationsbedürfnissen der **Adressaten** einer Rechnung.[174] Das bedeutet, dass ein weiterer Aspekt in der Struktur einer

---

[171] Vgl. hierzu ausf. *Marten/Quick/Ruhnke* (2003), S. 27ff.

[172] Vgl. zur Wertorientierung als Unternehmenskontrolle von außen *Günther* (1997), S. 33ff.

[173] Vgl. *Küpper* (1998), S. 151, *Wagenhofer/Ewert* (2003), S. 4ff. Vgl. ausf. zum Zwecksystem des Jahresabschlusses *Baetge/Kirsch/Tiehle* (2005), S. 94ff. Vgl. auch *Melcher* (2002), S. 28ff., *Hebeler* (2003), S. 57. Eine ausf. Literaturauswertung der Zwecke des externen Rechnungswesens findet sich auch bei *Littkemann* (1998a), S. 1974. Zur historischen Entwicklung der Bilanzierungszwecke siehe *Coenenberg* (1995), S. 2077f. Aktuell wird der Zweck der Rechenschaft in der externen Rechnungslegung nach IFRS diskutiert u. vom IASB u. FASB im Rahmen des Conceptual-Framework-Projektes als redundant erachtet bzw. als implizit über die decision usefulness abgedeckt. Vgl. *Coenenberg* (2008), S. 17ff.

[174] Vgl. *Schneider* (1995), S. 205.

Rechnung die Informationsempfänger und ihre Informationsbedürfnisse sind. Die Adressaten der mittels des externen Rechnungswesens generierten Informationen sind diverse Unternehmensexterne, wie bspw. Eigentümer, Fiskus, Gläubiger, Lieferanten, Mitarbeiter, sowie die interessierte Öffentlichkeit.[175] Auf die damit verbundene Zweckpluralität sowie die korrespondierenden Probleme sei an dieser Stelle nur hingewiesen.

Abschließend kann in Bezug auf die Kennzeichen des externen Rechnungswesens noch der **Wiederholungscharakter** der Rechnungen betrachtet werden. Dabei handelt es sich wegen der gesetzlichen Normierung regelmäßig um laufende und periodische Systeme, und nur in Einzelfällen, wie bei Fusion oder Umwandlung, sind fallbezogene Auswertungen vorzunehmen.[176]

Nachdem das externe Rechnungswesen mit seinen zentralen Charakteristika vorgestellt wurde, folgt die Darstellung des internen Rechnungswesens. Zusammenfassend werden in Abschn. 2.4 dann die wesentlichen Unterschiede beider Teilbereiche des Rechnungswesens aufgezeigt und anhand einer tabellarischen Übersicht gegenübergestellt.

2.3.2 Internes Rechnungswesen

Das interne Rechnungswesen unterscheidet sich wesentlich vom externen Rechnungswesen, da bei dessen Inhalten und Zwecken keine rechtlichen Normen zu erfüllen sind. Es dient der Selbstinformation des Unternehmens und stellt somit ein freiwilliges Informationsinstrument der Unternehmensleitung und des Managements dar, welches nach individuellen Bedürfnissen und Wünschen gestaltet werden kann.[177]

Als erste Dimension des internen Rechnungswesens können folglich die Unternehmensleitung bzw. das Management als **Adressaten** festgehalten werden. Wie beim externen Rechnungswesen gilt auch hier, dass der Rechnungszweck grds. immer in Abhängigkeit von den Informationsbedürfnissen der Rechnungsadressaten zu sehen ist.[178]

Daher lassen sich Dokumentations- und Kontrollaufgaben sowie die Planung und Steuerung im Falle des internen Rechnungswesens als **Zwecke** ableiten.[179] In Teilbereichen dient

---

[175] Vgl. zu den einzelnen externen Adressaten der Rechnungslegung *Pellens/Fülbier/Gassen* (2006), S. 4ff.
[176] Vgl. *Hebeler* (2003), S. 58.
[177] Vgl. *Ewert/Wagenhofer* (2005), S. 4f., *Schneider* (1997), S. 30, *Männel* (1999b), S. 12.
[178] Vgl. *Schneider* (1995), S. 205, *Küpper* (1998), S. 151ff., *Bruns* (1999), S. 592f.
[179] Vgl. *Küpper* (1998), S. 151, *Küpper* (2005), S. 131f. Vgl. auch *Horváth* (2006), S. 391f.

das interne Rechnungswesen auch als „Datenlieferant“ für das externe Rechnungswesen, so z.B. bei der Bewertung von fertigen und unfertigen Erzeugnissen.[180]

Das interne Rechnungswesen wird zur optimalen Erfüllung dieser Aufgaben nach unternehmensspezifischen Anforderungen individuell ausgestaltet, wobei sich diese Gestaltungsflexibilität auch in den folgenden Dimensionen widerspiegelt. So kann bspw. bei dem **Bezugsobjekt** der Rechnungen eine wahre Fülle je nach verfolgtem Zweck beobachtet werden. Die Bezugsobjekte des internen Rechnungswesens reichen von der Gesamtunternehmensperspektive über die Sparten, Segmente oder Regionen bis hin zu einer sehr differenzierten Betrachtung einzelner Produkte, Kunden oder Investitionsobjekte.

Als weiteres Strukturmerkmal des internen Rechnungswesens wird die **zeitliche Dimension** betrachtet. Dabei sind sowohl Rechnungen mit Vergangenheitsbezug, wie etwa die Kontroll- oder Dokumentationsrechnungen, als auch mit Zukunftsbezug (kurz-, mittel- und langfristig) in Form der Planungs- und Steuerungsrechnungen vertreten. Diese Rechnungen beziehen sich entweder auf einen spezifischen Zeitpunkt, z.B. bei einer konkreten Entscheidungssituation oder werden zeitraumbezogen, etwa zur Dokumentation der Leistung innerhalb eines bestimmten Unternehmensfeldes, erstellt.[181]

Neben den Strukturmerkmalen der Adressaten, Zwecke, Bezugsobjekte und des Zeitbezugs ist auch die **Basisgröße** einer Rechnung von Bedeutung.[182] Je nach Bedarf werden im internen Rechnungswesen sowohl pagatorische Größen analog zum externen Rechnungswesen verwandt, darüber hinaus aber auch kalkulatorische Größen, wie z.B. kalkulatorische Abschreibungen oder Opportunitätskosten, die sich auf den Güter- und Werteverzehr beziehen. In den Investitions- und Finanzierungsrechnungen sind bspw. Ein- und Auszahlungen die wesentlichen Basisgrößen, wohingegen die Kosten- und Leistungsrechnung auf eben diesen Kosten und Leistungen basiert.[183]

Auch der **Wiederholungscharakter** des internen Rechnungswesens richtet sich individuell nach dem verfolgten Zweck. Der Regelfall sind laufende und periodische Rechnungen, wie dies auch im externen Rechnungswesen üblich ist. Darüber hinaus stellen aber beispiels-

---

[180] Vgl. *Hebeler* (2003), S. 58 u. S. 108f.
[181] Vgl. *Hebeler* (2003), S. 46.
[182] Vgl. *Hebeler* (2003), S. 46f.
[183] Vgl. zu den Rechengrößen des Rechnungswesens *Baetge/Kirsch/Tiehle* (2005), S. 1ff.

weise die Investitionsrechnungen, Produkt- und Auftragskalkulationen sowie strategische Planungen fallbezogene Rechnungen dar.[184]

Den wesentlichen Dimensionen des internen Rechnungswesens folgt im nächsten Abschnitt eine Gegenüberstellung der beiden Systeme des Rechnungswesens vor dem Hintergrund des traditionellen deutschen Zweikreissystems.

2.3.3 Wesentliche Unterschiede der beiden Teilsysteme vor dem Hintergrund des traditionellen deutschen Zweikreissystems

Die wesentlichen Merkmale von externem und internem Rechnungswesen, welche in den vorangegangenen Abschnitten aufgezeigt wurden, sollen an dieser Stelle noch einmal in tabellarischer Form gegenübergestellt werden. Im Zuge des sich anschließenden verbalen Vergleichs wird das deutsche Zweikreissystem des Rechnungswesens deutlich.[185]

[184] Eine sehr gute zusammenfassende Gegenüberstellung der Strukturmerkmale von internem u. externem Rechnungswesen findet sich bei *Hebeler* (2003), S. 60. Für einen komprimierten Vergleich der Ziele von externem u. internem Rechnungswesen siehe z.B. *Kirsch/Ewelt* (2008), S. 318ff.

[185] Vgl. zu den hier nicht näher thematisierten historischen Gründen des deutschen Zweikreissystems z.B. *Coenenberg* (1995), S. 2077, *Kerkhoff/Thun* (2007), S. 455. Vgl. im Kontext nationaler Unterschiede im Vergleich zur USA auch *Kajüter* (2008), S. 348ff. m.w.N.

Rechnungssystem Strukturmerkmal	Externes Rechnungswesen	Internes Rechnungswesen
Rechnungszwecke	Gesetzlich vorgegeben: - Zahlungsbemessungsfunktion (Eigner u. Steuer) - Dokumentation u. Rechenschaftslegung - Ggf. Grundlage für weitere Rechtsfolgen	Informationsfunktion des Managements in Form einer Planungs- und Steuerungsrechnung sowie zur Dokumentation und Kontrolle
Grundprinzip	Gläubigerschutz und daraus abgeleitet Vorsichtsprinzip	Rationalität/Zweckmäßigkeit (ökonomische Betrachtungsweise)
Adressaten	Verschiedene Unternehmensexterne, wie z.B. Eigentümer, Gläubiger, Fiskus, Mitarbeiter	Unternehmensleitung bzw. Management
Basisgrößen	Vermögen und Kapital, Aufwendungen und Erträge, teilweise auch Ein- und Auszahlungen (Kapitalflussrechnung) und Betriebseinnahmen und Ausgaben in der steuerlichen Gewinnermittlung	Je nach Rechnung und Rechenzweck verschieden: - Kosten und Leistungen - Aufwendungen und Ertrag - Ein- und Auszahlungen
Zeitbezug	Retrospektiv, zeitraum- als auch zeitpunktbezogen. Periodische Rechnungen (Quartal, Jahr)	Retro- und prospektiv, zeitraum- und zeitpunktbezogen, ein- oder mehrperiodig
Bezugsobjekte	Unternehmung, Segmente	Vielfältig, z.B. Unternehmen, Sparten, Regionen, Produkte (-gruppen), einzelne Investitionsobjekte, Aufträge, Stück usw.
Wiederholungscharakter	Laufend	Laufend und fallbezogen

Tab. 1: Strukturmerkmale von externem und internem Rechnungswesen.[186]

Folgt man *Schneider*, so gilt als oberster Grundsatz eines aussagefähigen Rechnungswesens, dass aus dem Rechnungszweck über das Rechnungsziel der Rechnungsinhalt bestimmt wird.[187] In diesem Zusammenhang wurde bereits mehrfach angesprochen, dass sich der Rechnungszweck nach den Wissenswünschen der Rechnungsadressaten richtet.[188] Der Fokus auf verschieden Adressaten beider Teilsysteme ist daher die primäre Ursache für die strikte Zweiteilung des Rechnungswesens, dem so genannten „Zweikreissystem“, welches in der deutschen Theorie und Praxis (noch) vorherrschend ist. Nach dem klassischen Verständnis erfüllt das interne Rechnungswesen eine Dokumentations-, Kontroll- sowie Steuerungs- und Planungsaufgabe, wohingegen das externe Rechnungswesen die Aufgaben der Rechenschaftslegung, Information und insbesondere der Zahlungsbemessung zu erfüllen

[186] Eigene Darstellung in Anlehnung an *Hebeler* (2003), S. 60, *Jonen/Lingnau* (2005), S. 283f.
[187] Vgl. *Schneider* (1997), S. 33 u. S. 45.
[188] Vgl. *Schneider* (1997), S. 205, *Küpper* (1998), S. 151ff.

hat.[189] Aus den verschiedenen Zwecken der beiden Teilbereiche des Rechnungswesens begründen sich auch die Unterschiede in den weiteren Dimensionen der Rechnungen. Betrachtet man z.B. die zeitliche Dimension, so wird in dem auf pagatorischen Größen basierenden externen Rechnungswesen nahezu ausschließlich über die vergangenen Perioden Rechnung gelegt. Die Zwecke des internen Rechnungswesens erfordern anhand von Planungs-, Kontroll- und Steuerungsrechnungen auch die Zukunftsperspektive mittels Soll- und Plangrößen zu berücksichtigen. Auch der Detaillierungsgrad in beiden Rechnungen ist verschieden. Das externe Rechnungswesen hat oft eine tiefer gehende Untergliederung im Kontenplan, d.h. eine größere Informationstiefe, wohingegen das interne Rechnungswesen eine größere Informationsbreite vorweist, also die einzelnen Management-Einheiten stärker differenziert.[190] Im Ergebnis berücksichtigt das externe System deutlich weniger Objekte und innerhalb dieser werden auch nur Ist-Informationen gespeichert, wohingegen im internen Rechenkreis auch Plan-, Soll- und Kann-Informationen verwandt werden.[191]

Ewert und *Wagenhofer* identifizieren die strukturellen Unterschiede in den Beziehungen zwischen Informationsquelle und Informationsadressat des jeweiligen Rechnungssystems als Ursache des existierenden Dualismus.[192] Zielkonflikte zwischen den beiden Gruppen treten insb. dann auf, wenn wie im Bereich des externen Rechnungswesens die Ersteller deutlich bessere Informationen besitzen und darüber hinaus unter Umständen noch verschiedene Zielsetzungen verfolgen.[193] Daher bedarf es hier einer institutionellen Regulierung und Kontrolle der bereitgestellten Informationen.

Die Zweiteilung der beiden Systeme des Rechnungswesens wird in der beispielhaft angeführten Definition des Rechnungswesens von *Beschorner* und *Peemöller* deutlich: *„Das Rechnungswesen erfasst zahlenmäßig vergangenheits- und/oder zukunftsorientierte betriebliche Erscheinungen, insb. Geld- und Leistungsströme und liefert Informationen über betriebliche Tatbestände und Vorgänge. Es enthält Bereiche, die teils nach Form und/oder Inhalt von außen vorgegeben sind (Erfüllung der externen Informationsaufgabe), teils dem Entscheidungsspielraum der Unternehmensleitung unterliegen (Erfüllung der internen*

[189] Vgl. Abschn. 2.3.1 u. Abschn. 2.3.2. Vgl. auch *Wussow* (2004), S. 10 m.w.N.
[190] Vgl. *Kammer/Schuler* (2001), S. 146f.
[191] Vgl. *Kammer* (2005), S. 185.
[192] Vgl. *Ewert/Wagenhofer* (2005), S. 4.
[193] Vgl. *Ewert/Wagenhofer* (2005), S. 4. Vgl. in diesem Kontext die Ausführungen zum Konflikt zw. Eignern u. Management in Abschn. 2.3.1. Anders als bei Ewert u. Wagenhofer wird in dieser Arbeit auch im internen Verhältnis von Zielkonflikten u. Informationsungleichgewichten ausgegangen. So seien bspw. die im Unternehmen bestehenden Zielkonflikte u. Informationsasymmetrien zw. der Management-Holding u. den Reportingeinheiten angeführt.

Informationsaufgabe).“[194] Obwohl beiden Systemen die gleiche allgemeine Informationsfunktion zugrunde liegt, wird diese im externen Rechnungswesen stark durch die Reglementierungen des Gesetzgebers definiert und aufgrund der verfolgten Zweckpluralität beeinträchtigt. Grundsätzlich sind beides Informationssysteme, welche quantitative Größen abbilden, um den betrieblichen Leistungserstellungsprozess zu dokumentieren (Dokumentationsaufgabe), die Leistungserstellung und -verwendung zu überwachen (Kontrollaufgabe) sowie zukünftige Entscheidungen mittels Wirtschaftlichkeitsbeurteilungen zukünftiger Ereignisse zu fundieren (Dispositionsaufgabe).[195]

Bevor die Untersuchungen dieser Auswirkungen auf das Controlling durch die IFRS in Abschnitt 2.5 dargestellt werden, soll im nachfolgenden Gliederungspunkt noch einmal ein zusammenfassender tabellarischer Überblick gegeben werden, welcher die Ergebnisse der Rechnungslegung mit denen des Rechnungswesens kombiniert

2.4 Rechnungslegung und Rechnungswesen vor dem Hintergrund der Harmonisierung: Ein zusammenfassender Überblick

An dieser Stelle werden die wesentlichen Unterschiede des externen Rechnungswesens auf Basis der Rechnungslegung nach HGB und IFRS sowie des internen Rechnungswesen noch einmal tabellarisch zusammengefasst.

---

[194] *Beschorner/Peemöller* (1995), S. 180.

[195] Vgl. *Wussow* (2004), S. 9 m.w.N.

Kriterien	Externes Rechnungswesen nach HGB	Externes Rechnungswesen nach IFRS	Traditionelles internes Rechnungswesen
Adressaten	Unterschiedliche externe Informationsempfänger, z.B. Eigentümer, Fiskus, Gläubiger, Mitarbeiter.	Unterschiedliche externe Informationsempfänger, insb. potentielle und aktuelle Investoren Management	Ausschließlich interne Informationsempfänger: Unternehmensleitung, Management, sonstige betriebliche Entscheidungsträger
Zwecke der Rechnungen	Zahlungsbemessungsfunktion (Eigentümer und Fiskus), Informations- und Dokumentationsfunktion	Informationsfunktion	Informationsfunktion
Erfordernis zur Erstellung	Gesetzliche Verpflichtungen	Gesetzliche Verpflichtungen	Grundsätzlich freiwillig
Definition der Inhalte **(Vorgabenbasis)**	Extern normiert, z.T. Wahlrechte (Nationale Gesetzgebung)	Extern normiert, z.T. Wahlrechte (Supranationaler Standard)	Unternehmensleitung bzw. Management (Individuelle Gestaltbarkeit)
Instrumente	Bilanz GuV Anhang Ggf. Lagebericht, Segmentberichterstattung, Eigenkapitalspiegel, Kapitalflussrechnung	Bilanz GuV Anhang Lagebericht Segmentberichterstattung Eigenkapitalspiegel Kapitalflussrechnung	Kostenartenrechnung Kostenstellenrechnung Kostenträgerrechnung Ergebnisrechnung Investitionsrechnung Finanzierungsrechnung
Betrachtungsebenen	Konzern Teilkonzern Rechtliche Einheiten	Konzern Teilkonzern Segmente	Konzern Teilkonzern Geschäftsbereich Segment Zusätzlich: Managementeinheiten, Region, Kunde, Projekt, Kostenstelle, Produkt u.a.
Frequenz der Informationen	Jahresabschlüsse Zwischenberichterstattung	Jahresabschluss Zwischenberichterstattung bzw. Quartalsabschlüsse	Quartalsberichte Monatsbericht ggü. auch Wochen- oder Tagesauswertungen
Zielrichtung der Betrachtung	Vergangenheit Zukunft: als Ausblick, ggf. im Lagebericht	Vergangenheit Zukunft: teilweise in den Wertansätzen enthalten, Lagebericht	Zukunft Vergangenheit als Vergleichsperiode
Betrachtungsperioden	Vorjahr (e)	Vorjahr (e)	Vorjahr: Plan und Ist Aktuell: Plan und Ist Folgejahre
Prinzipien	Grundsatz der Pagatorik Vorsichtsprinzip Realisationsprinzip Imparitätsprinzip	Grundsatz der Pagatorik Fair presentation Darstellung entscheidungsrelevanter Informationen Accrual basis u. Going Concern	Ansatz kalkulat. Kosten Verursachungsgerechte Zuordnung Entscheidungsorientierung

Tab. 2: Zusammenfassung der Unterschiede zw. dem externen Rechnungswesen nach HGB und IFRS und dem traditionellen internen Rechnungswesen.[196]

[196] Quelle: Eigene Darstellung in Anlehnung an *Wussow* (2004), S. 24.

2.5 Grundlegende Auswirkungen der Harmonisierung auf das Controlling

2.5.1 Controlling und sein Bezug zum (traditionellen) Rechnungswesen als Anknüpfungspunkt für die Veränderungen aus der Harmonisierung

Controlling wird hier, wie bereits im Abschnitt 1.2.2.1.2 ausgeführt, als Rationalitätssicherung der Führung nach *Weber* verstanden. Vor dem Hintergrund der Themenstellung kommt dem im Aufgabenspektrum des Controllings enthaltenen zentralen Dienstleistungsbereich der Informationsbeschaffung und Aufbereitung eine besondere Stellung zu. Als wichtigstes Instrument der Erzeugung betrieblicher Informationen stellt das **Rechnungswesen** einen **Teil** des **Informations-Entscheidungs-Zyklus** dar,[197] der im Rahmen der zielsetzungsgerechten Entscheidungsvorbereitung und Rationalitätssicherung in den Aufgaben- und Verantwortungsbereich des Controllings fällt. Damit ist das traditionell eher unternehmensintern ausgerichtete Controlling über seine Aufgabe als Informationslieferant mit dem internen Rechnungswesen verknüpft.[198] Es dient den Zielen und Aufgaben des Controllings und obliegt demzufolge in seiner Gestaltung eben diesem.[199] Das Rechnungswesen in seiner klassischen Zweiteilung ist also im Controlling tief verwurzelt, sodass Veränderungswirkungen in diesem Bereich unmittelbar auf die Aufgaben und Funktionen des Controllings durchschlagen.[200] Genau dies bewirkt der Harmonisierungsprozess in Deutschland in sehr ausgeprägtem Maße.[201]

Zentraler Impulsgeber der Neuausrichtung im Controlling ist die Harmonisierungsbewegung der Rechnungslegung, wobei in den Unternehmen die Internationalisierung der Geschäftstätigkeit sowie die Kapitalmarktorientierung wichtige Treiber waren.[202] Aus einer konzeptionell anderen Sichtweise und Zielsetzung in den IFRS im Vergleich zum HGB werden Veränderungen einerseits direkt bedingt, andererseits regen diese aktuellen Änderungen der Rahmenbedingungen aus ökonomischen Überlegungen auch zu weitergehenden internen Anpassungsmaßnahmen an. Die in diesem Zusammenhang entstehenden Veränderungswirkungen im Controlling sind in Abbildung 4 zunächst visuell dargestellt und werden im Anschluss komprimiert bzw. im folgenden Abschnitt detailliert erläutert.

---

[197] Vgl. *Küpper* (2005), S. 128, *Coenenberg* (2005), S. 9.
[198] Vgl. *Reichmann* (1993), S. 136, *Deyhle* (2003), S. 84, *Kley* (2006), S. 150.
[199] Vgl. *Kirsch/Steinhauer* (2003), S. 417.
[200] Vgl. zum zweigeteilten Rechnungswesen grundlegend Abschn. 2.3. Für allg. Gestaltungsaspekte eines Controlling integrierenden Rechnungswesens siehe z.B. *Richter* (2004), S. 125ff.
[201] Vgl. hierzu detailliert Abschn. 2.2.
[202] So auch *Kajüter* (2008), S. 352ff. Siehe hierzu auch Abschn. 2.2 zum Harmonisierungsprozess.

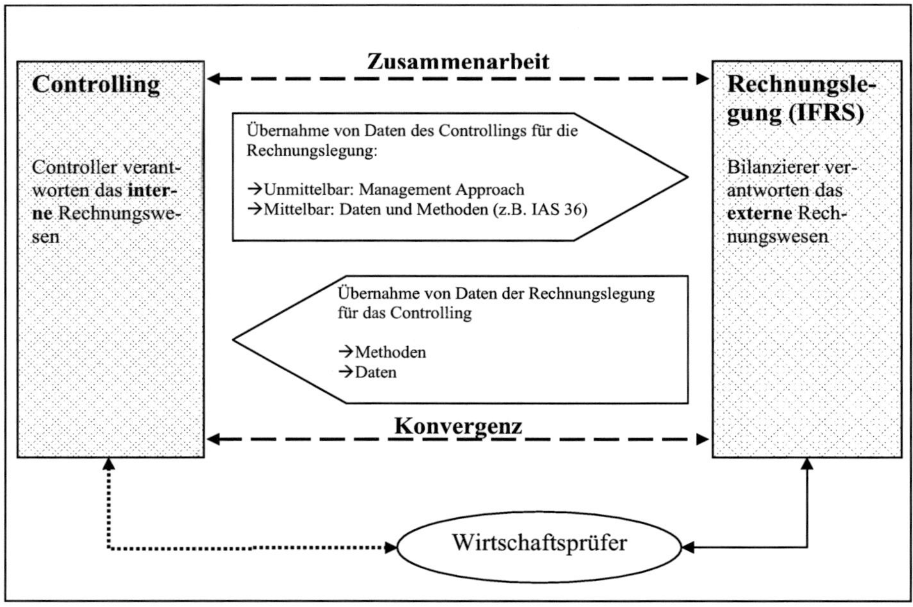

Abb. 3: Die Ausdehnung der Zuständigkeiten und Zusammenarbeit im Controlling aufgrund der Harmonisierung.[203]

Grundlegend nehmen die IFRS in zweifacher Weise Einfluss auf das Controlling. Auf der einen Seite wächst hierdurch die Menge an Informationen, die der Controller mittels des internen Rechnungswesens für das externe Rechnungswesen bereitstellen muss.[204] Exemplarisch für die insgesamt höheren **Informationsanforderungen** an das Controlling seien an dieser Stelle etwa der wahrscheinliche zukünftige Nutzenzufluss, die langfristige Auftragsfertigung oder die Segmentberichterstattung angeführt.[205] Andererseits wird verstärkt darüber nachgedacht, tradierte und ggf. redundante Daten aus dem internen Rechnungswesen im Zuge der thematischen und zweckmäßigen **Angleichung** beider **Rechnungssysteme** mit Daten aus dem externen Rechnungswesen zu ersetzen.[206] Dabei kann das komplexe Zweikreissystem aufgrund der ökonomischen Grundhaltung der IFRS auf Konvergenz-

[203] Quelle: Eigene Darstellung in Anlehnung an *Fülbier/Hirsch/Meyer* (2006), S. 235, *Wagenhofer* (2006), S. 3. Eine ähnliche Abbildung findet sich auch bei *IGC/Weißenberger* (2006), S. 29, in der zw. dem vom Controlling ausgehenden Informationsfluss aufgrund des Management Approaches u. der zweiseitig ausgerichteten Konvergenz des Rechnungswesens unterschieden wird. Vgl. auch *Weißenberger* (2005b), S. 10. Vgl. zum Begriff der Konvergenz Abschn. 1.2.2.1.1.

[204] Vgl. *Wagenhofer* (2006), S. 3. Vgl. auch Abschn. 2.3.2.

[205] Vgl. *Kley* (2006), S. 150, *Kirsch* (2003), S. 11.

[206] Vgl. *Wagenhofer* (2006), S. 3.

möglichkeiten untersucht werden. Gleichzeitig wird es aber auch direkt und explizit über den Management Approach „zwangsverknüpft“.[207]

Die beiden angesprochenen zentralen Veränderungsbereiche werden in den folgenden Abschnitten näher thematisiert. Dabei wird der Bereich der Informationsanforderungen als Auslöser für die Schnittstellen- und Aufgabenveränderungen in Abschn. 2.5.2.2 behandelt und dort tiefergehend analysiert.

2.5.2 Veränderungsbereiche im Controlling aufgrund der Harmonisierung

2.5.2.1 Konvergenz als zentrale Veränderungswirkung im Controlling und ihre Vorteile und Grenzen

Das traditionelle deutsche Zweikreissystem weicht zunehmend einem konvergenten Rechnungswesen.[208] Den Brückenschlag zwischen externem und internem Rechnungswesen ermöglichten die Rechnungslegungsnormen des IASB,[209] welche inhaltlich eine zunehmend ökonomische Perspektive besitzen und rechtlich im europäischen Wirtschaftsraum eine zentrale Stellung eingenommen haben.[210]

Grundlage der Konvergenzüberlegungen waren die neuen Zielsetzungen in der Finanzberichterstattung mit Einführung der IFRS, welche einzig die Vermittlung entscheidungsrelevanter Informationen forcieren und – ebenfalls analog zum internen Rechnungswesen – betriebswirtschaftliche Interpretationen mit deutlich stärkerem Zukunftsfokus beinhalten. Sowohl die Rechnungslegung nach IFRS und damit das darauf ausgerichtete externe Rechnungswesen als auch das interne Rechnungswesen erfüllen damit primär eine **Informationsfunktion**, die die Grundlagen für wirtschaftliche Entscheidungen liefern soll. Dieser perspektivische Paradigmenwechsel im Vergleich zur statisch-konservativen HGB-Sicht bedeutet eine inhaltliche und funktionale Angleichung in Form einer **Zweckkon-**

---

[207] Vgl. *Weißenberger/IGC* (2006), S. 615. Vgl. grundlegend zum Rechnungswesen Abschn. 2.3. Vgl. zur ökonomischen Perspektive der IFRS Abschn. 2.1.2. Für eine tabellarische Auflistung der Ausprägungen dieser betriebwirtschaftlichen Sichtweise s. *IGC/Weißenberger* (2006), S. 28.

[208] Vgl. zum Begriff Konvergenz Abschn. 1.2.2.1.1. Vgl. auch Abschn. 1.1.2. Die Trennung des Rechnungswesens bezieht sich auf das externe u. interne Rechnungswesen, welche in ihren Grundzügen im Abschn. 2.3 zunächst einzeln u. dann in einer vergleichenden Gegenüberstellung erläutert werden.

[209] Vgl. hierzu den zusammenfassenden Überblick im Abschn. 2.4.

gruenz von beiden Rechenwerken, die eine Konvergenz grundsätzlich ermöglicht.[211] Die Kompatibilität beider Systeme stößt aber dort an Grenzen, wo die verschiedenen Zwecke und Ziele von internem und externem Rechnungswesen nicht vereinbar sind.[212] Es sei in diesem Zusammenhang an die Vielzahl der Gestaltungsparameter aus der Gegenüberstellung der Grundrechnungen von externem und internem Rechnungswesen in Abschn. 2.3 erinnert. Neben den Konsequenzen aus den verschiedenen Adressaten der Rechnungen ist es daher nur sinnvoll, jene Bereiche des internen Rechnungswesens auf Konvergenz zu untersuchen, die im Bezug auf die unverrückbaren gesetzlichen Vorgaben der externen Rechnungslegung ähnliche Dimensionen verwenden. Die Konvergenz kann also nur eine partielle Datenidentität in den Rechenkreisen bedeuten. **Ziel** der Konvergenz im Rechnungswesen ist es, die Datenbasis soweit möglich zu vereinheitlichen ohne die jeweiligen Rechnungszwecke zu gefährden und damit insgesamt eine erhebliche **Komplexitätsreduktion** innerhalb des zweigeteilten Rechnungssystems zu erreichen sowie **Effektivitäts- und Effizienzvorteile** auszuschöpfen.

Es stellt sich die Frage, welcher Rechenkreis sich wem wie annähert. Grundsätzlich kann die **Konvergenzrichtung** zwischen internem und externem Rechnungswesen auf beiden Wegen diskutiert werden. Im Kontext der gestaltungsbezogenen Controllingperspektive spielen die Konvergenzmöglichkeiten auf Basis der internen zugunsten der externen Rechnungslegungsdaten eine bedeutendere Rolle.[213] Die Übernahme interner Daten in das externe Rechenwerk im Rahmen des Management Approachs ist (theoretisch) ein direkter Rückgriff auf bestehende interne Informationen und soll daher hier nicht fokussiert werden.[214] Zentral hingegen ist für das Controlling die Frage der prinzipiellen Eignung von

---

[210] Vgl. zum Inhalt der IFRS Abschn. 2.1.2. Der Bedeutungsgewinn wird im Abschn. des Harmonisierungsprozesses in Deutschland verdeutlicht (Abschn. 2.2). Eine gemeinsame Daten- u. Wertbasis erscheint auch deshalb machbar u. sinnvoll, weil im angloamerikanischen Raum die Daten für das „management accounting“ (internes Rechnungswesen) im Wesentlichen aus dem „financial accounting“ (externes Rechnungswesen) abgeleitet werden. Vgl. *Melcher* (2002), S. 69 m.w.N.

[211] Vgl. *Kirsch/Steinhauer* (2003), S. 431.

[212] Vgl. zu den Zielen u. Zwecken die Ausführungen im Abschn. 2.3.

[213] Die Gewichtung geschieht mit Blick auf den Untersuchungsfokus IAS 38. Beide Konvergenzmöglichkeiten werden z.B. bei *Kirsch/Ewelt* (2008) ab S. 320ff. diskutiert. Klein weist in diesem Kontext zu Recht darauf hin, dass die Annäherungsrichtung nur in Abhängigkeit vom gewählten Zeithorizont zu beantworten ist. Kurzfristig sind die Normen der externen Rechnungslegung bindend, lfr. können, wie im Bereich der IFRS ersichtlich, auch die externen Rechnungslegungsnormen sich an Notwendigkeiten der internen Rechnungssysteme anpassen. Vgl. *Klein* (1999b), S. 23. Weißenberger merkt an, dass Anforderungen u. Restriktionen aus dem Controllingbereich gar nicht bzw. sehr eingeschränkt in den Standardsettingprozess eingehen. Vgl. *IGC/Weißenberger* (2006), S. 22.

[214] Die Wirkungen dieser neuen Verzahnung beider Systeme werden im folgenden Abschn. unter den Informationsanforderungen als neuer Aufgabe im Controlling behandelt. Vgl. zum Management Approach u. der damit einhergehenden Fundierung der Finanzberichterstattung auf Basis interner Informationen aus dem Controlling *Weißenberger/Meier* (2006), S. 2077ff.

Informationen, die aufgrund standardisierter bilanzieller Vorgaben erzeugt werden, für interne Zwecke. Weiter bedeutsam sind die konkrete Ausgestaltung bzw. Operationalisierung und damit der Grad der Datensubstitution bzw. -synchronisation sowie die Anpassungsmöglichkeiten und -limitationen der bisher getrennten Informationskreise.[215] Zur Eingrenzung des möglichen unternehmens- und kontextabhängigen **Konvergenzbereichs** müssen die hierüber generierbaren Informationen aus Controllingsicht den allgemeinen internen Zielsetzungen an Managementinformationen genügen, namentlich der Analysefähigkeit, Kommunikationsfähigkeit, Anreizverträglichkeit und Wirtschaftlichkeit.[216] Anhand verschiedener Analysen konnte gezeigt werden, dass der in Abbildung 4 identifizierte Konvergenzbereich und die enthaltene Datenbasis diesen Anforderungen grundsätzlich gerecht werden.[217] Darin wird deutlich, dass die Kontroll- und Steuerungsfunktion im internen Rechnungswesen sowie der konzernbezogene Bereich des externen Rechnungswesens, der lediglich Informationszwecken dient, für die partielle Vereinheitlichung der Datenbasis geeignet sind (Zweckkongruenz). Die durch ihre Zweckpluralität gekennzeichnete Ebene des Einzelabschlusses (inklusive der hiermit verknüpften Steuerbilanz) erfüllt mit ihren den Informationsgehalt stark beeinträchtigenden Normengrundlagen nicht die inhaltlichen und strukturellen Anforderungen für eine Angleichung.[218] Gleiches gilt im internen Rechenkreis für diejenigen Rechnungen, die Planungs- und Entscheidungsfunktionen erfüllen. Hierbei ist eine normenunberührte Individualität und Flexibilität imperativ notwendig, um die jeweils gefragten Informationen über situative Entscheidungsfelder und -situationen für die Kompetenzträger zu generieren.[219]

---

[215] Ein Muster für eine partielle Integration findet sich bei *Weißenberger* (2006b), S. 412ff. Vgl. auch exemplarisch für eine integrierte Erfolgsrechnung auf Basis der IFRS z.B. *Weißenberger* (2005a), S. 185ff.

[216] Kommunikationsfähigkeit beinhaltet dabei die Verständlichkeit u. Akzeptanz, die Anreizverträglichkeit besteht aus den Forderungen nach Objektivität u. Zielkongruenz, die Analysefähigkeit wird durch Vergleichbarkeit u. Relevanz beschrieben u. die Wirtschaftlichkeit bezieht sich auf Kosten-Nutzen-Relationen. Vgl. hierzu ausf. *Klein* (1999a), S. 69ff. m.w.N. Klein orientiert sich dabei primär an den von Coenenberg aufgestellten Anforderungen u. ergänzt diese noch um die Analysefähigkeit. Vgl. *Coenenberg* (1995), S. 2080f. Zu den Forderungen im Einzelnen ausf. *Coenenberg* (2007), S. 745ff.

[217] Vgl. *Klein* (1999b), S. 85ff. Ein identisches Ergebnis für eine vergleichbare Analyse auf Basis der US-GAAP zeigt *Haller* (1997b), S. 270ff. Vgl. aktuell auch *Kirsch/Ewelt* (2008), S. 322ff. Vgl. zum Umfang u. Ausmaß der Angleichungen beider Rechnungen ausf. *Franz/Winkler* (2006b), S. 58ff. od. *Müller* (2006), S. 33ff.

[218] Gemeint sind hier hrl. Funktionen wie die Zahlungsbemessungsfunktion, die steuerliche Maßgeblichkeit od. der dominante Gläubigerschutz. Vgl. hierzu Abschn. 2.1.1 u. 2.1.3. Vgl. *Melcher* (2002), S. 72.

[219] Ein solch situativer Entscheidungskontext bedingt unterschiedliche Objekte, Rechengrößen, Zeitdimensionen usw. sowie die korrespondierenden Entscheidungswirkungen. Vgl. *Coenenberg* (1995), S. 2079f. Diese Dimensionen, wie z.B. die Bezugsgröße eines einzelnen Kunden, der individuelle Entscheidungszeitbezug od. spezifische Prognosedaten sind durch die normierten Regelungen des externen Rechnungswesens nicht gewährleistet, sodass hier keine Konvergenz erzielt werden kann/sollte. Vgl. *Küpper* (1999), S. 7. Vgl. auch *Kammer* (2005), S. 130 mit sehr ausf. Auswertung der Abgrenzungsliteratur.

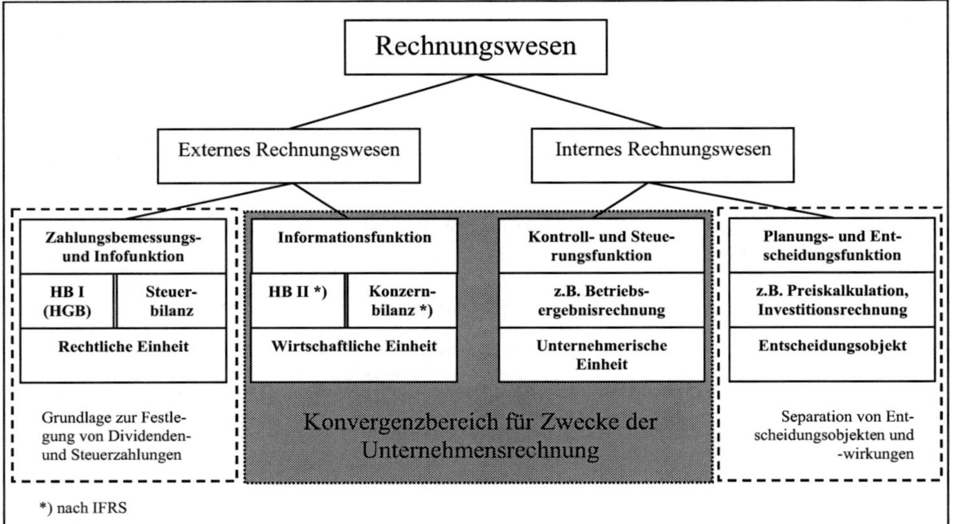

Abb. 4: Konvergenzbereich von internem und externem Rechnungswesen.[220]

Ein auf diese Weise angenähertes Rechnungswesen bringt eine Vielzahl von **Vorteilen** und Chancen für das Controlling mit sich.[221] Grundlegend wird die mit dem sehr ausdifferenzierten Zweikreissystem einhergehende **Komplexität** im Zuge der Konvergenz auf ein **notwendiges Maß zurückgeführt**,[222] denn nur eine verständliche Unternehmensrechnung bildet eine geeignete Entscheidungsgrundlage für unternehmensexterne und -interne Adressaten.[223] Besonders internationale Konzerne profitieren von den IFRS,[224] weil für sie mit der Vereinheitlichung der Systeme weniger Fehler, Missverständnisse und Aufwand ein-

[220] Quelle: Eigene Darstellung in Anlehnung an *Klein* (1999a), S. 69. Im Ergebnis ähnlich auch *Küting/Lorson* (1999), S. 54 u. *Kammer/Schuler* (2001), S. 146. Vgl. auch ausf. zur Integration der Systeme *IGC/Weißenberger* (2006), S. 30ff. u. S. 44ff. Vgl. grundlegend zum externen u. internen Rechnungswesen Abschn. 2.3.

[221] Die im Folgenden genannten Vorteile aus der Konvergenz korrespondieren unmittelbar mit den in diesem Abschn. genannten Anforderungen an ein internes MIS, was die insgesamt positiven Wirkungen dieser Angleichung spiegelt.

[222] Vgl. *Kammer/Schuler* (2001), S. 150, *Bruns* (1999), S. 593. Vgl. zu der zu weit getriebenen Ausdifferenzierung der Unternehmensrechnung *Küpper* (1999), S. 5f. Komplexität wird hier verstanden als „Gesamtheit aller Merkmale eines Zustands oder Objekts im Sinne von Vielschichtigkeit". *Adam/Johannwille* (1998), S. 6. Vgl. zu den Einsparpotentialen in Form von verminderten Doppel-, Abstimungs- u. Koordinationsaufgaben auch *Kajüter* (2008), S. 356.

[223] Vgl. *Schaier* (2006), S. 21. Selbst für „Insider", wie den Aufsichtsrat, sind die verschiedenen bestehenden Rechnungen verwirrend. Havermann verdeutlicht dies sehr treffend: „Kein Aufsichtsrat ist besonders glücklich, wenn ihm in der Aufsichtsratssitzung vier bis fünf verschiedene Ergebnisse präsentiert werden: ein handelsrechtliches, ein steuerrechtliches, ein betriebswirtschaftliches, ein Ergebnis vor Umrechnungen u. nach Umrechnungen etc., u. auf die simple Frage, was haben wir denn wirklich verdient, keine klare Antwort kommt." *Havermann* (2000), S. 123.

[224] Die weit verbreiteten IFRS sind in vielen Ländern auch Grundlage der Einzelabschlüsse u. müssen nur noch geringfügig an die konzerninternen Bilanzierungsrichtlinien im Rahmen der HBII angepasst werden. Vgl. *Coenenberg* (2005), S. 21. Siehe auch Abb. 4.

hergehen.[225] Eine einheitliche zentrale Datenbasis führt darüber hinaus auch zu einer Standardisierung, Vereinfachung und Transparenz von Prozessen in Bezug auf die Datengenerierung.[226] Diese Komplexitätsreduktion führt mittelfristig zu einer Kostenersparnis.[227] Darüber hinaus sind die so verfügbaren Daten vollständiger und konsistenter als in einem zweigeteilten Rechnungswesen. Die zeitliche Schnelligkeit und Eindeutigkeit in den zur Verfügung stehenden Daten bewirkt eine gestiegene Handlungsfähigkeit.[228] Insgesamt unterstützt eine solche Datenbasis bei gestiegener Datenqualität die Vergleichbarkeit und Anwendbarkeit.[229]

Ein weiterer zentraler Vorteil ist, dass die **Kommunikation** sowohl innerhalb des Unternehmens als auch mit Unternehmensexternen deutlich verbessert wird. Auf allen Ebenen kann durch ein konvergentes Rechnungswesen wieder „in einer Sprache“ gesprochen werden.[230] Diese „**Sprachkonsistenz**“ sorgt bei den Mitarbeitern für hohe **Akzeptanz.**[231] Widersprüchliche Aussagen zwischen internen und externen Rechnungen können vermieden und eine einheitliche, transparente Beurteilungsgrundlage genutzt werden. Gleichzeitig besitzt die extern normierte Datengrundlage eine hohe Qualität und Objektivität, da sie über den WP und indirekt über Marktkontrollmechanismen einer kritischen und neutralen Beurteilung ausgesetzt ist.[232] Ferner können die internen **Zielsysteme** mittels eines konver-

---

[225] Vgl. *Born* (2005), S. 28f. Dabei ist die sprachliche Klarheit im Vergleich zum bestehenden System zu nennen, welches bisher international zu Verständnisproblemen führte. Vgl. *Coenenberg* (1995), S. 2080f. Vgl. im Kontext von Übernahmetransaktionen auch *Sill* (1995), S. 19. So unterscheidet die englischsprachige Literatur z.B. nicht zw. den Begriffen Aufwendungen u. Kosten. Vgl. *Melcher* (2002), S. 77f., *Havermann* (2000), S. 123, *Klein* (1999b), S. 69, *Wussow* (2004), S. 35.

[226] Vgl. hierzu *Müller/Ordemann/Pampel* (2005), S. 2121, die für die einheitliche Datenbasis den Einsatz eines integrierten MIS auf Basis eines Data Warehouse Konzepts vorschlagen.

[227] Vgl. *Ewert/Wagenhofer* (2005), S. 64. Die Kostenersparnis begründet sich zunächst über die vereinheitlichte Datenverarbeitung, wirkt aber auch auf der Ebene der Reduktion von Opportunitätskosten über die verringerte Komplexität kombiniert mit der Akzeptanzsteigerung. Vgl. *Kirsch/Ewelt* (2008), S. 324. Wirtschaftlichkeitsgesichtspunkte waren auch die Begründung für das originäre Einkreissystem in den USA. So auch aus dem folgenden Zitat ablesbar: „U.S. companies must have decided, sixty and seventy years ago, that the benefits of keeping two sets of books – one for external parties and one for internal management decisions – were too costly relative to the benefits.“ *Kaplan/Atkinson* (1989), S. 9.

[228] Auf die Bedeutung von zeitnahen u. klaren Entscheidungen für den Erfolg verweisen in diesem Zusammenhang z.B. *Kammer* (2005), S. 100 u. *Kammer/Schuler* (2001), S. 150.

[229] Im Rahmen der wirtschaftlichen Überlegungen ist noch die bessere Vergleichbarkeit mit anderen Unternehmen zu nennen, durch die mittels Benchmarking eigene Stärken u. Schwächen aufgedeckt werden können. Vgl. *Haller* (1997a), S. 125. Allerdings wird die zw.betriebliche Vergleichbarkeit durch den Management Approachs beeinträchtigt u. über interne Umstrukturierungsmaßnahmen sogar auf der Ebene der intertemporalen Vergleichbarkeit belastet. Vgl. *Kirsch/Ewelt* (2008), S. 322.

[230] Vgl. *Coenenberg* (2005), S. 21. *Kerkhoff/Thun* (2007), S. 457 sprechen treffend von „zwei ‚Wahrheiten‘“. Vgl. auch *Weißenberger* (2006b), S. 411 m.w.N.

[231] Vgl. *Wussow* (2004), S. 35f. So war die interne Transparenz z.B. für die Lufthansa das Hauptargument für die Angleichungsbemühungen. Vgl. *Kley* (2006), S. 151.

[232] Vgl. *Bruns* (1999), S. 594, *Ewert/Wagenhofer* (2005), S. 64, *Franz/Winkler* (2006b), S. 72. In Deutschland ist mit der Deutschen Prüfstelle für Rechnungslegung eine weitere Prüf- u. Kontrollinstanz geschaffen worden. Vgl. hierzu *Coenenberg* (2005), S. 52.

genten Rechnungswesens durchgehend an Zielen des Kapitalmarktes (wie z.B. der Unternehmenswertsteigerung) ausgerichtet werden und damit die externe Investorensicht im Unternehmen durch die Kopplung beider Rechnungen verankert werden.[233] Das bedeutet, dass in einem konvergenten System auch ein **einheitliches Erfolgsziel** systematischer umgesetzt werden kann.[234] Im Ergebnis wird eine verbesserte **Konsistenz** von **Controlling- und Reportingsystemen** erreicht.[235]

Diese positive Kommunikationswirkung ist nicht nur unternehmensintern spürbar, sondern auch vor dem Hintergrund der **Investor Relations** bedeutsam. Hier kann durch die gestiegene Prognoserelevanz der beide Sphären verbindenden IFRS-Abschlüsse eine gute Kapitalmarktkommunikation erreicht werden, die im Wettbewerb um Eigen- und Fremdkapitalgeber stark an Bedeutung gewinnt.[236] Zeitgleich erleichtert die verbesserte Informationsvermittlung externe Bewertungen, indem u.a. die risikoadäquate Verzinsung der eingesetzten Mittel, sprich die Steigerung des Shareholder Value, leichter ables- und beurteilbar ist.[237] Aus der erhöhten Transparenz kann z.B. ein gesenkter Anspruch der Aktionäre in Form eines niedrigeren Risikoausgleichs bei der Eigenkapitalverzinsung und damit geringere Kapitalkosten für das Unternehmen resultieren.[238]

Zusammenfassend sind die **positiven Effekte** aus einer **Konvergenz** des Rechnungswesens ein **einheitliches Berichtswesen, Objektivierung, Vereinfachung, Eindeutigkeit, Zeitgewinn sowie Synergien** bei der Abwicklung, welche sich insgesamt in einer Verbesserung der Kostenstrukturen spiegeln.[239] Somit wird durch die Konvergenz der Rechnungssysteme bei guter Umsetzung im Unternehmen ein **effizienteres und flexibleres Informationssystem** geschaffen, welches zu einer verbesserten Konzernsteuerung beiträgt.[240]

---

[233] Vgl. *Wenning* (2001), S. 28, *Kley* (2000), S. 339. Vgl. auch *Kammer/Schuler* (2001), S. 150, *Zirkler/Nohe* (2003), S. 222. Vgl. zum SV-Konzept *Burger/Buchhart* (2001), S. 551ff., *Küting/Lorson* (1999), S. 53.

[234] Vgl. *Küting/Lorson* (1999), S. 52, *Melcher* (2002), S. 41.

[235] Vgl. *Ewert/Wagenhofer* (2005), S. 64. Vgl. zur Vereinfachung des Controllings über die Konvergenz *Müller* (2006), S. 55f. Dies wäre begrüßenswert, da sich die Komplexität hier durch neue Controllinginstrumente, IT od. Corporate Governancen nachhaltig erhöht hat. Vgl. *Weber* (2004a), S. 10ff.

[236] Vgl. *Küting/Lorson* (1999), S. 52.

[237] Vgl. *Bruns* (1999), S. 586. Vgl. zur auf Kapitalrentabilität ausgerichteten Ergebnissteuerung in diesem Kontext z.B. *Männel* (1999a), S. 16f.

[238] Vgl. *Menn* (2000), S. 203, *Klingebiel/Andreas* (2005), S. 653, *Hebeler* (2003), S. 112. *Kirsch/Ewelt* (2008), S. 320f. Hier fungieren die IFRS auch als Kontrollinstrument für das Management u. dienen besser als die Rechnungslegung nach HGB dem Abbau bestehender Informationsasymmetrien zw. Eignern u. Unternehmensleitung. Vgl. hierzu die Ausführungen in Abschn. 2.3.1.

[239] Vgl. *Sill* (1995), S. 25, *Wussow* (2004), S. 36.

[240] Vgl. *Kammer/Schuler* (2001), S. 150f. Effizienter wird das Controllingsystem u.a., weil durch die höhere Transparenz u. geringere Interdependenzen Koordinations- u. Transaktionskosten gesenkt werden können. Vgl. *Kajüter* (2008), S. 355.

Den dargestellten Chancen und Möglichkeiten stehen aber auch **Limitationen** gegenüber. Im Mittelpunkt steht hierbei der eingeschränkte Bereich der Unternehmensrechnung, der sich grundsätzlich für einen gemeinsamen „Datenpool" eignet.[241] Die Konvergenz stößt dort an Grenzen bzw. begründet sogar neue Grenzen, wo verschiedene **Zwecke** nur durch unterschiedliche Rechensysteme erreichbar sind und daher nach wie vor Differenzen notwendigerweise existieren.[242] Diese **Begrenzung** der **Konvergenzbestrebungen** resultiert in folgenden separat zu führenden Teilbereichen des Rechnungswesens:[243]

- Externes Rechnungswesen auf einzelgesellschaftlicher Ebene
- Harmonisierter Bereich des Rechnungswesens mit den Daten des externen Rechnungswesens auf Konzernebene nach IFRS und Zuständigkeiten für Kontroll- und Steuerungsaufgaben
- Planungs- und Entscheidungsrechnung (entscheidungsorientierte Kostenrechnung, Investitions- und Finanzierungsrechnung).

Diese verschobenen Demarkationslinien im Rechnungswesen bedeuten für das Controlling neue Abstimmungs-, Koordinations- und Kontrollaufgaben und begründen daher auch neue komplexitätstreibende Vielschichtigkeit. Verschärft wird dieser Aspekt noch durch die **Änderungsgeschwindigkeit** der Rechnungslegungsstandards, welche in der praktischen Umsetzung für die Kontroll- und Steuerungsfunktion sowie das Aussteuern eines stabilen Rechnungswesens problematisch ist.[244]

Die hier geführte Konvergenzdiskussion soll mit dem Hinweis geschlossen werden, dass die neue Verzahnung der Systeme von internem und externem Rechnungswesen sowie die verbundenen Chancenpotentiale nur in Abhängigkeit der **unternehmensindividuellen Machbarkeit, Ausgestaltung und den jeweiligen Grenzen** zu beurteilen sind.[245]

---

[241] Siehe auch Abb. 4. „Ein integriertes Konzept für das Rechnungswesen verführt leicht dazu, den obersten Grundsatz eines aussagefähigen Rechnungswesens zu missachten: Aus dem Rechnungszweck folgt der Rechnungsinhalt." *Schneider* (1997), S. 33. (Hervorhebungen im Original hier weggelassen.) Von einem Einheitsrechnungswesen auf Basis der externen Vorgaben ist unter Zweckmäßigkeitsgesichtpunkten infolgedessen Abstand zu nehmen. Vgl. *Wenning* (2001), S. 33, *Ewert/Wagenhofer* (2005), S. 64, *Hebeler* (2003), S. 9.

[242] Vgl. *Küpper* (1999), S. 7. Die Zweckunterschiede sind, wie die Gegenüberstellung von internem u. externem Rechnungswesen zeigt, auch in den weiteren Dimensionen der Rechnungen, wie z.B. den Basisgrößen, dem Zeitbezug od. den Bezugsobjekten ablesbar. Vgl. Abschn. 2.3.

[243] Vgl. Abb. 4. Vgl. *Wussow* (2004), S. 67.

[244] Vgl. *Kley* (2006), S. 156, *Weißenberger/IGC* (2006), S. 619. Vgl. zur konkreten Analyse von IFRS-Änderungswirkungen ausf. *Erdmann/Wünsch/Meyer* (2006), S. 333ff. u. S. 385ff.

[245] Vgl. ausf. zur Kontextabhängigkeit in diesem Zusammenhang *Müller* (2006), S. 147ff.

2.5.2.2 Schnittstellen- und Aufgabenveränderungen im Controlling

Die Veränderungen in zentralen Teilen des Verantwortungsbereichs von Controllern aufgrund der Harmonisierung gehen über die reinen Konvergenzwirkungen im zentralen Informationssystem des internen Rechnungswesens hinaus. Diese sind ein deutlich sichtbarer Ausfluss des sich vollziehenden Wandels im Wirkungskreis des Controllings, haben aber weitergehende vielfältige Implikationen im Bereich der Schnittstellen und Aufgabenfelder. Diese sollen im Folgenden näher beleuchtet werden.

Das Controlling fungiert im Unternehmen als wichtigster **Informationsdienstleister**. In dieser Funktion tritt aufgrund der **IFRS** ein **neues Informationsfeld** hinzu. Wesentliche Gebiete, die das Controlling hier mit Informationsinhalten füllen muss sind z.B. die verschiedenen Bilanzierungen auf Basis des Management Approachs oder Rechnungslegungsvorgaben auf Basis des Fair Values (vgl. Abb. 3).[246] Das bedeutet zunächst einmal, dass das hierfür notwendige Know-how in diesem Themenkreis vom Controlling verlangt wird – etwa um eine sinnvolle und passgenaue Umsetzungsvariante der Konvergenz auf die speziellen Unternehmensbedürfnisse zuschneiden zu können oder detaillierte Wirkungsanalysen, Interpretationen sowie Abstimmungsfragestellungen bearbeiten zu können.[247] Ferner resultiert aus den neuen Informationsanforderungen auf Basis der Rechnungslegungsstandards der IFRS, dass ein **neuer direkter Informationsadressat** sowie **indirekt der Kapitalmarkt** bzw. die Investoren neben das Management getreten sind. Die Bilanzierungsinformationen sind vom bzw. unter wesentlicher Beteiligung des Controllings zu generieren und müssen an die Konzernstelle der externen Rechnungslegung „geliefert“ werden. Die neuen Informationsaufgaben bedeuten für das Controlling auch eine **stärkere Mitverantwortung** für die **Finanzberichterstattung** des Unternehmens.[248] Bei-

[246] Der Management Approach wird an vielen Stellen der IFRS verwendet. Eine Auflistung der Anwendungsfelder findet sich bei *Weißenberger/Meier* (2006), S. 2077ff. Vgl. zum Management Approach auch *Weißenberger/IGC* (2006), S. 615ff. Die neuen Anpassungen des Management Approachs im Bereich der Segmentberichterstattung im Kontext der Konvergenz greift *Lopatta* (2008), S. 405ff. auf.

[247] Damit steigen die Qualifikationsanforderungen an Controller erheblich. Vgl. *Fleischer* (2005), S. 197f., *Franz/Winkler* (2006a), S. 423. Exemplarisch sei hier noch auf den komplexen IFRS Goodwill Impairment-Test verwiesen, der hohe Anforderungen an das Controlling sowie das Wechselspiel mit der Konzernstelle für externe Rechnungslegung stellt. Vgl. hierzu ausf. im Kontext der Kaufpreisallokation *Weißenberger/Fülbier/Mages* (2008), S. 1ff. oder auch *Buhleier* (2008), S. 455ff., *Hachmeister* (2006), S. 425ff., *Bartelheimer/Kückelhaus/Wohlthat* (2004), S. 22ff. Für den Full Fair Value Ansatz siehe aktuell im Kontext des Leasing z. B. *Fülbier/Fehr* (2008), S. 181ff.

[248] Vgl. *Fleischer* (2005), S. 197. Diese Mitverantwortung zeigt sich z.B. daran, dass intern auch von Controllern ein „Bilanzierungseid“ gefordert wird. Vgl. *Kajüter* (2008), S. 360.

des führt zu einer neuen Intensität in der Zusammenarbeit dieser Abteilungen.[249] Hinzu kommt die im Controlling gänzlich **neue Schnittstelle** und Zusammenarbeit mit den **WP**, die im Rahmen der generellen und fallweisen Prüfungshandlungen mit dem Controlling interagieren, um Informationen und Erklärungen zu Prozessen, Systemen und Geschäftsvorfällen zu erhalten.[250]

Der durch die IFRS im Controlling verursachte **zusätzliche Abstimmungs-, Koordinations- und Kontrollaufwand** kompensiert die zumindest vordergründig auf Basis der Konvergenz vermutete Komplexitätsreduktion.[251] Zwar bietet die Annäherung im Unternehmensrechenwerk Vereinheitlichungs- und Vereinfachungspotential und damit Effektivitäts- und Effizienzchancen. Diese Potentiale gilt es vom Controlling aber auch zu heben. Konkret bedeutet das, dass ein wirksames und funktionierendes Zusammenspiel von internem und externem Rechnungswesen implementiert und sicher über alle Unternehmensebenen beherrscht werden muss. Hierbei spielt eine komplexitätstreibende Vielzahl von Faktoren eine Rolle, wie z.B. die bisherigen inhaltlichen und strukturellen Abbildungsformen und ihre jeweilige Kompatibilität mit den „rollierenden Vorgaben“[252] des IASB. Vermutlich wird die angestrebte Systemvereinfachung daher durch die neu zu koordinierenden Schnittstellen und Aufgaben sowie einhergehende Strukturbrüche (z.B. in den Unternehmenskennzahlen)[253] überkompensiert.[254] So ist der **Anspruch** an das **Controlling** aufgrund der Harmonisierung **deutlich gestiegen** und das zu „controllende“ Informationssystem unter IFRS uno acto sowohl konvergenter als auch komplexer geworden.

Damit ist dem im Controlling verankerten internen Informationssystem eine „Entschlackungskur“ über die Konvergenz „verordnet“ worden, bei der gleichzeitig eine **neue Informationsdimension** hinzugetreten ist – nämlich die **bilanzielle Sphäre**. Entscheidungen und Wirkungsanalysen müssen im Controlling nun auch auf der bilanziellen Dimension untersucht und abgebildet werden.[255] Streng genommen kann daraus sogar ein „über-

---

[249] In einigen Unternehmen wurden die Bereiche Accounting u. Controlling auch organisatorisch aus diesem Grund verschmolzen. Vgl. zum Beispiel bei der Telekom *Kerkhoff/Thun* (2007), S. 457ff. Die Schnittstelle zw. externem u. internem Rechnungswesen existierte in sehr abgeschwächter Form bereits vor Einführung der IFRS schon z.B. über das Thema der Vorratsbewertung. Vgl. Abschn. 2.3.2.

[250] Vgl. zur Zusammenarbeit von WP u. Controlling ausf. *Fülbier/Hirsch/Meyer* (2006), S. 234ff.

[251] Vgl. Abschn. 2.5.2.1. Vgl. ausf. zum Erweiterungs-/Anpassungsbedarf *IGC/Weißenberger* (2006), S. 56ff.

[252] Dieser Ausdruck spielt auf die hohe Veränderungsfrequenz der IFRS an.

[253] So ist z.B. die Zeitreihenanalyse durch die Veränderungswirkung im Zahlenwerk sowohl bei Bestands- als auch bei Bewegungsgrößen gegeben. Vgl. *Weißenberger* (2005b), S. 10ff.

[254] So zeigt sich auch empirisch, dass die erhofften Kosteneinsparungen aus Vereinfachungen nur eingeschränkt tatsächlich beobachtet wurden. Vgl. *Haring/Prantner* (2005), S. 152, *Müller* (2006), S. 244f.

[255] Änderungen ergeben sich z.B. auf der Ebene der Kennzahlen im Controlling. Vgl. hierzu z.B. *Rieg* (2007), S. 10ff. od. speziell bezogen auf den Economic Value Added (EVA) *Becker/Schmeken* (2008), S. 46ff.

schwappen" des Konvergenzbereichs auf den noch separaten Teil des internen Informationssystems beobachtet werden,[256] da die hiermit zu fundierenden Entscheidungen nun auch in ihren bilanziellen Konsequenzen betrachtet werden müssen. Es besteht somit eine **Ausstrahlungswirkung** aller **Entscheidungen** im Controlling auf die neue Abbildungsebene.

Exemplarisch für die **Informationsverknüpfung** zwischen Controlling und Bilanzierung soll das im IFRS zunehmend favorisierte Bewertungskonzept des **Fair Values** herangezogen werden. Die Methodenkompetenz zur Berechnung dieser kapitalwertbasierten Größen sind im Controlling ohne Frage vorhanden, aber die im Zusammenhang mit der Verwendung dieser Größe entstehenden Reaktionen und Interdependenzen enden nicht bei der reinen Quantifizierung der Bilanzierungsvariable. So birgt speziell der Wertmaßstab des Fair Values (indirekte) Risiken, die dem Controlling bewusst sein sollten.[257] Neben den Unsicherheiten innerhalb dieser Bewertungskonzeption sowie den erheblichen inhärenten Ermessensspielräumen führt eine solche Bilanzierung z.B. zu unerwünschtem Verhalten. *Kley* merkt in diesem Kontext kritisch an, dass aufgrund der drohenden bilanziellen Konsequenzen einer Fair Value-Bewertung von Sicherungsinstrumenten diese teilweise ganz unterlassen werden, da die Wertschwankungen sich unmittelbar in der GuV niederschlagen.[258] Tendenzen dieser Art müssen im internen Rechnungswesen und auch aus Controllersicht differenziert hinterfragt und ggf. korrigiert werden.

Auch das folgende Beispiel zeigt, dass eine **oberflächlich** schimmernde **Eindeutigkeit** mit Einführung und Anwendung extern normierter Rechnungslegungsstandards in der Realität nicht gegeben ist. Eine empirische Untersuchung von *Schultz* und *Lopez* zeigt anhand eines theoretischen Falls, dass derselbe Sachverhalt von Rechnungslegungsexperten aus Deutschland, Frankreich und den USA auf der Grundlage identischer Rechnungslegungsnormen unterschiedlich bilanziert wird.[259] Folglich kann es in einem konvergenten Rechnungswesen trotz erheblich verbesserter Kommunikation dennoch zu einem abweichenden Verständnis gleicher Sachverhalte und damit einer unterschiedlichen Abbildung im Rechnungswesen kommen. Hier ist die **Rationalitätssicherungsaufgabe** des Controllings an-

---

[256] Vgl. Abschn. 2.5.2.1.

[257] Vgl. z.B. *Weißenberger/IGC* (2006), S. 619 m.w.N. Es sei an dieser Stelle auch die Problematik dieses Wertansatzes aufgrund der Durchbrechung des Kongruenzprinzips im Zuge erfolgsneutraler Neubewertungen über die Neubewertungsrücklage erwähnt, welche sich negativ auf die Verwendung wertorientierter Performancemaße auswirkt. Vgl. *Kahle* (2003), S. 779ff. Vgl. ausf. zu den Ermessensspielräumen des Fair Values *Kirchner* (2006), S. 61ff., *Pfaff/Kukule* (2006), S. 542ff. u. allgemein zu diesen Werten im Controlling *Ewert* (2006), S. 21ff., *Velthuis/Wesner/Schabel* (2006), S. 458ff.

[258] Vgl. *Kley* (2006), S. 156.

[259] Vgl. *Schultz/Lopez* (2001), S. 284f., zitiert nach *Kammer* (2005), S. 153.

gesprochen. Es muss auch auf bilanzieller Ebene sichergestellt sein, dass dezentrale Einheiten identische Maßstäbe zur Beurteilung betrieblicher Vorgänge anwenden und einheitliche Informationen generiert werden. Nur so kann das Controlling ein sinnvoll aggregierbares und insgesamt aussagekräftiges Zahlenmaterial generieren – eine essentielle Anforderung für hierauf fußende Analysen. Demnach sind tief greifende Kontrollen und Vorsichtsmaßnahmen bei der Anwendung der Bilanzierungssprache der IFRS notwendig, um die Transparenz und Vergleichbarkeit durch individuelle Auslegungen nicht zu gefährden.

Über den zunehmend in den IFRS verankerten **Management Approach**, also der Verwendung interner Entscheidungsinformationen als Grundlage für die Finanzberichterstattung, werden vom Controlling verantwortete Daten einer auf den Kapitalmarkt gerichteten externen Verwendung zugeführt.[260] Hierbei obliegt es dem Controlling, die notwendigen Inhaltsanforderungen über geeignete Operationalisierungen – etwa in Organisations- und Berichtsstrukturen, Planungs- und Kontrollrechnungen oder dem Projektcontrolling – zu leisten.[261] Werden Daten mittelbar für die externen Adressaten generiert, so bedeutet dies aber nicht nur eine zusätzliche Kontrolle durch die externen Prüfungsorgane. Auf der zweiten Stufe erfolgt auch ein Kontroll- und Sanktionierungsmechanismus des Kapitalmarktes, der die Unternehmensdaten kritisch bewertet und damit besonders die Verlässlichkeit implizit erzwingt.[262] Gleichzeitig bewirkt die neue Verwendungsrichtung interner Daten eine neue Abstimmungsnotwendigkeit, denn interne Entscheidungen müssen nun in ihren Wirkungen und Aussagen mit der gewünschten externen Kommunikationsstrategie abgestimmt werden. Diese Synchronisation fällt ebenfalls in die neue Analyse- und Interpretationsaufgabe des Controllings.

Da die **stärkere Interdependenz** und **Verzahnung** der Funktionsbereiche von internem und externem Rechnungswesen aufgrund der IFRS sämtliche Inhalte, Methoden und Prozesse der Controllertätigkeit betreffen, ist **insgesamt** eine **Bedeutungssteigerung des Controllings** ableitbar.[263]

[260] Vgl. Abb. 4.

[261] Vgl. hierzu ausf. *Weißenberger/Meier* (2006), S. 2079ff.

[262] Vgl. *Lohwasser* (2006), S. 56f. Die hierdurch ausgeübte Präventivfunktion des Marktmechanismus im Bezug auf die Datenverlässlichkeit sprechen Kirsch/Ewelt an. Vgl. *Kirsch/Ewelt* (2008), S. 322. Auf die hierbei z.B. drohenden negativen Rückkopplungen in Bezug auf die Kapitalkosten verweisen diverse empirische Studien, wie z.B. *Palmrose/Richardson/Scholz* (2004), S. 59ff. m.w.N.

[263] Vgl. *Weißenberger/IGC* (2006), S. 613 u. S. 617.

3 Forschung und Entwicklung im Unternehmen: Abgrenzung, Organisation, Controlling und Rechnungslegung

3.1 Unternehmensbezogene Abgrenzung und Organisation von Forschung und Entwicklung

3.1.1 Abgrenzung des Bereichs Forschung und Entwicklung im Unternehmen

Eine klare Abgrenzung des FuE-Bereiches ist sowohl praktisch als auch theoretisch schwierig, da die beteiligten Aktivitäten, Funktionen, Informationen und Personen häufig vielseitig verknüpft sind und fließende Übergänge besitzen. Die zur unternehmensinternen Abgrenzung des FuE-Prozesses **kritische Frage** ist, ab **wann** eine **Entwicklung abgeschlossen** ist und die „normalen" funktionalen Unternehmensabläufe von z.B. Produktion und Marketing starten.[264] So werden bspw. für ein neu entwickeltes Produkt im Vorfeld der eigentlichen Serienproduktion regelmäßig Versuchsanlagen eingesetzt, neue Werkzeuge benötigt, ein Prototyp erstellt und von Seiten des Marketings die Markteinführung vorbereitende Schritte ergriffen.[265] Die Beantwortung der Frage nach den unternehmensbezogenen Grenzen des FuE-Bereichs ist jedoch für organisatorische Einheiten, Abläufe und Klassifikationen zentral. Das beginnt etwa bei der Kostenrechnung, wo Planungen, Verrechnungen und Kontrollen an Kostenstellen ausgerichtet sind. Hier kann z.B. in Bezug auf die Einordnung von Produktionsfehlern die Grenze zwischen „Testläufen" der Entwicklungsphase eines Neuproduktes oder normalem produktionsstartbezogenem Ausschuss bei der Kostenzu- und -weiterverrechnung unterschiedliche Wirkungen erzeugen.

Aus **theoretischer Sicht** kann eine Grenze erneut unter Rückgriff auf das Frascati Handbuch der OECD gezogen werden, welches bereits zur grundlegenden Definition der Begriffe FuE verwendet wurde.[266] Hier wird die Abgrenzung auf das Kriterium der Schaffung weiterer technischer Verbesserungen von Verfahren oder Produkten und sämtlichen damit

---

[264] Vgl. *OECD* (2002), S. 19, wo diese Schwierigkeit als wahrscheinlich größte Fehlerquelle in statistischen Messungen von FuE angeführt wird. Auch der ebenda ab S. 30ff. unternommene Abgrenzungsversuch belegt die Problematik.

[265] Vgl. *OECD* (2002), S. 41. Teilweise werden etwa Produktinnovationen ganz als Bestandteil des Marketings gesehen, weil sie als zentrales Feld der Produktpolitik in dieses Ressort fallen. Vgl. zu Produktinnovationen u. dieser Argumentation *Steinbauer* (2006), S. 18 m.w.N. Vgl. zur Produktinnovation im Marketingkontext auch *Meffert* (2008), S. 408ff. Hierbei zeigt sich auch der fließende Übergang zw. einer Produktvariation, welche im Marketing angesiedelt ist, u. einer Invention. Vgl. Abschn. 1.2.2.1.3.

[266] Vgl. Abschn. 1.2.2.1.3.

verbundenen Tätigkeiten im Unternehmen vorgenommen.[267] *Brockhoff* zieht die Grenze zur Produktion dort, wo „*unter Einsatz des neuen Wissens eine grundsätzlich wiederholbare Fertigung in wirtschaftlichen Mengen möglich ist, deren Ergebnis vorhersehbar und steuerbar ist*“[268]. Teilweise werden die allgemeinen definitorischen Abgrenzungen der OECD über branchenspezifische Fachverbände „anwendungsorientiert“ ausgearbeitet.[269] Die Vorgaben bedürfen aber nach wie vor einer unternehmensindividuellen Operationalisierung und suggerieren damit allenfalls die Existenz vergleichbarer und klarer Zuordnungen.[270] In der Praxis werden die vorbereitenden Tätigkeiten zur Nutzung einer Entwicklung regelmäßig in die Funktionsbereiche von Produktion und Marketing gruppiert, wobei die korrespondierenden Entwicklungsprojekte zum Teil mit den Kosten für die Spezialwerkzeugproduktion oder entwicklungsbezogene Marketingkosten auf Projektebene belastet werden.[271]

Insgesamt beinhaltet der **FuE-Bereich** im Unternehmen damit **zahlreiche Abgrenzungsprobleme**, die über die rein definitorischen Unschärfen hinausgehen. Die Differenzierung innerhalb des Forschungsbereichs in Grundlagenforschung und angewandte Forschung ist in der Praxis allerdings nicht von Bedeutung. Betrachtet man nämlich die Gewichtung von FuE-Aktivitäten in Unternehmen, so zeigt sich, dass der unternehmerische Fokus auf der Phase der Entwicklung liegt, gefolgt von der angewandten Forschung. Lediglich einen geringen Anteil der FuE-Ausgaben verwenden Unternehmen für die Grundlagenforschung.[272]

Der folgende Abschnitt befasst sich mit der Thematik, indem er die verschiedenen Facetten der Organisation des FuE-Bereichs aufzeigt, bevor im Abschnitt 3.2 Wirkungskreis und Aufgabenspektrum des FuE-Controllings detailliert ausgeführt werden.

---

[267] Vgl. *OECD* (2002), S. 42. Dort heißt es wörtlich: "If the primary objective is to make further technical improvements on the product or process, then the work comes within the definition of R&D. If, on the other hand, the product, process or approach is substantially set and the primary objective is to develop markets, to do pre-production planning or to get a production or control system working smoothly, the work is no longer R&D."

[268] *Brockhoff* (1999a), S. 49. Zu den allgemeinen Abgrenzungsproblemen s. *Brockhoff* (1982), S. 141f.

[269] Vgl. hierzu beispielhaft die Abgrenzungen des Verbands der Chemischen Industrie (VDI), auszugsweise zu finden bei *Brockhoff* (1999a), S. 56ff.

[270] Interessant sind in diesem Zusammenhang die Auswirkungen von sprachlichen Taxonomien von FuE auf z.B. Budgetierung u. Reporting. Eine Studie vergleicht die Implikationen verschiedener Aufteilungen u. Abgrenzungen von FuE im Bereich der Generierung öffentlicher Mittel. Im Ergebnis ist keine der untersuchten Taxonomien überlegen. Vgl. *Averch* (1991), S. 179ff.

[271] Vgl. *Gaiser* (1993), S. 12.

[272] Vgl. hierzu *Schmeisser u. a.* (2006), S. 67 m.w.N. Dies deckt sich auch mit der Eingrenzung des Untersuchungsfokus dieser Arbeit. Vgl. Abschn. 1.2.2.1.3.

3.1.2 Organisation von Forschung und Entwicklung

Die Organisation beschreibt die **Gesetzmäßigkeiten** des **Zusammenspiels** von unterschiedlichen Elementen in Unternehmen.[273] Grundsätzlich basiert sie auf einer spezialisierten Arbeitsteilung, welche an dem Ziel ausgerichtet ist, die effiziente, schnelle und zuverlässige Durchführung repetitiver Tätigkeiten verschiedener gradueller Ausprägung zu gewährleisten.[274] Die damit einhergehenden straffen Aufbau- und Ablauforganisationen stehen jedoch einer **kreativen** und **flexiblen Aufgabe**, wie sie die **FuE** kennzeichnet, entgegen. *Schmeisser u.a.* sprechen daher von *„einem Balanceakt, der in der Handhabung des nicht auflösbaren Dilemmas zwischen Innovation und Routine besteht.“*[275] Die sehr spezielle FuE-Aufgabe muss folglich nach gesonderten Maßstäben ins Unternehmensgefüge eingebunden werden. Hierbei spielen sowohl die im vorangegangen Abschnitt skizzierten Abgrenzungsprobleme eine Rolle als auch die besonderen Charakteristika von FuE, namentlich die Einmaligkeit und Einzigartigkeit, Langfristigkeit, Substanzlosigkeit der Ergebnisse und die inhärente Unsicherheit sowie deren hoher strategischer Stellenwert zur Positionierung und Behauptung im Wettbewerb.[276]

Die Organisation des FuE-Bereichs soll anhand der folgenden Dimensionen betrachtet werden. Zunächst interessiert die **aufbauorganisatorische**, d.h. strukturelle **Eingliederung** der betrieblichen FuE-Tätigkeiten. Anschließend wird kurz auf die innerorganisatorische bzw. **sekundäre Strukturierung** des Subsystems FuE eingegangen.[277]

Bei der grundlegenden Anordnung von FuE im Unternehmensgefüge stehen zwei interdependente Fragen im Zentrum:[278] Wo ist die FuE-Funktion hierarchisch einzugliedern und soll diese Funktion als Zentralfunktion allein oder in Kombination mit dezentralen Einheiten oder nur in Form dezentraler FuE-Bereiche organisiert werden?[279] Hierbei spielt die Systematisierung der Unternehmung insgesamt eine prägende Rolle, sodass die beiden vorherrschenden Konzepte, die funktionale und die divisionale Organisationsstruktur, an

---

[273] Vgl. *Steinbauer* (2006), S. 32. Auf die informellen Beziehungen u. die damit verknüpfte Unternehmenskultur sei an dieser Stelle nur hingewiesen. Ebenfalls sei hier der Hinweis gegeben, dass die Einschränkung auf originäre FuE-Tätigkeiten in der Arbeit vorgenommen wurde, sodass organisatorische Effekte aus Kooperationsmodellen nicht betrachtet werden. Vgl. 1.2.2.2.

[274] Vgl. *Meffert* (2008), S. 413.

[275] *Schmeisser u. a.* (2006), S. 192.

[276] Vgl. zu den Charakteristika *Schmeisser u. a.* (2006), S. 64ff. u. ausf. den Abschn. 3.2.1.

[277] Die Ablauforganisation ist im Bereich des FuE-Controllings enthalten, da die verantwortliche Gestaltung eben diesem obliegt. Vgl. hierzu Abschn. 3.2.3.

[278] Vgl. *Kern/Schröder* (1977), S. 354.

[279] Vgl. zu den Gliederungsaspekten zentral vs. dezentral u. den häufigen Mischformen aggregiert z.B. *Wicke* (1995), S. 28ff. od. ausf. *Steinbauer* (2006), S. 54ff., *Specht/Beckmann/Amelingmeyer* (2002), S. 327ff.

dieser Stelle komprimiert im Zusammenhang mit der FuE-Funktion betrachtet werden sollen.[280]

Konstituierendes Merkmal der **funktionalen** Organisationsstruktur ist die Gruppierung der obersten Differenzierungsebene nach dem Verrichtungsprinzip, d.h. gleichartige Tätigkeiten werden systematisch als Einheiten zusammengefasst. Für die FuE-Funktion bietet diese Organisationsform verschiedene Varianten der zentralen oder dezentralen Einbindung.[281] So kann die FuE-Einheit zentral als Stabstelle der Unternehmensleitung zugeordnet werden, als eigenes Funktionselement der ersten Gliederungsebene fungieren, oder unter ein funktionales Gliederungssystem subsumiert werden. Dezentral kann zwischen einer vollständigen und einer teilweisen Dezentralisierung des FuE-Subsystems unterschieden werden, wobei letztere eine Kombination einer zentralen FuE-Organisationseinheit mit dezentralen FuE-Bereichen bedeutet. Obwohl sich Argumente für und gegen die einzelnen Varianten finden lassen, belegen Studien, dass im Falle der stärker inputorientierten funktionalen Organisationsstruktur die zentrale Ausrichtung der FuE-Aktivitäten dominiert.[282]

Die zweite grundlegende Organisationsform ist die tendenziell outputorientierte **Divisions-** oder auch **Objektstrukturierung**. Hierbei wird auf der ersten arbeitsteiligen Ebene eine Einteilung auf Basis spezieller Objekte, in der Regel Regionen oder Produkten, vorgenommen. Auch hier kann zwischen einer zentralen, dezentralen oder kombinierten FuE-Gliederung unterschieden werden. Da diese Organisationsform insgesamt besonders für komplexe und dynamische Umweltbedingungen geeignet ist und in ihrer unternehmensindividuellen Ausgestaltung viele Möglichkeiten bietet, stellt die Kombination zentraler und dezentraler FuE-Bereiche hierbei die dominierende Variante in der Praxis dar.[283]

Neben der Aufbauorganisation soll auch die **organisatorische Systematisierung innerhalb** des gewählten **Strukturierungsansatzes** im Rahmen der Organisation von FuE betrachtet werden. Hierbei wird an dem grundlegenden aufbauorganisatorischen Gliederungsschema angesetzt. Die Wahl einer verrichtungsorientierten Organisationsstruktur ermöglicht es, den FuE-Bereich allgemein nach inhaltlichen, das heißt nach technisch-wissenschaftlichen Themenbereichen zu unterteilen oder eine phasenbasierte Gliederung etwa in Grundlagenforschung, angewandte Forschung und Entwicklung vorzunehmen.[284]

---

280 Für einen ausf. Überblick über mögliche Organisationsformen s. *Steinbauer* (2006), S. 33ff.
281 Einen Überblick über die Vor- u. Nachteile findet sich bspw. bei *Brockhoff* (1989), S. 78.
282 Vgl. hierzu *Warschkow* (1993), S. 30 m.w.N.
283 Vgl. *Kupsch/Marr/Picot* (1991), S. 1101.
284 Vgl. zur Gestaltung u. den Vor- u. Nachteilen detailliert *Steinbauer* (2006), S. 42ff.

Vielfach erfolgen in der Praxis innerhalb der Verrichtungsorganisation weitere organisatorische Differenzierungen des FuE-Bereichs. Die Auffächerung des FuE-Subsystems wird bei der Objektorganisation meist anhand der Gliederungsaspekte Produkt bzw. Produktgruppen oder nach Projekten strukturiert.[285] Darüber hinaus sind regional geprägte interne Organisationsprinzipien oder Mischformen mit zwei oder mehr Dimensionen möglich (Matrix- oder Tensorstrukturierung).[286]

Obwohl die gestaltete Ordnungssystematik des FuE-Bereichs einen relevanten Erfolgsfaktor darstellt,[287] gibt es weder bei der Einbettung der FuE-Aktivitäten in die Unternehmensorganisation noch im Bereich der Innenorganisation dieser eine allgemeingültig überlegene Gliederungsvariante.[288] Vielmehr ist der situative Ansatz hierbei maßgeblich, bei dem unter Berücksichtigung der unternehmensindividuellen FuE-Aktivitäten gepaart mit den strategischen Zielen sowie den spezifischen, sich ständig verändernden Rahmenbedingungen eine Abwägung der organisatorischen Vor- und Nachteile der jeweiligen Strukturierungsformen erfolgt.[289] In der Praxis dominieren deshalb Kombinationen der reinen Theoriekonzepte.

Nachdem ein komprimierter Überblick über die Vielfalt der Organisationsformen von FuE gegeben wurde, schließt sich der Bereich des FuE-Controllings an. Hierbei werden zunächst die besonderen Charakteristika des Controllingobjektes FuE dargestellt, anschließend die Organisation des FuE-Controllings thematisiert, um dann ausführlich die im Forschungskontext wichtigen Controllingfelder, Aufgaben und Probleme zu erläutern.

3.2 Controlling von Forschung und Entwicklung

3.2.1 Besonderheiten des Controllingobjektes „Forschung und Entwicklung“

FuE-Aktivitäten der Unternehmen sind eine zentrale Quelle für Innovationen und damit die vielleicht wichtigste Zukunftsinvestition eines Unternehmens.[290] Dabei bringt der zukunftsträchtige Potentialbereich FuE aber typische Problemstellungen mit sich, welche in diesem Abschnitt thematisiert werden.

---

[285] Vgl. hierzu ausf. *Warschkow* (1993), S. 39f., welcher auch auf die praktisch unbedeutende Variante der Gliederung nach Prozesstypen eingeht.

[286] Vgl. zu den genannten Prinzipien komprimiert *Steinbauer* (2006), S. 47ff.

[287] Vgl. *Bürgel/Zeller* (1997), S. 221.

[288] Vgl. z.B. *Brockhoff* (2003), S. 345.

[289] Vgl. *Specht/Beckmann/Amelingmeyer* (2002), S. 343ff. Allgemein beeinflusst nicht zuletzt die Strategie maßgeblich die Strukturen in Unternehmen. Vgl. *Chandler* (1962), S. 14.

[290] FuE ist eine Phase des Innovationsprozesses im weiteren Sinne. Vgl. Abschn. 1.2.2.1.3.

Wie bereits in der einführenden Abgrenzung von FuE im Unternehmen verdeutlicht, kann in diesem Bereich – im Gegensatz zu den klassischen Unternehmensfunktionen, wie bspw. Einkauf oder Produktion – nur ein mittelbarer Bezug zum Unternehmenssachziel aufgezeigt werden. Dies führt zu einer nicht zu unterschätzenden Zurechnungsproblematik der Erlöse.[291] Die Unschärfe im FuE-Bereich beschränkt sich aber nicht nur auf die Ergebnisebene, sondern beginnt im eigentlichen FuE-Kombinationsprozess, welcher sich als **Wirkungsblackbox** deterministischen Aussagen entzieht. Die primären **Inputfaktoren** (Wissen, Personal und Versuchskapazitäten/-material) sind bekannt und ein bestimmter **Output** bzw. eine mehr oder weniger konkrete Zielsetzung wird angestrebt,[292] aber über die Verbindungen und Relationen der beiden Größen im FuE-Prozess kann keine präzise Aussage getroffen werden.[293] Zusätzlich wird diese komplexe Situation sowohl durch interne wie auch durch externe Unsicherheits- bzw. Umweltfaktoren beeinflusst, dessen relevante Strukturelemente sich einer vollständigen Identifikation, Beschreibung und Kausalität entziehen. Dabei resultiert die **externe Unsicherheit** von FuE-Vorhaben aus umweltinduziert veränderten technischen oder wirtschaftlichen Zukunftsentwicklungen, welche im ungünstigsten Fall das Vorhaben obsolet machen. Mit **internen Gefahren** sind die projektimmanenten Risiken gemeint, welche aufgrund des Neuheitsgrades und der Einzigartigkeit von FuE-Projekten erheblich sein können. Aus der sich gegenseitig verschärfenden Kombination unsicherer Veränderungen im Umfeld auf der einen Seite mit den mangelnden Kenntnissen der Kausalzusammenhänge auf der anderen Seite resultieren handfeste Quantifizierungs,- Prognose- und Beherrschungsprobleme im FuE-Bereich.[294]

Betrachtet man diese Informationsdefizite und Unsicherheitsfaktoren aus einer **Investitionsperspektive** – und Ausgaben in FuE sind nichts anderes als eine langfristige Investition – so besteht das unmittelbar ersichtliche Problem in einer fehlenden Verknüpfung von Investitionsbetrag und Wertschöpfung und damit deutliche Prognoseschwierigkeiten für die Zahlungsströme. Darüber hinaus stellen sich bei der Investitionsbeurteilung von FuE-

---

[291] Vgl. *Schmeisser u. a.* (2006), S. 59.

[292] Wie bereits im einleitenden Definitionsteil aufgezeigt, wird für die hier fokussierte FuE eine Zweckorientierung unterstellt. Obwohl sich grundlegende Forschungstätigkeiten generell durch eine mangelnde Zielsetzung auszeichnen, wird hier aufgrund der wirtschaftlichen Ausrichtung von Unternehmen ein ökonomisch verwertbares Ergebnis(-ziel) der FuE-Tätigkeiten, sprich eine Innovation, unterstellt.

[293] Vgl. *Brockhoff* (2002), S. 601. So schaffen FuE-Projekte häufig indirekte Werte wie Real-Optionen. Vgl. *Horváth* (2006), S. 847 m.w.N. Vgl. ausf. u. weiterführend *Lewis/Enke/Spurlock* (2004), S. 36ff., *Koussis/Martzoukos/Trigeorgis* (2007), S. 29ff. u. grundlegend *Trigeorgis* (1996), S. 1ff. Zayer nennt die folgenden Prozessmerkmale: Technik-Fokus, Komplexität, Unsicherheit u. Konfliktgeladenheit. Vgl. *Zayer* (2005), S. 49.

[294] Vgl. *Schmeisser u. a.* (2006), S. 214. So wird z.B. der Beitrag des FuE-Outputs mangels anderer Möglichkeiten häufig indirekt auf Basis einer Residualbetrachtung bestimmt.

Projekten zwei zentrale, durch Unschärfe gekennzeichnete und zugleich interdependente Zeiträume dar: zum einen die Ausgabendauer in FuE gepaart mit einem Resultat in Form immaterieller Ergebnisse und zum anderen die Zeitspanne bis damit eine Ergebniswirkung erzielt wird.[295] Darüber hinaus ist das geschaffene **Ergebnis** eines FuE-Projektes als **immaterielle** Ressource in Form von Wissen mit zusätzlichen typischen Mess- und Bewertungsproblemen behaftet. So besitzt der Output des FuE-Prozesses im Unterschied zu physischen Wirtschaftsgütern keine Engpasseigenschaften, das heißt, er ist in seiner Nutzung nicht beschränkt (Nicht-Rivalität). Eine wirtschaftliche Verwendung des Wissens bedingt daher grundsätzlich rechtliche oder faktische Vorkehrungen (z.B. über Mitarbeiterverpflichtungen oder Patente), über die eine zumindest teilweise bzw. zeitweise **Ausschließlichkeit** der unternehmensinternen Nutzung gewährleistet ist.[296] Positiv, aber auch komplexitätstreibend, sind dabei die gleichzeitig möglichen multiplen Einsatzmöglichkeiten, welche typischerweise ohne zusätzliche Kosten oder Abnutzung realisierbar sind und nur durch das Marktvolumen begrenzt werden.[297] Ferner besteht bei diesen speziellen Investitionsvorhaben ein erhebliches **Totalverlustrisiko** im Vergleich zu sicheren materiellen Anschaffungen sowie grundsätzlich keine physikalische Abnutzung. Die im Zeitpunkt der Markteinführung fixen Kosten aus dem Investment in FuE rentieren sich bei Markterfolg in voller Höhe über ihren Anteil am Produkterlös.

Fasst man das charakteristische Chancen-Risiken-Profil von FuE einmal auf Projektebene zusammen, so können folgende Aussagen getroffen werden:[298]

- Ein projektübergreifendes bzw. vergangenheitsbezogenes „Lernen" ist aufgrund der **Neuartigkeit** von FuE-Projekten sowie ihrer **Singularität** häufig nicht möglich.
- FuE-Projekte beziehen sich auf **langfristige** Produkt-/ oder Prozess-Planungen und basieren daher auf Annahmen über den **ungewissen Verlauf** und erwartete Eigenschaften.
- FuE-Projekte sind in ihren **Projektstrukturen** sehr **komplex**. Nicht nur, dass zur Zielerreichung unter Umständen mehrere Wege gleichzeitig gegangen werden müssen, teilweise sind die potentiellen Lösungsansätze vollständig unbekannt.

---

[295] Vgl. *Stoi* (2003), S. 178.

[296] Vgl. *Brockhoff* (2005d), S. 17, *Brockhoff* (1999a), S. 93ff. Verschärft wird das Problem durch Tacit Knowledge, welches sich „in" den forschenden Mitarbeitern ansammelt, aber nicht direkt niedergeschrieben od. übertragen werden kann. Vgl. hierzu grundlegend *Perraton/Tarrant* (2007), S. 353ff.

[297] Vgl. *Stoi* (2003), S. 177. Vgl. auch *Zayer* (2005), S. 48.

[298] Vgl. *Leising/Zayer* (2003), S. 567.

Insgesamt erfordern die typischen Problemfelder des FuE-Bereichs einen speziellen Controllingrahmen, welcher diesen Besonderheiten im Zusammenspiel mit den kontext- und unternehmensindividuellen Gegebenheiten gerecht wird. Bevor jedoch die Controllingfelder im FuE-Bereich detailliert beschrieben werden, befasst sich der nachfolgende Abschnitt mit der für jede Unternehmensaufgabe grundlegenden und prägenden Organisationsstruktur des FuE-Controllings.

3.2.2 Organisation des FuE-Controlling

Grundsätzlich kann das FuE-Controlling sowohl vollständig dem FuE-Bereich als auch dem Zentralcontrolling zugeordnet werden sowie über Mischformen mit beiden Feldern verbunden sein. Dabei ist auch im FuE-Bereich die Controllingorganisation eng mit der Managementorganisation verknüpft. „*Das Führungskonzept des Konzerns legt Planungshoheiten, Kontroll- und Informationsbedarfe der unterschiedlichen Führungsebenen fest und bestimmt damit maßgeblich ggf. auftretende Rationalitätsdefizite, etwa Opportunismus durch zentrifugale Bereichsinteressen der Konzernunternehmen oder fehlende Geschäftsnähe der Entscheidungen.*“[299] Folglich korrespondiert die **Organisation** des **FuE-Controllings** im Unternehmen mit den in Abschnitt 3.2.1 dargestellten grundlegenden Ordnungsprinzipien sowie ihrer zentralen oder dezentralen Prägung.[300] Ein zentraler FuE-Bereich besitzt somit meist eine zentrale FuE-Controllingstelle, wobei mit den in der Praxis dominierenden Mischformen differenzierte Zerlegungen der FuE-Controllingaufgaben einhergehen.[301] Bei diesen Kombinationsformen können die organisatorischen Varianten von zentralem und dezentralem FuE-Controlling sehr unterschiedlich gestaltet werden. So kann die Aufgabenverteilung in der Form delegiert werden, dass es entweder explizite dezentrale FuE-Controllingstellen gibt oder diese Aufgaben einer anders „benannten“ Controllingstelle – etwa einem Bereichs- oder Produktbereichscontroller – zugewiesen werden.[302]

---

[299] *Weber u. a.* (2001), S. 8.

[300] Vgl. *Bürgel* (1989a), S. 17f.

[301] Vgl. die Ausführungen im Abschn. 3.1.2.

[302] Vgl. *Bürgel* (1989a), S. 17. Daher beschränkt sich die Untersuchung auch nicht auf ein organisatorisch angelehntes begriffliches Verständnis des FuE-Controllings, sondern bezieht neben den expliziten FuE-Controllingeinheiten auch diejenigen Stellen ein, die eine Aufgabe des FuE-Controllings ausfüllen (Vgl. hierzu die aufgabenorientierte definitorische Abgrenzung des Controllinginhalts in Abschn. 1.2.2.1.2.). Brockhoff unterscheidet bei der Aufbauorganisation des FuE-Controllings drei Entwicklungsstufen: 1. Wahrnehmung der FuE-Controllingaufgaben durch andere Stellen, 2. Wahrnehmung der FuE-Controllingaufgaben durch das Unternehmenscontrolling u. 3. Wahrnehmung der FuE-Controllingaufgaben durch ein spezielles FuE-Controlling. Vgl. *Brockhoff* (1984a), S. 616.

Im Rahmen der **Unterstellungsmöglichkeiten** wird allgemein zwischen einer fachlichen und einer disziplinarischen Form im FuE-Controlling unterschieden.[303] Im Einklang mit den dominierenden Mischformen aus dezentralen und zentralen Einheiten und der gleichzeitigen Zerlegung von Controllingaufgaben überwiegen zweigeteilte Unterstellungsvarianten nach dem Dottet-line-Prinzip. Aufgrund der vielfältigen Abwägungen und Einflussgrößen im Bereich des FuE-Controllings können in der Praxis aber weder generelle Regelmäßigkeiten noch grundsätzliche Überlegenheiten einer Variante beobachtet werden.[304]

Nachdem die Charakteristika des Controllingobjektes sowie die Grundlagen der Organisation erläutert wurden, folgt ein auf die Forschungsergebnisse zugespitzter Abschnitt zu den zentralen Feldern, Aufgaben und Problemen im FuE-Controlling.

3.2.3 Zentrale Felder, Aufgaben und Probleme im FuE-Controlling

Das Controlling des FuE-Bereichs ist ein sehr heterogenes Feld, welches durch viele Faktoren in seiner Wirkungsweise, Gestaltung und Ausrichtung beeinflusst wird.[305] Eine abschließende Aufzählung würde nicht nur aufgrund der Fülle, sondern auch aufgrund ihres situativen Kontextbezugs und dem schillernden Controllingobjekt FuE den Rahmen sprengen.[306] Dieser Abschnitt beschränkt sich daher auf die im Wege der empirischen Untersuchung als besonders relevant erachteten Themenkomplexe.

Analog dem „allgemeinen" Controllingverständnis obliegt dem **FuE-Controlling** die Aufgabe der Sicherstellung eines rationalen FuE-Regelkreises im Gleichschritt mit den Unternehmenszielen und damit die effiziente und effektive Gestaltung der FuE-Funktion.[307]

Zur Erfüllung dieses hochgradig **kontext-** und **situationsspezifischen** „Aufgabenbündels" muss das FuE-Controlling darauf ausgelegte Planungs- und Kontrollrechnungen gestalten

---

[303] Vgl. zu den Unterstellungsmöglichkeiten ausf. *Straube* (1992), S. 205ff.

[304] Nach Horváth wird der FuE-Controller i.d.R. fachlich an den zentralen Controllingbereich angehängt u. disziplinarisch der FuE-Leitung unterstellt. Vgl. *Horváth* (2006), S. 849 m.w.N. Die andere Mischform ist nach Brockhoff häufig realisiert. Vgl. *Brockhoff* (2002), S. 604 m.w.N. Nach Gaiser hat sich in der Praxis die vollständige Unterstellung unter das FuE-Management durchgesetzt. Vgl. *Gaiser* (1993), S. 44. Zayer spricht von einer dominierenden vollständigen Unterstellung unter die Controlling-Abteilung bei räumlicher Ansiedlung in den Forschungseinheiten. Vgl. *Zayer* (2005), S. 69f.

[305] Dabei hängt das FuE-Controlling insgesamt von Faktoren wie Branche, Anzahl möglicher Projekte, Dauer od. Komplexität der FuE u. der Projektintegration ab. Vgl. *Bürgel* (1994), S. 116ff. m.w.N.

[306] Eine ähnliche Begründung findet sich z.B. bei *Specht/Beckmann/Amelingmeyer* (2002), S. 2.

(z.B. ein differenziertes Kostenrechnungs- oder Kennzahlensystem) sowie seine Beratungs- und Informationsfunktion im Kontext des „Metaziels" der Rationalitätssicherung ausüben. Zentral ist die Aufgabenstellung, technisch-, natur- und ingenieurwissenschaftlich geprägte Ergebnisse in betriebswirtschaftliche Formen zu überführen. Die tendenziell die Effektivität adressierenden **strategischen** Aufgaben im FuE-Controlling bestehen im Entwerfen, Abstimmen und der Realisation der FuE-Strategie. Die **operativen** und auf Effizienz zielenden Aufgabenbereiche sind hier das Produkt-, Projekt- und Prozesscontrolling sowie die Bereitstellung der hierzu notwendigen Instrumente und Informationen.[308]

Aufgrund der bereits ausführlich beschriebenen **Charakteristika** des **Controllingobjektes** unterscheidet sich das FuE-Controlling grundlegend von anderen Controllingfeldern.[309] So besitzen im FuE-Kontext qualitative Informationen aufgrund des immateriellen Wissens einen besonderen Stellenwert. Gleichzeitig erfordern die Eigenschaften eine deutlich höhere Flexibilität des FuE-Controllings, heuristische Planungen sowie besondere Rendite-Risiko-Beurteilungen. Ferner beinhalten die FuE-Vorhaben ein breites Spektrum an verschiedensten Aufgaben, da sich die FuE-Aktivitäten von Unternehmen auf unterschiedlichste Weise mit spezifischen Problemstellungen und Zielsetzungen befassen, sich auf verschiedenen Konkretisierungsstufen befinden und individuelle Ressourcen und Überwachungsintensitäten erfordern. Diese Heterogenität kann nur durch eine Strukturierung beherrscht werden, sodass eine Differenzierung des vielfältigen Controllingobjektes zwingend ist. Dabei wird ein grundlegender Klassifizierungsansatz unter Rückgriff auf die sprachliche Begriffsbildung vorgenommen, da „F" und „E" -Vorhaben sich deutlich in Komplexität, Unsicherheit und der Quantifizierung der Leistungsdimension bzw. Zielsetzung unterscheiden.[310] Für das FuE-Controlling bedeutet dies, dass die allgemeinen Planungs-, Kontroll- und Revisionsinstrumente erst mit zunehmendem Reifegrad bzw. abnehmendem Empiriegrad greifen.[311] Die Probleme zeitlich-sachlicher Unschärfen dieses Differenzierungsansatzes verlangen eine kritische unternehmensbezogene Auseinanderset-

---

[307] Vgl. zur Controllingdefinition Abschn. 1.2.2.1.2. Das FuE-Controlling ist ein relativ junges Feld. Vgl. *Bürgel* (1994), S. 101, *Zayer* (2005), S. 47. Grundlegend können sechs interdependente „Ausbaustufen" des FuE-Controllings unterschieden werden, welche im Idealfall integrativ ineinander greifen, nämlich das Innovationscontrolling, das FuE-Strategie-Controlling, das marktzielorientierte FuE-Controlling, das FuE-Bereichscontrolling sowie das FuE-Projektcontrolling u. das „Klassische Controlling" in Produktion u. Absatz. Vgl. *Horváth* (2006), S. 845ff.

[308] Vgl. *Siegwart/Rieder* (1999), S. 4, 8 u. S. 12. Strategische Aufgaben sind dabei z.B. die Markt-, Unternehmens- u. Technologieanalyse. Vgl. ausf. zur strategischen FuE-Planung *Brockhoff* (1999a), S. 151ff.

[309] Vgl. Abschn. 3.2.1.

[310] Vgl. *Leker* (2005), S. 570.

[311] Vgl. *Brockhoff* (1999a), S. 430. Für ein spezifisches Forschungscontrolling s. *Deyhle* (1990), S. 113ff.

zung in Bezug auf sinnvolle Grenzen und Operationalisierungsformen sowie ein regelmäßiges Kontrollieren der in der Vergangenheit gewählten Einteilungen.[312]

Aus der Aufgabenstellung des FuE-Controllings folgt, dass die **Organisation** der FuE-Aktivitäten im Unternehmen einen Controllinggegenstand darstellt.[313] Dabei ist die Einbettung des Bereichs in das Gesamtorganisationsgefüge nicht nur statisch zu beurteilen, sondern muss vor dem Hintergrund des stetigen Wandels regelmäßig auf seine Zweckmäßigkeit und Optimierungspotentiale untersucht werden. Bei der Aufbauorganisation könnte die Abwägung zwischen einer zentralen oder dezentralen Aufstellung Anpassungen erfordern oder eine andersförmige Aufgabenzerlegung im FuE-Controlling bedingen. Z.B. dann, wenn aufgrund exogener Veränderungen die Spezialisierungs- bzw. Rationalisierungsvorteile aus einer zentralen Ausrichtung an Bedeutung verlieren in Relation zur Marktnähe bzw. zum Kundenbezug bei stärkerer Anbindung an dezentrale Produktions- oder Vertriebsbereiche. Im Rahmen der **organisatorischen** Verantwortung fallen auch die **Abläufe** ins Ressort des FuE-Controllings. Hierbei sind insbesondere die im FuE-Kontext bedeutsamen **Schnittstellenprobleme** mit den Produktions- und Marketingbereichen zu adressieren.[314] Die Zusammenführung der beiden organisatorisch getrennten Bereiche ist für den FuE-Erfolg entscheidend,[315] wobei die Koordinationsschwierigkeiten nicht nur aus den rein organisatorischen Bereichsgrenzen resultieren. Sondern diese werden noch durch weiche Faktoren erschwert, wie z.B. verschiedene Wahrnehmungen, Subkulturen sowie nachweislich variierende Planungshorizonte.[316] Ansatzpunkte zur Lösung der funktionsübergreifenden Abstimmungsmängel können struktur- oder prozessorientierte Integrationsmechanismen sowie ein Fokus auf Objekte oder Personen sein.[317]

Innerhalb der **Bereichsebene** verantwortet, strukturiert und überwacht das **FuE-Controlling** Termine, Ressourceneinsatz, Kosten und Leistungen bzw. Qualität sowie die Prozesse und Projekte und sorgt für effektive und effiziente Abläufe.[318] Die hierbei zu er-

[312] Vgl. z.B. zur Begriffsbildung u. den Konsequenzen auf Strategieformulierung od. Budgetierung *Averch* (1991), S. 179ff. Vgl. zu den Definitionen Abschn. 1.2.2.1.3, für die Charakteristika von FuE Abschn. 3.2.1, für die Abgrenzungsproblemen Abschn. 3.1.1. Daraus resultiert letztlich auch ein uneinheitlich abgegrenztes FuE-Controllingsystem. Vgl. z.B. *Gaiser* (1993), S. 18. Brockhoff sieht sogar eine damit einhergehende unscharfe Aufgabenabgrenzung für FuE-Controller. Vgl. *Brockhoff* (1999a), S. 428.

[313] Vgl. hierzu Abschn. 3.1.2.

[314] Vgl. zu dieser Thematik ausf. *Brockhoff* (1989), S. 5ff., *Gaiser* (1993), S. 32ff. vgl. auch *Brockhoff* (1985), S. 623ff., *Brockhoff* (2005b), S. 859ff. Hierein spielen auch die Abgrenzungsprobleme von FuE im Unternehmen aus Abschn. 3.1.1.

[315] Vgl. *Bürgel/Zeller* (1997), S. 221.

[316] Vgl. *Brockhoff* (1989), S. 114 m.w.N.

[317] Vgl. *Brockhoff* (2002), S. 600 od. ausf. *Gaiser* (1993), S. 38ff.

[318] Vgl. ausf. *Schröder* (2003), S. 358ff.

greifenden Aufgaben lassen sich neben der generellen, übergeordneten Rationalitätssicherung der FuE-Aktivitäten in spezielle Routine- oder Einzelfallaufgaben einteilen.[319] Beispiele für die regelmäßigen Aufgaben sind dabei die operative FuE-Programmplanung (d.h. sämtliche Entscheidungen über die Aufnahme, Fortführung oder Beendigung von FuE-Projekten sowie die Priorisierung innerhalb des Programms)[320] oder die Budgetierung. Fallweise Aufgaben entstehen unter anderem durch den umweltgetriebenen Veränderungsprozess, etwa aus neuen Rechtsvorgaben wie dem IAS 38, welcher im FuE-Controlling operationalisiert und implementiert werden musste.[321]

Als **Strukturierungsansatz** wird im FuE-Controlling üblicherweise die sehr flexible Aufteilung von FuE-Vorhaben in **Projekte** vorgenommen.[322] Dabei zeichnet sich ein Projekt allgemein durch die folgenden Charakteristika aus: einen festgelegten Zeitrahmen, finanzielle und personelle Restriktionen, konkret definierte Zielsetzung, bereichsübergreifende Kooperationen, Komplexität und ein zum Teil erheblicher Umfang sowie aufgrund der regelmäßigen Neuartigkeit der Einzelvorhaben hohe Unsicherheit bzw. Risiko.[323] Inhaltlich bietet dieser Ansatz die Möglichkeit zur Beurteilung der sich wechselseitig beeinflussenden Größen Projektaufwendungen, Bearbeitungsdauer und des Ergebnisfortschritts. Projektleiter, Abteilungsleiter und FuE-Controller besitzen innerhalb dieses Organisationsmodells verschiedene Aufgaben- und Verantwortungsbereiche.[324] Hierdurch können und müssen die im FuE-Prozess beteiligten Fachabteilungen – in der Regel eigenständige Organisationseinheiten – projektübergreifend vom FuE-Controlling koordiniert werden, wobei eine systematische, enge Verzahnung erforderlich ist.[325] Die Gesamtprojektdurchführung obliegt

---

[319] Hierzu existiert ein ebenso sortierter Aufgabenkatalog vom *Arbeitskreis "Integrierte Unternehmensplanung" der Schmalenbach-Gesellschaft für Betriebswirtschaft e.V.* (1986), S. 373, welcher aufgrund seiner grundlegenden Inhalte nach wie vor aktuell ist u. in der Literatur verwendet wird.

[320] Das FuE-Programm umfasst die Gesamtheit aller FuE-Projekte zu einem bestimmten Zeitpunkt. Zu beachten sind bei den Planungen z.B. Restriktionen aufgrund knapper Ressourcen oder auch Projektinterdependenzen. Vgl. hierzu ausf. *Specht/Beckmann/Amelingmeyer* (2002), S. 201ff.

[321] Vgl. hierzu den eigenen Ergebnisteil dieser Arbeit (Abschn. 4.2).

[322] Für einen Überblick über die Integrationsmöglichkeiten von FuE-Projekten s. *Wicke* (1995), S. 26ff. Vgl. ausf. zum Projektcontrolling im Bereich FuE *Riedl* (1990), S. 1ff. od. allg. *Bürgel* (1989b), S. 4ff., *Littkemann* (1998b), S.68ff. sowie aktuell zum Projektmanagement u. dem im FuE-Kontext besonders relevanten Neuheitsgrad *Brockhoff* (2006), S. 26ff.

[323] Vgl. *Fiedler* (2003), S. 2ff., *Horsch* (2003), S. 10ff. Vgl. auch DIN 69901, die ein Projekt wie folgt definiert: „Vorhaben, das im Wesentlichen durch die Einmaligkeit der Bedingungen in ihrer Gesamtheit gekennzeichnet ist, wie z.B. Zielvorgabe, zeitliche, finanzielle, personelle und andere Begrenzungen; Abgrenzung gegenüber anderen Vorhaben; projektspezifische Organisation." Die Analogie zu den Charakteristika von FuE belegt die Passgenauigkeit des Ansatzes (vgl. Abschn. 3.2.1).

[324] Vgl. *Schmeisser u. a.* (2006), S. 68f.

[325] Hier wird eine Rückkopplung der organisatorischen Gestaltung auf den Aufgabenbereich des FuE-Controllings direkt ablesbar, denn das Schnittstellenmanagement wird immer dort notwendig, wo autonome Teilbereich ohne gemeinsamen Vorgesetzten zusammenwirken müssen. Vgl. zum Schnittstellenmanagement ausf. *Brockhoff* (1993a), S. 396ff. mit emp. Belege für Nachteile schlechter Schnittstellen.

meist dem technisch geschulten und orientierten Projektleiter, welcher die inhaltlichen Ziele und Fristen verantwortet. Dieser muss die vom FuE-Controlling implementierte Organisationsstruktur, Kontrollmechanismen sowie formale Aspekte (Autoritätsverteilung oder den Entscheidungsprozess) instrumentell in seine Arbeit einbeziehen.[326] Unterstützt wird dieser durch den FuE-Controller als betriebswirtschaftlichem Analyse-, Informations- und Instrumentendienstleister. Im Rahmen des komplexen Projektcontrollings müssen dabei die flexiblen Planungen mit den jeweils zugrunde gelegten Annahmen regelmäßig an der Realität gespiegelt werden. Dies erfordert die unstete Natur von FuE-Projekten gepaart mit den hohen inhärenten Planungs- und Bewertungsspielräumen sowie die daraus resultierende regelmäßige Anpassungsnotwendigkeit.[327] Die Wahrscheinlichkeiten für einen technologischen und wirtschaftlichen Erfolg der FuE-Vorhaben sind zusammenzuführen und sollten zu einer kritischen Analyse und Stellungnahme bezüglich des Projektes führen.

Der **Ablauf** eines FuE-Projektes ist, analog der allgemeinen Projektplanung, in eine Schrittfolge eingeteilt, wobei die folgenden nicht streng sequenziellen Ablaufschritte unterschieden werden:[328]

1. Zielfestlegung bzgl. der Dimensionen Leistung, Zeit und Kosten[329]
2. Projektanalyse bzgl. der sachlichen Schritte (Zerlegung in Teilaufgaben, Festlegung der Aufwendungen und Schätzung der Kapazitätsbedarfe, Zeit- u. Kostenplanung)[330]
3. Projektgesamtübersicht durch Aggregation der Einzeldaten (Projektsynthese)
4. Kostenminimale Disposition der Ressourcen
5. Teilaufgabenbezogene Budgetierung der Kosten und Verantwortungszuweisung.

Die anschließenden ablauforganisatorischen Controllingaufgaben bestehen in der Koordination der Zusammenarbeit von Projekt- und Abteilungsleitern und basieren auf einem Projektstrukturplan sowie der zeitlichen und kostenbezogenen Planung. Häufig wird die

---

[326] Vgl. *Brockhoff* (2006), S. 34. Vgl. grundlegend zum Führungs- u. Organisationssystem im Innovationsprozess u. dem Ineinandergreifen dieser *Steinbauer* (2006), S. 64ff.

[327] Die hohen Bewertungsspielräume sind ein Aspekt der problembehafteten Bewertung immaterieller Ressourcen, treten als Folge eingeschränkter Prognose- u. Bewertungsfähigkeit der Beteiligten od. als Manipulationen auf u. sollte über verschiedene Wertansätze (Best-/Worst-Case-Szenarien od. Bandbreiten inklusive der zugrunde gelegten Prämissen) transparent gemacht werden. Vgl. *Zayer* (2005), S. 52.

[328] Vgl. *Schröder* (1970), S. 35ff. Vgl. auch *Schmeisser u. a.* (2006), S. 71ff.

[329] Als Erfolgsgrößen werden i.R.d. Arbeit analog die drei Dimensionen Leistung, Kosten u. Zeit gewählt. In der Literatur finden sich zum Teil auch vier Dimensionen, bei denen die Qualität als separate Größe gesehen wird. So z.B. *Bürgel/Haller/Binder* (1996), S. 38. Hier ist sie Bestandteil der Leistung.

[330] Bei FuE-Projekten basieren die Planungen auf der inhaltlichen Konkretisierung im Pflichten- u. Lastenheft, welches die technischen Merkmale festschreibt. Vgl. *Schmeisser u. a.* (2006), S. 71.

Ablaufplanung und korrespondiernd die Durchführungskontrolle in Form eines **Meilensteinplans** auf Basis gleichlaufender Phasen von FuE-Vorhaben operationalisiert.[331] Dieses Instrument ist ein Strukturierungsansatz, welcher den jeweiligen FuE-Prozess in Abschnitte zerlegt und definierte Meilensteine als Kontrollpunkte an wichtigen Prozessschritten bzw. Phasenübergängen vorgibt.[332] Meilensteinpläne ergänzen damit Balkendiagramme um die Ebene der Termine, welche mit Kontrollen sowie ggf. Reviews und Freigabeentscheidungen verknüpft sind.[333] Im Zuge der obligatorischen Entscheidungen an den festgelegten Übergängen soll unter anderem der durch verspätete Abbruchentscheidungen in der Praxis auftretende „Projekt-Wildwuchs" unterbunden werden.

Im operativen Planungsbereich bildet das Budget den Handlungsrahmen.[334] Die **Budgetierung** ist dabei ein Instrument zur Quantifizierung eines Gesamtbudgets und der entsprechenden Verteilung dieses auf einen bestimmten Empfängerkreis – hier die FuE-Projekte.[335] Sie ist über eine Mehrjahresplanung mit den (langfristigen) Unternehmenszielen in Einklang zu bringen,[336] wobei die zeitverzögerten und unsicheren Wirkungen sowie die Messschwierigkeiten und Prozesscharakteristika nur heuristische Ansätze zulassen und ihre Gestaltung und Abstimmung stellt eine Herausforderung im FuE-Controlling dar.[337] Für die Zukunftspotentiale aus FuE ist dieses Instrument aber besonders wichtig, weil Budgetierungsentscheidungen einerseits bei zu hohen Budgets die kurzfristige finanzielle Stabilität des Unternehmens bedrohen können. Andererseits ist die langfristige Wettbewerbsfähigkeit gefährdet, wenn das Budget zu gering ausfällt.[338] Die **Vorgehensweise** kann dabei sowohl von der obersten Planungsebene aus, d.h. Top-Down, vollzogen werden als

---

331 Ein grundlegender u. umfassender Überblick findet sich bei *Brockhoff* (1999a), S. 50ff.

332 Vgl. *Specht/Beckmann/Amelingmeyer* (2002), S. 145.

333 Vgl. *Brockhoff* (1999a), S. 451ff., *Specht/Beckmann/Amelingmeyer* (2002), S. 485.

334 Die Budgetierung ist direkt mit der Kostenstellenplanung verbunden, da sie die verfügbaren Mittel vorgibt. Vgl. *Schmeisser u. a.* (2006), S. 233f.

335 Vgl. zur Budgetierung von FuE ausf. *Gaiser* (1993), S. 50ff., *Brockhoff* (1999a), S. 247ff., *Specht/Beckmann/Amelingmeyer* (2002), S. 501ff. od. *Bürgel/Haller/Binder* (1996), S. 319ff., komprimiert auch *Bürgel* (1994), S. 105f.

336 Die Budgetplanung ist die periodenbezogene Ausarbeitung lfr. Planungen. Vgl. *Bürgel* (1994), S. 106. Entscheidend ist u.a., ob die Verteidigung der aktuellen oder der Ausbau der Wettbewerbsstellung in der strategischen Unternehmensplanung forciert wird.

337 Belege hierfür sind die in der Theorie existierenden hochkomplexen Budgetierungsverfahren für den FuE-Bereich. Stellvertretend sei hier nur auf *Brockhoff* (1987), S. 846ff. u. *Heidenberger/Schillinger/Stummer* (2003), S. 15ff. verwiesen. Belege für die unzureichende praktische Anwendung von Projektplanungs- u. Budgetierungsinstrumenten finden sich bei *Gaiser* (1993), S. 46ff. od. *Specht/Beckmann/Amelingmeyer* (2002), S. 506ff. m.w.N.

338 Vgl. *Heidenberger/Schillinger/Stummer* (2003), S. 15. Studien belegen, dass die Budgetierung in der Praxis trotz der Zukunftsperspektive bzw. -wirkung von FuE-Aktivitäten meist auf Vergangenheitsdaten basieren. Vgl. *Brockhoff* (1999a), S. 249f. Vgl. auch *Brockhoff* (1987), S. 846ff., welcher im Ergebnis die Orientierung an der strategischen Lücke favorisiert. Auf das Problem eines Budgetrückgangs in Rezessionen sei an dieser Stelle mit Verweis auf *Brockhoff/Pearson* (1998) nur hingewiesen.

auch ausgehend vom Bedarf der einzelnen Budgetierungselemente anhand der Projektplanungen (Bottom-Up). In der Praxis kommt häufig ein kombinierter Ansatz beider Varianten in Form eines Gegenstromverfahrens zur Anwendung. Hierbei werden zunächst die Top-Down geplanten Gesamtbudgets herunter gebrochen und dann sozusagen auf dem „Rückweg" bzw. im Wege eines iterativen Prozesses mit den Bottom-Up Größen abgeglichen. Die zentrale Größe in der Budgetierung ist dabei die Höhe des zu distribuierenden Gesamtbudgets, welche anhand unterschiedlicher Mechanismen und Orientierungsgrößen quantifiziert werden kann.[339] Anknüpfungspunkte können bspw. Outputvariablen wie der Umsatz sein, d.h. das Gesamtbudget wird bspw. anhand des vergangenen oder geplanten Umsatzes (ggf. auch der strategischen Lücke) ermittelt. Weitere Basiskonzepte in der Budgetierung sind die Orientierung an finanzwirtschaftlichen Werten (z.B. dem Cash Flow), der Konkurrenz oder kapazitätsbezogenen Richtwerten. Auch Budgets vergangener Perioden könnnen über Fortschreibung das neue Gesamt- oder Teilbudget determinieren.[340] Ein sehr unsteter, da jährlich vollständig flexibler Budgetierungsansatz ist das Zero-Based-Budgeting, bei dem das Budget jedes Jahr von Grund auf neu argumentiert werden muss.[341] Bei der Gestaltung der Budgetierung muss das FuE-Controlling noch auf ein speziell im FuE-Kontext auftretendes Problem achten. In der Praxis beobachtet man häufig geheime „U-Boot-Projekte", die trotz einer getroffenen Abbruchentscheidung heimlich mit Mitteln laufender Projekte – diese werden dann mit entsprechenden „budgetary slacks" geplant – weiterverfolgt werden.[342] Diese Projekte gefährden sowohl die Rationalität als auch die Effizienz und Effektivität im FuE-Bereich und entziehen sich aufgrund ihrer „Nicht-Existenz" in den Systemen jeglicher Steuerungs- und Kontrollmechanismen.

Alle Aufgabenfelder und Verknüpfungen im FuE-Thema stellen Informationsanforderungen an das FuE-Controlling, welches die Informationsbeschaffung, -aufbereitung und -bereitstellung in Abstimmung mit dem Unternehmensbereichen und -systemen gewährleisten muss. Gerade im problembehafteten FuE-Bereich, dessen Kern der Produktionsfaktor Wissen bildet, ist die Aufgabe des **Informationsdienstleisters** eine elementare, übergeordnete „Brückenfunktion" zur Fundierung der Planungs-, Steuerungs- und Kontrollaufgaben sowie der Rationalitätssicherung.[343] Da sich FuE-Vorhaben im Zeitablauf bzw. mit steigen-

---

339 Ausf. behandelt dies z.B. *Gaiser* (1993), S. 51ff. Für Budgetierungsstrategien in diesem Kontext s. *Brockhoff* (1987), S. 846ff.
340 Vgl. ausf. *Heidenberger/Muthsar/Stummer* (2000), S. 1005ff., *Warschkow* (1993), S. 50ff.
341 Vgl. zum Zero-Based-Budgeting *Pearson/Michael* (1981), S. 68ff., *Wetherbe/Dicksond* (1979), S. 203ff.
342 Vgl. *Brockhoff* (1999a), S. 407f.
343 Vgl. zum Thema Berichts- u. Informationssystem ausf. *Schmeisser u. a.* (2006), S. 183ff.

dem Konkretisierungsgrad durch ein gleichlaufend ansteigendes Informationsvolumen auszeichnen, müssen diese Informationen stetig, zeitnah und vollständig gesammelt sowie entsprechend kanalisiert werden.[344] Zusätzlich sind in dem „zukunftsschwangeren“ und schnelllebigen FuE-Kontext imperativ externe Markt- oder Technologieinformationen systematisch und auf aktuellstem Stand in die Informationssysteme zu integrieren.[345] Hierbei aufgedeckte relevante Umwelteinflüsse (z.B. Technologietrends, Kunden- oder Wettbewerbsverhalten) müssen in ihren Wirkungen – etwa auf die wichtigen Zeitparameter der Lebenszyklen – analysiert werden sowie zur Kontrolle bzw. Beurteilung der mangels bekannter Fakten getroffenen Annahmen führen.[346] Die Ergebnisse sollten standardisiert erfasst und auf die Unternehmenssituation bezogen ausgewertet werden. Dies stellt in der Umsetzung besondere Anforderungen an die bei der Informationsgenerierung involvierten Schnittstellen und muss uno acto in die Koordination der FuE-Projekte einfließen, damit zu jeder Zeit ein vermarktbares und zugleich zu vertretbaren Kosten produktionstechnisch umsetzbares Produkt erarbeitet wird. Übergreifend erlangen im Dokumentationskontext des FuE-Bereichs ganzheitliche Wissensmanagementsysteme eine Bedeutung, in die sowohl die gesamten Erkenntnisse aus der FuE-Projektebene einfließen sollten,[347] als auch korrespondierende Patent- bzw. Lizenzinformationen.[348] Das hierzu benötigte Informationssystem muss so gestaltet sein, dass die jeweiligen Informationsempfänger, wie z.B. das Management, die Ingenieure oder Produktion und Marketing, mit anwenderorientierten, entscheidungsrelevanten und optimal verdichteten Informationen termin- oder bedarfsge-

---

[344] Zayer verweist in diesem Zusammenhang auf den zentralen Faktor „Mensch“ u. damit verbundene potentielle Rationalitätsdefizite in den Informationen sowie die Nutzung der Intuition als Form des impliziten Wissens. Vgl. *Zayer* (2005), S. 51ff.

[345] Ein ausf. Überblick über Informations- u. Kommunikationstechnologien findet sich bei *Specht/Beckmann/Amelingmeyer* (2002), S. 269ff.

[346] Die Relevanz der Zeitdimension basiert auf einer Gewinn-Zeitbeziehung, wobei die Entwicklungsdauer negativ mit dem Ertrag verbunden ist. (Vgl. *Brockhoff* (1999a), S. 447f. m.w.N., *Horváth* (2006), S. 850 m.w.N. Vgl. auch *Brockhoff/Urban* (1988), S. 1ff. Von einem Zeit-Controlling mit einer von Beginn an forcierten zeitlichen Optimierung spricht *Bürgel* (1994), S. 113.) Ein neuer Ansatz ist hier z.B. das Simultaneous Engineering, bei dem zeitliche Überlappungen von Entwicklungsaufgaben bewusst genutzt werden (Vgl. *Specht/Beckmann/Amelingmeyer* (2002), S. 145, vgl. allg. auch *Gaiser* (1993), S. 35ff.). Im „Zeit-Wettbewerbs-System“ kann folgende Argumentationskette aufgezeigt werden: Dem Wettbewerbsdruck auf dem Markt kann ein Unternehmen durch kürzere Entwicklungszeiten entgegentreten. Dadurch können Ergebnissteigerungen auf zweifachem Wege erfolgen: auf der einen Seite führen kürzere Bindungszeiten für die Ressourcen zu geringeren Entwicklungskosten u. auf der anderen Seite resultiert ein früherer Markteintritt in höhere Preise bzw. mehr Umsatz. Vgl. *Schmelzer* (1993), S. 120.

[347] Das Ergebniswissen (u.a die technischen Realisationsgrade, Zwischenergebnisse, Abweichungen, Probleme u. Ursachen) muss vollständig u. sinnvoll abrufbar in Datenbanken aufbewahrt werden, da Erkenntnisse ggf. später an ganz anderer, unvorhersehbarer Stelle viel versprechend einsetzbar sind.

[348] Vgl. ausf. zu gewerblichen Schutzrechten aus FuE *Specht/Beckmann/Amelingmeyer* (2002), S. 239ff.

recht versorgt werden. Die Informationen müssen folglich verschiedene Perspektiven, Komplexitätslevel und Detaillierungsgrade gewährleisten.[349]

Exemplarisch sei an dieser Stelle näher auf ein vom Controlling zu entwickelndes und zu pflegendes zentrales Berichtselement – die **Kostenrechnung** – eingegangen. Dieses Informationsinstrument ist an internen Zielen ausgerichtet und dient somit vorrangig Controllingzwecken.[350] FuE-Vorhaben stellen im Kontext der Erzeugniskalkulation Vorleistungen dar, sodass die hierdurch entstehenden Kosten als Verrechnungszwischengröße in die eigentliche Produktrechnung einfließen.[351] Obwohl der Strukturierungsansatz von FuE-Projekten sinnvoll ist und diese sich als Kostenträger eignen, werden die FuE-Kosten vielfach aufgrund zukunftsbedingter Schwankungen, Ungenauigkeiten sowie Zuordnungsproblemen oder mangels technischer Möglichkeiten nur über die FuE-Kostenstelle und allgemeine Schlüssel auf Produkte oder interne Aufträge verteilt.[352] Neben die genannten Gründe für diese einfache Handhabung tritt die Tatsache, dass FuE-Ausgaben bisher für die Rechnungslegung, sprich das externe Rechnungswesen, i.d.R. nicht weiter aufgeschlüsselt werden mussten, sodass einzig interne Informationsbedürfnisse und Kosten-Nutzen-Relationen das Verrechnungsprozedere determinierten.[353]

Obwohl aus der Bedeutung neuer Innovationen und den Problemen von FuE-Vorhaben die Notwendigkeit für ein spezifisches Controlling unmittelbar abgeleitet werden kann,[354] bestehen in diesem Bereich auch kritische Spannungsfelder.[355] So wirken **Kontrollen** grund-

[349] Vgl. *Bürgel* (1994), S. 107f. Vgl. auch *Weitzel* (2004), S. 483. Vgl. zum Informationssammlungs- u. -verarbeitungsprozess *Schmeisser u. a.* (2006), S. 223f.

[350] Auf Einschränkungen aus dem teilweisen Rückgriff externer Rechnungslegung nach HGB auf interne Systeme sei an dieser Stelle nur unter Verweis auf Abschn. 2.5.2.2 hingewiesen. Die Kostendimension von FuE-Vorhaben ist im Controlling bedeutsam, da der Entwicklungsaufwand zwar nur 10 % der gesamten Lebenslaufkosten eines Projektes ausmacht, aber 95 % davon determiniert (vgl. *Brockhoff* (1999a), S. 441f.) bzw. ca. 70-75 % der Herstellungskosten werden in der Phase der Entwicklung festgelegt. Vgl. *Bürgel/Zeller* (1997), S. 219. Vgl. auch *Geiger* (2000), S. 153f. m.w.N. Ein proaktives Kostenmanagement muss daher an dieser Stelle ansetzen.

[351] Vgl. *Schmeisser u. a.* (2006), S. 101. Die Strukturierung der Kostenstellen im FuE-Bereich hängt dabei von vielen Faktoren ab, wie z.B. der Betriebsgröße, Branche, FuE-Programm, Informationsbedürfnissen od. der Organisationsstruktur. Vgl. ebenda S. 106. Bei der Verrechnung tragen regelmäßig aktuelle Produkte die zugehörigen vergangenen FuE-Kosten (Ex-Post-Verrechnung). Vgl. *Gaiser* (1993), S. 49.

[352] Vgl. *Brockhoff* (2002), S. 603 m.w.N. zur positiven Korrelation von ausgereifter Kostenrechnung zum Erfolg u. verweisen auf ausgearbeitete Theoriekonzepte hierzu. Vgl. hierzu auch die Ausführungen zur eigenen emp. Studie in Abschn. 4.2.1.2.3. Vgl. auch *Zayer* (2005), S. 62.

[353] Ein periodenbezogener Ausweis der FuE Gesamtaufwendungen war i.d.R. ausreichend. Vgl. Abschn. 3.3.2. Vgl. hierzu auch die Auswirkungen in der Kostenrechnung durch IAS 38 in Abschn. 4.2.1.2.3.

[354] Die FuE-Phase im Lebenszyklus einer gesamten Innovation determiniert nicht nur wesentlich die späteren Produktlebenskosten, sondern auch Zeit- u. Qualitätspotentiale u. ist damit zwingend Ansatzpunkt für ein proaktives Controlling. Vgl. *Bürgel/Zeller* (1997), S. 219 m.w.N.

[355] Für eine ausf. Diskussion der Notwendigkeit eines FuE-Controllings s. z.B. *Brockhoff* (1999a), S. 425ff. *Bürgel* (1994), S. 110ff.

sätzlich als Kreativitätshemmnis, was nicht nur die Zielsetzung im FuE-Bereich gefährdet, sondern auch eine Akzeptanz der Controller erschwert. Allgemein bedingt eine Kontrolle die Identität der Kontrollobjekte, was in der sich wandelnden Beschaffenheit von FuE-Projekten mitunter schwierig ist. Hinzu kommt, dass ihre Einzigartigkeit sowohl eine retrograde als auch eine zukunftsgerichtete Übertragbarkeit erschwert.[356] Auch wird in diesem Zusammenhang kontrovers diskutiert, ob die über Kontrollen aufgedeckten Kosten-, Zeit- und Leistungszielabweichungen tatsächlich auf beeinflussbares Entscheidungsverhalten der Beteiligten zurück zu führen sind oder aus der grundsätzlichen Unsicherheit im FuE-Prozess resultieren.[357] Daraus folgt der „Auftrag" an das FuE-Controlling, sorgfältige Abweichungsanalysen aufzustellen, in denen differenziert hinterfragt wird, ob es sich in Kombination mit den identifizierten Ursachen (personelle, technische oder organisatorische) um vermeidbare oder unvermeidbare Fehler handelt.[358]

Das Arbeitsfeld wird zusätzlich durch ein originär im FuE-Controlling auftretendes Problem verschärft. Verschiedene Standpunkte, Perspektiven und Wissensgebiete zwischen den „Forschern" auf der einen und den Controllern auf der anderen Seite begründen verschiedene Denk- und Handlungsmuster und können die Rationalität gefährden.[359] Die Einbeziehung vieler verschiedenartiger Beteiligter erfordert besonderes Feingefühl im Umgang mit dem wichtigsten Inputfaktor der FuE, dem Menschen. Dieser Aspekt ist für das FuE-Controlling wichtig, denn ein gestörtes Verhältnis oder nicht aufgefangene Rationalitätsdefizite erschweren die Aufgabenerfüllung im Sinne der Gesamtziele und belasten das inhaltliche und organisatorische Zusammenwirken.[360] Formalisierte und standardisierte sowie transparente Vorgehensweisen können hier einen wirkungsvollen Ansatz liefern.

Zusammenfassend kann gesagt werden, dass im gesamten Wirkungskreis des FuE-Controllers die FuE-Charakteristika multiple Probleme bewirken und gepaart mit den umweltinduzierten Einflüssen aus Globalisierung, Internationalisierung, technischem Fort-

---

[356] Vgl. hierzu die Charakteristika von FuE in Abschn. 3.2.1.
[357] Vgl. *Brockhoff* (1999a), S. 437.
[358] Vgl. *Riedl* (1990), S. 169.
[359] Vgl. zu den unterschiedlichen Sichtweisen *Bürgel/Haller/Binder* (1996), S. 287. Positive Tendenzen sehen *Leising/Zayer* (2003), S. 567ff. Vgl. zu den potentiellen Rationalitätsdefiziten *Zayer* (2005), S. 51ff.
[360] Beurteilungsverzerrungen sind z.B. im Kontext des „Not-invented-here-Syndroms" od. der „Make-Verkrustung" bekannt. Vgl. *Zayer* (2005), S. 51. Vgl. zu Ersterem ausf. *Mehrwald* (1999), S. 1ff. Zur Erfolgsnotwendigkeit verschiedener Promotoren vgl. *Hauschildt/Chakrabarti* (1988), S. 378ff. Am besten wäre eine „Erziehung" der Forscher zum Verstehen u. zur Selbstanwendung der Controllinginstrumente sowie der Einschaltung des Controllers bei Problemen. Hierzu muss dieser ein willkommener Diskussionspartner sein. Vgl. *Bürgel* (1994), S. 116 u. S. 118. Zayer spricht der Verhaltensorientierung im FuE-Controlling daher einen hohen Stellenwert zu u. sieht in den FuE-Mitarbeitern einen wichtigen Träger der Rationalitätssicherungsfunktion („Self Controlling"). Vgl. *Zayer* (2005), S. 47ff.

schritt und ständig steigender Komplexität und Dynamik für einen „stetigen Wandel" und Anpassungsprozess im FuE-Controlling sorgen.[361]

3.3 Rechnungslegung von Forschungs- und Entwicklungsausgaben in den Normensystemen der IFRS und des HGB

3.3.1 Bilanzierung von Forschungs- und Entwicklungsausgaben nach IFRS

3.3.1.1 Begriffsdefinitionen und rechtliche Grundlagen

IAS 38 „Immaterielle Vermögenswerte" fungiert als lex generalis für sämtliche immaterielle Vermögenswerte, sofern diese nicht der Bilanzierung nach anderen Standards unterliegen.[362] Im Jahre 1998 erstmals erlassen gilt der Standard in seiner 2004 überarbeiteten Version für alle Geschäftsjahre die am oder nach dem 31.03.2004 begonnen haben.[363]

Als grundsätzliche bilanzielle Abbildungsnorm immaterieller Vermögenswerte stellt IAS 38 auch für die hier untersuchten originären immateriellen Werte (wie z.B. wissenschaftliches oder technisches Wissen, neue Verfahrensweisen) die zentrale Bilanzierungsvorschrift dar. Ausgeschlossen werden hierbei allerdings sowohl in IAS 38 als auch im Rahmen dieser Arbeit diejenigen Vermögenspositionen, die nicht dazu bestimmt sind, dauernd dem Geschäftsbetrieb zu dienen und folglich dem Umlaufvermögen zuzuordnen sind.[364] In diesen Bereich fallen z.B. Werte aus einer Auftragsforschung für Dritte, welche nach IFRS in den Normen des IAS 2 „Vorräte" bzw. IAS 11 „Langfristige Auftragsfertigung" behan-

---

[361] Auch die Notwendigkeit einer Anbindung an ein ganzheitliches Innovations-/Technologiemanagement u. damit das Verlassen des FuE-bezogenen „technisch-naturwissenschaftlichen" Wissenskreises ist ein solcher Wandel. Vgl. *Brockhoff* (2002), S. 598f.

[362] Vgl. zum Anwendungsbereich IAS 38.2 sowie für Bsp. immaterieller Vermögenswerte, die sich der Rechnungslegung nach IAS 38 entziehen z.B. *Pellens/Fülbier/Gassen* (2006), S. 266f. od. *Hoffmann* (2006d), Rz. 2f. Vgl. zum Anwendungsbereich sehr ausf. *Baetge/von Keitz* (2006), Rz. 4ff., *Gelhausen u. a.* (2006a), Rz. 10ff. u. Rz. 32ff. od. *Scheinpflug* (2006), Rz. 13ff., der insb. auf branchenspezifische Sachverhalte eingeht. Die US-Bestimmungen zum Thema der immateriellen Vermögenswerte finden sich ebenda ab Rz. 25ff., Rz. 135ff. u. Rz. 143. Für FuE-Ausgaben gilt dort spezifisch der SFAS 2, welcher ein grundsätzliches Aktivierungsverbot enthält (SFAS 2.12).

[363] Vgl. IAS 38.2[a] i.V.m. IAS 38.3. IAS 38 ist als Nachfolger zu IAS 9 entstanden. Vgl. *Pellens/Fülbier/Gassen* (2006), S. 267. Bis zum Erlass des IAS 38 (1998) wurde die Bilanzierung von FuE-Ausgaben separat im IAS 9 geregelt. Für einen Vergleich der Rechnungslegung dieser Werte nach IFRS u. den hier nicht thematisierten US-GAAP s. z.B. *Gornik-Tomaszewski/Millan* (2005), S. 42ff.

[364] IAS 38 ist zwar grundsätzlich unabhängig von der Fristigkeit der zu untersuchenden immateriellen Posten formuliert, befasst sich aber aufgrund des Anwendungsbereiches u. speziell dem Vorrang von IAS 2 u. IAS 11 im Wesentlichen mit immateriellen Vermögenswerten des Anlagevermögens. So auch *Gelhausen u. a.* (2006a), Rz. 36. Vgl. auch Abschn. 1.2.2.2.

delt werden.[365] Diese Werte beziehen sich auf im Rahmen der gewöhnlichen Geschäftstätigkeit hergestellte bzw. verkaufte Güter oder Dienstleistungen, sodass sie folglich dem kurzfristigen Unternehmensvermögen bilanziell zuzuordnen sind.[366]

Im Vorfeld der Bilanzierung erscheint insbesondere im Zusammenhang mit den problembehafteten immateriellen Vermögenswerten eine detaillierte Auseinandersetzung mit den Definitionsgrundlagen aus IAS 38 geboten. Zentrale Definition in diesem Zusammenhang ist die eines immateriellen Vermögenswertes im Sinne dieses Standards, welcher hiernach als **identifizierbarer, nicht monetärer Vermögenswert ohne physische Substanz** verstanden wird (IAS 38.8).

Diese begriffliche Eingrenzung kann in drei Teilbereiche zerlegt werden. Zunächst werden die immateriellen Werte hierbei anhand ihres Mangels an **physischer Substanz** von sämtlichen materiellen Vermögenswerten negativ abgegrenzt.[367] Darüber hinaus wird mit der Formulierung **„nicht monetär"** eindeutig klargestellt, dass obwohl finanzielle Vermögenswerte, wie bspw. Geldforderungen, in die Kategorie der substanzlosen Güter fallen, diese explizit nicht unter die immateriellen Vermögenswerte im Sinne des IAS 38 subsumiert werden dürfen.[368] Als wesentliches Definitionsmerkmal immaterieller Vermögenswerte gilt ihre **Identifizierbarkeit**, welche vor dem Hintergrund des in IAS 38.48 kodifizierten generellen Ansatzverbotes für einen originären Goodwill darauf ausgelegt ist,[369] die substanzlosen Güter von eben dieser Wertekategorie abzugrenzen.[370]

Ein weiterer sprachlich und inhaltlich gewichtiger Bereich liegt in der Differenzierung von Forschung vs. Entwicklung, welche im Rahmen der konkreten bilanziellen Abbildung der hier fokussierten selbst erstellten immateriellen Vermögenswerte maßgebliche Bedeutung entfaltet. Daher soll nach den Erläuterungen zum Begriff eines immateriellen Vermögenswertes auch diese definitorische Einteilung des Standards eingangs dargestellt werden. Demnach wird der Herstellungsprozess grundlegend in die zwei Phasen – Forschung und

---

[365] Zur Auslagerung von FuE-Projekten u. den Entscheidungen bezüglich dann ggf. geschaffener originärer immaterieller Werte aus FuE finden sich Informationen bei *Gelhausen u. a.* (2006a), Rz. 114. Wesentlich ist an dieser Stelle, wer die Chancen u. Risiken aus den FuE-Aktivitäten trägt.

[366] Vgl. zur Abgrenzung von langfristigem u. kurzfristigem Vermögen in der Bilanz *Baetge/von Keitz* (2006), Rz. 11, *Heuser/Theile* (2005), Rz. 228f.

[367] Vgl. *Arbeitskreis "Immaterielle Werte im Rechnungswesen" der Schmalenbach-Gesellschaft für Betriebswirtschaft e.V.* (2004), S. 225 sowie grundlegend *von Keitz* (1997), S. 5f., *Lutz-Ingold* (2005a), S. 7ff.

[368] IAS 38.8 definiert monetäre Werte als Bestand an Geldmitteln u. Vermögenswerte, für die das Unternehmen einen festen od. bestimmbaren Geldbetrag erhält. Vgl. hierzu z.B. *Baetge/von Keitz* (2006), Rz. 19 u. Rz. 23, *Gelhausen u. a.* (2006a), Rz. 60.

[369] Vgl. dazu analog im deutschen Handelsrecht § 248 (2) HGB.

[370] Vgl. IAS 38.11.

Entwicklung – unterteilt (IAS 38.52)[371] und sprachlich wie folgt abgesteckt: **Forschung** wird hierbei in IAS 38.8 definiert **als eigenständige und planmäßige Suche mit der Aussicht, zu neuen wissenschaftlichen Erkenntnissen zu gelangen**. Davon abzugrenzen ist der Bereich der **Entwicklung**, welcher als die **Anwendung von Forschungsergebnissen oder anderem Wissen auf einen Plan oder Entwurf für die Produktion** verstanden wird. Diese sehr allgemeine und theoretische Abgrenzung beider Termini wird darüber hinaus noch durch ein weiteres Differenzierungsmerkmal, die zeitliche Abfolge, ergänzt. Danach wird unterstellt, dass die Entwicklung der Forschung zeitlich nachgelagert stattfindet und vor Beginn der kommerziellen Produktion oder Nutzung anzusiedeln ist.[372]

Den hier erklärten, grundlegenden Begriffsinhalten folgt im nächsten Abschnitt der erste logische Schritt im Kontext einer Bilanzierung, nämlich die Frage nach dem Ansatz der betrachteten immateriellen Werte aus Forschung und Entwicklung. In Anlehnung an die Ansatzvorschriften des IAS 38 ist der Abschnitt in eine grundlegende und eine spezifische Ansatzprüfung untergliedert.

3.3.1.2 Ansatz von Forschungs- und Entwicklungsausgaben als selbst erstellte immaterielle Vermögenswerte nach IAS 38

3.3.1.2.1 Grundlegende Ansatzprüfung immaterieller Vermögenswerte

Grundsätzlich ist ein immaterieller Vermögenswert dann nach IAS 38 ansatzpflichtig, wenn er sowohl die **Definitionskriterien** eines immateriellen Vermögenswertes als auch die notwendigen **Ansatzkriterien** erfüllt.[373] Der Standard unterscheidet dabei sprachlich zwischen immateriellen Vermögenswerten (intangible assets) und immateriellen Posten (intangible items). Letztere sind als Ausgaben für die Schaffung eines nicht monetären substanzlosen Wertes zu sehen und können sich im Verlauf der Ansatzprüfung als immaterieller Vermögenswert herausstellen.[374] Zu Beginn der Ansatzprüfung stehen folglich immer immaterielle Posten, die im Falle der Aktivierungspflicht als immaterielle Vermögenswerte in der Bilanz erscheinen, andernfalls jedoch weitgehend undifferenziert als Aufwand in der GuV zu erfassen sind.

---

371 Die Definitionen haben sich in der Entwicklung des Standards von IAS 9 über IAS 38 (1998) nicht verändert. Vgl. *Baetge/von Keitz* (2006), Rz. 24f. u. Rz. 57. Vgl. hierzu auch Abschn. 1.2.2.1.3.

372 Beispiele für Forschungs- bzw. Entwicklungsaktivitäten enthält IAS 38.56 bzw. IAS 38.59. Darüber hinaus sind die beiden Phasen im Sinne des Standards weit auszulegen (IAS 38.52).

373 Vgl. IAS 38.18.

374 Vgl. *Gelhausen u. a.* (2006a), Rz. 5 u. Rz. 33.

Die Definitionsmerkmale eines immateriellen Vermögenswertes sind dabei zweigeteilt. In Kombination mit dem Framework (F) verlangt der Standard hierbei, dass der substanzlose Wert zum einen die spezifischen Charakteristika immaterieller Ressourcen aus der im voran gegangenen Abschnitt erläuterten Definition des IAS 38.8 erfüllt.[375] Ferner enthalten die insgesamt fünf Definitionsmerkmale auch die beiden grundlegenden Anforderungen an einen Vermögenswert aus dem Framework der IFRS.[376] Um die Ansatzprüfung für ein immaterielles Gut abschließend zu bestehen, müssen darüber hinaus noch die in IAS 38 kodifizierten Ansatzkriterien vorliegen. In der nachfolgenden Abbildung 5 wird diese Systematik des Prüfungsschemas zunächst überblicksartig visualisiert, bevor im Anschluss daran die detaillierten Erläuterungen der einzelnen, geforderten Eigenschaften folgen.

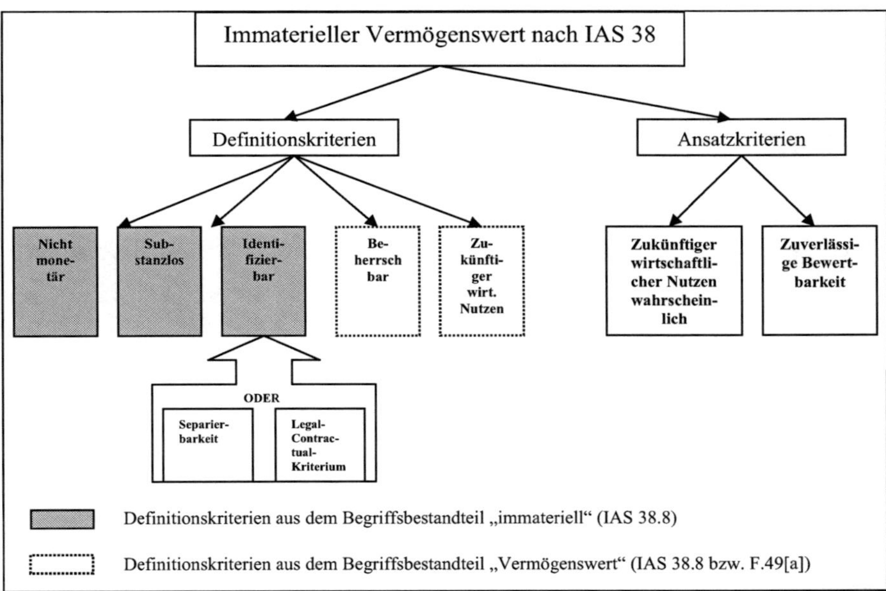

Abb. 5: Definitions- und Ansatzkriterien für immaterielle Vermögenswerte aus IAS 38.[377]

Wie bereits in Abschnitt 3.3.1.1 angesprochen, gilt die **Identifizierbarkeit** eines immateriellen Vermögenswertes als zentrales Abgrenzungsmerkmal zum originären Goodwill und soll insofern die *„unabhängige, wahrnehmbare Existenz“*[378] der zu bilanzierenden körperlosen Ressource sichern. Der Nachweis eines identifizierbaren Wertes kann dabei auf

[375] Vgl. zur Definition aus IAS 38.8 Abschn. 3.3.1.1.
[376] Vgl. hierzu auch *Baetge/von Keitz* (2006), Rz. 16.
[377] Quelle: Eigene Darstellung. Vgl. für die Definitionskriterien IAS 38.8, für die Ansatzkriterien IAS 38.21.
[378] *Schruff* (2004), Rz. 15. Eine Klassifikation in Bezug auf die Identifizierbarkeit immaterieller Vermögenswerte findet sich bei *Kisser* (2004), S. 85. Vgl. auch *Küting/Ulrich* (2001), S. 955.

zweifachem Wege vollzogen werden (IAS 38.12), wobei beide Ausprägungen für sich genommen als hinreichende, aber nicht notwendige Bedingung zu interpretieren sind:[379]

1) Zum einen kann die **Separierbarkeit** des Vermögenswertes gezeigt werden. Gemeint ist damit, dass das immaterielle Gut einer externen Verwendung durch Verkauf, Lizenzierung, Vermietung oder im Wege eines Tauschgeschäfts zugeführt und folglich unternehmensunabhängig genutzt werden kann.[380] Dieses Kriterium soll, losgelöst von der tatsächlichen Verwertungsabsicht im Unternehmen, die theoretische Möglichkeit einer externen Verkehrsfähigkeit bzw. Nutzung des zu untersuchenden Gutes zeigen.[381] Dabei kann die vom Unternehmen getrennte Verwertungsmöglichkeit der immateriellen Ressource nach IAS 38.12[a] sowohl einzeln als auch in Verbindung mit einem Vertrag, einer Schuld oder einem Vermögenswert zur Erfüllung der Identifizierbarkeit nachgewiesen werden.[382]

2) Nach IAS 38.12[b] liegt ein identifizierbarer Vermögenswert unabhängig von seiner möglichen Separierbarkeit vom Unternehmen auch dann vor, wenn das so genannte **Legal-Contractual-Kriterium** erfüllt wird, d.h. wenn sich der immaterielle Wert aus vertraglichen oder anderen gesetzlichen Rechten ergibt.[383] Bei den hier fokussierten potentiellen, substanzlosen Ressourcen aus Forschung und Entwicklung ist dieses Kriterium regelmäßig (noch) nicht erfüllt, da sich die Erforschung neuer Zusammen-

---

379 Vgl. *Pellens/Fülbier/Gassen* (2006), S. 268. Vgl. ausf. zum Kriterium der Identifizierbarkeit *Baetge/von Keitz* (2006), Rz. 18. Hierin verweisen sie auf die Beispiele im IFRS 3.IE wobei z.B. Patentrechte beide Merkmale der Identifizierbarkeit erfüllen, Lizenzen ein nicht separierbares Recht darstellen u. ungeschützte Erfindungen kein Recht sind, aber vom Unternehmen separierbar. Vgl. hierzu auch ausf. *Gelhausen u. a.* (2006a), Rz. 49ff. Ebenda findet sich in Rz. 62 auch eine beispielhafte Auflistung immaterieller Posten, welche eines der beiden Prüfkriterien der Identifizierbarkeit typischerweise erfüllen.

380 Vgl. IAS 38.12[a].

381 Vgl. zu diesem Kriterium *Brune/Senger* (2004), Rz. 220d, *Lüdenbach* (2005), Rz. 82, *Schruff* (2004), Rz. 16, *Schmidbauer* (2003), S. 2035f., IFRS 3.BC 92. Zur externen Auslegung des Kriteriums vgl. *von Keitz* (1997), S. 197. Separierbarkeit ist nicht gleichzusetzen mit dem hrl. Kriterium der selbständigen Verwertbarkeit. Vgl. *Heidemann* (2005), S. 75f. m.w.N.

382 Vgl. hierzu auch *Gelhausen u. a.* (2006a), Rz. 50f. Die Autoren weisen darauf hin, dass der Nachweis einer Separierbarkeit immaterieller Güter über gleiche od. vergleichbare Transaktionsobjekte am Markt erfolgen kann.

383 Vgl. hierzu *Brune/Senger* (2004), Rz. 220b-d, *Hoffmann* (2006d), Rz. 10, *Gelhausen u. a.* (2006a), Rz. 52, *Brücks/Wiederhold* (2004), S. 179, *Esser/Hackenberger* (2004), S. 404, *Küting/Wirth* (2004), S. 171, *Langecker/Mühlberger* (2003b), S. 110.

hänge im Rahmen von laufenden Entwicklungsprojekten erst zu einem sehr späten Zeitpunkt in einem Patent oder Urheberrecht niederschlägt.[384]

Zweite Voraussetzung auf dem Weg zum Ansatz eines immateriellen Wertes sind die Definitionsbestandteile **„nicht monetär und substanzlos"**, welche der Negativabgrenzung gegenüber materiellen und finanziellen Ressourcen dienen.[385] Als typisches und begriffsbestimmendes Merkmal gilt dabei zunächst die fehlende körperliche Präsenz der Werte. Diese, auf den ersten Blick trennscharfe Abgrenzung, ist im Zuge ihrer praktischen Anwendung jedoch immer dann mit Problemen verbunden, wenn, wie insbesondere im FuE-Bereich häufig auftretend, kombinierte Vermögenswerte vorliegen. Bei diesen so genannten zwittrigen Ressourcen mit sowohl materiellen als auch immateriellen Komponenten (bspw. einem Prototyp und dem in ihm verkörperten Know-how) stellt sich folglich die Zuordnungsfrage. Eine Klassifizierung zu den materiellen oder immateriellen Gütern erfolgt in diesen Fällen anhand des wesentlicheren Bestandteils.[386] Um im Beispiel des Prototypen zu bleiben, folgt hierbei aus der Relevanzabwägung eine eindeutige Zuordnung zu den immateriellen Werten, da seine körperliche Existenz von untergeordneter Bedeutung ist im Vergleich zu dem durch ihn repräsentierten bzw. inkorporiertem Wissen (IAS 38.5).

Neben den in der Definition verlangten Charakteristika eines immateriellen Gutes, gilt es die aus dem Framework resultierenden, allgemeinen Kriterien eines Vermögenswertes zu erfüllen. Demnach muss die Ressource zusätzlich vom Unternehmen beherrscht werden sowie einen zukünftigen Nutzen erwarten lassen (F 49[a] i.V.m. IAS 38.8).

Ein Unternehmen **beherrscht** eine Ressource immer dann, wenn es in der Lage ist, den zukünftigen Nutzenzufluss aus dem Vermögenswert zu kontrollieren. Relevant ist in diesem Kontext insbesondere die unternehmensseitige Fähigkeit, Dritte von den im Zusammenhang mit dem Gut be- oder entstehenden Vorteilen bzw. Nutzen ausschließen zu können.[387] Für eine solche Beherrschung spricht z.B. die Tatsache eines juristisch durchsetzba-

---

[384] Folglich ist bei dieser Wertekategorie die Identifizierbarkeit i.d.R. durch die Separierbarkeit zu zeigen. Vgl. *Gelhausen u. a.* (2006a), Rz. 54 u. Rz. 62. Zu den Begriffen Patentrecht u. Urheberrechte vgl. komprimiert ebenda Rz. 63ff. In jeden Fall begrenzt das Definitionsmerkmal der Identifizierbarkeit die Prüfung auf größere Entwicklungsprojekte, da die in Unternehmen regelmäßig u. vielfältig auftretenden kleineren Verbesserungen von einem Ansatz als immaterielle Vermögenswerte mangels Identifizierbarkeit ausscheiden. Vgl. *Hoffmann* (2006d), Rz. 24.

[385] Vgl. hierzu die Ausführungen aus Abschn. 3.3.1.1.

[386] Vgl. IAS 38.4-5. Ausschlaggebend für die Notwendigkeit einer solchen Zuordnungsentscheidung ist die wirtschaftliche Untrennbarkeit der kombinierten Komponenten. Vgl. *Gelhausen u. a.* (2006a), Rz. 56. Vgl. zur Wesentlichkeitsabwägung ausf. *Baetge/von Keitz* (2006), Rz. 20.

[387] Vgl. ausf. zur Beherrschung IAS 38.13-16. Vgl. auch *Gelhausen u. a.* (2006a), Rz. 42ff.

ren Anspruchs, wie er etwa im Falle des Urheberrechtes gegeben ist.[388] Dies ist nach IAS 38.13 jedoch lediglich ein starkes Indiz für die unternehmensseitige Verfügungsmacht aber keine notwendige Voraussetzung zur Erfüllung. Bei technischem oder anderem Wissen genügt es bspw., wenn die Mitarbeiter über Stillschweigevereinbarungen gebunden sind und das erforschte Wissen und der korrespondierende Nutzen somit nicht an Dritte gelangen kann.[389] Im Zusammenhang mit der Definitionsvoraussetzung der Beherrschung durch das Unternehmen enthält dieses Charakteristikum gleichfalls den Hinweis, dass das beherrschte Gut aus einem vergangenen Ereignis resultieren muss.[390] Hintergrund dieser Anforderung ist die Sicherstellung der bilanzstichtagsbezogenen tatsächlichen Existenz sämtlicher Wertpotentiale, welche sich im Jahresabschluss niederschlagen.[391]

Weiteres Prüfkriterium für das Vorliegen eines immateriellen Vermögenswertes ist der durch ihn **erzielbare zukünftige Nutzen** (IAS 38.17). Dabei besteht für dieses Merkmal einer immateriellen Ressource eine Verknüpfung mit dem Ansatzkriterium der „Wahrscheinlichkeit des zukünftigen Nutzens", auf welches im Rahmen der Ansatzprüfung noch näher eingegangen wird. Grundsätzlich wird der zukünftig erzielbare Nutzen inhaltlich sehr weit ausgelegt. So sind hiermit nicht nur die in zukünftigen Geschäftsjahren direkt oder indirekt aus der Ressourcenverwendung zufließenden monetären Beträge gemeint, sondern auch die Generierung von Zahlungsmitteläquivalenten, das Verhindern von Zahlungsmittelabflüssen etwa durch Kosteneinsparungen oder auch andere Vorteile können einen im Unternehmen erzielbaren zukünftigen Nutzen begründen.[392] IAS 38.17 enthält den expliziten Hinweis, dass bspw. der Einsatz von im Unternehmen erzeugtem Wissen in unternehmenseigenen Herstellungsprozessen i.d.R. nicht zu direkten künftigen Erlössteigerungen führt, sondern eher zukünftige Produktionskosten senkt. Auch solche „Rationalisierungspotentiale" sind demnach als zukünftiger Nutzen i.S.d. Kriteriums zu verstehen.

---

[388] Vgl. IAS 38.13-14. Vgl. auch *von Keitz* (1997), S. 198, *Heidemann* (2005), S. 79ff., *Küting/Dawo* (2003), S. 402, *Baetge/von Keitz* (2006), Rz. 21, *Heuser/Theile* (2005), Rz. 509, *Fasselt/Brinkmann* (2004), Rz. 36, *Wehrheim* (2000), S. 87, *Wirth* (2005), S. 153f.

[389] Vgl. IAS 38.14 od. *Gelhausen u. a.* (2006a), Rz. 43, *Baetge/von Keitz* (2006), Rz. 21. Diese Forderung korrespondiert mit der Voraussetzung der Ausschließlichkeit zur wirtschaftlichen Nutzung von FuE. Vgl. Abschn. 3.2.1.

[390] Vgl. zu diesem Kriterium die Definition eines Vermögenswertes z.B. in IAS 38.8 bzw. F 49[a].

[391] Vgl. hierzu *Lüdenbach/Hoffmann* (2006), Rz. 87f., *von Keitz* (1997), S. 183, *Fasselt/Brinkmann* (2004), Rz. 37. Dieses Kriterium ist im Resultat vergleichbar mit dem hrl. Stichtagsprinzip. Vgl. hierzu *Baetge/Kirsch/Thiele* (2007), S. 123. Ereignisse nach dem Bilanzstichtag sind in IAS 10 geregelt.

[392] Vgl. allg. zum Kriterium des zukünftigen Nutzen IAS 38.17 sowie *Gelhausen u. a.* (2006a), Rz. 47f., *Küting/Dawo* (2003), S. 402f., *Fasselt/Brinkmann* (2004), Rz. 39. Eine Abgrenzung gegen das statisch geprägte hrl. Konzept der Schuldendeckungsfähigkeit einer Ressource findet sich ebenda in Rz. 40.

Sind die dargelegten Definitionsmerkmale eines immateriellen Vermögenswertes nach IAS 38 kumulativ erfüllt, so besteht zunächst einmal grundsätzlich ein Vermögenswert dieser Kategorie. Wird jedoch nur ein Kriterium nicht erfüllt, unterliegt die immaterielle Ressource nach IAS 38.68 einem Ansatzverbot. Damit geht gleichzeitig die Verpflichtung einher, die Ausgaben unmittelbar bei Anfall als Periodenaufwand zu erfassen.[393]

Im Falle eines definitionskonformen immateriellen Vermögenswertes gilt es im Folgenden die Frage seiner Ansatzfähigkeit im Rahmen des Standards zu beantworten. Dabei differenziert IAS 38 die in allgemeiner Form bereits in Abbildung 5 aufgeführten Ansatzkriterien speziell in Abhängigkeit der Anschaffung- bzw. Zugangsart des zu bilanzierenden Wertes. Je nach entsprechendem Zugang der Ressource, z.B. durch Kauf oder im Rahmen eines Unternehmenszusammenschlusses, sind die Ansatzkriterien individuell konkretisiert worden. Für die hier untersuchten, sehr speziellen Werte aus Forschung und Entwicklung fordert IAS 38 eine gesonderte und sehr detaillierte Ansatzprüfung. Diese wird im nachstehenden Abschnitt ausführlich dargelegt und erläutert.

3.3.1.2.2 Spezifische Ansatzprüfung für selbst erstellte immaterielle Vermögenswerte

Die Ansatzprüfung originärer immaterieller Vermögenswerte nach IAS 38 verläuft nach einem dreistufigen Schema,[394] welches zunächst im Rahmen der nachfolgenden Abbildung graphisch aufgezeigt wird. Bei diesem Stufenansatz basieren die Abstufungen derart aufeinander, dass die Nachfolgende eine Konkretisierung der vorhergehenden Stufe darstellt.

Stufe 1 Definitionskriterien für immaterielle Vermögenswerte

Stufe 2 Ansatzkriterien für selbst geschaffene immaterielle Vermögenswerte

Stufe 3 Uneingeschränkte Ansatzverbote für bestimmte immaterielle Vermögenswerte

Abb. 6: Dreistufiges Schema für den Ansatz originärer immaterieller Vermögenswerte.[395]

Die insgesamt notwendigen Ansatzbedingungen aus **Stufe 1** in Form der Definitionskriterien immaterieller Vermögenswerte wurden bereits in Abschnitt 3.3.1.2.1 eingehend erläutert. Daher werden sie nur noch einmal zusammengefasst in Abbildung 7 genannt.

[393] Eine Auflistung von Ressourcen, die regelmäßig nicht die Definitionskriterien eines immateriellen Vermögenswertes erfüllen findet sich z.B. bei *Gelhausen u. a.* (2006a), Rz. 77.
[394] Vgl. *Baetge/von Keitz* (2006), Rz. 40, *Gelhausen u. a.* (2006a), Rz. 39.
[395] Quelle: Eigene Darstellung in Anlehnung an *Baetge/von Keitz* (2006), Rz. 40.

Definitionskriterien von immateriellen Vermögenswerten nach IAS 38.8-17 und F.49[a]				
Nicht monetär	Substanzlos	Identifizierbar	Ressource muss vom Unternehmen beherrschbar sein	Erwarteter Zufluss künftigen wirtschaftlichen Nutzens

Abb. 7: Kumulativ zu erfüllende Definitionskriterien immaterieller Vermögenswerte (Stufe 1).[396]

Bei Vorliegen sämtlicher Merkmale aus der ersten Prüfungsstufe, wird darüber hinaus die Erfüllung der konkretisierten Ansatzkriterien (**Stufe 2**) verlangt. Dabei bezieht sich diese zweite Stufe der Ansatzprüfung wesentlich auf die allgemeinen Ansatzkriterien eines Vermögenswertes, welche u.a. in IAS 38.21 wie folgt kodifiziert sind:

1. Der zukünftige Nutzenzufluss aus der Ressource fließt wahrscheinlich in das Unternehmen (IAS 38.21[a]) und
2. seine zuverlässige Bewertbarkeit mittels der Anschaffungs- oder Herstellungskosten ist gegeben (IAS 38.21[b]).

Im Rahmen dieser zweiten Prüfungsstufe greift jedoch eine in IAS 38 vorgeschriebene, differenzierte Behandlung immaterieller Ressourcen. Dabei entscheidet die jeweilige Zugangsart über die konkrete Ausgestaltung der anzuwendenden Ansatzkriterien. Die hier fokussierten Werte aus FuE als „selbst geschaffene immaterielle Vermögenswerte" stellen eine eigene Zugangskategorie dar. Im Kontext der Ansatzprüfung sind diese folglich gegenüber anderen Ursprungsformen wie bspw. dem Zugang durch monetären Erwerb oder im Rahmen eines Unternehmenszusammenschlusses abzugrenzen und begründen eine spezielle Ansatzprüfung. Um der bereits angesprochenen, problembehafteten Natur originärer immaterieller Vermögenswerte Rechnung zu tragen, wurden dabei insbesondere die zu erfüllenden Ansatzkriterien für diese Zugangsart zusätzlich konkretisiert.[397] Potentielle Kandidaten für einen immateriellen Vermögenswert aus FuE sind im Rahmen der zweiten Prüfstufe weitaus detaillierteren Hürden ausgesetzt, als etwa im Falle eines Patenterwerbs durch Kaufvertrag, bei dem „nur" die „normalen"[398] Ansatzkriterien anzuwenden sind.[399]

Im Rahmen der **Ansatzprüfung selbst geschaffener immaterieller Vermögenswerte** wird zunächst der Herstellungsprozess – basierend auf den in Abschnitt 3.3.1.1 aufgeführten Definitionen für FuE – in eine Forschungs- und eine Entwicklungsphase unterteilt. Die

[396] Quelle: Eigene Darstellung. Vgl. Abb. 5.
[397] Vgl. IAS 38.51. Vgl. auch *Baetge/von Keitz* (2006), Rz. 54 u. Rz. 61.
[398] Gemeint sind die Ansatzvoraussetzungen aus dem Framework, die für alle Vermögenswerte grds. gelten.(Vgl. IAS 38.18 i.V.m. IAS 38.21 u. IAS 38.25-32 sowie F.49[a])

Zuordnung der FuE-Ausgaben zu einer der beiden Phasen entscheidet dabei über die nachfolgende bilanzielle Behandlung. So sind sämtliche Ausgaben eines internen Projekts zur Herstellung immaterieller Ressourcen, die im Bereich der Forschungsphase anfallen bzw. solche, die sich einer eindeutigen Phasenzuordnung entziehen, unmittelbar und unwiederbringlich gem. IAS 38.53-54 als Aufwand der Periode zu erfassen.[400] Diese dürfen folglich grundsätzlich nicht als immaterielle Vermögenswerte aktiviert werden und reduzieren direkt den Jahresüberschuss. Die Begründung hierfür liefert IAS 38.55. An dieser Stelle im „Erfindungsprozess“ ist nicht ausreichend nachweisbar, dass der zum Ansatz erforderliche wahrscheinliche künftige Nutzenzufluss aus einem solchen Projekt resultiert. Dies kommt im Ergebnis der Nichterfüllung eines immateriellen Wertes aufgrund des „allgemeinen“ Ansatzkriteriums aus IAS 38.21(a) gleich. Anders liegt der Sachverhalt, wenn die Ausgabe eindeutig der Entwicklungsphase zugeordnet werden kann. Dann, und nur dann, greifen die folgenden, speziell für originäre immaterielle Güter in der Entwicklungsphase konkretisierten Ansatzkriterien der Stufe 2 (IAS 38.57):

1. Die **technische Realisierbarkeit** der Fertigstellung des immateriellen Vermögenswertes, damit er zur Nutzung oder zum Verkauf zur Verfügung steht.
2. Die **Absicht**, den immateriellen Vermögenswert fertig zu stellen sowie ihn zu nutzen oder zu verkaufen.
3. Die **Fähigkeiten**, den immateriellen Vermögenswert zu nutzen oder zu verkaufen.
4. **Wie** der immaterielle Vermögenswert einen **voraussichtlichen künftigen Nutzen** erzielen wird.
5. Die **Verfügbarkeit adäquater** technischer, finanzieller und sonstiger **Ressourcen**, um die Entwicklung abschließen und den immateriellen Vermögenswert nutzen oder verkaufen zu können.

---

[399] Beim Kauf eines Gegenstandes hat eine Objektivierung des Wertes über den Markt stattgefunden, die es sogar nach HGB erlaubt bzw. vorschreibt, diesen Wert zu seinen Anschaffungskosten anzusetzen.

[400] Vgl. hierzu ausf. z.B. *Gelhausen u. a.* (2006a), Rz. 96ff. Aus SIC 32 „Website Cost“ leiten die Autoren ab, dass Ausgaben der Planungsphase (wie z.B. „Marktstudien u. Machbarkeitsstudien, die Festlegung von Zielen u. Spezifikationen sowie Aktivitäten zur Entscheidungsfindung durch Bewertung von Alternativen u. die Bestimmung von Präferenzen im Hinblick auf den zu erstellenden immateriellen Vermögenswert“) als Forschungsausgaben klassifiziert werden. Ausgenommen von dem Aktivierungsverbot für Forschungsprojekte sind solche, die im Rahmen eines Unternehmenszusammenschlusses (IAS 38.34) zugehen od. gesondert erworben werden (IAS 38.42). Vgl. ebenda Rz. 99. Vgl. zum derivativen Erwerb von FuE auch *Hoffmann* (2006d), Rz. 30. Für alle Ausgaben, die nach dem Erwerb bzw. Zugang eines laufenden FuE-Projektes anfallen, gelten dann wieder die Regelungen für selbst geschaffene immaterielle Posten aus IAS 38.51ff. Vgl. hierzu IAS 38.42f. Das grundsätzliche Ansatzverbot gilt auch nicht für solche immateriellen Vermögenswerte, die angeschafft wurden, um im Rahmen eines Forschungsprojektes eingesetzt zu werden. Vgl. *Scheinpflug* (2006), Rz. 28.

6. Die Fähigkeiten, die dem immateriellen Vermögenswert während seiner Entwicklung zurechenbaren **Ausgaben verlässlich zu bewerten.**

In der dem Stufenkonzept zur Ansatzprüfung inhärenten Konkretisierungsmethodik können die Kriterien eins bis fünf als Detaillierung des allgemeinen Ansatzkriteriums eines wahrscheinlichen zukünftigen Nutzenzuflusses interpretiert werden. Das sechste Kriterium bezieht sich auf die zuverlässige Bewertbarkeit als notwendige Bedingung für den allgemeinen Ansatz eines Vermögenswertes.[401] Aus dieser Systematik lässt sich folglich ableiten, dass die Ansatzprüfung immaterieller Posten aus Forschung und Entwicklung streng genommen direkt in Stufe 2 des beschriebenen Schemas beginnt.[402] Damit werden die Definitionskriterien eines immateriellen Vermögenswertes als implizit erfüllt angesehen, wenn die konkretisierten Ansatzkriterien originärer immaterieller Vermögenswerte in der Entwicklungsphase insgesamt beweisbar vorliegen.

Bei nachweislicher, kumulativer Erfüllung führen diese sechs Kriterien nach IAS 38.57 zu einem verpflichtenden Ansatz eines originären immateriellen Vermögenswertes in der Entwicklungsphase (**Ansatzgebot**). Im Jahr der Aktivierung zeigen sich die Entwicklungsausgaben als Vermögenswertzugang und entlasten in gleicher Höhe den Periodengewinn.[403] Der Zeitpunkt der Prüfpflicht fällt mit der entsprechenden Ausgabe zusammen, da dies der Moment des vermeintlichen Vermögenswertzuganges ist und eine Nachaktivierung von bereits als Aufwand erfassten FuE-Ausgaben grundsätzlich nach IAS 38.71 verboten ist.[404] Eine jährliche Prüfung der Kriterien ist vor dem Hintergrund des sogar unterjährig geltenden Nachaktivierungsverbotes von FuE-Aufwand folglich nicht ausreichend. Wird jedoch nur eines der Merkmale nicht erfüllt, so folgt daraus die unmittelbar erfolgswirksame Erfassung der Ausgaben in der GuV.

IAS 38 geht dabei auf die Erfüllung von drei der sechs Kriterien, namentlich vier, fünf und sechs, genauer ein. Zunächst besagt der Standard, dass die **Verfügbarkeit adäquater Ressourcen** anhand eines Unternehmensplanes oder einer Finanzierungszusage gezeigt wer-

---

401 Vgl. *Baetge/von Keitz* (2006), Rz. 61, *Scheinpflug* (2006), Rz. 31ff.

402 So auch *Gelhausen u. a.* (2006a), Rz. 103, *Hoffmann* (2006d), Rz. 27.

403 Dieser unmittelbare Wirkungszusammenhang auf das Ergebnis wird auch als Primärwirkung bezeichnet, welche gefolgt von den durch Abschreibungen ausgelösten Sekundärwirkungen eine wesentliche Bedeutung in der bilanzpolitischen Ausnutzung der Gestaltungsspielräume dieser Vorschrift hat. Auf diesen Aspekt wird im Verlauf der Arbeit noch detailliert eingegangen.

404 Bei laufenden FuE-Projekten ergibt sich hieraus die Pflicht zur laufenden Kontrolle der Ansatzbedingungen, um den Zeitpunkt der erstmaligen Erfüllung der Ansatzkriterien auch unterjährig zuverlässig bestimmen u. belegen zu können. Vgl. *Gelhausen u. a.* (2006a), Rz. 105 u. Rz. 110, *Heuser/Theile* (2005), Rz. 518, *Wagenhofer* (2005), S. 210, *Scheinpflug* (2006), Rz. 35.

den kann (IAS 38.61).[405] Die genaue Ausgestaltung und der geforderte Grad der Verbindlichkeit werden jedoch nicht näher bestimmt, sodass bereits an dieser Stelle die Gestaltungsspielräume in der Bilanzierung von Entwicklungsausgaben deutlich werden. IAS 38.62 geht darüber hinaus davon aus, dass die **zuverlässige Bestimmung der Entwicklungskosten** i.d.R. mittels der unternehmensspezifischen Kostenrechnungssysteme gewährleistet ist. Dabei unterstellt das IASB an dieser Stelle implizit eine Kostenträgerrechnung, bei der das jeweilige interne Entwicklungsprojekt als entsprechender Kostenträger geführt wird.[406] Über die Voraussetzungen an eine „verlässliche" Bewertung mittels der Herstellungskosten werden jedoch keine Angaben gemacht, sodass es hier im Einzelfall zu einer Abwägung von Seiten des Managements kommt.[407] Dabei kann etwa eine (vermeintlich) mangelnde oder unzureichende Zuordnung der Ausgaben zu FuE-Projekten den Ansatz dieser verhindern.

Das vierte Kriterium, nämlich die „Beweisführung" des zukünftigen Nutzens aus der immateriellen Ressource, bedarf einer ausführlicheren Betrachtung. Für Werte aus FuE kann eine differenzierte Berechnung ihres **ökonomischen Nutzens** in Anlehnung an die Vorgaben des IAS 36 „Wertminderung im Anlagevermögen" zugrunde gelegt werden.[408] Dies hängt mit der Tatsache zusammen, dass der selbst geschaffene immaterielle Vermögenswert entweder einer unternehmensinternen Nutzung zugeführt werden kann oder extern durch sofortige Veräußerung oder Veräußerung der durch ihn erzeugten Güter oder Dienstleistungen einen Nutzen im Unternehmen stiften kann (vgl. Abb. 8).

---

[405] Für detailliertere Ausführungen zur technischen, finanziellen u. sonstigen Ressourcenversorgung eines Projektes siehe z.B. *Gelhausen u. a.* (2006a), Rz. 111.

[406] Vgl. zur zuverlässigen Bewertung auch *Baetge/von Keitz* (2006), Rz. 64. Hierbei verweisen die Autoren ausdrücklich auf ggf. notwendige Anpassungsmaßnahmen der Kostenrechnungssysteme im Zusammenhang mit der Anwendung der IFRS. *Heuser/Theile* (2005) weisen in Rz. 518 zu Recht darauf hin, dass dieses Kriterium grds. analog zu den üblichen Aktivierungsvoraussetzungen der Herstellungskostenermittlung zu sehen ist. Vgl. zum Kostenrechnungssystem auch *Scheinpflug* (2006), Rz. 35.

[407] Vgl. *Gelhausen u. a.* (2006a), Rz. 85. „Die Anforderungen an die Zuordnung von Ausgaben zu einer der beiden Phasen u. die eindeutige Trennung der Ausgaben von Kosten der allgemeinen Unternehmensentwicklung sind als Kriterien der Zuverlässigkeit der Ermittlung der Anschaffungs- od. Herstellungskosten zu interpretieren." *Scheinpflug* (2006), Rz. 26.

[408] Vgl. IAS 38.60. Vgl. hierzu auch die grundlegenden Ausführungen in Abschn. 3.3.1.2.1 sowie *Gelhausen u. a.* (2006a), Rz. 80 u. Rz. 109f. Die hierbei maßgeblichen Regelungen erhöhen die Ermessensspielräume des Managements in diesem Zusammenhang erheblich. So auch *Baetge/von Keitz* (2006), Rz. 68, *Hoffmann* (2006c), Rz. 27, der in seinem Gesamtbefund insb. zum Nutzungswert nach IAS 36 „wenig harte Grenzen" für die Ermessensausübung von Seiten des Management sieht.

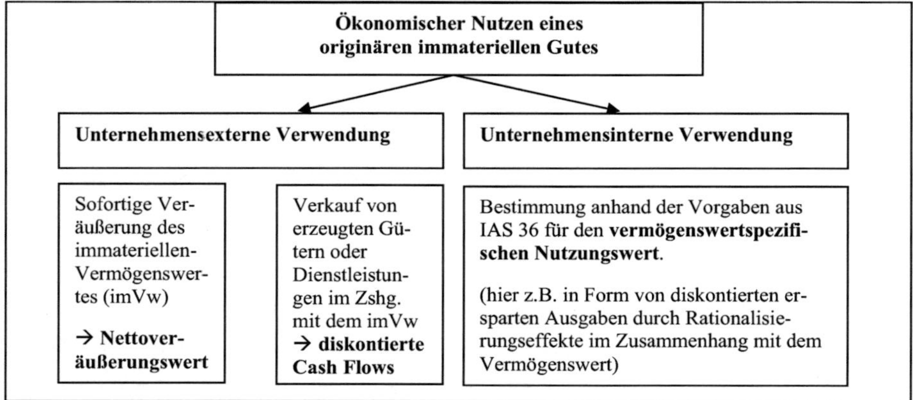

Abb. 8: Formen eines ökonomischen Nutzens aus einem originären immateriellen Vermögenswert.[409]

Daher kann das Kriterium eines wahrscheinlichen zukünftigen Nutzens z.B. durch die Existenz eines aktiven Marktes für den Vermögenswert oder für die mittels des zu bilanzierenden Gutes erzeugten Produkte nachgewiesen werden (IAS 38.57(d)).[410] So wird es z.B. in der Pharmabranche regelmäßig kein Problem sein, für einen neu entwickelten Wirkstoff bzw. das mit ihm bestückte Medikament einen solchen Markt nachweisen zu können.[411] Hier wird die Verknüpfung mit dem Kriterium der unternehmensseitigen Fähigkeit zur Nutzung deutlich, da bei nachweislichen Vermarktungsmöglichkeiten gleichzeitig auch die Befähigung zur Verwertung nachgewiesen wird.[412]

In dem Fall, dass die entwickelten Verfahren direkt am Markt verkauft werden, ergibt sich der zukünftige Nutzen des originären immateriellen Vermögenswertes aus der Schätzung des Nettoveräußerungswertes. Dieser Liquidationswert entspricht gem. IAS 36.6 dem beizulegenden Zeitwert abzüglich möglicher Veräußerungskosten.[413] Sollte die entwickelte substanzlose Ressource genutzt werden, um mittels dieser produzierte Güter oder Dienstleistungen am Markt abzusetzen, sind andere Zahlungsgrößen bewertungsrelevant. Bei dieser Verwendungsstrategie werden die aus dem Verkauf generierten zukünftigen Cash Flows dem Vermögenswert zugerechnet. Ein positiver Barwert aus den Finanzplanungen für den zugrunde liegenden Wert belegt an dieser Stelle seinen zukünftigen Nutzen (IAS

[409] Quelle: Eigene Darstellung in Anlehnung an *Kirsch* (2003), S. 16.
[410] Vgl. zur Definition eines aktiven Marktes IAS 38.8 od. Abschn. 3.3.1.3.2.
[411] Vgl. hierzu auch die Ausführungen in *Baetge/von Keitz* (2006), Rz. 67. Ebenda wird klar gestellt, dass der aktive Markt für das fertige Endprodukt nachgewiesen werden muss.
[412] Vgl. *Gelhausen u. a.* (2006a), Rz. 109.
[413] Vgl. zum Inhalt der Veräußerungskosten IFRS 5.A.

36.33). Beide Verwendungsmöglichkeiten basieren auf einer direkt marktorientierten und damit unternehmensexternen Nutzungsfähigkeit des entwickelten Gutes.

Wird die originäre immaterielle Ressource jedoch unternehmensintern genutzt, so sind für die Ermittlung eines durch den Nutzungswert repräsentierten zukünftig erwarteten Nutzen erneut die Vorgaben aus IAS 36 anzuwenden.[414] Dabei können zur Bestimmung des Nutzens auch die durch ihn eingesparten Ausgaben als zu diskontierende Größe herangezogen werden, da für den künftigen potentiellen Nutzenzufluss nach IFRS nicht ausschließlich monetäre Zuflüsse, sondern auch die Generierung von Zahlungsmitteläquivalenten sowie die Verhinderung eines Zahlungsmittelabflusses relevant sind. Ist bspw. ein effizienteres Produktionsverfahren entwickelt worden, dass in Zukunft im Unternehmen genutzt werden soll, so sind die bei Einsatz dieser „Rationalisierungsinvestition“ eingesparten Ressourcen im Rahmen einer Investitionsplanung abzubilden und als Informationen zur Bestimmung des zukünftigen Nutzens einzusetzen.[415] Ist eine unternehmensinterne Nutzung nur in Verbindung mit anderen Unternehmensressourcen möglich, orientiert sich die Bestimmung des Nutzungswertes an dem Konzept einer zahlungsmittelgenerierenden Einheit aus IAS 36.[416]

Grundsätzlich gilt im Zusammenhang mit diesem Ansatzkriterium, dass bei der Wahrscheinlichkeitsbeurteilung externen, substanziellen Hinweisen mehr Gewicht beigemessen werden muss, als einer internen Einschätzung des Sicherheitsgrades zukünftiger Nutzenzuflüsse.[417] Dieser Aspekt ist speziell für Werte aus FuE relevant und kann in den Berechnungsmethoden des IAS 36 berücksichtigt werden.[418] Eine Schranke für die mit diesem Wertmaßstab verbundenen Ermessensspielräume bei der Beurteilung einer internen Nutzung stellen die Vorgaben für zugrunde gelegte Annahmen und Schätzungen (IAS 36.30-54) sowie die Diskontierungszinssätze (IAS 36.55-57) dar.[419]

Keine spezifischen Erläuterungen hält der Standard für die folgenden drei Ansatzkriterien bereit. Insbesondere im Zusammenhang mit dem Kriterium der **technischen Realisierbar-**

---

[414] Vgl. hierzu ausf. *Hoffmann* (2006c), Rz. 21ff.

[415] Vgl. *Kirsch/Steinhauer* (2003), S. 429, *Kirsch* (2003), S. 16. Van Triest/Vis beschreiben ein Verfahren zur Bewertung von Technologiepatenten, welche Kosten einsparen. Vgl. *van Triest/Vis* (2006), S. 1ff.

[416] Vgl. IAS 38.60. Vgl. zur zahlungsmittelgenerierenden Einheit grundlegend *Pellens/Fülbier/Gassen* (2006), S. 254ff., *Hoffmann* (2006c), Rz. 28ff.

[417] Vgl. IAS 38.23. Externe Informationen können in diesem Kontext z.B. vergleichbare Markttransaktionen, Branchenstudien od. auch Expertenanalysen über Wettbewerber, Marktumfeld od. andere relevante Größen sein. Vgl. *Gelhausen u. a.* (2006a), Rz. 81.

[418] Für ein Bsp. dieser Gewichtung aus der Pharmabranche siehe *Pellens/Fülbier/Gassen* (2006), S. 270.

[419] Es erscheint an dieser Stelle jedoch fraglich, ob dem Grundsatz der Verlässlichkeit durch diese Bewertungsform entsprochen werden kann. Kritisch auch *Pellens/Fülbier/Gassen* (2006), S. 250f. m.w.N. Vgl. zum Unsicherheitsproblem ausf. z.B. *Dawo* (2004), S. 43ff., *Kirchner* (2006), S. 61ff.

keit wird jedoch deutlich, dass der Fokus auf immateriellen Werten aus dem klassischen Bereich der Produkt- bzw. Verfahrensentwicklung gelegt wird. So stellt sich die Frage der technischen Umsetzung z.B. nicht bei immateriellen Ressourcen aus dem Bereich der Kundenbindung.[420] Darüber hinaus ergibt sich bei einer projektbezogenen Prüfung der technischen Machbarkeit in einigen Branchen ein grundsätzliches Ansatzverbot für Entwicklungsausgaben, da die Nachweisführung, z.B. aufgrund notwendiger und unkalkulierbarer Zulassungsverfahren, hier nicht bzw. erst sehr spät möglich ist.[421] Aus dem Mangel an Anwendungsvorgaben resultiert jedoch auch an dieser Stelle ein großer unternehmensseitiger Auslegungsspielraum.[422]

Das Ansatzkriterium der **Absicht zur Fertigstellung** des Unternehmens wird immer dann erfüllt, wenn zum Zeitpunkt der Bilanzerstellung weiterhin das entsprechende FuE-Projekt betrieben wird. Diese Tatsache belegt nämlich, dass das Unternehmen (mindestens) für den Zeitraum der Bilanzierung die Fortführung und damit folglich auch die Vollendung des Projektes beabsichtigte.[423] Die Relevanz und Wirksamkeit eines solchen Kriteriums kann daher an dieser Stelle zumindest hinterfragt werden.[424]

Das letzte Ansatzkriterium der Stufe 2 ist unter Rückgriff auf die Erläuterungen zum Beleg eines zukünftigen wirtschaftlichen Nutzens zu adressieren. So spiegeln nämlich die Ausführungen in den Verwertungsplänen der zu bilanzierenden immateriellen Ressource gleichzeitig die Art und Weise der **Nutzengenerierung** und die **Fähigkeiten** des Unternehmens wider, diese auch tatsächlich realisieren zu können.[425]

Im Rahmen der Ansatzprüfung ist abschließend noch auf die **Stufe 3**, die expliziten Ansatzverbote aus IAS 38, einzugehen. Diese legen fest, welche Werte, neben den aus der Anwendung der Ansatzkriterien resultierenden implizit ausgeschlossenen Ressourcen, grundsätzlich nie als immaterielle Vermögenswerte aktiviert werden dürfen. Ausgaben

[420] Vgl. zu diesem Aspekt *Baetge/von Keitz* (2006), Rz. 58 u. Rz. 65.

[421] Vgl. hierzu die Ausführungen von *Gelhausen u. a.* (2006a), Rz. 106f., die erneut die Pharmabranche als Beispiel aufgreifen. Vgl. auch *Hoffmann* (2006d), Rz. 28f., welcher in der weltweit von der Pharmabranche praktizierten restriktiven Auslegung der technischen Machbarkeit eine ökonomisch gerechtfertigte, branchenspezifische Anwendung sieht. Anderer Auffassung ist hier *Scheinpflug* (2006), Rz. 33, der darauf hinweist, dass die technische Realisierbarkeit grundsätzlich erst mit Sicherheit nach Projektfertigstellung bewiesen ist, dies aber nicht dem den ersten fünf Ansatzkriterien zugrunde liegenden Kriterium des wahrscheinlichen zukünftigen Nutzens widerspricht. Hieraus werden die komplexen Ermessensentscheidungen im Rahmen der Bilanzierung von FuE-Ausgaben erneut deutlich.

[422] Vgl. z.B. *Küting/Dawo* (2003), S. 410. Für problembehaftete Bsp. s. *Heuser/Theile* (2005), Rz. 518.

[423] So auch *Baetge/von Keitz* (2006), Rz. 66. Anderer Auffassung sind *Gelhausen u. a.* (2006a), Rz. 108.

[424] *Heuser/Theile* (2005) bezeichnen in Rz. 518 dieses u. das Kriterium der Fähigkeiten sogar als „sinnlos“, da sie eine vom Management intendierte Handlungsweise nicht unterbinden können.

[425] Vgl. hierzu ausf. *Baetge/von Keitz* (2006), Rz. 67.

dieser Kategorien sind u.a. mangels hinreichend sicherer Abgrenzungsmöglichkeiten gegen sonstigen Unternehmensaufwand sofort aufwandswirksam in der GuV der Periode ihres Anfalls zu erfassen.

Insgesamt sind die zum Teil bereits erwähnten uneingeschränkten Ansatzverbote für selbst erstellte immaterielle Vermögenswerte bzw. die im Zusammenhang mit diesen anfallenden internen Kosten der Stufe 3 die Folgenden:[426]

- Forschungsausgaben (IAS 38.54)
- Ausgaben, die nicht eindeutig der Entwicklungsphase zugeordnet werden können (IAS 38.53 i. V. m IAS 38.54)
- originärer Geschäfts- oder Firmwert (IAS 38.48)
- Ausgaben für Markennamen, Drucktitel, Verlagsrechte, Kundenlisten sowie ihrem Wesen nach ähnliche Sachverhalte (IAS 38.63 i. V. m. IAS 38.2)
- Ausgaben, die nach IAS 38.68f. die Definitionsmerkmale immaterieller Vermögenswerte nicht erfüllen, wie z.B. Ingangsetzungs- oder Trainingskosten, Kosten zur Unternehmensverlagerung oder -reorganisation oder auch Werbekosten.
- Ausgaben für immaterielle Posten, die bereits als Aufwand erfasst wurden (IAS 38.71).

Die beschriebene Prüfung auf Ansatz eines immateriellen Vermögenswertes aus FuE wird abschließend in der folgenden schematischen Darstellung (Abb. 9) noch einmal zusammengefasst. Es sei abschließend noch angemerkt, dass nicht aktivierte immaterielle Wertpotentiale wesentliche Bestandteile der Residualgröße eines Goodwills darstellen.[427]

In der logischen Abfolge einer Prüfung auf bilanzielle Abbildung folgt nach der hiermit abgeschlossenen Ansatzprüfung – und damit der Bestimmung des Mengengerüstes – nun die Fragestellung nach dem anzuwendenden Wertgerüst. Die Bewertung der zu aktivierenden selbst erstellten immateriellen Werte ist daher, untergliedert in Erst- und Folgebewertung, Thema des nächsten Abschnitts.

---

[426] Im Wesentlichen fungieren die expliziten Ansatzverbote zur Klarstellung solcher Sachverhalte, die ohnehin an den Ansatzkriterien für originäre immaterielle Werte gescheitert wären. Vgl. *Baetge/von Keitz* (2006), Rz. 71ff. Vgl. auch *Gelhausen u. a.* (2006a), Rz. 117.

[427] Diese Tatsache spiegelt sich auch darin wieder, dass insb. bei der diese Werte grds. verneinenden Rechnungslegung nach HGB eine signifikante Marktwert-Buchwert-Lücke zu beobachten ist. Vgl. hierzu mit aktuellen Bsp. *Weißenberger* (2007), S. 139f. od. ausf. *Schmeisser u. a.* (2006), S. 282ff.

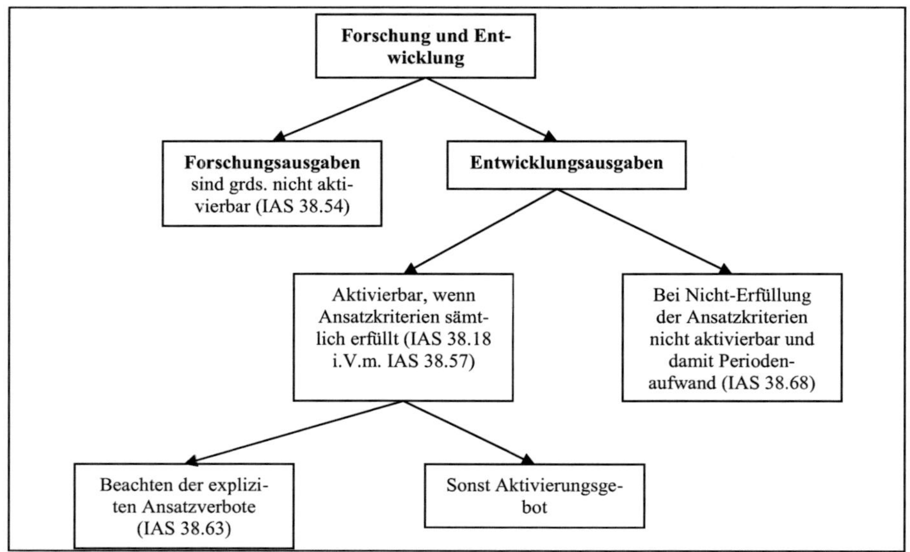

Abb. 9: Ablaufschema der Ansatzprüfung von Forschungs- und Entwicklungsausgaben nach IAS 38.[428]

3.3.1.3 Bewertung von selbst erstellten immateriellen Vermögenswerten

3.3.1.3.1 Erstbewertung

Bei der Bewertung immaterieller Vermögenswerte nach IFRS wird im Zeitpunkt des Zuganges der originäre Wert mit seinen Herstellungskosten bewertet (IAS 38.24).[429] Dabei ist für den Zugangszeitpunkt relevant, wann ein potentieller immaterieller Vermögenswert in der Entwicklungsphase die Ansatzkriterien vollständig erfüllt. Frühere Aufwendungen können nach IAS 38.71 grundsätzlich nicht nachaktiviert werden.[430] Allerdings können in

---

[428] Quelle: In Anlehnung an *Hoffmann* (2006d), Rz. 27.

[429] FuE-Projekte, die im Rahmen eines Unternehmenszusammenschlusses zugehen, sind hingegen bereits im Zugangszeitpunkt mit ihrem beizulegenden Zeitwert zu bewerten. Vgl. IAS 38.33ff. Vgl. auch ausf. *Lutz-Ingold* (2005b), S. 180ff. u. S. 202ff. An dieser Stelle sei darauf hingewiesen, dass die Voraussetzung eines aktiven Marktes hierbei nicht greift u. ein sehr weites Spektrum an Bewertungsmethoden zur Bestimmung des Fair Values anwendbar ist. Vgl. hierzu z.B. *Baetge/von Keitz* (2006), Rz. 83ff.

[430] Eine „Hintertür" für bereits als Aufwand verbuchte Ausgaben ist jedoch im Rahmen der Folgebewertung immer dann gegeben, wenn die Neubewertungsmethode Anwendung findet. Vgl. hierzu die Ausführungen im folgenden Abschn. 3.3.1.3.2. Vgl. zur quasi taggenauen Prüfung der Ansatzkriterien bei der Bestimmung des Zugangszeitpunktes auch die Ausführungen des vorherigen Abschnitts.

den Folgeperioden weiter Herstellungskosten aktiviert werden, solange der Zeitpunkt der bestimmungsgemäßen Nutzung des Vermögenswertes noch nicht eingetreten ist.[431]

Inhaltlich sind die **Herstellungskosten** in IAS 38.66 definiert als alle direkt zurechenbaren Kosten, die zur Schaffung, Herstellung und Vorbereitung des Vermögenswertes erforderlich sind, damit er für den vom Management beabsichtigten Gebrauch betriebsbereit ist (siehe auch Abb. 10). Daraus lässt sich ableiten, dass die Herstellungskosten in Form einer Kostenträgerrechnung zu erfassen sind, in der zunächst die direkt zurechenbaren Kosten, wie Material, Löhne und Gehälter usw. unmittelbar erfasst werden.[432]

	Ausgaben für Material und Dienstleistungen
+	Ausgaben für Löhne und Gehälter sowie andere, mit der Beschäftigung jener Arbeitnehmer verbundenen Aufwendungen, die an der Herstellung des immateriellen Vermögenswertes direkt beteiligt sind
+	alle direkt zurechrechenbaren Ausgaben, wie z.B. Registrierungsgebühren für Rechte oder Abschreibungen auf Vermögenswerte, die zur Herstellung des immateriellen Vermögenswertes genutzt werden
+	produktionsbezogene Gemeinkosten, die bei der Herstellung des immateriellen Vermögenswertes zwangsläufig anfallen und über vernünftige und stetige Schlüsselgrößen direkt zugeordnet werden können
+	Fremdkapitalzinsen, die i. V. m. IAS 23.7 als Kostenbestandteil in die Herstellungskosten eines immateriellenVermögenswertes einbezogen werden können (Wahlrecht)[433]
=	**Herstellungskosten**

Abb. 10: Bestandteile der Herstellungskosten nach IAS 38.66-67.

Unklar bleibt in diesem Zusammenhang jedoch die in IAS 38.67 enthaltene Formulierung „direkt zurechenbarer Gemeinkosten“, da sich nach dem allgemeinen kostenrechnerischen Verständnis die direkte Zurechnung von Gemeinkosten ausschließt.[434] Der genaue Umfang erlaubter Gemeinkosten in den Herstellungskosten dürfte daher schwierig zu ermitteln sein und lässt folglich erhebliche Ermessensspielräume, insbesondere auch im Zusammenhang

---

[431] Vgl. IAS 38.66. Sollten die kumulierten, aktivierten Herstellungskosten zu einem Zeitpunkt über dem zukünftig zu erwartenden erzielbaren Betrag liegen, so wird gleichzeitig automatisch eine außerordentliche erfolgswirksame Wertminderung ausgelöst. Vgl. *Pellens/Fülbier/Gassen* (2006), S. 275, *Gelhausen u. a.* (2006a), Rz. 187. Vgl. zur jährlichen Wertprüfung dieser noch nicht nutzbaren Werte z.B. *Baetge/von Keitz* (2006), Rz. 142. Vgl. zum Impairment-Test auch Abschn. 3.3.1.3.2.

[432] Vgl. *Hoffmann* (2006d), Rz. 49. Vgl. hierzu auch Abschn. 3.3.1.2.2.

[433] Das Einbeziehungswahlrecht für Fremdkapitalzinsen wird im IAS 23 (revised 2007) durch eine Aktivierungspflicht ersetzt. Vgl. *Baetge/Kirsch/Thiele* (2007), S. 273.

[434] Direkt zurechenbare Kosten sind grundsätzlich immer Einzelkosten u. keine Gemeinkosten. Vgl. zum Umfang der Gemeinkosten in den Herstellungskosten auch *Pellens/Fülbier/Gassen* (2006), S. 275. Baetge/Kirsch/Thiele negieren vor diesem Hintergrund die Einbeziehung von Gemeinkosten im immateriellen Anlagevermögen grundsätzlich. Vgl. *Baetge/Kirsch/Thiele* (2007), S. 271. Auch im System der handelsrechtlichen Herstellungskosten ist die Abgrenzung problematisch. Vgl. hierzu ebenda S. 203ff.

mit dem auslegungsbedürftigen Term der „produktionsbezogenen“ Gemeinkosten.[435] Eine generelle Schranke begrenzt jedoch die Herstellungskosten in der Form, dass in IAS 38.67 explizit die Kostenbereiche Vertriebs- und Verwaltungsgemeinkosten oder Schulungsausgaben von einer Einbeziehung ausgeschlossen sind. Dort ebenfalls genannt ist der Bereich identifizierbarer Ineffizienzen. Weiter schreibt IAS 38.69 für die folgenden Ausgaben eine zwingende Erfassung in der GuV vor:[436]

- Kosten für Unternehmensgründung
- Ausbildungskosten
- Werbeaufwand oder Ausgaben für Verkaufsförderung
- Umorganisations- oder Umzugskosten.

3.3.1.3.2 Folgebewertung

Die Folgebewertung startet mit dem Zeitpunkt der planmäßigen Nutzung im Unternehmen.[437] Damit einhergehend wird in der Regel auch eine Abnutzung des aktivierten Vermögenswertes unterstellt, welche im Rahmen der Folgebewertung abgebildet werden muss. Gleichzeitig dürfen ab diesem Zeitpunkt weitere Herstellungskosten nur noch unter sehr restriktiven Voraussetzungen aktiviert werden.[438]

IAS 38 enthält für die Folgebewertung von immateriellen Vermögenswerten ein Methodenwahlrecht. Erlaubt sind grundsätzlich zwei Bewertungsmethoden, die Methode der **fortgeführten Anschaffungs- bzw. Herstellungskosten** oder die **Neubewertungsmethode**, wobei jeweils für eine gesamte Gruppe von Vermögenswerten einheitlich folgebewertet werden muss.[439] Zunächst werden die beiden Methoden in der nachfolgenden Abbildung 11 gegenübergestellt, um anschließend ausführlich erläutert zu werden.

---

[435] So auch *Heuser/Theile* (2005), Rz. 809, *Baetge/von Keitz* (2006), Rz. 91, *Lutz-Ingold* (2005b), S. 201, *Hoffmann* (2006d), Rz. 29 u. Rz. 49. Vgl. zur verschiedenartigen Anwendung dieser Vorgaben in der Praxis *von Keitz* (2005), S. 95f., *Hoffmann* (2006a), Rz. 17ff. Ebenda findet sich in Rz. 26 eine Gegenüberstellung der verschiedenen Ausprägungen von Herstellungskosten nach IFRS, HGB u. EStG.

[436] Vgl. *Hoffmann* (2006d), Rz. 41.

[437] Vgl. IAS 38.97.

[438] Vgl. zu den Aktivierungsvoraussetzungen für Folgeausgaben *Scheinpflug* (2006), Rz. 54ff., *Hoffmann* (2006a), Rz. 34.

[439] Vgl. IAS 38.72. IAS 38.73 definiert für diesen Kontext eine Gruppe immaterieller Vermögenswerte als eine Zusammenfassung von Vermögenswerten, die hinsichtlich ihrer Art u. ihrer Verwendung innerhalb des Unternehmens ähnlich sind. Unter Umständen kann eine Durchbrechung des Gruppenbewertungsansatzes eintreten, wenn für einen immateriellen Vermögenswert einer Gruppe kein beizulegender Zeitwert auf Basis eines aktiven Marktes ermittelt werden kann. Dann greift IAS 38.81 mit der Bewertungsvorgabe der fortgeführten Herstellungskosten. Vgl. *Baetge/Kirsch/Thiele* (2007), S. 277f.

	Anschaffungskostenmodell (gem. IAS 38.74)
	(historischer) Zugangswert (hier HK)
-	Planmäßige Abschreibung (kumuliert) *
-	Außerplanmäßige Abschreibung (kumuliert)
+	Zuschreibung (kumuliert)
=	**Fortgeführter Zugangswert** (Buchwert)

	Neubewertungsmodell (gem. IAS 38.75)
	Fair Value im Neubewertungszeitpunkt
-	Planmäßige Abschreibung (kumuliert)*
-	Außerplanmäßige Abschreibung (kumuliert)
+	Zuschreibung (kumuliert)
=	**Neubewertungsbetrag** (revalued amount)

* nur bei Werten mit begrenzter Nutzungsdauer

Abb. 11: Methoden der Folgebewertung immaterieller Vermögenswerte.[440]

Das bestehende Methodenwahlrecht ist faktisch allerdings durch die zur Anwendung des **Neubewertungsmodells** notwendige Existenz eines **aktiven Marktes** eingeschränkt.[441] Dabei liegt gem. IAS 38.8 ein aktiver Markt immer dann vor, wenn die folgenden drei Bedingungen kumulativ gegeben sind:

1. die auf dem Markt gehandelten Produkte sind homogen,
2. vertragswillige Käufer und Verkäufer können i.d.R. jederzeit gefunden werden und
3. die Preise stehen der Öffentlichkeit zur Verfügung.

Originäre immaterielle Ressourcen sind regelmäßig hochgradig speziell und aufgrund ihrer fehlenden Greifbarkeit, den ihnen anhaftenden Risiken sowie oftmals bestehender Verflechtungen mit anderen Unternehmenspotentialen in ihrer Bewertung schwierig.[442] Ein aktiver Markt dürfte infolgedessen für Werte dieser Kategorie die große Ausnahme darstellen, sodass eine Bewertung nach der Neubewertungsmethode praktisch ausscheidet.[443]

---

[440] Quelle: Eigene Darstellung in Anlehnung an *Lutz-Ingold* (2005b), S. 208f.

[441] IAS 38.75. Diese Voraussetzung existiert z.B. bei der Folgebewertung für Sachanlagevermögen nicht, sodass die Anforderungen hier für immaterielle Vermögenswerte wesentlich restriktiver sind. Vgl. *Heuser/Theile* (2005), Rz. 527, *Baetge/von Keitz* (2006), Rz. 110, *Wagenhofer* (2005), S. 215.

[442] Vgl. *Zelger* (2005), S. 98. Vgl. Abschn. 3.2.1.

[443] Vgl. *Baetge/von Keitz* (2006), Rz. 111. Zur Tatsache des i.d.R. nicht vorhandenen aktiven Marktes für diese Güter vgl. IAS 38.78, der u.a. einen aktiven Markt für Patente explizit negiert. Vgl. auch *Gelhausen u. a.* (2006a), Rz. 194, *Brune/Senger* (2004), Rz. 233, *Beyer* (2005), S. 150f. u. S. 154, *KPMG (Hrsg.)* (2005), S. 11. Für den Pharmabereich wird die Existenz eines solchen Marktes aber bspw. durchaus als möglich erachtet. So z.B. *Baetge/von Keitz* (2006), Rz. 67. Eine bevorstehende Abnahme durch Prüfinstanzen wird ebenda nicht als Aktivierungshemmnis akzeptiert, da zum einen auch ein Markt für Forschungszwischenergebnisse besteht u. zum anderen eine angestrebte Gleichstellung mit materiellen Werten, welche z.B. auch zwingend vor ihrer TÜV-Abnahme bilanziert werden müssen, nicht gewährleistet ist. Vgl. ebenda ausf. zum aktiven Markt bzw. der Neubewertungsmethode Rz. 110ff. Vgl. auch kritisch zur Neubewertung von Entwicklungsprojekten *Scheinpflug* (2006), Rz. 76.

Primär soll daher die Folgebewertung mittels des **Anschaffungskostenmodells** erläutert werden. Diese, in der Praxis dominierende Methode,[444] errechnet den Buchwert durch Fortschreibung des Zugangswertes (hier den Herstellungskosten[445]) unter Berücksichtigung planmäßiger Abschreibungen. Ferner sind außerplanmäßige Wertkorrekturen in Form von Ab- oder Zuschreibungen in die fortgeführten Herstellungskosten einzubeziehen.[446]

Im Zuge der Bestimmung **planmäßiger Abschreibungen** werden die Abschreibungsverläufe analog in beide Methoden der Folgebewertung durch die Kombination von zwei Parametern determiniert: der Nutzungsdauer und der Abschreibungsmethode.[447]

In einem ersten Schritt ist dabei zu entscheiden, ob der zugrunde liegende immaterielle Vermögenswert über einen unbegrenzten oder begrenzten Zeitraum zukünftige Nutzenzuflüsse für das Unternehmen generiert.[448] Im Falle einer begrenzten **Nutzungsdauer** wird das Abschreibungsvolumen über den relevanten Verbrauchszeitraum planmäßig verteilt und entsprechend in den Jahren der betriebsindividuellen Nutzung über Abschreibungen erfolgswirksam erfasst (IAS 38.97).[449] Dabei bezieht sich die zugrunde zulegende Nutzungsdauer nur auf den geplanten Einsatzzeitraum im Unternehmen. So kann bspw. ein immaterieller Vermögenswert, der auf einem Schutzrecht mit einer Laufzeit von 10 Jahren basiert, aber nur 5 Jahre unternehmensintern verwendet werden soll, auch nur über fünf Jahre abgeschrieben werden.[450] In diesem Fall dürfte allerdings ein Restwert größer Null vorhanden sein.[451] IAS 38.100 unterstellt sonst regelmäßig einen Restwert von Null. Zeitgleich mit dem Eintritt der bestimmungsgemäßen Verwendung der immateriellen Ressour-

---

444 Vgl. *von Keitz* (2005), S. 43 u. aktuell *Hager* (2007), S. 212.

445 Vgl. hierzu den Abschn. 3.3.1.3.1 zur Erstbewertung.

446 Vgl. IAS 38.74.

447 Sollte ein Restwert existieren, so nimmt dieser Parameter ebenfalls Einfluss auf die Höhe der planmäßigen Abschreibung. Vgl. hierzu ausf. *Baetge/von Keitz* (2006), Rz. 139f. Regelmäßig ist diese Größe aber von untergeordneter Bedeutung. So auch *Lutz-Ingold* (2005b), S. 215.

448 Dabei ist eine unbegrenzte Nutzungsdauer nicht mit einer unendlichen Nutzungsdauer gleichzusetzen (IAS 38.91), sondern bedeutet lediglich, dass ein Ende der Nutzengenerierung aus dem Vermögenswert nicht absehbar ist. Vgl. IAS 38.BC 60ff. Bestehen Unsicherheiten bzgl. der Nutzungsdauer, sodass diese nur innerhalb einer Bandbreite verschiedener Werte beziffert werden kann, so ist eine vorsichtige Schätzung vorzunehmen. Vgl. IAS 38.93 od. *Gelhausen u. a.* (2006a), Rz. 197. Zur Nutzungsdauer immaterieller Vermögenswerte, die auf vertraglichen od. rechtlichen Nutzungsvorgaben basieren, siehe IAS 38.94ff., IAS 38.BC 66ff. od. *Hoffmann* (2006d), Rz. 60, *Baetge/von Keitz* (2006), Rz. 131f. Illustrative Beispiele zur Einschätzung der Nutzungsdauer sind auch in IAS 38 angefügt.

449 Die planmäßige Abschreibung ist dabei in jeder Periode der Nutzung vorzunehmen, selbst wenn der erzielbare Betrag des immateriellen Vermögenswertes über dem Buchwert liegt. Vgl. *Scheinpflug* (2006), Rz. 70. Beispielhaft listet IAS 38.90 einige Faktoren (z.B. Produktlebenszyklen, technische Veralterung, Konkurrentenverhalten usw.) zur Bestimmung der Nutzungsdauer immaterieller Vermögenswerte auf. Vgl. hierzu auch *Gelhausen u. a.* (2006a), Rz. 203ff., *Scheinpflug* (2006), Rz. 62ff. Vgl. ausf. *Baetge/von Keitz* (2006), Rz. 128ff., *Lutz-Ingold* (2005b), S. 206ff.

450 Vgl. IAS 38.94.

451 Vgl. zum Restwert IAS 38.100ff. Vgl. auch *Scheinpflug* (2006), Rz. 60f.

ce startet die Abschreibung.[452] Die Bemessung der relevanten Nutzungsdauer einer immateriellen Ressource kann dabei über das Abschreibungsvolumen sowohl auf Basis von Zeiteinheiten als auch in Produktions- oder Leistungseinheiten erfolgen.[453]

Im Rahmen der Folgebewertung gilt es neben der Nutzungsdauer noch den zweiten Parameter, die **Abschreibungsmethode**, festzulegen.[454] Dabei soll nach IAS 38.97 der tatsächlich erwartete Werteverzehr des immateriellen Vermögenswertes über die Abschreibungsmethode abgebildet werden. Sollte dies nicht zuverlässig möglich sein, wird die lineare Abschreibung vorgeschrieben. Insgesamt besteht die Verpflichtung, die Abschreibungsverläufe periodisch zu prüfen und bei wesentlichen Abweichungen der Abschreibungsperioden oder der Abschreibungsmethode entsprechen anzupassen.[455]

Werte der Kategorie mit unbestimmter Nutzungsdauer dürfen dagegen grundsätzlich laut IAS 38.107 nicht planmäßig abgeschrieben werden.[456] Quasi stellvertretend kann hier die jährlich verpflichtende (oder die durch Anhaltspunkte induzierte) Wertprüfung mittels so genanntem Impairment-Test nach IAS 36 gesehen werden, die auch für solche Werte einschlägig ist, welche noch nicht genutzt werden können, wie z.B. Entwicklungsprojekte.[457] Die Klassifizierung als Wert mit unbegrenzter Nutzungsdauer ist darüber hinaus ebenfalls jährlich zu überprüfen (IAS 38.109).[458]

Unabhängig von den bisher umschriebenen planmäßigen Abschreibungen und der Kategorisierung der Nutzungsdauern in begrenzt und unbegrenzt kann gem. IAS 36 eine **außerplanmäßige Korrektur** der Buchwerte (Ab- oder Zuschreibung) notwendig sein. Die Regelungen des IAS 36 sehen immer dann einen außerordentlichen Wertminderungsaufwand vor, wenn der erzielbare Betrag wesentlich vom Buchwert des Vermögenswertes ab-

---

452 Vgl. IAS 38.97. Im ersten Nutzungsjahr wird mangels Vorgaben eine Abschreibung pro rata temporis unter Rückgriff auf das matching principle als angemessen erachtet. Vgl. *Scheinpflug* (2006), Rz. 69.

453 Vgl. *Gelhausen u. a.* (2006a), Rz. 197.

454 Vgl. zur planm. Abschreibung ausf. z.B. *Hoffmann* (2006b), Rz. 20ff. bzw. im Kontext der Besonderheiten bei immateriellen Vermögenswerten *Hoffmann* (2006d), Rz. 58.

455 Änderungen dieser Art sind gem. IAS 38.104 unter Beachtung von IAS 8 zu dokumentieren.

456 Diese Vorgehensweise ist wesentlich geändert worden im Vergleich zum IAS 38 (1998), indem noch eine maximale Nutzungsdauer von 20 Jahren unterstellt wurde.

457 Vgl. IAS 38.108. Vgl. zu den verschärften Prüfpflichten dieser beiden Kategorien immaterieller Vermögenswerte *Baetge/von Keitz* (2006), Rz. 143ff., *Hoffmann* (2006c), Rz. 9 m.w.N. bzw. zu den Indikatoren u. Kontraindikatoren ebenda Rz. 13ff. Erstmalig verpflichtend ist der Wertminderungstest bzw. die Bestimmung des erzielbaren Betrages im Jahr des Zugangs durchzuführen.

458 Hiermit verbundene Anpassungen der Bewertung sind nach IAS 8 zu behandeln. Eine solche „Umklassifizierung" von unbegrenzter zu begrenzter Nutzung löst gleichzeitig gem. IAS 38.110 einen Wertminderungstest aus, da dies als Indiz für eine mögliche Wertminderung gesehen wird.

weicht.[459] Grundsätzlich wird der erzielbare Betrag eines Vermögenswertes in IAS 36 definiert als der höhere der beiden Beträge aus beizulegendem Zeitwert abzüglich der Verkaufskosten und dem Nutzungswert (vgl. Abb. 12).[460]

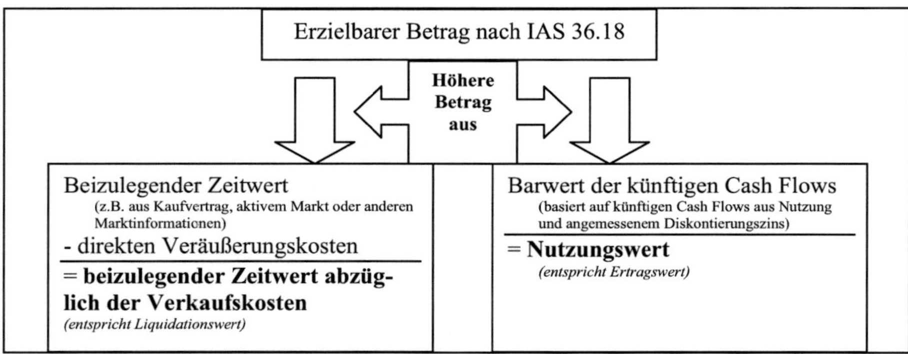

Abb. 12: Erzielbarer Betrag nach IAS 36.18.[461]

Wesentlicher Unterschied in den beiden Bewertungsverfahren ist die Tatsache, dass der beizulegende Zeitwert auf der Basis von Marktinformationen nur solche Daten verwendet, die auch von einem neutralen Dritten als Werttreiber einbezogen würden, wohingegen der Nutzungswert die unternehmensindividuelle Verwertung inklusive speziellem Know-how, im Unternehmen verursachten Kostenreaktionen oder Kombinationsbeziehungen sowie anderen relevanten Synergien berücksichtigt.[462] Im Ergebnis ist der beizulegende Zeitwert abzüglich der Veräußerungskosten ein objektiverer Bewertungsmaßstab als der sehr spezielle Nutzungswert, allerdings kann dieser im Feld der originären immateriellen Vermögenswerte mangels verfügbarer Informationen häufig nicht gebildet werden. Dabei schreibt IAS 36 einen jährlichen Wertminderungstest nicht nur für Werte mit einer unbegrenzten Nutzungsdauer vor, sondern auch für alle immateriellen Vermögenswerte des Anlagever-

[459] IAS 36.6 definiert Wertminderungsaufwand als den Betrag, um den der Buchwert eines Vermögenswertes od. einer zahlungsmittelgenerierenden Einheit seinen erzielbaren Betrag übersteigt. Nach IAS 36.19 genügt aber der Nachweis, dass bereits einer der beiden Werte höher als der Buchwert ist, sodass in einem solchen Fall nicht beide Wertausprägungen verpflichtend ermittelt werden müssen. Eine weitere Ausnahme von der Bestimmung beider Bewertungsmaßstäbe ist in IAS 36.21 kodifiziert.

[460] Vgl. zu den beiden Wertkonstrukten ausf. *Hoffmann* (2006c), Rz. 17ff. Die Anwendung von verschiedenen, hierarchisch gegliederten Bewertungsverfahren („Sufenkonzeption“) schließt neben einem Rückgriff auf vergleichbare Markttransaktionen, Analogie- u. Multiplikatorenverfahren auch zahlungsstromorientierte Prognosenmethoden mit ein. Vgl. zum hierarchischen Bewertungskonzept zur Ermittlung des beizulegenden Zeitwertes von immateriellen Vermögenswerten z.B. *Blaufus* (2005), S. 31, *Heidemann* (2005), S. 181, *Coenenberg* (2005), S. 107, *Dawo* (2004), S. 51.

[461] Die Parallelen zum Liquidationswert bzw. Ertragswert finden sich auch bei *Hoffmann* (2006c), Rz. 5.

[462] Vgl. *Wirth* (2005), S. 31f. Hiermit gehen gleichzeitig erhebliche Schätzungen einher. Im Zusammenhang mit dem Impairment-Test spricht Rammert daher sogar von „nahezu unbegrenzten bilanzpolitischen Möglichkeiten“, *Rammert* (2006), Rz. 31.

mögens, welche noch nicht zur Verfügung stehen, d.h. solche Entwicklungsprojekte, die sich in der Aktivierungsphase befinden.[463] Für alle planmäßig genutzten „Entwicklungskosten"-Projekte ist demnach nur die induzierte Werthaltigkeitskontrolle geboten. Ferner kann mangels vermögenswertspezifischer Bewertbarkeit der Zwang bestehen, vom Einzelbewertungsgrundsatz abzuweichen und die Werthaltigkeit in Verbindung mit anderen Vermögenswerten/Schulden bzw. der entsprechenden Bewertungseinheit durchzuführen.[464]

Der zu verbuchende Wertminderungsaufwand wird, analog einer notwendigen Wertaufholung, bei der hier nahezu ausschließlich relevanten Bewertungsmethode unmittelbar erfolgswirksam in der GuV erfasst.[465] Im Falle einer Zuschreibung dürfen die fortgeführten Herstellungskosten jedoch nicht überschritten werden (IAS 36.117). Grundsätzlich ist eine Zuschreibung nur als Korrektur einer vorherigen außerplanmäßigen Abschreibung möglich.[466] Im Zuge einer Wertminderung sind anschließend die planmäßigen Abschreibungen an die reduzierten fortgeführten Herstellungskosten (= dem erzielbaren Betrag) anzupassen (IAS 36.63) sowie die Gründe der Wertminderung in den Folgeperioden mit Blick auf eine mögliche Wertaufholung regelmäßig zu überprüfen (IAS 36.110).

Es wird bei diesem Vergleich der beiden Wertmaßstäbe zur Bestimmung des erzielbaren Betrages deutlich, dass dabei das Management verpflichtet werden soll, auch die jeweils andere Verwertungsmöglichkeit des Bewertungsobjektes zu prüfen und somit gleichzeitig die bestmögliche Ressourcennutzung im Rahmen bestehender Alternativen sicher zu stellen.[467] Dabei bestimmt sich der bewertungsrelevante, erzielbare Betrag für selbst erstellte immaterielle Vermögenswerte anhand verschiedener möglicher Wertkonstrukte, welche auch mit dem konkretisierten Ansatzkriterium des zukünftigen wirtschaftlichen Nutzens eng verknüpft sind.[468] Da die einzelnen Verfahren bereits im Rahmen der Ansatzprüfung des Abschnitts 3.3.1.2.2 erläutert worden sind, soll hier darauf verzichtet werden.

---

[463] Vgl. IAS 36.10a. Gleiches gilt für den derivativen GoF aufgrund des Impairment-Only-Approaches.

[464] Vgl. hierzu ausf. *Pellens/Fülbier/Gassen* (2006), S. 254ff. od. *Baetge/Kirsch/Thiele* (2007), S. 285f.

[465] Vgl. *Wirth* (2005), S. 10. Vgl. sehr ausf. zur Struktur der Werthaltigkeitsprüfung nach IAS 36 ebenda S. 7ff. Bei Vorliegen eines Wertminderungsbedarfes werden gleichzeitig zusätzliche Angabepflichten ausgelöst. Vgl. hierzu Abschn. 3.3.1.4.

[466] Vgl. IAS 36.110.

[467] Vgl. IAS 36.BC 23. Vgl. *Wirth* (2005), S. 22. Vgl. zur ökonomischen Konzeption des Impairment-Tests auch *Hoffmann* (2006c), Rz. 6. Darin zeigt der Autor Parallelen zur Logik der Unternehmensbewertung, bei der die rationale Fortführung eines Unternehmens immer dann gegeben ist, wenn der Ertragswert der Unternehmung höher ist, als der Liquidationswert. Vgl. auch *Pellens/Fülbier/Gassen* (2006), S. 248.

[468] Vgl. *Kirsch* (2003), S. 16.

Der Vollständigkeit halber wird im Folgenden kurz die zweite, theoretisch mögliche Variante der Folgebewertung, das **Neubewertungsmodell**, vorgestellt.[469] Dieses Bewertungsmodell unterscheidet sich von dem bisher beschriebenen Anschaffungskostenmodell im Wesentlichen durch den als Ausgangswert bedingten beizulegenden Zeitwert (Fair Value) und die erfolgsneutrale Verbuchung von Wertkorrekturen im Eigenkapital (Neubewertungsrücklage). Der Wertmaßstab des beizulegenden Zeitwertes wird in verschiedenen Standards einheitlich definiert als derjenige Betrag, zu dem zwischen sachverständigen, vertragswilligen und voneinander unabhängigen Geschäftspartnern unter marktüblichen Bedingungen ein Vermögenswert getauscht oder eine Schuld beglichen werden könnte.[470] Die Begriffsdefinition lässt bereits erahnen, dass es sich hierbei um einen flexiblen und marktorientierten Wertmaßstab handelt, dessen Ermittlung grundsätzlich verschiedene Varianten zulässt.[471] Die theoretisch möglichen Erscheinungsformen sind in der folgenden Tabelle überblicksartig zusammengestellt.

Ausprägung	**Erläuterung**
Markteintrittspreis	Konzept des **Wiederbeschaffungswertes**, welches sich an **Beschaffungsmarktpreisen** orientiert.
Marktaustrittspreis	Konzept des **Veräußerungswertes**, welches sich an **Absatzpreisen** orientiert.
Unternehmensindividueller Nutzungswert	**Spezifischer Nutzungswert** aus Sicht des Erwerbers, welcher individuelle Informationen und Handlungsmöglichkeiten berücksichtigt.

Tab. 3: Theoretisch mögliche Ausprägungen des beizulegenden Zeitwertes (Fair Value).[472]

Im Zuge der Folgebewertung immaterieller Vermögenswerte ist der beizulegende Zeitwert allerdings verpflichtend unter Rückgriff auf einen aktiven Markt zu ermitteln,[473] sodass etwa ein unternehmensindividueller Nutzungswert als Ausprägungsform des beizulegenden Zeitwertes nur im Kontext einer Wertminderungsprüfung nach IAS 36 bei den hier

[469] Einen komprimierten Überblick über die Besonderheiten dieser Bewertungsmethodik im Kontext immaterieller Vermögenswert gibt *Hoffmann* (2006d), Rz. 54ff.

[470] App. A zu IFRS 3. Vgl. auch IAS 16.6, IAS 18.7, IAS 21.8, IAS 32.11, IAS 38.8, IAS 39.9 u. IAS 40.5. Vgl. *Coenenberg* (2005), S. 107. Ebenda auf S. 108 finden sich auch Erläuterungen zum Fair Value nach US-GAAP. Im HGB existiert dieser Wertmaßstab nur als Korrekturgröße i.R.d. Folgebewertung, vgl. *Coenenberg* (2005), S. 105.

[471] Vgl. *Zülch/Lienau* (2004), S. 566. Zur Aufdeckung stiller Reserven durch den Fair Value u. seinen Anreizwirkungen vgl. *Rammert* (2006), Rz. 13. Ebenda in Rz. 30 wird dieser Bewertungsansatz aufgrund des im inhärenten Ermessenspotentials kritisch auch als fiktiver Bewertungsmaßstab charakterisiert, welcher unter idealisierten Bedingungen auf hypothetischen Markttransaktionen fußt.

[472] Quelle: In Anlehnung an *Heidemann* (2005), S. 163, *Hinz* (2005), S. 135, *Coenenberg* (2005), S. 105. Vgl. hierzu auch *Heyd* (2004), S. 271f.

[473] Vgl. IAS 38.75. Dennoch existieren auch hier bilanzpolitische Spielräume. Vgl. *Rammert* (2006), Rz. 30.

fokussierten originären immateriellen Werten in Frage kommt. In jedem Fall sorgt die Bewertung mittels des beizulegenden Zeitwertes unabhängig von der gewählten theoretischen Ausprägung dafür, dass stille Rücklagen vollständig aufgedeckt werden.[474] Diese Bewertungskonzeption zeichnet sich durch eine hohe Durchlässigkeit für im Markt vorhandene Wertinformationen in die Rechnungslegung aus, welche bei den tendenziell unterrepräsentierten sowie gleichzeitig meist unterbewerteten immateriellen Ressourcen lediglich durch ihre eingeschränkte planmäßige Anwendung und die nach IAS 36.117 vorgegebene Obergrenze für die Wertaufholung entschärft wird.

Kann dem Vermögenswert kein zukünftiger Nutzen mehr zugerechnet werden bzw. wird er verkauft, so ist dies erfolgswirksam als Abgang des Vermögenswertes zu verbuchen.[475]

Den logischen Abschluss in der Bilanzierungssystematik bilden Ausweis und Angabepflichten, auf welche im folgenden, letzten Abschnitt zur Bilanzierung selbst erstellter immaterieller Vermögenswerte eingegangen wird.

3.3.1.4 Ausweis und Angabepflichten von Forschungs- und Entwicklungsausgaben

Die Forderungen aus IAS 38.118 nach einer Überleitungsrechnung der einzelnen Gruppen immaterieller Vermögenswerte ähneln denen eines hrl. Anlagespiegels.[476] Dabei werden aktivierte Entwicklungskosten bspw. in der Gruppe „immaterieller Vermögenswerte in Entwicklung" zusammengefasst (IAS 38.119g). Für jede Gruppe sind die in Abbildung 13 aufgeführten Informationspflichten im Anhang zu veröffentlichen.

Weiter sind Erläuterungen zu den originären Werten separat aufzuführen, wobei speziell der Gesamtbetrag der Aufwendungen für FuE offen zu legen ist, welcher in der Berichtsperiode erfolgswirksam in der GuV erfasst wurde (IAS 38.126).[477]

Auf freiwilliger Basis empfiehlt IAS 38.128 die kurze Beschreibung nicht aktivierungsfähiger aber dennoch im Unternehmen wesentlicher immaterieller Werte. Zusätzliche Anga-

---

[474] Vgl. *Wirth* (2005), S. 143, *Zülch/Lienau* (2004), S. 566 od. *Kuhner* (2005), S. 14. Stille Rücklagen umfassen dabei sowohl stille Reserven als auch stille Lasten und entstehen aus der Unterbewertung von Aktiva bzw. der Überbewertung von Passiva.

[475] Vgl. IAS 38.112f. Vgl. hierzu ausf. *Baetge/von Keitz* (2006), Rz. 147ff., *Scheinpflug* (2006), Rz. 79.

[476] Vgl. zur Definition einer Gruppe IAS 38.119 bzw. Abschn. 3.3.1.2.3.

[477] Vgl. hierzu auch *Baetge/von Keitz* (2006), Rz. 157 u. Rz. 159. Vgl. zu den jeweils einschlägigen Aufwandsarten z.B. *Scheinpflug* (2006), Rz. 79 u. Rz. 93 od. im Zusammenhang mit planmäßigen Abschreibungen *Hoffmann* (2006b), Rz. 19.

ben sind auch immer dann geboten, wenn IAS 36 oder IAS 8 in der Berichtsperiode angewendet wurden (vgl. IAS 38.120-121) oder immaterielle Werte unbegrenzter Nutzungsdauer oder solche von wesentlicher Tragweite existieren (IAS 38.122).[478] Im sehr seltenen Fall der Neubewertungsmethode verlangt IAS 38.124 weitere detaillierte Angaben.[479]

Für jede Gruppe:

(a) ob die **Nutzungsdauern** unbegrenzt oder begrenzt sind, und wenn begrenzt, die zu Grunde gelegten Nutzungsdauern und die angewandten Abschreibungssätze;

(b) die verwendeten **Abschreibungsmethoden**;

(c) der **Bruttobuchwert** und die **kumulierte Abschreibung** zu Beginn und zum Ende der Periode;

(d) der/die **Posten der GuV**, in dem/denen die **Abschreibungen** (planmäßige und außerplanmäßige) auf immaterielle Vermögenswerte enthalten sind;

(e) eine **Überleitung des Buchwertes** zu Beginn und zum Ende der Periode unter gesonderter Angabe der:

- → Zugänge;
- → Vermögenswerte, die nach IFRS 5 zur Veräußerung gehalten werden und andere Abgänge;
- → Erhöhungen oder Verminderungen bei Neubewertung und die korrespondierenden EK-Posten;
- → Wertminderungsaufwendungen;
- → Abschreibungen der Periode;
- → Nettoumrechnungsdifferenzen und
- → sonstige Buchwertänderungen der Periode.

Abb. 13: Angabepflichten nach IAS 38.118.

Die Position in der Bilanz, an der die Entwicklungsausgaben aufgeführt werden sollen, regelt IAS 38 nicht explizit. Die Mindestanforderungen an eine Bilanzgliederung aus IAS 1.68 schreiben lediglich den getrennten Ausweis der immateriellen Vermögenswerte vor.[480] In der Frage des Ausweises originärer immaterieller Ressourcen kann aber die nach IAS 1.72f. vorgenommene Einteilung der Werte in Abhängigkeit ihrer Art und Liquidität in der Weise interpretiert werden, dass Vermögenswerte aus FuE eine eigene „Vermögenswertart" repräsentieren.[481] Dabei ist regelmäßig ein Ausweis im Anlagevermögen (non-current) geboten.[482] Grundsätzlich gilt im Rahmen der Angabepflichten, dass für sämtliche quantitative Informationen auch die korrespondierenden Vorjahreswerte gefordert werden.[483]

---

[478] Vgl. zu den notwendigen Angabepflichten in Verbindung mit IAS 36 ausf. *Hoffmann* (2006c), Rz. 69f.

[479] Vgl. hierzu Abschn. 3.3.1.3.2.

[480] Vgl. *Scheinpflug* (2006), Rz. 91, *Hoffmann* (2006d), Rz. 65.

[481] IAS 1.73 knüpft die „Art" an eine unterschiedliche Bewertungsgrundlage, welche in IAS 38.65ff. für die Entwicklungskosten gegeben ist. Hinzu kommt, dass diese Werte eine eigene Gruppe bilden können (IAS 38.119g).

[482] Vgl. auch *Hoffmann* (2006d), Rz. 66.

[483] Vgl. IAS 1.36.

Die Bilanzierung originärer immaterieller Vermögenswerte ist nach diesem Abschnitt zu Angabe- und Ausweispflichten abgeschlossen. Im folgenden Abschnitt wird nun die Bilanzierung des in Deutschland zunehmend von den IFRS verdrängten Systems der Rechnungslegung nach HGB vorgestellt, da es die Ausgangsbasis für die Schritte der Harmonisierung und speziell der Konvergenz in den Unternehmen bildet und sich, wie mehrfach angesprochen, im Bereich selbst erstellter substanzloser Ressourcen deutlich von der Bilanzierung nach IFRS unterscheidet.

3.3.2 Bilanzierung von Forschungs- und Entwicklungsausgaben nach HGB

3.3.2.1 Begriffsdefinitionen und rechtliche Grundlagen

Im deutschen Rechnungslegungssystem bestehen die zugrunde zu legenden Normen neben dem HGB und den Grundsätzen ordnungsmäßiger Buchführung (GoB) auch aus den Deutschen Rechnungslegungsstandards, den DRS. Diese werden erlassen von einem privaten Standardsetter, dem Deutschen Rechnungslegungs Standards Committee (DRSC), welcher im Zuge der Bilanzrechtsreform im Jahre 1998 und den damit verbundenen Vorgaben vom Gesetzgeber gemäß § 342 HGB gegründet worden ist.[484]

Die DRS haben nach ihrer Bekanntmachung durch das Bundesministerium für Justiz gem. § 342 (2) HGB die Vermutung für sich, Grundsätze ordnungsmäßiger Buchführung der Konzernrechnungslegung zu sein.[485] Analog zum IFRS existiert auch ein DRS zum Thema der immateriellen Vermögenswerte des Anlagevermögens, der DRS 12, welcher sich sehr stark an den Vorgaben des IAS 38 orientiert. So wird die Anlehnung z.B. durch die verwandten Fachbegriffe, wie dem Terminus Vermögenswert im Vergleich zum hrl. Vermögensgegenstand deutlich.[486] Auch die weiteren Definitionen des DRS 12, wie bspw. die sprachliche Differenzierung von FuE-Vorgängen, sind nahezu identisch mit denen aus IAS 38. Aufgrund seiner Relevanz für die Bilanzierung nach hrl. Vorgaben findet dieser DRS

---

[484] Vgl. hierzu auch Abschn. 2.1.1.

[485] Vgl. hierzu z.B. die Anwendungshinweise des DRS 12.

[486] Vermögenswerte sind Vermögensgegenstände u. alle sonstigen aktivierbaren Werte, wie z.B. RAP u. aktive latente Steuern (DRS 12.7). Vgl. auch *Fasselt/Brinkmann* (2004), Rz. 40, *Scheinpflug* (2006), Rz. 111ff. Eine detaillierte Gegenüberstellung von DRS 12 u. IAS 38 findet sich z.B. bei *Langecker/Mühlberger* (2003a), S. 109ff.

im Rahmen der nachfolgenden Ausführungen zur Bilanzierung von FuE-Ausgaben nach HGB ebenfalls Berücksichtigung.[487]

Der Ablauf der hrl. Bilanzierungsprüfung orientiert sich dabei an dem bereits im Kontext des IAS 38 gewählten Musters von Ansatz, Bewertung und Ausweis.

3.3.2.2 Ansatz von Forschungs- und Entwicklungsausgaben als selbst erstellte immaterielle Vermögensgegenstände

Das System der deutschen Rechnungslegung bzw. der GoB unterscheidet im Rahmen der Ansatzprüfung die zwei Stufen der abstrakten und konkreten Aktivierungsfähigkeit. Nach § 246 (1) S. 1 HGB sind alle Vermögensgegenstände, die die **abstrakte Aktivierungsfähigkeit** erfüllen, also selbständig verwertbar sind,[488] in der Bilanz anzusetzen, um den Grundsatz der Vollständigkeit zu erfüllen. Dies gilt allerdings vorbehaltlich der **konkreten Aktivierungsfähigkeit** als zweite Stufe der Ansatzprüfung.[489] Die konkrete Aktivierungsfähigkeit bezieht sich auf spezifische gesetzliche Regelungen zu einzelnen Ausprägungsformen von Vermögensgegenständen. Diese können einen Ansatz von abstrakt aktivierungsfähigen Vermögensgegenständen grundsätzlich mit einem Verbot belegen, ihn freiwillig erlauben oder im Falle von in der ersten Ansatzstufe nicht aktivierungsfähigen Werten, deren Ansatz verbindlich anordnen oder wahlweise ermöglichen.[490]

Im Falle der in dieser Arbeit untersuchten originären immateriellen Vermögensgegenstände des Anlagevermögens existiert eine solche gesetzliche Vorgabe zur konkreten Aktivierungsfähigkeit. Das Handelsrecht differenziert im Zusammenhang mit immateriellen Vermögensgegenständen zunächst analog zum IAS 38 nach der Zugangsart und stellt für den entgeltlichen und unentgeltlichen Erwerb solcher Ressourcen unterschiedliche Ansatzregelungen auf.[491] So ist ein immaterieller Vermögensgegenstand des Anlagevermögens, der nicht aus einem Zugang durch Erwerb von einem Dritten dem Unternehmen zugeht und

---

[487] Auf die Veränderungen i.R.d. BilMoG wird im Folgenden nicht eingegangen. Vgl. hierzu die inhaltlichen Abgrenzungen des Abschn. 1.2.2.2.

[488] Vgl. *Baetge/Kirsch/Tiehle* (2005), S. 156ff., *von Keitz* (1997) S. 31f. Eine Gegenüberstellung der definitorischen Inhalte von IAS 38 u. der Aktivierungskonzeption nach GoB findet sich bei *Baetge/von Keitz* (2006), Rz. 166 m.w.N. Vgl. zur grundlegenden Unschärfe des Begriffs Vermögensgegenstand z.B. *Hennrichs* (2008), S. 538f. m.w.N.

[489] Zur konkreten Aktivierungsfähigkeit s. *Baetge/Kirsch/Thiele* (2007) S. 158ff. od. *von Keitz* (1997), S. 32ff. Vgl. analog im Steuerrecht § 5 (2) EStG. Vgl. hierzu komprimiert *Freidank/Velte* (2007), S. 761f.

[490] Vgl. hierzu *Baetge/von Keitz* (2006), Rz. 165.

[491] Ein unentgeltlicher Erwerb liegt dann vor, wenn der Vermögensgegenstand nicht von einem Dritten erworben wurde. Vgl. hierzu ausf. *Fröschle* (2006), Rz. 9ff., *Adler/Düring/Schmaltz* (1998), Rz. 14ff., *Baetge/Kirsch/Tiehle* (2005), S. 300f.

damit keine marktliche „Objektivierung“ erfahren hat,[492] von dem grundsätzlichen Ansatzverbot des § 248 (2) HGB betroffen.[493] Durch die hier kodifizierte generelle Aktivierungsschranke ist die konkrete Aktivierungsfähigkeit der Werte, zu denen auch die langfristig ausgelegten Ressourcen aus eigener FuE zählen, folglich nicht gegeben. Zusammengefasst sind die Ansatzvorschriften nach HGB in Abb. 14 aufgeführt.

	Anlagevermögen	Umlaufvermögen
Selbst erstellt	**Ansatzverbot**	Ansatzgebot
Entgeltlich erworben	Ansatzgebot	Ansatzgebot

Abb. 14: Hrl. Ansatzvorschriften für immaterielle Vermögensgegenstände.[494]

Diese im Wesentlichen dem Vorsichtsprinzip geschuldete Regelung sorgt jedoch für einen unvollständigen Vermögensausweis in den hrl. Bilanzen.[495] Aus diesem Grunde hat sich der DRSC dem Problem angenommen und im DRS 12 die Abschaffung der generellen Aktivierungsschranke des § 248 (2) HGB de lege ferenda vorgeschlagen. Demnach müssten Entwicklungskosten bei Erfüllung von nahezu identischen Kriterien zu denen aus IAS 38 ebenfalls verpflichtend aktiviert werden.[496]

Die aktuell geltende Gesetzesgrundlage lässt eine Aktivierung von Entwicklungsausgaben jedoch genau dann zu, wenn sie als Weiterentwicklungskosten Bestandteile der Fertigungsgemeinkosten sind. Diese Kostenkomponenten unterliegen nach § 255 (2) S. 3 HGB einem grundsätzlichen Einbeziehungswahlrecht in die Herstellungskosten.[497] Darüber hinaus besteht noch eine weitere Aktivierungschance, wenn die Ausgaben für FuE im Rahmen einer Anschaffung anderer Werte als Nebenkosten dieser entstehen und somit in die Erst-

---

492 Vgl. *von Keitz* (1997), S. 42. Vgl. zur Anschaffung dieser Wertegruppe auch *Ellrott/Brendt* (2006), Rz. 9.

493 Eine analoge Regelung findet sich im Steuerrecht im § 5 (2) EStG. In der geplanten Bilanzrechtsreform sind hier jedoch Änderungen geplant, nach denen Patente u. Know How als immaterielle Vermögensgegenstände zu Aktivposten werden sollen. Vgl. *Steinbeis* (2007), S. 4. Die genaue Ausgestaltung der im Reformentwurf genannten Eckpunkte im Bereich der Aufhebung von § 248 (2) HGB finden sich z.B. bei *Petersen* (2007), S. 9. Siehe auch ausf. *Fülbier/Gassen* (2007), S. 2609f.

494 Quelle: Eigene Darstellung in Anlehnung an *Buchholz* (2004), S. 78 sowie *von Keitz* (1997) S. 33.

495 Vgl. zum unvollständigen Ausweis *Dawo/Heiden* (2001), S. 1716 u. S. 1720, *Baetge/Kirsch/Thiele* (2004a), S. 200. Vgl. auch *Wagenhofer* (2005) S. 580 mit empirischen Ergebnissen. Vgl. auch *Kümpel* (2002), S. 266, *Müller* (2004), S. 396.

496 Vgl. für die Kriterien des DRS 12 ebenda A5 d, für IAS 38 vgl. Abschn. 3.3.1.2.2. Dieser Vorschlag wird im BilMoG aufgegriffen.

497 Vgl. *Ellrott/Brendt (2006),* Rz. 425, *Baetge/Fey/Weber* (2004), Rz. 44.

bewertung zu Anschaffungskosten einbezogen werden müssen (§ 255 (1) S. 2 HGB).[498] Ferner müssen Ausgaben für Modelle, Entwürfe oder ähnliche Entwicklungsvorgänge, welche auf einen spezifischen Auftrag gerichtet sind, diesem als Sondereinzelkosten der Fertigung zugerechnet werden.[499]

3.3.2.3 Bewertung von selbst erstellten immateriellen Vermögensgegenständen

Die generelle Aktivierungsschranke des § 248 (2) HGB für selbst erstellte immaterielle Vermögensgegenstände des Anlagevermögens bewirkt, dass sämtliche Ausgaben im Zusammenhang mit eigener langfristig ausgerichteter FuE keine eigenständige Aktivierungsfähigkeit im HGB zugesprochen wird.[500] Infolgedessen finden Ausgaben dieser Kategorie ihren bilanziellen Niederschlag ausschließlich als Periodenaufwand in der GuV des Anfallszeitraumes. Die Frage der bilanziellen Bewertung stellt sich daher nicht.[501]

Der DRS 12.A9 enthält allerdings – vorbehaltlich einer Gesetzesänderung – den Vorschlag, sämtliche Entwicklungsausgaben im Ansatzzeitpunkt, d.h. ab erstmaliger, kumulativer Erfüllung der Ansatzkriterien, mit ihren Herstellungskosten zu bewerten. Im Rahmen der Folgebewertung sieht der DRS 12 de lege ferenda die Fortschreibung der Herstellungskosten durch eine planmäßige Reduktion um Abschreibungen vor. In Bezug auf die Nutzungsdauer orientiert sich der DRS 12.18 noch an der in IAS 38 (Version 1998) zugrunde gelegten Regelung einer widerlegbaren Vermutung zeitlich begrenzt nutzbarer Ressourcen über maximal 20 Jahre. Im Falle der unbegrenzten unternehmensseitigen Nutzung des Vermögenswertes soll auch nach DRS 12.20 nicht planmäßig abgeschrieben werden. Im Handelsrecht bestehende Wahlrechte bei der Abschreibung, wie z.B. nach § 254, § 253 (4) HGB oder dem für langfristig dem Unternehmen dienenden Anlagevermögen geltenden

---

[498] Vgl. *Fröschle* (2006), Rz. 11, *Baetge/Fey/Weber* (2004), Rz. 22. Vgl. grundlegend u. ausf. zu den Anschaffungsnebenkosten *Ellrott/Brendt* (2006), Rz. 70ff., *Wohlgemuth/Radde* (2002), Rz. 88ff., *Baetge/Kirsch/Tiehle* (2005), S. 196f. Es wird die ausschließliche Einbeziehung von Einzelkosten (Kostenträger-Einzelkosten, d.h. die dem einzelnen Gut unmittelbar zurechenbaren Kosten) betont, wobei die Autoren diese zumindest inhaltlich kritisieren. Relevant nach HGB ist dabei die direkte Zurechnungsmöglichkeit u. nicht die tatsächlich praktizierte kostenrechnungstechnische Zuordnung (unechte GK). Vgl. *Ellrott/Brendt* (2006), Rz. 346.

[499] Vgl. § 255 (2) S. 2 HGB. Vgl. auch *Baetge/Kirsch/Thiele* (2007), S. 203.

[500] Erneut der Hinweis auf die geplanten Änderungen im Rahmen des BilMoG. Nach dem Entwurf des BilMoG sind Forschungsausgaben im § 255 (2) HGB n.F. explizit in Analogie zum IAS 38 von der Aktivierung ausgenommen. Vgl. hierzu weitergehend *Fülbier/Gassen* (2007), S. 2609f.

[501] Lediglich, wenn es bei den FuE-Aufwendungen um eine hier nicht untersuchte Auftragsforschung geht, werden die geschaffenen Werte dem Umlaufvermögen zugeordnet u. unterliegen daher nicht mehr dem Ansatzverbot aus § 248 (2) HGB. Je nach Bezug zum Herstellungszeitraum können dann die Einzel- u. Gemeinkostenumfänge in die Herstellungskosten bspw. als Sondereinzelkosten der Fertigung eingehen. Vgl. hierzu ausf. u. im Vergleich zum IFRS *Fischer/Neubeck* (2005), S. 217ff.

gemilderten Niederstwertprinzip aus § 253 (2) S. 3 HGB finden im DRS 12 de lege ferenda keine Anwendung.[502] Vor dem Hintergrund der diesen Ressourcen inhärenten Komplexität und Unsicherheit in ihrer bilanziellen Abbildung sorgt die grundlegende Einschränkung der hrl. Abschreibungswahlrechte für eine striktere Bewertung.

3.3.2.4 Ausweis und Angabepflichten von Forschungs- und Entwicklungsausgaben

Die Ausweis- und Angabepflichten von FuE-Aufwendungen sind im deutschen Rechnungswesen sehr gering.[503] Im Wesentlichen beschränkt sich die Berichtspflicht über diese Wertekategorie auf den gleichnamigen Teil des Lageberichts, den FuE-Bericht.[504] Da sich die Ausgaben de lege lata nicht in der Bilanz niederschlagen, sind die FuE-Aufwendungen in der GuV der Periode die einzig verpflichtend vorgeschriebenen Anhaltspunkte für den quantitativen Umfang der FuE-Tätigkeiten. Hierbei tritt jedoch das Problem zu Tage, dass eine Aufwandskategorie für FuE-Ausgaben nicht explizit bzw. gesondert in der GuV-Gliederung des § 275 (2) oder (3) HGB aufgeführt ist.[505] Vorbehaltlich der vom DRS 12 vorgeschlagenen Gesetzesänderung,[506] wäre der Ausweis von Entwicklungskosten unter § 266 HGB Abs. 2 A.I – den immateriellen Vermögensgegenständen im Anlagevermögen – in Form einer neuen Wertklasse zu subsumieren. Der DRS 12 de lege ferenda enthält zur Fragestellung eines möglichen Ausweises in der Bilanz keine Vorgaben.[507]

Im DRS 12.31 werden jedoch die Summe der Periodenaufwendungen für FuE als Pflichtangabe gefordert sowie die Empfehlung ausgesprochen, weitergehende Informationen zu nicht aktivierten immateriellen Vermögenswerten zu veröffentlichen.[508] Im Zuge der zusätzlichen Bereitstellung von Informationen speziell über das immaterielle Vermögen eines Unternehmens wird z.B. eine Berichterstattung in Form eines „Intellectual Capital State-

---

[502] Vgl. zur Einschränkung von Wahlrechten die grundsätzlichen Anmerkungen im DRS 12.

[503] Für eine Gegenüberstellung der Pflichtangaben von HGB u. IAS 38 s. *Baetge/von Keitz* (2006), Rz. 194.

[504] § 289 (2) Nr. 3 bzw. 315 (2) Nr. 3 HGB. Vgl. zum Bericht über FuE als Teil der hrl. Lageberichterstattung *Baetge/Kirsch/Tiehle* (2005), S. 822ff.

[505] Ausnahme ist die nach § 265 (5) HGB zulässige Erweiterung der GuV-Gliederung.

[506] Bzw. bei Umsetzung der geplanten Änderungen aus dem BilMoG.

[507] Zu den Anhangangaben aufgrund von Empfehlungen des DSR siehe z.B. die komprimierte Darstellung in *Baetge/Kirsch/Tiehle* (2005), S. 787.

[508] Vgl. DRS 12.32.

ments“ angeregt.[509] In der hierbei entwickelten Kategorisierung substanzloser Werte finden die Ressourcen aus FuE-Ausgaben ihre Zuordnung im Bereich des „Innovation Capital“.[510]

Mit dieser Darstellung des Ausweises endet der Abschnitt zur Bilanzierung von FuE-Ausgaben. Gleichzeitig schließt hier auch das Kapitel 3. Im Folgenden werden das Forschungsdesign zur Beantwortung der Forschungsfrage sowie die Ergebnisse erläutert.

---

[509] Vgl. ausf. zur freiwilligen Berichterstattung über immaterielle Werte *Arbeitskreis "Immaterielle Werte im Rechnungswesen" der Schmalenbach-Gesellschaft für Betriebswirtschaft e.V.* (2003), S. 1233ff. Vgl. auch *Baetge/Kirsch/Thiele* (2004a), S. 201ff. m.w.N. Eine aktuelle empirische Erhebung zur Anwendung des Intellectual Capital Reporting im deutschen Prime Standard findet sich bei *Hager* (2007), s. 212ff.

[510] Vgl. DRS 12.33f. Zur Kategorisierung des intellektuellen Kapitals vgl. ausf. *Arbeitskreis "Immaterielle Werte im Rechnungswesen" der Schmalenbach-Gesellschaft für Betriebswirtschaft e.V.* (2001), S. 990f., *Baetge/Kirsch/Thiele* (2004a), S. 201ff.

4 Forschungskonzept und Ergebnisse der speziellen Auswirkungen der Harmonisierung internationaler Rechnungslegung auf das Controlling von Forschung und Entwicklung

4.1 Forschungskonzept

4.1.1 Forschungsfragen

Als Auslöser für nachhaltige Veränderungen im Controlling zeigt bereits Abschn. 1.1 die neue Dominanz und Verbindlichkeit der IFRS auf und begründet damit Forschungsbedarf. Dabei sind das grundsätzlich neue „Ausloten“ des zusammenwachsenden Rechnungswesens und die neue Informationsversorgungsaufgabe des Controllers zentrale Wirkungen. Die im Rahmen der vorliegenden Arbeit untersuchte Forschungsfrage beleuchtet diese Thematik unter Fokussierung auf den FuE-Bereich, welcher elementaren Veränderungen in der Rechnungslegung unterworfen ist und sich gleichzeitig durch ein im Controllingobjekt begründetes, hochkomplexes Chancen-Risiken-Profil auszeichnet. Mit Blick auf die vielfältigen Spannungsfelder im FuE-Controlling erforscht die an der FuE-bezogenen Schnittstelle des Rechnungswesens angesiedelte Untersuchung explorativ die Effekte der auf Informationsvermittlung zielenden und ökonomisch geprägten IFRS.[511] Zur initialen Aufdeckung der konkreten Wirkungen im FuE-Controlling sowie verbundener Möglichkeiten und Grenzen aus der „Informationskombination“ werden die folgenden **zwei Fragenkomplexe** untersucht:[512]

⇨ *Wie unterstützt das Controlling die Bilanzierung von FuE nach IAS 38?*

1. *Welche Aufgaben erfüllte es?*
2. *Welche Informationen werden hierfür benötigt, verwendet und ggf. neu generiert?*

Dies beinhaltet sämtliche aus IAS 38 ableitbaren Informationsanforderungen durch Ansatz, Bewertung und Ausweis originärer immaterieller Vermögenswerte und ihre unternehmensspezifische bzw. controllingseitige Umsetzung.

⇨ *Welche zusätzlichen Wirkungen und Veränderungen resultieren im FuE-Controlling aus der untersuchten Bilanzierungsnorm?*

---

[511] Vgl. Abschn. 1.1.2 und Abschn. 3.2.
[512] Vgl. Abschn. 1.2.1.

1. *Welches weitergehende Potential bieten die durch das Controlling bereitzustellenden Informationen und wie werden diese (bzw. könnten diese) im Controlling genutzt (werden)?*
2. *Welche neuen Schwierigkeiten birgt die Umsetzung der Norm im FuE-Controlling und wie werde diese in der Praxis gelöst (bzw. wie können Lösungsmöglichkeiten aussehen)?*

In diesem Fragenkomplex werden aufbauend auf der Exploration der unmittelbaren Aufgaben- und Informationswirkungen sämtliche im Kontext auftretenden Veränderungen (wie z.B. Anpassungs- und Erweiterungsbedarfe) vor dem Hintergrund eines „Folgenutzens" (bzw. „Folgeproblemen") für das Controlling hinterfragt. Die „Eignungsprüfung" der neuen Bilanzierungsinformationen und ihrer Implementierung für Controllingzwecke untersucht praktische und denkbare Optimierungs- und Synergiepotentiale aus geeigneten Kombinationsmöglichkeiten. Neben der Suche nach sich bietenden Rationalisierungs- und Verbesserungskonzepten werden Probleme und Grenzen im FuE-Controlling erfragt sowie Lösungsmöglichkeiten analysiert.

Die hier konkretisierten Forschungsfragen und ihre inhaltlichen Erläuterungen korrespondieren direkt mit dem zu ihrer Beantwortung entworfenen Erhebungskonzept. Aufgrund dieser unmittelbaren Verknüpfung des **Interviewleitfadens** mit den aufgeworfenen zwei Fragenkomplexen wird der im Rahmen der empirischen Datenerhebung eingesetzte Fragenkatalog bereits an dieser Stelle inhaltlich vorgestellt.

Der Interviewleitfaden ist in vier Blöcke eingeteilt.[513] Als einleitende Situations- und Bestandsaufnahme erfragt der erste Block grundlegende Strukturen und Gegebenheiten im jeweiligen Unternehmen bzw. relevanten Unternehmensbereich und befasst sich mit den Aufgaben, Problemen und Herausforderungen des Interviewpartners. Im Anschluss daran ermittelt Block zwei des Interviewleitfadens unter direktem Rückgriff auf die Rechnungslegungsvorschrift des IAS 38 die konkrete „Handhabung" der dort geforderten Informationen im betreffenden Unternehmen. Hierbei werden eingangs in offener Form allgemein beobachtete Veränderungen abgefragt und anschließend detailliert die einzelnen Punkte aus Ansatz und Bewertung der untersuchten FuE-Ausgaben „abgearbeitet". Die sich anschließenden Blöcke drei und vier bauen darauf auf, wobei ein stärkeres Ineinandergreifen der hier gestellten Fragen mit dem zweiten Fragenkomplex der Untersuchung angestrebt ist. Block drei leitet von der formal geprägten Informationsbetrachtung über auf die „In-

[513] Insgesamt wurden zwei differenzierte Fragenkataloge eingesetzt, von denen aufgrund des in dieser Arbeit dominierenden Anteils der Unternehmensinterviews nur der hierfür verwendete ausführlich erläutert wird. Die vollständigen Interviewleitfäden sowohl für die Unternehmensgruppe als auch für die Wirtschaftsprüfer sind im Anhang aufgeführt.

formationskonvergenz", indem die Bilanzierungsinformationen und ihre Implikationen eingehender aus Controllingsicht hinterfragt werden. Die hier enthaltenen Fragen dienen der Erhellung der praktischen Informationsgenerierung bzw. der Beantwortung differenzierter Fragen bezüglich der in der Controllingverantwortung liegenden Informationsmengen und -flüsse (vgl. Abb. 15).

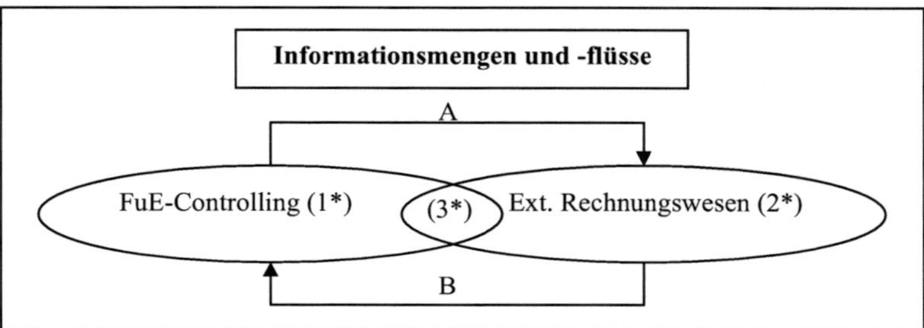

Abb. 15: Informationsmengen und -flüsse im Rahmen der „Informationskonvergenz".[514]

Den Abschluss des Interviewleitfadens bilden die offenen Fragestellungen des vierten Blocks zu weiter beobachteten Auswirkungen der Untersuchungsteilnehmer im FuE-Controlling. Dabei wird sowohl sehr allgemein nach Veränderungen gefragt als auch konkret nach der Beurteilung der Zusatzarbeit/-informationen durch die neue Rechtsnorm. Außerdem werden der Stellenwert der IFRS-Informationen im Unternehmen sowie die Schnittstellenveränderungen thematisiert. Über die abschießende offene Frage zur Vollständigkeit der Untersuchung konnten an dieser Stelle gleichzeitig auch spezifisch in einem Unternehmen aufgetretene (Sonder-) Effekte einfließen.

Nachdem die Forschungsfragen konkretisiert sowie der zur Beantwortung ebendieser eingesetzte Interviewleitfaden erläutert wurde, folgt die detaillierte Darstellung der Forschungsmethodik sowie der konkreten Vorgehensweise, auf dessen Basis die Forschungsergebnisse dieser Arbeit erzielt wurden.

---

[514] Quelle: Eigene Darstellung. Vgl. hierzu detailliert die im Anhang enthaltenen Interviewleitfäden.

4.1.2 Forschungsmethodik und Vorgehensweise

4.1.2.1 Auswahl eines geeigneten Forschungsdesigns

„A research design is the logic that links the data to be collected (and the conclusions to be drawn) to the initial questions of study.“[515] Die Wahl eines geeigneten Forschungsdesigns orientiert sich daher im Wesentlichen an Untersuchungsgegenstand und -ziel. Es beinhaltet zum einen die Forschungsstrategie (Forschungsablauf) und zum anderen die Forschungsmethode(n) (eingesetzte Instrumente), anhand derer die Beantwortung der Forschungsfrage erfolgen soll.[516]

Zu Beginn wird dabei in einem ersten Schritt der themenbezogene wissenschaftliche Erkenntnisstand sowie die korrespondierende Forschungsphase auf Basis der bereits bestehenden Literatur mittels Sekundärforschung analysiert. In Abhängigkeit der konkreten Forschungsfrage und damit letztlich auch des wissenschaftlichen Entwicklungsstandes der Thematik wird die Entscheidung für eine qualitative oder quantitative Forschungsmethodik getroffen bzw. eine Kombination aus beiden Ansätzen. In diese Überlegungen spielt auch das wissenschaftliche Forschungsziel als Einflussfaktor eine Rolle, wie etwa, ob eine Theorie entwickelt, ein neues Muster aufgrund der Forschung erkannt werden soll, oder ob bestehendes Wissen und Erkenntnisse im Wege der Untersuchung unter spezifischen Umweltbedingungen gestestet werden sollen.

Das Untersuchungsfeld dieser Dissertation befindet sich in einer frühen wissenschaftlichen Erkenntnisphase.[517] Allgemein wurden die Auswirkungen der Rechnungslegung auf das Controlling bereits untersucht, aber eine Fokussierung auf konkrete Funktionsbereiche, wie sie im Rahmen dieser Arbeit im Kontext der Forschung und Entwicklung erfolgt, fehlt bisher gänzlich.[518] Die hierbei zugrunde liegende **Forschungsfragestellung** erfordert folglich eine offene, sensible und flexible Vorgehensweise, wie sie die **qualitativen Forschungs-**

---

[515] *Yin* (2003), S. 19.
[516] Vgl. *Möller* (2005), S. 161 m.w.N.
[517] Vgl. hierzu die Ausführungen zum Stand der Literatur in Abschn. 1.1.2.
[518] Vgl. hierzu auch die Ausführungen im Abschn. 1.1.2.

ansätze bieten.[519] Diese nicht direkt quantifizierenden Verfahren ermöglichen es, mittels einer explorativen Bestandsaufnahme der verschiedenen Merkmale und Zusammenhänge des Untersuchungsgegenstandes praktische Anpassungs- und Veränderungswirkungen holistisch zu erforschen, detailliert zu analysieren sowie mögliche Einfluss- oder Kontextvariablen zu erkennen.[520]

Die Durchführung der empirisch-qualitativen Forschung erfolgt mit Blick auf die grundsätzliche „Praxisdisziplin BWL“ als **Feldforschung,** d.h. in Form einer Untersuchung der Forschungsfrage bzw. Forschungsobjekte in ihrer „natürlichen“ Umgebung. Hierdurch können die Charakteristiken komplexer Vorgänge und Management Prozesse ganzheitlich im Organisationskontext beleuchten werden. Dieses Vorgehen ist insbesondere zur Erhellung des vorliegenden Forschungsprojektes sinnvoll, da die Grenzen zwischen Wirkungen und Kontext noch nicht klar erkennbar sind.[521] Weiter handelt es sich bei dieser Forschungsarbeit um eine **Querschnittsstudie**, da keine Vergleiche der Forschungsergebnisse über einen längeren Zeitraum erfolgen.

Aufgrund der hier vorliegenden Eingangsforschung kann nicht unmittelbar auf bestehende Theoriekonzepte zurückgegriffen werden. Stattdessen wird zur initialen Aufhellung und Strukturierung des Untersuchungsfeldes ein hierfür angemessenes, explorativ ausgelegtes, mehrstufiges Forschungsdesign gewählt, welches von theoriegeleiteten Vorüberlegungen gestützt wird.[522] Insgesamt basiert die Arbeit auf einem **Methoden-Mix**, bei dem eine Kombination aus **empirisch-qualitativer Datenerhebung im Feld** und **theoretisch-analytischer Sekundärforschung** angewendet wird.

---

[519] „Die zentrale Stärke qualitativer Verfahren liegt [...] in der Exploration von theoretisch noch wenig durchdrungenen Zusammenhängen.“ *Möller* (2005), S. 170. Daher ermöglichen bzw. erfordern qualitative Untersuchungen im Gegensatz zu den quantitativen Methoden eine flexible Schärfung der Forschungszielsetzungen im Forschungsprozess, welches aufgrund der hier vorliegenden Eingangsforschung eine wichtige Eigenschaft darstellt. Vgl. zur inhärenten Flexibilität qualitativer Forschung auch *Miles/Hubermann* (1994), S. 10. Die zentralen Prinzipien qual. Sozialforschung sind nach Lamnek: „Offenheit, Forschung als Kommunikation, Prozesscharakter von Forschung und Gegenstand, Reflexivität von Gegenstand und Analyse, Explikation und Flexibilität“. *Lamnek* (2005), S. 20f. detailliert ebenda ab S. 21ff. Eine Gegenüberstellung qual. u. quant. Forschungsmethoden findet sich z.B. bei *Flick* (2006), S. 32ff. od. *Kelle/Erzberger* (2004), S. 172ff.

[520] Vgl. *Creswell* (2006), S. 22.

[521] Vgl. *Yin* (2003), S. 2. Nach Yin ist die Strategie der Feldstudie besonders geeignet, wenn „a ‚how' or ‚why' question is being asked about a contemporary set of events, over which the investigator has little or no control“. *Yin* (2003), S. 9.

[522] Vgl. zur hier einschlägigen induktiven Herleitung neuer Theorien auf Basis empirischer Daten die Ausführungen zur „Grounded Theory“ bei *Lamnek* (2005), S. 100ff. insb. S. 108, ausf. *Strauss/Corbin* (1998), S. 158ff. od. komprimiert *Silverman* (2005), S. 78ff., *Corbin/Strauss* (1990), S. 5ff. Vgl. zur Verbindung zw. Theorie u. Praxis überblicksartig *Bryman/Bell* (2003), S. 285.

In einem **ersten Schritt** erfolgt **eine wissenschaftliche Analyse bestehender Literatur und Dokumente** der Bereiche der Bilanzierung von FuE nach IAS 38 und des FuE-Controllings auf Synergiepotentiale und mögliche Schnittmengen. Dabei werden auch die allgemeinen Beobachtungen der Konvergenz von internem und externem Rechnungswesen sowie die bereits für den Controllingbereich insgesamt untersuchten Einflüsse der IFRS einbezogen.[523] Bei dieser Auswertung bestehender Quellen, wie z.B. empirischer Studien oder wissenschaftlicher Beiträge aus der fokussierten Untersuchungsperspektive, wird eine erste Aufbereitung, Strukturierung sowie Problem- und Potentialanalyse erfolgen.[524]

Bei der gewählten, **empirisch** ausgerichteten **Forschungsstrategie** fließen die Ergebnisse dieser theoretischen Betrachtung in die **qualitative Datenerhebung** ein. Primär kommen hierbei als gängige **Methoden Interviews und Dokumentenanalysen** zur Anwendung,[525] wobei die Interviews im Rahmen der Untersuchung als zentrale Daten- und Erkenntnisquelle fungieren. Konsequent gestützt und begleitet wird die Datengenerierung von den Auswertungen wissenschaftlicher Texte und Dokumente vor, während und nach den einzelnen Interviews. Die Methodenverknüpfung erfolgt dabei konkret über die Entwicklung des Interviewleitfadens auf Basis des theoretischen Vorverständnisses und der kontextbezogenen Beurteilung sowie der iterativen Datenauswertung.[526]

Da die Datengenerierung mittels Interviews ein weites Feld an Fragen zur Erhellung innerer Strukturen ermöglicht, ist diese kommunikativ-interaktive Erhebungsform vorteilhaft und besonders geeignet zur Charakterisierung bisher wenig erforschter Gebiete. Darüber hinaus besitzt das Datenerhebungsinstrument eine ihm inhärente charakteristische Flexibilität, die es dem Forscher bei Erkenntnisinteresse ermöglicht, im persönlichen Gespräch auf situativ angebotene Informationen einzugehen.[527] Gleichzeitig eröffnet es dem Befragten Gestaltungsmöglichkeiten in seinen Antworten, um seine eigenen Relevanzsysteme, Gedanken, Erfahrungen und Kenntnisse individuell herauszustellen.[528] Im Gegensatz zu anderen Erhebungstechniken können beim persönlichen Interview Missverständnisse oder

---

523 Die grundlegenden Auswirkungen der Harmonisierung im Controlling finden sich in Abschn. 2.5.

524 Vgl. zur begleitenden Dokumentenanalyse z.B. *Marshall/Rossmann* (2006), S. 107ff.

525 Vgl. *Bryman/Bell* (2003), S. 281f., *Miles/Hubermann* (1994), S. 9.

526 Nach der Interviewgruppierung von Lamnek handelt es sich damit um ein problemzentriertes Interview. Vgl. *Lamnek* (2005), S. 363ff. Auf die Methodenverknüpfung geht Abschn. 4.1.2.4 näher ein.

527 „Creative approaches are those that are situationally responsive and appropriate, credible to primary intended users, and effective in opening up new understandings." *Patton* (2005), S. 400.

528 Die (Gestaltungs-) Freiheit steht in Konflikt zu einer strukturierten Datengenerierung. Sie kann vom Interviewer je nach Struktur des Interviews teilweise begrenzt werden u. dennoch situativ im Interview flexibel gehandhabt werden. Vgl. zur Flexibilität qual. Forschung *Lamnek* (2005), S. 25f. Siehe zu den Standardisierungsformen u. deren Implikationen qual. Interviews grundlegend S. 334ff.

definitorische Probleme unmittelbar während des Gesprächs geklärt werden und Antworten auch über ein im Vorfeld erwartetes Spektrum hinaus offen erfasst, analysiert und ggf. tiefer gehend diskutiert werden.

Bei der Datengenerierung mittels Interview werden verschiedene methodische Strukturierungsformen unterschieden.[529] Unter Berücksichtigung der Forschungsziele wurde im Rahmen dieser Arbeit das **semi-strukturierte Interview** gewählt. Dabei wird ein Interviewleitfaden mit offenen Fragestellungen entwickelt und dem Interview zugrunde gelegt. Dieser dient der Organisation und Strukturierung, ermöglicht aber gleichzeitig, quasi als „*deduktiv-induktives Wechselspiel*“[530], eine individuelle theoretische Produktion bzw. Modifizierung in Abhängigkeit vom Erkenntnisstand des Informanten und den spezifischen Gegebenheiten im Unternehmen.[531] Im Ergebnis geht die sprachliche Erhebung von Bedeutungsstrukturen über eine vorab entwickelte Wirklichkeitsdefinition deutlich hinaus.[532]

Zusammenfassend ermöglicht das vorliegende explorative Forschungskonzept also eine mehrstufige Kombination von theoretisch geleiteter Deduktion und empirisch basierter Induktion.

Abschließend soll das hier gewählte Forschungsdesign noch einmal anhand einer tabellarischen Zuordnung nach *Ahrens/Chapman* (2007) dargestellt werden (Tab. 4).

Concept	*Meaning*	*Relevance*	*Forschungsdesign dieser Arbeit*
Theory	A set of explanatory concepts	Useful for addressing the research question	Aufgrund der **Eingangsforschung** nur sehr eingeschränkter Rückgriff auf bestehende Theorie/Literatur möglich. Daher induktive Ableitung neuer Theorien aus dem Feld (**Grounded Theory**)[533]
Domain	A space in which data is collected	Useful for addressing the research question	**Feld**: FuE-Intensive Unternehmen (Controller, FuE'ler und Rele) & WP'ler als externe Fachleute; **Querschnittsbetrachtung** (ein Zeitpunkt, nicht Langzeitbeobachtung)
Methodology	A general approach to studying research topics	Useful for addressing the research question	**Qualitative** Forschungsmethodik

[529] Einen komprimierten Überblick zur qualitativen Datenerhebung via Interview vermittelt z.B. *Bitsch* (2001), S. 127ff. Ausf. z.B. bei *Lamnek* (2005), S. 329ff. od. *Patton* (2005), S. 339ff.

[530] *Bramann* (2004), S. 41. Vgl. hierzu auch die Ausführungen zur zirkulären Datenauswertung im Abschn. 4.1.2.4.

[531] Vgl. zu dieser methodisch-analytischen Vorgehensweise die Ablaufbeschreibung eines problemzentrierten Interviews nach *Lamnek* (2005), S. 364. Komprimiert definiert dieser den Interviewtyp auf S. 382 wie folgt: „Im problemzentrierten Interview ist der Forscher schon vor dem Interview mit einem theoretischen Konzept ausgestattet. Diese theoretischen Vorstellungen werden durch das Interview mit der sozialen Realität konfrontiert, plausibilisiert od. modifiziert.“

[532] Vgl. *Lamnek* (2005), S. 348f.

[533] Vgl. zur Grounded Theory nach Glaser u. Strauss *Lamnek* (2005), S. 100ff.

Hypothesis	A testable proposition	Validity	**Hypothesengenerierung** im Bereich der Beziehung/ Schnittmenge von FuE-Controlling und Bilanzierung von FuE nach IAS 38
Method	A specific research technique	Fit with theory, hypothesis, methodology, and domain	Überwiegend **Experteninterviews**, Dokumentenanalyse und ggf. Beobachtungen

Tab. 4: Graphische Zusammenfassung des Forschungsdesigns.[534]

4.1.2.2 Interviewpartner und Sampleauswahl

Zentraler Einflussfaktor bei der Datenerhebung via Interview ist der Interviewpartner. Durch ihn und seine Informationen, Erfahrungen und Sichtweisen wird die Qualität der Studie maßgeblich beeinflusst. Dies gilt besonders im Rahmen der vorliegenden Arbeit, deren primäre Daten- und Erkenntnisquelle das Interview ist.

Allgemein erfolgt bei dieser Form der Datenerhebung eine Klassifizierung anhand der Beziehung zwischen Forscher und Interviewpartner, nach der die hier durchgeführten Interviews in die Gruppe der Experteninterviews fallen.[535] Die Untersuchungsteilnehmer zeichnen sich dabei durch besondere Kenntnisse im Untersuchungsfeld aus. Für die vorliegende Arbeit wurden FuE-Controller, Verantwortliche im Bereich Rechnungswesen/Konzernbilanzen sowie Spezialisten und Verantwortliche in FuE interviewt.

Neben den unternehmens- und funktionsbezogenen Interviews sollte eine weitere Perspektive in die Datengenerierung und Charakterisierung des Forschungsthemas einbezogen werden. Zu diesem Zwecke wurden im Rahmen der Studie auch Wirtschaftsprüfer (WP) interviewt, die aufgrund Ihrer Erfahrungen in der praktischen Umsetzung und Handhabung der Rechnungslegungsvorschrift als externe Experten spezifische Einblicke und Hintergrundwissen einbringen konnten. Mittels eines speziellen Interviewleitfadens wurde der diese Zielgruppe kennzeichnende, unternehmens- und branchenübergreifende Erfahrungsschatz kombiniert mit der fundierten Kenntnis der Rechnungslegung in die Forschung einbezogen.[536]

[534] Quelle: Eigene Darstellung in Anlehnung an *Ahrens/Chapman* (2007), S. 301.

[535] Für eine Auseinandersetzung mit der Abgrenzung des Begriffs „Experten" in diesem Kontext siehe z.B. *Meuser/Nagel* (1991), S. 442ff., *Pfadenhauer* (2002), S. 122ff. Vgl. zur soz.-wiss. Erhebungsmethode des leitfadengestützten Experteninterviews *Gläser/Laudel* (2004), S. 107ff., *Flick* (2006), S. 165.

[536] Die vollständigen Fragebögen beider Gruppen sind im Anhang abgebildet. Aufbau und Inhalt werden im Abschn. 4.1.1 im Zusammenhang mit der Forschungsfrage erläutert.

Die Kombination beider Blickrichtungen bietet durch ihre Mehrdimensionalität einen wesentlichen Erkenntniszuwachs, wobei der Schwerpunkt der Befragung mit Blick auf den Untersuchungsfokus sowie die Zielsetzungen bei der ersten Teilnehmergruppe, den Unternehmen, lag.

Vor dem Hintergrund des branchenunabhängig anzuwendenden IAS 38 und dem Kontext der Themenstellung erfolgen die Interviews in Form einer **branchenübergreifenden Feldstudie**. Allerdings wird hierbei aufgrund der Themenstellung die Einschränkung auf Unternehmen getroffen, die erhebliche Ausgaben im FuE-Bereich tätigen. Darüber hinaus wird eine geographische Begrenzung auf Unternehmungen mit Sitz in Deutschland vorgenommen. Vor dem Hintergrund der parallelen Bilanzierung nach HGB und der vormals klassischen Zweiteilung des Rechnungswesens ist diese Eingrenzung sinnvoll, um insgesamt eine Vergleichbarkeit der Datenbasis zu gewährleisten.[537]

Die **Auswahl des Untersuchungssamples** erfolgt dabei anhand des folgenden Schemas (vgl. Abb. 16).

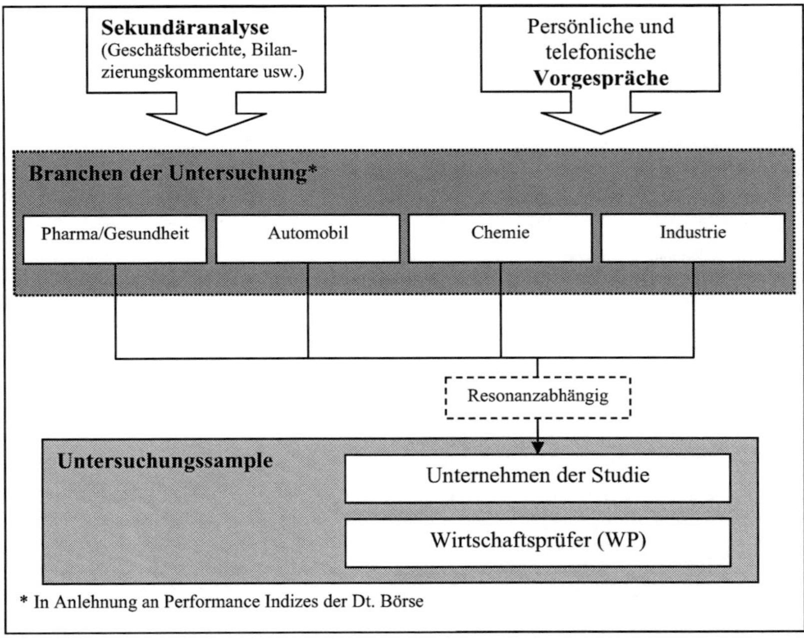

Abb. 16: Auswahl des Untersuchungssamples.[538]

[537] Auf die Beschaffenheit des Rechnungswesens wird im Kapitel zwei näher eingegangen.
[538] Quelle: Eigene Darstellung.

Zunächst wurde der Kreis der **Branchen** festgelegt, die für diese Themenstellung besonders geeignet erschienen und im Rahmen dieser Dissertation untersucht werden sollten. Hierbei zeigten sich im Wege einer Geschäftsberichtsanalyse und spezifischer Sekundärliteratur (u.a. Bilanzierungskommentare) sowie in einigen persönlichen und telefonischen Vorgesprächen zu den Interviews bzw. direkt in den Interviews der Vorstudie die folgenden Industriebereiche für den Untersuchungsfokus als viel versprechend:[539] **Chemie, Pharma/Gesundheit, Automobil** und **Industrie**. Diese Branchen betreiben in hohem Maße originäre FuE.[540] Darüber hinaus sind die Abbildung dieser Tätigkeiten in der Bilanz sowie die Forschungstätigkeit an sich sehr verschieden.[541] Diese Heterogenität eignet sich besonders, um vor dem Hintergrund der Untersuchungsfragen valide Aussagen zu überindividuellen Ergebnissen, Einflussfaktoren und Anpassungs- und Veränderungsnotwendigkeiten treffen zu können. Die genaue inhaltliche Abgrenzung der diesen Untersuchungsbereichen zugeordneten Unternehmen lehnt sich an die Vorgehensweise der Deutschen Börse in ihren gleichnamigen Performance Indizes an. Über dieses Auswahlverfahren der Interviewteilnehmer konnte gleichzeitig sichergestellt werden, dass die Interviewunternehmen im Sample die Voraussetzungen der Rechnungslegung nach IFRS erfüllen, da sie in jedem Fall börsennotiert und damit kapitalmarktorientiert sind. Innerhalb der Indizes erfolgte die Unternehmensauswahl für die Interviewgespräche dann anhand der individuellen Resonanz auf die Interviewanfrage.

Aufgrund der hohen Arbeitsbelastung des adressierten Personenkreises mussten Einschränkungen in der Interviewdauer und eine von vornherein nicht repräsentative Auswahl für die untersuchten Branchen akzeptiert werden, sodass die Zielsetzung ein „convenience sample" war.[542]

---

[539] Vielversprechend waren dieser Industriegruppen, da sie in relevantem Umfang FuE betreiben und die fokussierte IFRS-Norm in den Bilanzen deutliches Gewicht hat (sprich Entwicklungskosten in maßgeblichem Umfang aktiviert werden).

[540] Dies geht z.B. aus dem Bundesbericht Forschung hervor. Vgl. *BMBF* (2006), S. 8. Vgl. zu den forschungsintensiven Industrien auch *BMBF* (2007), S. 27. Eine ähnliche Branchenauswahl findet sich z.B. bei *Brockhoff* (1993b), S. 646, in der emp. die Erfolgsbeurteilung von FuE-Projekten untersucht wurde. Namhafte Unternehmen dieser Branchen, die auch in dieser Arbeit interviewt wurden, gehören zu den dt. Konzernen der Top 100 Innovationsunternehmen. Vgl. *Goldbrunner* (2006), S. 32. Vgl. zur bes. Relevanz der Untersuchungsbranchen im FuE Kontext die aktuelle Studie von *Hager* (2007), S. 205ff.

[541] Dies zeigt sich etwa in unterschiedlichen Relationen der FuE-Aufwendungen zum Umsatz, in den verschiedenen technologischen Entwicklungsarten sowie in variierenden Zukunftsorientierungen im FuE-Bereich. Vgl. für eine analoge Begründung *Brockhoff* (1989), S. 30ff.

[542] Vgl. *Brockhoff* (1989), S. 30. Vgl. hierzu auch die Ausführungen im Abschn. 4.1.3.

4.1.2.3 Durchführung der Datenerhebung

Die Datengenerierung mittels halbstrukturierter Interviews erfolgte in Form eines zweistufigen Erhebungsprozesses.

In einem ersten Schritt wurde der theoretisch entwickelte Interviewleitfaden in Form eines dialogischen Vorgehens mittels Pre-Tests auf Vollständigkeit, Anwendbarkeit sowie Redundanzen geprüft. Hierbei konnten die in der Praxis bei der Untersuchungsthematik relevanten Kernbereiche und Fragestellungen und ggf. weitere interessante Teilgebiete und Einflussfaktoren identifiziert werden. Darüber hinaus wurden die Ergebnisse dieser Vorstudie zur Fokussierung und Weiterentwicklung des Interviewleitfadens für die sich anschließende Hauptstudie verwendet.[543]

In beiden Phasen wurden den Interviewteilnehmern die Fragen im Vorfeld des Interviews zugesandt, um – falls gewünscht – eine „Vorbereitung“ dieser zu ermöglichen. Die Nachteile einer möglichen (verzerrenden) Beeinflussung oder suggestiven Lenkung wurden durch die Vorteile dieser Vorgehensweise im Untersuchungskontext überkompensiert. Der besonders detaillierte und umfangreiche Fragenkatalog barg das Problem des für sämtliche Untersuchungsfragen geeigneten Ansprechpartners in den Unternehmen. Über das hier gewählte Vorgehen konnte zum Teil beobachtet werden, dass durch die initiativ angesprochenen Interviewpartner weitere Spezialisten zu dem Interview eingeladen wurden, die in bestimmten Themenkreisen des Leitfadens Kompetenzträger und Verantwortliche in der jeweiligen Unternehmensorganisation waren. Hierdurch konnten wertvolle Einblicke gewonnen werden und spezifisches Detailwissen in die Untersuchung einbezogen werden. Darüber hinaus zeigte sich, dass aufgrund der Kenntnis der Fragestellungen aussagekräftige unternehmensbezogenen Dokumente im Vorfeld des Termins zusammengestellt wurden, um diese im Rahmen des Interviews zur Argumentation und Veranschaulichung bestimmter Sachverhalte einsetzen zu können. Im Anschluss wurden diese Unterlagen zum Teil ausgehändigt und stellten so einen wichtigen Teil des qualitativen, dokumentgebundenen Datenmaterials dar.

Der eingesetzte semi-strukturierte Interviewleitfaden war insbesondere zu Beginn sehr allgemein gehalten. Dies diente zur grundlegenden Darstellung der individuellen Unternehmenssituation sowie zur Identifizierung möglicher neuer Aspekte oder Zusammenhän-

---

[543] Die hier angewandte praxisorientierte Induktion findet ihren methodischen Ursprung in der Grounded Theory. Vgl. *Lamnek* (2005), S. 100ff od. *Corbin/Holt* (2005), S. 49ff. Vgl. auch Abschn. 4.1.2.1.

ge wie z.B. Kontext- oder Einflussfaktoren der Forschungsthematik. Erst im Verlauf der Befragung wurden die Fragen konkreter. Dabei wurden z.B. detaillierte Rechnungslegungsvorgaben und deren unternehmensbezogene Operationalisierung hinterfragt sowie als besonders interessante Untersuchungsbereiche identifizierte Fragestellungen aus dem theoretisch-analytischen Teil der Arbeit aufgegriffen. Während der Gespräche wurden auch Anregungen zum Forschungsvorhaben (insbesondere in der Phase der Vorstudie) diskutiert und aufgegriffen, wie z.B. die Auswahl der Branchen oder des geeigneten Ansprechpartners in den Unternehmen. Auf eine explizite Vorstellung des im Anhang aufgeführten Leitfadens soll an dieser Stelle verzichtet werden.[544] Auf die Fragestellungen wird bei der Auswertung eingegangen. Unter Berücksichtigung der offenen Fragen des Interviewleitfadens erfolgte die thematische Gewichtung, Bewertung und inhaltliche Strukturierung während der Interviews durch den bzw. die Interviewteilnehmer.

Die zweigeteilte Datenerhebung im Rahmen der empirischen Studie erfolgt zunächst durch die Vorstudie (Pre-Test), bei der aus jeder Untersuchungsbranche mindestens ein Unternehmen, sowie zwei WP in jeweils 60- bis 90-minütigen, persönlichen Interviews im Arbeitsumfeld der Befragten interviewt wurden. Dabei beantworteten verschiedenen Personen im Unternehmen, u.a. Leiter Rechnungswesen, Leiter FuE und/oder Leiter FuE-Controlling die Fragen in den einzelnen Beobachtungsdimensionen des Interviewleitfadens mit individuellen Schwerpunkten. Die Interviews in den einzelnen Unternehmen bestanden regelmäßig unternehmensseitig aus mehr als einer Person (z.B. Kombination FuE-Leiter und FuE-Controlling Leiter oder Leiter internes Rechnungswesen und Multi-Projekt-Controller), sodass die im Gespräch generierten Informationen aus verschiedenen Perspektiven gleichzeitig gesammelt wurden.

Die Ergebnisse der ersten Datenerhebung fungierten als Charakterisierung und praxisbezogene Bestandsaufnahme im Forschungsfeld. Aufbauend auf den inhaltsanalytischen Auswertungen der ausführlichen Interviewprotokolle,[545] folgte der zweite Teil der empirischen Erhebung. In dieser sich anschließenden Interviewrunde wurden nochmals verschiedene Unternehmensvertreter und zwei WP fokussiert zur Untersuchungsthematik befragt.

Insgesamt wurden im Rahmen der Forschungsarbeit 20 Personen persönlich interviewt. Dabei zeigte sich in der unternehmensbezogenen Verteilung der Interviewteilnehmer, welche resonanzabhängig war, u.a. der Stellenwert der Forschungsfrage in dem jeweiligen

[544] Vgl. hierzu Abschn. 4.1.1.

Industriebereich. So waren unter den Interviewteilnehmern aus dem Unternehmenskreis nur 3 Personen (2 Unternehmen) der Chemiebranche und ein Teilnehmer von der Industriegruppe Pharma/Gesundheit. Dies lässt sich mit der in diesem Bereich praktizierten restriktiven Auslegung der Bilanzierungsvorschrift erklären.[546] Im Bereich Industrie konnten 3 Unternehmen mit 5 Interviewpartnern untersucht werden. Die am stärksten einbezogene Industriegruppe stellte der Automobilbereich dar, der mit 7 Interviewpartnern aus 4 Unternehmen in die Forschungsarbeit einging. Die Position der einzelnen Interviewpartner in Verbindung mit dem Jahresumsatz des Unternehmens kann der Tab. 5 entnommen werden.

		Position des Interviewpartners (Unternehmen)	Umsatz
1.		Leitung Konzernabschluss	> 50 Mrd. €
2.		Mitarbeiter Tax Evaluation & Project Processing	> 50 Mrd. €
3.		Mitarbeiter Corporate Controlling - Actual Reporting	> 1 Mrd. €
4.		Leitung Controlling Entwicklung und Einkauf	> 50 Mrd. €
5.		Leitung FuE-Controlling	> 50 Mrd. €
6.		Mitarbeiter Multi-Projektcontrolling	> 50 Mrd. €
7.		Direktor Zentralstelle internes Rechnungswesen	> 20 Mrd. €
8.		Manager Corporate Headquaters Financial Accounting	> 20 Mrd. €
9.		Leitung Konzernabschluss - Anlagevermögen	> 30 Mrd. €
10.		Controlling Business Unit - Leitung FuE-Controlling	> 1 Mrd. €
11.		Senior Manager Controlling Pharma Ethicals, Accounting & Controlling	> 1 Mrd. €
12.		Senior Vice President Controlling, Accounting & Finance	> 1 Mrd. €
13.		Leitung Produkt / FuE	> 1 Mrd. €
14.		Leitung Finanzen / Bilanzen	> 1 Mrd. €
15.		Leitung Entwicklungscontrolling	> 1 Mrd. €
16.		Leitung Business Controlling	> 1 Mrd. €
		Position des Interviewpartners (Wirtschaftsprüfer)	**Umsatz**
17.		Partner (WP, StB)	> 1 Mrd. €
18.		Senior Manager (WP, StB)	> 1 Mrd. €
19.		Partner (WP, StB)	> 1 Mrd. €
20.		Manager	> 1 Mrd. €

Tab. 5: Position der Interviewpartner und Unternehmensumsatz.

Insgesamt basierte die Befragung dabei auf den persönlichen Einschätzungen und Erfahrungen der Teilnehmer, welche nicht als öffentliche Stellungnahme des Arbeitgebers, sondern als individuelle Meinung zu sehen ist.

---

[545] Vgl. zur Vorgehensweise in der Datenauswertung den folgenden Abschn.

[546] Vgl. hierzu die Ausführungen zum Einflussfaktor „Branche" im Wirkungsfaktoren-Modell in Abschn. 4.2.1.2.1.

Eine Nennung der befragten Unternehmen bzw. der Interviewpartner sowie eine Einsicht in die Interviewprotokolle müssen aus Vertraulichkeitsgründen unterbleiben. Die vertrauliche und anonymisierte Auswertung dieser sehr sensiblen Daten im Themenkreis FuE wurde den Interviewteilnehmern mit Blick auf mögliche missbräuchliche Verwendung etwa durch grobes Benchmarking von Wettbewerbern garantiert. Folglich dürfen sämtliche Informationen aus den Gesprächen sowie den ausgehändigten Dokumenten auf ausdrücklichen Wunsch der Interviewpartner nicht im Unternehmenskontext veröffentlicht werden und sind ausschließlich zur anonymisierten Auswertung im Rahmen dieser Forschungsarbeit freigegeben worden.

4.1.2.4 Datenauswertung der Interviews

Obwohl eine Orientierung durch den Interviewleitfaden vorgegeben war und damit eine Vergleichbarkeit angestrebt wurde, unterschieden sich die Interviews inhaltlich teilweise stark voneinander. Dies lag unter anderem an dem individuellen fachlichen und beruflichen Hintergrund und Erfahrungswissen sowie den persönlichen Interessen der Befragten. Gleichzeitig resultierte die inhaltliche Bandbreite und Varianz der Interviewprotokolle auch aus der unternehmensspezifischen Umsetzung der Thematik, den dadurch sehr individuellen Diskussionsverläufen und Bedeutungsstrukturierungen durch den Befragten sowie der zeitlichen Disposition der Interviewteilnehmer.

Um eine vollständige und detailgetreue Datenerfassung zu gewährleisten, wurden die Interviewgespräche elektronisch aufgezeichnet. Im Anschluss an die Befragung erfolgte auf Basis dieser Sprachdateien eine schriftliche Fixierung der Inhalte. Die bei der Transkription aufgrund des hohen Umfangs (z.T. 30 Seiten) notwendige inhaltliche Aggregation und Paraphrase wurde einer kritischen Prüfung durch die Interviewpartner unterzogen.[547] Zu diesem Zwecke wurden die strukturierten und stellenweise komprimierten Datenerfassungen den Interviewteilnehmern zur Kontrolle und Bestätigung zugeschickt. Durch dieses Vorgehen konnte eine Erhöhung der Validität der durchgeführten Transkription und teilweisen Paraphrase insbesondere auf inhaltliche Vollständigkeit und Richtigkeit erzielt werden.[548] Alle Protokolle sind auf diese Weise in inhaltlich geprüfter Form den anschließenden differenzierten Analysen zugeführt worden.

---

[547] Vgl. zur Transkription u. Paraphrase von Experteninterviews *Meuser/Nagel* (1991), S. 455ff. Zur Transkription allg. s. z.B. *Flick* (2006), S. 288ff.

[548] Vgl. zum Stichwort der „respondant validation“ z.B. *Bryman/Bell* (2003), S. 290, *Silverman* (2005), S. 212.

In der Auswertung qualitativer Interviews gibt es in der empirischen Forschung keine etablierten Regeln oder Konventionen.[549] Gleichwohl wird dieser empirischen Untersuchungsphase eine wesentliche Rolle beigemessen.[550] Eine schwer allgemein operationalisierbare Anforderung an qualitative Forschung ist eine nachvollziehbare Auswertung dergestalt, dass andere Forscher bei gleicher Vorgehensweise auch zu gleichen Ergebnisaussagen gelangen.[551] Insbesondere die auf situationsbezogener Kommunikation basierende Datengenerierung qualitativer Interviews und die damit verbundene Einzigartigkeit eines jeden Gesprächs widersprechen einer standardisierten Auswertung.

Zentrale Herausforderung bei der Beurteilung und Analyse der vorliegenden Experteninterviews ist es dennoch, aus den zum Teil sehr heterogenen Interviewprotokollen das „*Überindividuell-Gemeinsame herauszuarbeiten, Aussagen über Repräsentatives, über gemeinsam geteilte Wissensbestände, Relevanzstrukturen, Wirklichkeitskonstruktionen, Interpretationen und Bedeutungsmuster zu treffen*“[552].

Aus der ersten inhaltsanalytischen Auswertung der Pre-Test Interviews erfolgte eine grundlegende praktische Bestandsaufnahme über Vorgehensweisen, Interdependenzen, Kausalitäten sowie Einflussfaktoren der Untersuchungsthematik, anhand der in Form eines „Hypothesen generierenden Prozesses“ Forschungsschwerpunkte für die Hauptstudie abgeleitet und im Wege der zweiten Erhebungsstufe tiefer gehend untersucht wurden.[553]

Die strukturierte Analyse der überwiegend interviewbasierten qualitativen Daten dieser Forschungsarbeit orientiert sich insgesamt an dem **Auswertungsmodell** von *Miles/Hubermann* (1994), indem die **Datenanalyse** in die drei verknüpften Teilaktivitäten

---

[549] Patton beschreibt dies sehr treffend wie folgt: “Qualitative analysis transforms data into findings. No formula exists for that transformation. Guidance, yes. But no recipe. Direction can and will be offered, but the final destination remains unique for each inquirer, known only when – and if – arrived at.” *Patton* (2005), S. 432.

[550] „Neither kind of data is intrinsically better than the other; everything depends on the method of analysis.” *Silverman* (1993), S. 106.

[551] Vgl. hierzu die Ausführungen zu Reliabilität im folgenden Abschn.

[552] *Meuser/Nagel* (1991), S. 452. Ebenda heißt es auch das das Interviewprotokoll ein „Protokoll einer besonderen Interaktion und Kommunikation, unverwechselbar und einmalig in Inhalt und Form“ ist.

[553] Vgl. hierzu die Ausführungen bei *Yin* (2003) zur Analysetechnik des „Explanation Building“, S. 120ff. Vgl. hierzu auch im Kontext der „Grounded Theory“ die Beschreibungen der gleichzeitigen Datensammlung u. -analyse bei *Lamnek* (2005), S. 108f.

„data reduction", **„data display"** und **„conclusion drawing and verification"** zerlegt wird (siehe Abb. 17).[554]

Hervorzuheben ist, dass diese Analyseform auf einer rekursiven Iteration bei der Auswertung der qualitativen Daten basiert, welches speziell vor dem Hintergrund des emergenten Charakters des Forschungsprojektes geeignet ist.[555] Hierbei gewonnene Erkenntnisse können somit laufend an der empirischen Realität gespiegelt werden, sodass eine offene, den gesamten Forschungsprozess begleitende Auseinandersetzung in Form einer Überprüfung, Veränderung und Weiterentwicklung beobachteter Zusammenhänge erfolgen kann.[556]

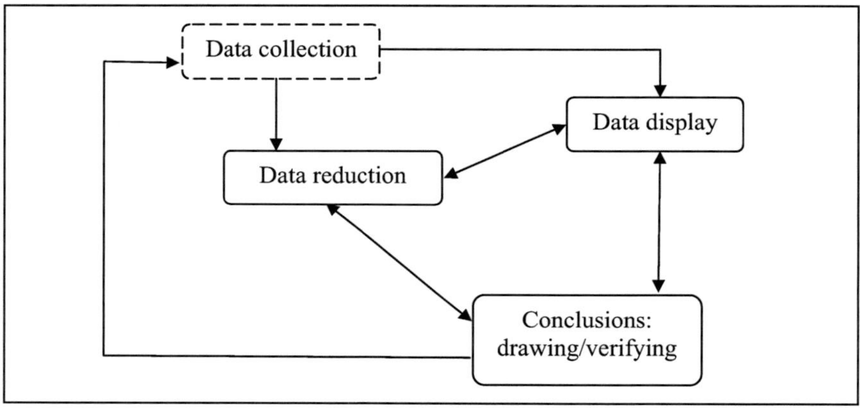

Abb. 17: Interaktives Analysemodell qualitativer Daten nach *Miles/Hubermann.*[557]

Die benannten Teilbereiche der Datenauswertung laufen folglich nicht in einer streng sequentiellen Abfolge nacheinander ab, sondern sind interdependent. Die initial, aber auch während des gesamten Analyseprozesses vorzunehmende **Datenreduktion** bedeutet die Auswahl, Fokussierung, Vereinfachung, Abstraktion sowie die Transformation der gesammelten qualitativen Daten. *„Data reduction is a form of analysis that sharpens, sorts, focuses, discards, and organizes data in such a way that ‚final' conclusions can be drawn and verified.*"[558] Im Wege der Verdichtung wurden die qualitativen Aussagen in den Interviewprotokollen zunächst mit Überschriften versehen sowie innerhalb einer hierbei erar-

---

[554] Vgl. hierzu u. zu den folgenden Erläuterungen *Miles/Hubermann* (1994), S. 10ff. Einige Forscher vertreten die gegenteilige Auffassung, nämlich, dass die Untersuchungsschritte der Datengenerierung u. Datenanalyse strikt voneinander zu trennen sind. Vgl. z.B. *Seidman* (1998), S. 96f. Dieser Sicht- u. Prozessweise wird hier ausdrücklich nicht gefolgt.

[555] Vgl. hierzu auch die grundlegenden Ausführungen zur qualitativen Forschungsmethode u. speziell dem qualitativen Interview in Abschn. 4.1.2.1.

[556] Vgl. zum iterativen Forschungsablauf u. seinen Vorteilen *Lamnek* (2005), S. 109f.

[557] Quelle: *Miles/Hubermann* (1994), S. 12.

beiteten Struktur thematisch gruppiert und somit in einem grobes Raster inhaltlich zugeordnet.[559] Teilweise gelang eine Orientierung an den Themenfeldern des Interviewleitfadens, an anderen Stellen erfolgte eine notwendige Subsumtion der Aussagen anhand von Relevanzstrukturen, wobei z.B. inhaltsgleiche Passagen komprimiert wurden und mehrfach zuordenbare Protokollinhalte verschiedenen Themengruppierungen parallel zugeschrieben wurden.[560] Insgesamt wurde so eine interviewbezogene, thematisch strukturierte Textübersicht erreicht. Diese Ergebnisse wurden anschließend in einem strukturierten Interpretationsprozess weiter aggregiert, indem sie aus den einzelnen Interviews über thematische Vergleiche gesammelt und erneut geordnet wurden. Hierbei wurden Gleichartigkeiten und Abweichungen in den Daten hinsichtlich bestimmter Handlungsweisen, (Wechsel-) Wirkungen oder Einflussfaktoren analysiert sowie prozessuale Rückkopplungen angestoßen, wenn Aspekte unklar oder mehrdeutig waren, die daraufhin im Wege gezielter Feldforschung eine detailliertere Untersuchung erforderten. Im Rahmen dieses Prozessschritts analytischer Reduktion wurde gleichzeitig auch eine metaphorische Auswertung vorgenommen und verwendete Zitate der Kategorisierung zugeordnet. Wiederholt wurden die Interviewprotokolle vor dem Hintergrund neuer Strukturierungen ausgewertet und die Einordnungen geprüft sowie ggf. an neue Kodierungsformen angepasst oder revidiert.[561]

Der zweite Analyseteil – die **Datendarstellung** – organisiert und strukturiert die komprimierten Daten in Abbildungen, wobei im Rahmen dieser Arbeit u.a. die Methode des Mindmapping zum Einsatz kam.[562] Im Unterschied zu dem in der Literatur regelmäßig verwendeten Auswertungsschritt des Kodierens, welches die Strukturierung, Konzeptualisierung und Systematisierung der Daten bis hin zum Ableiten von Hypothesen umschließt, werden in dem hier zugrunde gelegten Auswertungsmodell nach *Miles/Hubermann* die Kodierungsprozesse in den beiden Teileinheiten der Datenreduktion und Datendarstellung feiner untergliedert, sodass das Vorgehen bei dieser Auswertung in seinen Schritten vollständiger, nachvollziehbarer und transparenter abgebildet wird.[563]

Im letzten Teilbereich der Datenanalyse folgen die **Schlussfolgerungen**. Die Forschungserkenntnisse, wie etwa Regelmäßigkeiten, Verhaltensmuster oder Abhängigkeiten, können

---

558 *Miles/Hubermann* (1994), S. 11.

559 Vgl. zum Analyseschritt „Überschriften" bei Experteninterviews *Meuser/Nagel* (1991), S. 457ff.

560 Wie bereits zu Beginn des Abschn. angedeutet, wurde die Phase der Datenreduktion in Teilen bereits mit der Transkription der Interviewaufzeichnungen kombiniert u. anschließend einer Teilnehmervalidierung unterzogen, um so eine möglichst hohe Validität der im Gespräch gewonnenen Aussagen zu erzielen.

561 Vgl. zu dieser Vorgehensweise *Meuser/Nagel* (1991), S. 461.

562 Einen guten Überblick zur Mindmapping-Technik gibt *Buzan* (2005).

dabei bereits mit der ersten Datenreduktion bzw. sogar schon im ersten Interview beginnen. Im Verlauf der Erhebung werden die Beobachtungen zunehmend expliziter und fundierter, bis sich nach Abschluss der Datengenerierung ein Ergebnis herausgeschält hat.

Beispielhaft soll das Vorgehen anhand eines Ergebnisausschnitts komprimiert vorgestellt werden, ohne dem entsprechenden Modellabschnitt zu weit vorzugreifen.[564] In den Interviews wurden einleitend die institutionellen Gegebenheiten im FuE-Bereich abgefragt. Über eine vergleichende Gegenüberstellung der Interviewprotokolle zeigte sich, dass ebendiese Thematik einen relevanten Einflussfaktor bei der Umsetzung der Rechnungslegungsnorm entfaltete. Nachdem dieses grundlegende Verknüpfungsmuster erkannt wurde, erfolgte eine tiefergehende Erforschung der Kausalitäten. Zu diesem Zweck wurden die einzelnen Protokolle gruppiert und nach generalisierbaren Interdependenzstrukturen „abgesucht“. Am Ende dieses systematisch fokussierten Analyseprozesses stand die Erkenntnis, dass folgende Verbindung zwischen der Aufbauorganisation des FuE-Bereichs und der „Beteiligungsverteilung“ der Normenimplementierung bestand: Bei dominierender Zentralstellung des FuE-Bereichs ist das FuE-Controlling wesentlich an der Umsetzung des Standards und dessen Implementierung beteiligt, wohingegen die dezentral dominierten FuE-Bereiche hauptsächlich über im Konzernrechnungswesen „übersetzte“ Daten die Norm des IAS 38 umsetzen und das FuE-Controlling eher indirekt bzw. nachgelagert involviert ist.

Der dialogisch-repetitive Analyseprozess zeigt sich konkret in dieser Arbeit z.B. daran, dass aus dem Prozess der Schlussfolgerungen eine fokussiertere Datenerhebung erfolgt. Diese Rückkopplung erfolgte gezielt über den zweistufigen Erhebungsprozess, aber auch aus im Zuge der Datenbearbeitung aufkommenden Rückfragen an die Interviewteilnehmer.

Die Resultate der teilstrukturierten Interviews werden mit den theoretischen Analysen verglichen, um diese zu ergänzen, auszubauen und weitere Ansatzpunkte aufzuzeigen. Dazu werden die Erkenntnisse der inhaltsanalytischen Auswertung sämtlicher Interviewprotokolle sowie ggf. ausgehändigter Unternehmensdokumentationen in die theoretischen Analyseergebnisse integriert. Im Idealfall findet so eine gegenseitige Validierung im Muster eines Konvergenzmodells statt.[565]

---

[563] Vgl. zum Kodieren komprimiert z.B. *Bitsch* (2001), S. 152ff. m.w.N.
[564] Vgl. hierzu ausf. Abschn. 4.2.1.2.2 b).
[565] Vgl. *Möller* (2005), S. 170.

4.1.3 Limitationen

Jede Forschungsmethodik hat ein ihr inhärentes charakteristisches Stärken-/Schwächen-Profil. Bei der Festlegung des Forschungsdesigns sowie der Auswahl der geeigneten Methode zur Datensammlung und -auswertung liegt der Fokus auf der bestmöglichen Erforschung der zu untersuchenden Thematik. Dabei besteht grundsätzlich in der Forschung der Zielkonflikt zwischen dem Realitätsbezug bzw. der Realitätsnähe einer Untersuchung, ihrer Genauigkeit und Tiefe sowie der Generalisierbarkeit ihrer Ergebnisse.[566]

Die Vorteile sowie die besondere Eignung der qualitativen Forschungsmethoden zur Beantwortung der hier gestellten Forschungsfrage wurden bereits in den vorangegangenen Abschnitten erläutert.[567] Insbesondere die Stärke in der ganzheitlichen und praxisbezogenen Erhellung wenig erforschter Bereiche im situativen Kontext zählen zu den großen Pluspunkten qualitativer Datenerhebungsformen,[568] wie dem hier primär angewendeten Interview. Auch die Offenheit und Flexibilität in dieser Vorgehensweise bieten erhebliche Chancen, bergen aber auch Risiken. Die Limitationen dieser empirischen Untersuchung begründen sich daher primär durch die gewählte qualitative Forschungsmethode sowie die hierbei eingesetzten Instrumente.

Aufgrund ihrer speziellen Charakteristika entzieht sich die qualitative Forschung den standardisierten und etablierten Beurteilungskriterien, wie sie für quantitative Methoden herangezogen werden.[569] Bereits bei der Beschreibung des Forschungsdesigns und insbesondere bei der Datenauswertung wurde deutlich, dass die Individualität der kontextgebundenen Rohdaten aus qualitativen Interviews eine standardisierte, allgemeingültige Auswertungsvorschrift nahezu unmöglich machen sowie hohe Anforderungen an die Interpretation stellen. Kombiniert mit dem ebenfalls sehr freien und anpassungsfähigen Forschungsprozess, der sich durch viele Iterationen und Rückkopplungen auszeichnet, lassen sich die Auslegungen und Bewertungen der Daten nur schwer nachvollziehen.

So sind die Ergebnisse der Forschung immer vor dem Hintergrund des methodischen Stärken-/Schwächen-Profils zu beurteilen. Auch diese Untersuchung kann sich den methodenimmanenten Problembereichen qualitativer Forschung, welche in der Literatur vielfach diskutiert werden, nicht entziehen. Im Rahmen der Möglichkeiten dieses Forschungspro-

---

566 Vgl. *McGarth* (1981), S. 182ff.

567 Vgl. insb. Abschn. 4.1.2.1.

568 Vgl. *Miles/Hubermann* (1994), S. 10.

569 Vgl. *Flick* (2006), S. 367ff.

jektes wurde jedoch an den entsprechenden Stellen versucht, bekannte Schwachstellen aufzufangen bzw. abzumildern.

Nachfolgend wird eine Einschätzung und Evaluierung der allgemeinen Kritikpunkte empirisch-qualitativer Sozialforschung im Kontext dieser Studie vorgenommen:[570]

- **Reliabilität**: Die Zuverlässigkeit qualitativer Forschung wird u.a. anhand der Fragestellung beantwortet, ob ein anderer Forscher bei gleicher Vorgehensweise die gleichen Ergebnisse erzielen würde.[571] Problematisch ist dies allein schon aufgrund der Tatsache, dass qualitative Interviews immer individuelle, mulit-kausale und hoch kontextspezifische Momentaufnahmen darstellen.[572] Durch die durchgehende detailgetreue Aufzeichnung der leitfadengestützten Interviews im Rahmen der Arbeit kann die Verlässlichkeit der verwendeten Rohdaten insoweit gewährleistet werden, dass die Inhalte vollständig, akkurat und strukturiert dokumentiert wurden.[573] Auch die induktiv-deduktiv geleitete Fokussierung im Rahmen der zweitstufigen Erhebung sowie der zirkuläre Auswertungsprozess stützen die Zuverlässigkeit der Ergebnisse.[574]

- **Validität**: Eng mit der Zuverlässigkeit verknüpft ist die Gültigkeit der Aussagen qualitativer Forschung.[575] Dieser Aspekt spiegelt sich besonders in der Phase der Datenanalyse wieder, bei der die transkribierten Rohdaten aus ihrem individuellen Zusammenhang gelöst, komprimiert und interpretiert werden. Durch die Kontrolle und Bestätigung der Befragten in einem fortgeschrittenen Stadium der Datenreduktion konnte

[570] Auch wenn die Besonderheiten qualitativer Forschung in den klassischen Beurteilungskriterien der quantitativen Methoden nicht gewürdigt werden, so wird doch vielfach eine (angepasste) Übertragung des Wertkonzeptes vorgenommen. Siehe z.B. *Flick* (2006), S. 367ff. od. *Bryman/Bell* (2003), S. 286ff. Einen grundlegenden Überblick über die Kriterien findet man ebenda ab S. 33ff. od. bei *Silverman* (2005), S. 209ff. Es sei noch erwähnt, dass die im Rahmen der vorliegenden Arbeit ergriffenen Maßnahmen zur Reduktion der Schwachstellen nicht immer völlig trennscharf einem Kriterium zuzuordnen sind, sondern z.T. gleichzeitig mehrere Limitationen qualitativer Forschung ansprechen.

[571] Zum Teil wird diese Anforderung in der Literatur auch als „Confirmability" bezeichnet. Vgl. z.B. *Cropley* (2002), S. 118 m.w.N. Vgl. zur Reliabilität unter Verwendung von Tonbändern u. Aufzeichnungen, welche auch im vorliegenden Forschungsprojekt eingesetzt wurden *Peräkylä* (1997), S. 203ff.

[572] Bryman/Bell bringen es auf den Punkt: „...it is impossible to ‚freeze' a social setting and the circumstances of an initial study", *Bryman/Bell* (2003), S. 288. Vgl. auch *Ahrens/Chapman* (2007), S. 311.

[573] Vgl. *Flick* (2006), S. 369f. An dieser Stelle ist jedoch aufgrund der Vertraulichkeit der Gesprächsinformationen, welche den Teilnehmern zugesichert wurde, eine die Reliabilität fördernde Veröffentlichung der Interviewprotokolle nicht möglich.

[574] Vgl. *Flick* (2006), S. 370, *Lamnek* (2005), S. 92.

[575] „Valid measures are always reliable but not vice versa", *Ahrens/Chapman* (2007), S. 311. Vgl. zur Validität z.B. *Silverman* (2005), S. 210ff. od. *Lee/Fielding* (2004), S. 542ff. In Mittelpunkt der Qualitätsdiskussion qual. Forschung steht die Frage nach der „richtigen" Wahrheit. So geben dies z.B. *Moret u. a.* (2007) treffend wie folgt wieder: „...the discussion centres on the concept of truth and the question of whether truth is universal or local and determinable". *Moret u. a.* (2007), S. 24f.

die Validität der Interviewdaten dieser Studie deutlich erhöht werden.[576] Gleichzeitig wurde die Datenauswertung in ihrem Ablauf theoretisch fundiert, detailliert dargestellt und damit soweit möglich das Interpretationsprozedere transparent gemacht.

- **Generalisierbarkeit**:[577] Aufgrund der Tiefe und Nähe zum Forschungsobjekt wird zwangsläufig der Gültigkeitsbereich von hierbei gewonnenen Forschungserkenntnissen begrenzt.[578] Eine Generalisierbarkeit im Sinne einer repräsentativen Stichprobe für eine klar umgrenzte Grundgesamtheit kann nur über eine ausreichend große, zufallsbasierte Untersuchungsdatenbasis erreicht werden.[579] Da bei dieser qualitativ explorativen Feldstudie diese Repräsentativität nicht im Fokus liegt, sondern vornehmlich die Zielsetzung einer realitätsbedingten, themenbezogenen „Inspiration", Entdeckung von Regelmäßigkeiten und Grenzen sowie deren Verfeinerung verfolgt wird, ist das Ausmaß der statistisch quantitativen Generalisierbarkeit nicht wesentlich und damit als Qualitätsmaßstab unpassend.[580] Regelmäßig werden die Ergebnisse solch qualitativer Felduntersuchungen in nachfolgenden großzahligen Untersuchungen als Hypothesen, z.B. durch eine klassische Methodenintegration, aufgegriffen und verifiziert bzw. falsifiziert.[581] Durch die sehr aufwendige interviewbasierte Datengenerierung konnten der Studie nur eine begrenzte Anzahl an Interviews zugrunde gelegt werden, welche allerdings zur Bestandsaufnahme und initialen Beantwortung der Forschungsfrage ausreichten und eine angemessene Länge aufwiesen.[582] Die Auswahl der Studienobjekte wurde dabei sehr sorgfältig und zielgerichtet anhand objektiver Kriterien durchgeführt,[583] sodass eine „Generalisierbarkeit im Sinne von Existenzaussagen"[584] sowie eine diesbezügliche Typisierung ermöglicht wurden. Ein im Kontext dieser Arbeit somit durchaus adressierter Teil der Generalisierbarkeit bezieht sich auf die kontext-

---

[576] Vgl. hierzu auch die Studie von *Flint/Woodruff/Fischer Gardial* (2002), S. 106, die durch ein ähnliches Vorgehen die qualitativen Kriterien „Credibility" u. „Understanding" adressieren. Analog auch bei *Beverland/Lockshin* (2003), S. 656. Flick spezifiziert dies als „Communicative Validation", vgl. *Flick* (2006), S. 372f.

[577] Häufig auch als externe Validität od. Repräsentativität in der Literatur aufgeführt.

[578] Vgl. *Hutterer* (1988), S. 36, vgl. ausf. *Lewis/Ritchie* (2004), S. 263ff., die zw. drei Generalisationsansätzen unterscheiden: der theoretischen, der schlussfolgernden u. der repräsentativen Generalisierbarkeit. Vgl. vor diesem Hintergrund auch die Ausführungen zu Beginn des Abschnitts zum allgemeinen Zielkonflikt der Forschung.

[579] Vgl. *Schnell/Hill/Esser* (2005), S. 304ff.

[580] Regelmäßig werden die Gütekriterien der quantitativen Forschung für die qualitativen Untersuchungen im Feld als inadäquat angesehen. Vgl. z.B. *Silverman* (1993), S. 151f.

[581] Vgl. zum Stichwort der „klassischen Methodenintegration" *Möller* (2005), S. 170f.

[582] So argumentieren z.B. *Beverland/Lockshin* (2003), S. 656 od. *Flint/Woodruff/Fischer Gardial* (2002), S. 106, dass durch eine angemessene Länge u. Offenheit der Interviews die vielen Facetten des Forschungsbereichs beleuchtet u. damit die Generalisierbarkeit gesteigert wird.

[583] Vgl. hierzu die Ausführungen in Abschn. 4.1.2.2.

und situationsübergreifende Verallgemeinerung.[585] Über die gegebene Untersuchungsbandbreite (insb. die Branchen u. versch. Ansprechpartner) wurden möglichst viele verschiedenartige Fälle und Sichtweisen einbezogen und damit die im Feld bestehende Komplexität und Gegensätzlichkeit so in die Studie integriert, dass eine Übertragbarkeit der Ergebnisse in gewissem Umfang gewährleistet ist.[586] Innerhalb der durchgängig angewandten Erhebungsmethodik des Interviews wurden die einzelnen Interviewdaten quasi im Wege einer „Daten-Triangulation" kritisch gegenübergestellt und so Umfang, Tiefe und Konsistenz der Forschungsaussagen gesteigert.[587]

- **„observer bias"**: Qualitative Studien zeichnen sich durch ihre Beziehung und Interaktionen zwischen Forscher und Forschungsobjekt aus und nutzen im Gegensatz zur quantitativen Forschung die *„(methodisch kontrollierte) subjektive Wahrnehmung des Forschers"*[588]. Aus dieser Tatsache resultiert das Problem, dass persönliche Einflüsse, individuelle und inhaltliche Prädetermination sowie implizite Interpretationen während des gesamten Forschungsprozesses expliziter Bestandteil der qualitativen empirischen Untersuchungsmethoden sind. Der Forscher determiniert daher (z.B. durch eine mit Erwartungen „durchsetzte" Wahrnehmung) direkt und indirekt auf vielfache Weise das Forschungsprojekt, wodurch eine intersubjektive Nachprüfbarkeit innerhalb des sehr offenen und flexiblen Forschungsvorgehens schwierig ist. Grundsätzlich wird der „observer bias" mit einer Explikation der Vorgehensweise und einem bewussten Umgang des Forschers mit dieser Schwachstelle begrenzt.[589] In dieser Untersuchung wurden z.B. die Fragen des Leitfadens vorab an die Interviewteilnehmer versandt, sodass diese sich ohne Einflussnahme des Forschers mit der Thematik im Vorfeld beschäftigen konnten. Darüber hinaus wurden die Untersuchungsschritte insbesondere bei der Datengenerierung und -auswertung so weit wie möglich transparent und nachvollziehbar abgebildet. Weiter konnte die methodische Sicherheit maßgeblich dadurch erhöht werden, dass die Befragten zum Teil in den Analyse- und Interpretationskreislauf aktiv miteinbezogen wurden, indem sie die zusammengefassten

---

[584] *Lamnek* (2005), S. 384.

[585] Dieser Aspekt ist besonders im Zusammenhang mit dem empirisch basierten Wirkungsfaktoren-Modell des Abschnitts 4.2.1 gegeben.

[586] Vgl. für eine analoge Argumentation *Beverland/Lockshin* (2003), S. 656. Vgl. auch *Flick* (2006), S. 391f.

[587] Vgl. *Bitsch* (2001), S. 98. Zur Daten-Triangulation (d.h. der Verwendung mehrere verschiedenartiger Datensätze, hier unterschiedliche Branchen u. Ansprechpartner) siehe *Flick* (2004), S. 36ff., *Flick* (2006), S. 389, *Lamnek* (2005), S. 159, *Patton* (2005), S. 247 m.w.N. Vgl. allgemein zur Triangulation komprimiert *Bryman/Bell* (2003), S. 291.

[588] *Möller* (2005), S. 168. Daher auch der Begriff „Peoples Approach".

[589] Lamnek betont aber, dass eine vollständige Explikation kaum zu erfüllen ist. Vgl. *Lamnek* (2005), S. 24.

Interviewprotokolle nach einer inhaltlichen Abstimmung und Kontrolle freigeben mussten. Auch das prozessabhängige Schärfen der Forschungsschwerpunkte insbesondere im zweistufigen Erhebungsprozess kann dem Vorwurf der Prädetermination durch den Forscher entgegengehalten werden.[590]

Insgesamt wurde durch den gewählten Methodenmix aus theoretisch-analytischer Sekundärforschung und darauf aufbauender zweistufiger empirischer Untersuchung die Qualität der Forschungsaussagen bestärkt. Auch wenn die Offenheit und Flexibilität der qualitativen Forschungsmethodik ex definitione nicht wirklich begrenzt werden kann, so ist dennoch durch die Anwendung halbstrukturierter Interviews und der hierbei im Vorfeld erarbeiteten und angewandten Interviewleitfäden ein Orientierungsmuster gegeben, was eine Vergleichbarkeit sowie die Replikation der Forschungsergebnisse in Grundzügen rechtfertigt. Darüber hinaus wurde die Generalisierbarkeit der Studienergebnisse adressiert, indem eine Streuung in der Auswahl der Interviewpartner über die untersuchten Branchen sowie verschiedene Ansprechpartner erzielt wurde. Zusätzlich zum unternehmensbezogenen Blickwinkel wurde das spezifische Know-how der WP als „unternehmensexterne und -über-greifende Insiderperspektive" hinzugezogen. Der grundsätzlichen Kritik mangelnder Kontrolle und Nachvollziehbarkeit qualitativer Forschung kann nur durch die im Abschn. 4.1 dokumentierte und insgesamt strukturierte Vorgehensweise begegnet werden.

4.2 Zweistufige Analyse der spezifischen Auswirkungen der Harmonisierung internationaler Rechnungslegung auf das Controlling von Forschung und Entwicklung

4.2.1 Empirisch basiertes Wirkungsfaktoren-Modell zur Darstellung situativer Kontextfaktoren auf die Anwendung bzw. Umsetzung des IAS 38 im Bereich Forschung und Entwicklung

4.2.1.1 Wirkungsfaktoren-Modell

Eine Veränderungswirkung kann nie losgelöst von ihrem Kontext analysiert und interpretiert werden. Daher wird der detaillierten Wirkungsanalyse der internationalen Rechnungs-

[590] Zum Teil findet sich in der Literatur auch der Begriff der Reflexivität in diesem Zusammenhang. Yin fasst dies negativ auf als „Interviewee gives what interviewer wants to hear". *Yin* (2003), S. 86. Positiv u. als …

legung im Controlling von FuE zunächst ein Modell empirisch beobachteter Wirkungsfaktoren – ähnlich einem Kontingenzmodell – vorangestellt. Allgemein bestimmen in Kontingenzmodellen verschiedenartige Kontextgrößen des Umfelds, so genannte situative Kontextfaktoren, durch ihre jeweilige Ausprägung und ihre Erscheinungsform die Organisationsstrukturen von Unternehmen. Wesentliche Grundannahme des Kontingenzansatzes als situativem Ansatz ist,[591] dass die Struktur von Organisationen von ihren jeweiligen Bedingungen – ihrem Kontext – abhängt.[592] Der Kontingenzansatz wird im Rahmen der vorliegenden Ausformulierung des Wirkungsfaktoren-Modells nur als gedanklicher Strukturierungsansatz im Sinne eines Grundgerüsts verstanden, sodass auf eine differenzierte Auseinandersetzung an dieser Stelle unter Verweis auf bestehende Literaturquellen und die folgende Abbildung der Grundstruktur des situativen Modells (s. Abb. 18) verzichtet wird.[593]

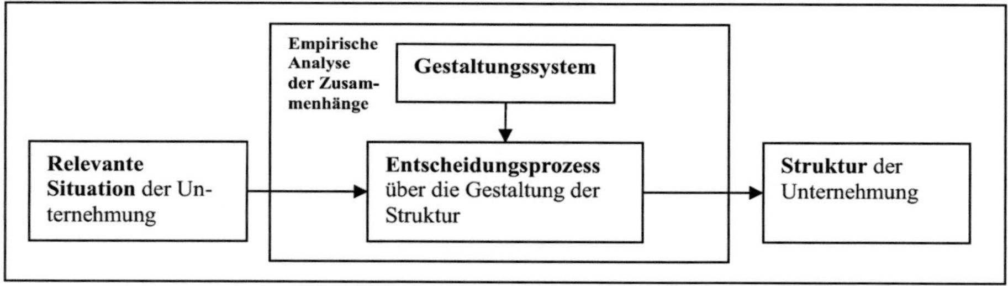

Abb. 18: Bezugsrahmen für die Interpretation empirischer Zusammenhänge zwischen der Situation und Struktur.[594]

Gezielt werden neben fixen externen Einflussgrößen auch diejenigen Struktur- und Situationsvariablen einbezogen, die aus Unternehmenssicht kontrollierbar bzw. beeinflussbar sind, jedoch kurzfristig, im Zeitpunkt der Implementierung von IFRS, als gegebene Variablen fungieren. Beispiele hierfür sind z.B. die bestehenden Strukturierungen von FuE-Projekten und -Prozessen. Auch diesbezügliche Wahlmöglichkeiten und Handlungsspielräume (= Gestaltungssystem) werden aufgezeigt. Die Kontextfaktoren sind demnach nicht zwingend als Determinanten zu verstehen, sondern sind in Abhängigkeit des Zeithorizontes der Betrachtung variabel. Im Wirkungsfaktoren-Modell werden daher auch Gestaltungsmöglichkeiten einbezogen, welche zur Erklärung empirisch beobachteter Regelmä-

besonderes Charakteristikum qual. Feldforschung sieht Holliday die Reflexivität. Vgl. *Holliday* (2007), S. 138f., analog auch *Lamnek* (2005), S. 351. Vgl. hierzu ausf. z.B. *Patton* (2005), S. 63ff.

591 Vgl. zum situativen Ansatz ausf. *Kieser* (2006), S. 251ff.

592 Vgl. hierzu *Brose* (1984), S. 230. Vgl. zum Kontingenzmodell auch *Warschkow* (1993), S. 12ff.

593 Vgl. ausf. *Kieser* (2006), S. 218ff., *Brose* (1984) od. im FuE-Kontext *Warschkow* (1993).

594 Quelle: Eigene Darstellung in Anlehnung an *Kieser/Walgenbach* (2007), S. 227 u. S. 208.

ßigkeiten zwischen betrachteter Situation und Umsetzungsstruktur erkennbar sind. Diese Abbildungsform bietet die Möglichkeit, die variierenden Implementierungsansätze aufzuzeigen; denn es zeigte sich nicht nur eine einzige „Strukturantwort“ auf eine Situation, sondern durchaus auch Einflussmöglichkeiten der Unternehmen auf die Kontextfaktoren.[595] Das Ergebnis ist ein weitergehendes, hochgradig interdependentes und multikausales Variablengeflecht, das vielfältige Ursache-Wirkungsbeziehungen besitzt. Auch die Gruppe der externen Kontextfaktoren, welche – im Gegensatz zu internen unternehmensabhängigen Faktoren – noch weiteren Einflussgrößen (z.B. den Konkurrenten) unterliegt, werden kontextspezifisch betrachtet. Gleichzeitig wird die Verbindlichkeit einer Variablen oder Ursache und dessen Wirkung dahingehend beleuchtet, ob es eine allgemeine Gesetzmäßigkeit ist. Im Unterschied zu den allgemeinen Modellansätzen wird hier eine trichterartige Konkretisierung der induktiv beobachteten und analysierten Einflussgrößen vorgenommen, bei der die Über- und Unterordnungsbeziehungen aufgegriffen werden. Das Wirkungsfaktoren-Modell bildet auf diese Weise eine Verknüpfung mehrerer Strukturdimensionen ab.

Das hier aufgestellte Wirkungsfaktoren-Modell ist das Ergebnis eines mehrstufigen Filter- und Feedbackprozesses im Rahmen der Interviewprotokollanalysen.[596] Es bildet diejenigen Wirkungsdeterminanten und -variablen systematisch ab, welche bei der Umsetzung der Anforderungen aus IAS 38 in den Unternehmen einen beobachtbaren Einfluss entfaltet haben.[597] Dabei waren sowohl die Initialwirkungen bei Umstellung von HGB auf IFRS von Interesse als auch die konkret in den Bilanzierungsregelungen des IAS 38 beobachteten Wirkungszusammenhänge mit spezifischen Kontextvariablen. Die wesentlichen situativen Faktoren werden in ihren Zusammenhängen und Wirkungsweisen modellhaft erläutert. Dabei bedient sich das Modell einer Dimensionalisierung, welche sich im Verlauf der Analyse der Forschungsergebnisse als geeignet heraus kristallisiert hat. Gleichwohl erhebt dieses Modell vor dem Hintergrund der begrenzten Datenbasis keinen generellen Anspruch auf Vollständigkeit, da die Arbeit schwergewichtig die zentralen Einflussgrößen für die untersuchte Forschungsfrage beleuchtet und eine ganzheitliche Analyse die Möglichkeiten dieser Arbeit übersteigen würde. Wie bereits in den Limitationen des Forschungsansatzes

---

[595] Vgl. *Kieser/Walgenbach* (2007), S. 226.

[596] Vgl. Abschn. 4.1.2.4.

[597] Da ein System der wesentlichen Einflussgrößen auf Basis der empirischen Beobachtungen entworfen wurde, werden die in der Literatur aufgeführten potentiellen Kontingenzfaktoren nicht sämtlich explizit berücksichtigt. Teilweise sind diese jedoch implizit enthalten, da sie unter die hier gewählten Variablenausprägungen subsumiert werden. Vor dem Hintergrund der sehr komplexen Wirkungszusammenhänge war eine Fokussierung auf wesentliche Faktoren zweckmäßig. Für eine Liste potentieller Kontingenzfaktoren s. z.B. *Child* (1984), S. 220ff., *Kieser* (2006), S. 222ff., *Kieser/Walgenbach* (2007), S. 218ff.

dargelegt wurde, ist die Generalisierbarkeit der Wirkungsfaktoren bei der vorliegenden Tiefe der Analyse sowie der dem emergenten Charakter der Forschungsthematik angemessenen Datensammlung und -auswertung nur in begrenztem Umfang möglich.[598] Das Modell soll als erster Strukturierungsansatz in diesem Kontext verstanden werden und dient der systematischen Darstellung der konkreten Forschungsergebnisse.

Auslöser und damit zentraler Einflussfaktor im Untersuchungsfeld war die Veränderung der bilanziellen Vorgaben durch die Gesetzgebung.[599] Betrachtet man dies als primäre Kontextvariable im Untersuchungsfeld, so werden im Folgenden über die Wirkungsfaktoren nur die sekundären Einflüsse auf die konkrete unternehmensbezogene Umsetzung dieser rechtlichen Veränderung untersucht. Es sei bereits im Vorfeld der detaillierten Erläuterungen des Wirkungsfaktoren-Modells darauf hingewiesen, dass Wirkungsbeziehungen zwischen den einzelnen Faktoren bestehen. Auf diese Verknüpfungen wird in den einzelnen Abschnitten eingegangen.[600]

Insgesamt verfolgt die Darstellung und Erläuterung der empirisch beobachteten situativen Wirkungsfaktoren die Zielsetzung, bestehende regelhafte Zusammenhänge zwischen den Ausprägungen der Einflussfaktoren und ihren Wirkungen zu erläutern sowie geeignete Operationalisierungen in der Umsetzung der neuen Bilanzierungsvorschrift aufzuzeigen. Dabei soll versucht werden, effiziente, d.h. situationsgerechte Strukturen abzuleiten, die eine Konsistenz zwischen Kontingenzfaktoren und unternehmensindividuellen Gestaltungsparametern ermöglichen. Abschließend soll das Wirkungsfaktoren-Modell als Vorbereitung und Grundlage für die im Abschnitt 4.2.2 folgende detaillierte Wirkungsanalyse fungieren. Aufbauend auf den Ergebnissen erfolgt an dieser Stelle eine ausführliche Betrachtung der beobachteten Effekte im Controlling von FuE.

Das gesamte Wirkungsfaktoren-Modell wird in Abb. 19 zunächst graphisch vorgestellt, bevor in den nachfolgenden Abschnitten auf die einzelnen Wirkungsfaktoren eingegangen wird. Hierbei erfolgt – analog der modellhaften Darstellung – eine Einteilung ausgehend von der Makro-Betrachtungsebene in die Faktoren der *Unternehmenssituation* (Abschn.

---

[598] Vgl. hierzu Abschn. 4.1.3, indem u.a. auf die Integration qualitativer Forschungsergebnisse (wie dem hier entworfenen Modell) in weiterführende bspw. quantitative Anschlussforschungsarbeiten verwiesen wird. Vgl. auch die Erläuterungen zur grundlegenden Forschungskonzeption in Abschn. 4.1.1.

[599] Vgl. hierzu die Motivation in Abschn. 1.1.1.

[600] Die Forderung nach der Einbeziehung des situativen Kontextes bei Innovationen wurde schon früh gestellt. Schmeisser u.a. verweisen in diesem Zusammenhang auf eine Quelle aus 1978. Vgl. *Schmeisser u. a.* (2006), S. 23. Gleichzeitig weisen die Autoren darauf hin, dass diese Einflussfaktoren hochgradig interdependent sind u. nicht frei von Überschneidungen. Vgl. ebenda S. 174.

4.2.1.2.1), der *Organisation von FuE im Unternehmen* (Abschn. 4.2.1.2.2) und Faktoren im Bereich der *bestehenden Strukturierungen von FuE-Prozessen und -Projekten* (Abschn. 4.2.1.2.3) bis hin zu den einzelnen *FuE-Projekten* (Abschn. 4.2.1.2.4) auf der untersten Ebene (Mikro-Ebene). Im Rahmen dieser Systematisierung werden die genannten Einflussgrößen einer tiefer gehenden Faktoren-Dekomposition unterzogen. Diese ist in der vorangestellten Abbildung ebenfalls ablesbar und wird innerhalb der entsprechenden Gliederungspunkte aufgegriffen und detailliert ausgeführt.

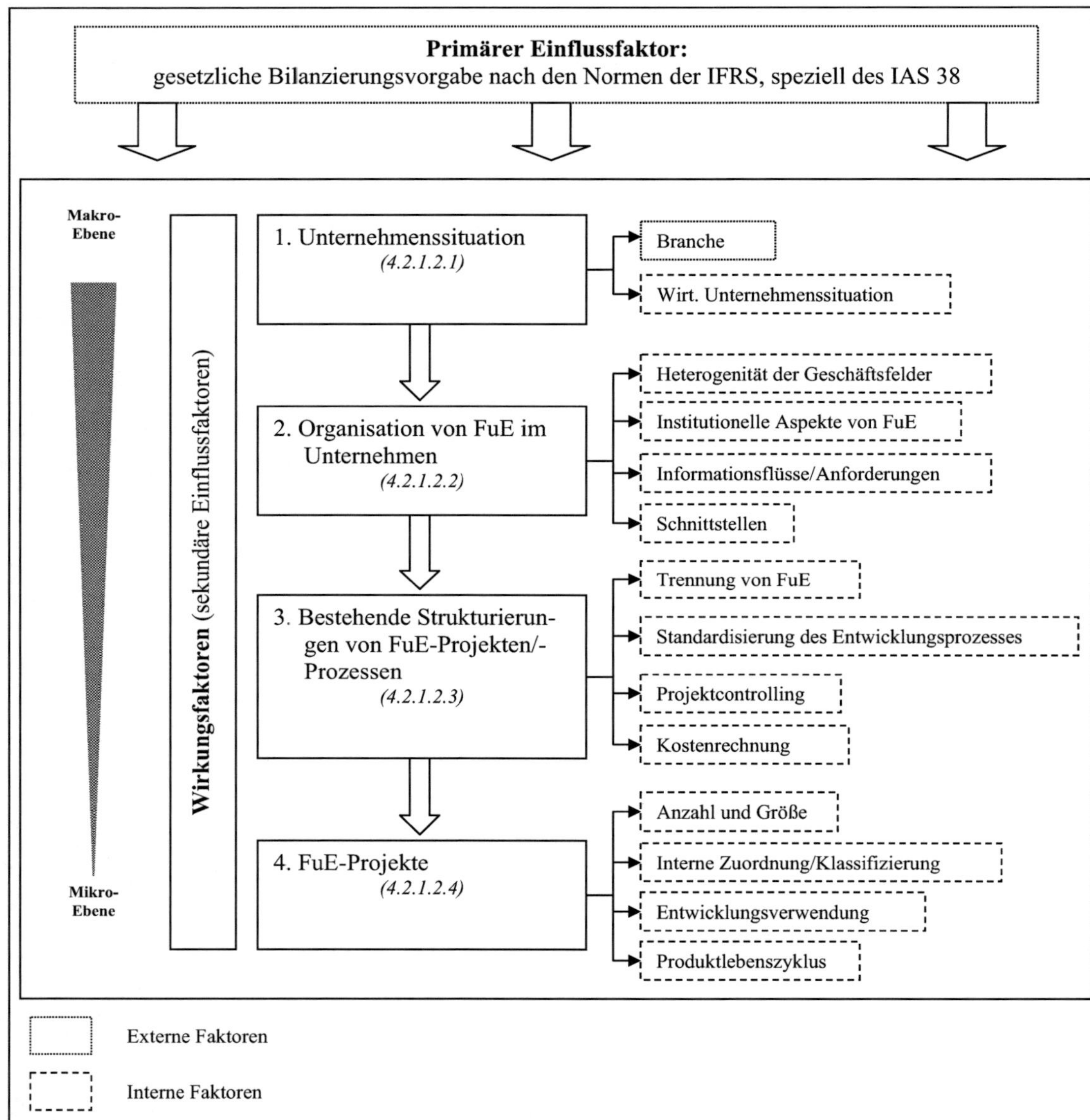

Abb. 19: Wirkungsfaktoren-Modell zur Darstellung der situativen Kontextfaktoren auf die Anwendung bzw. Umsetzung des IAS 38 im Bereich FuE.[601]

[601] Quelle: Eigene Darstellung.

4.2.1.2 Die situativen Kontextfaktoren im Wirkungsfaktoren-Modell

4.2.1.2.1 Unternehmenssituation

Die Makro-Betrachtungsebene der Wirkungsfaktoren besteht aus der Unternehmenssituation unterteilt in

a) den externen Faktor *Branche* und

b) den internen Faktor der *wirtschaftlichen Unternehmenssituation.*

Bevor die beiden Teilbereiche inhaltlich ausgeführt werden, sei noch angemerkt, dass die relative Wichtigkeit des Faktors FuE, welche naturgemäß die Intensität und Tiefe der untersuchten Wirkung bestimmt, über die Sampleauswahl nivelliert wurde und innerhalb der betrachteten Industriegruppen vergleichbare Marktbedingungen vorherrschten.[602]

Ad a) *Branche*

Die Branche determiniert die unternehmensinterne FuE grundlegend und entfaltet folglich auch Bedeutung bei den Wirkungen des IAS 38 zur Bilanzierung originärer immaterieller Vermögenswerte. Der **Faktor „Branche"** beinhaltet den **branchenrelevanten Ausschnitt der Unternehmensumwelt**, aufgespannt durch die gegebenen Markt- und Absatzparameter (Kunden, Lieferanten, Ersatzprodukte, Wettbewerb)[603], das regulatorische Umfeld (z.B. Zulassungsvoraussetzungen oder das Patentrecht) sowie die spezifisch anwendbaren bzw. existierenden Technologien (erreichter Technologiegrad)[604].[605] Darüber bestimmt dieser Einflussfaktor indirekt auch Produktlebenszyklen, Verwendungsmöglichkeiten und typische FuE-Prozessabläufe. Diese Interdependenzen und Wirkungsrückkopplungen werden im Verlauf der Faktorenanalyse an den entsprechenden Stellen aufgegriffen und vertieft.

Die Branche ist zunächst ein wesentlicher **Bestimmungsfaktor** für die **Prioritäten** bzw. Ausgabenanteile **zwischen** den hier fokussierten unternehmensinternen **Forschungs- und**

---

[602] Vgl. zu den betrachteten Industriegruppen Abschn. 4.1.2.2.

[603] Strukturparameter einer Branche nach Porter. Vgl. hierzu für den FuE-Bereich z.B. *Schmeisser u. a.* (2006), S. 162. Als externe Einflussdimension spiegelt der hier gewählte Bereich „Branche" sich in der aufgabenspezifischen Umwelt (Konkurrenzverhältnisse, Kundenstruktur, Dynamik der technischen Entwicklung) wieder. Vgl. *Kieser* (2006), S. 222.

[604] Für einen Nachweis der Technologie als Einflussgröße auf FuE-Aktivitäten s. *Warschkow* (1993), S. 17.

[605] Ein typisches Beispiel für den FuE-Bereich ist z.B. die Pharmabranche: hier zeichnen sich FuE-Tätigkeiten zur Erforschung neuer Wirkstoffe durch diverse branchenspezifische Charakteristika aus. Neben den hohen regulativen Anforderungen staatlicher Zulassungsvorgaben u. -prüfungen sind die mit einer Dauer von 10-12 Jahren sehr langen Entwicklungszeiträume gekoppelt mit extrem hohen Kosten sowie einer exponierten Stellung des Patentschutzes. Vgl. *Weitzel* (2004), S. 481.

Entwicklungstätigkeiten. Diese Tatsache wirkt auf die grundlegende bilanzielle Ausgabenaufteilung in Forschungsausgaben, welche einem generellen Aktivierungsverbot unterliegen und Entwicklungsausgaben, welche bei Erfüllung der zusätzlichen spezifischen Ansatzkriterien aktiviert werden müssen.[606] Vergleicht man etwa die Pharma- mit der Automobilbranche, so sind in der Pharmabranche die Forschungsaktivitäten wesentlicher Neuprodukttreiber, wohingegen in der Automobilbranche Entwicklungen etwa in Form von Anwendungsmöglichkeiten und Implementierungen neuer Technologien die FuE-Ausgaben dominieren. Dies zeigt sich, bezogen auf das angeführte Vergleichsbeispiel, letztlich auch in dem hohen Anteil der aktivierten FuE-Ausgaben in der Automobilbranche.[607] Gleichzeitig bedeutet dies, dass der Konkretisierungsgrad von FuE-Aktivitäten und damit auch die Möglichkeiten der Planung, Steuerung und Kontrolle branchenbezogen stark differieren. Grundsätzlich ist das Controlling in diesem Feld stark abhängig von der konkreten Beschaffenheit des Controlling-Gegenstandes; und es gilt, je weiter man sich vom „F"-Controlling in Richtung „E"-Controlling bewegt, desto eher greifen die allgemeinen Revisions-, Planungs- und Kontrollinstrumente.[608]

Die beispielhaft skizzierten Branchencharakteristika von FuE haben dazu geführt, dass in der Umsetzung der **Bilanzierungsvorschriften** aus IAS 38 **„branchentypische" Vorgehensweisen** entstanden sind, die sich im Rahmen von Jahresabschlussanalysen bspw. an den variierenden Umfängen aktivierter Entwicklungskosten zeigen,[609] allerdings erst in Ansätzen in der Kommentarliteratur beschrieben sind. Die Begründung hierfür liegt in der branchenübergreifenden Heterogenität der über die Bilanzierungsvorschrift abgedeckten immateriellen Werte. Dabei reicht die Ausdehnung des FuE-Begriffs im Sinne des lex generalis IAS 38 von originären immateriellen Werten aus der Erstellung einer Website bis in den Bereich der Profisportler.[610] Die resultierenden konkreten Umsetzungsprobleme der universell-abstrakten Anwendungsvorschrift betreffen dabei nicht nur die Unternehmen, sondern auch die Gruppe der Wirtschaftsprüfer. Diese verfügen aufgrund der weltweiten Verbreitung der IFRS und den vielfältigen Auslegungsmöglichkeiten in diesem Kontext unternehmensintern über ein spezielles Global Board,[611] welches Fragestellungen bei der

---

606 Vgl. hierzu Abschn. 3.3.1.2.2. Vgl. zu den praktischen Abgrenzungsproblemen am Beispiel von Technologieunternehmen *Fülbier/Honold/Klar* (2000), S. 837f.

607 *Hoffmann* (2006d) beziffert diesen in Rz. 29 mit z.T. über 50% der insgesamt anfallenden FuE-Kosten.

608 Vgl. *Brockhoff* (1999a), S. 430. Vgl. auch Abschn. 3.2.1 u. Abschn. 3.2.3.

609 Vgl. hierzu aktuell die Untersuchung von *von Keitz* (2005), S. 41.

610 Vgl. hierzu *Hoffmann* (2006d), Rz. 34f.

611 Die Differenzen zw. den Prüfungsgesellschaften bleiben aber problematisch. „Die Synchronisation ist auch unter den Prüfungsgesellschaften spannungsgeladen." Zitat eines WP im Interview.

Auslegung von Sachverhalten mit dem Ziel einer einheitlichen Prüfungsmeinung klärt.[612] Zieht man erneut das Beispiel der Pharmabranche heran, so wird hier aufgrund der relativ späten Zulassungsprüfung im FuE-Prozess argumentiert, dass erst zu diesem Zeitpunkt – also bei Zulassung des neuen Wirkstoffes – das Kriterium des zukünftigen Nutzenzuflusses bzw. der technischen Realisierbarkeit nachweisbar erfüllt ist.[613] In der bilanziellen Abbildung bedeutet dies aber, dass nahezu keine Ausgaben für FuE in der Bilanz aktiviert werden, weil nach dem beschriebenen Zulassungszeitpunkt in diesem Bereich kein nennenswerter Aufwand mehr anfällt.[614] Die Branchengegebenheiten werden über die Rechnungslegung folglich so abgebildet, dass sich eine mit der HGB-Bilanzierung gleiche Auslegung des IFRS-Standards etabliert hat. Daher sind die im Rahmen der Forschungsfragen untersuchten Auswirkungen der Bilanzierung von FuE nach IAS 38 auf das Controlling von FuE in dieser Branche nahezu nicht vorhanden.

Im Branchenkontext stehen auch die **Technologiezyklen** und **Wettbewerbsphasen**. So kann eine Technologie in einer Branche bereits als Basistechnologie etabliert sein und in einer anderen noch als Schrittmachertechnologie fungieren.[615] Die Übertragbarkeit und der jeweilige Reifegrad einer technologischen Entwicklung bestimmen ihr interindustrielles Diffusionspotential. Diese Größe determiniert u.a. das branchenbezogene Entwicklungsrisiko. Wird eine bestehende Technologie oder Entwicklung aus ihrem ursprünglichen Anwendungsbereich übertragen auf einen neuen Bereich, so ist das Risiko dieses FuE-Projektes geringer, als bei einer vollständigen Neuentwicklung, bei der auf keinen funktionierenden Erkenntnissen aufgesetzt werden kann. Gleichzeitig ist der Wert einer Entwicklung deutlich höher, wenn eine breite Nutzungspalette möglich ist. So beeinflussen die unterschiedlichen Zyklen auch die inter- und/oder intrabranchenbezogenen Verwendungs-

---

612 „Der Prüfer in Tadschikistan vertritt die gleiche Position wie wir hier in Deutschland". Zitat eines WP aus den Interviews.

613 Vgl. *Hoffmann* (2006d), Rz. 28f. mit Nachweisen zur internationalen Anwendungspraxis dieser Auslegung in der Pharmabranche. Vgl. auch den empirischen Beleg bei *Hager* (2007), S. 210. Anderer Auffassung ist in diesem Falle z.B. Scheinpflug. Er vertritt den Standpunkt, dass ein wahrscheinliches u. nicht das tatsächliche Passieren der Genehmigungsverfahren mit diesem Kriterium gemeint ist u. somit auch vor Zulassung die technische Realisierbarkeit bzw. der zuk. Nutzen gegeben sein kann. Vgl. *Scheinpflug* (2006), Rz. 32. Das einzige Unternehmen der Pharmabrache aus dem Untersuchungssample gab jedoch genau die oben angeführte Begründung an.

614 Bestätigt wird dies auch bei einer aktuellen emp. Untersuchung. Im Vergleich zur hier ebenfalls berücksichtigten Automobilbrache, für die die Entwicklungskostenaktivierung eine besonders hohe Relevanz hat, wird die Negierung dieser Werte in der Pharmabrache erneut belegt. Vgl. *Hager* (2007), S. 209f. Mangels Risiken in der Markteinführung aufgrund der behördlichen Zulassung unterliegen Generikaunternehmen wie bspw. Stada od. Evotec nicht diesem branchenbezogenen „Nichtansatzgebot". Vgl. ebenda S. 210. Unternehmen der Pharma u. Chemiebrachen berichten aber ausführlicher als andere in Form freiwilliger qualitativer Bilanzinformationen über FuE-Aktivitäten. Vgl. ebenda S. 214.

möglichkeiten und damit die zukünftigen Nutzenwerte unternehmensinterner FuE-Projekte. In einigen Branchen eignen sich die neuen Erkenntnisse sehr gut, um schnell in ähnlichen Produkten eingesetzt zu werden. Andere Ergebnisse hingegen, wie z.B. geschützte Rezepturen dürfen erst nach Ablauf der Patentfrist legal kopiert werden und eine abgewandelte Verwendung ist wenig sinnvoll. Naturgemäß sind auch die Nutzungsdauern damit verbunden, da sowohl die primäre Nutzungsplanung als auch vorhandene Sekundäroptionen einem branchentypischen Nutzungszyklus unterworfen sind. In der IFRS-Abbildung von FuE-Ausgaben spiegeln sich diese Tatsachen sowohl in den Ansatz- als auch in den Bewertungsprüfungen. Angefangen bei vorhandenen Vergleichswerten (in seltenen Fällen in Form direkter Marktwerte aus einem aktiven Markt oder vergleichbaren Markttransaktionen) über verschiedene Nutzungsalternativen (interne und/oder externe Verwendung) bis hin zu Risikogrößen und Wahrscheinlichkeitseinschätzungen. Obwohl FuE-Ergebnisse typischerweise aufgrund ihrer hohen Individualität nicht direkt handelbar sind und folglich wenig marktliche Informationen generiert werden können, fungieren in bestimmten Branchen die Patentdatenbanken als wichtige Quelle externer Informationen. Diese sind auch im Rahmen der bilanziellen Ansatz- und Bewertungsüberlegungen relevant, z.B. über Bewertungsdaten aus der Anwendung von Lizenzpreisanalogien.[616] Hierbei werden fiktive periodische Beschaffungskosten, in Form von Lizenzgebühren für die Nutzung eines funktionsgleichen Produktes, dem zu bewertenden Entwicklungsprojekt, als zukünftige Erfolgsbeiträge direkt zugerechnet.[617] Die beschriebenen Einflussgrößen sind damit schwerpunktmäßig Determinanten des zukünftigen Nutzens als Ansatzkriterium sowie in der Quantifizierung der Nutzungsdauern und der Beurteilung der Werthaltigkeit im Rahmen der Folgebewertung.

Ebenfalls Eingang in die Bewertung finden technologische Effekte über die **Imitierbarkeit** neuentwickelter Technologien oder in Form von Eintrittsbarrieren für neue Marktteilnehmer aus der Generierung von Erfahrungskurven-Effekten. Gemeint ist damit, dass die Nutzungsbeurteilungen bereits die Möglichkeiten der Imitierbarkeit von Technologien durch

---

615 Vgl. *Schmeisser u. a.* (2006), S. 200f. Zu den Technologieklassen (Basistechnologie, Schlüsseltechnologie, Schrittmachertechnologie) kombiniert mit der Technolgoieattraktivität s. *Geiger* (2000), S. 144ff.

616 IAS 36.27 sagt hierzu ausdrücklich: „Bei der Bestimmung [...] berücksichtigt das Unternehmen das Ergebnis der jüngsten Transaktionen für ähnliche Vermögenswerte innerhalb derselben Branche". An anderer Stelle heißt es „auch müssen sie die aktuellen Geschäftsvorfälle und Praktiken der entsprechenden Branche eines Vermögenswertes widerspiegeln. Diese Techniken beinhalten [...] die Anwendung von Multiplikatoren oder in Abhängigkeit vom Strom des Nutzungsentgeltes, das aus der Lizenzvergabe des immateriellen Vermögenswertes an eine andere Partei innerhalb einer Transaktion zu marktüblichen Bedingungen erzielt werden könnte." IAS 38.41 [a].

617 Vgl. zu dieser speziellen Variante *Beyer* (2005), S. 157f. u. S. 172ff., *Anderson* (2004), S. 87.

Wettbewerber einbeziehen müssen, etwa über Szenarien.[618] Weiter wirkt die **Komplexität** der Produkte als externer Faktor einer Branche auf die Prognostizierbarkeit einer Entwicklung im Unternehmen, abgebildet in der Bilanzierung über das Aktivierungskriterium der technischen Realisierbarkeit. Denkbar sind hierbei sogar – so ein WP im Interview – ein überschwappender Effekt von Konkurrenten in der Form, dass wenn ein vergleichbarer Player in der Branche die technische Realisierbarkeit falsch beurteilt hat, auch für die Konkurrenten härtere Prüfungen des Kriteriums von Seiten der WP resultieren.

Eine weitere Branchendeterminante ist der **Wettbewerb** mit seiner Absatzstruktur auf der einen und den **vorhandenen Wettbewerbern** auf der anderen Seite. Die Vorgehensweise der Konkurrenten bei der Anwendung des IAS 38 spielt im Bereich FuE eine entscheidende Rolle. Grundsätzlich möchten die Unternehmen nicht mehr Informationen über den höchst sensiblen Bereich der FuE-Aktivitäten Preis geben, als notwendig. Hierbei entscheidend ist die Analysierbarkeit der Informationen durch die Konkurrenten, aber auch die branchenbezogenen Vergleichsbewertungen von Analysten, Marktpartnern und Investoren. So kann in einigen Bereichen der Industrie im sehr übersichtlichen Feld der Mitbewerber anhand vorhandener Informationen aus dem Abschluss in Verbindung mit branchenbezogenen Marktkenntnissen über z.B. aktuelle Projekte am Markt und Beteiligungen der Konkurrenzunternehmen auf Margen dieser geschlossen werden.[619] Unter sorgfältiger Abwägung der Minimalanforderungen, dem gewollten Informationsausmaß und den möglicherweise für Mitstreiter und andere relevante Partner ableitbaren Informationsdetails wird die generelle Herangehensweise festgelegt und die konkrete Operationalisierung der Bilanzierungsvorschriften vor diesem Hintergrund mit den WP diskutiert bzw. „ausgefochten“. Im weltweiten Wettbewerb kommt auch der Vergleich mit Konkurrenten anderer Rechnungslegungssysteme, vornehmlich US-GAAP, als Einflussfaktor hinzu.[620] Da US-Unternehmen keine FuE-Ausgaben aktivieren,[621] stehen IFRS-Bilanzierer hier unter „besonderer Beobachtung“ durch Konkurrenten und Akteure auf dem Kapital- und Absatzmarkt. Insgesamt bedeutet dies, dass die Umsetzung des IAS 38 und die resultierende Informationsvermittlung im Jahresabschluss innerhalb einer Branche – vornehmlich durch die großen Player – mitbestimmt bzw. ausformuliert werden. Die so gesetzten „Standards“

---

[618] Vgl. zur Erfahrungskurve im Kontext des FuE-Controllings z.B. *Schmeisser u. a.* (2006), S. 207.

[619] Diese Argumentation wurde explizit in den Interviews der Automobilbranche u. Industrie angeführt.

[620] Dieser Aspekt hat insbesondere durch die Tatsache an Aktualität gewonnen, dass die SEC die Bilanzierungsstandards der IFRS mittlerweile ohne eine Überleitungsrechnung für ausländische Emittenten anerkennt. Vgl. hierzu Abschn. 2.2.

[621] Einzige Ausnahme ist die hier nicht berücksichtigte Softwarebranche. Vgl. allg. zu FuE-Ausgaben nach US-GAAP SFAS 2 od. *Scheinpflug* (2006), Rz. 25ff., 135ff. u. Rz. 143.

entfalten eine Vorreiterrolle und werden unter den Wettbewerbern als „Peer Pressure" wahrgenommen. Auf diese Weise wird etwa die branchenübliche FuE-Quote zum Umsatz als Argument in der Umsetzung der Rechnungslegungsvorschrift verwendet.[622] In diesem Zusammenhang berichtete ein Unternehmen der Chemiebranche, dass es im Vergleich zum Wettbewerb einen sehr geringen Anteil vom Umsatz für FuE aufwendet und diese Tatsache unter Materialitätsgesichtspunkten zu einer vollständigen Nichtaktivierung genutzt hat.

Die zweite angesprochene Branchendeterminante im Wettbewerb bezieht sich auf die Abnehmer. **Branchentypische Absatzmöglichkeiten** unterscheiden sich u.a. durch verschiedenartige Kundenbeziehungen. Insbesondere die Nähe zum Kunden im Entwicklungsprozess bedingt charakteristische Anwendungen der bilanziellen Vorgaben. Betrachtet man z.B. die Automobilzulieferer, so kann eine technische Realisierbarkeit in der Regel dann nachgewiesen werden, wenn das entwickelte Teil vom Abnehmer in seiner Funktionstauglichkeit getestet wurde, d.h. spätestens mit (zugesagter) Abnahme eines Prototypen. An dieser Stelle kann mit ausreichender Sicherheit dokumentiert werden, dass das entwickelte Produkt den technischen Kundenansprüchen genügen wird. Findet die „Zusammenarbeit" mit dem Kunden bereits in einer früheren FuE-Phase statt, so kann das Ansatzkriterium des zukünftigen Nutzens, etwa aus Rahmenvereinbarungen für die Abnahme, hinreichend sicher abgeleitet sowie meist auch konkret quantifiziert werden. In der Industrie ist der Kunde häufig sogar Initiator einer Entwicklung und damit findet von Beginn des eigentlichen unternehmensinternen FuE-Prozesses ein „bilaterales Entwickeln" statt. Mit dem Kundenkontakt verknüpft sind auch die innerhalb einer Branche vorherrschenden „typischen" Produktlebenszyklen, welche sich an verschiedenen Stellen in der Umsetzung der Rechnungslegungsvorgaben speziell bei Nutzenbewertung und Nutzungsdauern auswirken. Dabei sind die Komplexität und Dynamik der zugrunde liegenden Technologien und der Absatzmärkte Unsicherheitstreiber, welche die Prognosegenauigkeit der zukünftigen Produktlebenszyklusverläufe beeinflussen.[623]

Aus der **branchenspezifischen Abnahmesituation** können auch Impairment Faktoren abgeleitet werden, z.B. aus der Tatsache, dass eine neue Modellreihe oder ein geplantes „Facelift" zeitlich verschoben oder sogar ausgesetzt werden. Für die in diesem Zusammenhang aktivierten Entwicklungskosten der Automobilzulieferer müssen dann Wertkontrollen und ggf. Korrekturen in Form von Abschreibungen erfolgen. Das bedeutet, dass die im

---

[622] Das diese in den Branchen sehr unterschiedlich ist, wurde bereits an anderer Stelle in diesem Abschn. ausgeführt u. belegt.

Rahmen der Supply Chain bestehenden Verknüpfungen zu Auswirkungen im Sinne von Rückkopplungen in vorgelagerten Unternehmen führen können. Produziert eine Branche hingegen für einen anonymen Markt, so sind konkrete Informationen zur technischen Umsetzbarkeit nur aus internen Versuchsreihen, ähnlichen Prognosen oder Vergleichen ableitbar und der zukünftige Nutzen basiert ebenfalls auf unternehmenseigenen Schätzungen der Verwendungsmöglichkeiten. Über den Aspekt der Abnehmer werden auch die Schnittstellen zwischen FuE und Marketing intensitätsmäßig beeinflusst und das notwendige Maß an Koordination zwischen den Bereichen bestimmt.[624] Für das Controlling von FuE resultieren hieraus vor dem Hintergrund der Bilanzierung relevante Einflussgrößen für den Bereich der Informationsflüsse und -zuständigkeiten, wie z.B. die Verantwortlichkeiten für die Wertermittlungen kundennaher FuE-Projekte durch die entsprechenden Marketing- oder Vertriebsabteilungen oder Funktionalitätsbeurteilungen der Produktionsabteilungen.

Branchenspezifisch sind auch die **Entstehungszyklen von Innovationen**. Dies zeigt sich etwa in den Dimensionen der durchschnittlichen Dauer eines Entwicklungszyklus sowie in der ihm inhärenten Unsicherheit. Die zeitliche Varianz kann von durchschnittlich drei bis vier Jahren in der elektronischen Industrie bis hin zu Durchschnittslaufzeiten von zwölf Jahren in der pharmazeutischen Industrie reichen, wobei letztere u.a. durch die hohen regulatorischen Anforderungen beeinflusst werden.[625] Die Unsicherheit ist insbesondere bezüglich der technischen Erfolgswahrscheinlichkeiten in den Industriezweigen unterschiedlich. Als Extrempunkte eines Spektrums können auch hier die pharmazeutische und die elektrotechnische Industrie angeführt werden, wobei sich die Pharmabranche durch ein hohes Maß an technischer Unsicherheit im Vergleich zur Elektronikbranche auszeichnet.[626] Das bedeutet für die externe Rechnungslegung über Werte aus FuE, dass der Grad der Wahrscheinlichkeit sowie der Wert eines zukünftigen Nutzens unterschiedlich stark variieren können. Da die typische Entwicklungs- und Nutzungszyklen über die Branche determiniert werden, unterliegen davon abgeleitet auch die Zeiträume von FuE-Projekten insgesamt sowie die Dauer einzelner Phasen branchenspezifischen Charakteristika. An diesen branchentypischen Gegebenheiten müssen sich Risikoparameter bei der Erst- und Folgebewertung orientieren (wie z.B. die Aufteilung in eine Detailplanungs- und eine Verrentungsphase in Discounted Cash Flow-Modellen oder dem risikoadjustierten Diskontierungszins), die Kontrollregelmäßigkeiten angepasst sowie geeignete Indikatoren für Werthaltigkeitstests

[623] So z.B. genannt in den ext. Informationsquellen eines Impairment-Tests. Vgl. IAS 36.12 u. IAS 36.111.
[624] Vgl. hierzu grundlegend Abschn. 3.2.3 und weiterführend Abschn. 4.2.1.2.2 sowie Abschn. 4.2.2.4.
[625] Vgl. *Wicke* (1995), S. 21 m.w.N.

ausgewählt werden. Damit einhergehend steigen bei hoher Komplexität/Dynamik der Branche oder langen Laufzeiten im Entwicklungs- bzw. Nutzungsbereich im FuE-Controlling die aus der Rechnungslegung kommenden Anforderungen an die Bewertung und Kontrolle sowie das Risiko, aus Prognoseunsicherheiten spätere Ertragsfolgen in Form außerplanmäßiger bilanzieller Wertkorrekturen.

Abschließend kann im Kontext der Nutzung der Ergebnisse aus FuE auch **eine interne Verwendung** in ihrer **Bedeutung branchenbezogen sehr verschieden** sein.[627] In der Pharma- und Chemiebranche sind die neuen Rezepturen bspw. primär für eine marktliche Verwendung vorgesehen, sodass hier der bilanziell zu bestimmende Parameter des zukünftigen wirtschaftlichen Nutzens sowie die Kontrollgrößen im Rahmen von Werthaltigkeitstests aktivierter Entwicklungskosten auch nur durch eine externe Verwendungsrechnung generiert werden. Anders sieht es da z.B. in den technisch orientierten Branchen, wie der Industrie- und Automobilbranche aus. Hier können Innovationen auch zu einer Verbesserung der eigenen Produktionsmöglichkeiten verwendet werden. Das Ansatzkriterium sowie die Prüfung der Werthaltigkeit dieser Entwicklungen basieren dann auf internen Planungsrechnungen wie z.B. auf den Daten der nutzungsbedingten unternehmensinternen Kosteneinsparungen analog einer Rationalisierungsinvestition.

Ad b) *wirtschaftliche Unternehmenssituation*:

Eng verknüpft mit dem soeben beschriebenen externen Faktor der Branche ist die wirtschaftliche Unternehmenssituation. Die eigene Position und damit die unternehmenseigenen Stärken und Schwächen können nur im **Vergleich** zu den **Mitstreitern** im Markt und deren Fähigkeiten und Ressourcenportfolios sinnvoll bewertet werden.[628] Dazu können nun auch die umfangreicheren Informationen des Jahresabschlusses im Bereich FuE herangezogen werden, wie z.B. wie viel FuE-Aufwand aktivieren die Konkurrenten, wie hoch sind ihre Abschreibungen in diesem Bereich, welche Größenordnung investieren diese insgesamt im FuE-Aufwand und wie entwickeln sich diese Größen im Zeitverlauf?[629] Allerdings ist die bilanzielle Darstellung nicht frei von Bilanzierungsspielräumen und damit immer vor dem Hintergrund der Frage zu sehen, wie man sich bei den verschiedenen Interessensgruppen darstellen möchte. Hierbei spielt insbesondere die Shareholder Value-Perspektive

---

[626] Vgl. *Brockhoff* (1999a), S. 56.
[627] Vgl. hierzu grundlegend Abschn. 3.3.1.2.2.
[628] Vgl. *Schmeisser u. a.* (2006), S. 333.
[629] Vgl. in diesem Kontext z.B. die Forderung von Brockhoff nach einer Institutionalisierung technologischer Konkurrenzanalysen, welche hierdurch unterstützt werden könnte. Vgl. *Brockhoff* (1989), S. 48f.

der Investoren, aber auch Rating-Agenturen und Kreditgeber eine Rolle, da über die Gestaltung der Aktivierung von FuE-Ausgaben über Primär- und Sekundäreffekte zentrale Kennzahlen wie die Eigenkapitalquote und die Eigenkapitalrentabilität oder auch der Cash Flow aus Investitionstätigkeiten beeinflusst werden.[630] Zu beobachten ist bei den Unternehmen grundsätzliche eine Bandbreite von aggressiver bis konservativer Anwendung der IFRS.[631] Diese langfristige bilanzpolitische Unternehmenseinstellung ist allerdings kurzfristigen Schwankungen unterworfen. So werden die rechnungslegungstechnischen Stellschrauben aus den faktischen Wahlrechten in bestimmten Situationen,[632] wie einem Vorstandswechsel oder einer kritischen Ertragslage, besonders sorgfältig überprüft, Aktivierungsvorgaben ggf. anders interpretiert oder an (vermeintlich) neue Gegebenheiten angepasst.[633] Aufgrund des hohen Aggregationsniveaus der Abschlussdaten sind diese Kausalitäten bzw. Anpassungsvorgänge nur schwer in den Jahresabschlüssen lesbar, was die Interpretier- und Analysierbarkeit beeinträchtigt. Indizien können neben den verbalen Ausführungen hohe außerordentliche Abschreibungen oder starke Schwankungen etwa der Entwicklungskosten oder des FuE-Aufwandes im Vergleich zu Vorjahreswerten sein.[634] Eine Einflussnahme bzw. Rückkopplung solcher Abbildungsüberlegungen aufgrund der wirtschaftlichen Unternehmenssituation auf den FuE-Bereich wurde in den Interviews nur in der Weise bestätigt, dass die Ertrags- und Vermögensfolgen von FuE-Aktivitäten in die Entscheidungen einbezogen werden. Untersuchungen belegen jedoch z.B. den Zusammenhang zwischen Umsatzrenditen und dem Aktivierungsumfang von Entwicklungskosten. In einem Unternehmensvergleich zeigte sich, dass besonders Unternehmen mit schlechten Umsatzrenditen Entwicklungskosten aktivieren.[635] Interessant ist in diesem Zusammenhang auch die Aussage der Relation von Gewinn und Entwicklungskosten, da die Aktivierungsumfänge das Jahresergebnis direkt entlasten und damit unmittelbar das Ergebnis steigern. Im vergleichbaren Umfeld der Automobilbranche sind hier Relationen von 17 % bis 129 %

---

[630] Vgl. hierzu auch die Ausführungen im Bereich der Primärwirkungen in Abschn. 4.2.2.2.

[631] Aktuell für 2007 aufgezeigt bei der Automobilbranche von Küting. Vgl. *Küting* (2008), S. 22.

[632] Vgl. zu den faktischen Wahlrechten auch den Abschn. 4.2.2.2 zu den Informationswirkungen.

[633] Vgl. auch *Baetge/Maresch/Schulz* (2008), S. 422.

[634] Vgl. einschränkend hierzu mit Blick auf die im Zeitablauf nachteilige Wechselproblematik sowohl innerhalb der IFRS als auch durch den Rechnungslegungsbruch von HGB auf IFRS *Baetge/Maresch/Schulz* (2008), S. 417ff. Ebenda werden exemplarisch die zeitlich inkonsistenen Abbildungen aufgrund der Aktivierung originärer immaterieller Vermögenswerte am Beispiel des VW-Konzerns dargestellt u. ihre beeinträchtigenden Wirkungen bei der Jahresabschlussanalyse expliziert.

[635] Vgl. *von Keitz* (2003), S. 1803. Das der IAS 38 bei der Entwicklungskostenaktivierung ein faktisches Ansatzwahlrecht bedeutet, ist weitgehend unumstritten. Vgl. zu faktischen Wahlrechten *Baetge/Kirsch/Thiele* (2004a), S. 183ff., *Baetge/von Keitz* (2006), Rz. 69, *Arbeitskreis "Immaterielle Werte im Rechnungswesen" der Schmalenbach-Gesellschaft für Betriebswirtschaft e.V.* (2001), S. 992, *Heuser/Theile* (2005), Rz. 519, Vgl. ausf. u. mit Beispielen *Hoffmann* (2006d), Rz. 28f. Vgl. abgeschwächt auch *von Keitz* (1997), S. 192f. Vgl. auch *Freidank/Velte* (2007), S. 764.

zu sehen,[636] wobei eine negative Korrelation der Ertragslage mit dem aktivierten Entwicklungskosten zu beobachten ist.[637] Dieses „Earnings-Management" geht in einem starren Rechnungslegungssystem, wie dem des HGB oder US-GAAP, sogar soweit, dass aufgrund bilanzieller Ziele die tatsächlichen FuE-Umfänge beeinflusst werden, wohingegen bei der Möglichkeit der Kapitalisierung von FuE-Ausgaben, diese zielgerichtet gesteuert werden.[638] Umzusetzende Vorgaben oder Aktionen aufgrund einer gewünschten (ggf. kurzfristig verfolgten) Zielvorstellung der bilanziellen Jahres- oder Mehrjahresabbildung wurden von den Untersuchungsteilnehmern nur in Form einer Aufwandsquote angegeben, d.h. ein festgelegter Anteil des Umsatzes sollte im FuE-Aufwand angelegt werden. Da dieser Aufwand nun zum Teil auch als Vermögenswert aktiviert wird, ist hier zukünftig auch eine konstante, angestrebte Vorgabe für die Höhe der periodenbezogenen Entwicklungskosten in Form einer Entwicklungskostenquote durchaus denkbar. Diese beinhalten FuE-Ausgaben mit einem höheren Reife- und Sicherheitsgrad aufgrund der zu erfüllenden Aktivierungskriterien und stellen damit für die wichtige Interessensgruppe der Shareholder einen Unternehmensperformance-Indikator dar, welcher in besonderem Maße erfolgreiche Zukunftsaussichten signalisiert bzw. suggeriert. Betrachtet man erneut die Automobilbranche, so ist die Spannweite dieser Kennzahl beeindruckend: Während Porsche nur 5 % seiner FuE-Ausgaben aktiviert, sind es bei Daimler und Volkswagen 26 % und 29 % und BMW erreicht sogar eine Größe von 42 %.[639]

Der Einfluss der wirtschaftlichen Unternehmenssituation im Kontext der bilanziellen Abbildung von FuE wird in Abbildung 20 noch einmal visuell zusammengefasst.

Neben den beschriebenen möglichen Auswirkungen im Rahmen der bilanzpolitisch motivierten Handhabungen der Rechnungslegung von FuE beeinflusst die wirtschaftliche Unternehmenssituation abschließend auch den Umfang und die Intensität der Jahresabschlussprüfung. Diese wird in Abhängigkeit zur relativen Vermögens-, Finanz- und Ertragslage des Unternehmens durchgeführt. Auch Aspekte wie das individuelle Marktrisiko oder Reputationsschäden werden in die Beurteilung dabei einbezogen. Aufgrund des risikoorientierten Prüfungsansatzes wird ein Unternehmen mit einer soliden Konstitution daher regelmäßig nur einer stichprobenartigen Prüfung im Bereich der originären immateriel-

---

[636] Vgl. *Küting* (2008), S. 22. Konkret werden ebenda für Prosche 17 %, Daimler 80 %, BMW 93 % u. VW 129 % bezogen auf das Geschäftsjahr 2007 genannt.

[637] So z.B. für BMW u. VW aufgezeigt bei *Baetge/Maresch/Schulz* (2008), S. 419.

[638] Vgl. die empirische Studie von *Oswald/Zarowin* (2005).

[639] Vgl. *Küting* (2008), S. 22.

len Vermögenswerte unterzogen, wohingegen bei negativer Beurteilung der Gesamtsituation eine Vollprüfung der FuE-Ausgaben und Entwicklungskosten die Regel ist.[640]

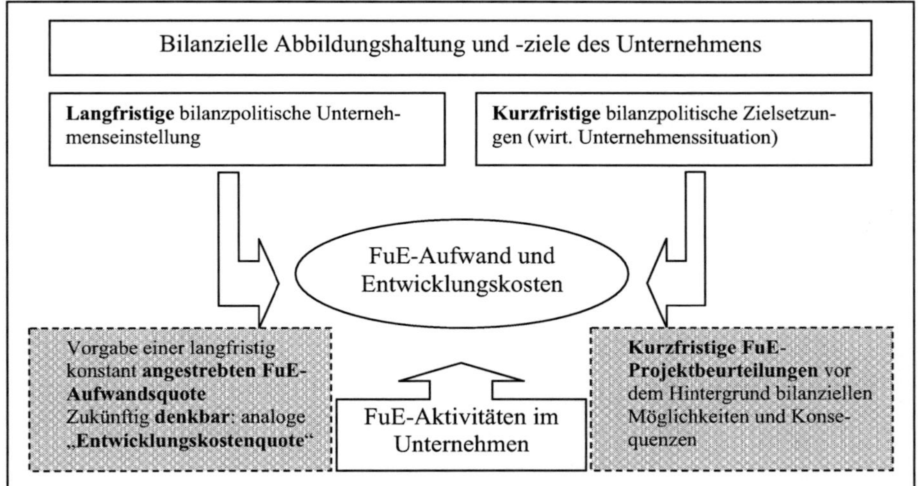

Abb. 20: Wirkungen der wirtschaftlichen Unternehmenssituation vor dem Hintergrund der bilanziellen Abbildungshaltung und –ziele des Unternehmens.[641]

Nachdem in diesem Abschnitt die Makro-Ebene der Unternehmenssituation über die beiden Komponenten der Branche und der wirtschaftlichen Unternehmenssituation auf ihren Bezug zur Abbildung der Rechnungslegungsvorgaben aus IAS 38 beleuchtet wurden, folgt auf der nächsten Modellstufe die Darstellung des Wirkungsfaktors der Organisation von FuE im Unternehmen.

4.2.1.2.2 Organisation von FuE im Unternehmen

Aufgrund der zunehmenden Detaillierung der Faktoren im Wirkungsfaktoren-Modell ist bereits auf dieser Ebene sichtbar, dass die Einflussgrößen ab hier vollständig im Unternehmensinneren angesiedelt sind. Dabei ist der zweite betrachtete Wirkungsfaktorenbereich – die Organisation von FuE im Unternehmen – Thema dieses Abschnitts.[642] Besondere Relevanz entfalten hierbei die nachfolgend erläuterten Einflussfaktoren

a) die *Heterogenität der Geschäftsfelder,*

---

[640] So auch die zusammengefasste Aussage der befragten Wirtschaftsprüfer im Interview.

[641] Quelle: Eigene Darstellung.

[642] Dabei wird die allgemein angesprochene organisatorische Voraussetzung für eine erfolgreiche Konvergenz von internem u. externem Rechnungswesen (vgl. z.B. *Fleischer* (2005), S. 193f.) auf den Funktionalbereich der FuE auf Basis empirischer Beobachtungen übertragen.

b) die *institutionellen Aspekte von FuE* sowie

c) die *Informationsflüsse/Anforderungen* und

d) die *Schnittstellen* zwischen den Funktionen.

Ad a) *Heterogenität der Geschäftsfelder:*

Die Heterogenität der Geschäftsfelder lässt sich im Untersuchungskontext vereinfacht in eine Vier-Felder-Matrix mit folgenden Dimensionen einteilen:

1. FuE-Aktivitäten im Unternehmen und
2. Verwendungsmöglichkeit(en) der FuE-Ergebnisse.

Inhaltlich werden die beiden Abbildungsachsen sowie die sich ergebenden Kombinationsmöglichkeiten im Anschluss an die schematische Darstellung der Abb. 21 erläutert.

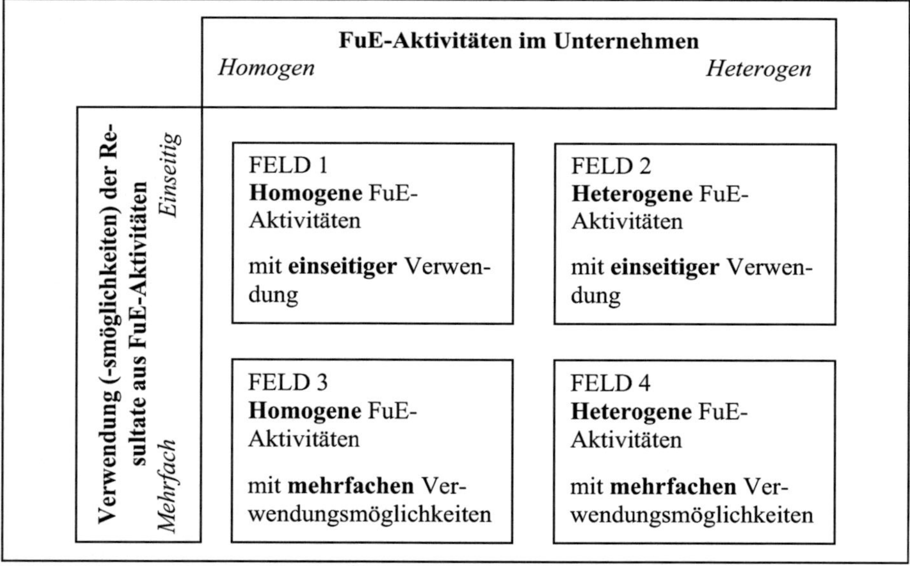

Abb. 21: Vier-Felder-Matrix zur Heterogenität der Geschäftsfelder im Untersuchungskontext der Bilanzierung von FuE.[643]

Die beiden Betrachtungsdimensionen beziehen sich einerseits auf die innerhalb von einem oder mehreren Geschäftsfeldern betriebenen FuE-Aktivitäten im Unternehmen und ande-

[643] Quelle: Eigene Darstellung. In Grundzügen spiegelt sich hier die Organisationsstruktur mit den Dimensionen zentral vs. dezentral, welche auch unter Rückgriff auf die Aufgabenspezifität (aufgespannt durch die Anwendungs- u. Technologiespezifität) von FuE-Aktivitäten festgelegt wird. Vgl. hierzu ausf. *Kupsch/Marr/Picot* (1991), S. 1101ff.

rerseits auf die geschäftsbereichsspezifische oder -übergreifende Nutzung von FuE-Ergebnissen. Hierbei stellt die **erste Dimension** auf die Heterogenität der Forschungsgebiete bzw. zugrunde liegenden Technologien verschiedener Geschäftsfelder ab. So könnten bspw. in einem Unternehmensbereich Motorentechnologien und -anwendungen erforscht und weiterentwickelt werden, während man sich an einer anderen Stelle des Konzerns auf elektronische Lichtquellen konzentriert. Dabei liegt dieser Einteilung die Annahme zugrunde, dass gleichartige Technologien oder Forschungsgebiete in ihrer Struktur, ihren Anwendungsbereichen und ihrem Forschungsverlauf ähnlicher sind als gänzlich unabhängige Themenfelder. Im Ergebnis kann man diese Einteilung als eine branchenspezifische Differenzierung der FuE-Aktivitäten innerhalb des Unternehmens interpretieren, für die prinzipiell die Ausführungen aus dem Kontextfaktor der Branche übertragbar sind.[644] An dieser Stelle besteht auch eine Verbindung zur Organisationsstruktur innerhalb des FuE-Subsystems, da dieses bei heterogenen Produktprogrammen und damit auch heterogenen FuE-Aktivitäten häufig objektbezogen gegliedert ist.[645] Die **zweite**, verwendungsbezogene **Dimension** spiegelt die Einsatzmöglichkeiten der verschiedenen Entwicklungen im Unternehmen wieder. Grundsätzlich können diese in diversen internen Bereichen, wie etwa in der Fertigung, Anwendung finden und gleichzeitig oder ausschließlich in einem oder mehreren Produkten zum Einsatz kommen. Im Rahmen der Verwendungsmöglichkeiten spielt auch die zeitliche Komponente eine Rolle, da eine Entwicklung vielleicht in einem Unternehmensteil bereits eingesetzt wird und sich in anderen Verwertungsbereichen des Unternehmens erst im Stadium der Planung oder initialen Umsetzung befindet.[646]

Der einfachste Fall ist ein Unternehmen, welches nur in einem Bereich FuE-Aktivitäten betreibt und damit zumindest aus diesem Blickwinkel – nämlich in Bezug auf seine FuE – nicht heterogen ist. Bei gleichzeitig auch nur einseitiger Verwendungsmöglichkeit der FuE-Ergebnisse ist das **Feld 1** beschrieben. Hierunter würde bspw. ein hoch spezialisierter Zulieferer fallen, der sich auf die Erforschung, Weiterentwicklung und Anwendung in einem eng definierten Bereich fokussiert hat. In dieser Situation kann die Umsetzung der Bilanzierungsvorgaben sehr gradlinig und pragmatisch anhand des einschichtigen FuE-Geschehens erfolgen. Sowohl die Kriteriendefinition zur Aktivierung, wie etwa die technische Realisierbarkeit oder Fragen des zukünftigen Nutzens und der notwendigen Ressourcen, können auf den einen Anwendungsfall zugeschnitten werden. Es kann bei der Ausar-

[644] Vgl. hierzu Abschn. 4.2.1.2.1.
[645] Vgl. *Steinbauer* (2006), S. 45. Vgl. grundlegend Abschn. 3.1.2.

beitung und Anwendung des IAS 38 fallspezifisch vorgegangen werden und lediglich der Zukunftsaspekt möglicher Folgeprojekte muss dabei bedacht werden. Damit treten Problemstellungen der konkreten unternehmensinternen Übertragbarkeit von Operationalisierungsvorgaben aus der Bilanzierung von FuE nicht auf und sämtliche hierzu notwendigen Informationsanforderungen und -flüsse sind leicht überschaubar und zu koordinieren. Diese sehr einfache und schlanke Umsetzungssituation der im Feld 1 aus der Vier-Felder-Matrix schematisch erfassten Konstellation ist in der Praxis aber eher der Ausnahmefall, da Unternehmen mit maßgeblichem FuE-Umfang häufig mehrdimensionale FuE betreiben.

Das **Feld 2** beschreibt die Situation einseitig im Unternehmen einsetzbarer Entwicklungen, welche aus unterschiedlichen FuE-Aktivitäten resultieren. Auch dieser Fall dürfte in der Praxis eher selten sein, ist aber etwa bei einem komplexen Produkt in einem wenig diversifizierten Unternehmen möglich. Die Umsetzung des IAS 38 für originäre immaterielle Vermögenswerte konzentriert sich dann auf die verschiedenartigen FuE-Aktivitäten, die es zukünftig in der Bilanz abzubilden gilt. Probleme treten hier insbesondere dann auf, wenn die Heterogenität zu einer starken Diskrepanz in der Operationalisierung der Aktivierungskriterien führt. Denn wie bereits im Zusammenhang mit dem Kontextfaktor „Branche" dargelegt wurde, ist bei differenzierten FuE-Vorgängen bspw. die technische Realisierbarkeit an sehr verschiedenen Stellen und Zeitpunkten im FuE-Prozess nachweislich erfüllt. Diese Komplexität der Anwendung von IAS 38 kann z.B. über einen „weitergeführten" Management Approach dahingehend gelöst werden, dass die Verantwortlichen der jeweiligen homogenen FuE-Bereiche die konkrete Umsetzung und Anwendung der allgemeinen Konzernbilanzierungsvorgaben vornehmen bzw. mitgestalten. Diese können unter Verwendung ihres technischen und projektbezogenen Spezialwissens am Besten beurteilen, wann die jeweiligen Aktivierungs-Meilensteine in ihrem Verantwortungsbereich erfüllt sind.[647] Die für die Gesamtunternehmung vordefinierten Anwendungsvorgaben der Bilanzierungsvorschrift werden somit auf einer niedrigen Unternehmensebene erst tatsächlich operational umgesetzt. Problematisch ist dabei, dass auf Konzernebene eine Aggregation von Daten vorgenommen wird, die in ihrer Zusammensetzung und ihren Prämissen sehr verschieden sind, was den Aussagegehalt beeinträchtigt. Gleichzeitig muss nach wie vor eine Kontrolle der Umsetzung erfolgen, damit die faktischen Bilanzierungswahlrechte,

---

[646] Es sei nur erwähnt, dass eine ausgereifte Datenbank der FuE-Ergebnisse die Voraussetzung einer solch übergreifenden Nutzung ist. Vgl. hierzu auch Abschn. 3.2.1 u. Abschn. 3.2.3.

[647] Vgl. hierzu auch die Prozesswirkungen in Abschn. 4.2.2.3.

etwa aus anreizbedingten Performanceüberlegungen, nicht ausgenutzt werden.[648] Die Bewertungen speziell des zukünftigen Nutzens der Entwicklungsprojekte sind in diesem Feld aufgrund der einseitigen Anwendung im Unternehmen standardisierbar und wenig problembehaftet.

Unabhängig von homogenen oder heterogenen FuE-Aktivitäten können die Ergebnisse dieser an verschiedenen Stellen des Unternehmens, d.h. z.B. in verschiedenen Produktsparten, Geschäftssegmenten und/oder als Verbesserungs-/Rationalisierungstechnologien an diversen Stellen interner Produktionsbereiche zum Einsatz kommen. Mit steigender Anzahl von Verwendungsoptionen steigt auch die Komplexität der Anwendung des IAS 38, da hierdurch sowohl die zusätzlichen Ansatzkriterien als auch die Bewertungsvorgänge über mehrere betroffene (Unternehmens-) Bereiche inhaltlich und organisatorisch abgestimmt werden müssen. Das bedeutet, dass ein erhebliches Ausmaß an Informationen in Bezug auf diese Thematik strukturiert, generiert, analysiert, koordiniert und dokumentiert werden muss. Bspw. muss der zukünftige Nutzen oder die technische Realisierbarkeit dann vor dem Hintergrund sämtlicher Verwertungsalternativen beurteilt werden. Geht man dabei von der in **Feld 3** beschriebenen Situation homogener FuE-Aktivitäten aus, dann sind die Problemfelder einer verschiedenartigen FuE zumindest nicht existent. Die komplexitätstreibende Vielschichtigkeit bezieht sich dann nur auf die multiplen Einsatzmöglichkeiten in verschiedenen zeitlichen Konkretisierungsstadien. Diese reichen von (noch) keiner Einsatzmöglichkeit über das Planungsstadium bis hin zu bereits eingesetzten und teilweise oder vollständig wertmäßig abgeschriebenen Entwicklungsaktivitäten. In vielen Unternehmen wird aber nicht nur in einem Geschäfts- bzw. Themenfeld FuE betrieben. Das bringt im Kontext der Untersuchungsfrage mehrere Problemstellungen mit sich und stellt in der vereinfachten schematischen Abbildung der Vier-Felder-Matrix den komplexesten, aber zugleich auch realistischsten Fall dar (**Feld 4**). Hierbei sind sowohl die Probleme des Feldes 2 aus der Heterogenität der FuE zu bewältigen als auch die vielfältigen Nutzungen über verschiedene Unternehmensbereiche zu berücksichtigen. Die konzernweite Bündelung und „Nivellierung“ sowie das Management der Informationen in dieser hochkomplexen Kombination stellt eine erhebliche Herausforderung für die Controlling- und Bilanzierungsabteilungen dar.

---

[648] Eine detaillierte Analyse der Gestaltungsspielräume u. ihrer Beeinflussung fällt in den Bereich der Informationswirkungen im FuE-Controlling u. wird daher im Abschn. 4.2.2.2 tiefer gehend ausgeführt.

Die Heterogenität der FuE-Aktivitäten in einem Konzern kann am Beispiel der Lanxess AG mit einem Ausschnitt aus dem Geschäftsbericht des Jahres 2006 verdeutlicht werden: *„So konzentrieren sich Business Units mit hohen Anteilen an Commodities (Produkten mit hoher Marktreife), wie z.B. Basic Chemicals, auf die stetige Verbesserung ihrer Produktionsanlagen und –verfahren (Prozessoptimierung). Andere Business Units, wie z.B. Material Protection Products, Semi-Crystalline Products oder Leather, fokussieren ihre Forschungs- und Entwicklungsaktivitäten verstärkt auf die Optimierung ihrer Produkte und deren Qualität sowie die Entwicklung neuer, auf die Erfordernisse des Marktes und die besonderen Bedürfnisse der Kunden ausgerichtete Produkte."*[649]

Verschärft werden die demonstrierten Abbildungskategorien noch durch (mindestens) **zwei weitere Faktoren**: zunächst einmal können die einzelnen Geschäftsfelder und **FuE-Aktivitäten** regional verstreut sein bis hin zu **länderübergreifenden** oder sogar unabhängigen Bereichen in verschiedenen Ländern. Dies führt in beiden Dimensionen zu Schwierigkeiten, da die Informationsgenerierung und -kontrolle deutlich erschwert werden. Ein Unternehmen berichtete in diesem Kontext von einem starken Länderfokus im FuE-Organisationsgefüge, welcher im internen Berichtswesen auch vor IAS 38 zu jeweils regional eigenen Berichts- und Kostenstrukturen führte.[650] Zur Verdeutlichung soll hier ein praktisches Beispiel angeführt werden.[651] Wenn in einem großen Unternehmen zwei ähnliche Entwicklungsprojekte durchgeführt und bewertet werden sollen, wovon das eine in Spanien und das andere in Deutschland durchgeführt wird, so kann die Entwicklung selbst und ihre Evaluierung länderspezifisch sehr unterschiedlich ausfallen. Bspw. ist ein Motor für einen spanischen Entwickler dann ausreichend auf seine technischen Eigenschaften untersucht und getestet, wenn dieser 25 Durchläufe unter normalen Bedingungen schadlos überstanden hat. Ein deutscher Techniker hingegen unterzieht den gleichen Motor einer sehr umfangreichen Testreihe, die nicht nur mit 150%-iger oder sogar höherer Auslastung die Leistungseigenschaften prüft, sondern auch noch verschiedenste Umwelteinflüsse und Extremsituationen (z.B. Einsatz unter Wasser) mit einschließt. Beide Ländervertreter hätten in diesem Beispiel folglich deutlich differierende Herstellungskosten bei der Entwicklung und einen stark unterschiedlichen sachlichen Grad der technischen Realisierbarkeit zu

[649] Geschäftsbericht der Lanxess AG 2006, S. 75.

[650] Studien zeigen, dass es bei der Qualität der Kommunikation zw. verschiedenen Länderbereichen im FuE einer Unternehmung eher auf die Qualität als auf die Häufigkeit der Besprechungen ankommt. Vgl. *Brockhoff/Medcof* (2007), S. 109.

[651] Die Schilderungen sind aus einem der geführten Interviews übernommen u. bilden daher einen praktisch existierenden Fall ab. Aus Vertraulichkeitsgründen können keine Informationen zur Originalquelle gegeben werden.

vermutlich ungleichen Zeitpunkten im FuE-Prozess dokumentiert.[652] Diese kulturell begründeten „Auslegungsdifferenzen“ zeigen exemplarisch die Detailschwierigkeiten sowie die Vielschichtigkeit der möglichen Umsetzungen. Diese müssen im Rahmen der Operationalisierung einer Konzernbilanzierung ins Kalkül gezogen werden. Hinzutreten können dabei auch Segmentierungsüberlegungen aus der Bilanzierung, da zum Teil der FuE-Aufwand für einzelne Länder- oder Bereichssegmente offen gelegt werden muss.

Die **zweite Problematik** ist die des **Zeitablaufs**. Hierbei können sich die beiden Dimensionen der Vier-Felder-Matrix nicht nur selbst im Unternehmen verändern, etwa von homogenen zu heterogenen FuE-Aktivitäten oder einer verstärkten Mehrfachnutzung der Entwicklungen, sondern auch die Operationalisierungen und Wertkontrollen sind nicht zwingend stabil im Zeitablauf anwendbar und müssen so ggf. bezüglich zeitlicher Veränderungen angepasst werden. Dieser Aspekt bekommt vor dem Hintergrund der Änderungsgeschwindigkeit der IFRS eine erhebliche Aktualität.

Ad b) *Institutionelle Aspekte von FuE*:

Nachdem der Faktor „Heterogenität der Geschäftsfelder“ abgeschlossen ist, soll nun der zweite Einflussfaktor aus dem Bereich der Organisation im Unternehmen beleuchtet werden: die institutionellen Aspekte von FuE. Dieser Blickwinkel bezieht sich auf die Fragestellung, an welcher Stelle und auf welche Weise die „Übersetzung“ der FuE-Aktivitäten in bilanzielle Größen stattfindet.

Die Institutionalisierung der FuE-Aktivitäten in Unternehmen hängt von vielen Faktoren ab. Untersuchungen zeigen, dass es in Deutschland eine scheinbar typische Verteilung von FuE im Unternehmen gibt, welche u.a. vom Diversifikationsgrad getrieben wird.[653] Abhängig von diesen organisatorischen Gegebenheiten wurden auch die Umsetzungen der Bilanzierungsvorgaben gestaltet bzw. hiervon beeinflusst.[654] So stand zu Beginn die Implementierung und Operationalisierung der Bilanzierungsvorschrift zwischen den beteiligten Ab-

[652] Die hier angesprochenen gravierenden nationalen Unterschiede in der Projektbeurteilung werden auch exemplarisch zw. England u. Deutschland in einer Studie von Brockhoff nachgewiesen. Vgl. *Brockhoff* (1993b), S. 660. Vgl. hierzu auch das allg. Bsp. kultureller Abbildungsdifferenzen in Abschn. 2.5.2.2.

[653] So nennt Brockhoff hierzu folgende Verteilung: Zentrale FuE haben ca. 35 %, Dezentrale FuE ca. 13 % u. Mischformen 52 %. Vgl. *Brockhoff* (1989), S. 45 m.w.N. Vgl. grundlegend auch Abschn. 3.1.2. Dabei zeigte sich nicht nur in der kleinen Grundgesamtheit der im Rahmen dieser Studie untersuchten Konzerne, dass eine Dezentralisierungstendenz der FuE-Einheiten bei technologisch verschiedenen Geschäftsfeldern an eine Diversifikationsstrategie gekoppelt ist. Vgl. die emp. Studie von *Linowes* (1979), S. 191f.

[654] Die Diversifikation ist auch als eine der klassischen Kontingenzfaktoren bekannt. Vgl. hierzu die Ausführungen in Abschn. 4.2.1.1 sowie die dort genannten Verweise.

teilungen im Mittelpunkt. Dies waren in unterschiedlichem Maße die Rechnungswesenabteilungen und die FuE-Bereiche. Im Falle einer dominanten **Zentralorganisation der FuE** geschah dieser initiale Ausrichtungs- und Abstimmungsprozess regelmäßig unter starker Einbindung der zentralen FuE-Controller.[655] Die Zentralbereiche fungieren in ihrer organisatorischen Aufgabeneinbindung regelmäßig als Koordinations-, Kommunikations- und Servicestelle, wodurch diese neue Aufgabe aus der Rechnungslegung in der Regel in ihr Ressort fiel. Es entstand ein Dialog zwischen den zentralen Konzernbilanzierungsabteilungen und den FuE-Controllern, wobei die wesentlichen Impulse und konkreten Umsetzungsideen durch das FuE-Controlling mit seinem Spezialwissen und seiner Nähe zum FuE-Geschehen erreicht wurden. Die Bilanzierungsabteilungen brachten das Wissen zur Vorschrift des IAS 38 in die Diskussion ein, welches im FuE-Controlling vor Einführung der IFRS naturgemäß nicht vorhanden war. Darüber hinaus pflegte die Zentralstelle für Konzernrechnungslegung die Kommunikation mit den Wirtschaftsprüfern und vergewisserte sich in Zweifelsfragen bei diesen bzw. führte die Erörterungen diesbezüglich, zum Teil unter (aktiver) Beteiligung des FuE-Controllings.

Eine deutlich andere „Beteiligungsverteilung" bei der Umsetzung der neuen Rechnungslegungsvorschrift konnte bei primär **dezentral organisierter FuE** im Unternehmen beobachtet werden. Die weitgehend unabhängig betriebenen FuE-Tätigkeiten der Divisionen bedurften aufgrund der neuen Bilanzierungsvorgaben nun einer diesbezüglichen Abstimmung. Dabei gingen die wesentlichen Implementierungsarbeiten von zentralen Rechnungslegungsstellen aus, die anhand der bestehenden Informationen meist eine möglichst schlanke Umsetzung forcierten.[656] Es trat jedoch das Problem zu Tage, dass die zum Teil sehr eigenständigen Divisionen nicht immer einheitliche Abläufe und Bewertungsmaßstäbe für ihre FuE-Projekte hatten, die für die Informationsanforderungen des IAS 38 genutzt werden konnten. So waren nicht nur die FuE-Aktivitäten üblicherweise verschieden (mit den im Feld 2 der Vier-Felder-Matrix beschriebenen Folgen),[657] sondern es wurden z.B. die Projektzuordnungen/-definitionen, Ausgabenverteilungen und Nutzungsbewertungen innerhalb der Divisionen unterschiedlich ausgefüllt. Ein logischer Grund hierfür ist z.B. ein abweichender Branchenfokus, innerhalb dessen die Geschäftsbereiche ein hierauf zugeschnittenes FuE-Controlling bzw. eine angepasste FuE-Strukturierung betreiben.[658] Insgesamt resultierte aus einer dezentralen FuE im Umsetzungszeitpunkt ein Vereinheitli-

---

[655] Vgl. zur Analogie von zentraler u. dezentraler FuE mit dem FuE-Controlling den Abschn. 3.2.2.
[656] Auf die Umsetzungen auf Basis bestehender Strukturen geht Abschn. 4.2.1.2.3 explizit ein.
[657] Vgl. zur Vier-Felder-Matrix in diesem Abschn. den Teilbereich ad a) Heterogenität der Geschäftsfelder.

chungsbedarf, der unter geringer Beteiligung des meist ebenfalls dezentral angesiedelten FuE-Controllings grundsätzlich aufgearbeitet wurde. Im Ergebnis wurde in den untersuchten Unternehmen der Studie mit stark dezentral organisierten FuE-Einheiten eine neue und einheitliche Informationsanforderung vom zentralen Rechnungswesen etabliert, welche von Seiten der dezentralen Bereichs-/Projektcontroller bzw. speziellen FuE-Controllern zu erfüllen war. Über den Management Approach konnten dabei zum Teil verschiedene Wertansätze, etwa bei der Beurteilung des zukünftigen Nutzens oder der Operationalisierung der technischen Realisierbarkeit beibehalten werden, wobei das bereits im Feld der Heterogenität der Geschäftsbereiche angesprochene Problem einer Aggregation verschiedenartiger Informationen ins Kalkül gezogen werden muss. Ein Beispiel für einen solchen „Informations-Meldevordruck" an die zentralen Rechungswesenabteilungen zur Erfassung der aktivierungspflichtigen Entwicklungskosten ist in Tabelle 6 aufgezeigt, wobei die Aktivierungsentscheidung von dieser Konzernstelle digital anhand der letzten Zeile erfolgt.

				Gesamt
Projektbezeichnung				
Geschäftsbereich				
Kunden-/Marktsituation				
Entwicklungsdauer				
Beginn (mm.jj)				
Ende (mm.jj)				
Entwicklungskosten (in TEUR)				Summen
Vorjahre/ -quartale				Σ
Berichtsquartal				Σ
Gesamt				Σ
Erstattungen durch Kunden				
Berichtsquartal				
Produktions-/Nutzungsstart				
mm.jj				
Umsatz (in TEUR)				
Ergebnis (in TEUR)				
kumuliert zum Berichtsquartal				
kumuliert über Gesamtlaufzeit				Wirtschaftlich: JA/NEIN

Tab. 6: Beispiel für eine Informationsanforderung des zentralen Rechnungswesens an die dezentralen Bereiche zur Erfassung aktivierungspflichtiger Entwicklungskosten.[659]

Im Falle der Informationssammlung aus den dezentralen Stellen gab es auch den Fall, dass der zentralverantwortliche FuE-Controller die relevanten Daten aus dem angepassten Kostenrechnungssystem der FuE-Projekte quartalsweise zusammen gestellt hat und diese dann

[658] Auf die Branche als situativem Kontextfaktor ist der vorangegangene Abschn. bereits ausf. eingegangen.
[659] Quelle: Eigene Darstellung auf Basis eines entsprechenden Dokumentes aus einem Interview.

mit der Konzernstelle für Rechnungslegung diskutiert hat.[660] Hervorzuheben ist dabei, dass in diesem Unternehmen ein monatlicher IFRS-Abschluss erstellt wurde, die FuE-Ausgaben nach IAS 38 jedoch nur quartalsweise aktualisiert wurden. Es erfolgt demnach keine monatliche Synchronisation in Bezug auf die Entwicklungskosten, was den Informationsgehalt der Monatsabschlüsse beeinträchtigt.

Bei **Mischformen** zwischen zentraler und dezentraler FuE hängt die Abstimmungsintensität und Beteiligungsverteilung zwischen Konzernbilanzierungsabteilung und FuE-Controlling im Kontext der Ausarbeitung der unternehmensspezifischen Operationalisierung der Bilanzierungsvorschrift vom konkreten Vorgehen im Einzelfall ab. Bspw. sind in einem Unternehmen im Rahmen einer Centerorganisation aus Funktionen und Produktbereichen die dezentralen FuE-Controller im Marketingcenter angesiedelt. Hieraus resultierten dann auch für die Bilanzierung etwa die notwendigen Nutzungswertprognosen sowie Marktbeobachtungen vor dem Hintergrund der Werthaltigkeit von Projekten direkt vom FuE-Controller. Insgesamt befanden sich diese Individuallösungen im Untersuchungssample aber innerhalb der beschriebenen beiden Extrempunkte des Spektrums. Zusammengefasst können die dargestellten Beobachtungen wie in Abb. 22 graphisch visualisiert werden, wobei die Unternehmen des Samples zu je einem Drittel den Gruppen zentrale bzw. dezentrale FuE und Mischformen zuzuordnen waren.

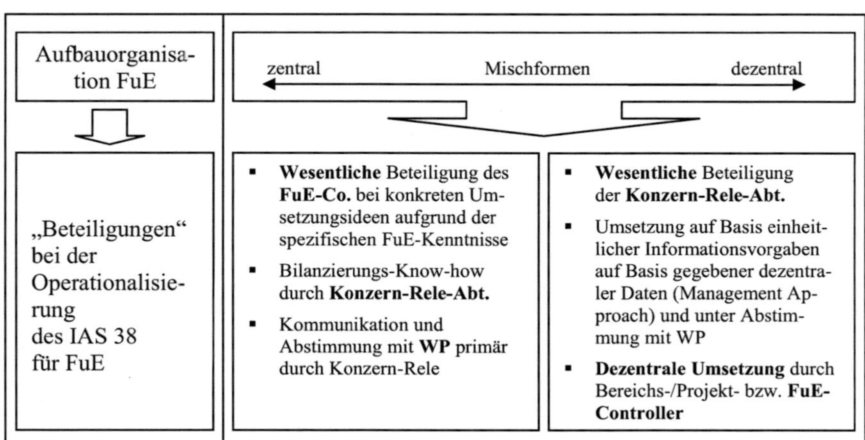

Abb. 22: Wirkungen einer zentralen oder dezentralen FuE sowie von Mischformen im Kontext der Implementierung und Operationalisierung der neuen Bilanzierungsvorschrift aus IAS 38 für FuE.[661]

[660] Vgl. ausf. zum Wirkungsfaktor der Kostenrechnung Abschn. 1.2.1.2.3 ad d).
[661] Quelle: Eigene Darstellung.

Neben der verschiedenen Beteiligung des FuE-Controllings an der grundlegenden Umsetzung des IAS 38 entfalteten auch **Genehmigungs-**, **Verantwortungs-** und **Steuerungsaspekte** im Relevanzbereich der institutionellen Ausrichtung eine Wirkung.

Die **Genehmigung** und der zugrunde liegende Genehmigungsprozess von FuE-Vorhaben, als ein organisatorisches Merkmal,[662] spielt im Rahmen der Bilanzierung bei den Aktivierungsvoraussetzungen eine Rolle. IAS 38 verlangt einen Beleg für die Absicht zur Fertigstellung eines FuE-Vorhabens. Dieser Nachweis wird vom Einflussfaktor der institutionellen Gestaltung des FuE-Bereichs beeinflusst. Bei starker Zentralisierung des FuE-Bereichs konnte in der Untersuchung festgestellt werden, dass dieses Kriterium ausnahmslos durch eine Vorstandsentscheidung dokumentiert wird. Meist waren damit auch die Budgetfreigaben für die jeweiligen Projekte verknüpft. Anders verhielt es sich in divisional strukturierten Unternehmen mit dezentraler FuE. Hier wurden die Entscheidungen über FuE-Projekte innerhalb der Geschäftsbereiche i.d.R. eigenständig und eigenverantwortlich getroffen. Das bedeutete ein hierarchisches Auseinanderfallen der Entscheidungsebene über FuE-Vorhaben und der für die Bilanzierung relevanten Konzernebene. Das Aktivierungskriterium der Absicht zur Fertigstellung der FuE-Projekte wurde bei den Untersuchungsteilnehmern dann entweder durch eine entsprechende Entscheidung auf Geschäftsbereichsebene dokumentiert (wieder in der Regel gleichlaufend mit der Budgetfreigabe) oder auf indirektem Weg belegt. Bei letzterer Variante, die speziell in zwei Unternehmen praktiziert wurde,[663] erfolgte eine Ableitung der Kriterienerfüllung durch die zentrale Rechnungslegungsabteilung anhand speziell entwickelter und aus den Unternehmensbereichen geforderter Informationsvorgaben. Der mit diesem Kriterium gleichzeitig bedeutsame Zeitpunkt der Erfüllung wurde dabei vereinfacht anhand von Daumenregeln festgelegt. Hierbei wurde sich die Tatsache zu Nutze gemacht, dass eine „retrograde Kriterienerfüllung" bei dieser Aktivierungshürde möglich ist. In der Bilanzierungsliteratur wird die Argumentation vorgetragen, dass die Absicht zur Fertigstellung bereits dann als erfüllt angesehen werden kann, wenn das betrachtete Projekt im Zeitpunkt der Bilanzierungsprüfung noch aktiv ist. Hintergrund dieser Interpretation ist, dass ein wirtschaftlich operierendes Unternehmen ein Projekt sofort beenden würde, wenn es nicht mehr die Absicht hätte, dieses zu Ende zu bringen, was die Notwendigkeit und Wirksamkeit des Kriteriums an sich gleichzeitig in

662 Vgl. Abschn. 3.2.3 zur Verantwortung des FuE-Controllings sowie Abschn. 3.2.2.

663 Beide Unternehmen waren aus der Automobilbranche u. bildeten gleichzeitig - gemessen an ihren absoluten FuE-Ausgaben - die kleinsten Unternehmen in dieser Gruppe.

Frage stellt.[664] Häufig ist die direkte Entscheidung – also die Genehmigung des Projektes – nicht nur für die Absicht zur Fertigstellung heranzuziehen, sondern beinhaltet gleichzeitig auch eine Zusage finanzieller Mittel, die nach IAS 38.61 explizit als Nachweis für das Kriterium der Verfügbarkeit adäquater Ressourcen dienen kann.[665]

In diesem Kontext gab es auch eine fallweise Einteilung in dezentrale und zentrale FuE-Projekte. So wurde in einem Industrieunternehmen beobachtet, dass die Differenzierung nach zentraler und dezentraler FuE danach getroffen wurde, ob das zu entwickelnde Wissen auch an anderen Stellen im Unternehmen einsetzbar ist. In diesem Fall wurden die FuE-Projekte zentral betreut, d.h. die Finanzierung sowie Entscheidungs- und Kontrollkompetenzen lagen dann nicht mehr in den operativen und dezentralen Entwicklungsbereichen. Die Entlohnung fand durch so genannte Kosten-Plus-Verträge statt, bei denen den dezentralen Stellen ein Aufschlag auf ihre tatsächlichen Kosten gezahlt wurde. Grund für diese Konstruktion war der Know-how-Besitz in der Zentrale, welche die FuE-Erkenntnisse dann zur weiteren Verwendung in anderen Bereichen bereitstellen kann, ohne konzernintern Lizenzgebühren an die dezentrale Entwicklungseinheit zahlen zu müssen. Zukünftig sind hier interne Lizenzeinnahmen als Dokumentation des zukünftigen Nutzens bzw. vor dem Hintergrund der Werthaltigkeit aktivierter Entwicklungskosten denkbar.[666]

Auch die **Verantwortlichen** der FuE-Projekte sind je nach Institutionalisierung der FuE-Aktivitäten verschieden. Der Einfluss im Untersuchungskontext zeigt sich hierbei an den Stellen, wo Abbruch-, Anpassungs- oder Veränderungsentscheidungen getroffen werden.[667] Diese Entscheidungen ziehen neuerdings auch bilanzielle Wirkungen nach sich, die als Parameter in die Beurteilung einbezogen werden müssen. Dabei wird in den Unternehmen von unterschiedlichen „Eskalationsstufen" berichtet, wenn Zweifel an der Wirtschaftlichkeit eines Projektes aufkommen. Insgesamt muss das FuE-Controlling zum einen das hierfür im bilanziellen Kontext notwendige Know-how je nach Verantwortungsstrukturen und Übersetzungsstellen unterschiedlich streuen und systematisch implementieren. Zum anderen müssen die Gewährleistung der Informationsgenerierung und -weitergabe sowie eine

---

[664] Einen ähnlich undifferenzierten Nachweis stellen die „Belege" der Fähigkeiten zur Fertigstellung dar. Vgl. hierzu die detaillierteren Ausführungen in Abschn. 3.3.1.2.2.

[665] Eine detaillierte Beschreibung speziell zur Gestaltung der Ressourcenversorgung eines FuE-Projektes in diesem Zusammenhang findet sich bei *Gelhausen u. a.* (2006a), Rz. 111.

[666] So wird im Fair Value-Stufenverfahren explizit eine Lizenzpreisanalogie vorgeschlagen. Vgl. hierzu auch Abschn. 4.2.1.2.1.

ausreichende Dokumentation in diesen Fällen sicher gestellt sein. So berichtete z.B. ein Industrieunternehmen von der Entscheidung über die Aktivierung von FuE-Projekten auf höchster Verantwortungsebene durch den Vorstand, aus der für das zentrale FuE-Controlling Informations- und Abstimmungsbedarfe resultieren. Eine Beeinflussung der operativen FuE-Projektentscheidungen aus Gründen der Bilanzwirkungen wurde von den Untersuchungsteilnehmern nicht bestätigt. Gleichwohl besitzen die neuen Bilanzierungsgrößen insgesamt Entscheidungsrelevanz. Auch wenn demnach eine bilanzpolitisch motivierte Abstimmung in den Interviews der Studie negiert wurde, ist es dennoch vorstellbar, dass die Konsequenzen bspw. einer Projektabbruchentscheidung in Form einer hohen außerplanmäßigen Abschreibung zumindest im Rahmen der kurzfristigen Bilanzpolitik einen Einfluss auf die Entscheidung an sich ausübt. Eine Rückkopplung des Einflussfaktors der wirtschaftlichen Unternehmenssituation auf die Verantwortlichen im FuE kann demnach nicht ausgeschlossen werden.[668] Ist die Ertragslage des Unternehmens insgesamt nicht so stabil im betreffenden Geschäftsjahr, so kann der Projektverantwortliche das FuE-Vorhaben noch bis in den nächsten Bilanzierungszyklus theoretisch aktiv halten, um eine Abschreibung zu umgehen. Eine wirklich wirksame Kontrolle kann es hierfür nicht geben, wobei diese Abbildungsdeformation nur zeitlich befristet wirkt. Wird die Entscheidung über die Projektaktivierung sogar im Bereich der Konzernrechnungslegung getroffen, spielt die kurzfristige Bilanzpolitik mit hoher Wahrscheinlichkeit eine Rolle.

Ebenfalls in den Bereich des Einflussfaktors „Institutionalisierung“ fällt die **Steuerung** des FuE-Bereichs. Interessant erscheint die Frage, ob die Steuerungsgrößen durch die neuen Informationsanforderungen beeinflusst wurden oder sich verändert haben. Dabei konnte festgestellt werden, dass in nahezu allen Unternehmen die Steuerung des Zentralbereichs FuE auf Konzernebene anhand von IFRS-Zahlen und Informationen gesteuert wird. Hier führte die Umstellung folglich zu einer veränderten Beurteilungsgrundlage. Gliederte sich der zentrale FuE-Bereich in weitere dezentrale Einheiten auf, so zeigte sich eine unterschiedliche steuerungstechnische Relevanz der IFRS-Informationen. Aufgrund des hohen Manipulationsspielraumes sowie des Umstellungsaufwandes wurden die FuE-Aktivitäten innerhalb des FuE-Bereichs weiter analog zur HGB-Bilanzierung an den reinen Aufwandszahlen für FuE beurteilt und gesteuert. Das bedeutet für das FuE-Controlling an dieser

[667] Es sei an dieser Stelle darauf verwiesen, dass 81,2 % der Entscheidungen über ein Projekt von Personen getroffen werden, die nicht unmittelbar im Projekt involviert sind, da diese Entscheidungsseparation eine objektivere Bewertung laut Studien begünstigt. Vgl. hierzu *Balachandra/Brockhoff/Pearson* (1996), S. 252 u. S. 255 m.w.N.

[668] Vgl. hierzu die Ausführungen zur wirt. Unternehmenssituation als Kontextfaktor in Abschn. 4.2.1.2.1.

Stelle, dass es einen Steuerungsbruch aufgrund der institutionalen Strukturen auffangen und ausgleichen muss. Im Prinzip zeigt sich an dieser Stelle das Konzept der partiellen Integration von externem und internem Rechnungswesen.[669] Die Vorgaben von der Zentrale sowie das Reporting an diese findet in IFRS-Normierung statt und intrabereichsbezogen (d.h. dezentral im gesamten FuE-Bereich) werden die Planungs-, Steuerungs- und Kontrollvorgaben auf Aufwandsgrößen ohne Aktivierung vorgenommen. Neben den kreativen Gestaltungsspielräumen ist eine Begründung hierfür, dass je weiter die controllingrelevanten IFRS-Anpassungen auf die dezentralen Ebenen verlagert werden, desto umfangreicher und auch kosten- und zeitintensiver sind diese.[670] Unternehmen, deren interne Steuerung auf Zahlungsgrößen wie dem Free Cash Flow basiert, hatten keine Umstellungen oder Ausgleichsmaßnahmen diesbezüglich vorzunehmen. Auswirkungen in internen Steuergrößen zeigen sich durch die veränderte Bilanzierungsnorm etwa dann, wenn die Investitionsausgaben in Entwicklungsprojekte sich über den Cash Flow aus Investitionstätigkeit auswirken. Eine durchgehende Steuerung auf Basis der neuen Projektdaten aus IAS 38 wurde in den untersuchten Unternehmen bisher nicht durchgeführt. Allerdings konnte insbesondere bei den dezentral geführten Unternehmensbereichen und FuE-Abteilungen eine verbesserte Information der Konzernleitung über FuE-Aktivitäten sowie eine gute Vergleichbarkeit dieser Tätigkeiten über die Divisionen hinweg konstatiert werden. Diese verbesserte Informationsbasis könnte zukünftig durchaus laut Unternehmensaussagen dazu genutzt werden, die Geschäftsbereiche zu beurteilen und weiter Konsequenzen aus guter oder schlechter FuE-Performance auf Basis der neuen Bilanzierungsdaten abzuleiten.

Ad c) *Informationsflüsse und Anforderungen*:

Sehr eng verknüpft mit den dargestellten Institutionalisierungsaspekten von FuE ist die im Untersuchungskontext zentrale Fragestellung der Informationsflüsse und Anforderungen. Gemeint sind damit die Anforderungen an die bilanziellen Informationen und ihre Erfüllung. Auch wenn dieser sehr komplexe Aspekt durch viele Rückkopplungen, Überschneidungen und Interdependenzen mit anderen Wirkungsfaktoren beeinflusst wird, stellt er aufgrund seiner Dominanz zur Vorbereitung der Wirkungsanalyse im Controlling von FuE hier einen eigenen Wirkungsfaktorenbereich dar. Die zunehmenden Verflechtungen mit anderen Wirkungsgrößen in diesem Einflussfeld sind aber auch durch die Modellsystematik der steigenden Konkretisierung begründet. Infolgedessen sind die Interdependenzen

[669] Vgl. *IGC/Weißenberger* (2006), S. 50f. Vgl. auch Abschn. 2.5.2.1.
[670] Vgl. *Weißenberger* (2006a), S. 74. Vgl. auch Abschn. 2.5.2.

hier erstmals schwergewichtig vertreten, gewinnen aber aufgrund des ansteigenden Detaillierungsgrades im Wirkungsfaktoren-Modell auch bei den nachfolgenden Untersuchungsgrößen an Bedeutung.

Die Informationsflüsse sind ein wesentliches Aufgabenfeld des Informationsdienstleisters, des Controllers. Nicht nur im allgemeinen Kontext der Auswirkungen der Harmonisierung der Rechnungslegung wird die Wirkung in diesem Bereich immer wieder als bedeutsam angeführt.[671] Die konkrete Leistung dieser zusätzlichen Bilanzierungsinformationen wird hier im Einflussbereich der Organisation von FuE untersucht werden, da sich in den Befragungen hierbei wesentliche Unterschiede zeigten. Das Ausmaß und die Gestaltung der Informationsflüsse und -anforderungen sind dabei trotz der für alle Unternehmen grundsätzlich gleichen rechtlichen Vorgaben aus dem Standard verschieden. Besonders durch den ersten beschriebenen Einflussfaktor der **Branche** sind Unterschiede bereits auf einer hohen Ebene im Wirkungsfaktoren-Modell stark geprägt. Im Resultat ergibt sich auf dieser Makro-Betrachtungsebene etwa für die Pharmabranche überhaupt kein zusätzlicher Informationsbedarf. Für die anderen Untersuchungsbranchen, wie den Automobilbereich, hingegen bewirken sowohl die Ansatz- als auch die Bewertungsanforderungen aus Erst- und Folgebewertung sowie die Ausweisvorgaben einen erheblichen Informationsbedarf.

Der Einflussfaktor der neuen Informationsflüsse bzw. Anforderungen wird hier in seinem komplexen Wirkungszusammenhang mit vorgelagerten Ebenen ausgehend von den Ansatzkriterien über die Bewertungen bis hin zu den Ausweisfolgen beleuchtet. Dabei zeigten die Interviews, dass bereits bei der Operationalisierung der Informationsanforderungen die damit verbundenen zusätzlich ausgelösten Informationsflüsse einbezogen wurden.[672] Die beteiligten Bereiche, Personen und Funktionen sowie die Verantwortungen für die Informationen waren im Untersuchungssample verschieden.

Grundsätzlich wurde das Ausmaß der Einbindung des FuE-Controllings in Abhängigkeit von **zentraler oder dezentraler Organisation** aufgezeigt. Demnach liegen die Informationsverantwortung und damit gleichzeitig die Dokumentationspflichten für die gesamte Bilanzierung der FuE-Ausgaben im Unternehmen bei dominierender Zentralorganisation im zentralen FuE-Controlling. In diesem Fall müssen sämtliche aktivierungsrelevanten Entscheidungen und Informationen durch das FuE-Controlling nachgehalten, belegt und

---

[671] Vgl. hierzu Abschn. 2.5.

[672] Vgl. speziell zur Umsetzung die Ausführungen im Wirkungsfaktoren-Modell des Organisationsbereichs b) institutionelle Aspekte von FuE in diesem Abschn.

ggf. in das Unternehmensinformationssystem eingespeist oder mit dessen Hilfe abgebildet werden. Gleichzeitig sind auch die Erst- und Folgebewertungsaspekte über die hierfür notwendigen Informationen umzusetzen sowie die Kontrollmechanismen eines Impairments und die überwiegend qualitativen Fakten zur Erfüllung der Anhangvorgaben bereit zu stellen. Hinzu tritt ggf. noch eine Aufgliederung der Informationen nach Bilanzierungssegmenten. Diese Umsetzungs- und Lieferverantwortung der relevanten Daten bedeutete, dass ein neuer Informationsfluss vom Controlling an die Rechnungslegungsabteilungen auf Konzernebene definiert und umgesetzt werden musste, dem je nach unternehmensspezifischer Konkretisierung verschiedene Informationspakete aus unterschiedlichen Funktionen, Ebenen und Verantwortungsbereichen an das FuE-Controlling vorgeschaltet wurden.

Die FuE-Controller mussten somit unter anfänglichem Rückgriff auf das Know-how der Konzernbilanzierungsstellen die systematische Gewährleistung der Informationsgenerierung und rechtzeitigen Weitergabe sowie die angemessene Dokumentation für Prüfungszwecke im Subsystem der FuE implementieren. Neben der Aggregation der dezentralen Informationen vor Weitergabe waren dabei zum Teil Übersetzungen der unveränderten HGB-orientierten dezentralen Daten auf Zentralebene durch das FuE-Controlling notwendig. So wurde berichtet, dass der Steuerungsbruch sich insbesondere in dem Anteil der zu aktivierenden Entwicklungskosten der Periode bzw. in den Abschreibungen dieser zeigte. In den dezentralen FuE-Einheiten waren nach wie vor einzig die periodenbezogenen Aufwendungen relevant und der Anteil der als immaterielle Vermögenswerte zu aktivierenden FuE-Ausgaben wurde von den Zentralstellen ausgewertet und überwacht sowie in der Hierarchie nach oben verantwortet.

Die Aufstellung eines **Ressourcenplans** bis zur geplanten Verwendung der FuE-Ergebnisse erfolgte meist nur unter leichten Anpassungen im Detaillierungsgrad analog dem Vorgehen vor IFRS. In einigen Unternehmen waren dabei Verbesserungen in der Genauigkeit zu beobachten, da zuvor die dezentralen Stellen vereinfacht z.B. mit älteren Durchschnittswerten oder pauschalen Standardgrößen gerechnet haben, etwa beim Stundensatz oder den Materialkosten. Dieses Vorgehen musste korrigiert werden und sorgte damit gleichzeitig für eine qualitative Steigerung der Input-Daten. Die zwingende Notwendigkeit aus den gestiegenen Rechnungslegungsanforderungen war dabei ein wirksames Argument. Grundsätzlich war das Kriterium des Ressourcenplans abhängig von den im weiteren Verlauf der Wirkungsfaktoren-Analyse noch detailliert betrachteten bestehenden Strukturen im FuE-Bereich. Dabei waren z.B. die Supportleistungen von Zentralstellen in den Unternehmen organisationsbedingt verschieden (Abteilungen wie technischer Einkauf oder Musterbau), wohingegen die direkten Stunden- und Materialeinsätze zwangsweise Bestandteile dieses Dokumentationsnachweises sind. Die insgesamt beobachteten minimalen Anpassungen für dieses Aktivierungskriterium belegt auch das folgende Zitat: „*Dieses Kriterium ist ein theoretisches Konstrukt, was in der Praxis keine Bedeutung hat. Die notwendigen Ressourcen sind in der Praxis durch den Planungs- und den Geldmittelfreigabeprozess belegt.*“[673]

Weiter trat im Einflussfeld der Informationsflüsse beim Aktivierungskriterium der notwendigen Ressourcen nur die zusätzliche prüfungskonforme Dokumentation und abschlussbezogene Bereitstellung hinzu. Regelmäßig waren diese Ressourcenpläne auch die Grundlage für die Entscheidung über ein FuE-Projekt, welche durch den entsprechenden Kompetenzträger (zentral häufig eine Vorstandsentscheidung) zu treffen war und als Erfüllungsmerkmal der **Absicht** zur Fertigstellung im Rahmen der Ansatzprüfung gewertet wurde. Operational wurde die Vorstandsentscheidung bei zentraler Umsetzung der Bilanzierungsvorgaben häufig auch als Startdatum für die Aktivierung grundsätzlich festgelegt. Das bedeutet, dass eine Entscheidungsvorbereitung an dieses Gremium bereits die notwendigen Anforderungen für Entwicklungskosten vollumfänglich dokumentiert beinhalten muss. Die Beurteilung der **Fähigkeiten** des Entwicklungsvorhabens erfolgte aus dem „eigenen“ Bereich der FuE-Controller, nämlich der FuE-Abteilung bzw. der Technik. Selten wurde hierbei auch die Produktionsabteilung einbezogen. Dies war jedoch dann geboten, wenn der Einsatz der Entwicklung in der unternehmenseigenen Produktion erfolgen sollte. Aus der Perspektive der WP war dieses Kriterium in Abhängigkeit der Komplexität der Entwicklungen regelmäßig auch „als gegeben unterstellt“ und bedurfte daher keiner konkreten Nachweisdokumentation. Auch in den Unternehmen wurde dieses als eher theoretisches Kriterium z.T. in Verbindung mit der Absicht anhand der Gremienunterlagen belegt und in einem Fall wurde diese Aktivierungshürde „*ohne weitere Prüfung bejaht*“[674]. Andere Unternehmen dokumentierten dieses Kriterium explizit über die gesetzlichen Anforderungsprüfungen im Zusammenhang mit Zulassungsbestimmungen im Prozessverlauf.[675]

Eine nachhaltige Veränderung brachte die Aktivierungsbedingung der **zuverlässigen Bewertbarkeit** nicht mit sich. In den Unternehmen, die eine ausgeprägte interne FuE betrei-

---

[673] Zitat aus einem Interview im Bereich der Automobilbranche.

[674] Zitat eines FuE-Controllers aus der Automobilbranche.

[675] An dieser Stelle sei noch einmal darauf verwiesen, dass nicht nur in der Pharmabranche, welche die Zulassungsvoraussetzungen als Aktivierungshemmnis verstehen, gesetzliche Anforderungen zu erfüllen sind. Beispielsweise müssen die Unternehmen der Automobilbranche auch TÜV-Zulassungen durchlaufen. Vgl. hierzu die Ausführungen in Abschn. 3.3.1.2.2.

ben, waren die Kostenrechnungssysteme so ausgereift, dass diese als grundsätzliche Erfüllung des Kriteriums regelmäßig ausreichten.[676] Branchenübergreifend wurde hierfür häufig das SAP System verwendet und unternehmens- und IFRS-konform eingerichtet. Allerdings waren auch Unternehmen im Sample, die die Bewertung der Entwicklungskostenprojekte rekursiv in manuellen Abstimmungsrunden durchführten. Hierbei konnten die Herstellungskosten nicht in den internen Systemen abgelesen oder dargestellt werden, sondern wurden vollständig separat ermittelt. Dies geschah z.B. dann, wenn die Datengenerierung und Aktivierungsentscheidung primär im Bereich der Konzernstelle für Rechnungslegung aufgehängt war.[677]

Die organisationsbedingten Informationsflüsse bezogen neben den geschilderten Unternehmensbereichen aber auch weitere Unternehmensfunktionen/-stellen ein. In Abhängigkeit von der Institutionalisierung des FuE-Bereichs sowie der Heterogenität in der Verwendung der FuE-Resultate erfolgte die weitere Koordinationsabstimmung der Informationen. So resultierten **Nutzwertberechnungen** bei geplantem Produktverkauf der FuE-Ergebnisse in einigen Unternehmen unverändert oder mit leichten Anpassungen auf Basis von Rentabilitäts- bzw. Wirtschaftlichkeitsrechnungen spezieller Konzernstellen, den Marketing-, Marktforschungs- oder (dezentralen) Vertriebsbereichen. Neben den hier bezogenen Marktinformationen für die projektbezogenen Basisdaten des Potentials, Volumens, Varianten, Kunden und dem Preis, erfolgte vielfach die Berechnung der Kostenseite aus dem Produktionsbereich. Die Zusammenführung von Markt- und Kostenseite lag dann beim dezentralen FuE-Controller. Bei internen Nutzungen resultierten die Daten aus der Technik bzw. den FuE- oder Produktionsabteilungen. Diese Informationen bedurften dann einer Aufbereitung durch die FuE-Controller unter ggf. notwendigen rechnungslegungsspezifischen Anpassungen sowie der grundlegenden Überwachung. In der Anlagenbuchhaltung bzw. der Konzernrechnungslegung wurden die Daten dann nochmals geprüft bzw. je nach Übersetzungslevel auch noch bearbeitet. Relevant waren für die Berechnungen speziell die in den Nutzungswerten erlaubten und in den Unternehmensplanungen üblicherweise enthaltenen Synergien. Hierbei musste aber den Vorgaben der IFRS insoweit entsprochen werden, als nur der Status-quo des Bewertungsobjektes und keine Erweiterungs- oder Umstrukturierungsgrößen in die Kalküle eingehen, genauso wenig wie Cash

[676] Die konkreten Umsetzungen der Bewertung von Entwicklungsprojekten in der Kostenrechnung wird im Bereich der Kostenrechnung in Abschn. 4.2.1.2.3 unter den „Bestehenden Strukturierungen von FuE-Prozessen u. Projekten" detailliert dargestellt.

[677] Vgl. hierzu die Informationsmeldeliste in Abschn. 4.2.1.2.2 ad b).

Flow aus Finanzierungstätigkeit und Ertragssteuern.[678] Selten waren die zentralen FuE-Controller der Untersuchung bei der Aktivierungsfrage für die originäre Wertgenerierung im Nutzungsbereich, beim Ressourcenplan oder den voraussichtlichen Herstellungskosten zuständig. Ihnen oblag jedoch durch die bei ihnen gebündelte Rechnungslegungsverantwortung die Gestaltung der „Übertragung" der Daten sowie die Delegation einzelner Kriterien auf dafür geeignete Unternehmensbereiche, Funktionen oder Stellen, die (Kontroll-) Verantwortung und ggf. notwendige Anpassungen. Die initialen Informationsquellen mussten über die neuen Pflichten aufgeklärt und entsprechend koordiniert und kontrolliert werden. Auch die systemseitige Informationspflege im Bezug auf die Sicherstellung der Informationsflüsse war durch die FuE-Controller zu lösen. Besonders komplex waren diese neuen Informationsflüsse immer dann, wenn der Einflussfaktor der Heterogenität des Geschäftsbereichs hoch war und damit die einzubeziehenden Informationen vielfältig waren.

Die **technische Realisierbarkeit** war in vielen Unternehmen bereits vor Beginn des Entwicklungsprojektes über eine Vorstudie bzw. ein technisches Konzept belegt. Dieser Vorlauf fand zum Teil in dem der Forschung zugeordneten Feld der Vorausentwicklung statt und war regelmäßig Eintrittsbedingung für den Projektstart. Da die Forschungs- und Vorausentwicklungsabteilungen vielfach auch organisatorisch stark von den Entwicklungsbereichen getrennt waren, viel dieses Kriterium nur in abgeleiteter Form in den bilanziellen Kontrollbereich des FuE-Controllings.[679] Das bedeutet, dass bei dieser Umsetzungsform im Zeitpunkt der Projektaufnahme im Entwicklungsbereich, die Aktivierungshürde der technischen Machbarkeit bereits vorliegt. Gleichwohl bedurfte es – trotz initialer Voraussetzung – einer fortlaufenden Kontrolle anhand der Spezifikationen im Projektverlauf. So kann etwa die Basisentwicklung einer Plattform die gewünschten Eigenschaften mitbringen, aber im Wege der kunden- oder marktbezogenen Weiterentwicklung und Konkretisierung können diese nicht als stetig gegeben angenommen werden, sondern unterliegen ebenfalls einem Veränderungsprozess. Die hieraus begründete Notwendigkeit der projektbegleitenden Umsetzungskontrolle erfolgte in der Regel direkt vom Projektleiter oder der technischen Entwicklung, welche den Projekterfolg auch im Zusammenhang mit der technischen Umsetzbarkeit permanent überwachen. Im FuE-Controlling wird dieses Kriterium gleichzeitig indirekt über den Indikator der Kostenentwicklung verfolgt, da eine übermäßige Kostensteigerung im Projektverlauf auf unerwartete Probleme in diesem Kontext schließen

[678] Vgl. zu den Quantifizierungsvorgaben der IFRS für den zuk. Nutzen den Abschn. 3.3.1.2 u. 3.3.1.3.

[679] Die Trennung von FuE im Unternehmen wird im Rahmen der nächsten Konkretisierungsstufe im Wirkungsfaktoren-Modell beleuchtet. Vgl. hierzu Abschn. 4.2.1.2.3.

lässt. Zum Teil war die Machbarkeitsüberwachung auch ein Thema von speziellen Lenkungsausschüssen der Geschäftsbereiche. Dieser Überwachungsprozess ist darüber hinaus vor dem Hintergrund des Impairment-Tests zu sehen, da in der Entwicklungsphase – also in der Phase der Aggregation von aktivierungspflichtigen Entwicklungskosten – noch keine planmäßige Folgebewertung in Form von Abschreibungen stattfindet. Indizien für die eingeschränkte Werthaltigkeit sind für diese Projektphase folglich nicht über Absatzgrößen, sondern z.B. über interne Prüfungen der praktischen Machbarkeit zu leisten. In einem Unternehmen der Industriebranche war die technische Realisierbarkeit als das letzte maßgebliche Kriterium im Entwicklungsprozess zu belegen, nachdem der Aktivierungszeitpunkt unmittelbar beginnt. Hierfür war nicht nur die Existenz eines Prototyps verlangt, sondern auch ein Systemtest musste erfolgreich durchlaufen werden. In der Konsequenz sind die Kosten für den Prototyp in diesem Unternehmen nicht in den Entwicklungskosten enthalten, da das Kriterium im Vergleich zur Eintrittsbedingung hier sehr spät im Entwicklungsprozess konkretisiert ist.[680] Es zeigt sich besonders eindrucksvoll, welche Bandbreite an Subsumptionsmöglichkeiten und Interpretationsspielräumen allein in diesem Kriterium steckt. In den Unternehmen des Samples reichte das Definitionsspektrum des Kriteriums von der Eintrittsbedingung in die Entwicklungsphase bis hin zum letzten Nachweis zur Aktivierbarkeit.

Bei der **Erstbewertung** waren die Informationsflüsse in den Untersuchungsunternehmen teilweise über das interne Kostenrechnungssystem abgedeckt. Der im Vergleich zum HGB leicht veränderte Umfang der Herstellungskosten, etwa aus dem Ansatzverbot der Verwaltungskosten, löste dennoch in einigen Unternehmen Anpassungsbedarf aus, welche tiefer gehend im folgenden Abschnitt im Zusammenhang mit der Kostenrechnung analysiert werden. Es sei an dieser Stelle daher nur darauf verwiesen, dass Unterschiede in den Gemeinkostenumfängen nur in wenigen Unternehmen des Samples festzustellen waren, was insgesamt auf eine fortgeschrittene Konvergenz von externem und internem Rechnungswesen hindeutet. Lediglich die Sicherstellung des Startzeitpunktes zur Aktivierung musste im Informationssystem der Kostenrechnung etabliert werden, da vormals im System der HGB-Bilanzierung keine Aktivierungspflicht bestand.

Die Parameter der **Folgebewertung** in Form von Nutzungsdauer und Abschreibungsmethodik wurden i.d.R. über die Konzernbilanzierungsstellen festgelegt, umgesetzt und ü-

[680] Der Standard nennt zwar die Konstruktion eines Prototyps als typische Entwicklungsaktivität in IAS 38.59 (a), fordert dessen Erfassung aber nicht in den Entwicklungskosten.

berwacht. Hierbei kamen häufig Standardnutzungsdauern in Form von Höchstvorgaben für sämtliche immateriellen Werte des Anlagevermögens undifferenziert auch für FuE-Projekte zum Einsatz sowie ausnahmslos die lineare Abschreibung. Speziell im Bereich der Industrie waren dies Höchstvorgaben, die zwar bei Projekten mit kürzeren Nutzungsdauern unterschritten wurden, aber im FuE-Bereich die übliche Standardvorgabe bildeten. Der Grund hierfür lag in den geschaffenen Ressourcen aus FuE, welche aufgrund ihrer Zielprodukte und deren Lebenszyklus eine zum Teil deutlich höhere Nutzungsdauer besaßen. Selten wurden die primären Berichtssegmente als Orientierungsbasis für die Regelabschreibungsdauer verwendet. Werte mit unbegrenzter Nutzungsdauer und damit keiner planmäßigen Abschreibungsverpflichtung waren im Untersuchungsbereich nicht explizit gegeben und konnten daher nicht systematisch analysiert werden. Es liegt die Vermutung nahe, dass diese Wertkategorie im Bereich der originären immateriellen Vermögenswerte insgesamt selten anzutreffen ist. Eine andere Erklärungsmöglichkeit ist die standardisierte Handhabung auf Basis einer geregelten Abschreibung zur Bildung stiller Reserven, da diese vorsichtsorientierte Operationalisierung nur schwer argumentativ durch die WP widerlegbar sein dürfte. In einigen Unternehmen, überwiegend der Automobilbranche, wurden jedoch projektklassenspezifische oder sogar projektindividuelle Nutzungsdauern vorgegeben. Diese bestimmten sich nach den tatsächlichen Verwendungsplänen. Wurde etwa ein Modul speziell für eine bestimmte Produktreihe entworfen, so erfolgte die Abschreibung auch über die korrespondierende Absatzlaufzeit. Der Rückgriff auf Nutzungsverläufe vergleichbarer Projekte und daran ausgerichtete Standardfestlegungen findet sich dabei eher innerhalb homogener FuE-Bereiche.[681] Ihre Festlegung oblag dabei primär dem FuE-Controlling in Abstimmung mit dem Produktions- bzw. Produktbereich, wobei auch die Gremienentscheidungen hierbei eine Rolle spielten. Etwa die Frage, wann eine neue Modellreihe gestartet wird oder ob in der Zwischenzeit ein neuer Motor oder eine neue Komponente geplant ist. Die resultierenden Abschreibungen verwaltete systemseitig meist die Bilanzierungsstelle, sodass im Bereich des FuE-Controllings lediglich die resultierenden Ertragswirkungen mitberücksichtigt werden müssen.

Eine weitere gänzlich neue Aufgabe aus der Folgebewertung lösten die verlangten **Impairment-Tests** im Controlling von FuE aus. Über spezielle Indikatoren muss eine regelmäßige Kontrolle der aktivierten Beträge aus FuE-Projekten erfolgen. Zu diesem Zwecke wurden die bestehenden Kontrollmechanismen für aktive FuE-Projekte an die Anforderun-

---

[681] Vgl. hierzu Abschn. 4.2.1.2.1.

gen des IAS 38 i.V.m. IAS 36 angepasst. Je nach Delegationsausmaß wurde dafür an unterschiedlichen Stellen, z.B. beim Projektleiter, die Kontrollroutine aufgehängt, bei der in jedem Bilanzierungszyklus oder induziert, ein Abgleich der aktivierten Entwicklungskosten mit dem erzielbaren Betrag vorgenommen wird. In einigen Fällen wurde diese Pflicht in der Form operationalisiert, dass die ausgewählte Verantwortungsstelle im Unternehmen nach ihrer Einschätzung zur Werthaltigkeit des Projektes bzw. relevanter Veränderungen turnusmäßig befragt wurde. Solange keine Indikation von diesen Stellen gesehen wird, ist die Werthaltigkeit gegeben. Primär in der Automobilbranche waren permanente Werthaltigkeitskontrollen sämtlicher FuE-Projekte bereits systematisiert, sodass Projektverläufe, wie eine eingeschränkte Nutzbarkeit (wenn z.B. die gesamte Marktbreite geplant war und umsetzbar ist nur noch ein kleiner Marktausschnitt) aufgrund technischer Spezifikationen, einem ständigen Monitoring unterlagen. Hier waren lediglich die Bezugsgrößen verändert, da nun die Herstellungskosten der Entwicklungsprojekte sowie die Bilanzierungsebene hinzutraten und damit die Abstimmungsschnittstelle der Konzernrechnungslegung. Andere Unternehmen dieser Branche sprachen von einer neuen Systematik aufgrund der Werthaltigkeitstests nach IFRS, welche durch den WP jährlich oder quartalsmäßig angestoßen wird. So berichtete ein Unternehmen der Gruppe, dass die Projektfortstandsberichte mit dem fortgeführten Projektstatus (etwa „Auslieferung an den Kunden erfolgt“) sowie der Werthaltigkeitsnachweis über die Verkäufe erst auf Nachfrage der Prüfer vom zentralen FuE-Controlling zusammengestellt werden. Systematische Kontrolldefizite dieser Art wurden auch in den Interviews mit den WP angesprochen, welche bspw. Projekte in den Listen finden, die zwar den Status „aktiv“ besitzen und fortgeführt werden, aber faktisch keine Umsätze mehr generieren.

Unter Umständen kann die Werthaltigkeitsprüfung auch durch andere Unternehmens- oder Geschäftsbereiche ausgelöst werden und zu einer Prüfungsnotwendigkeit sämtlicher vergleichbarer Werte im Unternehmen führen. Ein WP nannte eine Fehleinschätzung in der technischen Realisierbarkeit oder den Nutzenberechnungen auch als Indiz für eine insgesamt eingeschränkte Beurteilungsfähigkeit von Entwicklungsprojekten. Damit geht ein gestiegenes Risiko in der gesamten Bilanzposition einher, welches einen erhöhten Prüfungsbedarf bis hin zur Vollprüfung auslösen kann. In diesen Fällen muss das Controlling fallspezifisch die notwendigen Informationen für den Werthaltigkeitstest generieren und bereitstellen. Bei negativem Ergebnis sind die außerplanmäßigen Abschreibungsbeträge mit der Konzernbilanzierungsstelle abzustimmen sowie die hieraus resultierenden zusätzlichen Jahresabschlusserklärungen mit zu gestalten. Idealerweise würden die „Gefahrenpotentiale" proaktiv vom FuE-Controlling bewertet und in die Steuerung einbezogen, sodass bei einer drohenden Impairment-Situation rechtzeitig und auch bereichs- oder vermögenswertübergreifend Maßnahmen zur Gegensteuerung ausgelöst würden.[682] Solche Mechanismen werden in der Praxis jedoch noch nicht systematisch eingesetzt bzw. waren den Unternehmensgesprächen nicht zu entnehmen.[683]

Im Falle einer stark dezentral aufgestellten FuE im Unternehmen werden diese Informationsflüsse und Anforderungen im Wesentlichen durch die Bilanzierungsstellen umgesetzt. Sowohl die Operationalisierung als auch die strukturelle Verantwortung tragen in diesem Falle die Rechnungslegungsabteilungen.[684] Ohne tiefer gehende Kenntnis zum Thema Bilanzierung von FuE werden die Controller der Bereiche dann nur sehr gezielt nach Informationen zu den FuE-Projekten befragt, wie z.B. den aufgelaufenen und geplanten Ausgaben bzw. investierten und geplanten Stunden, dem Projektfortschritt sowie dem geplanten Einsatznutzen. Wesentlicher Unterschied ist hierbei, dass die Informationszusammenstellung als eine „Holschuld" der Bilanzierungsstellen implementiert ist, welche dann die notwendigen Auswertungen (z.B. notwendige außerplanmäßige Korrekturen), Bewertungen (z.B. die angegebenen Stundensätze mit einheitlichen Kostensätzen), Buchungen (z.B. Zu- und Abgänge bei den Entwicklungskosten) und Aggregationen (etwa für Segmentinformationen) vornehmen. Die so hergestellten projekt- und bereichsbezogenen Bilanzierungsinformationen können dann auf Konzernebene auch als vergleichender Einblick in die FuE-Aktivitäten der selbstständigen Bereiche fungieren sowie diesen als Status-quo-Report wieder zur Verfügung gestellt werden. Dabei wurden die neuen Informationen von den Bereichen und der Geschäftsführung gleichermaßen als hilfreich empfunden, berichtete ein zuständiger Leiter im Rechnungswesen.

Die Art der **Informationsübermittlung** erfolgte vielfach über etablierte Informationssysteme, wie z.B. SAP, die zu diesem Zwecke angepasst wurden. Selten wurden spezielle Meldelisten eingesetzt, welche auf Excelbasis oder sogar in Form von speziellen Listen auf beleghaftem Weg die notwendigen Informationen aufnehmen.[685] Auch spezielle Abfrageroutinen in Form von Mailanfragen (z.B. vor dem Hintergrund der Werthaltigkeit) konnten beobachtet werden. Im Bereich der kleineren Unternehmen wurden die Informationen auch auf Basis manueller Prozesse generiert und nicht automatisiert oder standardisiert übermit-

[682] Vgl. *Weißenberger* (2007), S. 138.
[683] Insbesondere die divisionsübergreifenden Informationen dürften an dieser Stelle problematisch sein.
[684] Vgl hierzu auch den Abschn. 4.2.1.2.2 im Bereich der institutionellen Aspekte der FuE.
[685] Ein Beispiel für eine solche Informationsliste ist in Abschn. 4.2.1.2.2 ad b) abgebildet.

telt, wobei die Informationen dabei rekursiv ermittelt wurden und in den Beurteilungsprozess einfließen.[686]

Der letzte Bereich der Informationsflüsse und Anforderungen beschäftigt sich mit der **Prüfung der Informationen** durch die Jahresabschlussprüfer. Es wurde bereits im Bereich der wirtschaftlichen Gesamtsituation angesprochen, dass die Prüfungsintensität regelmäßig durch die Gesamtperformance des Unternehmens beeinflusst wird. Generell ist aber die Kontrolle der Informationen mit der jeweiligen Informationsverantwortung und der unternehmensspezifischen Informationsquelle verknüpft. Auf der obersten bilanziellen Informationsaggregationsebene werden die Informationen durch den WP grundlegend abgefragt, kontrolliert und in Zweifelsfällen diskutiert sowie die Systemprüfungen vorgenommen. Zum Teil fungierte der WP hier als externer Wirtschaftlichkeitsprüfer, der die Projekte in ihrem Verlauf aus seiner neutralen, abbildungsorientierten Sicht kritisch beurteilte. Ansprechpartner waren hierbei zunächst primär die Konzerbilanzierungsstellen allein oder unter intensitätsmäßig verschiedener Beteiligung die zentralen FuE-Controlling-Abteilungen. Tiefergehende Detailprüfungen einzelner Bereiche, Systematiken oder Projekte verlangen die Einbeziehung der originären Informationsquellen bzw. -basis und damit die dezentrale FuE-Controller oder Projektleiter vor Ort. So können bspw. die Kundenabnahmeerklärungen, welche als Basis für eine Nutzwertberechnung fungieren, vor Ort einer Prüfung durch den WP unterzogen werden oder der Schriftverkehr zur Dokumentation der technischen Realisierbarkeit in den einzelnen Produktionsbereichen kontrolliert werden. Dabei reichen dann die belegbaren Nachweise nicht immer aus. Stellenweise wird eine Besichtigung des Entwicklungsobjektes vor Ort durch den WP verlangt.

Ad d) *Schnittstellen:*

Abschließend sollen die beobachteten Einflüsse im Bereich der Organisation von FuE aus der Perspektive der funktionellen Schnittstellen dargestellt werden. Die grundsätzliche Koordinationsaufgabe aus der Existenz von Schnittstellen im Bereich FuE wurde durch die Umstellung auf IFRS und die neue Abbildung von FuE über IAS 38 maßgeblich verändert. Dabei spielen im FuE-Controlling naturgemäß die Funktionen des Marketings und der Produktion eine entscheidende Rolle.[687] Beide Abteilungen fungieren nicht nur als mögliche Impulsgeber für neue FuE-Vorhaben, sondern sind auch während des FuE-Prozesses betei-

---

686 Dieser Aspekt wird z.B. im Verlauf der Wirkungsfaktoren-Analysen noch im Bereich der Kostenrechnung fokussiert.

687 Vgl. hierzu grundlegend Abschn. 3.2.3.

ligt. Vor dem Hintergrund der Bilanzierung kommt der **Produktionsabteilung** immer dort eine (neue) Aufgabe zu, wo es um die Abschätzung möglicher Kosteneinsparungen einer Rationalisierungsinvestition oder der Nutzungsdauer einer neuen Maschine auf Basis ggf. bereits bestehender oder existierender, vergleichbarer Maschinen geht. Auch im Falle von Produktentwicklungen schätzen die Produktionsbereiche die Parameter der Stückzahlen und der Produktionskosten ein. Für die Beurteilung der technischen Umsetzung geplanter Neuprodukte oder konzeptioneller Änderungen ist ggf. eine zusätzliche oder ausschließliche Einschätzung der **FuE-Bereiche bzw. der Technik** geboten. Dieser Bereich ist in der Bilanzierung entscheidend für das „Expertenurteil" im Zusammenhang mit dem Aktivierungskriterium der technischen Realisierbarkeit. Beide Bereiche, Produktion und Technik, sind ebenfalls zu sensibilisieren, Wertinformationen wie Funktionseinschränkungen von Maschinen, die mit neuen Technologien bestückt sind oder vergleichbare Nachrichten an das FuE-Controlling zu leiten, damit diese Indikatoren im Rahmen eines Werthaltigkeitstests geprüft und bewertet werden können.

Das **Marketing** oder die **Vertriebsabteilungen** kommen besonders an zwei Stellen des Bilanzierungsansatzes zum tragen. Auf der einen Seite müssen sie die Marktbeurteilung der neuen FuE-Ergebnisse vornehmen, indem sie eine Kalkulation des zukünftigen Nutzens aus dem Produktverkauf aufstellen. Teilweise liefern diese Abteilungen aber auch nur die Inputdaten der Berechnungen, welche dann vom FuE-Controlling zahlentechnisch aufbereitet werden. Bei kundenbezogenen FuE-Projekten können dies Kundenabschlüsse, andere Dokumentationen von Vertragsverhandlungen oder die Angabe eines Angebotes sein.[688] Je nach Definition oder Vorgabe der Aktivierungsumsetzungen kann auch der Zeitpunkt, ab dem ein Marktnachweis erbracht werden kann, die Aktivierungsvoraussetzungen komplettieren und eine unmittelbare Aktivierungsnotwendigkeit auslösen.[689] Insbesondere bei dieser Umsetzung sind die konstante und zeitnahe Kooperation von FuE-Bereich und der Schnittstelle des Marketings im bilanziellen Kontext bedeutsam. In den Projektanfängen können die Marketingabteilungen den Nutzen aber auch über vergleichbare Projekte im Unternehmen oder am Markt schätzen. Werden die erforschten Erkenntnisse über Lizenzen am Markt veräußert, so obliegt die Wertbeurteilung in der Regel nicht den Vertriebsstellen, sondern den Rechtsabteilungen oder speziellen Patentstellen im Unternehmen, welche sich mit den Schutzrechten der neuen Formeln befassen. Parallel sind die

---

[688] Diese drei Konkretisierungen wurden als Aufgabe des Vertriebs in einem Interviewunternehmen der Automobilbranche zur Erfüllung der Projektvoraussetzungen zur Aktivierung definiert.

[689] Siehe hierzu z.B. die Ablaufdarstellung im Abschn. 4.2.2.3.

wertinformationsgenerierenden Marketing- oder Vertriebsabteilungen aber auch aufgrund ihrer Marktnähe in den Werthaltigkeitstests für aktivierte Entwicklungsvorhaben einzubeziehen. Verändert sich die Marktlage durch neue Konkurrenten, veränderte Kundenwünsche oder Technologien und sinkt dadurch die zunächst angenommene Rentabilität eines Produktes, einer Komponente bzw. einer Produktgruppe, so müssen über diese Schnittstelle die Indikatoren systematisch im Kontrollprozess des Impairment-Tests der originären immateriellen Werte Eingang finden. Die Häufigkeit der Anpassungsnotwendigkeiten ist aus der Markt-/Kunden-Richtung naturgemäß größer als im Bereich der Produktionsschnittstelle, da Marktprognosen häufiger abweichen als Kostenprognosen.

Im Untersuchungssample stach die Automobilbranche hervor, da diese hier bereits sehr integriert und systematisch in der Umsetzung war. So schilderte ein Leiter des FuE-Controllings den Verlauf über das System und die Schnittstellen wie folgt: Das FuE-Controlling hat den Prozessmeilenstein einer grundsätzlichen Aktivierungsfähigkeit definiert und die Entwicklungsprozesse so gestaltet, dass für das ab diesem Zeitpunkt einzig fehlende Kriterium des zukünftigen Nutzens spezielle Stammdaten implementiert wurden. Diese lagen in der Ermittlungsverantwortung der Konzerncontrollingabteilung unter Mitwirkung der Projektcontroller (Vier-Augen-Prinzip) und lösten bei Systeminput mittelbar die Aktivierung aus (Definition des Startzeitpunktes im System). Die letztendliche Übersetzung der Daten der zentralen Controllingstelle in das System erfolgte durch das zentrale FuE-Controlling, welches anhand der Konzernbilanzierungsrichtlinie die Werte ermittelt und einpflegt.[690] Auch in der Industrie waren die Schnittstellen-Wege bereits etabliert und wurden nur mit neuen Informationspflichten bzw. Verantwortlichkeiten belegt. Dennoch wurde besonders durch die Befragung der WP deutlich, dass in einigen Unternehmen keine dieser Schnittstellen vor IAS 38 systematisch etabliert war. *„Der kaufmännische Bereich hatte vorher keinen Kontakt zum Vertrieb und zur Produktion. Neue Verzahnungen und Kommunikationswege mussten geschaffen werden.“*[691] Das Konzept des IAS 38 erforderte in diesen Unternehmen zur Erfüllung der Bilanzierungsvorgaben eine Vernetzung der FuE-Bereiche, die bisher nicht existierten.

Neu aufgrund der veränderten Rechnungslegung ist im Kontext der Schnittstellen der intensive Kontakt zur **Konzernrechnungslegung** durch den FuE-Bereich bzw. das Controlling dort sowie die Beziehung zur Prüfungsinstanz der **WP**. An dieser Stelle verursacht der

---

690 Die Aktivierungswirkung ist auch deswegen nur mittelbar, weil ein erneuter Abstimmungsprozess vom FuE-Bereich mit der Konzerrechnungslegung der Aktivierungsbuchung noch vorgeschaltet ist.

IAS 38 eine neue Interaktionsnotwendigkeit, die über die beiden Funktionen der Rechnungslegung und des Controllings in Form von regelmäßigen Meetings, systematischen Abstimmungsprozessen und konzernübergreifenden Normierungsvorgaben strukturiert werden musste. Je nach Übersetzung der bilanziellen Vorgaben variierte auch der Level, auf dem der WP die Informationen zu beziehen hatte. In der Diskussion des zentralen FuE-Controllers mit dem WP standen sich dabei zwei Perspektiven gegenüber: der WP beurteilt unabhängig und aus einer externen Perspektive ex post die Prozessrationalität und Abbildungsgüte der Outputrationalität, wohingegen das interne FuE-Controlling schwerpunktmäßig die Inputrationalität von Entscheidungen fokussiert.[692]

Inhaltlich beziehen sich die Schnittstellen zum einen auf die gestiegenen Informationsbedarfe an interne Planungs- und Reportingsysteme (z.B. die unterjährige Erfassung und Kontierung von Geschäftsvorfällen aus Projektplänen und Nachkalkulationen im FuE-Controlling) und zum anderen auf die Generierung bilanzorientierter Unternehmenskennzahlen (wie bspw. die aktivierten Entwicklungskosten).[693] Selbst bei einer systemseitigen Abbildung des Aktivierungszeitpunktes erfolgen in den Unternehmen noch Abstimmungen mit den Bilanzierungsabteilungen im Konzern, bevor die Aktivierung des Entwicklungsprojekts gestartet wird. Ansprechpartner für die Prüfer sind die FuE-Controller für die Kostensammlung, also die Darstellung der aufgelaufenen Ist-Kosten, die Schlüsselung und die resultierenden Herstellungskosten sowie bei den Plausibilitätskontrollen der Aktivierungskriterien. Die Unternehmen sehen insgesamt eine deutliche zeitliche Belastung durch diese neuen Abstimmungen. Dabei beschreiben die WP ihre Stellung bzw. die Wahrnehmung ihrer Person im Unternehmen als im Zeitablauf variierend: Im Umstellungszeitpunkt wird der WP als Unterstützung wahrgenommen und eine sehr enge Abstimmung durch den Klienten praktiziert, aber sobald die Mandanten „*das Spielfeld kennen, versuchen sie auch, es zu Ihren Zwecken zu nutzen*“[694]. Somit ist ab dem Zeitpunkt des ausreichenden Know-hows im Unternehmen die Sichtweise des WP im FuE-Bereich bzw. in der Konzernrechnungslegung verändert. Jedoch wird dieser zum Teil auch weiter als kritischer Counterpart im positiven Sinne sowie als zusätzliche Absicherung gesehen: „*Der WP muss seine gesetzlichen Verpflichtungen wahrnehmen und bezieht damit zunächst einmal immer kritisch Stellung (nimmt die Gegenposition ein). Dies hilft Wirtschaftsprüfern und Bilanzierenden auch dann, zu überprüfen, ob wir z.B. bei einer Prüfung durch die Deutsche Prüfungsstelle*

---

[691] Zitat eines Wirtschaftsprüfers.
[692] Vgl. *Fülbier/Hirsch/Meyer* (2006), S. 240.
[693] Vgl. *Weißenberger* (2005a), S. 186.

für Rechnungslegung argumentativ gut aufgestellt sind. Die andere Perspektive ist die Zeitintensität. Da die Automobilbranche sich in den letzten Jahren deutlich verändert hat und ein sehr komplexes Feld darstellt (etwa über die Verschiebung von den Produkten hin zu Modulen im Entwicklungsfeld), sind die Abgrenzungen zunehmend schwieriger und die resultierenden Freiheitsgrade größer. Aber der WP muss auf eine saubere Dokumentation und Argumentation achten. Es ist insgesamt eine Symbiose, es hilft auch.“[695]

In zwei Unternehmen wurde die notwendige Umstellung auf IFRS auch dazu genutzt, grundlegende Strukturveränderungen im FuE zu etablieren. Dabei ging es um einheitliche Konzernvorgaben bei der Beantragung, Planung und Kontrolle von FuE-Vorhaben weltweit und der gleichzeitigen Implementierung neuer Softwarelösungen wie SAP PS. So konnten die neuen Schnittstellenüberlegungen gleich in die Strukturveränderungsplanungen einbezogen werden. Eine Kausalität der Umstellungsmaßnamen in Bezug auf die IFRS war in diesen Unternehmen nicht mehr eindeutig möglich. Insgesamt waren die zu erfüllenden Schnittstellenanforderungen besonders bei länderübergreifendem Anpassungs- und Strukturierungsbedarf sowie bei Mehrfachnutzung der FuE-Ergebnisse in ihrer Umsetzung komplex.[696] Wenig Veränderungsbedarf bestand auch in diesem Feld bei den Pharma- und auch in Teilen der untersuchten Chemie-Unternehmen, welche aufgrund der branchenspezifischen Auslegungen bzw. aus Materialitätsgründen die Bilanzierungsvorschrift insgesamt weitestgehend umgehen. Die Instrumente zur Überbrückung der Informations- und Organisationsschnittstelle mussten dabei immer in einem angemessenen Aufwand stehen, was sowohl bei der initialen Umsetzung als auch von den Prüfern bedacht wird. In einem Unternehmen der Automobilbranche wurde die Konzernstelle Accounting als Bindeglied zwischen dem Produktcontrolling und dem FuE-Controlling über IAS 38 eingebunden, wobei das Produktcontrolling die Rentabilitätsseite angehender Projekte in der Serienproduktion verantwortet und damit die Inputdaten für den zukünftigen Nutzen liefert, und das FuE-Controlling für die Kostenerfassung auf den Entwicklungsvorhaben nach internen Kostenvorgaben sowie die Steuerung des FuE-Bereichs zuständig ist.[697] In der Konzernrechnungslegung werden die Daten dann neu aus der Aktivierungsperspektive analysiert und bewertet, auch vor dem Hintergrund der Werthaltigkeit. In einem Chemie-

---

694 Zitat eines Wirtschaftsprüfers.
695 Zitiert aus einem Interview in der Automobilbranche.
696 Vgl. zur Länderproblematik bzw. Komplexität aus der Mehrfachverwendung den Abschn. 4.2.1.2.2 Ad a).
697 So der Leiter der Konzernrechnungslegung Anlagevermögen im Interview.

Unternehmen wurde der neue Prozess der Werthaltigkeitsprüfungen als schnittstellenübergreifende Zusammenarbeit der einzelnen Bereiche beschrieben.[698]

4.2.1.2.3 Bestehende Strukturierungen von FuE-Prozessen und -Projekten

Das Einflussfeld der bestehenden Strukturierungen von FuE-Prozessen und -Projekten reflektiert die Anpassungsnotwendigkeiten vor dem Hintergrund der bestehenden Regelungen in den Untersuchungsunternehmen. Das Themenfeld ist als Konkretisierungsebene der Gesamtorganisation zu sehen, welche im vorherigen Abschnitt beleuchtet wurde. Dabei spielen die folgenden vier Aspekte eine bedeutsame Rolle:

a) Trennung von FuE im Unternehmen
b) Standardisierung des Entwicklungsprozesses
c) Projektcontrolling
d) Kostenrechnung.

Ad a) *Trennung von FuE im Unternehmen*:

Die Bilanzierung originärer immaterieller Vermögenswerte aus IAS 38 verlangt im Rahmen der Ansatzprüfung in einem ersten Schritt die klare Separation von Forschungs- und Entwicklungsausgaben.[699] Dabei wurden aufgrund der bestehenden Strukturen verschiedene Umsetzungsansätze in den Unternehmen des Samples gewählt. Die Zuordnung dieses Einflussbereichs in diesen Abschnitt und nicht in den Organisationsbereich ist der Tatsache geschuldet, dass es sowohl organisatorische als auch prozess- bzw. projektbezogene Vorgehensweisen gab. Aufgrund der Systematik der zunehmenden Schärfe im Wirkungsfaktoren-Modell wurde daher die Zuordnungsentscheidung zugunsten der Prozesse/Projekte und damit dieser Untersuchungsebene gefällt. Die möglichen und empirisch beobachteten Varianten sind in Abb. 23 zunächst in visualisierter Form den Erläuterungen vorangestellt.

---

[698] Entnommen aus dem Interview mit einem Leiter Konzernrechnungslegung eines Chemieunternehmens.
[699] Vgl. hierzu ausf. Abschn. 3.3.1.2.2.

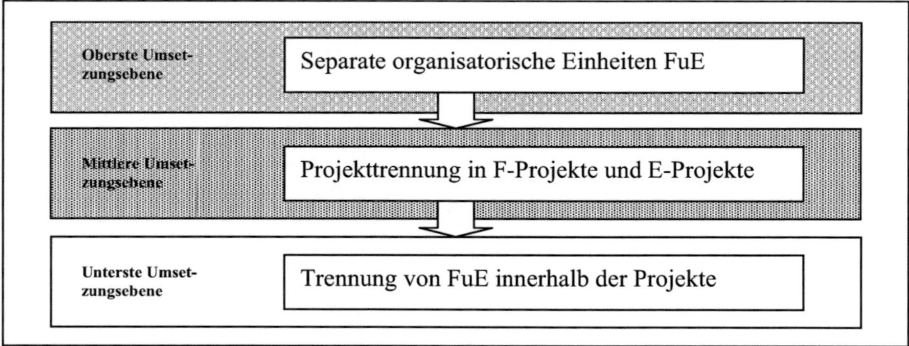

Abb. 23: Operationalisierungsebenen der Phasentrennung von FuE.[700]

In einigen Unternehmen waren die Forschungsbereiche bereits organisatorisch selbstständige, meist zentrale Einheiten (**oberste Umsetzungsebene**). Somit bestand eine unmittelbare Trennung von FuE-Bereichen bereits vor Umstellung auf IFRS. Die aus dem Standard resultierende Definitions- und Abgrenzungsproblematik zwischen diesen beiden Aktivitäten im Unternehmen war damit bereits im Vorfeld gelöst. Die Zuordnung der Ausgaben in die Forschungs- oder Entwicklungsphase aus IAS 38 konnte einer Anforderungsprüfung der WP auch insbesondere deshalb voll genügen, weil die Ausübung von Ermessen sowie die Risiken aus nicht sequentiellen Abläufen im FuE-Prozess hier bereits über die klaren Organisationsstrukturen ausgeschaltet wird.[701] Ein Grund für die Umsetzung dieser Strukturierung der Unternehmung kann auch in der hinter der Bilanzierungsvorgabe stehenden Annahme liegen, dass Forschungsausgaben aufgrund ihrer Unsicherheiten und mangelnden operationalen Zielsetzungen noch keine verwertbaren Ressourcen hervorbringen und daher unter besonderen Gesichtspunkten beurteilt und gesteuert werden müssen.[702] Zwei Interviewpartner der Automobilbranche sowie zwei weitere aus dem Bereich der Industrie zogen die organisatorischen Grenzen etwas weiter in Richtung Entwicklung. Diese integrierten in den zentralen Bereich neben der Forschung auch die Vorausentwicklung. Da eine klare begriffliche Trennung im Sinne des Standards zu den wesentlichen Schwierigkeiten in der Umsetzung gehört, konnten auch hier die Strukturen so ausgelegt werden, dass die Ausgaben dieser Bereiche sämtlich als Forschungsaufwendungen aufzufassen waren. Ins-

[700] Quelle: Eigene Darstellung. Auf die theoretisch mögliche Trennung von FuE in Anlehnung an die Kostenstellen-Strukturierung wird im Verlauf des Abschnitts im Themenfeld der Kostenrechnung verwiesen, da diese Variante in keinem der Interviews genannt wurde u. somit eher eine theoretische Option ist.

[701] Vgl. zu der Abgrenzung den definitorischen Grundlagenteil in Abschn. 1.2.2.1.3 sowie den bilanziellen Definitionsteil der IFRS (Abschn. 3.3.1.1). Die Konsequenzen aus der Abgrenzung für die Aufwands- vs. Aktivierungsabbildung sind im Abschn. 3.3.1.2.2 detailliert erläutert.

[702] Vgl. hierzu die Besonderheiten von FuE u. die Ausführungen im FuE-Controlling (Abschn. 3.2.1 u. 3.2.3).

besondere die „Zweifelsfall-Regelung“ aus IAS 38.53 untermauert diese Auslegung. Demnach muss ein Aufwand auch dann analog den Forschungsausgaben als Periodenaufwand erfasst werden, wenn dieser nicht eindeutig der Entwicklungsphase zuzuordnen ist. Dieser Argumentation folgten die Unternehmen bei der Umsetzung.

Unternehmen, die eine solch eindeutige Separation nicht bereits in ihrer Organisationsstruktur etabliert haben, mussten die notwendigen Anpassungen zur Trennung von FuE-Ausgaben bzw. FuE-Phase auf anderem Wege operationalisieren. Hierbei resultierten die praktischen Schwierigkeiten in der Grenzziehung besonders aufgrund der problematischen Ermessensabwägungen bei der konkreten Auslegung der Definitionen aus IAS 38 sowie der häufig zirkulär oder interdependent verlaufenden FuE-Projektstruktur.[703] Der „nächsttiefere“ Strukturierungsansatz unterhalb organisatorischer Demarkationslinien bestand dann aus einer entsprechenden Projektbildung, d.h. es wurden separate Forschungsprojekte und Entwicklungsprojekte im FuE-Bereich durchgeführt (**mittlere Umsetzungsebene**). Ein Unternehmen der Industrie teilte zu diesem Zweck nur die Anwendungsprojekte bereits erforschter Technologien der Kategorie Entwicklungsprojekte zu, da hier nicht mehr die Technologie an sich in Frage gestellt wurde, sondern die konkrete Umsetzung dieser in einem Produkt bzw. einer Anwendung (u.a. die technische Umsetzbarkeit, die Zuverlässigkeit, die Abmessungen und Kompatibilitäten) und dessen Marktfähigkeit fraglich waren.

War auch diese Struktur nicht gegeben oder zielführend umsetzbar, so musste die Abgrenzung innerhalb der FuE-Projekte umgesetzt werden (**unterste Umsetzungsebene**). Dazu wurden die Projektdokumentationen-/nachweise oder Stundenaufschreibungen regelkonform nach Forschungstätigkeiten und Entwicklungstätigkeiten getrennt. Hierzu definierten die Unternehmen vielfach lediglich einen festen „Meilenstein“ im FuE-Prozess, welcher entweder den Eintritt in die Entwicklungsphase markierte oder gleichzeitig sogar den Aktivierungszeitpunkt darstellte. Letzte Variante setzte die analoge nachweisliche Erfüllung der zusätzlichen Kriterien aus IAS 38.57 voraus. Im Ergebnis wurde hier – etwa in einem Unternehmen der Chemiebranche – der Meilenstein für die Entwicklungsphase sowie die zeitgleiche Erfüllung der Aktivierungskriterien über sämtliche heterogenen FuE-Projekte sehr weit hinten im FuE-Projekt gesetzt,[704] nämlich nach der Ideenphase, dem Business Case, der Labor- und Pilotphase, wodurch gleichzeitig die FuE-typischen Iterationen im Prozess nicht mehr enthalten waren.

[703] Vgl. hierzu auch die Abgrenzungsprobleme von FuE im Unternehmen des Abschnitts 3.1.1.

Die aufgezeigten Varianten der in IAS 38 geforderten Phasentrennung zeichnen sich durch ein **Spannungsverhältnis** zwischen **Standardisierung** und **Individualisierung** bei der Beurteilung aus. So wird bei einer Operationalisierung auf oberster Umsetzungsebene zwar eine sehr saubere und leicht handhabbare Trennlinie umgesetzt. Diese wird aber mit einer Pauschalisierung der sehr heterogenen und wandelbaren FuE-Vorhaben erkauft, welche möglicherweise bei näherer Betrachtung auch Entwicklungsbestandteile im Forschungsbereich oder vice versa zur Folge hat.

Als weiterer Strukturierungsaspekt von FuE im Unternehmen ist der Tatsache Rechnung zu tragen, dass nicht alle **unternehmensintern** als **FuE-Projekte** geführten Vorhaben auch im **bilanziellen** Sinne **über** den **IAS 38** abgebildet werden. So sind möglicherweise innerhalb der FuE-Bereiche der Unternehmen vom FuE-Controlling auch Maßnahmen zu etablieren, dass z.B. langfristige Auftragsforschung nach IAS 11 mit den notwendigen Informationen versehen wird.[705] Oder auch die allgemeine Abgrenzung innerhalb der originären FuE-Projekte zwischen solchen Aktivitäten, die nur als Modifikationen zu bestehenden Vermögenswerten zu sehen sind und keine eigenständig zu aktivierende Ressource darstellen. So schilderte z.B. ein Chemieunternehmen im Interview, dass ein interner Antrag einer Business Unit auf Aktivierung einer Prozessverbesserungsinnovation daran gescheitert ist, dass die Relevanzabwägung zwischen materieller Komponente (hier eine Maschine) und der neu geschaffenen immateriellen Ressource zu Gunsten der Maschine entschieden wurde, die dann mit nachträglichen Anschaffungs- bzw. Herstellungskosten wertmäßig durch die Entwicklung gesteigert wurde.

Ad b) *Standardisierung des Entwicklungsprozesses*

Der IAS 38 basiert auf einem allgemein definierten Abbildungsplan für die FuE-Aktivitäten im Unternehmen. Daher spielen die bisher etablierten Prozessabbildungsstandards eine große Rolle vor dem Hintergrund der möglichen Umsetzung der Bilanzierungsvorgaben.[706] Das Ausmaß der Standardisierungen war in den direkt betrachteten Unternehmen unterschiedlich hoch.[707] Teilweise existierten bereits Ablaufvorgaben und feste Schemata für Entwicklungsprozesse, die über integrierte EDV-Systeme in unterschiedlichem

[704] Heterogenität ist hier im Sinne des Kontextfaktors der heterogenen FuE-Aktivitäten als Dimension im Einflussbereich der Heterogenität des Geschäftsbereichs gemeint.

[705] Vgl. hierzu die Grenzen des IAS 38 im Abschn. 3.3.1.1.

[706] Vgl. hierzu weiterführend auch die Prozesswirkungen im Abschn. 4.2.2.3.

[707] Im allgemeinen Integrationskontext nennt auch die IGC den Standardisierungsgrad interner Prozesse als unternehmensspezifischen Kontextfaktor. Vgl. *IGC/Weißenberger* (2006), S. 54.

Ausmaß abgebildet wurden. In einigen Unternehmen war das SAP PS Modul implementiert, anhand dessen die notwendigen bilanziellen Strukturen in ihrer unternehmensspezifischen Operationalisierung umgesetzt wurden. In denjenigen Unternehmen, in denen die Dezentralisierung von FuE dominierte, waren die befragten zentralen Ebenen mit den konkret verwendeten Strukturierungsarten auf dezentraler Ebene nicht detailliert vertraut, da die vollständige Verantwortlichkeit der FuE-Projekte dezentral in den einzelnen Geschäftsbereichen lag. Zentralseitig interessierten hier nur die notwendigen Abstimmungsinformationen, welche sich vor Einführung der FuE-Bilanzierung nach IAS 38 auf die FuE-Budgets beschränkten. Nach Implementierung der Vorgaben waren je nach Ausmaß und Tiefe der Anpassungsmaßnahmen deutliche Unterschiede spürbar.

Besonders eindeutig war das „Urteil" der Multiplikatorengruppe der WP, welche im Bereich der aufzusetzenden Strukturen in den Prüfungsunternehmen quasi kaum eine „strukturelle Basis" vermeldeten. Im Rahmen ihrer Arbeit haben diese eine Vielzahl von Unternehmen gesehen und im Umstellungsprozess begleitet und dabei Fälle erlebt, bei denen eine Strukturierung, Integration oder Kontrolle der FuE-Aufwendungen gänzlich fehlte. *„Die Aufwendungen verschwinden in einer Art ‚schwarzem Loch', mit der Hoffnung, zukünftige Resultate zu erzielen bzw. gesteckte Grobziele erreichen zu können."*[708] Eine Erklärung dieser beobachteten Diskrepanz könnte in der Zielgruppe der direkten Untersuchungsunternehmen und den Mandanten der WP liegen. Die ausgewählten Unternehmen unterlagen einer verpflichtenden IFRS-Anwendung aufgrund ihres Börsenlistings und verfügten daher schon über eine gewisse Größe,[709] wohingegen die Erfahrungsberichte der WP auch Unternehmen einschließen, die eine freiwillige Umstellung auf IFRS durchführen und daher vergleichsweise klein sind.

Aus den Unternehmensinterviews ging hervor, dass die FuE-Prozesse deutlich standardisiert waren. So wurde in Unternehmen der Automobil-, Chemie- und Industriebranche eine bereits aus Controlling-Zwecken heraus etablierte Strukturierung der zahlreichen Entwicklungsprojekte in Entwicklungsvorhabensarten dazu genutzt, die bilanziellen Vorgaben aus IAS 38 zu operationalisieren. Dies erfolgte dann in der Weise, dass die bestehenden Projektkategorien einem theoretischen Aktivierungstest durch die Controller unterzogen wurden. Diejenigen Vorhabensarten, bei denen die Kriterien als erfüllt angesehen wurden, konnten dann systemseitig an die Informationspflichten aus IAS 38 und die IFRS-

---

[708] Zitat eines WP im Interview.
[709] Vgl. zur Auswahl der Unternehmen im Untersuchungssample Abschn. 4.1.2.2.

konforme buchungstechnische Erfassung angepasst werden. Es handelte sich dabei z.B. um sehr konkrete und kunden- bzw. marktnahe Entwicklungen im Bereich der Applikations- und Anpassungsprojekte. Sämtliche anderen Entwicklungsarten-Kategorien wurden bereits im Vorfeld durch das Controlling für eine Aktivierung ausgeschlossen und die hier entstehenden Ausgaben wurden vollständig als Forschungsaufwand wie bisher gehandhabt.

Bei den untersuchten Unternehmen setzte die Implementierung der IFRS-Anforderungen daher regelmäßig an bestehenden Prozessstrukturen oder Entwicklungs-Projektarten-Definitionen an.

Ad c) *Projektcontrolling*

Ein Projektcontrolling im FuE-Bereich startet üblicherweise mit einem konkreten Projektauftrag, welcher die wesentlichen Eckdaten und Informationen über das Vorhaben enthält. Die langfristigen und damit periodenübergreifenden FuE-Projekte sind darüber hinaus projektbegleitend in den Dimensionen Leistung (Qualität), Zeit und Kosten zu überwachen.[710] Dieses in unterschiedlichem Reife- und Detaillierungsgrad in den Unternehmen betriebene Projektcontrolling erhält durch die Bilanzierung eine neue Verantwortungsstellung und Verbindlichkeit. Neben der Zielgruppe der internen Entscheidungsträger treten nun auch die externen Rechnungslegungsadressaten als Informationsempfänger, vertreten durch die Konzernstelle für Rechnungslegung und die WP.

Das Projektcontrolling basiert im Idealfall auf dem (internen oder sogar konvergenten) Rechnungswesen, d.h., dass die einzelnen Projekte auch als Kostenträger oder Zwischen-Kostenträger geführt werden.[711] Bei dieser Grundstruktur ist die Integration der internen FuE-Projektabbildung mit den Veränderungen aus der IFRS-Rechnungslegung gut vereinbar. Insgesamt besteht eine starke Interdependenz zwischen der Kostenplanung im FuE-Bereich und den Projektplanungen, da die Kostenstellenplanung aus der Aggregation der Projektplanungen resultiert.[712] Entsprechend dieser logischen Abfolge wird hier zunächst das Projektcontrolling behandelt. Auf die konkreten Anforderungen und Umsetzungsmöglichkeiten im Bereich der Kostenrechnung geht der nachfolgende Einflussfaktorenbereich *d) Kostenrechnung* detailliert ein.

---

[710] Vgl. hierzu grundlegend Abschn. 3.2.3. od. komprimiert zum Projektcontrolling *Bürgel* (1989b), S. 4ff.
[711] Vgl. *Brockhoff* (2005d), S. 16.
[712] Vgl. Abschn. 3.2.3 u. *Schmeisser u. a.* (2006), S. 249.

Bisher wurden die FuE-Ausgaben aufgrund des HGB-Verständnisses weitgehend undifferenziert als Periodenaufwand und nicht als eigenständige Ressourcen im Sinne neuer Vermögenswerte betrachtet, was zu einer defizitären Abbildung auch in den internen Systemen führte.[713] Eine Trennung der Ausgaben im internen FuE-Bereich war lediglich an den Stellen erforderlich, wo diese als Sondereinzelkosten der Fertigung oder in Form von Fertigungsgemeinkosten eine gesonderte bilanzielle Abbildung erforderten und im Projektcontrolling entsprechend zugeordnet und erfasst werden mussten.[714] Auf Basis der neuen Meilensteinplan-basierten Rechnungslegungsvorgaben aus IAS 38 musste das Projektcontrolling in diesem Bereich in unterschiedlichem Maße angepasst werden. Zentral ist die Anforderung, dass die **Phasenabgrenzung** zwischen FuE im Sinne der bilanziellen Norm gewährleistet ist.[715] Darüber hinaus fordert der Standard bei Eintritt in die Entwicklungsphase die projektspezifische Prüfung und Dokumentation der Aktivierungskriterien. Das Projektcontrolling muss demnach hier die Projektstrukturierung und -kontrolle auf den Aspekt der bilanziellen Anforderungen ausdehnen und die notwendigen Informationen bereitstellen sowie die strukturellen Gegebenheiten hierfür schaffen. Besondere Bedeutung hat hierbei der im Prozessablauf meist vorab definierte Meilenstein, ab dem die Aktivierungskriterien sämtlich erfüllt sind und folglich die Aktivierung der Entwicklungskosten beginnen muss. Die verschiedenen Ausgangssituationen, auf denen hier aufgesetzt wird, wurden auf der Ebene der Organisation – etwa im Kontext der Mitwirkung bei der Operationalisierung der Vorschrift von Seiten des FuE-Controllings – beleuchtet und fließen in die folgende Analyse ein.[716]

Die Informationsanforderungen konnten bei existierendem Projektcontrolling aus bestehenden EDV-Systemen bezogen werden, weil dieses regelmäßig mit den Anforderungen aus IAS 38 kompatibel oder die notwendigen Anpassungen implementierbar waren. Der in diesem Zusammenhang neue Meilensteinplan auf Basis der Phasen und Ansatzkriterien sowie die entsprechende prüfungsgeeignete Dokumentation mussten dabei im Projektcontrolling berücksichtigt werden. Bei einigen Unternehmen konnte von Seiten der WP beobachtet werden, dass diese den Prozess als für sie betriebswirtschaftlich nicht relevant be-

---

713 So führt diese Periodenprägung der FuE-Ausgaben zu einem zu kurzfristigen Denken der Verantwortlichen u. einer Diskriminierung der originären immateriellen Ressourcen im Vergleich zu materiellen Investitionen. Auf diesen Aspekt wird im Rahmen der Wirkungsanalyse noch vertiefend einzugehen sein, da er bspw. im Bereich der Anreizsteuerung einen wesentlichen Stellenwert einnimmt.

714 Vgl. Abschn. 3.3.2.2.

715 Vgl. zu den normbezogenen Grundlagen Abschn. 3.3.1.1 u. 3.3.1.2.2. Im Rahmen des Wirkungsfaktoren-Modells wurde dieser Aspekt bereits in diesem Abschn. u. ad a) analysiert.

716 Vgl. Abschn. 4.2.1.2.2.

urteilten und daher die notwendigen Informationen außerhalb der internen EDV-Systeme umsetzten. Dabei bemängelten nahezu alle WP die Qualität des internen Rechnungswesens auf FuE-Projektbasis und konstatierten, dass die Umsetzung der Bilanzierungsvorgaben dadurch maßgeblich behindert wurde bzw. sie und die Mandanten vor große Herausforderungen stellte. In einem Interview sprach ein WP von der *„Neueinrichtung eines FuE-Controllings“* aufgrund der IFRS-Vorgaben. Analog berichteten mindestens zwei der befragten WP aus ihrer Prüfungserfahrung, dass die erforderlichen Informationen, wie z.B. ein Soll-Ist-Vergleich auf Projektbasis, eine Projektstatusbeschreibung oder Kosten- bzw. Stundenplanungen stellenweise gar nicht in der Praxis vorhanden seien. Ein Prüfer sprach in diesem Zusammenhang von einem *„qualifizierten Raten“*. Auch in der Industrie wurde das Abbildungskonzept des IAS 38 als *„neues Controllinginstrument“* bezeichnet.

Eine nicht nur in dieser Studie beobachtete solitäre Projektsteuerung auf Basis von FuE-Budgets musste für ein IFRS-konformes Projektcontrolling deutlich erweitert werden.[717] Die Mindestanforderungen an bilanziell relevante FuE-Projekte sind laut WP der Projektstatus, eine Kosten-, Ressourcen- und Stundenplanung sowie die bereits angefallenen Ist-Kosten. Diese Planungen müssen mit den Mittelfristplanungen abgestimmt und plausibilisiert werden, in die auf der einen Seite die Zuflüsse aus der geplanten Verwendung des FuE-Projektes eingehen sowie auf der anderen Seite die hierdurch verursachten Mittelabflüsse.[718] Gleichzeitig müssen diese Größen mit den erzielten Leistungen und dem Zeitablauf synchronisiert werden, da Verlängerungen die zukünftigen Nutzenwerte unter Umständen stark beeinflussen oder auch zur Unbrauchbarkeit der Ergebnisse etwa bei Nicht-Einhaltung starrer Deadlines in der Lieferantenkette führen können. Ein Unternehmen berichtete von Anpassungen in der Budgetierung in der Form, dass Budgetplanungen zukünftig auch für die bilanzielle Größe der Entwicklungskosten erfolgen und der jeweilige Projektleiter hierfür die Verantwortung trage.[719]

Die Umstellungen in der Praxis waren stark von der Übersetzungsebene (zentral vs. dezentral), den definitorischen Vorgaben und konkreten Informationsforderungen sowie den bestehenden Systemen geprägt.[720] So wurde die geforderte projektbezogene Trennung von FuE häufig bereits über die organisatorische Ebene vorstrukturiert und damit unproblema-

[717] Dieses Praxis dokumentieren auch *Niemand/Riedrich/Bretz* (2003), S. 324. Vgl. auch Abschn. 3.2.3.
[718] Vgl. hierzu die organisatorischen Schnittstellen in Abschn. 4.2.1.2.2.
[719] Entnommen aus einem Interviewprotokoll der Chemiebranche.
[720] Vgl. hierzu die entsprechenden Abschnitte im Wirkungsfaktoren-Modell.

tisch auf der Detailebene der Projekte.[721] Auch bei der Operationalisierung dieser Abgrenzung über zur Aktivierung in Frage kommende Entwicklungsvorhabensarten ist die Phasentrennung innerhalb des Projektmanagements kein relevanter Aspekt mehr. Einzig im Falle gravierender projektindividueller Abweichungen von der Norm ist das Projektcontrolling gefordert, diese zu erkennen und mit der Konzerbilanzierungsstelle die Konsequenzen und notwendigen Maßnahmen abzustimmen.

Aufgrund der zukünftigen Relevanz der internen Projektinformationen für die Bilanzierung sind die Kontrollzyklen und -notwendigkeiten beeinflusst und feste Vorgaben für die zeitliche Verfügbarkeit und die Nachprüfbarkeit der projektbezogenen Angaben zu erfüllen. Auch die Qualität der Informationen muss den Mindestmaßstäben der externen Bilanzierung genügen. Dabei sind die von ihrer Natur her erst mit zunehmendem Projektverlauf zuverlässig prognostizierbaren Zeit-, Qualitäts- und Wertinformationen nicht nur hochgradig interdependent, sondern auch abhängig vom Konkretisierungsstadium der Informationen sowie anderen externen Einflussgrößen. Der projektbezogene Kontrollprozess muss unter anderem gewährleisten, dass festgelegte Übergänge, die der bilanziellen Abbildung entsprechend etabliert sind (wie z.B. die Schaffung eines Kostenträgers für aktivierungspflichtige Entwicklungsprojekte), auch tatsächlich die geforderten Inhalte erfüllen. Gleichzeitig muss ein projektindividuelles Monitoring erfolgen, welches für die unsteten FuE-Tätigkeiten im Abweichungsfall wirksame Maßnahmen zur Unterbrechung des „normalen“ bzw. vordefinierten Projektverlaufs anstößt. Veränderungen in der Projektstruktur, in den Zeit- oder Nutzungsplanungen entfalten zukünftig außerdem bilanzielle Wirkungen, die möglicherweise sogar über das einzelne Projekt hinausgehen. Wird z.B. die Wertprognose in einem Projekt angepasst, so kann ein ähnliches Projekt in einem anderen Verantwortungs- oder Unternehmensbereich ebenfalls direkt oder indirekt betroffen sein.[722] Ein ähnlicher Dominoeffekt tritt auf, wenn ein Wertminderungsindikator aus einer Projektbeurteilung zu einem Impairment-Test einer ganzen FuE-Projektgruppe, einer Business Unit oder sogar zu einer Vollprüfung sämtlicher FuE-Projekte führt. Ein WP führte im Interview in diesem Kontext ein Beispiel an, bei dem ein gescheitertes FuE-Projekt grundsätzliche Zweifel an den unternehmensbezogenen Fähigkeiten zur Nutzung auch andere Vorhaben aufkommen ließ. Das bedeutet für das Projektcontrolling, Wirkungsverkettungen dieser Art aktiv zu berücksichtigen und möglichst sogar in den Systemen umzusetzen bzw. Prä-

---

[721] Vgl. in diesem Abschn. a) Trennung von FuE.

ventivmaßnahmen zu etablieren. Gleichzeitig erfordert dies auch die dementsprechende routinemäßige Beteiligung der Schnittstellen von Produktion und Marketing, welche Teile der Daten für die Entwicklungsprojekte liefern und Indikatoren zur Werthaltigkeit etwa aus dem Markt aufnehmen und weitergeben.[723]

Die Sammlung, Analyse und Weitergabe der notwendigen Aktivierungs- bzw. Bewertungsinformationen wurde in vielen Unternehmen des Samples zentral vom FuE-Controlling vorgenommen, ohne das dezentrale Projektmanagement direkt mit einzubeziehen. Einmalige Informationen an die entsprechenden Bereiche sowie die Sensibilisierung für die Thematik und die systemseitige Schaffung der notwendigen Berichts- und Projektstrukturen erfolgte ebenfalls zentral über alle Bereiche. Dabei ist die Konzentration und Sammlung der bilanziell notwendigen Projektinformationen an einer Stelle vorteilhaft, weil die Übersetzung, Analyse und Planung bei dieser Operationalisierung gebündelt an einer Position mit dem entsprechenden Bilanzierungswissen und der Projektkenntnis stattfindet sowie die Ermessensspielräume unterhalb dieser Ebene ausgeschlossen werden. Es könnten dabei aber wertvolle dezentrale Informationen zu einzelnen Projekten systematisch nicht beachtet werden, woraus Risiken z.B. bei der Werthaltigkeit aktivierter Entwicklungsprojekte entstehen können und eine proaktive Steuerung erschwert wird.

Ad d) *Kostenrechnung*

Die Kostenrechnung ist ein zentrales Instrument im internen Rechnungswesen bzw. der internen Erfolgsrechnung, welches auf Basis der einzelnen produktionswirtschaftlichen Geschäftvorfälle eine unterschiedlich aufgefächerte und aggregierte Sicht über Kostenarten, -stellen und -träger bietet. Dabei orientiert sie sich am internen Fokus der Entscheidungsunterstützung des Managements und ermöglicht auch fallweise Analysen auf Basis von Wiederbeschaffungswerten oder Opportunitätskosten sowie spezifischen Entscheidungsobjekten oder Zeitfenstern.[724] Im Bereich der FuE-Ausgaben können dabei grundsätzlich Projekteinzel- und -gemeinkosten, variable und fixe Projektkosten sowie primäre und sekundäre Kosten bis hin zu entscheidungsrelevanten Kosten unterschieden werden.[725] Ist eine über die Kostenstellenrechnung im FuE-Bereich hinausgehende Kostenrechnung etab-

[722] Dieser Aspekt spiegelt die zunehmende Komplexität wieder, welche bereits auf der Ebene der Heterogenität der Geschäftsfelder im Zusammenhang mit der Mehrfachnutzung von FuE-Ergebnissen beschrieben wurde. Vgl. hierzu Abschn. 4.2.1.2.2. ad a).

[723] Vgl. hierzu den Abschn. d) im Wirkungsfaktorenbereich der Organisation (Abschn. 4.2.1.2.2.)

[724] Vgl. hierzu die Ausführungen des Abschnitts 2.3.2. Vgl. auch *Wagenhofer* (2006), S. 14.

[725] Vgl. *Schmeisser u. a.* (2006), S. 85ff. Vgl. auch grundlegend Abschn. 3.2.3.

liert, so werden die einzelnen FuE-Vorhaben regelmäßig als Projekte erfasst. Weil die FuE-Ausgaben im Produktionsprozess Vorleistungen darstellen, sind die FuE-Projekte vielfach eine Zwischenverrechnungsposition zur Sammlung der Kosten, die dann im zweiten Schritt – der eigentlichen Produktrechnung – weiterverrechnet werden.[726]

Vor dem Hintergrund der hier untersuchten Bilanzierung von FuE-Ausgaben greifen an dieser Stelle die systemseitig bestehenden Divergenzen zwischen interner und externer Unternehmensrechnung.[727] Im externen Bereich waren laut HGB grundsätzlich keine Entwicklungskosten bzw. originären immateriellen Vermögensgegenstände zu aktivieren, sodass die externen Systeme die FuE-Ausgaben nur im Periodenaufwand der entsprechenden Unternehmenseinheit und Kostenstelle verbucht haben. Innerhalb des Jahresabschlusses zeigten sich die FuE-Ausgaben dann entweder direkt als eigenständige Position „FuE-Kosten" in der nach dem UKV gegliederten GuV oder sie waren z.B. nicht getrennt bezifferte Bestandteile der Umsatz-, Personal- und/oder Materialkosten.[728] Die systematische kostenmäßige Verbuchung der FuE-Ausgaben im internen Rechnungswesen wurde vor Einführung der IFRS über eine nach internen Zielen ausgerichtete Erfassung und Schlüsselung dieser Kosten auf die jeweils relevanten Kostenträger, wie z.B. die Produkte, interne „Aufträge" oder periodenbezogen auf Kostenstellen vorgenommen. Zum Teil fand eine Sammlung der Kosten bereits in Form von Projektrechnungen statt, um anschließend über indirekte Kostenverrechnungen den Verkaufsprodukten zugeschlüsselt zu werden, in denen die Entwicklung eingesetzt wurde.

Die befragten Unternehmen mussten die grundsätzliche Etablierung von IFRS-konformen **Entwicklungsprojekten** als **isolierte Kostenträger** sämtlich neu umsetzen.[729] Die auf diesen Kostenträgern direkt erfassten und geschlüsselten Kosten bilden dann den Bewertungsmaßstab des originären immateriellen Vermögenswertes in Form der (fortgeführten) Herstellungskosten.[730] Der neue Kostenträger ist solange mit Herstellungskosten im Rah-

[726] Vgl. *Schmeisser u. a.* (2006), S. 101.

[727] Vgl. Abschn. 2.3 u. 2.4.

[728] Unter Umständen erfolgte auch eine indirekte Aktivierung der Ausgaben im Zusammenhang mit anderen Vermögensgegenständen wie z.B. in Form von Sondereinzelkosten der Fertigung. Vgl. Abschn. 3.3.2.2.

[729] Obwohl diese Voraussetzung implizit aus dem Formulierungen der Herstellungskosten im Zuge der Erstbewertung enthalten ist, zeigt sich in der Praxis, dass die Umsetzung auch über z.T. grobe manuelle Berechnungen möglich ist. Vgl. zur abgeleiteten These eines entsprechenden Kostenträgers Abschn. 3.3.1.3.1 m.w.N.

[730] Vgl. hierzu die vorherigen Ausführungen in diesem Abschn. zur neuen Zweiteilung des FuE-Projektcontrollings (Ad c). Die in der Systematik des Wirkungsfaktoren-Modells inhärenten Verknüpfungen zw. den einzelnen Faktoren bezieht sich auch auf die zunehmende Detaillierung innerhalb der Faktorendekomposition, wie hier im Wirkungsfaktorenbereich „Bestehende Strukturen von FuE-Prozessen u. Projekten" (Abschn. 4.2.1.2.3) deutlich wird.

men der IAS zu bestücken, bis das Entwicklungsprojekt seiner bestimmungsgemäßen Nutzung zugeführt wird oder auf Basis einer Abbruchentscheidung – etwa wegen nachträglich festgestellter Unrealisierbarkeit, marktlicher Veränderungen oder sonstiger Beweggründe – vorzeitig beendet werden muss. Auf Bilanzierungsniveau aggregiert bilden diese Kosten die Aktivposition „Entwicklungskosten" bzw. die Zugänge hierfür, welche mindestens auf Quartalsbasis bestimmt werden müssen.

Die zweite wesentliche Systemänderung liegt darin, dass der **Bewertungsansatz** der Herstellungskosten für FuE-Projekte **ab** dem Zeitpunkt der **Erfüllung der Ansatzkriterien** systemseitig nach den Vorgaben der IFRS nun berechnet und verfügbar sein muss. Die genaue Grenzziehung ist erforderlich, da der IAS 38.71 eine Nachaktivierung früherer FuE-Aufwendungen grundsätzlich verbietet. Die Anforderungen an die Kostenrechnung sind dabei eine Etablierung der bilanziell definierten Entwicklungsprojekte als separate Kostenträger mit genauer zeitlicher Abbildung des „Aktivierungsstarts". Innerhalb dieser Kostenträger dürfen dann auch **nur die Einzel- und Gemeinkostenumfänge** erfasst werden, die der IAS 38 erlaubt.[731] Vergleicht man den Bewertungsmaßstab der Herstellungskosten nach HGB mit denen nach IFRS, so sind im § 255 (2) HGB explizite Einbeziehungswahlrechte enthalten und auch steuerliche Aspekte spielen bei der unternehmenseigenen Umsetzung der HGB-Herstellungskosten eine Rolle.[732] Die IFRS hingegen schreiben die Inhalte des Aktivierungswertansatzes Herstellungskosten strikt vor.[733] Dabei können sich je nach praktizierter HGB-Anwendung in diesem Kontext Anpassungen z.B. dann ergeben, wenn der Verwaltungsbereich nicht ausreichend vom FuE- bzw. Produktionsbereich getrennt ist,[734] da die IFRS im Vergleich zum Einbeziehungswahlrecht in der deutschen Bilanzierung die pauschale Verrechnung von Verwaltungsgemeinkosten ausdrücklich negieren.[735] Eine Sonderrolle nehmen in beiden Normensystemen die Kosten der Weiterentwicklung ein. Im deutschen Handelsrecht sind diese als Bestandteil der Fertigungsgemeinkosten aktivierungsfähig. Voraussetzung ist dabei, dass diese über das interne Kostenrechnungssystem der entsprechenden Produktionskostenstelle zugeordnet werden können, obwohl sie regelmäßig im FuE-Bereich ihren Ursprung haben.[736] Auch die Aktivie-

---

[731] Vgl. zum Bewertungsmaßstab der Herstellungskosten Abschn. 3.3.1.3.1.

[732] Vgl. hierzu die Ausführungen in Abschn. 2.1.1 u. 3.3.2.3.

[733] Das einzige bisher noch bestehende Einbeziehungswahlrecht von Fremdkapitalzinsen wird ab 2009 auch in eine Einbeziehungspflicht umgewandelt. Vgl. Abschn. 3.3.1.3.1.

[734] Vgl. *Weißenberger* (2005a), S. 186.

[735] Vgl. IAS 38.67. Das hier ebenfalls genannte Verbot von Vertriebskosten deckt sich mit der Auffassung der Herstellungskosten nach HGB.

[736] Vgl. hierzu die Ausführungen zur Bilanzierung von FuE-Ausgaben nach HGB in Abschn. 3.3.2.2.

rungsumfänge der Entwicklungskosten nach IFRS schließen die Kosten für Modifikationen aus, allerdings bereits grundsätzlich auf der Definitionsebene von Entwicklungsvorhaben und nicht über die Umfänge des Bewertungsmaßstabes der Herstellungskosten. In beiden Fällen dürfen diese Kosten nicht undifferenziert der Kostenstelle FuE zugerechnet werden, sondern müssen den entsprechenden Aktivierungspositionen zuzuordnen sein. Sowohl die WP als auch einige Unternehmen im Untersuchungssample berichteten vor dem Hintergrund notwendiger Separationen im Kostenstellenbereich von erheblichen Anpassungen im Kontenplan.[737] Besonders schwierig gestaltet sich die Kostenerfassung bei FuE-Projekten auch durch die naturgemäß vorkommenden Fehler-, Anpassungs- und Korrekturschleifen. Die hierdurch verursachten Kosten stellen im bilanziellen Verständnis der IFRS ggf. Ineffizienzen dar, die wiederum gemäß IAS 38.67 explizit nicht aktiviert werden dürfen. Eine effektive Prüfung dieser Tatsache dürfte in der Praxis aber nur schwerlich möglich sein.[738] Das Controlling kann hier nur durch Plausibilitätskontrollen und eine grundsätzliche Kenntnis der Vorschrift versuchen, dieser Forderung gerecht zu werden.

Die beobachteten Vorgehensweisen im Bereich der Wertaggregation auf den zu aktivierenden Entwicklungskostenprojekten waren in der Praxis verschieden. Der Ablauf der **Systematisierung** von FuE-Projekten sowie die damit verbundenen Möglichkeiten zur **Erfassung** bzw. Berechnung der **Herstellungskosten** sind in der Abbildung 24 in visueller Form zusammengefasst. Bei der Umsetzung im Kostenrechnungssystem zeigen die bereits in den vorangegangenen Wirkungsfaktoren aufgeführten Unterschiede auch auf dieser Einflussbereichsebene Rückwirkungen. So spiegeln sich die im Bereich *b) Standardisierung von Entwicklungsprojekten* angesprochenen **Entwicklungsvorhabensarten** auch im System der Kostenrechnung und der systematischen Erfassung der Entwicklungskostenumfänge wieder. Hierdurch war der Gesamtbestand an FuE-Projekten schon in aktivierbare und nicht aktivierbare Kostenträger geteilt, weil sie je nach Entwicklungsvorhabensart einem der beiden Bereiche zuzuordnen waren. In einigen Unternehmen wurde die systemseitig eindeutigste Lösung umgesetzt, bei der die Kostenträger direkt im System zum Startzeitpunkt der Aktivierung geschaffen und nur die erlaubten Kostenumfänge buchungstechnisch erfasst wurden. D.h. die FuE-Projekte wurden gleich so strukturiert, dass mit der Implementierung eines Entwicklungsprojektes gleichzeitig auch der bilanzielle Aktivie-

[737] Die Strukturierung der Kostenstellen im FuE-Bereich hängt von vielen Faktoren ab, von denen einige bereits im Wirkungsfaktoren-Modell erläutert wurden. Die Folgenden seinen hier beispielhaft aufgeführt: Betriebsgröße, Branche, FuE-Programm, Informationsbedürfnisse, Organisationsstruktur. Vgl. *Schmeisser u. a.* (2006), S. 106.

[738] Im Interview mit einem Wirtschaftsprüfer sprach dieser hierbei von einer „Achillesverse“.

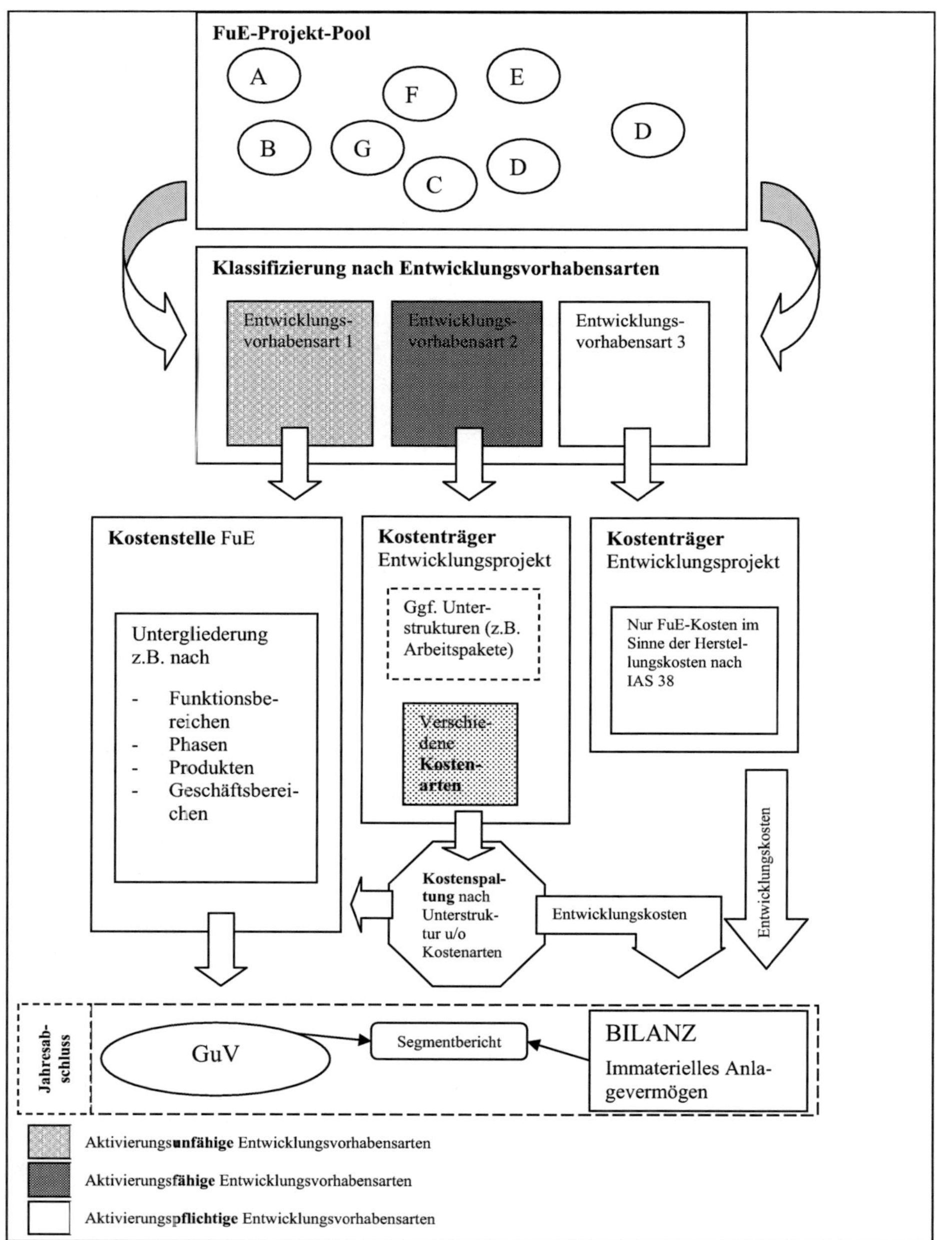

Abb. 24: Ableitung der Kostenrechnungsabbildung aus den Projektstrukturen/-controlling vor dem Hintergrund der Erstbewertung eines originären immateriellen Vermögenswertes nach IAS 38 mit Herstellungskosten.[739]

[739] Quelle: Eigene Darstellung.

rungsstart synchronisiert wurde, da hier im Prozessablauf die geforderten Aktivierungsvoraussetzungen vollständig vorliegen. An dieser Stelle greift auch die Strukturierungseinflussgröße des *Projektcontrollings* aus c), welche die inhaltliche Abgrenzung der relevanten Projektbereiche und Aktivierungskriterien abbilden muss, damit die Operationalisierung des Startzeitpunktes im System dargestellt und die entsprechenden Kriterien auch tatsächlich hinterlegt sind.

Andere Unternehmen beließen es bei den bisherigen internen Projekteinteilungen der FuE-Projekte und definierten innerhalb der bestehenden Strukturen für die Aktivierung relevante Projektbereiche, wie bestimmte **Teilaufgaben** oder **Arbeitspakete**. Die Kostensammlung in diesen Unterbereichen konnte dann z.T. auch noch Kostenbestandteile enthalten, die nicht dem erlaubten Aktivierungsumfang entsprachen, sodass in diesen Unternehmen eine **weitere Kostenauslese** systematisch oder auch manuell erfolgte. Eine Operationalisierungsvariante sah vor, dass analog zu den vordefinierten Projektbereichen zur Aktivierung auch die Kostenbestandteile, die aktiviert werden dürfen, systemseitig über Abrechnungsvorschriften vorgegeben werden. So verbietet dieses System z.B. die Erfassung von Schulungsmaßnahmen im Zusammenhang mit einem bilanziellen Entwicklungsprojekt als Projekteinzelkosten aufgrund des Verbotes aus IAS 38.69 und hinterlegt hierfür die automatische Erfassung als Betriebskosten auf der Kostenstelle und damit die rechnungslegungsbezogene Zuordnung zum Periodenaufwand. Gleiches gilt für Anlauf- oder Weiterbildungskosten, welche besonders in den internen Kostenerfassungen eines Industrieunternehmens von Bedeutung waren. Parallel sind diese Anlaufkosten aber ein Bestandteil in der Nutzungswertbestimmung, bei der auch die Mittelabflüsse zur Vorbereitung des Vermögenswertes für seine Nutzung in die zukünftigen Cash Flows einfließen müssen (IAS 36.39[b]). Dies zeigt, dass eine sehr differenzierte Kostenerfassung und -planung in Verbindung mit der Bewertung von Entwicklungsprojekten erforderlich ist, um den Ansprüchen aus IAS 38 i.V.m. IAS 36 zu genügen. Erleichtert wurde eine solche systemseitige Kostenklassifizierung zur bilanzierungskonformen internen Verbuchung der Herstellungskosten durch eine bereits existierende detaillierte Gliederungsstruktur innerhalb der Kostenstelle. Besonders gut in den Bilanzierungskontext passten Gruppierungen nach der Funktion (z.B. Konstruktion, Prüfstand), da eine generelle Subsumtion der hier aufgelaufenen Kosten unter die Herstellungskostendefinition des IAS 38 gut möglich war. Schwieriger wurde es bei erzeugnis- oder geschäftsfeldbezogener Strukturierung, da hier eine tiefer gehende Kostenanalyse erforderlich war. Die theoretisch ebenfalls mögliche stufenorientierte Kostenstellengliederung (z.B. in Grundlagenforschung, angewandte Forschung und

Entwicklung) zeigte sich im Praxisausschnitt der Untersuchung nicht, wäre aber mit dem Konzept der Phasenabgrenzung aus IAS 38 vereinbar und damit als eine theoretische Möglichkeit zur Trennung von FuE im Unternehmen unter dem Punkt a) zu nennen.

In einem Unternehmen der Chemiebranche erfolgte die Strukturierung innerhalb der als aktivierungsfähig klassifizierten Entwicklungsprojekte in der Form, dass der korrespondierende Kostenträger in Abstimmung zwischen Projektverantwortlichem und der Konzernstelle für Rechnungslegung individuell gestaltet wurde. In diesem Prozess konnten die intern geprägten Ziele und Vorstellungen des Projektleiters mit den rechnungslegungsbezogenen Kostenvorgaben aus dem Rechnungswesen kombiniert werden und für das Einzelprojekt umgesetzt werden. Dadurch wurde und wird ein deutlicher Strukturierungs- und Transparenzvorteil im Vergleich zur vorherigen undifferenzierten Buchung sämtlicher Ausgaben auf die Kostenstelle erreicht.

Insgesamt existierten bereits vor IAS 38 für einige FuE-Projekte separate **Kostenträger**, welche an eine gewisse **Mindestgröße** bezogen auf das Gesamtbudget oder die Gesamtlaufzeit geknüpft waren. Diese Regelungen konnten dann übernommen und als bilanzielle **Materialitätsgrenze** gerechtfertigt werden.[740] Vielfach wurden diese Regelungen auch erst neu im Zusammenhang mit der Einrichtung von IFRS-relevanten Entwicklungskostenträgern eingeführt.

In **stark dezentralen FuE-Bereichen** wurden die **Herstellungskosten** anhand der geforderten Informationen aus den einzelnen Unternehmensbereichen zum Teil **rekursiv** berechnet. Dabei erfolgte die Wertermittlung bspw. auf Basis der in einem grundsätzlich zu aktivierenden Projekt (als solches z.B. identifiziert über Entwicklungsvorhabensarten und/oder Materialitätsgrenzen) angegebenen Entwicklungsstunden, welche mit einem standardisierten FuE-Stundensatz multipliziert als Herstellungskosten des originären immateriellen Vermögenswertes angesetzt wurden.

Die neue Zuordnung der Einzel- und Gemeinkosten erforderte demnach Anpassungen im Kostenrechnungssystem sowie Aufklärungsarbeit insbesondere bei den zuständigen Projektleitern, wann welche Ausgaben wie zu erfassen sind. Diese operationalisierten dann die neue Aufwands- und Kostenspaltung meist konsequent auch in ihren Planungen, sodass z.B. anhand der dort aufgelaufenen Entwicklungskosten sinnvolle Soll-Ist-Vergleiche Aufschluss über den Projektstatus und -verlauf geben. Letztendlich können Sie die vorgegebenen Richtlinien aber auch zu Gestaltungsspielräumen in der Kostenabbildung von Projekten verwenden, da *„die Aufwands- und Kostenverrechnung nicht 100%-ig überprüft werden kann“*[741]. Dieses zeigte sich auch im unterschiedlichen Detaillierungsgrad der Umsetzung sowie in damit verbundenen Abweichungen im inhaltlichen Verständnis der Entwicklungskosten: Das Spektrum im Untersuchungssample reichte von einer Pauschalisierung über die Projektentwicklungsstunden bis hin zu einer sehr differenzierten Einzelbetrachtung jedes Entwicklungsprojektes mit aufgeschlüsselten Einzelkosten und spezifischen Gemeinkostenumfängen.

Dabei sind die **Kostenträger „Entwicklungskosten“** (vgl. Abb. 24) unterteilt in eine Klasse, die die Kosten nach internen Vorgaben sammelt (z.B. anhand betriebswirtschaftlicher Zielsetzungen inkl. kalk. Größen).[742] Notwendigerweise muss hier in einem zweiten Schritt eine IFRS-konsistente Ausschnittsbetrachtung vollzogen werden, indem die Kostenträgerkosten einer Kostenspaltung bzw. -auslese zur Quantifizierung der bilanziellen Herstellungskosten unterzogen werden. Die zweite Art Kostenträger stellt eine vollständig konvergente Lösung dar, bei der die internen Kosten des Entwicklungsprojektes gleichzeitig dem Bewertungsansatz der Herstellungskosten nach IFRS entsprechen. Die **FuE-Projekte** in der **Kategorie 1** der Entwicklungsvorhabensarten weisen z.B. noch nicht die entsprechende Reife auf, um sich für eine Ansatzfähigkeit im Rahmen des Standards zu qualifizieren und werden daher direkt auf der Kostenstelle erfasst (vgl. hierzu die Abb. 24).

Ebenfalls Bestandteil der schematischen Visualisierung in Abb. 24 sind die Regionen des Jahresabschlusses, in denen die FuE-Ausgaben der Periode schließlich Eingang finden. Nach Inbetriebnahme des Vermögenswertes würden die Kosten der Kostenträger intern weiterverrechnet auf Endkostenträger wie z.B. Produkte und bilanzielle Abschreibungen die Aktivseite mit der GuV „verbinden“. Aus Gründen der Übersichtlichkeit ist auf die Abbildung der Aufwands- und Kostenwirkungen im Kontext der Folgebewertung verzichtet worden. Dennoch stellen die Entwicklungskostenträger in den Unternehmen nach „Inbetriebnahme“ der Entwicklung eine Vermögensposition dar, die analog zu anderen bilanziellen Aktivposten einer systematischen **Folgebewertung** aus planmäßigen und außer-

---

[740] Vgl. zum Grundsatz der Materialität Abschn. 2.1.2. Vgl. zur Größe auch Abschn. 4.2.1.2.4.

[741] Zitat aus einem Interview der Chemiebranche.

[742] In einen Unternehmen der Automobilbranche wurde eine solche Vorgehensweise anhand von Entwicklungsaufträgen (nicht Projekten) als Kostenträger durchgeführt, bei der die Accounting-Abteilung in einem modifizierten Zu- u. Abschlagsverfahren die bilanziell nicht relevanten Kosten eliminiert.

planmäßigen Wertkorrekturen unterworfen ist.[743] Auch diese Vorgaben sind in Abstimmung mit den Konzernbilanzierungsstellen (z.B. der Anlagenbuchhaltung) im Kostenrechnungssystem abzubilden. Dabei finden die Abschreibungen z.B. auf Basis der Vorgaben des Entwicklungsprojekt-Verantwortlichen in bestimmten, von ihm vorgegebenen internen Produktkostenstellen („Amortisations-Kostenstellen“) statt, werden bilanziell aber im Periodenaufwand sowie als Aktivminderung der Entwicklungskosten erfasst.[744] Unabhängig von der Quelle der Festlegung von Nutzungsdauer und Abschreibungsmethode und der internen Belastung der Abschreibungen auf Produktebene werden die Abschreibungen über die Anlagenbuchhaltung immer auch projektbezogen erfasst und in Form der verpflichtenden Überleitungsrechnung im Jahresabschluss aggregiert gezeigt.[745] Dies beinhaltet ebenfalls die Notwendigkeit, dass Anpassungen in den Projektstrukturen, die im naturgemäß unsteten FuE-Bereich durchaus vorkommen, einer Übertragung dergestalt ausgesetzt sind, dass das Mengen- und Wertgerüst in der Anlagenbuchhaltung den tatsächlichen Gegebenheiten entspricht. Auch hieraus resultieren enge Abstimmungen mit der Konzernstelle für Bilanzierung oder der Anlagenbuchhaltung und dem Projektcontroller/-leiter bzw. dem zentralen FuE-Controlling.

Eine besondere Rolle im Bereich der Folgebewertung spielen die Werthaltigkeitsprüfungen, bei denen die Höhe der projektbezogenen Entwicklungskosten mit dem erzielbaren Betrag gem. IAS 36 verglichen werden müssen.[746] Hierfür obliegt dem verantwortlichen Projektcontroller (oder einer anderen hierfür zuständigen Stelle im Unternehmen) entweder jährlich oder induziert die Verpflichtung, den zweiwertig definierten erzielbaren Betrag für die Projekte zu ermitteln und mit dem aktuellen Buchwert zu vergleichen.[747] Bei Projekten mit interner Nutzung gestaltet sich diese Kosten-/Nutzengegenüberstellung allerdings schwierig, da keine direkten Cash Flows zur Nutzwertbestimmung ermittelt werden können, sondern die Einsparungspotentiale der neuen Technologie aus internen Berechnungen zur Quantifizierung herangezogen werden müssen. Im Fall einer Nutzung in Kombination mit anderen Unternehmensressourcen ist eine Wertermittlung/-prüfung auf der Ebene der zahlungsmittelgenerierenden Einheit des entsprechenden Kostenträgers gefordert, die sich

[743] In den sehr seltenen Fällen einer unbegrenzten Nutzungsdauer wird die planmäßige Abschreibung durch einen jährlich vorgeschriebenen Impairment-Test ersetzt. Vgl. hierzu Abschn. 3.3.1.3.2.

[744] Die Verbuchung der Abschreibungen erfolgte bei den Unternehmen des Samples meist im monatlichen Turnus, zum Teil auch zum Quartalsabschluss.

[745] Vgl. hierzu Abschn. 3.3.1.4.

[746] Vgl. hierzu den Abschn. 3.3.1.3.2.

an den Grundsätzen aus IAS 36 orientiert.[748] Systematisch sind die Wertkorrekturen gesondert im FuE-Anlagecontrolling und auf den Kostenstellen zu verfolgen,[749] da eine außerplanmäßige Wertminderung die Voraussetzung für eine später mögliche Wertaufholung ist. Gleichzeitig sollen die Ursachen für eine in der Vergangenheit vorgenommene außerplanmäßige Wertanpassung bei zukünftigen Werthaltigkeitsprüfungen als Indikatoren Berücksichtigung finden.[750]

Eine insgesamt stark vereinfachte Kostenabbildung konnte in einem Unternehmen aus dem Interviewsample beobachtet werden. Dort wurden die Wirtschaftlichkeitsprüfungen von der zentralen Rechnungswesenabteilung auf Basis einer Informationsliste beurteilt und im Falle eines wirtschaftlichen Projektes wurde der Wertansatz der Herstellungskosten dann nicht aus einem Kostenrechnungssystem generiert, sondern über die Stunden in den Projekten – ebenfalls ein Parameter der Informationsliste – und einen pauschalen Stundensatz ermittelt.[751] Eine ähnlich schlanke Handhabung erfolgt hier auch bei einer plötzlich negativen Wirtschaftlichkeitsbeurteilung bereits aktivierter Projekte. Umgehend erfolgt dann eine vollständige Abschreibung der bisher aktivierten Herstellungskosten.

Abbildung 25 fasst die Vorgehensweise im Einflusssegment Kostenrechnung zusammen, wobei auch Kombinationen systemseitiger und manueller Umsetzung möglich sind.[752]

Ermittlung des Wertmaßstabs für aktivierungspflichtige FuE-Projekte	
Systemseitig: ▪ **Projektgruppierung** (Maßgeblichkeit, Entwicklungsvorhabensarten) ▪ **Projektunterstrukturierung** (aktivierungsrelevante/ und nicht aktivierungsrelevante Bereiche) ▪ **Kostenarten**-gekoppelte Entwicklungskostenabgrenzung	**Manuell**: (rekursiv) ▪ **Projektbezogene Kostenaus- oder –nachlese** ▪ **Stundenbasierte** Quantifizierung der Herstellungskosten

Abb. 25: Quantifizierung des Wertmaßstabs für aktivierungspflichtige FuE-Projekte über systemseitige und/oder manuelle Vorgehensweisen.[753]

---

[747] Der Vergleich erfolgt regelmäßig in den Untersuchungsunternehmen von beiden Funktionen, dem FuE-Controlling u. der Bilanzierungsstelle, wobei die Wertgenerierung im Verantwortungsbereich der FuE-Controller lag.

[748] Vgl. IAS 38.60.

[749] Die Verfolgung auf den Kostenstellen resultiert aus der Verbuchung der Abschreibung im Periodenaufwand der FuE-Kostenstelle. In der internen Kostenträgerrechnung erfolgt die Projektabschreibung über den Zwischenkostenträger des FuE-Projektes in der Zielkostenstelle des Produktes.

[750] Vgl. zur Wertaufholung im Anschaffungskostenmodell der Folgebewertung den Abschn. 3.3.1.3.1.

[751] Eine vergleichbare Übersicht stellt die Tab. 5 in Abschn. 4.2.1.2.2 dar.

[752] Etwa bei der manuellen Kostenauslese vorab im System erfasster Projektherstellungskosten.

Probleme im Zusammenhang mit der Quantifizierung des Bilanzierungswertmaßstabs der Herstellungskosten auf Projektebene können z.B. dann resultieren, wenn die Projektleiter – ähnlich wie bei der Klassifizierung von FuE-Projekten – auch bei den Herstellungskosten ihre Spielräume ausnutzen. So könnten diese z.B. persönlich favorisierte Projekte dadurch „gut“ dastehen lassen, dass Sie die Stundenbuchungen oder andere Herstellungskosten so intern verbuchen, dass diese auf einem anderen Projekt oder Aufgabenteil innerhalb des Projektes auflaufen, welcher systematisch von den Herstellungskosten eines Entwicklungskosten-Projektes ausgeschlossen wurde.[754] Erfolgt dann eine Gegenüberstellung von aktivierten Entwicklungskosten und dem zukünftigen Nutzen oder eine vergleichende Projektbeurteilung über die Kennzahl der aktivierten Entwicklungskosten, so würde das Projekt einen möglichen Impairment-Test und ggf. sogar eine Wertminderung umgehen sowie im Vergleich besser abschneiden. Verschärfend kommt hinzu, dass die verbuchten Stunden in der Regel mit einem Stundensatz erfasst werden, der auch die Gemeinkosten im FuE-Bereich berücksichtigt, sodass die Verzerrung über die Einzelkosten/Einzelprojektebene hinausgeht. Eine tatsächliche Überprüfung dieser Praktiken dürfte sowohl intern als auch von Seiten der WP nur schwer möglich sein, sodass „U-Boot-Projekte“,[755] welche eigentlich aufgrund zu hoher Kosten im Vergleich zum Nutzen (klassisches Problem des Over-Engineering), nicht rentabel sind, weiterlaufen könnten.

Bevor die Einflussfaktoren im Bereich der einzelnen FuE-Projekte beleuchtet werden, sei abschließend noch darauf hingewiesen, dass auch im Feld der Kostenrechnung ein Vereinheitlichungsbedarf der weltweiten „Auslegung“ des Bewertungsmaßstabs der Herstellungskosten auf Konzernebene notwendig war. Damit könnten gleichzeitig aber auch einheitliche und vergleichbare Kostenberechnungen für nach gelagerte Produkte gewährleistet bzw. konzerninterne Verrechnungen erleichtert werden.[756]

4.2.1.2.4 FuE-Projekte

Der letzte Einflussfaktorenbereich betrifft die Mikro-Ebene der einzelnen FuE-Projekte. Dabei sollen die folgenden vier Themenfelder analysiert werden:

---

[753] Quelle: Eigene Darstellung.

[754] Aus Andeutungen in den Interviews kann geschlossen werden, dass dies in der Praxis auch an anderen Projektstellen ein grundsätzliches Problem bzw. Mittel ist.

[755] Vgl. zum Stichwort U-Boot-Projekte Abschn. 3.2.3.

[756] Dieses Problem beschrieb ein Unternehmen aus der Pharmabranche, welches die Umsetzung des IAS 38 aus den bereits im Zusammenhang mit dem Kontextfaktor Branche beschriebenen Auslegungen nicht umsetzt u. sich daher der nachteiligen Heterogenität in den länderspezifischen internen Kostenrechnungssystemen aus anderen Gründen stellt.

a) Anzahl und Größe

b) Interne Zuordnung und Klassifizierung

c) Entwicklungsverwendung

d) Produktlebenszyklus.

Ad a) *Anzahl und Größe:*

Die **Anzahl** der FuE-Projekte beeinflusst die interne Organisation, die Strukturierungsart und -notwendigkeit.[757] In diesem Zusammenhang ist auch die Integrationsnotwendigkeit von Informationen und Mitarbeitern zu sehen, wobei speziell die Rückkopplungen aus dem Wirkungsfaktorenbereich der Schnittstellen zum Marketing und der Produktion Gewicht bekommen. Gleichzeitig wächst mit steigender Anzahl an Projekten der Nutzen einer verbesserten Projektabbildung, sodass der systematischen Implementierung und Operationalisierung des Meilensteinkonzeptes nach IAS 38 dann ein vergleichsweise hoher Transparenz-, Prozess- und Informationsgewinn gegenüber steht.

In den Unternehmen der Studie zeigte sich, dass die Anzahl der Projekte insbesondere vor dem Hintergrund der Branche stark variierte. In der Industrie verfolgte man im Bereich der originären FuE-Projekte sehr wenige Projekte mit großen Ausgabevolumen. Sowohl das interne Kontroll- und Projektmanagement als auch die Organisationsstrukturen im FuE-Bereich waren daher sehr projektspezifisch. Eine Anpassung bzw. Erfüllung der Bilanzierungsvorschrift beinhaltete demzufolge schwerpunktmäßig den definitorischen Adaptionsprozess an bestehende stark individuell geprägte Strukturen. Unter Umständen war eine weiter verfolgte fallweise Umsetzung sinnvoll. Komplex war in diesem Kontext die Tatsache, dass bei wenigen FuE-Projekten die Nutzenberechnungen mehrdimensional wurden, da die Verwendungen regelmäßig deutlich über ein Produkt hinausgingen. Nachteilig sind bei situationsbezogener Umsetzung, dass eine projektübergreifende Vergleichbarkeit erschwert wird und das Know-how zur Umsetzung dieser Variante auf den dezentralen Ebenen bis hin zum Projektverantwortlichen implementiert werden muss. Weiterer Nachteil der flexiblen bilanziellen Abbildung sind die ihr inhärenten Ermessensspielräume, welche bei wenigen Großprojekten nicht nur ein Gefahrenpotential darstellen, sondern auch eine sehr differenzierte Auseinandersetzung mit den Bilanzierungsaspekten je Projekt und Quartalabschluss bedeuten.

---

[757] Eine aktuelle Studie belegt, dass die Anzahl der Projekte mit dem Erfolg eines Unternehmens zusammenhängt, wobei eine Konzentration auf wenige Projekte vorteilhaft ist. Vgl. *Goldbrunner* (2006), S. 30.

Unternehmen mit einer hohen Anzahl kleiner FuE-Projekte hatten vielfach dezentral geprägte Strukturen. Die einzelnen Projekte waren in den verschiedenen Unternehmensbereichen nach Produkt- oder Kundengruppen sortiert oder anderen internen Klassifizierungen zugeordnet. Aus der zentralen Bilanzierungsanforderung stellen diese vielen zersplitterten FuE-Projekte eine besondere Implementierungshürde dar, die sich kurz auf die Formel Individualität vs. Standardisierung bringen lässt.[758] Die vergleichbare Operationalisierung der Vorgaben wird dadurch noch erschwert, dass in einigen Unternehmen die Berichtssysteme nicht einheitlich waren. So berichtete ein Unternehmen über einen Implementierungsversuch von SAP über alle dezentralen FuE-Bereiche mit insgesamt ca. 2000 Einzelprojekten verteilt auf 15 Business Units, der aufgrund der Komplexität gescheitert ist. Ähnlich anspruchsvoll wäre hier wohl die einheitliche und systematische Operationalisierung der Bilanzierungsvorgaben, da kein durchgehendes System zum Aufsetzen existiert. Zusätzlich waren bei den Unternehmen mit vielen kleinen Projekten die Detailinformationen je Projekt auf einem sehr niedrigen Konkretisierungs- und Differenzierungsgrad und nur bis zur Verantwortungsebene der Unternehmensbereiche einsichtig. Damit wäre die Kontrolle der Ansatz-, Bewertungs- und Werthaltigkeitsinformationen nur dezentral möglich oder würde im Zentralbereich einen erheblichen Zusatzaufwand zur Vereinheitlichung und Operationalisierung auslösen. Speziell die Prüfung der initial hinterlegten Basisannahmen im Bewertungszeitpunkt sind bei vielen Einzelprojekten im Zuge eines Impairment-Tests eine deutliche Belastung sowie durch dezentrale Beurteilungen mit vielen Grauzonen behaftet.[759] Ein weiter ansteigender Komplexitätsgrad mit zunehmender Projektanzahl ist dann gegeben, wenn die Projekte in einem zeitlichen und/oder sachlichen Zusammenhang zueinander stehen. Dieses Problem tritt je nach Projektabgrenzung durchaus auf und stellt hohe Anforderungen an die bilanziellen Abbildungs- und Wirkungsanalysen etwa bei zeitlichen Veränderungen eines Projektes auf die Abläufe eines anderen Projektes. Ein weiterer Komplexitätstreiber im Feld der Projektanzahl ist die geplante Projektnutzung, welche nun mit Blick auf das Kriterium des zukünftigen Nutzens bei bilanzierungsrelevanten Projekten ggf. auch projektübergreifend bestimmt werden muss.[760]

---

[758] In diesem Zusammenhang wegweisend sind die Operationalisierungsvorgaben im Bezug auf das Zusammenspiel von dezentralen u. zentralen Einheiten. Vgl. hierzu im Abschn. 4.2.1.2.2 die Erläuterungen im Wirkungsfaktorenbereich der Institutionalisierung von FuE (ad b).

[759] Diese Sorge wurde in einem Interview in der Chemiebranche mit ca. 2000 (Klein-) Projekten geäußert.

[760] Ausf. wurde die Nutzungsproblematik auf der Ebene der Organisation von FuE im Unternehmen im Kontext der Heterogenität der Geschäftsfelder beleuchtet. Vgl. Abschn. 4.2.1.2.2.

Die allgemein mit einer Vielzahl von Projekten verbundene Unschärfe auf höheren Aggregationsebenen führt bei der Umsetzung der Vorgaben aus IAS 38 auf der einen Seite zu einem Transparenzgewinn aufgrund der Strukturierungsvorgaben, bietet auf der anderen Seite aber auch erhebliche Gestaltungsspielräume. Es hängt von den situativen Einflussfaktoren des Einzelfalls sowie der konkreten unternehmerischen Umsetzung ab, ob die gewonnene Genauigkeit tatsächlich einen Transparenzeffekt bewirkt oder aufgrund der groben Standardisierungen, Schätzungen und Ermessensspielräume auf Projektebene nicht letztlich eine teuer erkaufte Scheingenauigkeit ist.

Die **Größe** der FuE-Projekte hat eine direkte Wirkung im Kontext der Bilanzierung. Dabei kann Größe sowohl in der Dimension der Kosten, d.h. dem Entwicklungsvolumen als auch der Entwicklungsdauer verstanden werden. Beide Projektdeterminanten entscheiden darüber, ob und wie viel Projektmanagement in Form von ausgefeilten Instrumenten sich lohnt,[761] oder ob simple Verfahren der Projektsteuerung angemessen sind. Ebenfalls größenspezifisch unterscheiden sich unmittelbar die Entscheidungswege sowie der Verantwortungsbereich für das gesamte Entwicklungsvorhaben. Eine Begründung hierfür liegt in der Korrelation der Projektgröße mit dem Risiko und dem Neuheitsgrad des FuE-Inhaltes,[762] was durch den internen Stellenwert eines Entwicklungsprojektes ausgedrückt wird.

Daraus leiten sich für die Bilanzierungskriterien z.B. andere Nachweisstrukturen ab, wie etwa bei der Absicht zur Fertigstellung. Große Projekte mit einem bestimmten Gesamtvolumen sind in der Kompetenz beim Vorstand oder den dezentralen Geschäftsbereichsverantwortlichen aufgehängt, sodass ihr Projektvotum hier entscheidend ist. Bei im Volumen unbedeutenderen Projekten erfolgt meist eine stark abgespeckte Projektkontrolle auf dezentraleren Hierarchieebenen. Diese zeigt sich in der Bilanzierung darin, dass solche Projekte über die Materialität nicht als entscheidungsrelevante Informationen für den Investor gelten bzw. die Kosten der Informationsgenerierung nicht im Verhältnis zum Informationsnutzen stehen.[763] Die Größe der FuE-Projekte ist mitunter auch vor dem Hintergrund der grundlegenden Identifizierbarkeit zu sehen. So kann vermutet werden, dass nur Projekte einer bestimmten Größe identifizierbare Ressourcen im Sinne der immateriellen Vermögenswerte darstellen und von den Entwicklungen bzw. Verbesserungen des operativen

---

[761] Beispielhaft sei an dieser Stelle die Earned Value Management-Methode genannt, bei der das „notwendige“ Projektvolumen auf mind. 25 Mio. Euro u. eine Laufzeit von mind. 2 Jahren geschätzt wird. Vgl. *Niemand/Riedrich/Bretz* (2003), S. 329.

[762] Vgl. *Brockhoff* (2006), S. 31.

[763] Vgl. zu den hier angesprochenen grundlegenden Rechnungslegungsprinzipien der IFRS Abschn. 2.1.2.

Geschäftsbetriebs zu unterscheiden sind.[764] Für den Fall der dennoch bilanziell zu bewertenden relativ kleineren Projekte sind die Nachweisstrukturen, wie am Beispiel der Absicht demonstriert, in anderer Form umzusetzen. So gab es in einigen Unternehmen auch Projekte, die zwar über der Materialitätsgrenze lagen, aber in den Entscheidungs- und Kontrollwegen nicht so hoch „aufgehängt" waren, dass eine Gremienentscheidung verlangt wurde. Diese Differenzierungen müssen im FuE-Controlling sowohl bei der bilanziellen Abbildung und Nachweiserbringung berücksichtigt werden als auch – sofern praktiziert – in der weitergehenden Nutzung der Bilanzierungsdaten zu internen Controllingzwecken. Das heißt z.B., dass auch Projekte unterhalb der bilanziellen Betrachtungsgrenze in internen Analysen auf Basis bilanzieller Größen nicht vollständig ausgeklammert werden dürfen. Der Ausschnittsbetrachtung muss in den internen Systemen in angemessener Form Rechnung getragen werden.

In einem Unternehmen der Chemiebranche wurde über die größenbezogene Materialitätsargumentation sogar die gesamte Bilanzierung der ca. 2000 Projekte umgangen, weil der Ausgabenanteil in der Entwicklungsphase in den einzelnen Vorhaben zu gering war. Vor dem Hintergrund der Variabilität bei der Grenzziehung zwischen FuE-Phase sowie den sonstigen Gestaltungsmöglichkeiten etwa in der Projektdefinition ist diese Vorgehensweise zwar aus Unternehmenssicht sinnvoll, da ein erheblicher Zusatzaufwand eingespart wird, aber die Zielsetzungen der IFRS werden eindeutig mit dieser Auslegung unterlaufen.[765]

Gleichlaufend können auch interne Konsequenzen in Bezug auf die Etablierung von Prüfungs- und Dokumentationsanforderungen an eine budget- oder zeitbezogene Projektrelation geknüpft werden. Eine Umsetzungsform war hierbei bspw., dass ein eigener Entwicklungsprojekt-Kostenträger erst ab der intern festgesetzten Größenordnung aktiviert wird.[766] Bei Unternehmen mit einer stark dezentralen Ausrichtung konnte das Größenkriterium auch zu einer eingeschränkten Informationsverpflichtung führen. In der Automobilbranche nannte ein Unternehmen bspw. eine Wesentlichkeitsgrenze von 2 Mio. Euro Gesamtprojektaufwand, unterhalb der keine Aktivierungsaktivitäten bei FuE-Projekten durchgeführt werden. Diese Abbildungsabhängigkeit ist dann nachteilig, wenn aus einer ganzheitlichen Controllingperspektive heraus die bilanziellen Größen zur Verbesserung der Entschei-

---

[764] Vgl. *Hoffmann* (2006d), Rz. 24.

[765] Bei dieser Anzahl an FuE-Projekten liegt die Vermutung nahe, dass eine Aktivierung den Investoren durchaus entscheidungsrelevante Informationen bieten würde.

[766] Mitunter ist diese Vorgehensweise auch schon vor der bilanziellen Materialitätsgrenze im Bereich der Kostenrechnung so praktiziert worden. Vgl. hierzu Abschn. 4.2.1.2.3 d) Kostenrechnung.

dungsgrundlagen herangezogen werden, da „zu kleine“ Projekte von vornherein von der Betrachtung ausgeschlossen werden.

Eine weitere Auswirkung der Einflussvariablen „Projektgröße“ bezieht sich auf den Umfang und die Intensität der Prüfungsaktivitäten. Über den risikobasierten Prüfungsansatz werden Unternehmen mit wenigen Großvorhaben regelmäßig einer Vollprüfung unterzogen, wohingegen die Unternehmen mit einer Vielzahl kleiner Projekte tendenziell eine Stichprobenprüfung erwartet.[767] Interessant war vor dem Hintergrund der hier angesprochenen Wirkungen der Projektgröße die Ausführung eines zentralen FuE-Controllers, der auf die Stellschraube dieser Variable hinwies. „*Über die Projektdefinition kann man aus einem Großprojekt auch viele Kleinprojekte machen und damit die Bilanzierungs- und Kontrollmechanismen unterwandern.*“[768]

Ad b) *Interne Zuordnung/Klassifizierung*

Auch wenn die FuE-Projekte als konstitutives Merkmal einen gewissen Neuheitsgrad mit sich bringen, konnte doch beobachtet werden, das viele Unternehmen eine Vorstrukturierung ihrer FuE-Projekte vorgenommen haben.[769] Besonders Unternehmen mit einer hohen Anzahl an Projekten und einer gruppierbaren Divergenz zwischen den einzelnen Projekten nutzten u.a. diesen Strukturierungsansatz. Dabei entstanden nicht nur Entwicklungsvorhabensarten, sondern auch vergleichbare Arbeitspakete innerhalb der Projektstrukturen. Daneben wurde häufig eine größenbezogene Materialitätsgrenze zur Projektklassifizierung eingesetzt (s. Ad a). Bemerkenswert war, dass die Einteilung in Vorhabensarten in der Automobilbranche sich sehr stark ähnelte, aber die Klassifizierungen dieser vor dem Hintergrund der Aktivierbarkeit abwich. So waren etwa Applikationsanpassungen in einem Unternehmen eine der Entwicklungsvorhabensarten, bei denen eine Aktivierung grundsätzlich vorgegeben war und in einem vergleichbaren Unternehmen derselben Gruppe war diese Projektart ex definitione von der bilanziellen Abbildung ausgeschlossen.

Dennoch muss eine Vorstrukturierung vor dem Hintergrund der Vollständigkeit geschaffener immaterieller Ressourcen auch kritisch betrachtet werden, da sie im Kontext der Bilan-

---

[767] Auf höherer Ebene spielte die wirt. Gesamtsituation des Unternehmens in diesem Kontext ebenfalls eine Rolle. Vgl. hierzu Abschn. 4.2.1.2.1 ad b).

[768] Zitat eines FuE-Controllers im Interview.

[769] Dieser Aspekt wurde im Wirkungsfaktoren-Modell bereits an einigen Stellen vertieft. Vgl. hierzu die Abschnitte 4.2.1.2.2 u. 4.2.1.2.3.

zierung einige FuE-Aktivitäten aufgrund ihres Neuheitsgrades[770] oder ihrer Größe systematisch diskriminiert und für eine Aktivierung ausblendet.[771] Folgt man einer diesbezüglichen Typologisierung bei *Brockhoff*,[772] so werden zwar die Routineprojekte, welche standardisierten Abläufen folgen und in Klassifizierungsschemen passen, gut und vollständig erfasst. Aber das andere Ende des FuE-Projektspektrums – die „nobody knows"-Vorhaben – werden systematisch ausgegrenzt und von vornherein nicht auf ihre möglichen Aktivierungspotentiale untersucht. Im Rahmen der Strukturierungen muss auch bedacht werden, dass es – ähnlich wie es ein FuE-Controller bei der Projektgröße (ad a) bereits beschrieben hat – auch eine manipulative Projektzuordnung in den (dezentralen) FuE-Einheiten geben könnte, wenn daran bestimmte Informationspflichten, bilanzielle Verantwortungen oder Performance-Größen geknüpft sind. Problematisch ist bei einer Einstufung eines Projektes auch immer der Zeitpunkt, zu dem ein Projekt ins Leben gerufen wird, sodass hierbei auch ein phasenübergreifendes Projektcontrolling die subjektiven Einstufungsentscheidungen prüfen sollte. Grundsätzlich sind die verfügbaren Informationen dabei nämlich abhängig vom Reifegrad des Projektinhalts bzw. dem Konkretisierungsstand.[773] Ebenfalls ist die Abgrenzung zwischen einer Modifikation bestehender Produkte und einer tatsächlichen Neuheit auf dieser Basis schwierig. Gleichwohl stellen Modifikationsprojekte unter Umständen keine Quelle für originäre immaterielle Vermögenswerte im Sinne des Standards dar.[774]

Ad c) *Entwicklungsverwendung*

Eine Schärfung der Makro-Wirkungsfaktoren Branche und FuE-Art folgt bei der Betrachtung der Entwicklungsverwendung sowie des Produktlebenszyklus auf der Mikro-Modellebene der FuE-Projekte. Grundsätzlich kann die Entwicklungsverwendung sowohl in interne und externe als auch in Produkt- oder Prozessinnovationen eingeteilt werden. Hier belegen Studien unabhängig von der bilanziellen Darstellung eine statistisch signifikant höhere Erfolgswahrscheinlichkeit für Projekte, die an das Marketing und damit in der

[770] Gemeint ist damit die Tatsache, dass in den Unternehmen regelmäßig nur diejenigen Entwicklungsvorhabensarten für eine Aktivierung „frei geschaltet" wurden, die mit hoher Wahrscheinlichkeit od. sogar mit Sicherheit die Aktivierungskriterien erfüllen.

[771] Vgl. hierzu z.B. die Abb. 23 im Abschn. 4.2.1.2.3 ad d) Kostenrechnung, in der verschiedene Systeme der Strukturierung visualisiert sind.

[772] Vgl. *Brockhoff* (2006), S. 27f.

[773] Vgl. Abschn. 3.2.1 u. Abschn. 3.2.3.

[774] Diese Tatsache ist nicht nur von einem WP als kritischer Kontrollschwachpunkt genannt worden, sondern ist auch im FuE-Controlling problematisch in seiner tatsächlichen Überprüfung.

Verwendung extern an den Markt gerichtet sind (74 %) im Vergleich zu internen Innovationen für die Produktionsabteilungen (62 %) oder Entwicklungsabteilungen (40 %).[775]

Die **Verwendungen** der einzelnen Projekte wirken im Kontext der Rechnungslegungsvorschrift des IAS 38 **unmittelbar** auf die **Ansatzkriterien** des zukünftigen wirtschaftlichen Nutzens und der technischen Realisierbarkeit und teilweise sogar auf die Phasenabgrenzung.[776] Letztendlich müssen für jedes Projekt individuell die entsprechenden Belege geliefert werden. So stellt etwa der Schriftverkehr mit einem Kunden in Form von einer technischen Abnahme, einem Bestätigungsschreiben oder einer Freigabeerklärung einen Beleg für dieses Aktivierungsmerkmal dar. Dieser geht über das initiale Berechnen eines zukünftigen Nutzens aus den Kundenunterlagen auch in den hier aufgezeigten Bereich der Kundenkommunikation zur Dokumentation einer technischen Realisierbarkeit ein. Bei dieser Form der **marktbezogenen Verwendung** im Projekt spielt die Schnittstelle zum Marketing eine wesentliche Rolle. Aber auch bei nicht kundennahen Entwicklungen ist das Marketing involviert, indem es den zukünftigen Nutzen über den Rückgriff auf vergleichbare Produkte am Markt oder aus der Vergangenheit ermittelt. Gleiches gilt, wenn die zukünftigen Vorteile eines Entwicklungsprojektes aus einer Steigerungsmöglichkeit der Preise eines bestehenden Produktes hergeleitet werden können.[777] Je nach der Einteilung der Projekte kann auch eine **Mehrfachnutzung** differenzierte Bewertungsschritte erfordern, bei denen ein vom Marketing ermittelter Produkterfolg auf unterschiedliche Projekte aufgeteilt werden muss oder die Nutzen aus verschiedenen Produkten auf ein Innovationsprodukt zurückgehen. Die **verwendungsbezogene Trennung** zwischen tatsächlichen Innovationsprojekten im Sinne einer Neuerung mit der notwendigen Erfinderhöhe und marginalen Weiterentwicklungen bestehender Serien, Produkte oder Verfahren (nicht aktivierungsfähige Modifikation) ist sowohl für das FuE-Controlling im internen Verwendungs- und Kostenrechnungsbereich komplex als auch von Seiten der WP nicht abschließend beurteilbar.[778] Bei der **internen Nutzung** eines Entwicklungsprojektes sind die internen Planungen sowohl für die Fähigkeiten und die technische Realisierbarkeit als auch zur Nutzenquanti-

---

[775] Vgl. *Balachandra/Brockhoff/Pearson* (1996), S. 249.

[776] Die Wirkung auf die Phasenabgrenzung ist in Abhängigkeit zur Trennung von FuE im Unternehmen zu sehen. Vgl. hierzu ausf. den gleichnamigen Abschn. im Wirkungsfaktoren-Modell Abschn. 4.2.1.2.3.

[777] Diese Vorgehensweise zur Quantifizierung eines Barwertes für immaterielle Vermögenswerte wird als Mehrgewinnmethode bezeichnet. Vgl. *Beyer* (2005), S. 158f. Insb. zur Technologiebewertung mit dieser Methode s. ebenda S. 174f.

[778] Vgl. hierzu die Definitionen von Entwicklungen im Sinne des IAS 38 in Abschn. 3.3.1.1, in der von „neuen oder beträchtlich verbesserten Materialien, Vorrichtungen, Produkten, Verfahren, Systemen oder Dienstleistungen" gesprochen wird. Vgl. auch die Aussagen zu diesem Problemkreis im Kontext des Kostenrechnungsbereichs in Abschn. 4.2.1.2.3.

fizierung heranzuziehen. Hauptansprechpartner für die Inputdaten dieser Kriterien sind die Produktionsabteilungen sowie die Technik. Dabei muss die Technik üblicherweise anhand von Testverfahren und Probeläufen die grundlegende Umsetzbarkeit belegen und der Zielort der Produktion muss das Einsparvolumen etwa bei Rationalisierungs- oder Prozessinnovationen berechnen. Je nach Innovation sind die Beteiligungen auch ganz bei der Produktion oder im Bereich der Technik zu finden. Teilweise wurde die technische Realisierung als Eintrittsbedingung für den Start eines Entwicklungsprojektes definiert. Bei dieser Konstellation ist das Aktivierungskriterium nur noch auf nachteilige Veränderungen vor dem Hintergrund der geplanten Entwicklungsverwendung zu prüfen. In jedem Fall müssen die internen Projektverwendungsrechnungen den Anforderungen der Nutzwertberechnungen aus IAS 36 entsprechen.[779] Dabei resultieren in diesem Bereich vor allem über Ermessensspielräume aus der mangelnden Wertkontrollmöglichkeit zurechenbarer Cash Flows Probleme. Der Impairment-Test kann hierdurch regelmäßig nur auf der Ebene der zahlungsmittelgeneriernden Einheit vollzogen werden, womit eine notwendige Zuordnung der Projekte in das bilanzielle Ordnungsschema der Segmente bzw. relevanten Bilanierungeinheiten geboten ist. Unter Umständen kann eine Entwicklung auch in **beiden Verwendungsrichtungen** – intern und extern – eingesetzt werden. In diesem Fall sind die projektbezogenen Nutzenberechnungen und der damit verbundene Meilenstein der technischen Realisierbarkeit besonders komplex. Im FuE-Projektcontrolling müssen dann die Inputdaten aus den Schnittstellen gesondert mit Blick auf die Ansatzkriterien ausgewertet werden. So kann z.B. der Fall eintreten, dass die Daten in der einen Verwendungsrichtung bereits vorliegen und sowohl der Nutzen als auch die Machbarkeit ausreichend valide belegt werden können, aber in der zweiten Verwendungsmöglichkeit noch eine hohe Unsicherheit besteht.[780] Bei dieser Datenlage müsste das Projekt mit seinen Herstellungskosten aktiviert werden. Im Rahmen der Werthaltigkeit dürften dann aber nur die Nutzungswerte berücksichtigt werden, welche auf Basis derer nachweislichen Verwendbarkeit abgeleitet werden. Dies könnte zu einer unmittelbaren Abschreibungsnotwendigkeit führen, wenn der aggregierte Verwendungsnutzen das Projektvolumen zwar insgesamt fundiert, dieser aber in der bilanziell belegbaren Höhe nicht die Aktivierungsumfänge rechtfertigt.

In den Bereich der Entwicklungsverwendung fällt auch der Aspekt des **Eigentums** an dem im Projekt erforschten Wissen. Die vielfach dezentral betriebenen Entwicklungsprojekte könnten an mehreren Stellen im Konzern Verwendung finden. Dies würde je nach Unter-

[779] Auf die Anforderungen wird insb. in Abschn. 3.3.1.3.2 eingegangen.

nehmensstruktur zu einer unternehmensinternen Lizenzierung der Entwicklungsprojektresultate führen.[781] Auch Zahlungsströme dieser Art eignen sich als Grundlage für die Quantifizierung zukünftiger Nutzen oder im Rahmen der Werthaltigkeitstests bei interner Verwendung, sodass eine Verfügbarkeit dieser Informationen im System vorteilhaft wäre. Die **Nutzung** von Entwicklungen kann extern auch über die **Patentierung** und **Lizenzierung** des Wissens erfolgen. In diesem Fall ist die marktliche Ausrichtung der Projekte in besonderer Weise gegeben, sodass nicht die Marketingschnittstelle die bewertungsrelevanten Daten bereitstellt. Hier kommen die bewertungsrelevanten Informationen aus der Schnittstelle mit den Patent- oder Rechtsabteilungen im Unternehmen. Diese Nutzungsform war besonders in der Chemiebranche relevant. Auch wenn in der ebenfalls untersuchten Pharmabranche das Thema Patentierung von Entwicklungsergebnissen eine große Rolle spielt, so zeigte sich in der Untersuchungsthematik hier keine Auswirkung, da diese Branche sich grundlegend gegen eine Aktivierung ihrer Entwicklungskosten sperrt.[782] Ein weiteres Unternehmen aus der Industrie nahm sich der beschriebenen Eigentumsproblematik dadurch an, dass konzernweit interessante FuE-Projekte auf oberster Ebene implementiert wurden, sodass die Nutzung von dort zentral gesteuert werden konnte. Auch diese Umsetzung führt zu Zahlungsströmen in Form von Lizenzen, die in die Bewertungsberechnung aus IAS 38 bzw. IAS 36 einbezogen werden können.

Ad d) *Produktlebenszyklus*

Der Produktlebenszyklus ist nicht nur auf der Ebene der Branche eine relevante Größe, sondern entfaltet auch auf der Mikro-Ebene der einzelnen FuE-Projekte seine Relevanz. Dabei spiegelt er sich auch direkt in der bilanziellen Abbildung der Projekte. Zum einen orientieren sich Planungs-, Aktivierungs- und Nutzungszeitraum grundlegend an den Produktlebenszyklen der geplanten Verwendung einer Entwicklung aus einem FuE-Projekt. Zum anderen sind auch Chancen und Risiken und damit die Kontrollnotwendigkeiten der Entwicklung sowie mögliche Primär- und Sekundäreffekte im Jahresabschluss an den zugrunde liegenden Produktlebenszyklus (theoretisch) gekoppelt.[783] Dabei ist der jeweilige Produktlebenszyklus eines FuE-Pojektes zwar stark von der Branche determiniert, besitzt aber über die spezielle Verwendungsplanung eines Entwicklungsprojektes auch eine indi-

[780] Vgl. hierzu auch Abschn. 4.2.1.2.2 im Wirkungsfaktoren-Modell.
[781] Vgl. hierzu auch die Ausführungen zur Heterogenität der Geschäftsfelder in Abschn. 4.2.1.2.2.
[782] Vgl. zum Einflussfaktor der Branche Abschn. 4.2.1.2.1.
[783] Allgemein verweist z.B. Brockhoff darauf, dass die Ausreifungszeit der Projekte u. der Forschungserfolg das Umsatzwachstum u. den Kapitalwert der Investitionen in FuE beeinflussen u. damit eine Interaktion mit dem Umsatzmaximum im Produktlebenszyklus besteht. Vgl. *Brockhoff* (1987), S. 854ff.

viduelle Komponente. Eine Entwicklung kann sowohl in mehreren Produkten aufgehen und damit verschiedene nutzungsdeterminierende Größen aus den jeweiligen Produktlebenszyklen beziehen als auch in Kombination mit anderen Entwicklungsprojekten oder Vermögenswerten individuell verbundenen Nutzungs- und Produktzyklen unterliegen.

In den Unternehmen konnte bezüglich der bilanziellen Nutzungsdauer regelmäßig eine Abweichung von der tatsächlichen **produktlebenszyklusbasierten Nutzung** der immateriellen Ressource beobachtet werden. Diese resultierte aus generellen Nutzungsdauerbeschränkungen bzw. -vorgaben aus dem zentralen Rechnungslegungsbereich für (immaterielle) Vermögenswerte des Anlagevermögens. Speziell die Branche der **Industrie** war von dieser Abbildungsdeformation aufgrund sehr langer Produktlebenszyklen betroffen. So erfolgte regelmäßig eine Abschreibung der Vermögenswerte nach den Höchstvorgaben der Konzernbilanzierungsrichtlinien, obwohl die Nutzung der Technologien noch weit über das limitierende Zeitfenster hinaus stattfindet. Konkret stellte sich in einem Unternehmen dieser Branche die FuE-Projektstruktur zum Teil so dar, dass *„der Zeitraum zwischen der Entwicklung und der Marktfähigkeit eines Produktes so weit auseinander fallen, dass im Zeitpunkt der Generierung hoher Cash Flows am Markt über Lizenzeinnahmen die maximale Abschreibungsdauer für immaterielle Vermögenswerte des Konzerns schon abgelaufen ist. Diese bilanzielle Abbildung spiegelt dann nicht die ökonomische Realität und macht damit betriebswirtschaftlich keinen Sinn.“*[784] In einem weiteren Unternehmen der Industrie resultierte aus den sehr langen Produktlebenszyklen ein spezielles Geschäftsmodell, indem die hoch entwickelten und komplexen Großprodukte als Verlustbringer an den Markt gebracht und die Gewinne mit den sich anschließenden nutzungsbezogenen Wartungs- und Reparaturleistungen sowie den Ersatzteilen erzielt wurden. Hierbei muss in die Wirtschaftlichkeitsberechnungen der einzelnen Projekte demnach eine sehr langfristige und mehrdimensionale Nutzenbetrachtung einfließen, die über das eigentliche Endprodukt deutlich hinausgeht. Auch hier wird im Detail deutlich, was auf der Abstraktionsebene der Heterogenität der Geschäftsfelder über die Dimension der Mehrfachnutzung von Entwicklungsprojekten abgebildet wurde. Ein anderes Unternehmen des Industriebereichs verwendete auch hierbei den Klassifizierungsansatz und teilte die Projekte bezüglich ihrer Nutzungsdauer in Gruppen ein (z.B. Mechanik-Projekte, Software-Projekte). Diese Kategorisierung war bei Implementierung des Standards neu zu konzipieren, da vor Einführung der Bilanzierung nach IAS 38 keine Vermögenswerte im FuE-Bereich geschaffen wurden,

---

[784] So ein Senior Vice President Accounting, Controlling & Finance im Interview.

folglich auch kein projektbezogener Abschreibungsbedarf bestand. In den internen Systemen waren die FuE-Kosten Vorleistungen, welche im Zuge der Herstellkostenkalkulation der Endprodukte einbezogen oder in Verbindung mit Maschinen oder ähnlichen Werten genutzt und abgeschrieben wurden.

In der **Automobilbranche** zeigte sich ein gespaltenes Bild. Zum Teil wurden die tatsächlichen geplanten Nutzungsdauern aus den internen Systemen identisch in die Bilanzierungssicht übernommen. In anderen Unternehmen waren nicht die Produktlebenszyklen der Zielprodukte ausschlaggebend für den Nutzungshorizont, sondern abgestufte Standardvorgaben, die sich z.B. an den Entwicklungsvorhabensarten orientierten. Dies gewährleistet zwar eine realitätsnähere Abbildung im Vergleich zur Einheitsvorgabe, stellt aber nach wie vor eine Vereinfachung von der tatsächlichen Verwendungsrealität dar. Selbst bei vergleichbaren Entwicklungsprojekten wie bei Daimler, BMW, Volkswagen und Porsche sind die gesetzlich nicht vorgegebenen Abschreibungsdauern verschieden: Daimler zwei bis zehn Jahre, Volkswagen fünf bis zehn Jahre, BMW sieben und Porsche sechs Jahre.[785] Es zeigt sich hierin auch eine Verknüpfung zu dem Faktor der Heterogenität der FuE-Aktivitäten, da eine Standardisierung in dieser Form nur sinnvoll ist, wenn vergleichbare FuE-Projekte regelmäßig durchgeführt werden. Andere Gründe für eine pauschalisierte Abbildung der Nutzung von FuE-Projekten im externen Rechnungswesen waren die Trennung zwischen der bilanziellen Sicht und der internen Planung, welche bewusst aufrecht erhalten wird oder eine mangelnde Verfügbarkeit konkreterer Daten im internen Berichtswesen, sodass hier die Vorgaben aus dem externen Rechnungswesen auch intern als Bezugsgrößen fungierten.

Von den **Chemie-Unternehmen** im Untersuchungssample hatte nur eines die Vorgaben aus IAS 38 tatsächlich umgesetzt. Auch in diesem Unternehmen wurden die Nutzungsdauervorgaben pauschal aus der externen Konzernrechnungslegung für alle FuE-Projekte einheitlich vorgegeben, bezogen sich aber auf einen deutlich kürzeren Produktlebenszyklus.

Das standardisierte Vorgehen bei den zugrunde gelegten Nutzungsdauern ungleich der kausal zurechenbaren Produktlebenszyklen birgt jedoch Gefahren: Werden die tatsächlich projektbestimmenden Produktlebenszyklen über das vorgabengestützte Unterbieten der tatsächlichen Nutzungsdauer „ausgeblendet“, so verändern sich z.B. die Wirksamkeit von Werthaltigkeitskontrollen und die Auswirkungen marktgetriebener Wertveränderungen.

[785] Vgl. *Küting* (2008), S. 22.

Dabei kommt im Regelfall nur eine kürzere bilanzielle als die tatsächliche Nutzungsdauer in Frage, da ansonsten die geplante Nutzungsdauer aus den internen Planungen greifen würde.[786] Die begrenzenden Vorgaben aus dem Konzerrechnungswesen waren in den Untersuchungsunternehmen als Höchstgrenzen vorgegeben. Je nach Differenz der tatsächlichen und der bilanziell maßgeblichen Verwendungsdauer einer originären immateriellen Ressource werden hierdurch die Anpassungsfolgen und -notwendigkeiten systematisch beeinträchtigt. Wird, wie in der Industrie gesehen, ein Wert zwar über seinen bilanziell zulässigen Höchstnutzungszeitraum abgeschrieben, aber tatsächlich deutlich länger im Unternehmen genutzt, so wird die im Rahmen eines Impairment-Tests ausschlaggebende Spanne zwischen erzielbarem Betrag und dem Buchwert tangiert. Eine marktliche Wertkontrolle kommt dann tendenziell zu dem Ergebnis, dass der Buchwert (deutlich) unter dem erzielbaren Betrag liegt und damit der Aktivposten werthaltig ist. Diese bilanzielle Unterbewertung wirkt sich nur dann in Form einer verpflichtenden Zuschreibung aus, wenn in den Vorperioden eine außerplanmäßige Abschreibung vorgenommen wurde. In diesem Fall ist die Wertaufholung bis zur Wertobergrenze der fortgeführten Herstellungskosten geboten.[787] Unterstellt man aber ein erfolgreiches FuE-Projekt, so dürfte diese Regel mangels vorhergehender Wertminderungen nicht greifen und eine systematische bilanzielle Unterbewertung der originären immateriellen Ressource ist die Folge. Besonders gravierend wird diese Diskrepanz aus zeitlich zu schneller Abschreibung in den Anfangsperioden der Nutzung ab dem Zeitpunkt der bilanziellen Vollabschreibung. Hier weist die Bilanz keinen Vermögenswert mehr aus, obwohl dieser in den internen Projekten und Planungsrechnungen noch besteht und auch zukünftig weiter Nutzen generieren kann. Eine stille Reserve ist geschaffen worden, obgleich die IFRS dies ausdrücklich verbieten.[788] Zieht man den Wesentlichkeitsgrundsatz hinzu, so können die Unternehmen durch den über zu hohe Abschreibungen gewonnenen „Puffer" einen Werthaltigkeitstest sogar häufig umgehen, weil etwaige Wertminderungen diesen systematischen Wertvorsprung zwischen erzielbarem Betrag und Buchwert nur schwer aufzehren.[789]

4.2.1.2.5 Zusammenfassende Schlussfolgerungen aus dem Wirkungsfaktoren-Modell

Im abzuschließenden Bereich des Wirkungsfaktoren-Modells wurden anhand der analysierten Wirkungsfaktoren vielfältige Einflussbereiche und -variablen in Bezug auf die Un-

[786] Der Fall nicht existierender interner Nutzungslaufzeiten wird an dieser Stelle ausgeblendet.
[787] Vgl. Abschn. 3.3.1.3.2 u. IAS 36.117.
[788] Vgl. zu diesem Systemunterschied von IFRS zu HGB den Abschn. 2.1.3.

tersuchungsfragestellung erklärt. Grundlage für die gewählte Modellstruktur bildeten einerseits die Inhaltsanalyse der Interviewprotokolle sowie andererseits die Idee des situativen Ansatzes im Kontingenzmodell. Zielsetzung war es hierbei, die heterogenen Beobachtungen aus der Praxis in einem Modellrahmen in der Form abzubilden, dass Regelmäßigkeiten und Kausalitäten aufgezeigt und analysiert werden konnten. Zu diesem Zweck wurden die multiplen Verknüpfungen und Interdependenzen der situativen Kontextvariablen über eine stufenweise Konkretisierung, ausgehend von der Unternehmenssituation über die Organisation und bestehende Strukturierungen bis hin zu den einzelnen FuE-Projekten im vorliegenden Wirkungsfaktoren-Modell aufgezeigt. Innerhalb der gewählten Abbildungssystematik erfolgten weitere Untergliederungen der identifizierten Einflussbereiche.

Der vorliegende, neue Strukturierungsansatz bildet auf verschiedenen Detailebenen maßgebliche Bestimmungs- und Einflussfaktoren in ihren vielfältigen Wirkungen auf die Ebene der Bilanzierung und des Controllings von FuE ab. Eine Wirkungsbeurteilung der Harmonisierung der Rechnungslegung wurde so in einem ersten Schritt dahingehend vorgenommen, dass die wesentlichen Einflussgrößen unternehmerischer FuE-Aktivitäten zusammengestellt, systematisiert und in ihrem Auswirkungen auf die Operationalisierung des IAS 38 analysiert wurden.

So konnten z.B. die Zusammenhänge der Branche und der wirtschaftlichen Unternehmenssituation im obersten Wirkungsfaktorenbereich dezidiert und mit empirischen Belegen gestützt dargelegt werden. Durch die gewählte zunehmende Schärfung der Einflussbereiche wurden diese Faktoren auch in den folgenden Detailebenen immer wieder aufgegriffen und als Erklärungsgrößen einbezogen. Exemplarisch sei hier auf die Strukturierung der FuE-Vorhaben in Entwicklungsvorhabensarten hingewiesen, welche an vielen Stellen der Kontingenzfaktorenanalyse determinierende Wirkungen zeigten.

Neben der aufgezeigten Darstellungsfunktion fungiert die Wirkungsfaktoren-Analyse weiter als Grundlage für die sich anschließende Beurteilung der Wirkungen der Bilanzierung auf das Controlling von FuE. Dieser Fragestellung widmet sich der folgende Abschnitt über ein zweites eigenes Darstellungsmodell – das Wirkungsmodell.

---

[789] Vgl. *Pellens/Fülbier/Gassen* (2006), S. 247.

4.2.2 Wirkungen des IAS 38 im Controlling von Forschung und Entwicklung dargestellt anhand eines eigenen Wirkungsmodells

4.2.2.1 Wirkungsmodell der unternehmensinternen Umsetzung der Anforderungen aus IAS 38 auf das Controlling von FuE

Der hier fokussierte Teil des IAS 38 – die Bilanzierung von originären immateriellen Vermögenswerten aus FuE – wird an vielen Stellen im Kontext der Auswirkungen der IFRS auf das Controlling besonders aufgrund seiner vielfältigen Informationsanforderungen beispielhaft angeführt.[790]

Unter Bezugnahme auf die vorangestellte empirisch fundierte Wirkungsfaktoren-Analyse in Abschnitt 4.2.1 werden in diesem Teil die in der Untersuchung beobachteten controllingbezogenen Veränderungs- und Anpassungswirkungen über das spezifisch zu diesem Zweck entworfene Wirkungsmodell dargestellt und erläutert. Dabei konnten in der Studie nicht nur die häufig beschriebenen Wirkungen aus der zusätzlichen Informationsbelastung festgestellt werden. Neben diesen operativen Primärwirkungen zeigten sich auch Sekundärwirkungen über die zur Umsetzung indirekt geforderten Prozessstrukturierungen aus IAS 38 sowie Tertiärwirkungen aus der verstärkten funktionsübergreifenden Informationsgenerierung und den auch für strategische Zwecke nutzbaren Informationen.

Die controllingbezogene Analyse anhand des Wirkungsmodells beginnt mit einer visuellen Modelldarstellung (vgl. Abb. 26). Dabei besteht das Modell aus den drei bereits angesprochenen interdependenten Wirkungsebenen mit ihren verschiedenen zeitlichen Relevanzen (operativ bis strategisch). Daneben gibt es noch eine begleitende Wirkungskategorie, die auf grundlegende Profilveränderungen des FuE-Controllers und seiner Aufgaben eingeht.

Das Modell setzt an den Ergebnisauswertungen der Interviewprotokolle an. Da jedoch die Zielsetzung der Arbeit nicht nur auf die deskriptive Analyse der empirischen Befunde beschränkt ist, sondern auch Verbesserungs- und Optimierungspotentiale aufzeigen will,[791] geht der hier gewählte Ansatz weiter. So findet eine über die Erkenntnisse aus der empirischen Erhebung hinausgehende Verknüpfung und Verwendung der Bilanzdaten für die Zwecke des FuE-Controllings im Wirkungsmodell Eingang. Infolge seiner vom individuellen Unternehmenskontext gelösten Sichtweise ist das Wirkungsmodell im Vergleich zum

---

[790] Vgl. exemplarisch *Weißenberger* (2007), S. 145f. Vgl. hierzu auch Abschn. 1.1.

[791] Vgl. hierzu die Zielsetzungen in Abschn. 1.2.1.

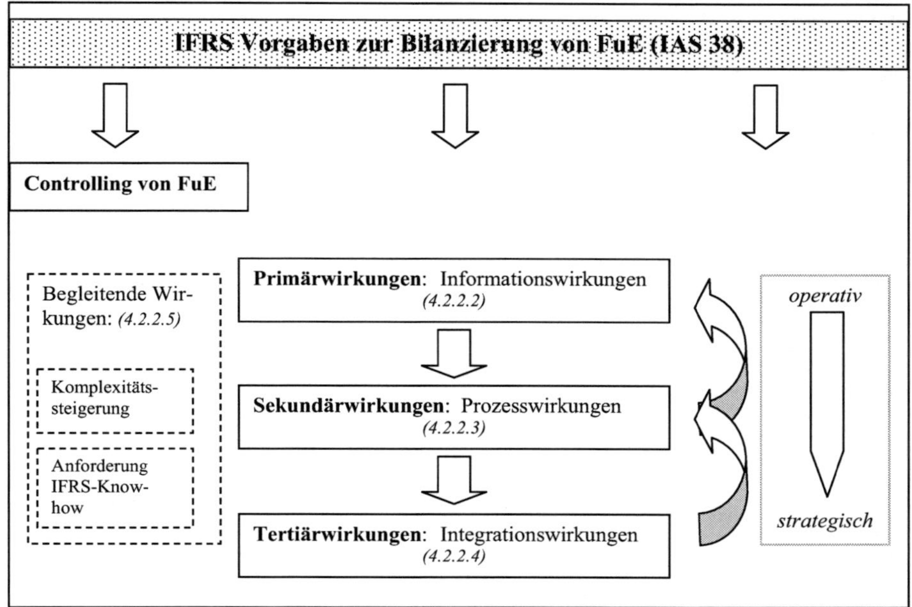

Abb. 26: Wirkungsmodell der IFRS auf das Controlling von FuE.[792]

vorangegangenen Wirkungsfaktoren-Modell stärker normativ ausgelegt. Es greift jedoch auf die deskriptiven Erkenntnisse der situativen Kontextfaktoren aus den Umsetzungsbeobachtungen zurück und bindet diese in die allgemeinen Wirkungen und Möglichkeiten ein. Ebenfalls in den einzelnen Bereichen aufgegriffen werden theoretische Aspekte der bilanziellen Umsetzung, welche in der Praxis zum jetzigen, sehr frühen Stadium der Implementierung noch nicht beobachtet werden konnten bzw. wurden. Insgesamt erfüllt das Modell die Zielsetzung eines für Theorie und Praxis hilfreichen und umfassenden Strukturierungsansatzes im Untersuchungsfeld.[793]

Die nachfolgenden Erläuterungen zum Wirkungsmodell orientieren sich an den Abschnittsnummerierungen aus Abbildung 26. Dabei werden die Wirkungsbeziehungen und Rückkopplungen zwischen den Ebenen in den jeweiligen Detailabschnitten aufgegriffen. Die zweigeteilte Untersuchungsanalyse des Abschnitts 4.2 schließt mit einer kombinierten Zusammenfassung beider Modelle – des Wirkungsfaktoren-Modells und des Wirkungsmodells – in Abschnitt 4.2.3.

[792] Quelle: Eigene Darstellung.
[793] Vgl. Abschn. 1.2.1.

4.2.2.2 Primärwirkungen: Informationswirkungen

Die oberste Ebene des Wirkungsmodells befasst sich mit den Informationen aus IAS 38, die vom FuE-Controlling aufgrund dieser Vorgaben verantwortlich bereitzustellen sind. Aufgrund der hohen Kontextabhängigkeit der Umsetzung, welche im vorherigen Wirkungsfaktoren-Modell aufgezeigt wurde, wird an dieser Stelle, wie eingangs bereits erläutert, eine verstärkt theoretisch-normative Analyse der Informationswirkungen vorgenommen. Dabei konzentrieren sich die Ausführungen dieses Abschnitts auf die aus dem veränderten bilanziellen „Standpunkt" resultierenden Informationen für das Controlling, ihre Charakteristika, Anwendungsvoraussetzungen und Möglichkeiten sowie damit einhergehende neue Probleme. Der zeitliche Fokus der hier betrachteten Wirkungen liegt in der operativen Ebene, da die strategische Informationsverwendung aufgrund ihres integrativen Charakters im Modellbereich der Integrationswirkungen behandelt wird.

Ausgangspunkt und Einstieg in die operative Informationsperspektive bildet das FuE-Verständnis **vor IFRS** mit den ihm inhärenten Abbildungs- bzw. **Informationsdefiziten.**[794] Der hierzu folgende zusammenfassende Problemüberblick basiert somit auf der auch in der deutschen Rechnungslegung zurzeit diskutierten Norm des § 248 (2) HGB,[795] welche die FuE-Ausgaben einzig als Periodenaufwand betrachtet. Aber auch im FuE-Controlling zeigte sich eine kongruente, undifferenzierte Sichtweise und Handhabung von FuE-Ausgaben, indem auch hier in der Praxis primär eine vergangenheitsorientierte Budgetierung sowie ein stark periodenbezogenes Projektcontrolling praktiziert wurden.[796] Folglich negier(t)en beide Themenfelder die ressourcenschaffende Interpretation originärer immaterieller Vermögenswerte und fokussier(t)en die Ausgabensicht auf Periodenbasis. Aus der Diskussion der einhergehenden Informationsschwächen der externen Rechnungslegung ergibt sich das folgende komprimierte Fazit, welches aufgrund der gleichlaufenden Systemfehler auch für die interne Berichterstattung gilt:

---

[794] Vgl. hierzu die initialen Ausführungen zu den Zielsetzungen des Dissertationsvorhabens in Abschn. 1.1. u. 1.2. Die Ursachen der grundsätzlichen Gewichtungsdifferenzen in den verfolgten Zielsetzungen von IFRS u. HGB sind im Abschn. 2.2 eingehend behandelt worden. Vgl. auch *Küting/Weber* (2004), S. 549ff., *Lüdenbach/Hoffmann* (2006), Rz. 15.

[795] Vgl. hierzu die Ausführungen im Bereich der Bilanzierung von FuE-Ausgaben nach HGB (Abschn. 3.3.2) u. zum BilMoG, welches die Abschaffung der Norm vorsieht (Abschn. 1.2.2.2).

- Die im HGB **fehlende Abbildung** der FuE-Ausgaben **in der Vermögensauflistung bilanzieller Aktiva** begründet wesentlich die real existierende Marktwert-Buchwert-Lücke,[797] da die Wertrelevanz von aktivierten originären immateriellen Ressourcen aus FuE-Aktivitäten belegt ist.[798]
- Auch die **ausgabenbezogene Aufwandsperiodisierung** in der **GuV** wird neben dem unvollständigen Vermögensbild kritisiert. So führt die Aktivierung und Abschreibung dieser speziellen Nutzungspotentiale zu einer **periodengerechteren Abbildung** bzw. sachlogischen Gegenüberstellung von Aufwendungen mit dazugehörigen Erträgen (matching principle der IFRS).[799]
- Das Ergebnis ist ein zunehmender Bedeutungsverlust der Abschlussinformationen für Investoren, u.a. verursacht durch die **mangelhafte Abschätzbarkeit** zukünftiger Cash Flows aus den hochriskanten **Zukunftspotentialen** aus FuE-Ausgaben. Eine Konsequenz hieraus ist eine höhere Renditeforderung der Eigenkapitalgeber.[800]

Die über IFRS angestrebte verbesserte Information der Investoren bzw. sämtlicher Jahresabschlussadressaten resultiert unternehmensintern in einem **zusätzlichen Informationsbedarf** der externen Rechnungslegungsabteilungen.[801] Grundlage der operativen Wirkungsebene bilden daher die in Abb. 27 aggregierten zusätzlichen Informationen aus IAS 38. Unabhängig von der Operationalisierung in den Unternehmen, welche z.B. aufgrund der Organisationsstrukturen variiert,[802] sind die hier aufgezeigten Informationen über die FuE-Aktivitäten eines Unternehmens zur Erfüllung der Rechnungslegungsvorschrift in der Regel notwendig.[803] Dabei werden sie meist von oder in Zusammenarbeit mit dem FuE-Controlling generiert, wobei das Ausmaß und die Art der Bereitstellung im Untersu-

---

796 Einen aktuellen Beleg hierzu findet man – neben den Ergebnissen der hier zugrunde liegenden empirischen Befragung – z.B. bei *Heidenberger/Muthsar/Stummer* (2000), S. 1006. Vgl. auch *Wolff* (1994), der sich zu den Informationsdefiziten im FuE-Bereich wie folgt äußert: „It appears that companies aren't keeping these kinds of records and dont't know what to say when you ask them what outcomes are being realized from their R&D investments." Ebenda S. 19. Vgl. auch *Brockhoff* (1989), S. 113. Auf ein in der Praxis bestehendes Datendefizit für ein gezieltes Projektcontrolling verweist auch *Nehls* (2005) auf S. 80, welcher unstrukturierte Datenbestände in Form von Emails, Tabellen, Textdokumenten od. Belegen in Papierform beschreibt. Vgl. auch Abschn. 3.2.3.

797 Vgl. zur Marktwert-Buchwert-Lücke auch den Abschn. 3.3.1.2.2. Vgl. auch *Lev* (2004), S. 109ff.

798 Vgl. zuletzt *Ahmed/Falk* (2006), S. 231ff. u. *Ritter/Wells* (2006), S. 843ff.

799 Vgl. hierzu die Grundlagen der IFRS aus Abschn. 2.1.2. Auch aus Controllingsicht wird hier über die IFRS dem Grundsatz der zeitlichen Entscheidungsverbundenheit eher entsprochen, als durch die konservative HGB-Erfolgsmessung. Vgl. *Weißenberger* (2005a), S. 195.

800 Vgl. hierzu auch Abschn. 2.5.2.

801 Vgl. grundlegend zum externen Rechnungswesen Abschn. 2.3.1.

802 Vgl. hierzu ausf. Abschn. 4.2.1.2.2 sowie die anderen situativen Einflussfaktoren des Wirkungsfaktoren-Modells.

803 Eine Ausnahme hierzu zeigt das Wirkungsfaktoren-Modell im Bereich des Kontextfaktors der Branche auf, da die Pharmabranche im Ergebnis die Umsetzung des Standards umgeht. Vgl. hierzu ausf. Abschn. 4.2.1.2.1.

chungssample sehr verschieden waren. Auf die Unterschiede wird in diesem Modell nur am Rande eingegangen, da sie expliziter Bestandteil des Wirkungsfaktoren-Modells sind.

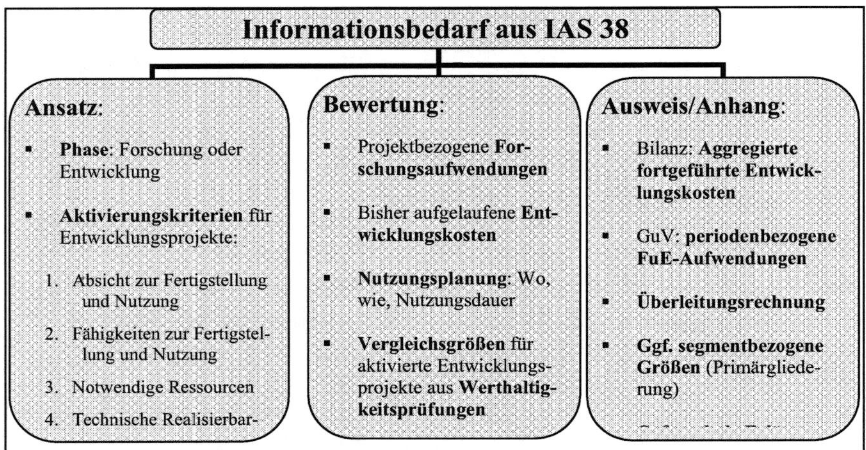

Abb. 27: Zusammenfassung des Informationsbedarfs aus IAS 38.[804]

In der informationsbezogenen Zusammenarbeit des FuE-Controllings mit der Konzernrechnungslegung spielen die ersten beiden Bilanzierungsabschnitte – Ansatz und Bewertung – eine essentielle Rolle.[805] Die sich logisch anschließende Abbildung im Jahresabschluss über Ausweis und Anhang umfasst schwerpunktmäßig die Aggregation und Zuordnung der Projekteinzeldaten und fällt somit größtenteils in den Aufgabenkreis des externen Rechnungswesens. Infolgedessen wird dieser Bereich im Rahmen der folgenden Informationsanalyse nur dort vertieft, wo er im Controlling eine Bedeutung entfaltet.

Grundlegend bewirkt die Umsetzung der Informationen eine **differenziertere Darstellung der FuE-Aktivitäten**. Die verpflichtende Abkehr von der defizitären Periodenaufwandsbetrachtung hin zu einer vermögenswertbezogenen Sichtweise zieht eine detaillierte Aufschlüsselung der Ausgaben im Bereich FuE nach sich. Dabei wird der **vormals eindimensionale FuE-Aufwand** über die neue Bilanzierungsvorgabe in die nachfolgenden fünf Bereiche **aufgefächert**:

1. Forschungsausgaben (verpflichtend Periodenaufwand),
2. nicht aktivierungsfähige Entwicklungsausgaben (verpflichtend Periodenaufwand),

[804] Quelle: Eigene Darstellung. Vgl. ausf. den analog strukturierten Abschn. 3.3.1.

[805] Die neben der Konzernstelle für Rechnungslegung weiter relevanten Schnittstellen (besonders Marketing u. Produktion) spielen erst in der Integrationsebene in Abschn. 4.2.2.4 eine Rolle.

3. Entwicklungsausgaben der Periode (entsprechen dem Zuwachs des Anlagevermögens in der Position Entwicklungskosten, Bewertungsmaßstab: Herstellungskosten),
4. Abschreibungen auf Entwicklungskosten (differenziert in planmäßige und außerplanmäßige) und
5. Aufwendungen/ Erträge aus Vermögenswertabgängen.

Diese Untergliederung bietet ein präziseres Bild der Verwendung von FuE-Ausgaben, besonders über die Zukunftsträchtigkeit und Erfolgspotentiale sowie die Risiken. So können hierdurch bspw. klar die Ausgaben für weniger konkrete Forschungsprojekte ohne bisher absehbaren zukünftigen Wert von denen für „reife" Entwicklungsprojekte mit sicheren Verwertungsoptionen getrennt werden. Auch die Abkehr von der vormals asymmetrischen Behandlung materieller vs. immaterieller Ressourcen in Bezug auf Vermögenswerte sorgt zukünftig dafür, dass die Abnutzung geschaffener originärer immaterieller Ressourcen nicht mehr unbeobachtet und kostenfrei stattfindet, sondern über die Abschreibungen explizit quantifiziert werden kann.[806] Gleichzeitig gibt die Unterscheidung in planmäßige und außerplanmäßige Wertkorrekturen Auskunft darüber, ob die FuE-Aktivitäten besonderen Schwankungen, Problemen oder Unwägbarkeiten ausgesetzt sind und lässt Rückschlüsse auf die Planungsgüte und Unternehmenserfahrung in diesem Bereich zu. Aber nicht nur die bilanzielle Ebene von Erfolgs- und Anlagenrechnungen werden konkretisiert, sondern auch die Projekte im FuE-Bereich können auf Basis der neuen Rechnungslegungsnorm differenzierter betrachtet werden. Eine hierdurch begründbare, neue Zweiteilung des Projektcontrollings im FuE-Bereich zeigt die folgende Abbildung (vgl. Abb. 28).[807]

Hierbei können die FuE-Projekte aufgrund der Aktivierung jetzt in der Form gruppiert werden, dass auf der einen Seite diejenigen FuE-Vorhaben über ein reines **Projekt-Controlling** erfasst werden, die noch keinen bilanziellen Vermögenswert bilden. Auf der anderen Seite ermöglicht das **Anlage-Controlling** diejenigen FuE-Projekte, welche bereits als immaterielle Vermögenswerte Herstellungskosten akkumulieren bzw. die bereits ge-

[806] Vgl. *Weißenberger* (2007), S. 140f.
[807] Vgl. zum Projektcontrolling grundlegend Abschn. 3.2.3.

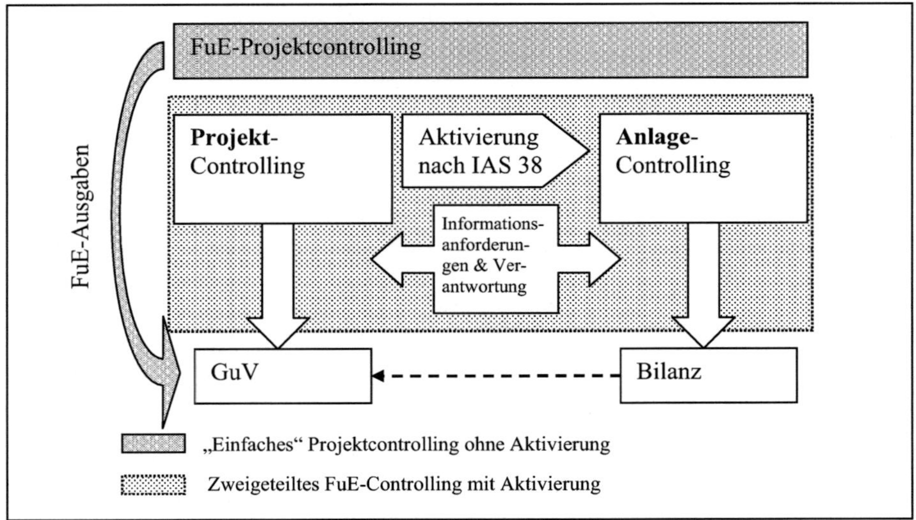

Abb. 28: IFRS-bezogene „Objektveränderungen" im FuE-Controlling.[808]

nutzten FuE-Projekte, aufgrund ihres Anlagenstatus entsprechend zu „controllen".[809] Über diese Zweiteilung findet ein **sichtbarer** und **grundlegender Paradigmenwechsel** von der Ausgabenbetrachtung hin zu einer Investitions- bzw. Vermögenswertbetrachtung im FuE-Controlling statt. Dabei beinhaltet die neue Vermögenswertklasse sowohl marktbezogene immaterielle Ressourcen aus FuE als auch interne FuE-Projekte z.B. in Form von Rationalisierungsverfahren. Dieser Perspektivenwechsel bietet dem FuE-Controlling neue Ansatzpunkte, die sich denen von materiellen Anlagen angleichen. Das Projekt- und das Anlage-Controlling sind aber nicht zwei vollständig voneinander isolierbare Bereiche. Verknüpfungen bestehen bspw. in den Aufwandswirkungen aktivierter Vermögenswerte in den Folgeperioden (in Abb. 28 dargestellt anhand des gestrichelten Pfeils zwischen Bilanz und GuV). Die vorgeschlagene neue Klassifizierung ermöglicht dabei insbesondere, den spezifischen Unterschieden und **Besonderheiten von FuE als Controllinggegenstand** besser gerecht zu werden. Projekte in einem fortgeschrittenen Aktivierungsverlauf erfordern aufgrund ihrer Konkretisierung und Reife ein anderes Controlling, als die Projekte im Bereich der Forschung (inklusive der noch nicht aktivierungsfähigen FuE-Aktivitäten).[810] Auf diese Weise kann die auch für das Controlling **problembehaftete Trennung** zwischen den Ob-

[808] Quelle: Eigene Darstellung.

[809] Vgl. zu den hier enthaltenen beiden Vermögenswert-Stadien der Vermögenswert-Bildungsphase u. der Nutzungsphase den zweiten Wirkungsbereich der Prozesswirkungen (Abschn. 4.2.2.3). Vgl. auch den Bereich der Kostenrechnung im Wirkungsfaktoren-Modell (Abschn. 4.2.1.2.3 ad d), bei dem diese Vermögenswerte regelmäßig über korrespondierende, neue Kostenträger abgebildet werden.

jekten Forschung versus Entwicklung über die verpflichtende Operationalisierung des IAS 38 kongruent gestaltet und übernommen werden.[811]

Bevor auf die beiden Bereiche des vorgeschlagenen Strukturierungsansatzes näher eingegangen wird, soll zunächst ein grundlegend einschränkender Faktor bei der Anwendung vorangestellt werden. **Schwachstelle** der auf bilanziellen Größen basierenden Herangehensweise ist die Tatsache, dass sie nur einen **Ausschnitt** betrachten, der je nach **Branche** verschieden groß ausfällt. Wie bereits an vielen Stellen dieser Arbeit ausgeführt,[812] bildet die Pharmabranche das eine Ende des Anwendungsspektrums ab, welches keine zusätzlichen Informationen aus dem IAS 38 generiert. Hier ist der Ausschnitt nicht existent und eine Anwendung obiger Systematik folglich nicht möglich. Auf der anderen Seite stehen die Unternehmen der Automobilbranche,[813] welche in außerordentlich hohem Maße von der Umsetzung der Bilanzierungsnorm in Form neuer und verbesserter Informationen profitieren.[814] Die Chemiebranche kann nicht abschließend beurteilt werden, da die einbezogenen Unternehmen im Sample ein gespaltenes Bild zeigen. Der Abbildungsausschnitt in den Industrieunternehmen ist von der Tatsache beeinflusst, dass hier bereits vor Entwicklungskostenaktivierung erhebliche Projektausgaben anfallen. Außerdem sind innerhalb der Herstellungskosten z.B. Schulungskosten von der Betrachtung ausgeschlossen, obgleich sie in den internen Rechnungen dieser Branche einen erheblichen Stellenwert haben können.[815] Auch die Kosten nach der Aktivierungsphase, wie die Einführungskosten (z.B. das Einrichten einer Serviceorganisation für das entsprechende Großprodukt) müssen in den internen Rentabilitätsrechnungen der Entwicklung berücksichtigt werden. So ist in diesem Anwendungsfeld der Betrachtungsbereich ebenfalls eingeschränkt.[816] Insgesamt bedeutet dies, dass der **Einsatz** des neuen **zweigeteilten FuE-Controllings** deutlich von dem **situativen**

[810] Vgl. hierzu Abschn. 3.2.1.
[811] Vgl. zu den definitorischen Abgrenzungsproblemen Abschn. 1.2.2.1.3 sowie spezifisch 3.1.1 u. 3.2.1.
[812] Vgl. insb. den gleichnamigen Bereich im Wirkungsfaktoren-Modell (Abschn. 4.2.1.2.1).
[813] Die dargestellte Spanne bezieht sich auf die Untersuchungsbranchen. Vgl. hierzu Abschn. 4.1.2.2.
[814] Die positive Einstellung dieser Untersuchungsgruppe wird exemplarisch anhand eines Zitats im weiteren Verlauf dieses Abschn. deutlich.
[815] Dieses Faktum wurde besonders in einem Interview der Industrie deutlich herausgestellt.
[816] Dies führte bspw. in einem Unternehmen des Samples dazu, dass im Rahmen interner Net Present Value-Rechnungen der Anteil der Aktivierungskosten explizit neutralisiert wird, um alle Projekte methodisch vergleichbar zu machen. So erwähnt in einem Interview aus der Industriebranche.

Kontextfaktor der Branche beeinflusst wird. Die gewählte Klassifizierungssystematik entfaltet in **Abhängigkeit** zur **Branche** folglich eine sehr unterschiedliche Relevanz.[817]

In den meisten Umsetzungsvarianten gelingt jedoch durch die ökonomische bzw. realitätsnähere Perspektive und Berichterstattung der IFRS eine grundsätzlich verbesserte Abbildung von FuE-Aktivitäten. Bezogen auf die Vermögensdarstellung in der Bilanz bzw. im Anlagevermögen wird die vorsichtsorientierte Aktivierungsschranke sowie die mit ihr einhergehende Diskriminierung originärer gegenüber derivativen immateriellen Ressourcen sowie materiellen Posten aufgehoben. Aus der vollständigeren Vermögensauflistung wird die für Controllingzwecke ungeeignete und unzureichende Ungleichbehandlung originärer Werte abgebaut und über den spezifischen Bereich des FuE-bezogenen **Anlagen-Controllings** systematisiert und implementiert. Die bisher nur über die Ausgaben in den Periodenrechnungen gezeigten langfristigen Potentiale aus FuE und ihr nicht nachvollziehbarer Verbrauch in den Folgejahren führten zu Fehlsteuerungen, z.B. in Form von investitionsbezogenen Fehlanreizen.[818] Die Aktivierungspflicht bewirkt an dieser Stelle, dass die Bilanzierungsinformationen als quantitative Daten detailliert in den zentralen internen Controllinginstrumenten auf Basis von Finanzkennzahlen berücksichtigt werden.[819] Das neue Anlage-Controlling im FuE-Bereich geht aufgrund dessen über die Möglichkeiten anderer Informationsinstrumente, wie der BSC oder den vielen zusätzlichen Intangible Asset Monitoren,[820] hinaus. Auch können die Bilanzdaten in dieser neuen Form für das FuE-Controlling ein Indiz für die Effektivität der Projektauswahl bzw. der Ressourcenverteilung sein, da ein bestimmter Anteil der FuE-Ausgaben zu Entwicklungskosten führen sollte. Übertragen auf den hier vorgeschlagenen Klassifizierungsansatz sollte ein bestimmter Anteil von Projekten aus dem Stadium des Projekt-Controllings in das Stadium des Anlagen-Controllings wechseln. Vorstellbar sind im Anlagen-Controlling auch Priorisie-

---

[817] Es bleibt in diesem Zusammenhang abzuwarten, ob die grundsätzliche Auslegung u. Haltung der Branchen sich im Zeitablauf annähern. Denkbar wäre eine Veränderung in der Weise, dass sich auch die forschungsintensive Pharmabranche nicht mehr dem Abbildungsverständnis des IAS 38 vollständig entziehen kann. Gleichlaufend würde dann auch der vorgeschlagene Strukturierungsansatz greifen.

[818] Vgl. *Weißenberger* (2007), S. 140f. Die Gefahr von Verzerrungen u. Fehlanreizen resultiert aus der kostenlosen Nutzung der FuE-Werte, da die Finanzkennzahlen das Management unmittelbar für andere Investitionen „bestrafen", wohingegen bestehende immaterielle Werte ohne negative Folgen ausgezehrt werden können.

[819] Vgl. *Weißenberger* (2007), S. 141.

[820] Zum Thema der freiwilligen Berichterstattung über immaterielle Ressourcen gibt es vielfältige Vorschläge. Vgl. hierzu z.B. die Folgenden: „Intellectual Capital Bericht", *Arbeitskreis "Immaterielle Werte im Rechnungswesen" der Schmalenbach-Gesellschaft für Betriebswirtschaft e.V.* (2005), S. 82ff., „intangible asset statement", *Haller* (1998), S. 588. *Pellens/Fülbier* schlagen eine mehrdimensionale Rechnungslegung vor, vgl. *Pellens/Fülbier* (2000), S. 150. Ähnlich ist auch der Vorschlag von *Ziesemer* für einen FuE-Spiegel, vgl. *Ziesemer* (2002), S. 108ff. Vgl. zur BSC auch die Ausführungen auf der Integrationsebene in Abschn. 4.2.2.4.

rungsansätze, bei denen die Entwicklungskosten und/oder -planungen ähnlich einer ABC-Analyse projektbezogen ausgewertet und eingesetzt werden.[821]

Über die Verbindung beider Controlling- bzw. Abbildungsbereiche wird die **sachlogische Gegenüberstellung** von **Aufwendungen** und **Erträgen** (matching principle) vollzogen, welche die im Leistungserstellungsprozess vorgelagerte Position von FuE-Ergebnissen deutlich besser darstellt.[822] Konkret bedeutet dies, dass die Ausgaben in originäre immaterielle Werte aus FuE über die Abschreibungen mit Nutzungsbeginn nicht mehr auf Basis ihres zeitlichen Anfalls, sondern über eine zweckgebundene Verknüpfung mittels ihrem (theoretischen) Werteverzehr den mit ihnen generierten Erlösen zugeordnet werden. In der erfolgsbezogenen Produktionsrechnung werden so die Vorleistungen aus FuE-Ausgaben nun durch die Vermögenswertbildung und verbesserte Periodisierung näherungsweise kausal den mit ihnen erzielten Erträgen zugeordnet. Weil sich die neue Rechnungslegung von FuE-Ausgaben sowohl in der Bilanz als auch in der Erfolgsrechnung niederschlägt, sind von der gesteigerten Genauigkeit sowohl Strom- als auch Bestandsgrößen betroffen. Dieser Aspekt wirkt sich auch auf die internen Planungsrechnungen in beiden Dimensionen aus. In der Kombination beider Ebenen – der Vermögens- und Erfolgssicht – sind zukünftig auch FuE-Projekte mit Anlagenstatus über einen **Return on Entwicklungskosten**, als spezifische Ausprägungsform des Return on Assets, mit anderen Vermögenspositionen oder geplanten Investitionsvorhaben direkt vergleichbar. Hierdurch werden Entwicklungsprojekte im Anlagen-Controlling zukünftig als Investitionsprojekte behandelt und nicht mehr nur als Periodenaufwand. Die Besonderheit und Stärke dieser neuen Abbildungsgröße im Anlagen-Controlling – den Entwicklungskosten – ist die implizite Berücksichtigung aller drei Faktoren, die bei einer internen, also im Unternehmen und für das Unternehmen entstehenden, Innovation relevant sind:[823]

- die **Inputfaktoren** (über die Herstellungskosten sowie das Aktivierungskriterium der notwendigen Ressourcen),

[821] Weitere strategische Kombinationsmöglichkeiten werden im Bereich der Integrationswirkungen aufgegriffen. Vgl. hierzu den entsprechenden Abschn. im Wirkungsmodell (4.2.2.4).

[822] Auf die zentrale Bedeutung der Berücksichtigung von Erträgen aus immateriellen Ressourcen verweist z.B. *Stoi* (2003), S. 178ff.

[823] Auf die defizitäre Wirkungs-„Blackbox" zw. Input u. Output im FuE-Bereich geht z.B. Abschn. 3.2.1 ein. Eine derartige Kennzahl scheint besonders vor dem Hintergrund wichtig, dass laut einer aktuellen Studie 63 % der Unternehmen Innovationsprojekte auf Basis von weniger als sechs Kennzahlen beurteilen. Vgl. *The Bosten Consulting Group* (2006), S. 6.

- den **Prozess** (über die speziellen Prozessvorgaben auf Basis eines Meilensteinplans und die Berücksichtigung der zeitlichen Perspektive)[824]
- und den **Output** (über die differenzierte Betrachtung der Verwertungsoptionen sowie die regelmäßigen Wertkontrollen).

Die neuen Informationen ermöglichen in beiden Feldern des zweidimensionalen Klassifizierungsansatzes **FuE-bezogene Vergleiche.** Vergleichsebenen könnten hierbei innerhalb des Unternehmens etwa verschiedene Segmente oder Geschäftsbereiche mit eigenständigen FuE-Abteilungen sein. Möchte man bspw. die Effizienz der Entwicklungsprojekte auf Basis entsprechender Projektkategorien (z.B. den Entwicklungsvorhabensarten[825]) messen, so kann die Entwicklungskostenquote, als Quotient aus Entwicklungskosten zum Gesamtprojektaufwand, ein sinnvoller Indikator sein.[826] Die für die Vergleiche mögliche und relevante Hierarchieebene richtet sich dabei nach der unternehmensindividuellen Operationalisierung und wird wesentlich über den Einflussfaktor der Organisation im Unternehmen determiniert.[827] Die Vergleichsmöglichkeiten erstrecken sich neben der vergangenheitsbezogenen Ist-Abbildung auch auf den Planungsbereich, indem zusätzlich die Entwicklungsgrößen des IAS 38 der einzelnen FuE-Bereiche bei zukünftigen Planungen als Kenngrößen Eingang finden bzw. eine spezifische Bilanzierungsplanung stattfindet. So kann z.B. im Wege einer vergleichenden Gegenüberstellung die Performance anhand der in der letzten Periode aktivierten Entwicklungskosten (oder der Entwicklungskostenquote) nicht nur als Status quo Beurteilung, sondern auch als Grundlage im Ressourcenverteilungsprozess herangezogen werden.[828] Denkbar sind auch Anreize über Prämien für eine vergleichsweise hohe Realisierungsquote von Forschungsprojekten zu aktivierten Entwicklungsprojekten (dies entspricht dem Übergang vom Projekt-Controlling zum Anlagen-Controlling), da diese Transformation einen messbaren Leistungsindikator darstellt. Dass die Aktivierung als Erfolgsmeldung von Projekten eine sinnvolle Zielgröße darstellt, bestätigte auch ein WP im Interview ausdrücklich. Allerdings wurde eine praktische Anwendung solcher Wertansätze in den Unternehmensinterviews nicht beschrieben. Dennoch wurden solche Möglichkeiten in den Diskussionen mit den Interviewpartnern als durchaus realistisch und

[824] Auf diesen Aspekt geht der Sekundärbereich des Wirkungsmodells im nachfolgenden Abschn. vertieft ein.
[825] Vgl. hierzu die Erklärungen an diversen Stellen im Wirkungsfaktoren-Modell, z.B. im Wirkungskomplex der Organisation in Abschn. 4.2.1.2.2.
[826] Auf einen weiteren Verwendungsansatz dieser Kennzahl geht der Tertiärbereich ein. Vgl. Abschn. 4.2.2.4.
[827] Vgl. Abschn. 4.2.1.2.2.
[828] Ein Beispiel auf Basis strategischer Überlegungen wird im Tertiärbereich vorgestellt.

sinnvoll erachtet.[829] Ferner können die Bilanzierungsstrukturen in den kurzfristigen Planungen und Kontrollen verwendet werden, etwa die unterjährigen Veränderungen der zu aktivierenden Herstellungskosten. Dabei sind nicht nur Wertgrößen von Bedeutung, sondern auch zeitliche Aspekte eignen sich zur Beschreibung und Kontrolle sowie zur Lenkung von FuE-Projekten. So könnte bspw. die Vorgabe eines Zeitfensters für die Umsetzung der technischen Realisierbarkeit erfolgen, wahlweise auf der Individualprojektebene, im Zusammenhang mit verwendeten Klassifizierungen oder über alle Projekte in einem Segment. Insgesamt muss das Controlling hierbei auf die Identität zwischen Planungs- und Kontrolleinheiten als grundsätzliche Bedingung für Vergleiche (Soll/Ist-, Zeit- oder Objektvergleiche) und Abweichungsanalysen achten. Allgemein müssen dabei die im FuE-Bereich charakteristischen Projektveränderungen stringent berücksichtigt werden. Das Hauptproblem im Kontext der bilanziellen Kenngrößen ist aber, dass für einen aussagefähigen Vergleich die Ermessensspielräume bei der Abbildung kontrollierbar sein müssen. Diese Voraussetzung ist unter anderem dann gegeben, wenn die prozessuale Umsetzung eine vorgegebene Struktur definiert, die dezentral auch tatsächlich so angewendet und umgesetzt wird. Werden über den „verlängerten Management Approach“ [830] Informationen aus den Bereichen direkt übernommen, besteht in erhöhtem Maße die Gefahr unkontrollierbarer Ermessens- und Beurteilungsspielräume, welche zielgerichtet genutzt werden.[831]

Neben den vielfältigen **internen Vergleichsdimensionen** bieten die **extern** verfügbaren **Konkurrenzdaten** aus den zusätzlichen Veröffentlichungspflichten dem FuE-Controlling neue Relationsmöglichkeiten.[832] Die Informationsnutzung über eine Wettbewerbsanalyse wurde besonders in der Branche der Automobilunternehmen praktiziert, da hier die Umsetzung der IFRS-Norm weit fortgeschritten und ausgereift ist. Dadurch werden sinnvolle

---

[829] „Denkbar sind positive Veränderungen in der Planung, Kontrolle u. Koordination durch die neuen Vorgaben für FuE aus IAS 38. Diese werden aber in der Praxis (noch) nicht umgesetzt.“ Zitat eines WP im Interview. An dieser Stelle wird deutlich, was mit dem weitergehenden Ansatz des Wirkungsmodells gemeint ist. Vgl. hierzu die Einführung des Modells in Abschn. 4.2.2.1.

[830] Vgl. hierzu die Ausführungen an diversen Stellen im Wirkungsfaktoren-Modell. Mit verlängertem od. auch fortgeführtem Management Approach ist gemeint, dass die dezentralen Management Informationen in gleicher Weise auch für die zentrale Konzernrechnungslegung Anwendung finden, wie dies mit dem Management Approach allgemein etwa im Bereich der Segmentberichterstattung bezweckt wird.

[831] Auf die konkreten Probleme dieser Bilanzierungsnorm wird im weitern Verlauf dieses Abschnitts noch detailliert eingegangen.

Vergleichsaussagen, Rückschlüsse und Interpretationen aus bilanziellen Informationen begünstigt, wie bspw. die FuE-Ausgaben pro Fahrzeug (oder allgemein pro Outputeinheit), die FuE-Ausgaben in Relation zum Umsatz oder die Aktivierungsquote.[833] Auch die Veränderungen im Anlagenspiegel, etwa über Abschreibungen und Wertminderungen, bieten Analysemöglichkeiten. Im Zeitablauf interpretiert können diese neuen externen Vergleichsgrößen auch wesentliche Veränderungstendenzen und Stärken bzw. Schwächen aufdecken. Im Grundsatz kann die Veröffentlichung von FuE-Aktivitäten in diesem Detaillierungsgrad mit einer Ankündigung entwicklungs- bzw. produktpolitischer Maßnahmen verglichen werden, welche aufgrund psychologischer Markteinführungserwartungen zu einer Beeinflussung der Konkurrenten führen kann.[834] Insgesamt ermöglichen die neuen Jahresabschlussinhalte eine deutlich bessere Einschätzung des eigenen Unternehmens in Relation zu den Konkurrenten der Branche auf Basis valider, kostenloser und offizieller Informationen.[835] Allgemein können durch eine institutionalisierte Konkurrenzanalyse die Entscheidungssicherheit aufgrund eines detaillierteren Bildes der Wettbewerber sowie die Entscheidungsflexibilität durch ein vergrößertes zeitliches Reaktionsfenster verbessert werden und ggf. direkte Handlungsoptionen abgeleitet werden.[836]

Der **Zusatznutzen** aus den **bilanziellen Informationen** zeigt sich neben den bereichsbezogenen Verwendungsmöglichkeiten innerhalb des FuE-Controllings auch auf der Ebene des **Topmanagements**. Hier konnte durch die Bilanzierungsinformationen ein deutlich verbesserter Informationsstand im Feld der FuE erreicht werden. Dieser Aspekt wurde in den meisten Interviews direkt angeführt, lässt sich aber auch bspw. anhand des Aktivierungskriteriums der „Absicht" darlegen, welches regelmäßig eine Vorstandsentscheidung

---

[832] Auf den Zusammenhang von Informationsstand u. Realisierbarkeit von FuE-Projekten geht Brockhoff ein. Sein Fazit ist aber, dass eine systematische Verknüpfung von Informationsangebot u. späterem Projektschicksal nicht besteht. Vgl. *Brockhoff* (1993b) S. 651. Das ein großer Teil der Informationen im Innovationsprozess auf externen Quellen basiert sagt auch *Wohinz* (2003), S. 110. Allgemein umfasst der Begriff externer Quellen dabei Kunden, Mitbewerber, Lieferanten, Universitäten u. Forschungseinrichtungen, Datenbanken u. Bibliotheken, Medien u. staatliche Quellen (Ministerien, Patentämter). Vgl. *Weule* (2002), S. 169. Vgl. hierzu auch die Informationsquellen im Wertminderungstest, welche im Bereich der Prozesswirkungen (Abschn. 4.2.2.3) aufgegriffen werden.

[833] Die Aktivierungsquote spiegelt den Anteil der Entwicklungskosten an den gesamten FuE-Aufwendungen u. lässt damit Rückschlüsse auf den Realisationsgrad der FuE-Aktivitäten zu. Vgl. auch Abschn. 4.2.2.4.

[834] Vgl. zum Stichwort Vorankündigungen z.B. *Brockhoff* (1999b), S. 108f. m.w.N. Unter anderem aus diesem Grund wird sehr genau abgewogen, welche Informationen wie im Jahresabschluss dargestellt werden sollen. Vgl. hierzu den Wirkungsfaktoren-Bereich der Unternehmenssituation (Abschn. 4.2.1.2.1).

[835] Exemplarisch sei an dieser Stelle auf den bilanzanalytischen Vergleich von Porsche, BMW, Daimler u. VW von Küting hingewiesen. Vgl. *Küting* (2008), S. 22. Vgl. einschränkend auch *Baetge/Maresch/Schulz* (2008), S. 417ff.

[836] Vgl. *Brockhoff* (1989), S. 48.

bedingt.[837] So ist es der Unternehmensleitung anhand der neuen Informationen möglich, die Realisierungsnähe und Erfolgswirkungen der unternehmenseigenen FuE-Aktivitäten besser zu beurteilen. Gleichzeitig stellen die angesprochenen Vergleichsmöglichkeiten eine neue Beurteilungsgröße für die Konzernführung dar.[838] Da die Informationsbereitstellung eine zentrale Aufgabe des Controllings ist, zeigt sich an dieser Stelle im Feld FuE eindeutig die bereichsübergreifende Wirkungsverbesserung in der Kommunikation und Entscheidungsfundierung des Managements aufgrund der IFRS.

Ein wichtiger Aspekt bei der initialen Implementierung neuer **Informationen** sind die zu Beginn und im weiteren Verlauf anfallenden **Kosten**. Das Controlling muss dabei grundsätzlich dem Informationsnutzen die hierdurch entstehenden Umsetzungskosten gegenüberstellen, welche je nach Operationalisierungsform deutlich variieren. Da es sich bei den IFRS um eine verpflichtende rechtliche Vorgabe handelt, sind nur die Informationskosten für die Kosten-Nutzen-Abwägungen entscheidungsrelevant und folglich in die Überlegungen einzubeziehen, welche über das eigentlich notwendige Maß hinausgehen. Da ein sehr großer Teil der Informationen in diesen Bereich fällt, ist die weitergehende Nutzung dieser Bilanzinformationen auch aus der Kosten-Nutzen-Überlegung sinnvoll. Aber nicht nur die quasi kostenfreie Verfügbarkeit der Informationen sprechen für ihren Einsatz. Sondern auch die für Investoren vielfach unterstellte Entscheidungsrelevanz der Daten trifft analog für den internen Unternehmensbereich zu. Bei der internen Nutzung besteht – im Vergleich zu den Investoren – zusätzlich die Möglichkeit, die im Abschluss hochaggregierten Daten auf verschiedene Betrachtungslevel herunterzubrechen und kontext- oder entscheidungsspezifisch zu schärfen. Im theoretischen **Idealfall** würden die neuen **Informationspflichten** aus dem FuE-Controlling als „Abfall- oder **Nebenprodukt**" erzeugt. Dies würde für eine bereits sehr ausgereifte Abbildung der FuE-Aktivitäten sprechen, welche es dem Controlling ermöglichen würde, bestehende Informationen problemlos auf die Bilanzierungsdimension zu übertragen. Aufgrund der angesprochenen Defizite in der Praxis ist dies nicht nur im hier vorliegenden Untersuchungssample, sondern generell nur sehr vereinzelt und partiell möglich. Ein Beispiel hierfür ist die Umsetzungsvariante des fortgesetzten Management Approaches. Dabei wurden existierende Managementinformationen der einzelnen dezentralen FuE-Einheiten in der Bilanzierung unverändert übernommen bzw. verwendet. Nachteilig ist jedoch, dass man unter Umständen hinter den Chancen und Mög-

837 Vgl. hierzu an diversen Stellen das Wirkungsfaktoren-Modell, besonders in Abschn. 4.2.1.2.2.

838 An dieser Stelle zeigt sich bereits, dass die Anforderungen an das FuE-Controlling gestiegen sind. Dieser Aspekt wird spezifisch im Abschn. 4.2.2.5 vertieft.

lichkeiten aus der verpflichtenden Operationalisierung zurückbleibt. So werden besonders die Transparenz und Einheitlichkeit sowie einhergehend die Vergleichsmöglichkeiten mitunter deutlich eingeschränkt.

Obwohl der Abbildungsansatz aus IAS 38 eine gute Grundlage bildet, kann er nicht allen Besonderheiten einzelner FuE-Vorhaben gerecht werden und hängt in seiner **Informationsgüte** von der im Controlling verantworteten **unternehmensbezogenen Umsetzung** ab.[839] Zu beachten sind vom Controlling beim **Einsatz** der **Bilanzierungsinformationen**, etwa über die vorgeschlagene Zweiteilung des FuE-Controllings, mögliche **Verzerrungen** und **Ausschnittsbetrachtungen**. Diese können sich neben den bereits aufgezeigten Brancheneinflüssen auch aus einer definitorischen Einteilung oder aufgrund schematischer Ableitungen von FuE-Vorhaben ergeben. Die **Bilanzierungsvorgaben** für den FuE-Bereich führen nämlich zu einer **neuen konzerninternen Differenzierung**. Ähnlich der Diskriminierung bestimmter unternehmerischer FuE-Vorhaben, wie sie in der Bilanzierungswelt des HGB im Bereich von AV vs. UV und derivativen vs. originären Projekten besteht,[840] resultieren auch aus der Anwendung der Systematisierungen der IFRS Ungleichbehandlungen. Dabei verlaufen die **bilanziellen Grenzen** innerhalb der IFRS im langfristigen FuE-Bereich an den Stellen, wo es sich um Auftragsforschung handelt und eine vollständig andere Bilanzierung der Projekte nach IAS 11 als langfristige Auftragsfertigung erfolgen muss. Diese Konstellation bedingt eine deutliche Trennung der FuE-Aktivitäten im Unternehmen, wobei die originären FuE-Vorhaben nach dem im Rahmen der Untersuchung fokussierten IAS 38 behandelt werden und die im Kundenauftrag durchgeführte Forschung über den IAS 11. Weniger problematisch ist diese Separation, wenn sie sich analog auch in den Strukturen des Konzerns abbildet, etwa über Segmente, die nur Auftragsforschung betreiben.[841] Schwieriger liegt der Fall hingegen, wenn die Differenzierung innerhalb eines FuE-Bereichs greift. Betreibt ein interner FuE-Bereich sowohl eigenständige Entwicklungsprojekte als auch FuE-Projekte im Kundenauftrag, so führt dies zu einer bilanziell begründeten Andersstellung intern möglicherweise vergleichbarer Projekte. Besonders komplex liegt der Fall, wenn FuE-Projekte beide Abbildungsvorgaben der IFRS tangieren, z.B. wenn die Ergebnisse aus der Auftragsforschung auch im eigenen Unternehmen eingesetzt oder weiterentwickelt werden sollen. Eine weitere bilanzielle Grenze wird innerhalb

---

[839] An dieser Stelle sei auf die grundlegende Beziehung zw. der Menge an Informationen u. der Vorhersage- bzw. Entscheidungsqualität hingewiesen, die unter Umständen auch zu einem „information overload" führen kann. Vgl. hierzu ausf. z.B. *Brockhoff* (1984b), S. 417ff.

[840] Vgl. hierzu Abschn. 3.3.2.

[841] An dieser Stelle zeigt sich die Relevanz des Kontextfaktors Organisation. Vgl. hierzu Abschn. 4.2.1.2.2.

des hier thematisierten Untersuchungsfeldes gezogen. Konkret gemeint sind damit die bereits mehrfach angeführten Ausschlüsse bestimmter Aufwandsarten (z.B. Schulungsaufwand)[842] oder FuE-Resultate, die als Modifikationen gelten. Insgesamt werden dadurch von „betroffenen"[843] Unternehmen grundverschiedene Abbildungsansätze für einen möglicherweise aus Konzernsicht einheitlich betrachteten Bereich verlangt. Die Tatsache dieser Unterscheidungen steigert die Komplexität in der Umsetzung und bedingt zusätzliches Aussteuern und/oder neue Überleitungsrechnungen. Gleichzeitig werden interne Interpretationen, Vergleichsanalysen sowie die Kommunikation erschwert und die Transparenz reduziert.[844] Im FuE-Controlling müssen zum einen hierfür notwendige Abgrenzungen implementiert und kontrolliert werden, da aus ihnen erneut Ermessensspielräume entstehen können. Zum anderen bedarf es einer grundlegenden internen Abwägung, bis zu welchem Grad diese Grenzen auch für die internen Systeme sinnvoll sind und an welchen Stellen zu diesem Zweck weitere Dimensionen eingezogen werden müssen, können oder sollten.

Neben den direkten bilanziellen Abbildungsgrenzen erfolgt eine weitere Grenzziehung auf der nächsten Umsetzungsebene. Die **definitorischen Demarkationslinien** werden im Unternehmen eigenständig gesetzt, indem bei der Operationalisierung der Bilanzierungsvorschrift bestimmte Vorhabensarten, Projektbereiche oder ähnliche Vorstrukturen in der Regel ex definitione aus der Abbildung des IAS 38 heraus oder hinein genommen werden.[845] Diese Zuordnungen und Gruppierungen bleiben immer eine Gradwanderung zwischen einer möglichst nahen und damit dem Projekt individuell gerecht werdenden Beurteilung (Bottom-Up-Sicht) und der Schaffung von standardisierten Vorgaben und Strukturen mit

[842] Hier zeigt sich eine Inkonsistenz in der Aktivierungskonzeption, da die Schulungskosten nicht in die Herstellungskosten einbezogen werden dürfen. Wenn eine gravierende technische Neuerung auf den Markt gebracht wird, dann benötigt man hierfür zur Realisierung der Erträge unmittelbar auch geschultes Personal. Nur durch im gesamten Produktionsprozess eingesetzte, mit den Neuerungen vertraute Mitarbeiter können die Qualitätskosten gesenkt u. die Effizienz gesteigert werden. Auch der geschulte Kontakt zum Kunden u. ein dadurch erreichtes Vertrauensverhältnis entscheiden über die volle Ausschöpfung der Vermarktungspotentiale neuer Produkte. Vgl. *Schmeisser u. a.* (2006), S. 343 m.w.N.

[843] Gemeint sind damit Unternehmen, bei denen diese Unterscheidungen zu wesentlichen Auswirkungen führen. Vermutlich treten Probleme verstärkt z.B. in der Industriebranche auf, da hier, wie bereits erwähnt, die Schulungs- u. Einführungskosten eine bedeutende Stellung einnehmen.

[844] Vgl. in diesem Kontext die Ausführungen des Wirkungsfaktors der Heterogenität des Geschäftsfeldes im Abschn. 4.2.1.2.2, welcher sich an dieser Stelle spiegelt.

[845] Eine 100% Prüfung jedes FuE-Vorhabens wurde in keinem der Interviews beschrieben u. scheint daher eher eine theoretische Möglichkeit. Exemplarisch sei hier auf den Einflussfaktorenbereich der Kostenrechnung im Wirkungsfaktoren-Modell hingewiesen. Vgl. Abschn. 4.2.1.2.3.

Blick auf eine sichere, schlanke und vergleichbare Umsetzung innerhalb des gesamten Konzerns (Top-Down-Sicht).[846]

So kann bei dem im Sample vielfach angewandten Strukturierungsansatz über Entwicklungsvorhabensarten ein systematischer Ausschluss bestimmter FuE-Projektgruppen dazu führen, dass ein tatsächlich sehr fortgeschrittenes Projekt nicht in den Aktivierungsstatus gelangt und damit auch nicht dem Anlagen-Controlling zugeordnet werden kann.[847] Eine weitere Abgrenzungsschwäche aus der Bilanzierungsumsetzung entsteht bspw. aus der Größe der Projekte. Auch hier können Wirkungen erzeugt werden, die eine Nichtbeachtung von faktischen „Anlageprojekten" in der obigen zweigeteilten Systematik bewirken. Die hier entstehenden Spielräume wurden z.T. von den Untersuchungsteilnehmern direkt angesprochen, etwa die Möglichkeit des Teilens eines Großprojektes in viele Kleinvorhaben, welche dann unter die Materialitätsgrenze fallen.[848] Grundsätzlich sind sämtliche vom Controlling im Rahmen der Umsetzung der Bilanzierungsvorgaben implementierten Grenzen, Vorgaben und Klassifizierungen in dieser naturgemäß schwer standardisierbaren Thematik kontrollbedürftig, damit die Informationen für die externe Rechnungslegung und darauf basierende Analysen nicht zu verfälschten Ergebnissen oder Schlüssen führen.

Auf diese **neuen systemseitigen Schwächen**, wie etwa durch speziell zu diesem Zweck implementierte oder angewandte Filtermechanismen,[849] ist vom FuE-Controlling einzugehen. Das oberste Gebot bei weitergehender Anwendung der Bilanzierungsinformationen muss dabei immer die interne **Entscheidungsnützlichkeit** der Informationen sein.[850] Es bedarf somit einer **Eignungsprüfung** der Bilanzierungsgrößen für die internen Controllingzwecke.[851] Dabei sind die konsistente Darstellung über einen langfristigen Planungshorizont sowie die eher extern bzw. kapitalmarktorientierte Sichtweise der IFRS den internen

[846] Auf das hier deutlich werdende Spannungsverhältnis zw. Standardisierung u. Individualisierung wurde bereits an anderer Stelle im Wirkungsfaktoren-Modell hingewiesen.

[847] Vgl. die Ausführungen hierzu auf verschiedenen Ebenen im Wirkungsfaktoren-Modell.

[848] Vgl. im Wirkungsfaktoren-Modell den Abschn. zur Größe in 4.2.1.2.4. Die Probleme mit der Auslegung der Materialität bestehen damit auch im FuE-Controlling. Vgl. hierzu im Bilanzierungskontext z.B. *Tanski* (2006), S. 72ff.

[849] Eine graphische Abbildung hierzu findet sich z.B. im Bereich der Kostenrechnung im Abschn. 4.2.1.2.3.

[850] Vgl. in diesem Kontext auch die Grundlagen zum internen Rechnungswesen in Abschn. 2.3.2 im Unterschied zum normierten externen Rechnungswesen (Abschn. 2.3.1).

Steuerungs- und Entscheidungsinteressen gegenüber zu stellen.[852] Neben einer unveränderten Übernahme der an die Bilanzierungsstellen weitergeleiteten Informationen können vor diesem Hintergrund z.B. entscheidungsbedingte Anpassungen notwendig sein.[853] Neue Überleitungsrechnungen sind bspw. dann geboten, wenn die Planungen auch Erweiterungs- oder Restrukturierungsvorhaben berücksichtigen sollen. Diese sind nach IAS 36 bei den Berechnungen eines zukünftigen Nutzens ausgeschlossen.[854] Eine veränderte Anwendungsgrundlage liegt auch dann vor, wenn die Informationen nicht unmittelbar aus den Informationssystemen umgesetzt werden können, sondern manuell nachträglich ermittelt werden.[855] In diesem Fall sind die Informationen nur zu bestimmten Zeitpunkten und nicht direkt aus den Informationssystemen für FuE-Controllingzwecke verfügbar. Gleichzeitig wird bei dieser (zentralseitig dominierten) Umsetzungsform die Ebene der Informationsverfügbarkeit dahingehend eingeschränkt, dass aufgrund der rückwirkenden Bewertung (zunächst) nur die zentralen Bereiche die Informationen nutzen können. Dies zeigt, dass bei den **Informationswirkungen** im Controlling die **Übersetzungsebene** eine bedeutsame Rolle bei der Beurteilung der Informationen spielt. Hierüber werden nicht nur die Verfügbarkeit und Beschaffenheit der Informationen bestimmt. Auch die Stufe und das Ausmaß der Individualspielräume erklären sich hierdurch. Je nach hierarchischer Übersetzungsebene werden die unvollkommenen, asymmetrischen Informationen über dezentrale und damit distanzierte FuE-Projekte sowie diesbezügliche Zukunftseinschätzungen beeinflusst. Wird auf hoher Aggregationsebene angesetzt, so können sich darüber hinaus positive und negative Konsequenzen oder Abweichungen aufgrund summarischer Betrachtung ausgleichen. Eine ähnliche Verzerrungsgefahr besteht, wenn Werte periodenübergreifend kumuliert werden. So könnten z.B. ungenaue Periodisierungen von Zahlungsflüssen Veränderungstendenzen verwässern. Hierdurch würden wichtige Steuerungsinformationen

---

[851] Weißenberger wirft in diesem Kontext zu Recht die fehlende zweckpluralistische Eignung eines Rechnungslegungssystems auf: „Nun stellt sich die Frage, ob es grundsätzlich überhaupt möglich ist, ein Rechnungslegungssystem zu gestalten, das dem Entscheidungskalkül eines Eigenkapitalgebers ebenso zuträglich ist, wie den Steuerungsbedarfen in einer mehrstufigen Hierarchie, in der dezentrale Akteure mit eigenen Interessen u. unter asymmetrischer Information Verfügungsgewalt über Unternehmensressourcen erhalten." *Weißenberger* (2005a), S. 196. Ewert/Wagenhofer zeigen an einer modellhaften Grundsatzüberlegung einen Widerspruch zw. Anreiz- u. Entscheidungsnützlichkeit. Vgl. *Wagenhofer/Ewert* (2003), S. 89ff.

[852] Die hohe Änderungsgeschwindigkeit der IFRS-Standards stellt nicht nur allgemein, sondern auch in dem von grundlegenden Umstellungsveränderungen stark betroffenen, hier untersuchten Bereich der FuE ein Problem dar. Diesem muss sich das FuE-Controlling aktiv stellen. Vgl. grundlegend zu dieser Schwierigkeit Abschn. 2.5.2.

[853] So auch *Weißenberger* (2007), S. 144.

[854] Vgl. zum zuk. Nutzen ausf. Abschn. 3.3.1.2.2.

[855] Auf diese Umsetzungsvariante geht das Wirkungsfaktoren-Modell an verschiedenen Stellen ein. Vgl. z.B. Abschn. 4.2.1.2.2 im Bereich der institutionellen Aspekte u. Abschn. 4.2.1.2.3 im Bereich der Kostenrechnung.

verloren gehen. Damit direkt verknüpft ist die **controllingseitige Umsetzungskontrolle** als wesentliche **Nutzungsbedingung** im Sinne einer **Qualitätskontrolle** der Informationen. Im Falle der strikten zentralseitigen Umsetzung der Bilanzierung wird die Kontrollnotwendigkeit minimiert, gleichzeitig aber ein komplexitätssteigerndes Aussteuern notwendig. Werden die bilanziellen Werte nämlich erst im Zentralbereich in die IFRS-Sprache übersetzt, so findet in den darunter liegenden Bereichen eine Steuerung nach „alten" HGB-Maßstäben statt. Konkret bedeutet dies, dass auf der Konzernebene die IFRS-Zahlen die relevanten Berichts-, Ziel- und Steuerungsgrößen sind, wohingegen die dezentralen FuE-Einheiten weiter auf Basis der Periodenaufwandsgrößen gesteuert, geplant und beurteilt werden. Der damit einhergehende Steuerungsbruch aus dieser partiellen Integration zwischen zentralen und dezentralen bzw. operativen und strategischen Ebenen muss durch das FuE-Controlling aufgefangen und ausgesteuert werden.[856]

Die Informationsbeschaffung, -bereitstellung und -nutzung ist aber nicht nur durch die bisher beschriebenen, primär in der unternehmensinternen Umsetzung begründeten Problemfelder schwierig. Hinzu kommen direkt in der **Bilanzierungsvorschrift** liegende **Schwächen**. Diese Tatsache wird zwar von vielen situativen Einflussgrößen, wie bspw. der Branche oder der Heterogenität der Geschäftsfelder, beeinträchtigt, stellt jedoch einen wesentlichen Anknüpfungspunkt für die Informationswirkungen im FuE-Controlling dar. Um Alternativen der Auslegung verstehen zu können und die bilanziellen Informationen anwenden zu wollen, sind diese Kenntnisse zentral für das FuE-Controlling.[857] Aus diesem Grund wird nun die Perspektive verändert und die im IAS 38 begründeten Schwachstellen spezifisch beleuchtet. Gleichzeitig werden dabei die Interdependenzen und Verknüpfungen zur Unternehmensumsetzung sowie zum FuE-Controlling verdeutlicht. Hierzu werden in einem **ersten Schritt** die **allgemeinen Abbildungsschwächen**, ihre Funktionsweisen und Probleme für das FuE-Controlling ausgeführt, bevor im **zweiten Schritt** die **konkreten Problemstellen** der Norm im Einzelnen beschrieben werden.

Der IAS 38 fungiert als lex generalis für sämtliche FuE-Aktivitäten, schreibt einen Kompromiss aus Aktivierungsverbot und -gebot für FuE vor und übergibt die Umsetzungsver-

---

[856] Vgl. auch *IGC/Weißenberger* (2006), S. 52f. Vgl. zum Systembruch zw. integriertem Rechnungswesen u. der fallweisen bzw. zweckgebundenen Entscheidungsfindung im Kontext der Erfolgsrechnung auch *Weißenberger* (2005a), S. 193f.

[857] Die hier angesprochene Notwendigkeit differenzierter IFRS-Kenntnisse im FuE-Controlling ist eine der begleitenden Wirkungen, auf die im entsprechenden Abschn. noch eingegangen wird.

antwortung an die einzelnen Unternehmen.[858] **Kritisch** sind hierbei die mit einem steigenden Facettenreichtum der abzubildenden originären immateriellen Vermögenswertkandidaten einhergehenden **Subsumtions- und Ermessensspielräume**. In den FuE-Bereichen gilt es dann den Spagat zwischen einer möglichst vollständigen und gleichzeitig verlässlichen Abbildung zu leisten.[859] Dabei sind grundsätzlich zunächst sämtliche immateriellen Ressourcen aus FuE-Aktivitäten in die Ansatzprüfung einzubeziehen, was bei der hohen Individualität kombiniert mit der Unsicherheit von FuE-Projekten sowie der Einzigartigkeit der aus ihnen hervorgehenden Ressourcen nicht ohne die angesprochenen Freiräume möglich sein dürfte. Im Augenblick der Transformation konkreter Bilanzierungssituationen im FuE-Bereich kann durch geschicktes Subsumieren eine fallweise Gestaltung der bilanziellen Konsequenzen herbeigeführt werden.[860] Die hier angesprochene Wirkungsweise der in IAS 38 enthaltenen faktischen Wahlrechte ist in der Abb. 29 erläutert.

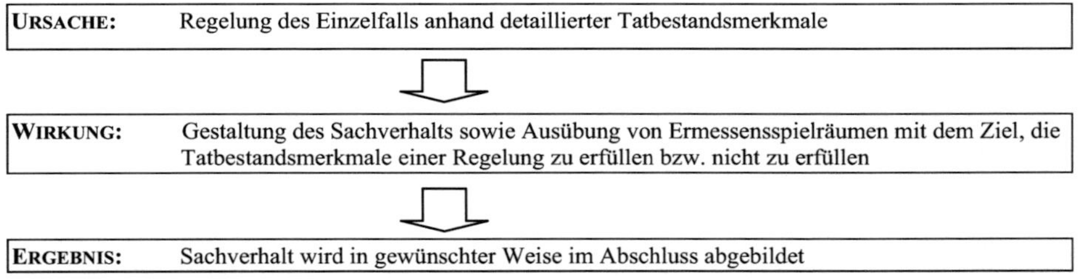

Abb. 29: Wirkungsweise faktischer Wahlrechte.[861]

Je nach Übersetzungsebene der FuE-Aktivitäten im Unternehmen sind die faktischen Ansatzwahlrechte verschieden zu kontrollieren,[862] wobei sowohl der Zeitpunkt als auch die Ansatzhöhe flexibel sind.[863] Das hohe Missbrauchspotential dieser Regelungen kollidiert mit bzw. konterkariert letztlich nicht nur das vom IASB verfolgte Ziel einer besseren Dar-

[858] Gemeint ist eine eindeutige Aktivierungsvorschrift im Sinne einer vollständigen Aktivierungspflicht od. eines grundsätzlichen Verbotes für FuE-Ausgaben. Beides wäre allerdings nicht systemkonform. Vgl. *Burger/Ulbrich/Knoblauch* (2006), S. 735f.

[859] Vgl. zur Verlässlichkeit u. Vollständigkeit auch die qualitativen Anforderungen an entscheidungsrelevante Informationen nach IFRS im Abschn. 2.1.2.

[860] Im Ergebnis bezweckt die hier einschlägige materielle Bilanzpolitik die Steuerung der Höhe des Jahresergebnisses u. beeinflusst in sachverhaltsgestaltender Form sowohl das Mengen- als auch das Wertgerüst. Vgl. grundlegend *Tanski* (2006), S. 31ff.

[861] Quelle: *Baetge/Kirsch/Thiele* (2004a), S. 184.

[862] Vgl. allgemein u. konkret zu faktischen Wahlrechten *Hager* (2007), S. 207, *Baetge/Kirsch/Thiele* (2004a), S. 183ff., *Baetge/von Keitz* (2006), Rz. 69, *Arbeitskreis "Immaterielle Werte im Rechnungswesen" der Schmalenbach-Gesellschaft für Betriebswirtschaft e.V.* (2001), S. 992, *Heuser/Theile* (2005), Rz. 519, *Ziesemer* (2002), S. 79. Vgl. zum faktischen Ansatzwahlrecht ausf. u. mit Bsp. *Hoffmann* (2006d), Rz. 28f. Vgl. abgeschwächt auch *von Keitz* (1997), S. 192f., *Freidank/Velte* (2007), S. 764. Vgl. ausf. *Burger/Ulbrich/Knoblauch* (2006), S. 730ff., welche den terminus technicus „faktisches Wahlrecht“ aufgrund einer engen definitorischen Sichtweise hier ablehnen (vgl. ebenda S. 734).

stellung der Vermögenslage in Bezug auf diese spezifischen Werttreiber.[864] Die gezielten Sachverhaltsgestaltungen zum Unterlaufen bestimmter Abbildungsnormen führen auch für das Unternehmen zu Effizienzverlusten. Es besteht die Gefahr, dass die Wirtschaftlichkeit bestimmter Handlungsweisen im Vergleich zur Bilanzpolitik in den Hintergrund treten könnte.[865] Dieser Tatsache ist insbesondere mit Blick auf die Controllingaufgabe der Rationalitätssicherung wesentliche Beachtung zu schenken.[866] Auch das Controlling unterliegt bei der Generierung und Nutzung der Bilanzierungsdaten dem Konflikt zwischen Entscheidungsnützlichkeit und Zuverlässigkeit.[867]

Delegiert man im Sinne des Management Approaches die Ansatzprüfung und damit die Erbringung der Nachweise im FuE-Controlling auf die Projektebene, so sind dort zwar die notwendigen FuE-Projekt-Kenntnisse vorhanden, aber eben auch die **konkreten Problemfelder** aus der Abbildungsvorschrift: Angefangen bei der bilanziell maßgeblichen Differenzierung zwischen FuE in Kombination mit der zugrunde liegenden Projekteinteilung, über die allgemeinen und spezifischen Ansatzkriterien bis hin zum Bewertungsmaßstab der (fortgeführten) Herstellungskosten und ggf. den Veröffentlichungspflichten im Anhang.

So ist etwa die **Abgrenzung** von **Forschungs**- und **Entwicklungsphase** in ihrer Operationalisierung insbesondere daher kritisch, weil Forschungsvorhaben in der Praxis nahezu nie geradlinig verlaufen, sondern eine „hochgradig interdependente Beziehung"[868] aufweisen und sich folglich den sehr stringenten und idealtypischen Definitionen des IAS 38 objektiv entziehen dürften.[869] So sind z.B. in den nichtlinearen Produktentwicklungsprozessen immer wieder Verbesserungen mit Forschungscharakter in Form von Überlappungen oder Entwicklungsschleifen enthalten (etwa aufgrund einer ökonomisch sinnvollen Verkürzung

---

[863] Vgl. *Ziesemer* (2002), S. 6f. u. S. 90, *Wagenhofer* (2005), S. 580ff. Zur dt. Bilanzierungspraxis vgl. *Leibfried/Pfanzelt* (2004), S. 493f., vgl. ausf. auch die empirische Studie von *von Keitz* (2005), S. 40ff.

[864] Die Kontrollinstanz WP kann ausgeübte Ermessensspielräume nur schwer nachweisen. Dies belegen nicht nur die empirischen Interviews dieser Studie, sondern auch z.B. *Baetge/Kirsch/Thiele* (2004a), S. 201. Ferner zeigt bspw. ein Unternehmensvergleich, dass insb. solche Unternehmen mit schlechten Umsatzrenditen Entwicklungskosten aktivieren, vgl. *von Keitz* (2003), S. 1803. Vgl. auch *Küting/Dawo* (2003), S. 408ff., *Fasselt/Brinkmann* (2004), Rz. 83ff., *Meyer* (2005), S. 289ff., *Ziesemer* (2002), S. 64ff.

[865] Vgl. *Rammert* (2006), Rz. 10.

[866] Die Rationalitätssicherung ist die zentrale Aufgabe der Controller. Vgl. Abschn. 1.2.2.1.2.

[867] Vgl. zu den konkurrierenden Rahmengrundsätzen reliability u. relevance grundlegend Abschn. 2.1.2.

[868] *Freidank/Velte* (2007), S. 764. Vgl. auch *Fülbier/Honold/Klar* (2000), S. 837.

[869] Vgl. *von Keitz* (1997), S. 190, *Pellens/Fülbier* (2000), S. 131, *Ziesemer* (2002), S. 62, *Dellmann* (1982), S. 560. Vgl. hierzu auch das Bsp. in *Hoffmann* (2006d), Rz. 23 u. Rz. 33. Vgl. zu bilanzpolitischen Spielräumen der unscharfen Grenzen bei FuE *Tanski* (2006), S. 86ff. Am Beispiel der hier nicht einbezogenen Biotechnologiebranche zeigen Fülbier/Honold/Klar die praktischen Anwendungsschwierigkeiten. Vgl. *Fülbier/Honold/Klar* (2000), S. 837f. Vgl. zu den allgemeinen Abgrenzungsschwierigkeiten von FuE die Abschn. 3.1.1 u. 3.2.1 sowie den definitorischen Bereich in Kapitel 1.

der Gesamtprojektdauer),[870] die nach bilanziellem Abbildungsverständnis nicht aktiviert werden dürfen. Einzig die für Zweifelsfälle geltende Regelung der sofortigen Aufwandserfassung aufgrund von IAS 38.53 soll einer bilanzpolitischen Gestaltung Einhalt gebieten.[871] Spürbar werden in der Entscheidungskette zur Bilanzierung an diesem maßgeblichen Scheideweg auch die Wirkungen des Einflussfaktors der wirtschaftlichen Unternehmenssituation.[872] Auf allen Entscheidungsebenen ist die Argumentation durchaus möglich und schlüssig darstellbar, dass ein Projekt mangels sicherer Zuordnung zur Entwicklungsphase nicht in das Aktivierungsfenster des IAS 38 fällt.[873] Der Anreiz zu einer solchen Sichtweise ist immer dann besonders hoch, wenn das Unternehmen die Periodengewinne reduzieren möchte, etwa um stille Reserven aufzubauen.[874]

Noch offensichtlicher werden die bilanziellen Spielräume und gleichlaufend auch die Operationalisierungsprobleme des FuE-Controllings bei den **Ansatzkriterien**. Das beginnt schon mit dem geforderten Nachweis über die Kriterienprüfung bzw. ggf. deren Erfüllung. Ist ein Unternehmen verpflichtet diesen Nachweis zu führen?[875] Wann ist dieser Verpflichtung genüge getan worden und wie kann bzw. muss ein solcher Nachweis genau erbracht werden? Diese Fragen lässt der Standard gänzlich unbeantwortet. Damit entzieht das IASB nicht nur dem WP als Kontrollinstanz letztlich eine aussagekräftige Handlungsgrundlage.[876] Analog betrifft diese Präzisionslücke für eine aktive Nachweisführung die interne Umsetzung im FuE-Controlling.

---

[870] Vgl. *Burger/Ulbrich/Knoblauch* (2006), S. 732. Vgl. hierzu auch Abschn. 3.2.3.

[871] Gleichzeitig verlangt das IASB aber die Aktivierung auch von FuE-Projekten in der Forschungsphase, wenn diese im Rahmen eines Unternehmenszusammenschlusses zugehen u. identifizierbar sind. Eine verlässliche Bewertbarkeit wird weitestgehend unterstellt. Vgl. *Pellens/Fülbier/Gassen* (2006), S. 272f.

[872] Vgl. Abschn. 4.2.1.2.1.

[873] Die Schwierigkeiten wurden sowohl in den WP-Interviews bestätigt, als auch in der einschlägigen Literatur beschrieben. Vgl. exemplarisch *Burger/Ulbrich/Knoblauch (2006)*, S. 732. In dieser Arbeit wurde bereits auf die grundlegende Klassifizierung in der Unternehmenspraxis vor dem Hintergrund der Abgrenzung von FuE hingewiesen. Vgl. hierzu Abschn. 4.2.1.2.3. Aufgrund der praktischen Anwendungsprobleme bei der stringenten Abgrenzung von FuE spricht sich der Arbeitskreis „Immaterielle Werte im Rechnungswesen“ für einen gänzlichen Verzicht dieser Einteilung aus u. schlägt stattdessen eine projektbezogenen Aktivierung vor. Die Aufwendungen für immaterielle Vermögenswerte in der Projektentstehung wären dann zu aktivieren, wenn das Projekt initiiert worden ist, wenn eine Projektabgrenzung u. Projektbeschreibung möglich, ein Projektnutzen darstellbar u. die aktive Projektverfolgung sichergestellt ist. Vgl. *Arbeitskreis "Immaterielle Werte im Rechnungswesen" der Schmalenbach-Gesellschaft für Betriebswirtschaft e.V. (2001)*, S. 992f. Vgl. hierzu *Ziesemer* (2002), S. 95 u. S. 103f.

[874] Auf den empirisch beobachtbaren Zusammenhang zw. Umsatzrentabilität u. Aktivierungsumfang wurde bereits an verschiedenen Stellen eingegangen. Vgl. z.B. Abschn. 4.2.1.2.1.

[875] Vgl. zur Diskussion über ein mögliches Nachweiswahlrecht bzw. implizite Nachweispflichten komprimiert *Burger/Ulbrich/Knoblauch* (2006), S. 732f. Ebenda findet sich auf S. 735 auch die Forderung zur Explizierung der Dokumentationspflicht. Vgl. auch *Wagenhofer* (2005), S. 210, *Ziesemer* (2002), S. 66, *Dawo* (2003), S. 205.

[876] Vgl. *Arbeitskreis "Immaterielle Werte im Rechnungswesen" der Schmalenbach-Gesellschaft für Betriebswirtschaft e.V.* (2001), S. 993, *von Keitz* (1997), S. 192.

Auch die konkreten Ansatzvoraussetzungen sind nicht hinreichend präzise. Wann etwa ist eine Prognose als „**wahrscheinlich**" zukünftig vorteilhaft zu betrachten? Eine Quantifizierung der Anforderungen etwa in Form einer notwendigen Mindestwahrscheinlichkeit fehlt an dieser Stelle.[877] Die bilanzpolitisch nutzbaren Ermessensentscheidungen erstrecken sich ebenfalls auf die Anforderungen der **Absicht** und der **Fähigkeiten** zur Fertigstellung, die nachweisliche **technische Umsetzbarkeit** des Vorhabens sowie das Vorhandensein sämtlicher zur Vollendung notwendigen Ressourcen. Belegt wurden diese Spielräume durch die Varianzen der Umsetzung innerhalb des Samples selbst in vergleichbaren FuE-Projekten. So wurde bspw. der Prototyp in einem Unternehmen als Eingangsvoraussetzung für die Entwicklungsphase verstanden, in einem anderen Unternehmen diente er als Erfüllungstatbestand für die technische Realisierbarkeit und löste gleichzeitig die Aktivierung aus. Betrachtet man z.B. die sehr restriktiv verstandene Auslegung der technischen Realisierbarkeit in der Pharmabranche, die sich auf die späten Zulassungsverfahren im FuE-Prozess berufen, so kommt dies einem sicher nicht intendierten faktischen Aktivierungsverbot gleich.[878] Da auch in anderen Branchen behördliche Genehmigungsverfahren (bspw. TÜV-Prüfungen) durchlaufen werden müssen, verdeutlicht diese Argumentation lediglich die tatsächlich gelebten Gestaltungsspielräume und die zugrunde liegenden Auslegungsentscheidungen. Ein weiteres Beispiel sind die Nachweise der **ausreichenden Ressourcen**, bei denen fraglich ist, bis zu welchem Planungsstadium diese belegt werden müssen. Streng genommen kann der zukünftige Nutzen nur dann realisiert werden, wenn auch die der Entwicklung nachfolgende Produktions- bzw. Marktphase hinreichend Mittel erhält. Weder ist diese Forderung explizit im Standard genannt, noch sind die inhärenten Bewertungsspielräume wirksam begrenzbar.[879] Da die Nichterfüllung bereits eines Ansatzkriteriums dazu führt, dass die gesamten Ausgaben unwiederbringlich im Periodenaufwand erfasst werden müssen, bietet sich dort ein enormer Hebel zur Ergebnismanipulation. Dieser muss dem Controllingbereich bewusst sein, ist aktiv im Auge zu behalten und sollte offen mit den Verantwortlichen diskutiert werden. Auch das bewusste Zurückhalten eines bereits bestehenden Nachweises bzw. der Kriterienerfüllung muss im FuE-Controlling ins Kalkül gezogen werden,[880] wenn bspw. Anreize so gesetzt sind, dass das zeitliche Hinauszögern vorteilhaft für den Projektverantwortlichen ist. Grundsätzlich kann auf Individualprojekt-

---

[877] Vgl. *Tanski* (2006), S. 61ff., *Wagenhofer* (2005), S. 560, *Langecker/Mühlberger (2003a),* S. 110 m.w.N.; vgl. auch *Fasselt/Brinkmann* (2004), Rz. 41, *Lüdenbach/Hoffmann* (2006), Rz. 90. Die Wirkung einer Quantifizierung etwa in Form eines Schwellenwertes ist aber auch problematisch, da dadurch der Anreiz entstünde, diese Regelung gezielt zu umgehen. Vgl. *Rammert* (2006), Rz. 14.

[878] Vgl. hier auch die Ausführungen im Kontextfaktoren-Bereich der Branche in Abschn. 4.2.1.2.1.

[879] Vgl. *Burger/Ulbrich/Knoblauch* (2006), S. 733.

ebene eine Abweichung von Vorgaben oder bisherigen Vorgehensweisen aufgrund der spezifischen Charakteristika von FuE immer geboten sein und begründet werden.[881] Hier bietet das Stetigkeitsgebot nur einen eingeschränkten Schutz, auch wenn es vom WP möglicherweise hinterfragt wird.[882]

Selbst bei festgelegtem Mengengerüst kann über den nach IAS 38 anzuwendenden **Wertansatz** ein erheblicher Gestaltungsspielraum nach individuellen Bedürfnissen ausgelegt werden. Im Rahmen der Erstbewertung zu Herstellungskosten bleiben das erlaubte Ausmaß der Verrechnung von Gemeinkosten sowie die zweifelsfreie Zuordnung von Ausgaben zu einzelnen Projekten nicht frei von Unternehmensabwägungen.[883] Im Folgenden kann über die Nutzungsdauer und die Abschreibungsmethodik ein erheblicher Einfluss auf die Wertentwicklung des Vermögenswertes in der Bilanz sowie die entsprechenden Aufwendungen in der GuV der Periode ausgeübt werden.[884] Des Weiteren gehen die außerordentlichen Wertkorrekturen anhand des Impairment-Tests ebenfalls mit subjektiven Einschätzungen einher.[885] **Insgesamt existieren** demzufolge **zahlreiche Stellschrauben**, die sich der Rechnungslegende und/oder die dezentralen Informationsverantwortlichen unter Umständen zu Nutze machen können.[886]

Indes haben nicht nur externe **Rechnungslegungsadressaten** sehr begrenzte Möglichkeiten, diese Sachverhaltsgestaltungen und bilanzpolitisch motivierten Abbildungen im Jahresabschluss aufzudecken,[887] da sich im spezifischen Fall der originären Werte aus FuE erst in einem weit fortgeschrittenen Stadium der tatsächliche Wert dieser Ressourcen zeigt. Auch im Controlling sind die existierende Intransparenz aus der Gestaltung, Auslegung

---

[880] So auch *Ziesemer* (2002), S. 78 im Kontext der grundsätzlichen Bilanzspielräume dieser Regelung.

[881] Vgl. zu den Charakteristika von FuE Abschn. 3.2.1.

[882] So gaben es auch die Prüfer im Interview wieder. Der Konflikt der Zeitstetigkeit mit der Individualität von FuE-Vorhaben wird auch von Ziesemer gesehen. Vgl. *Ziesemer* (2002), S. 51. Vgl. zum nachrangigen Stetigkeitsgebot Abschn. 2.1.2. Die Stetigkeit wird jedoch auch durch die häufigen Änderungen der Standards belastet. Vgl. Abschn. 3.3.1.1. Ein aussagefähiger Zeitvergleich problematisch. Vgl. zu den Grenzen der Bilanzpolitik *Rammert* (2006), Rz. 35ff. der auch die Fokussierung der wirtschaftlichen Betrachtungsweise als Erschwernis für situationsspezifische Abbildungsmaßnahmen anführt.

[883] Vgl. hierzu Abschn. 3.3.1.3.1 sowie im Wirkungsfaktoren-Modell die dritte u. vierte Konkretisierungsebene. Vgl. auch *Hoffmann* (2006d), Rz. 29, *Baetge/von Keitz* (2006), Rz. 46.

[884] Vgl. hierzu z.B. die Wirkungsfaktoren-Ebene der FuE-Projekte im Bereich der Entwicklungsverwendung.

[885] Vgl. hierzu auch die Ausführungen zum Impairment-Test im Rahmen der Folgebewertung in Abschn. 3.3.1.3.2. Insgesamt liegt der Bewertung von Intangibles nach IFRS ein direktes Bewertungsverfahren zu Grunde, bei dem die einzeln identifizierbaren immateriellen Vermögenswerte monetär bewertet werden. Einen Überblick über Bewertungsansätze für Intangibles findet sich z.B. bei *Stoi* (2003), S. 179f.

[886] Vgl. *Rammert* (2006), Rz. 25 mit einer komprimierten Zusammenfassung der bestehenden Ermessensspielräume. Aus diesen lassen sich stille Reserven gezielt u. verdeckt einsetzen. Vgl. auch *Freidank/Velte* (2007), S. 764. Anhand eines Beispiels zeigt Ziesemer die Primär- u. Sekundärwirkungen der Aufwandsverrechnung vs. einer Aktivierung auf. Vgl. *Ziesemer* (2002), S. 81 bzw. S. 263f.

und Interpretation vieler unbestimmter Rechtsbegriffe und Vorgaben des Standards problembehaftet und suggerieren eine gefährliche Scheingenauigkeit, die nur unter hohem Aufwand intersubjektiv nachprüfbar ist. Infolgedessen sind abschließend aus den bilanziellen Spielräumen **entsprechende Operationalisierungs- und Kontrollanforderungen** an das interne Rechnungswesen bzw. das **Controlling** im **FuE-Bereich** gerichtet, welche das Ausmaß individueller Abbildungsziele minimieren.[888]

Für das FuE-Controlling ist der **informationsbestimmende Adressat** der neuen Informationen aus IAS 38 primär die **Konzernstelle für Rechnungslegung.**[889] Dabei ist zumindest nach den Erhebungen im Rahmen dieser Arbeit die **Informationsrichtung einseitig** vom FuE-Controlling an das externe Rechnungswesen. Insbesondere vor dem Hintergrund der vielfältigen aufgezeigten Möglichkeiten aus der Abbildungsvorschrift lag die Vermutung von Vorgaben aus der Richtung der Bilanzabteilungen an das FuE-Controlling nahe.[890] Diese rechnungslegungspolitischen Impulse wurden jedoch in den Interviews konsequent negiert. Dennoch ergeben sich hier durchaus Handlungsoptionen, welche laut Studien in den Unternehmen auch zielgerichtet eingesetzt werden.[891]

Obwohl die hier aufgeführten vielfältigen **Schwierigkeiten** erhebliche Ansprüche an das FuE-Controlling stellen, wurden die neuen **Informationen** im Sample als **hilfreich** bewertet. Die Informationsnützlichkeit drückte ein Interviewpartner im Automobilsegment wie folgt aus: „*Insgesamt sind die* ***Entwicklungskosten*** *ein* ***sehr wichtiger Ergebnisindikator*** *für die Zukunft. Eine GuV ohne die Entwicklungskosten darzustellen bzw. ein Fehlen der gesamten Bilanzierungseffekte kann man sich mittlerweile in unserem Hause nicht mehr vorstellen. Es gibt schon einen* ***signifikanten Informations- und Abbildungsgewinn*** *aus*

[887] Weder von Bilanzanalytikern noch von Abschlussprüfern sind die bilanzpolitischen Spielräume voll nachvollziehbar. Dies konstatieren auch *Baetge/Kirsch/Thiele* (2004a), S. 201.

[888] Dies setzt ein tiefgehendes Verständnis der Bilanzierungsthematik voraus. Die hier erneut durchscheinenden gestiegenen Anforderungen an das FuE-Controlling im Zusammenhang mit IAS 38 werden in Abschn. 4.2.2.4 thematisiert.

[889] Der Adressat einer Rechnung bestimmt seinen Inhalt. Vgl. hierzu grundlegend 2.3.

[890] Vgl. den situativen Kontextfaktor der wirtschaftlichen Unternehmenssituation in Abschn. 4.2.1.2.1.

[891] Verwiesen sei hier nur auf eine mögliche Ergebnisglättung, welche dem Investor ein potentiell geringeres Investitionsrisiko signalisiert im Vergleich zu stark schwankenden Ergebnissituationen, da stetige, stabile Jahresabschlüsse beständige Verhältnisse suggerieren. Vgl. zur Gewinnerhöhungsstrategie bzw. zur Gewinnglättung *Freidank/Velte* (2007), S. 764. Dies wirkt pos. auf die geforderte EK-Verzinsung, den Aktienkurs u. den Unternehmenswert. Vgl. Abschn. 2.5.2. Vgl. hierzu im allgemeinen Kontext der erhöhten Transparenz bei IFRS-Abschlüssen *Menn* (2000), S. 203, *Hebeler* (2003), S. 112. Vgl. zum Signaling im Rahmen der Bilanzpolitik *Wohlgemuth* (2007), S. 52ff. Diese Wirkungsweise ist besonders verschleiernd, wenn stille Reserven vor diesem Hintergrund bewusst u. zielgerichtet eingesetzt werden. Diese Verwendung von stillen Reserven ist ein gängiges Motiv in der Ausgestaltung bilanzieller Sachverhalte. Vgl. *Rammert* (2006), Rz. 13 u. Rz. 94.

IAS 38.“[892] Dies ist wahrscheinlich der Tatsache geschuldet, dass die finale Übersetzungsebene der internen Informationen in die Bilanzierungssprache des IAS 38 an hierarchisch exponierter Stelle – meist im zentralen FuE-Controlling (ggf. zusammen mit der externen Konzernrechnungslegung) – vorgenommen wird. Die Interviewpartner begründeten die Wahl dieser Hierarchiestufe auch deutlich mit der Begrenzung von kreativen Möglichkeiten, die es sonst in den Datengenerierungen geben würde. Insgesamt sieht der überwiegende Anteil der Befragten (**64 %**) aus der Umsetzung des IAS 38 und den neuen Informationen deutliche **Verbesserungen bei der Koordinations-, Planungs- und Kontrollfunktion im FuE-Controlling** (Abb. 30).[893] So gab ein Leiter FuE-Controlling eines Industrieunternehmens auf die Frage nach zentralen Herausforderungen seines Bereichs an, dass der *„Mangel an Einheitlichkeit in Berichten, Zahlen, Definitionen usw. ein großes Problem sei“*, für das die *„rechtliche Verordnung aus IAS 38 zur Bilanzierung von FuE quasi als zwangsweise Abhilfe“* und *„transparenzschaffende Problemlösung“* gesehen wurde.

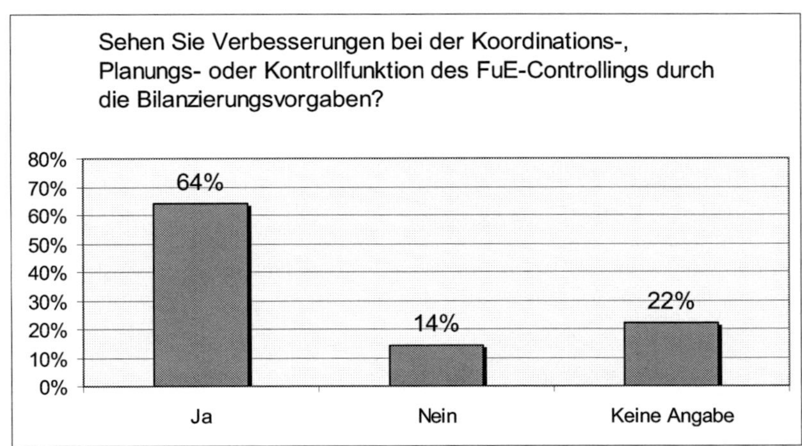

Abb. 30: Verbesserungen im FuE-Controlling durch die neuen Bilanzierungsvorgaben (N=14).[894]

[892] Zitat aus einem Interview der Automobilbranche.

[893] Auch eine aktuelle Erhebung unter 410 KMU bestätigt, dass die Aktivierung von Entwicklungskosten im Vergleich zur Aufwandsverrechnung positiv für die Informations- und Steuerungszwecke im Controlling ist. Vgl. *Eierle u. a.* (2008), S. 294.

[894] Quelle: Eigene Darstellung auf Basis der durchgeführten empirischen Befragung, wobei jedes Untersuchungsobjekt als eine Antwort in die Auswertungen einbezogen wurde. Mehrfachbefragungen in einem Unternehmen (z.B. FuE-Leiters u. Leiters FuE-Controlling) sind aufgrund übereinstimmender Aussage sowie einer sonst resultierenden Übergewichtung einzelner Unternehmen nur einfach gewichtet worden. Daraus ergibt sich ein N=14 mit 10 Unternehmen u. 4 Wirtschaftsprüfern. Vgl. hierzu die Ausführungen zum Untersuchungssample im Abschn. 4.1.2.2 u. 4.1.2.3. 9 „Ja“-Antworten: 4 WP, 3 Automobil, Chemie, Industrie). Ablehnung: Automobil, Industrie. Keine Angaben: Industrie, Pharma u. Chemie.

Neben der **Informationsquantität** ist aber **auch** die -**qualität gestiegen**, wie das folgende Zitat belegt: *„Die **Inputdaten** in den Systemen, insbesondere in der Kostenrechnung, **wurden aktueller und genauer** sowie **durch regelmäßige Kontrollen auch sicherer**. Insgesamt ist die Informationsqualität gestiegen.“*[895]

Die Bilanzierungsabteilung als Informationsempfänger bot in der Praxis noch einen weiteren Vorteil. So wurde in den Interviews mehrfach berichtet, dass die Inputqualität der Daten dadurch gesteigert werden konnte, dass die Informationen zukünftig für bilanzielle Zwecke verwendet werden. Die neuen Informationen besitzen daher nach Meinung der Untersuchungsteilnehmer eine deutlich **gesteigerte Glaubwürdigkeit**, **Akzeptanz**, **Richtigkeit** und **Aktualität**.[896] Der FuE-Bereich hat eine klare Bedeutungssteigerung erhalten, ist kein unbeobachtetes Feld mehr. Ungenauigkeiten oder Fehler sind aufgrund der neuen Informationsverantwortung mit turnusmäßiger externer Kontrolle durch den WP in hohem Maße riskant. Es wird eine stärkere „Verantwortungshaltung“ für Inputgrößen beobachtet, die aufgrund der Bilanzierungsverwendung der Inputdaten und den damit einhergehenden möglichen Konsequenzen aus (beobachtbaren) Fehlern resultiert. Gleichzeitig ist auch die Argumentationsgrundlage einer Bilanzierungsinformation für die Zentralstellen im FuE-Controlling komfortabel, da auf der einen Seite die Durchsetzung zusätzlicher Datenanforderungen dadurch erleichtert wird (*„Wir brauchen diese Daten in der Form wegen der neuen Bilanzierungsstandards“*[897]). Auf der anderen Seite besitzen die so generierten Informationen aufgrund ihres spezifischen, extern geprüften und rechtlich vorgegebenen Charakters eine hohe Akzeptanz.

Bevor auf die nachfolgende Wirkungsebene des Wirkungsmodells übergeleitet wird, erfolgt eine abschließende komprimierte Auflistung der **Kernpunkte** aus den möglichen und beobachteten operativen **Informationswirkungen**, orientiert am Aufbau des Abschnitts:

- Einstieg und Auslöser waren die **Informationsdefizite** in Bilanzierung und Controlling von FuE
- Umfangreicher neuer **Informationsbedarf** aus IAS 38 für das Controlling
- Abbildungsverbesserung durch **Paradigmenwechsel** in beiden Betrachtungswelten (intern und extern) von der Ausgaben- zu einer Vermögenswertperspektive

[895] Zitat von einem Leiter Business Controlling eines Industrieunternehmens.

[896] An dieser Stelle konnte i.R.d. hier durchgeführten selektiven empirischen Befragung die allgemeinen Informationswirkungen der IFRS im Controlling belegt werden. Vgl. allgemein Abschn. 2.5.2 m.w.N.

[897] Zitat aus einem Interview mit dem FuE-Controlling-Leiter eines Industrieunternehmens.

- Möglichkeit für ein verbessertes **zweigeteiltes FuE-Controlling** bestehend aus Projekt-Controlling und Anlagen-Controlling
- **Anwendungslimitation** wegen des Brancheneinflusses
- Implementierungskosten primär Rechtsnormerfüllungskosten, daher **positive Kosten-Nutzen-Relation** der Informationen
- **Informationsgüte** ist abhängig von unternehmensbezogener Umsetzung
- **Neue Ausschnittsbetrachtung** aus bilanziellen und definitorischen Grenzen
- Notwendigkeit einer **Eignungsprüfung** der **Entscheidungsnützlichkeit** der bilanziellen Informationen
- Probleme aus den im IAS 38 begründeten **Ermessens- und Subsumtionsspielräumen**
- **Positives Informationsfazit** im Untersuchungssample.

Die dargestellte Präzisierung der vormals eindimensionalen FuE-Aufwendungen durch die Norm des IAS 38 bedingt eine genauere Auseinandersetzung mit den Strukturen im FuE-Bereich. Die Basis für den erzielten Transparenzgewinn im FuE-Bereich bildet dabei der zugrunde liegende Prozess. Über diese logische Verbindung ist die Brücke geschlagen zu den Sekundärwirkungen aus der Bilanzierung, den Prozesswirkungen, die Thema des folgenden Abschnitts sind.

4.2.2.3 Sekundärwirkungen: Prozesswirkungen

Der zweite Wirkungsbereich des Wirkungsmodells thematisiert die Prozesswirkungen im FuE-Controlling aufgrund der betrachteten Bilanzierungsvorschrift. Obwohl die Prozessabbildung von FuE nach IAS 38 die Informationsvoraussetzungen schafft und damit in der chronologischen Reihenfolge der Umsetzung der Informationsgenerierung vorgeschaltet ist, stellt sie in diesem Modell die Sekundärebene dar. Die Erklärung hierfür liefert die zugrunde gelegte zeitbezogene Wirkungssystematik, bei der die Veränderungseffekte von den operativen Primärwirkungen der neu verfügbaren Informationen über die mittelfristig wirkenden Prozessanpassungen hin zu einer strategischen Gesamtintegrationswirkung im Controllingbereich analysiert werden. Dabei kann der in IAS 38 beschriebene ***„Meilensteinprozess*** *als* ***eigenes Controlling-Instrument“***[898] verstanden werden, welcher in seiner unternehmensindividuellen Umsetzung direkt die Quantität und Qualität der generierten

[898] Zitat eines WP im Interview.

Informationen determiniert.[899] Diese Rückkopplung rechtfertigt auch die „Sandwich-Position“ innerhalb des Wirkungsmodells, da hierüber sowohl die Verbindung in den bereits dargestellten operativen Informationsbereich (Primärwirkungsebene) ausgedrückt wird als auch die integrative und strategische Ausstrahlung des Prozesses auf die sich anschließende Tertiärebene.[900]

Entscheidungen über Investitionen in die zukunftsträchtigen Ressourcen aus FuE sind aufgrund des besonderen Chancen-Risiken-Profils hochkomplex und besitzen daher mehr Dimensionen und Verflechtungen als zeitpunktbezogene Einzelentscheidungen. Mit fortschreitender Realisierung und einhergehender Reife besitzen FuE-Projekte eine steigende Informationsdichte.[901] Analog verhält es sich auch mit der prozessualen Abbildung nach IAS 38. Gleichzeitig sind diese zunehmenden und (theoretisch) verfügbaren Detailinformationen auch notwendig, um Entscheidungen über ebenfalls mit ansteigendem Konkretisierungsgrad wachsende Investitionsausgaben zu fällen.[902] Dieser Tatsache wird im instrumentellen **Gliederungsansatz von Phasenmodellen** grundsätzlich Rechnung getragen.[903] Dabei erfordern die Charakteristika von FuE eine flexible Gestaltung der Managementprozesse, welche die Andersartigkeit jedes Vorhabens bzw. der einzelnen Arbeitsschritte so aufgreift, dass einerseits die (individuellen) Wirkungszusammenhänge deutlich werden, andererseits aber entsprechende Entscheidungsmechanismen instrumentalisiert werden. Über Strukturierungsmodelle sollen die Abläufe von FuE bzw. der gesamte Innovationsprozess innerhalb eines Unternehmens analysiert und ihre systematische Durchführung unter Berücksichtigung des situativen Kontextes abgebildet werden.[904]

Gleichlaufend mit den Informationsschwächen in Rechnungslegung und FuE-Controlling, welche Thema der Primärebene waren, konnten auch im sachlogisch hiermit eng verknüpften Bereich des **Prozesscontrollings** von **FuE** anhand der Interviews **Defizite** bzw. Probleme festgestellt werden. Damit wurden zeitgleich die wesentlichen Argumente des Forschungsbedarfs in Form von Koordinations-, Kommunikations- sowie Planungs- und Kontrolldefiziten im FuE-Controlling auch im Untersuchungssample in variierendem Ausmaß

---

[899] Zur unternehmensindividuellen Umsetzung sei an dieser Stelle auf die situativen Kontextfaktoren des Wirkungsfaktoren-Modells hingewiesen. Vgl. hierzu ausf. Abschn. 4.2.1.

[900] Den strategischen Stellenwert des FuE-Prozesses bringt Brockhoff auf den Punkt: „The R&D process in the overall picture of a company's strategic positioning is a key variable because it is one of the main factors in creating value and maintaining competitiveness.“ *Brockhoff* (1997), S. 176.

[901] Vgl. hierzu grundlegend die Charakteristika von FuE in Abschn. 3.2.1.

[902] „Die letzen 20% der Laufzeit eines Entwicklungsprojektes verursachen 35% der Entwicklungskosten“. *Commes/Lienert* (1983), S. 351.

[903] Vgl. bezogen auf die Produktentwicklung *Brockhoff* (1999b), S. 103.

angetroffen bzw. angesprochen.[905] So waren bspw. die bisher praktizierten Datensammlungen vielfach sehr uneinheitlich, es fehlte an einer systematischen „Informationsdrehscheibe“[906]. Als **Herausforderung** beschrieben zwei befragte FuE-Controller die **Vereinheitlichung** und **Standardisierung** des **Entwicklungsprozesses**. Die Bilanzierungsvorschrift für FuE forcierte die Suche nach einem geeigneten Instrument zur Umsetzung, Kontrolle und Abgrenzung vorgegebener Meilensteine, indem genau festgelegt ist, was an welcher Prozessstelle existiert bzw. geliefert werden muss.[907] Besonders die Interviews mit den WP belegten in diesem Kontext, dass es systemseitig mangelhafte bis gar keine Konzepte für den FuE-Prozess gab.[908] Vor diesem Hintergrund fungierten die **Vorgaben** des **IAS 38** in den Unternehmen als *„**Konzeptgrundlage** zur Umsetzung und weltweiten Implementierung eines standardisierten Entwicklungsprozesses“*[909]. Dabei zeigte die Untersuchung, dass speziell der Mittelstand eine solche Vorgehensweise vor Einführung der IFRS nicht etabliert hatte und gravierende Mängel aufwies.[910] Hier sorgten die sichtbaren Meilensteine, die dahinter liegenden Informationen sowie die initial notwendige Grundprozessanalyse für eine deutliche Steigerung in der qualitativen Prozessabbildung, der Transparenz und auch der Verfügbarkeit verlässlicher und relevanter Informationen für Kontroll- und Steuerungszwecke. Den gegensätzlichen „Extrempunkt“ des Umsetzungsspektrums bildete ein Untersuchungsobjekt aus der Automobilbranche. Ein in diesem Feld besonders weit entwickeltes Unternehmen konnte hier auf dem bestehenden internen Prozessablauf zur Implementierung des IAS- Meilensteinkonzeptes für Ressourcen aus FuE-Ausgaben eine

---

[904] Vgl. *Schmeisser u. a.* (2006), S. 16 m.w.N.

[905] Vgl. Abschn. 1.1.2. Die Varianzen sind zum einen über die verschiedenartigen Gesprächspartner, FuE-Arten u. Unternehmensstrukturen zu erklären u. damit letztlich dem „convenience sample“ geschuldet. Zum anderen wirken die situativen Kontextfaktoren auch an dieser Stelle. Vgl. ausf. Abschn. 4.2.1.

[906] *Nehls* (2005), S. 81. Der Aufwand aus Verwalten, Verdichten u. Analysieren unstrukturierter Informationen kostet in der Praxis viel Zeit, genauso wie das Verdichten der Informationen auf hohem Abstraktionsniveau zu aussagefähigen, interpretierbaren Ergebnissen etwa in Form graphischer Darstellungen od. Berichten. Vgl. ebenda S. 80.

[907] Vgl. das Zitat eines Leiters FuE-Controlling aus der Industriebranche aus den Informationswirkungen: „Bilanzierung als transparenzschaffende Problemlösung“.

[908] Zitat eines WP: „Das FuE-Controlling wurde bei der Umstellung vielfach komplett neu draufgesattelt. In anderen Unternehmen existierte keine Kostenrechnung. Hier wurden die Kosten aus den erzielten Preisen retrograd geschätzt. Hier dürfte die Implementierung des Konzepts aus IAS 38 deutliche Probleme u. einen erheblichen Umstellungsaufwand auslösen, da völlig neue Strukturen geschaffen werden müssen.“ Ein anderer WP drücke die Notwendigkeit eines Entwicklungscontrollings sowie die bestehenden Defizite wie folgt aus: „ Den Unternehmen wird durch die Anforderungen des IAS 38 ein Spiegel vorgehalten: bestehende Entwicklungen/-sprozesse sind ineffizient, Budgetplanungen zu grob u. manuell anhand von Stundenzetteln, eine Fertigstellungskontrolle od. der aktuelle Fertigstellungsgrad kann nur grob über die Projektlaufzeit geschätzt werden. Zum Teil existiert keine Kostenträgerrechnung für Entwicklungsprojekte, sodass ein nicht nachvollziehbarer Weg der Fertigstellung bezogen auf die Kosten u. keine qualifizierten Aussagen zum Projektstand möglich sind.“

[909] Zitat aus einem Interview in der Industriebranche.

[910] Diese Beobachtung leitet sich aus den Interviews der WP ab, bei denen diese Aussage vielfach im Zusammenhang mit Mandaten aus dem Mittelstand fiel.

zweite Sichtweise mit „Start- und Stoppdatum über die bestehenden Daten“[911] legen. Konkret wurde dabei ein potentieller Startzeitpunkt systemseitig im Prozessablauf markiert, ab dem die Entwicklungsphase startet. Gleichzeitig löste das Überschreiten dieses Punktes eine planmäßige Prüfung des zukünftigen Projektnutzens im Sinne der gleichnamigen Aktivierungsanforderung aus. Die Ermittlung oblag dem Projektcontrolling in Verbindung mit dem Konzerncontrolling via Vier-Augen-Prinzip. Im Falle der Erfüllung ermöglichten entsprechend zu diesem Zweck definierte Stammdaten einen monatsgenauen Aktivierungsstart. In zwei Unternehmen des Samples wurde zeitgleich mit der Einführung der IFRS – und damit des IAS 38 – eine neue und durchgehende Phasenkonzeption im FuE-Bereich etabliert.[912] Das Veränderungsausmaß und die möglichen Effizienzgewinne in den internen Informationsprozessen sind damit, wie bereits im gleichnamigen Abschnitt des Wirkungsfaktoren-Modells beschrieben, abhängig von bestehenden Systemen und Prozessstrukturen.[913] Insgesamt kann jedoch festgestellt werden, dass die Prozesse im FuE-Bereich eine deutliche Veränderung aufgrund der IAS-Norm erfahren haben, die in ihren Wirkungen Thema dieses Abschnitts ist.[914]

Die genauen Prozessanforderungen des Standards verlangen für den FuE-Bereich die Umsetzung einer speziellen Ablaufsystematik, wobei die verschiedenen bilanziellen Zeitpunkte zentral sind. Das bedeutete eine Zerlegung und Synchronisation der komplexen, zum Teil heterogenen FuE-Strukturen in vorgegebene Teilbereiche,[915] welche dann in der Prozessplanung wechselseitig aufeinander bezogen und abgestimmt werden mussten. Der bilanzielle „Entstehungsprozess“ originärer immaterieller Vermögenswerte nach IAS 38 ist in Abb. 31 anhand eines Zeitstrahls dargestellt. Auf diesem **Grundmodell** – welches sowohl an die speziellen FuE-Objekte als auch an die individuellen Unternehmensgegebenheiten angepasst werden muss – setzen die Prozesswirkungen im FuE-Controlling auf. Dabei wird der Ablauf grundlegend in die Forschungs- und Entwicklungsphase (zugleich die Aktivierungsprüfphase), den Zugangszeitpunkt als Beginn der Vermögenswert-Bildungsphase und den Nutzungszeitraum unterteilt. Der **dargestellte Prozessablauf** des

---

[911] Zitiert aus einem Interview mit dem Leiter FuE-Controlling eines Automobilunternehmens des Samples.

[912] Auch diese Tatsache zeigt die bestehenden Defizite im Prozessablauf vor Einführung des IAS 38. Eine Umsetzungsbeschreibung der Unternehmen im Sample findet sich an den jeweiligen Stellen im Wirkungsfaktoren-Modell, dargestellt in Abhängigkeit der identifizierten Kontingenzfaktoren.

[913] Vgl. Abschn. 4.2.1.2.3.

[914] An dieser Stelle sei noch einmal darauf hingewiesen, dass das Wirkungsmodell einen stärker normativen Fokus hat. Vgl. Abschn. 4.2.2.1.

[915] Vgl. zur Heterogenität den gleichnamigen Abschn. im Wirkungsfaktoren-Modell (4.2.1.2.2).

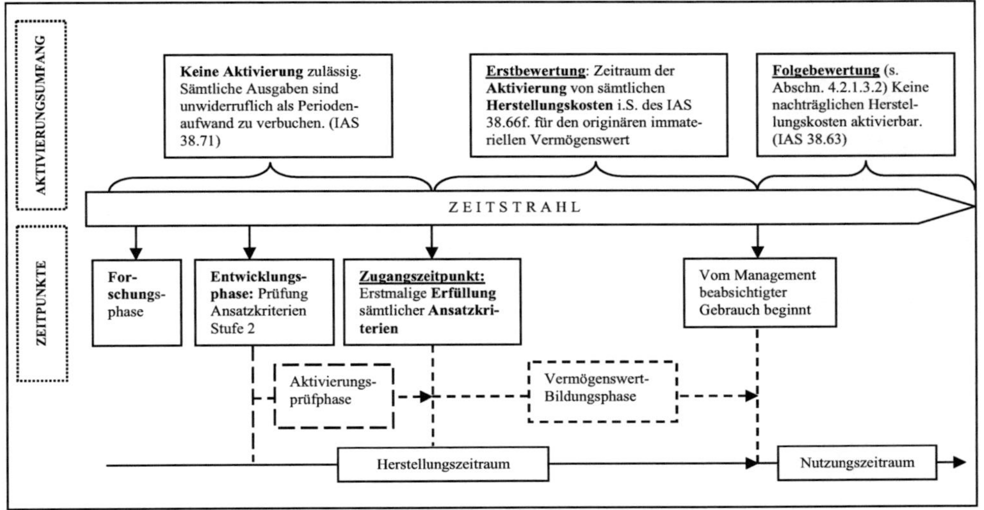

Abb. 31: Zeitstrahl für die Aktivierung von Herstellungskosten bei FuE-Projekten nach IAS 38.[916]

IAS 38 unterliegt im Bereich der **Aktivierungsprüfung** einer **stufenweisen Konkretisierung.**[917] Ist auf einer oberen Prüfungsstufe bereits ein Kriterium nicht erfüllt, so ist eine weitere Prüfung redundant. Das Controlling muss in diesem Prozess festlegen, welche Kriterien in welcher Reihenfolge zu prüfen sind. Darüber hinaus muss die Abbruchsystematik mit ihren Konsequenzen abgebildet werden und sicher gestellt sein, dass diese nicht umgangen wird. Ferner müssen grundsätzlich all diejenigen Kriterien nachgewiesen werden, die im Prüfungszeitpunkt belegbar sind, auch wenn ab einer bestimmten Stelle im Ablaufschema bereits die Nichtaktivierung mangels eines oder mehrerer Kriterien feststeht.[918] Andernfalls besteht die Gefahr, dass selektiert wird nach dem Kriterium, was nicht erfüllt wird, und damit die weiteren Informationsanforderungen umgangen werden.[919] Diese phasenverbindenden Problemstellungen sollten in den Planungen anhand von (auch) bilanziell orientierten Abbildungsplänen z.B. in Form von Netzplänen aufgegriffen werden.[920] Hierbei könnte eine Verknüpfung so aussehen, dass die Arbeitsabläufe, Vorgänge oder Aktivi-

---

[916] Quelle: Eigene Darstellung. Vgl. grundlegend zu den beschriebenen Phasen, Zeitpunkten u. Aktivierungsumfängen den Abschn. 3.3.1.

[917] Vgl. grundlegend Abschn. 3.3.1.2.2. Hierdurch wird die im FuE-Verlauf charakteristische Zunahme an Detailinformationen systematisch umgesetzt.

[918] IAS 38.57 fordert die kumulative Erfüllung sämtlicher Aktivierungskriterien u. führt daher bei Nichterfüllung eines einzigen Kriteriums zum Aktivierungsausschluss des Projektes. Vgl. Abschn. 3.3.1.2.2.

[919] Vgl. zu den Schwachstellen auch die Ausführungen im vorangegangenen Bereich primärer Informationswirkungen (Abschn. 4.2.2.2).

[920] Vgl. allgemein zu phasenverbindenden Planungsproblemen *Brockhoff* (1999b), S. 110ff. Ebenda wird die Netzplanvariante GERT aufgrund ihrer Flexibilität als besonders geeignet für FuE-Projekte dargestellt.

täten innerhalb des Netzplans um eine rechnungslegungstechnische Komponente ergänzt werden, die z.B. die technische Realisierbarkeit oder den Beleg des zukünftigen Nutzens explizit adressiert bzw. integriert.[921] Ein Beispiel für die mögliche **Verknüpfung** der **internen Prozessperspektive mit dem bilanziellen Meilensteinplan** liefert die nachfolgende Abb. 32[922]. Die dargestellten internen Abläufe lehnen sich an die Erfahrungen im Umgang mit der Vorschrift des IAS 38 im Untersuchungssample an und greifen damit explizit die Realisierung in der Praxis auf. Im Verlauf der Ausführungen der Prozesswirkungen wird auf dieses Beispiel immer wieder exemplarisch zurückgegriffen.[923]

Im Meilensteinplan des IAS 38 kann dabei grundsätzlich zwischen **Zeitpunkt- und Aktivierungsmeilensteinen** differenziert werden, wobei letztere sich auf die in IAS 38.57 aufgelisteten Aktivierungskriterien beziehen. Erstere markieren die bilanziell direkt relevanten Zeitpunkte bzw. Übergänge, d.h. die Forschungs- und Entwicklungsphase, den Zugangszeitpunkt als Eintritt in die Vermögenswert-Bildungsphase und die Nutzungsphase. Die Aktivierungsmeilensteine sind standardgemäß nur in der Entwicklungsphase enthalten, da hier die Aktivierungsprüfung durchzuführen ist (vgl. die Aktivierungsprüfphase in Abb. 32). Folglich sind die Aktivierungsmeilensteine in der Prozess- bzw. Prüfsystematik auf der zweiten Stufe und damit hierarchisch unterhalb der Zeitpunktmeilensteine angesiedelt. Es sei bereits an dieser Stelle darauf hingewiesen, dass in der Praxis auch vor Eintritt in die Entwicklungsphase bereits einige Aktivierungsmeilensteine erfüllt werden. Auch im beispielhaften Prozessfenster der Abb. 31 sind die „Absicht" und die „nachweisliche Verfügbarkeit ausreichender Ressourcen" bereits im Vorfeld der eigentlichen Aktivierungsprüfphase gegeben.[924]

---

[921] Weitere Kombinationsmöglichkeiten finden sich im Abschn. 4.2.2.4.

[922] Quelle: Eigene Darstellung.

[923] Weitere in der Praxis angewendete allgemeine Phasenkonzepte finden sich z.B. bei *Brockhoff* (1999b), S. 104ff. Dort wird z.B. die folgende Einteilung besonders für Produktinnovationen aufgeführt: Ideen-, Analyse-, Konzept-, Entwicklungs-, Test-, Markteinführungs- u. Kontrollphase. Vgl auch *Schmeisser u. a.* (2006), S. 18ff. m.w.N.

[924] Da das Beispiel sich an der Beschreibung eines WP aus einem Interview anlehnt, ist es direkt der Praxis entnommen u. spiegelt den realen Umgang mit der Vorschrift des IAS 38.

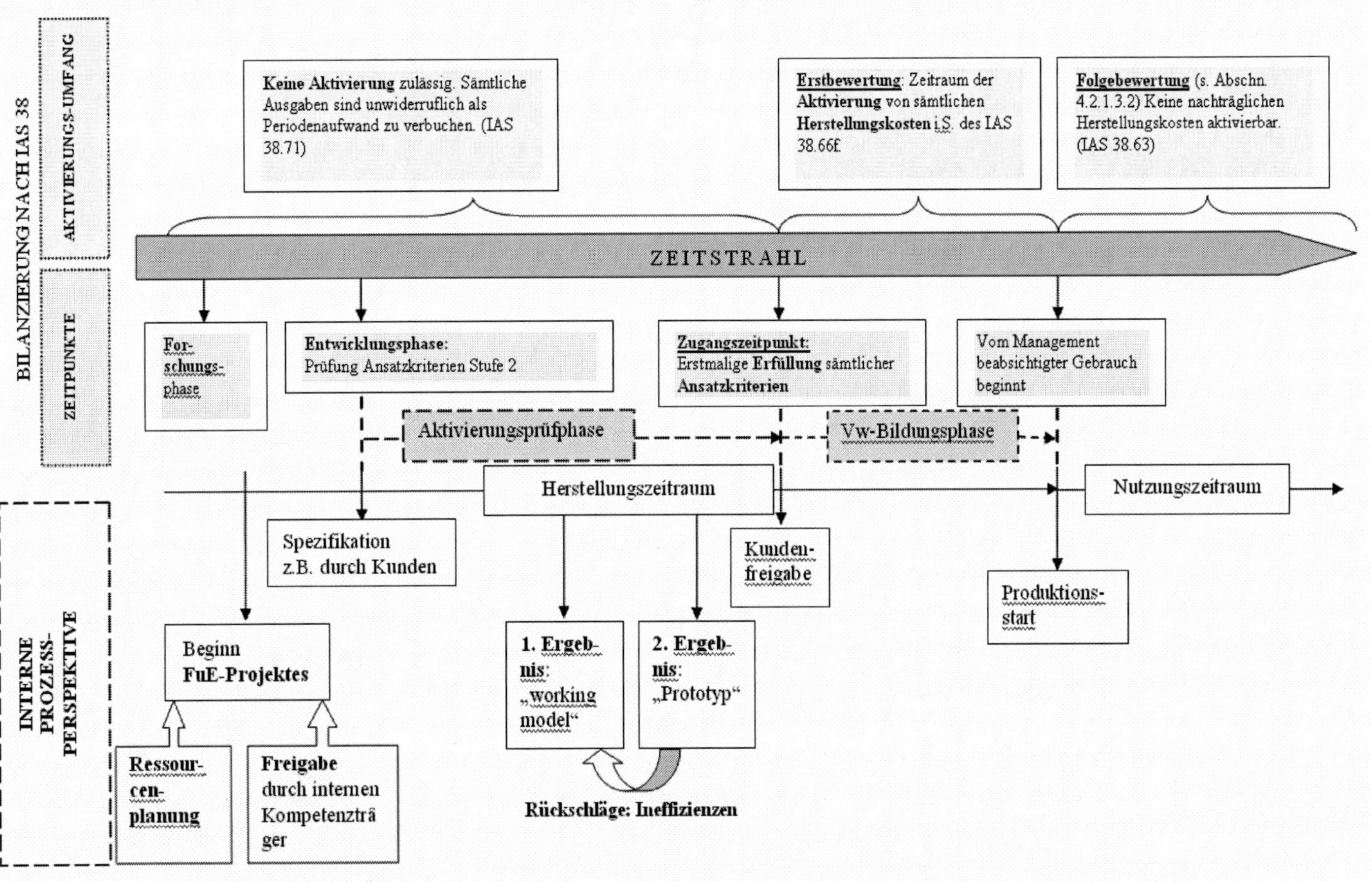

Abb. 32: Beispielhafte Darstellung eines FuE-Prozesses nach Bilanzierungs- und interner Prozess-Perspektive.

Ein **wesentlicher Unterschied** zu allgemeinen Phasenmodellen bzw. Meilensteinkonzepten der internen Systeme ist hierbei, dass **zeitliche Überlappungen** innerhalb eines Aktivierungsprojektes **nicht vorgesehen** sind.[925] Das bedeutet, dass die bilanziellen Meilensteine so gesetzt bzw. mit internen Phasenabschnitten synchronisiert werden müssen, dass die analytische Kette von Ereignissen hier ohne Überschneidungen und Feedbackschleifen abläuft bzw. diese zumindest nicht die Meilensteine tangieren oder kreuzen.[926] Gemeint ist hier die hierarchische Ebene der **Zeitpunktmeilensteine**. So bedeutet im Verständnis der IFRS z.B. das „Eintreten" in die Entwicklungsphase, dass die Forschungsphase sicher beendet ist.[927] Auch der Übergang von der Entwicklungsphase in die Nutzungsphase bedeutet eine einschneidende bilanzielle Veränderung. Ab diesem Zeitpunkt dürfen nur noch unter sehr restriktiven Bedingungen Herstellungskosten aktiviert werden und die bilanzielle Folgebewertung des Vermögenswertes startet.[928] In der Operationalisierung müssen demnach „bekannte" Anpassungsschritte und Korrekturschleifen so eingeplant bzw. im Prozessablauf integriert sein, dass diese nur innerhalb eines zeitpunktbezogenen Meilensteins stattfinden. Etwas flexibler ist die Ablaufstringenz im Bereich der **Aktivierungsmeilensteine** auf der zweiten Ebene.[929] Betrachten wir den beispielhaft dargestellten internen Prozess in Abb. 32 und darin konkret die Rückkopplungen zwischen „working model" und endgültigem Prototyp im Bereich der Herstellungsphase, so kann hier das Ansatzkriterium der technischen Realisierbarkeit adressiert bzw. beeinträchtigt werden. Dieses stellt einen Aktivierungsmeilenstein dar und wird in der Entwicklungsphase zusammen mit den fünf weiteren Kriterien aus IAS 38.57 getestet. Aufgrund der **stufenweisen Prüfungslogik** erfolgt erst bei kumulativer Erfüllung aller Aktivierungsvoraussetzungen der phasenbezogene Übergang in die Zugangsphase. Die dargestellten Korrekturzyklen zwischen dem ersten Modellentwurf und dem endgültigen Prototyp zeigen, dass in diesem Fall die technische Realisierbarkeit als Aktivierungskriterium erst als gegeben angesehen werden kann, wenn tat-

---

[925] „Es ist nicht erforderlich, dass alle Schritte in zeitlicher Aufeinanderfolge vollzogen werden, die Phasen können sich vielmehr zeitlich überlappen. Das sollten sie sogar, um die Entwicklungsdauer möglichst kurz zu halten." *Brockhoff* (1999b), S. 104.

[926] Diese Abbildung bietet die Möglichkeiten einer Kombination mit einem Realoptionsansatz, bei dem der hier vordefinierte mehrstufige Meilensteinplan die Basis bildet. Jede Phase kann als eine Option auf die Durchführung der nachfolgenden Phase verstanden werden. Vgl. hierzu die an der Pharmabranche exemplarisch ausgeführte Bewertungskonzeption von FuE-Projekten als Mehrfach- od. Verbundoptionen auf Basis von Phasenmodellen bei *Pritsch/Schäffer* (2001), S. 23ff.

[927] Vgl. insbesondere die Zweifelsfallregelung des IAS 38.53 bzw. ausf. Abschn. 3.3.1.2.2. Auf die argumentative Ausnutzung dieser Vorgabe ist an diversen Stellen der Arbeit eingegangen worden.

[928] Vgl. ausf. Abschn. 3.3.1.3.1 u. Abschn. 3.3.1.3.2.

[929] Dies zeigt sich unmittelbar in der bereits angesprochenen u. in der Praxis regelmäßig angewendeten Möglichkeit, einzelne Aktivierungsvoraussetzungen bereits vor der eigentlichen Prüfungsphase dieser nachzuweisen. Vgl. in Abb. 32 die Aktivierungsmeilensteine „notwendige Ressourcen" u. „Absicht", welche bereits in der Forschungsphase des FuE-Projektes belegt werden.

sächlich der Prototyp die Funktionsanforderungen oder Kundenwünsche (in Abb. 32 als „Kundenfreigabe“ enthalten) erfüllt. Würde das FuE-Controlling den Prozess so gestalten, dass z.B. die technische Realisierbarkeit bereits mit dem ersten „working model“ als gegeben angesehen wird, so bestehen – je nach FuE-Projekt – **Risiken**, dass sich im Verlauf der Entwicklungsaktivitäten Schwierigkeiten an dieser Stelle ergeben, die eine erneute Kontrolle des Kriteriums bzw. eine zwischenzeitliche „Rücknahme“ der Erfüllung erfordern. Neben dem direkt betroffenen Projekt kann hier auch eine **Ausstrahlungswirkung** entstehen, bei der eine ganze Projektgruppe indirekt von der quasi „überschwappenden“ Kontrollnotwendigkeit eines Projektes erfasst wird.[930] Kann z.B. die Technologie in einem Motorenentwicklungsprojekt überraschend nicht technisch planmäßig umgesetzt werden, so können diese Realisierungsprobleme analog auch bei anderen Motoren relevant sein. Daher müssen in der Prozesslogik des IAS 38 ab dem Zeitpunkt der Problemaufdeckung systematisch auch thematisch angrenzende Projekte kontrolliert und analoge Wirkungen ausgeschlossen oder entsprechend bewertet werden.[931]

Auf **bilanzieller Ebene** folgen aus **Veränderungen innerhalb** der **Aktivierungsmeilensteine keine Konsequenzen**, da noch nicht die Schwelle der Vermögenswert-Bildungsphase überschritten wurde und daher nach wie vor „nur“ FuE-Aufwand aufgelaufen ist und keine Aktivierungsumfänge korrigiert werden müssen. Schwerer wiegen jedoch die prozessualen bzw. bilanziellen Auswirkungen, wenn **Zeitpunktmeilensteine** entgegen der planmäßigen Entwicklungsrichtung „überschritten“ werden. Betrachten wir erneut das Abbildungsexempel aus Abb. 32. Der Start eines FuE-Projektes erfolgt hier durch die Ressourcenplanung (= Kriterium „notwendige Ressourcen“) sowie der anschließenden Freigabe durch die internen Kompetenzträger (= Kriterium „Absicht“). Das bedeutet, dass die Aktivierungsmeilensteine vor der eigentlichen Prüfphase bereits vorliegen. Es zeigt sich die bereits angedeutete **Flexibilität** aus dem Vorziehen bestimmter **Aktivierungsmeilensteine** in der **Forschungsphase**, welche im FuE-Controlling sinnvoll eingesetzt werden kann. In der dargestellten Ablaufsystematik ist der Übergang zur Entwicklungsphase endgültig definiert mit dem Erhalt von Kundenspezifikationen. Dies sind z.B. genaue technische Anforderungsvorgaben (z.B. Größen- oder Gewichtsmaße) für das zu entwickelnde Modul, damit es der geplanten Verwendung zugeführt bzw. die Funktionen im Endprodukt

---

930 Es wurde bereits im Wirkungsfaktoren-Modell darauf hingewiesen, dass sogar eine engere Kontrolle von Seiten der WP erfolgt, wenn bei Unternehmen der gleichen Branche diesbezügliche Qualitätsprobleme auftreten. Ein „Überschwappen“ zusätzlicher interner Kontrollen liegt daher nahe.

931 Hier zeigen sich die neu etablierten Kontrollmechanismen, welche die Risiken der Entwicklungsprojekte deutlich reduzieren. Auf diesen Aspekt wird an anderer Stelle in diesem Abschn. vertieft eingegangen.

des Kunden passgenau erfüllen kann. Nach Überschreiten dieser bilanziellen Demarkationslinie beginnt theoretisch die systematische Kontrolle der Aktivierungsvoraussetzungen.[932] Während der **Entwicklungsphase** wird irgendwann das Stadium der erfolgreichen Entwicklung eines Prototyps (= Kriterium „technische Realisierbarkeit") und der anschließenden Abnahme durch den Kunden (Beleg für den zukünftigen marktbezogenen Nutzen der Entwicklung) erreicht. Zeitgleich mit diesem Schritt erfolgt der aktivierungsrelevante Zugang eines Vermögenswertes. An diesem Meilenstein bilden die nachfolgenden Herstellungskosten aggregiert bis zum Nutzungsübergang den Wertansatz des originären immateriellen Vermögenswertes (Vermögenswert-Bildungsphase). Treten hier im Prozessablauf Veränderungen auf, wie z.B. die Verschiebung oder gar Aufhebung der geplanten Produktionsreihe für das Modul, so bedeutet dies, dass die Nutzenberechnungen auf Basis der Kundenfreigabe nicht mehr gegeben sind bzw. allgemein, dass möglicherweise kein Vermögenswert (mehr) existiert. Im schlimmsten Fall resultiert aus dem „prozessualen Rückschritt" von der Vermögenswert-Bildungsphase zur Entwicklungsphase eine Vollabschreibung der Ressource. In jedem Fall muss eine intensive Werthaltigkeitsprüfung erfolgen, bei der auch alternative Verwendungen, Kombinationen und Interdependenzen innerhalb der FuE-Projekte mit anderen Vorhaben einbezogen werden müssen.[933] Das Beispiel zeigt, dass neben der grundsätzlichen klaren Grenzziehung in den Umsetzungsanforderungen auch prozessuale Abbildungswege existieren müssen, die die in der Realität auftretenden Kontextveränderungen auf der bilanziellen Ebene der Zeitpunktmeilensteine aufgreifen und systematisieren. Aufgrund der verschiedenen rechnungslegungsbezogenen Relevanzen und Abbildungsverknüpfungen zu Bilanz und GuV in den einzelnen Phasen sind hierbei besonders die Übergänge von der Aktivierungsprüf- zur Vermögenswert-Bildungsphase sowie zur Nutzungsphase bedeutsam. Nur und insbesondere dann, wenn diese Operationalisierungsmechanismen tatsächlich greifen, können die transparenz- und risikomindernden Prozesswirkungen des IAS 38 erzielt werden.

Wichtige Voraussetzung hierfür ist, dass die **Informationsabstimmung** mit vorgelagerten Prozessschritten und ggf. getroffene Entscheidungen bzw. erbrachte Aktivierungsnachweise oder erreichte Zeitpunktmeilensteine berücksichtigt und abgestimmt werden. Dabei sind in der konkreten Umsetzung **Verknüpfungsaspekte** zwischen **Prozess- und Informationsebene** zu bedenken. So müssen z.B. die im Primärbereich des Wirkungsmodells aus-

[932] Mit theoretisch soll ausgedrückt werden, dass im Beispielzeitplan zwei Kriterien (Absicht u. notwendige Ressourcen) nachweislich bereits bei Eintritt immer vorliegen.

führlich dargelegten Probleme im Zusammenhang mit den bilanziellen Informationen im Rahmen der prozessualen Systematisierung adressiert werden.[934] Ein zentraler Gesichtspunkt dabei ist, dass die Analysevoraussetzungen homogener Informationen erfüllt werden.[935] Die durch Meilensteinpläne allgemein angestrebte Standardisierung verschiedener, sehr heterogener Projekte ist über den im IAS 38 enthaltenen Meilensteinplan verpflichtend als einheitliche Standardvorgabe umzusetzen. Dies bewirkt, dass die „**Meta-Ebene**" der bilanziellen Meilensteine eine grobe, aber **sehr valide und homogene Gliederungsform** der **FuE-Aktivitäten** darstellt.

Bei der unternehmensspezifischen Umsetzung sollte das FuE-Controlling bezüglich der mit Aktivierungs- und Zeitpunktmeilensteinen korrespondierenden **Entscheidungskriterien** transparent sein. Dabei sollten **Ausstrahlungswirkungen** auf andere FuE-Projekte im System berücksichtigt werden und sichtbar sein. Innerhalb eines solchen Phasen- bzw. Meilensteinmodells sollten ferner die **Verantwortlichkeiten** eindeutig zugeordnet werden sowie in Einklang mit den inhaltlichen Definitionen und Abgrenzungen der Teilabschnitte stehen.[936] Auch kann es sinnvoll sein, bestimmte Konsequenzen auf Basis des bilanziellen Ablaufmodells zu implementieren, wenn bspw. negative Rückschritte gehäuft an einer Stelle oder im selben Verantwortungsbereich auftreten.[937]

Für die **Zielkontrolle** anhand der Inhalte des Meilensteinplans ist eine **geeignete Synchronisation** der Abläufe mit den internen Abschnittsgliederungen die **Voraussetzung**. Wie bereits in Abb. 32 gezeigt, stellen die bilanziellen Meilensteine dabei in der unternehmensindividuellen Umsetzung regelmäßig eine Meta-Ebene dar bzw. bilden Kernstufen ab, die z.B. je nach Diversifikation der im Unternehmen betriebenen FuE-Aktivitäten verschieden fein untergliedert und hierarchisch verknüpft sind.[938] Besonders bei großen und internationalen Unternehmen ist die Integration und Koordination von FuE-bezogenen Informations- und Leistungsprozessen über ein standardisiertes Vorgehen, wie es der IAS

[933] Entwicklungsprojekte, die sich in der Vermögenswert-Bildungsphase befinden unterliegen der jährlichen Wertminderungspflicht. Vgl. hierzu Abschn. 3.3.1.3.2.

[934] Vgl. hierzu ausf. Abschn. 4.2.2.2.

[935] Das Bedürfnis nach homogenen Informationen von Seiten des Managements war ein treibender Faktor für die grundsätzliche Harmonisierungsbewegung. Vgl. Abschn. 2.2, vgl. auch *Fleischer* (2005), S. 190f.

[936] Vgl. hierzu die Ausführungen im Bereich der Informationswirkungen in Abschn. 4.2.2.2. Unklare Verantwortlichkeiten sind eine der zentralen Ursachen für Schnittstellen-Probleme, die es nicht nur zw. den Bereichen, sondern auch zw. den einzelnen Phasen des Meilensteinplans zu umgehen gilt. Vgl. zu dem angesprochenen Schnittstellen-Problem *Brockhoff* (1989), S. 43. Vgl. in diesem Kontext auch die Integrationswirkungen im folgenden Abschn. des Wirkungsmodells. Vgl. grundlegend Abschn. 3.2.

[937] An dieser Stelle sei auf die Probleme im Bereich der Informationswirkungen sowie auf die vielfältigen Kontextfaktoren bei der unternehmensindividuellen Umsetzung hingewiesen.

[938] Vgl. hierzu die Heterogenität der Geschäftsfelder im Wirkungsfaktoren-Modell in Abschn. 4.2.1.2.2.

38-Meilensteinplan vorsieht, sehr vorteilhaft. Eine Vereinfachung und Vereinheitlichung der hinter dem FuE-Bereich liegenden Informations- und Abbildungsprozesse bietet nicht nur langfristige Synergiepotentiale. Dieser Vorteil wird beispielsweise auch dann besonders nützlich, wenn **Akquisitionen** anstehen. Die organisatorische und inhaltliche Strukturierung, Systematisierungen und Prozessgestaltungen aus den bilanziell einheitlichen Vorgaben des IAS 38 führen sowohl zu einer Erleichterung bei der Quantifizierung von wahrscheinlichen Synergiepotentialen als auch zu einer verbesserten Eingliederung im Zuge der Integrationsphase nach Abschluss der Transaktion.[939] In diesem Fall sind die FuE-bezogenen Prozessebenen verschiedener Konzerne auf Basis der Standardisierung nach IAS 38 grundsätzlich kompatibel (ähnlich wie in den Vergleichsdimensionen unterschiedlicher Segmente). Folglich können diese leichter beurteilt und zusammengeführt werden als ohne diesen einheitlichen Phasenablauf bzw. die gleichartige grundsätzliche Abbildungsnorm (z.B. bei Anwendung der US-GAAP oder des HGB).[940] Im Moment der Eingliederung von im Rahmen eines Unternehmenszusammenschlusses erworbenen FuE-Projekten greifen dann allerdings die Sonderregelungen des IAS 38.34, der das grundsätzliche Aktivierungsverbot für Forschungsprojekte bei derivativen Forschungsprojekten aufhebt und in ein Aktivierungsgebot wandelt.[941]

In jedem Unternehmen mussten die **FuE-Prozesse** aufgrund der Rechnungslegungsvorschrift detailliert analysiert werden. Diese verpflichtende aktive Auseinandersetzung mit den gegebenen Strukturen und Prozessen besitzt allein schon den positiven Wert einer grundsätzlichen **Ist-Bestandsaufnahme** und **Prozessanalyse**. Eine empirische Studie in FuE-intensiven Unternehmen fand heraus, dass die folgenden Teilbereiche bei einem Business-Reengineering, wie es auch durch den hier untersuchten Meilensteinplan regelmäßig ausgelöst wurde, wichtig sind:[942]

- Reduktionen innerhalb der Entwicklungszyklen,
- Engere Kommunikation zwischen den zentralen Forschungseinrichtungen und den operativen FuE-Einheiten oder Eliminierung zentraler Forschungsbereiche,

[939] Hierzu bedarf es weiterer Studien. Auf diesen Mangel weist in allgemeinem Zusammenhang auch Brockhoff hin u. wirft einige Fragen hierzu auf. Vgl. *Brockhoff* (2005d), S. 19f. Gleichzeitig wird hier die prozessuale Nähe der Sekundärwirkungen zu den strategischen Integrationswirkungen deutlich. Aufgrund der dominierenden Prozessfaktoren wurde hier eine Eingliederung der „M&A-Vorteile" auf der mittleren Ebene des Wirkungsmodells gewählt.

[940] Hier spiegelt sich in besonderem Maße das Argument der Internationalisierung für eine Harmonisierung der Rechnungslegungsstandards. Vgl. hierzu Abschn. 2.2 unter besonderer Berücksichtigung der zunehmenden Verbreitung u. Relevanz der IFRS. Vgl. auch Abschn. 2.5.1 u. *Fleischer* (2005), S. 190f.

[941] Vgl. hierzu Abschn. 3.3.1.2.2.

[942] Vgl. *Brockhoff* (1997), S. 176.

- Verbindung von FuE und Unternehmensstrategie,
- Funktionsübergreifende Zusammenarbeit,
- Restrukturierung finanzieller Vereinbarungen,
- Ausbau von Planungs- und Kontrollverfahren,
- FuE als Beitrag zur Unternehmensleistung verstehen.

Eine Straffung der Abläufe, die engere Kommunikation sowie die Planungsverbesserung inklusive gesteigerter Kontrollprozeduren wurden auch im Untersuchungskontext von den Unternehmen und WP konstatiert. Die Aspekte der strategischen Verbindungen zur Business Strategie sowie ein verbessertes funktionsübergreifendes Teamwork sind aufgrund ihrer langfristigen Wirkungsweise in der Tertiärebene des Modells enthalten.[943]

Die **Strukturvereinheitlichung** und das vorher in der Regel durchgeführte Process-Reengineering im FuE-Bereich betraf die gesamte Qualität des Innovationsprozesses.[944] Generell steigert ein **FuE-Prozess-Controlling** regelmäßig die Effizienz der Prozesse, indem es sowohl die Qualität des Prozesses als relevante Zielgröße betrachtet als auch die Durchlaufzeiten insgesamt und differenziert nach Phasen bzw. Abschnitten.[945] Verstanden als eine gesetzlich verordnete Form des Business-Process-Reengineering wurden im Wege der Operationalisierung und Implementierung des IAS 38 die Arbeitsflüsse innerhalb der FuE-Prozesse optimiert, weil Schnittstellen, Interdependenzen und Ineffizienzen analysiert werden mussten und überdacht werden konnten.[946] Dabei konnten kritische Schnittstellen und fehlende Verbindungen bzw. Verbindungsbrüche aufgedeckt werden. Die einheitliche prozessuale Abbildungsverbesserung aus dem neuen **Meta-Phasenkonzept wirkte** sowohl in **qualitativer**, **quantitativer** als auch **zeitlicher Hinsicht**. Zur prozessualen Umsetzung bzw. Adaption mussten notwendige Bereiche ggf. reorganisiert bzw. neu initiiert werden. Ferner sind die Abläufe so zu gestalten, dass mit ausreichender Zeitnähe und Konsistenz,

---

[943] Vgl. hierzu Abschn. 4.2.2.4.

[944] Auf die Bedeutung der Qualität des Innovationsprozesses verweist aktuell z.B. *Goldbrunner* (2006), S. 30f. Es zeigt sich ebenda empirisch, dass nicht die Höhe der FuE-Ausgaben für den Erfolg (im Sinne von Umsatzwachstum, Bruttogewinn, Betriebsgewinn, Konzerngewinn, Marktkapitalisierung od. Kursgewinn) relevant ist, sondern die Qualität des Innovationsprozesses. Gleichzeitig belegt die Studie an dieser Stelle eine Verknüpfung zur Größe als Kontextfaktor sowie eine direkte Wirkung auf die Länge des Entwicklungszyklus.

[945] Vgl. *Schröder* (2003), S. 360f. Vgl. grundlegend Abschn. 3.2.3.

[946] Brockhoff nennt die folgenden FuE-Prozess-spezifischen Prinzipien für ein Business-Process-Reengineering: „1. Organise around outcomes, not tasks. Have those who use the output of the process perform the process. 2. Subsume information-processing work into real work that produces the information. 3. Treat geographically dispersed resources as though they were centralised. 4. Link parallel activities instead of integrating their results. 5. Put the decision point where the work is performed, and build control into the process. 6. Capture information once and at the source." *Brockhoff* (1997), S. 165.

wie sie zur externen Rechnungslegung geboten sind, die unterlegten internen Teilprozesse und Arbeitsschritte die neuen Meilensteine sicher abarbeiten.

Die **gesteigerte Abbildungsqualität** und **-genauigkeit** führt zu einer **gestiegenen Lernfähigkeit** aus den Prozessabläufen und -abbildungen der FuE-Projekte.[947] Neue Erfahrungswerte aus detaillierteren Verlaufserfassungen und neue Richtwerte für Referenzprojekte sowie konkretere Zuordnungen von Kostenbeträgen und Entwicklungstendenzen zu den Phasen sind in den Unternehmen des Samples berichtet worden. „*Das vermittelte Wissen über FuE-Projekte wurde ausgebaut.*“[948] Konkret bewirkt es eine gestiegene Projektkontrolle durch Plan- und Projektvergleiche sowie eine verbesserte Zeit- und Kostenschätzung. Besonders die Verantwortungsträger erhalten einen guten Überblick über den Status quo und kritische Zeitfenster: Wo sind Deadlines in Gefahr? Wo bestehen regelmäßig Umsetzungsprobleme oder riskante Übergänge? Oder wo bestehen systematische Fehler oder Defizite?

Darüber hinaus sind **Einheitsstrukturen** – wie der Meilensteinplan – auch **kostensenkend**, da bei komplexen Strukturplänen neuer Entwicklungen wesentliche Bereiche übertragbar bzw. vorgegeben sind. Damit wird sowohl der initiale Planungsaufwand als auch das Projektmanagement durch die neuen Detailinformationen und Vorgaben entlastet.

Wird die Nutzung von Rechnungslegungsdaten aus IAS 38 in internen Steuerungs- und Anreizsystemen angestrebt, so müssen die Erfolgs- und Vermögenswirkungen des in Abb. 32 dargestellten Entstehungsprozesses originärer immaterieller Werte direkt in den Größen der IFRS erfasst werden.[949] Eine zu jedem internen Beurteilungszeitpunkt (i.d.R. mindestens monatlich) nachträgliche Quantifizierung der relevanten IFRS-Konsequenzen aus Überleitungsrechnungen stellt einen zusätzlichen Aufwand dar und birgt Fehler- und Manipulationsspielräume im Vergleich zu einer einheitlichen bzw. mehrdimensionalen Datenbasis im internen Rechnungswesen. Gleichzeitig kann es bei einer nicht integrierten Be-

---

[947] Genau dies ist ein klassisches Problemfeld im FuE-Bereich. Vgl. Abschn. 3.2.1.

[948] Zitat aus einem Interview im Automobilbereich, welches sich nur auf die Abbildungsschärfung im Prozess bezog, da hier die korrespondierenden Bilanzierungsdaten manuell rückwirkend ermittelt wurden.

[949] Auf die beschleunigte Neuordnung der Prozesse als Voraussetzung zur Verwendung von Ist-IFRS-Informationen zu Managementzwecken weist auch Fleischer hin. Vgl. *Fleischer* (2005), S. 195. Vgl. zu den unterschiedlichen Gestaltungsmöglichkeiten der Buchhaltungssysteme in Verbindung mit den IFRS ausf. *Weber/Weißenberger/Haas* (2006), S. 36ff.

trachtungsweise der Bilanzierung in den internen Systemen zu „Missmatches“ kommen, welche dann (er-)klärungsbedürftig sind.[950]

Die **prozessuale Mindestanforderung** von Seiten der WP ist, dass die internen Systeme die Meilensteine erkennbar machen und meilensteinbezogene Informationen, wie z.B. Kosten, abrufbar darstellen. Sind Prozesse implementiert, die diese Voraussetzungen gewährleisten, so reicht eine stichprobenartige Prüfung der Informationsvalidität aus. Im Vordergrund stehen dabei die Themen **Effizienz und Funktionalität des Prozesses** und spezifisch die Frage, wie Kostenineffizienzen behandelt werden. Im Beispieldiagramm eines internen FuE-Prozesses (vgl. Abb. 32) sind mögliche **Ineffizienzen** zwischen den beiden Entwicklungsschritten des „working models“ und dem Prototypen aufgezeigt worden. In dieser Operationalisierungsform des bilanziellen Meta-Meilensteinplans wären die Konsequenzen der Ineffizienzen nicht relevant, da sie im Prozessablauf nicht in die Vermögenswert-Bildungsphase fallen. Erst wenn die Gefahr besteht, dass aus Ineffizienzen resultierende Herstellungskosten in den Wertansatz eines aktivierungspflichtigen Entwicklungsprojektes fallen, müssen entsprechende Kontrollmechanismen im Prozess etabliert werden. Der IAS 38.67 verbietet diese Herstellungskostenbestandteile explizit und möchte dadurch einen überhöhten Wertansatz der originären immateriellen Ressource verhindern.[951] Möchten WP oder FuE-Controlling die Prozessgüte, mögliche Schwachstellen oder triggering events aufdecken, so kann als Indikator hierfür z.B. die Absterberate von Projekten Rückschlüsse auf den Grad der Beherrschung einzelner Phasen im Prozess ermöglichen und weiteren Analysebedarf offen legen.[952] Bei Unstimmigkeiten in der Prozessabbildung wird von Seiten des externen und neutralen „Kontrollgremiums“ der WP tiefergehend analysiert bis hin zu einer Vollprüfung sämtlicher FuE-Projekte bzw. des gesamten Abbildungsprozesses. Dies erhöht zusätzlich die prozessuale Qualität und Zuverlässigkeit.[953]

Die **Abbildungsverbesserungen** wirken dabei an allen wesentlichen Beurteilungsgrößen im FuE-Prozess. Der essentielle Zusammenhang zwischen den Kerngrößen **Zeit** und **Kosten** sowie die Koordination der gegenläufigen Wirkungen „Zeiteinhaltung“ vs. „Kostenmanagement“ werden transparent gemacht und institutionalisiert.[954] Auch der dritte Teil im

---

[950] Diese Gefahr wurde in einem Industrieunternehmen direkt als bestehende Schwierigkeit angesprochen.

[951] Vgl. hierzu grundlegend den Abschn. 3.3.1.3.1 zur Erstbewertung anhand von Herstellungskosten.

[952] Vgl. *Brockhoff* (1989), S. 91.

[953] Gleichzeitig steigen auch die auf der Primärebene behandelten u. über den Prozess generierten Informationen in Qualität u. Zuverlässigkeit.

[954] Vgl. *Brockhoff* (1989), S. 96. Ebenda kommt Brockhoff zu dem Ergebnis, dass das Kostenmanagement besser funktioniert als das Zeitmanagement.

„magischen Dreieck" – die Qualität bzw. **Leistung** – findet im Prozessplan nach IAS 38 speziell über den Aktivierungsmeilenstein der „technischen Realisierbarkeit" Berücksichtigung. Es bleibt allerdings nach wie vor die Schwierigkeit einer tatsächlichen Leistungskontrolle im FuE-Bereich bestehen, welche über die angesprochene Aktivierungsvoraussetzung und eine bewiesene Nutzbarkeit für Ergebnisse des FuE-Prozesses zwar adressiert wird, jedoch im Einzelfall hochgradig kontrollbedürftig ist.[955]

Das neue Meta-Konzept eines FuE-Meilensteinplans erfordert eine **exakte Zielvorgabe** in **zwei Dimensionen** (analog der Zweiteilung in Aktivierungs- und Zeitpunktmeilensteine): Zum einen werden **inhaltliche Komponenten** definiert, die bspw. zur Erfüllung der einzelnen Ansatzkriterien notwendig sind. Darüber hinaus wird als zweite Dimension eine **zeitliche Komponente** betrachtet. Die Erfüllung des Meilensteins ist auf bilanzieller Ebene dann gegeben, wenn die inhaltlichen Anforderungen – speziell der Aktivierungsvoraussetzungen – vorliegen. Die Qualitätsbeurteilung im FuE-Controlling kann dann auch den zeitlichen Erfüllungsgrad einbeziehen. Analog zum Vorgehen bei Einsatz von internen Meilensteinplänen können auf der Ebene des neuen bilanziellen Gliederungskonzepts auch die einzelnen Abschnitte detailliert geplant und budgetiert werden, sodass zusätzlich auf der Aggregationsebene der Bilanzierung eine meilensteinbezogene Auswertung der geschaffenen Wertgrößen und Wertzuwachgrößen möglich ist.[956] Je nach Umsetzungsgrad kann dies auch auf der Verantwortungsebene der einzelnen Projekte oder Arbeitspakete geschehen.

Der prozessuale **Abbildungsgewinn** auf der **Kostenebene** stellt sich wie folgt dar: Bekanntermaßen werden die späteren Produktionskosten primär in der Entwicklungsphase determiniert und besitzen aufgrund dieser Tatsache im Kostenmanagement eine zentrale Bedeutung.[957] Eine mitlaufende Kostenkontrolle dieser Größen sollte daher bereits während des Entwicklungsprozesses vom FuE-Controlling durchgeführt werden, damit frühzeitig bedrohliche Veränderungstendenzen in den späteren Produktkosten erkannt werden und Gegenmaßnahmen eingeleitet werden können.[958] Auch die Tatsache, dass die im Konzept des IAS 38 über die **Herstellungskosten** abgebildeten originären immateriellen Ressourcen aus FuE sich auf die im Zeitablauf fortgeschrittenen Teile von FuE-Projekten bezie-

---

[955] Auf diese Schwierigkeit verwies besonders ein Leiter FuE eines Industrieunternehmens mit länderübergreifenden FuE-Abteilungen. Vgl. hierzu z.B. die Ausführungen im Abschn. 4.2.1.2.2 zu den kulturellen Verständnisdifferenzen.

[956] Vgl. zum Earned-Value z.B. *Niemand/Riedrich/Bretz* (2003), S. 326.

[957] Vgl. Abschn. 3.2.3.

[958] Vgl. *Schmeisser u. a.* (2006), S. 264.

hen, ist hierbei sinnvoll. Denn Untersuchungen der typischen Kostenverläufe von FuE-Projekten zeigen, dass *„die letzten 20 % der Laufzeit eines Entwicklungsprojektes 35 % der Entwicklungskosten verursachen"*[959]. Die neue Verbuchung der Kosten auf Entwicklungskostenträgern ab dem Zeitpunkt der bilanziellen Aktivierungspflicht (Vermögenswert-Bildungsphase) führt zu einem Strukturierungs- und Transparenzgewinn dergestalt, dass die Projektverantwortlichen ihre Kostenplanungen den neuen Prozessstrukturen anpassen. Hierdurch bieten sich für das FuE-Controlling zukünftig Chancen, z.B. verdeckte Kostentreiber aufzudecken oder auf anderweitige Kausalitäten in den Kostenstrukturen frühzeitig und auf Basis historischer Vergleiche (etwa innerhalb von Entwicklungsvorhabensarten) schließen zu können.[960] Vor Umsetzung der Bilanzierungsvorschrift waren weder die Daten auf diesem kostenbezogenen Konkretisierungsniveau noch die Graduierung im Prozess vorhanden. Zudem sind die Aufdeckungspflichten für Ineffizienzen eine wirksame Kostenkontrolle. Auch die systematische Gegenüberstellung von Kosten und Nutzen sind hier zu nennen, auf die im weiteren Verlauf dieses Abschnitts im Themenfeld der Werthaltigkeitstests näher eingegangen wird.

Die **zeitliche Abbildung** des FuE-Prozesses kann nun anhand der fest fixierten bilanziellen Zeitpunkt- und Aktivierungsmeilensteine klassifiziert und quantifiziert werden. Auch dabei werden die Verknüpfungen zur **Kosten-Nutzen-Ebene** implizit und explizit einbezogen. So fließen zum Beispiel Aspekte wie die Aktions- und Reaktionszeit aus Marktbetrachtungen mit in diese Abbildungen ein bzw. finden indirekt Berücksichtigung in den marktbezogenen Nutzwertberechnungen. Das gesamte **Zeitfenster** eines FuE-Prozesses unterliegt dabei folgender markt- bzw. **erfolgsbezogener Tendenzaussage**: Kürzere Projektlaufzeiten haben andere Erfolgsaussichten als längere, da die Entwicklungszeiten für gravierende Neuheiten, wie z.B. einer neuen Technologie, deutlich von denen marginaler Veränderungen (etwa in Form von verbesserten Funktionen existierender Produkte) abweichen. Das heisst, die Entwicklungszeit insgesamt ist mit dem Neuheitsgrad der betrachteten Entwicklung positiv korreliert.[961] Dabei sind die First-Mover-Advantages in einigen Branchen jedoch durch eine sorgfältigere bzw. qualitativ hochwertigere Entwicklung (über-) kompensierbar, sodass die Relationen und Kausalitäten nicht immer einheitlich beurteilt werden

---

[959] *Commes/Lienert* (1983), S. 351. Gleichwohl gilt es grundsätzlich zu berücksichtigen, dass die frühzeitige Projektselektion bedeutsam ist, um einen effizienten u. effektiven Mitteleinsatz zu gewährleisten.

[960] Vgl. hierzu die Ausführungen zur Kostenrechnung im Wirkungsfaktoren-Modell in Abschn. 4.2.1.2.3 bzw. zu den verbesserten Vergleichsmöglichkeiten die Informationswirkungen in Abschn. 4.2.2.2.

[961] Vgl. Abschn. 3.2.3. Vgl. zur Interaktion von Planungsdauer u. Produktkomplexität *Brockhoff* (1999b), S. 109. Vgl. zu den Messschwierigkeiten des Neuheitsgrades *Brockhoff/Zanger* (1993), S. 835ff.

können. Die Verknüpfung von **Zeit und Kosten** unterliegt folgender Logik: Beschleunigt man ein Projekt über die Gesamtprojektlaufzeit, so werden die Projektkosten deutlich ansteigen. Gleichzeitig bedeutet dies aber im Zusammenspiel von Zeit, Kosten und Erfolg eines FuE-Projekts ein früheres Auftreten am Markt mit entsprechenden Pioniergewinnen aus höheren Umsätzen, Marktanteilen und/oder höheren Preisen.[962] So werden die Entwicklungskosten von FuE-Projekten mindestens ab dem Konkretisierungsstadium der Vermögenswert-Bildungsphase systematisch mit ihrem meist marktbasierten Nutzen unter simultaner Berücksichtigung der zeitlichen Komponente der Markteinführung abgeglichen. Dabei können sowohl die Überschreitung eines geplanten Markteintrittstermins quantifiziert als auch Produktionskostenziele berücksichtigt werden. Der Vorteil dieser gleichlaufenden Betrachtung bzw. impliziten Gegenüberstellung von Markt- und Kostenseite geht auf eine Herausforderung im FuE-Bereich ein, die im Rahmen der Interviews mehrfach von Controllingseite genannt wurde. Je nach Feingliederung der Prozessschritte gilt diese Aussage analog für bestimmte Teilabschnitte und kann ferner in Kombination mit den Klassifizierungsansätzen zeitlich interpretiert werden. So kann bspw. die Entwicklungsphase einer bestimmten FuE-Projektklasse in gleicher Weise über einen Zeit-Erfolg-Kosten-Zusammenhang determiniert sein, welcher zukünftig darstell- und analysierbar ist.

Die **permanente Prozessablauf- und Wertkontrolle** der FuE-Umfänge aus dem Abbildungsprozess des IAS 38 in Kombination mit der klaren Strukturierung von FuE-Projektverläufen bietet hier Potenzial für das FuE-Controlling. Dabei wurden die nach IAS verpflichtenden **Werthaltigkeitsprüfungen** vor der Vermögenswerteinstufung von FuE-Ausgaben grundsätzlich nicht durchgeführt, da keine zu kontrollierenden Aktiva existierten und keine rechnungslegungstechnischen Prozessvorgaben bestanden. Der bereits in den Informationswirkungen angesprochene Paradigmenwechsel von einer Aufwands- zu einer Vermögenswertbetrachtung im FuE-Bereich spiegelt sich auch an dieser Stelle im Feld der Prozesswirkungen wider. Die planmäßigen Systemkontrollen aktivierter Vermögenswerte aus FuE zeigen neben den bereits erwähnten Ineffizienzen Ungleichgewichte von Herstellungskosten vs. erzielbarem Betrag.[963] Über die gesamte Laufzeit eines FuE-Prozesses

[962] „Über die Ergebniswirkung der Entwicklungszeit gibt es Erfahrungswerte die besagen, dass bei einer Produktlebensdauer von fünf Jahren eine Verlängerung der Entwicklungszeit um 6 Monate eine Ergebniseinbuße in Höhe von 30 % zur Folge hat. Eine Erhöhung der Entwicklungskosten in Höhe von 30 % mindert dagegen das Ergebnis nur um ca. 5 %." *Schmeisser u. a.* (2006), S. 272 m.w.N. In diesem Zusammenhang belegt Brockhoff, dass „The surprise element of any information and the closeness to market introduction seem to be two important variables that explain the degree of market response." *Brockhoff* (1999c), S. 485.

[963] Vgl. zum erzielbaren Betrag u. der Systematik des Impairment-Tests nach IAS 36 den Abschn. 3.3.1.3.2.

werden die Kosten mit dem Nutzen aus interner (Nutzungswert) oder externer Verwendung (beizulegender Zeitwert abzüglich Veräußerungskosten) verglichen.[964] Stehen dabei an einer Stelle zu hohe Kosten dem Projektnutzen gegenüber, so werden die Herstellungskosten zwar in der Periode regelkonform aktiviert, erfordern aber unmittelbar einen Impairment-Test bzw. eine Wertminderung. Dieses Verfahren findet nicht nur während der Schaffung des originären immateriellen Gutes statt, sondern auch regelmäßig, wenn die Projekte am Ende der Bilanzierungsperiode systematisch auf ihren Aktivierungsstatus oder ihren tatsächlichen vs. bilanziellen Nutzungsverlauf geprüft werden.

Die Wertminderungskontrollen nach IAS 36 berücksichtigen dabei sowohl interne als auch externe Informationsquellen, wobei die folgenden explizit zur Einbeziehung im Standard vorgegeben sind (vgl. IAS 36.12-14):

- **Externe Informationsquellen**:
  a. Wesentliche Minderung des Marktwertes des Vermögenswertes,
  b. signifikante nachteilige Veränderung der technischen, wirtschaftlichen oder rechtlichen Umwelt,
  c. die Marktzinssätze oder andere Marktrenditen zur Berechnung des Nutzungswertes haben sich erhöht,
  d. der Buchwert des Reinvermögens übersteigt die Börsenkapitalisierung des Unternehmens.
- **Interne Informationsquellen**:
  e. Überalterung oder physische Schäden des Vermögenswertes,
  f. veränderte künftige Nutzung des Vermögenswertes mit negativen Auswirkungen auf das Unternehmen,
  g. substanzielle Hinweise aus dem internen Berichtswesen, dass die wirtschaftliche Leistungsfähigkeit des Vermögenswertes unter den Erwartungen liegt.

Dennoch stellten die WP seit der Implementierung der neuen Bilanzierungswertkontrolle fest, dass systematische interne Impairment-Kontrollen zum Teil erst nach einem „Ansto-

[964] Systematisch werden dabei sowohl die internen als auch die externen Verwertungsmöglichkeiten eines FuE-Projektes geprüft u. ein rechtzeitiges Gegensteuern ermöglicht. Nur im Falle einer notwendigen Wertkorrektur würden der Wertansatz der Entwicklungskosten u. der FuE-Aufwand tangiert, da der sonstige Wertmaßstab die Herstellungskosten sind. Diese fungieren auch im System der IFRS als Wertobergrenze, sodass die mit dem Fair Value häufig in Verbindung gebrachte Ergebnis- u. Kapitalvolatilitäten an dieser Stelle der Bilanzierung nicht zutrifft. Diese Werte fungieren lediglich als Kontrollgröße u. wirken daher nur abgemildert. Vgl. Abschn. 3.3.1.3.2.

ßen" von ihrer Seite auf Basis gefundener triggering events stattfinden.[965] Ein Beispiel für eine externe Prüfungshandlung zur Werthaltigkeitskontrolle von Entwicklungsprojekten ist die Analyse des Umsatzes bzw. der Umsatzentwicklung in Beziehung zur angesetzten Nutzungsdauer.[966] In diesem Fall werden bereits genutzte Entwicklungen in Marktprojekten planmäßig über die Absatzentwicklung auf Wertveränderungen untersucht. Hierbei kann man ablesen, ob in der Nutzungsphase befindliche Entwicklungswerte noch werthaltig sind, oder ob die Schätzungen und Prämissen der ihnen zugrunde liegenden Nutzungsrechnungen angepasst werden müssen. Je nach Ausprägung der internen Kontrollsysteme verursachen die systematischen Ergänzungen durch externe Wertbeurteilungen in den Unternehmen einen neutraleren Blick auf möglicherweise neue, bisher nicht berücksichtigte Einflussfaktoren bzw. Beurteilungsgrößen oder legen methodische Schwächen im Projekt- oder Prozessbereich offen. So ist diese **doppelte Prüfung** in Form einer internen Werthaltigkeitskontrolle mit zusätzlicher externer Überprüfung insbesondere aus Risikogesichtspunkten vorteilhaft. Das z.B. im FuE-Bereich bekannte Problem von „U-Boot"-Projekten, also FuE-Vorhaben, die quasi heimlich aus „Forscherliebe" bzw. -übertriebenem Forscherergeiz (weiter) verfolgt werden, werden über diesen systematischen Kontrollmechanismus aufgedeckt.[967] Unwirtschaftliche Projekte werden hierdurch herausgefiltert und reduziert, vom Kunden nicht honorierte Entwicklungen vermieden (Stichwort „over-engineering") und die Produkt- und Teilevielfalt (Komplexität) am Markt ausgerichtet. Eine notwendigerweise getroffene Abbruchentscheidung – etwa aufgrund mangelnder Aussicht auf Erfolg, einer anderen Mittelverwendungsplanung oder strategischer Marktanpassungen – wird aufgrund der gestiegenen Transparenz und Kontrollen auch umgesetzt. Genauso durchlaufen sämtliche Projekte eine „Statusüberprüfung", bei der inaktive „FuE-Projektleichen", d.h. Projekte, die aufgrund eingetretener Veränderungen (temporär) nicht fortgesetzt werden sollten oder können, systematisch sichtbar werden. Erneut wurde von den Prüfern berichtet, dass es durchaus Projekte gibt, die trotz der Einstellung des vom Abnehmer geplanten Zielmodells, in dem die Entwicklungskomponente verbaut werden sollte, „weiterleben". Ebenfalls sind Wirkungen der Verzögerung von Modellupdates bei den Entwicklungsabnehmern nun aufgrund der Bilanzierung in den Kontrollfokus gerückt. Diese ziehen ggf. Konsequenzen in Form von Impairment-Tests oder einer Statusverände-

---

[965] Diese Feststellung stammt aus dem Interview mit einem WP des Samples.

[966] Diesen Prüfindikator gab ein WP im Interview an. Die Relation der Entwicklungskosten zum Umsatz bieten den Vorteil, dass eine Orientierung am Umsatz leicht umsetzbar ist, diese Größe auch bezogen auf die Segmente direkt verfügbar ist, üblicherweise keinen gravierenden Wertschwankungen unterliegt u. implizit das Unternehmens- od. Segmentwachstum in der Relation einbezogen wird. Eine Verbindung der Entwicklungskosten mit dem Periodengewinn ist ebenfalls möglich.

rung der Projekte in eine Halteposition nach sich, die nicht weiter Herstellungskosten aktivieren dürfen bzw. FuE-Aufwand „verbrauchen". Eine solche **im Prozessablauf** systematisch **implementierte Prämissen- bzw. Werthaltigkeitskontrolle** deckt diese und andere **Informationsdefizite oder -asymmetrien** unmittelbar auf.

Die **Stärke** der im Prozessablauf nach IAS 38 **implementierten mehrschichtigen Kontrollmechanismen** liegt folglich nicht nur auf Ebene der **doppelten Kontrolle**, sondern **auch** in der **kombinierten Berücksichtigung** verschiedenster **interner und externer** potentieller **Veränderungsgründe bzw. Informationsquellen**. Besonders durch die systematische Integration marktbezogener Daten in den Prozessablauf wird das Projektmonitoring wirkungsvoll unterstützt und verbessert, weil Unternehmensanalysen erfahrungsgemäß tendenziell eher auf den leichter zugänglichen internen Informationen basieren.[968]

Der Transparenzgewinn aus dem phasenbasierten Meilensteinkonzept führt folglich zu einer **Risikoreduktion**.[969] FuE-Projekte werden durch sämtliche der folgenden Risiken beeinflusst, welche nun direkt oder indirekt in der Prozesssystematik des IAS 38 einbezogen werden (vgl. Tab. 7):

Risiken von FuE-Projekten[970]	Berücksichtigung im IAS 38 für FuE
Technisches Risiko (Wahrscheinlichkeit des techn. Erfolgs)	▪ Aktivierungskriterium „technische Realisierbarkeit ▪ Impairment-Test (externe/interne Infoquellen) ▪ Prozessprüfung durch WP
Markt-/Absatzrisiko (Wettbewerbssituation, Marktzugang, Bedarfsentwicklung)	▪ Aktivierungskriterium „zukünftiger Nutzen" ▪ Impairment-Test (externe Infoquellen)
Vertriebsrisiko (nicht ausreichende Vertriebswege vorhanden)	▪ Aktivierungskriterium zukünftiger Nutzen ▪ Impairment-Test
Fertigungsrisiko (nicht ausreichende Fertigungskapazitäten)	▪ Aktivierungskriterium „notwendige Ressourcen" ▪ Aktivierungskriterium „Fähigkeiten zur Nutzung"
Finanzielles Risiko (Höhe der Investitionen und des erwarteten	▪ Impairment-Test (Kosten-Nutzen)

[967] Vgl. hierzu Abschn. 3.2.3.
[968] Vgl. *Balachandra/Brockhoff/Pearson* (1996), S. 255.
[969] Vgl. allgemein zur Risikoreduktion über Phasenkonzepte *Schmeisser u. a.* (2006), S. 243 m.w.N. Vgl. ausf. zum Thema risikobewusstes FuE-Management *Heck* (2003), S. 1ff.
[970] Vgl. *Schmeisser u. a.* (2006), S. 148.

Überschusses, Dauer des Paybacks in Jahren, Rendite)	▪ Meilensteinplan-/Prozessablauf ▪ Return on Entwicklungskosten
Politische Risiken (Gesetze, Umweltbestimmungen)	▪ Impairment-Test (externe Infoquellen)

Tab. 7: Risiken von FuE und ihre Berücksichtigung im Prozess nach IAS 38.[971]

Dabei wird durch die mehrfach angesprochene Marktorientierung des Konzeptes der Tatsache Rechnung getragen, dass das wirtschaftliche Risiko im FuE-Bereich deutlich höher ist als das technische Risiko.[972] Sowohl das technische als auch das wirtschaftliche Risiko eines FuE-Vorhabens sind (explizite) Bestandteile im Rechnungslegungskonzept des IAS 38. Insgesamt wird das Risikomanagement als originäres Problemfeld des FuE-Bereichs durch eine bessere Prozessüberwachung, eine konsequentere Marktausrichtung und kapitalmarktorientierte Bewertungsverfahren, welche eine Risikokomponente beinhalten, deutlich verbessert.

Der neue **Meilensteinplan** aus IAS 38 bietet für die **Kombination** mit anderen Instrumenten im FuE-Prozesscontrolling vielfältige Ansatzpunkte. So kann z.B. ein Benchmarking, eine spezifische Prozessanalyse von Unternehmensteilbereichen, Segmenten oder bestimmten FuE-Projekttypen auf dessen Basis durchgeführt werden oder auch ein hierauf basierendes Performance-Measurement angewendet werden.[973] Betrachtet man die Meilenstein-Trendanalyse als ein Instrument zur Terminkontrolle,[974] so können die systematisierten IAS-38-Meilensteine zukünftig als Betrachtungspunkte herangezogen und damit eine Synchronisation von externen und internen Steuerungsdaten erreicht werden. Denkbar sind hier z.B. die Verwendung des Aktivierungskriteriums der technischen Realisierbarkeit oder die expliziten Zeitpunktmeilensteine. Die neuen Transparenzstrukturen bewirken zusätzlich ein stringentes Performance Measurement, ermöglichen durch schnelle Rückmeldungen und Visualisierung der Arbeitsergebnisse ein „Selfcontrolling“ der Verantwortlichen

---

[971] Quelle: Eigene Darstellung.

[972] Vgl. *Schmeisser u. a.* (2006), S. 66, *Commes/Lienert* (1983), S. 348.

[973] Denkbar ist z.B. die Kombination mit einem Earned Value Management über den Meilensteinplan. Hierbei handelt es sich um ein integriertes Performance Measurement Konzept mit ständiger u. zuverlässiger Fortschrittsmessung, projektspezifischen Frühwarnindikatoren sowie ausgereiften Kommunikations- u. Steuerungskonzepten. Vgl. *Niemand/Riedrich/Bretz* (2003), S. 324. Weitere Integrationsmöglichkeiten werden im Bereich der Tertiärwirkungen in Abschn. 4.2.2.3 aufgezeigt.

[974] Vgl. grundlegend zur Meilenstein-Trendanalyse *Schmeisser u. a.* (2006), S. 258.

und befähigen unterschiedliche Beteiligte auf verschiedenen Ebenen Abweichungen aufzudecken und Schwachstellen zu beseitigen.[975]

Die Ergebnisse der Interviews legen insgesamt nahe, dass **Projektauswahl-Entscheidungen** über die neue Bilanzierungssystematik grundlegend **verbessert** wurden, da diese auf transparenteren und qualitativ besseren Informationen basieren.[976] Dies begründet sich wesentlich aus den gestiegenen prozessualen Anforderungen und der bilanziellen Relevanz der Daten, welche zwingend zu einer sauberen und nachprüfbaren Trennung in den Projektstrukturen und -abläufen führt. Ferner ist anzunehmen, dass die systematischen Prozessanpassungen mit einer Reduktion der Fehlstarts einhergehen bzw. dass die erzwungenen Interaktionen sowie die gestiegene schnittstellenübergreifende Kommunikation die Effizienz und Effektivität im Prozess gesteigert haben.[977] Betrachtet man **relevante Projekt-Entscheidungsvariablen** im FuE-Bereich, so zeigen empirische Studien die folgenden Einflussgrößen in priorisierter Reihenfolge: Zeit, technischer Erfolg, Wahrscheinlichkeit eines technischen Erfolgs, Kosten, Marktkonditionen, Wahrscheinlichkeit eines Markterfolgs, Effektivität und Motivation der Projektmitarbeiter.[978] Mit Ausnahme der Mitarbeitermotivation werden alle diese Faktoren in der Meilensteinkonzeption des IAS 38 adressiert und sind Bestandteile der Prozesswirkungen im FuE-Controlling.[979] Vergleicht man die Situation mit der vor Einführung des dargestellten Phasenkonzeptes, so waren die Möglichkeiten und Grenzen aus den Unsicherheiten und Unschärfen des Controllinggegenstandes FuE wenig greifbar und systematisch adressiert.[980]

Allerdings können die hier beschriebenen **Vorteile** in der **Prozessperspektive** nur für diejenigen FuE-Vorhaben realisiert werden, die in diesem Meilensteinsystem erfasst werden. Unterlaufen einige FuE-Projekte z.B. aufgrund mangelhafter Größen (Stichwort „Materialität“) oder wegen vordefinierter Projektkategorisierungen die Abbildungsnorm, so werden

[975] Bei der Umsetzung u. Analyse des Business-Reengineering ist es besonders wichtig, sich in der ex post Betrachtung die Ergebnisse vor Augen zu führen. Es sollte mit robusten u. flexiblen Abbildungsformen gestartet werden, welche konsequent angewendet werden u. über regelmäßige „Review-Schleifen“ stufenweise ausgebaut u. verbessert werden.

[976] Vgl. zur Qualitätsverbesserung auch das Ergebnis im Bereich der Primärwirkungen (Abschn. 4.2.2.2).

[977] Eine quantitative Untermauerung der Annahmen konnte aufgrund des emergenten Forschungsdesigns im Rahmen der vorliegenden Studie nicht erfolgen. Die Messung der Verbesserungswirkungen bietet sich aber als Thema für nachfolgende Untersuchungen an. Vgl. in diesem Kontext auch die Integrationswirkungen im Abschn. 4.2.2.4.

[978] Vgl. *Balachandra/Brockhoff/Pearson* (1996), S. 250.

[979] Zu diesem Aspekt kann keine eindeutige Aussage getroffen werden, da dies stark von der Operationalisierung abhängt. Gleichwohl ist der Mitarbeiter der wichtigste Inputfaktor im FuE-Bereich. Vgl. hierzu weiterführend Abschn. 3.2.3.

[980] Vgl. zu den Charakteristika von FuE Abschn. 3.2.1.

die Transparenzeffekte und Prozesswirkungen insgesamt **eingeschränkt**. Daher bedarf es bei einer langfristigen Betrachtung der FuE-Prozesse weitergehender Schritte, in denen die hierbei vernachlässigten Projekte – besonders die Forschungsprojekte, als Basis für neue Entwicklungen – Eingang finden.[981] Eine zusätzliche Berücksichtigung der neuen (und ggf. nachteiligen) Ausschnittsbetrachtungen aus der bilanziellen Umsetzung kann demnach fallweise, speziell bei strategischen Überlegungen, notwendig sein. Auf eine erneute Darstellung der definitorischen und bilanziellen Grenzen wird an dieser Stelle unter Verweis auf ihre ausführliche Darstellung im Abschnitt der Primärwirkungen verzichtet.[982]

Alle Unternehmen, die die Bilanzierungsvorschrift umgesetzt haben, konstatieren hierdurch einen Zusatznutzen aus dem gestiegenen Detaillierungsgrad in der Prozessabbildung. *„Die Abbildungsgenauigkeit der Entwicklungsprojekte in den internen Systemen hat zugenommen. Hierdurch ist das Lernen aus Projekten der Vergangenheit (Referenzprojekte) und die Übertragung und Ableitung bestimmter Größen/Erfahrungswerte deutlich erleichtert, strukturiert und systematisiert worden. Genauere Kostenabschätzungen sind möglich: Welche Kosten sind in welcher Phase angefallen? Wann ist die technische Realisierbarkeit in vergleichbaren Projekten gegeben? Das bisher vermittelte Wissen über FuE-Projekte wurde ausgebaut."*[983] Besonders bemerkenswert ist an dieser Aussage, dass in diesem speziellen Unternehmen die systematische Umsetzung der Entwicklungskostenprojekte in den internen Systemen bisher „nur" die Prozessdarstellung betraf und die Quantifizierung der Herstellungskosten über eine separate, rekursive Nachkalkulation erfolgt. Das bedeutet, dass die Informationen über Entwicklungskosten in den Projektdetails intern nicht abgelesen werden kann. Der beschriebene Vorteil resultiert demnach einzig aus der Prozessschärfung durch die bilanzielle Abbildung und nicht etwa über die Verwendung der bilanziellen Größen (Entwicklungskosten, AfA. usw.). Der insgesamt gestiegene Detaillierungsgrad über die Phasenabbildung kombiniert mit einer weitergehenden Projektuntergliederung begründet wesentlich die gestiegene Transparenz und Kontrollwirkung.

Dass die prozessbasierten möglichen Gestaltungsverbesserungen aus der rechtlichen Norm gegeben sind, zeigt auch die Beantwortung der folgenden Frage aus dem Interviewleitfa-

---

[981] Vgl. hierzu die Verknüpfungen im neuen zweigeteilten FuE-Controlling in Abschn. 4.2.2.2.
[982] Vgl. Abschn. 4.2.2.2.
[983] Zitat eines FuE-Controlling-Leiters aus der Automobilbranche.

den, welche auf die Bewertung notwendiger Strukturierungsanforderungen und -maßnahmen abzielte (vgl. Abb. 33).[984]

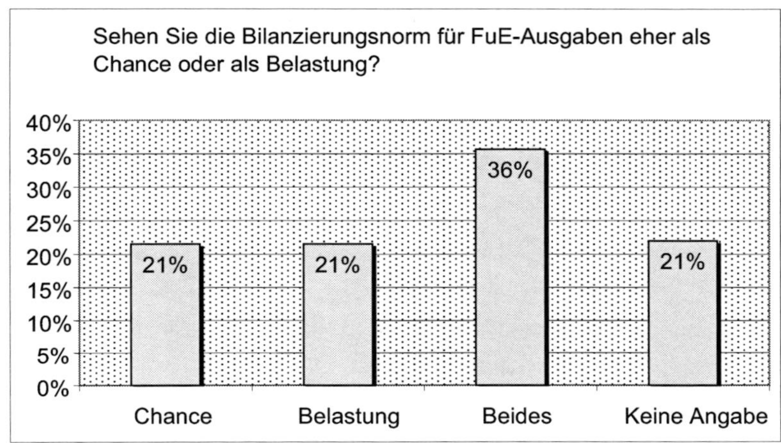

Abb. 32: Beurteilung der Bilanzierungsvorgabe für FuE durch das Untersuchungssample (N=14).[985]

Dabei steht der zum Teil erhebliche Aufwand zur Implementierung einer stabilen Prozessfolge dem in unterschiedlichem Ausmaß verbesserten Bereitstellungsniveau (steuerungs-) relevanter Informationen gegenüber. So sprechen sich 21 % uneingeschränkt für das verpflichtende Prozedere zur bilanziellen Abbildung der FuE-Ausgaben aus, sehen hierin eindeutig Chancen. Weitere 36 % sehen sowohl Chancen als auch die einhergehenden Belastungen, wobei die Unternehmen die Belastung tendenziell nicht so sehr aus dem täglichen Umgang mit der Vorschrift beurteilten, sondern besonders mit Blick auf die noch sehr präsente initiale Umsetzung. Das bedeutet, dass dies eher als „Einmalwirkung" zu verstehen ist, welcher auf der anderen Seite ein dauerhafter Nutzen gegenübersteht. Kritisch beurteilte ein Teil der Befragten die Veränderungen vom FuE-Bereich, da die Vorgaben auch zu neuen Vergleichsmöglichkeiten genutzt werden können und demnach als Belastung aufgefasst wurden.[986] Das Fazit der Prozesswirkungen wird treffend von einem WP so beschrie-

---

[984] Trotz des emergenten Forschungsdesigns ist diese Frage in allen Interviews thematisiert worden, sodass eine quantitative Auswertung u. Analyse in diesem Kontext möglich ist.

[985] Die Abbildung spiegelt die Antworten sämtlicher Interviewpartner, d.h. es sind sowohl die WP als auch die verschiedenen Unternehmen in der Auswertung einbezogen, wobei auch hier die Unternehmen nur einmal gewichtet wurden (d.h. N=14). Die Antworten verteilen sich wie folgt auf die Segmente des Samples: Chance (2 WP, Automobil), Belastung (WP, Industrie, Automobil), Beides (WP, Industrie, 2*Automobil, Chemie), Keine Angaben (Chemie, Industrie, Pharma).

[986] „Es kann ja auch eine Konkurrenz herbeigefügt werden." Zitat aus einem Interview in der Chemiebranche. Vgl: hierzu auch die Vergleichsmöglichkeiten im Abschn. der Informationswirkungen.

ben: *„Das Meilensteinkonzept stellt ein wichtiges Steuerungsinstrument für das Managementinformationssystem dar.“*

Auch der Sekundärwirkungsbereich schließt mit einer komprimierten Auflistung der **Kernpunkte** aus den möglichen und beobachteten **Prozesswirkungen**:

- **Meilensteinkonzept** des IAS 38 als **Controlling-Instrument**
- **Prozessanforderungen** des Standards verlangen für den FuE-Bereich die Umsetzung einer **speziellen Ablaufsystematik** (vgl. Abb. 31)
- **Meta-Konzept** zur Kombination mit interner Prozessperspektive (vgl. Abb. 32) **mit Zeitpunkt**- und **Aktivierungsmeilensteinen**
- **Kombinierte Phasen im neuen Meilensteinkonzept:** Forschungs- und Entwicklungsphase, Herstellungsphase, Aktivierungsprüfphase, Vermögenswert-Bildungsphase, Nutzungsphase
- **Aktivierungsprüfphase** mit **stufenweiser Konkretisierung bzw. Prüflogik**
- **Verknüpfung** mit Problemen aus **Informationsperspektive**
- **Entscheidungskriterien, Ausstrahlungswirkungen** und **Verantwortlichkeiten** transparent
- **Langfristige Synergiepotentiale** aus organisatorischen und inhaltlichen Strukturierungen und systematisierten Prozessabläufen
- **Vorteil**: **Akquisitionsbewertungen** und **-eingliederungen** werden durch Einheitlichkeit des FuE-Bereichs aufgrund von IAS 38 erleichtert
- **Initiale Ist-Bestandsaufnahmen** und **Prozessanalyse** im FuE-Bereich
- **Strukturvereinheitlichung unterstützt FuE-Controlling**: verbesserte Prozessqualität, -effizienz und -transparenz steigert Einsatzmöglichkeiten, gleichzeitig kostensenkende Wirkung
- **Höhere Abbildungsqualität und** -genauigkeit bewirkt **gesteigerte Lernfähigkeit** (z.B. detailliertere Referenzprojekte)
- **Synchrone Berücksichtigung** aller Dimensionen des magischen Dreiecks **„Kosten, Zeit,** Qualität bzw. **Leistung“**
- **Permanente Prozess- und Wertkontrolle** in Form einer **doppelten Prüfung** (intern und extern) wirkt **risikomindernd**
- **Realisierungseinschränkung** auf **tatsächlich abgebildete FuE-Projekte**
- **Praxisurteil** über Chancen und Belastungen aus der Strukturierungsnotwendigkeit des IAS 38 **insgesamt positiv.**

4.2.2.4 Tertiärwirkungen: Integrationswirkungen

Die dritte Ebene des aufgestellten Wirkungsmodells bezieht sich auf die Integrationswirkungen. Dabei bilden die vorgelagerten Informations- und Prozesswirkungen die Basis, auf denen die nun fokussierten langfristigen Effekte im FuE-Controlling aufsetzen. Der Zusammenhang besteht über die Notwendigkeit der geforderten Informationen (Primärwirkung) und den hierfür zu hinterlegenden Prozessablauf (Sekundärwirkung), durch die eine stärkere **bereichs- bzw. funktionsübergreifende Integration** „erzwungen" wird.[987]

Auch an dieser Stelle des Wirkungsmodells werden die generell beobachteten Wirkungen geschildert und darüber hinaus (normative) Handlungs-/Verbesserungsmöglichkeiten aufgezeigt, welche sich u.a. durch die im Wirkungsfaktoren-Modell beschriebenen Einflussgrößen in den Unternehmen unterscheiden. Damit ist auch die Verbindung zum vorangegangenen, stärker empirisch basierten Wirkungsfaktoren-Modell aufgezeigt, auf die an den jeweiligen Stellen eingegangen und verwiesen wird.

Der **Zeithorizont** von Integrationswirkungen ist deutlich weitreichender als der der Primärwirkungen bzw. der Prozesswirkungen des vorherigen Abschnitts, sodass hier die strategischen Aspekte im Bereich des FuE-Controllings in den Fokus rücken.[988]

Bereits in der **Prozessperspektive** wurde angesprochen, dass aufgrund des Meilensteinplans aus IAS 38 die **Lernfähigkeit aus FuE-Projekten** und **-prozessabläufen** sowie das Wissen über diese Bereiche gesteigert wurden. Auf der **strategischen** Ebene könnte hier eine Verknüpfung bzw. Intensivierung dieser Erkenntnisse angestrebt werden, die im Rahmen eines umfassenden **Wissensmanagements** integriert werden. Das Wissensmanagement ist eine strategische Aufgabe, bei der durch den IAS 38 besonders das Wissensgenerierungs- und -verteilungssystem im FuE-Bereich tangiert wird.[989] Die standardisierten Informations- und Prozessvorgaben unterstützen die notwendige systematische Art und Weise der Informationsorganisation, die kontinuierliche Pflege, Überprüfung und Aktualisierung sowie die Einbeziehung verschiedener Fachleute.[990] Anknüpfungspunkte finden sich an verschiedenen Stellen der **Wissensentwicklung** (z.B. über den Aktivierungsmei-

---

[987] Integration verstanden als „the degree to which there is communication, collaboration, and a cooperative relationship". *Leenders/Wierenga* (2002), S. 306.

[988] Die strategischen Controlling-Aufgaben sind grundsätzlich das Entwerfen, Prüfen, Durchsetzen u. Überwachen von Strategien mit unbegrenztem Zeitrahmen u. dem Zielfokus auf bestehenden u. zukünftigen Erfolgspotentialen, Marktanteilen sowie CF. Vgl. *IGC (Hrsg.)* (2005), S. 58.

[989] Vgl. auch Abschn. 3.2.3.

[990] Vgl. *Schmeisser u. a.* (2006), S. 317.

lenstein der „technischen Realisierbarkeit“ oder besonders intensiv in der Forschungsphase), der **Wissensverteilung** (z.B. über die übergreifende Beurteilung von FuE-Projekten) und der **Wissensnutzung** (z.B. über die Berücksichtigung von verschiedenen Verwendungsmöglichkeiten bei der Nutzenbewertung oder den übergreifenden Wirkungen eines Impairment-Tests). Darüber hinaus beinhalten auch die logisch folgenden Phasen im Wissensmanagement, die Wissensbewertung und -bewahrung, Aspekte, die mit den neuen Standardisierungsvorgaben und resultierenden Lernmöglichkeiten aus den Informations- und Prozesswirkungen koppelbar sind.[991]

Ein solches Wissensmanagement lebt von der aktiven Einbeziehung und Nutzung **vielfältiger Informationsbeziehungen**, die im Zusammenhang mit IAS 38 im FuE-Bereich nun integrale Berücksichtigung finden. Abbildung 34 stellt diese internen und externen bzw. direkten und indirekten Informationsbeziehungen schematisch vereinfacht dar. Obwohl eine Beschränkung auf die wesentlichen Verbindungen vorgenommen wurde, ist bereits die Komplexität der multiplen Verknüpfungen ersichtlich. Die wesentlichen Informationen und ihre Verbindungspfade werden dabei im Folgenden einer strategisch-integrativen Blickrichtung unterzogen und im Kontext der Untersuchungsthematik analysiert. Auf beobachtbare Einflussfaktoren wird jeweils unter Rückgriff auf die Erläuterungen im Rahmen des Wirkungsfaktoren-Modells nur komprimiert eingegangen.

---

[991] Wissensmanagement bedingt auch die Schaffung einer innovationsfreundlichen Unternehmenskultur, wobei der Austausch von implizitem Wissen, die Externalisierung dieses Wissens sowie die Kombination u. Internalisierung des Wissens wesentliche Phasen sind. Vgl. *Schmeisser u. a.* (2006), S. 314ff.

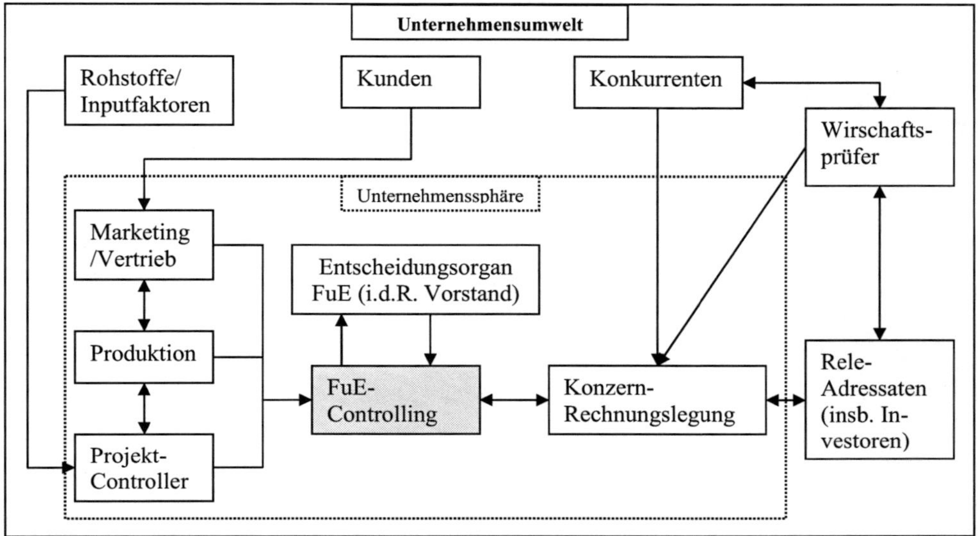

Abb. 33: Vereinfachte schematische Abbildung der wesentlichen Informationsbeziehungen im Kontext der Bilanzierung von FuE nach IAS 38.[992]

Bevor jedoch auf die zentralen Verbindungen eingegangen wird, soll ein grundsätzlicher Aspekt der hier thematisierten Integrationswirkungen den Detailüberlegungen vorangestellt werden. Über die systematische Einbeziehung verschiedener Informationsressourcen und Kontrollpersonen im Prozessablauf wird eine Art „**Multi-Informanten-Ansatz**" verfolgt. Das bedeutet, dass an der Informationsgenerierung systematisch mehr als eine Person beteiligt ist. Hierdurch wird der folgende Aspekt einer Informationsquelle adressiert: In einem Individuum liegende subjektiv geprägte und zum Teil unbewusste Filtermechanismen wirken in allen Phasen des Informationsprozesses. Diese sind durch multiple Einflüsse, wie z.B. unterschiedliches Fachwissen, Motivationen, Anpassungsflexibilitäten,[993] persönliche Erfahrungen oder die individuelle Prognosefähigkeit, das Mindset und die Intelligenzstruktur geprägt. Kombiniert man nun systematisch die verschiedenen Sichtweisen auf einen Beurteilungssachverhalt, so werden durch den Ausgleich der den Beteiligten inhärenten subjektiver Stärken-Schwächen-Profile sowohl die Informationsqualität gesteigert als auch die Informationsrisiken gesenkt.[994] Auswirkungen dieser interpersonellen Unterschiede sind z.B. in Abhängigkeit von der sich durchsetzenden Sichtweise im FuE-Kontext

[992] Quelle: Eigene Darstellung.

[993] Auf unterschiedliche Anpassungsflexibilitäten in den Funktionsbereichen von Marketing u. FuE verweist z.B. *Brockhoff* (1989), S. 76f.

[994] „...the informant bias is responsible for roughly 30 % of the total variance in product success measures." *Brockhoff* (2006), S. 28. Daher befürwortet auch Brockhoff grundsätzlich den „multi-informant-approach". Vgl. ebenda S. 29. Vgl. auch *Zayer* (2005), S. 67f.

„unterschiedliche Prioritäten für Entwicklungsprojekte, unterschiedliche Projektbewertungen und damit letztlich auch verschiedene Unternehmensentwicklungen“[995]. Zusätzlich sind sie ein potentielles Rationalitätsdefizit.[996] Der IAS 38 verursacht aber bspw. die folgende Beteiligungsstruktur: eine Marktbeurteilung des zukünftigen Nutzens wird von den Vertriebs- oder Marketingstellen im Unternehmen mit Daten versorgt, im FuE-Controlling berechnet bzw. zumindest kontrolliert und plausibilisiert und gegenüber dem externen Rechnungswesen verantwortet. Anschließend erfolgt von den WP, als objektiver Kontrollinstanz, eine erneute Prüfung der Wertansätze, Prämissen und relevanten Rückkopplungen bzw. Interdependenzen.[997] Auf diese Weise werden in einer Person begründete Fehleinschätzungen aufgrund individueller Beobachtungen oder sonstiger Einflüsse kontrolliert und ausgeglichen. Diese Wirkung ist besonders relevant, da Wahrnehmungsdivergenzen eine der zentralen Ursachen für Schnittstellenprobleme sind, welche so über den Bilanzierungsmechanismus des Multi-Personen-Ansatzes gleichzeitig abgeschwächt werden.[998]

Die zentrale Bedeutung der beiden **Schnittstellen** Marketing und Produktion für den Erfolg im FuE-Bereich ist bereits an vielen Stellen dieser Arbeit zum Ausdruck gekommen.[999] Im Kontext der hier untersuchten Rechnungslegungsvorschrift in Verbindung mit dem FuE-Controlling erfahren speziell diese beiden Funktionen eine neue und systematisch in den Prozessablauf integrierte Bedeutung. Die auf IAS 38 basierenden neuen Informationsanforderungen und hieraus resultierende Interaktionen werden durch das FuE-Controlling etabliert und koordiniert.[1000] Dabei müssen die grundlegenden Probleme einer Schnittstelle – das Fehlen eines gemeinsamen Vorgesetzten und das Zusammenwirken autonomer Teilbereiche – in den Umsetzungen so berücksichtigt werden, dass organisations-, informati-

[995] *Brockhoff* (1989), S. 74. Ebenda finden sich auch signifikante emp. Belege für diesen Zusammenhang.
[996] Vgl. hierzu Abschn. 3.2.3.
[997] Vgl. zur hier aufgegriffenen doppelten Kontrolle auch die Prozesswirkungen im Abschn. 4.2.2.3.
[998] Vgl. zu den Wahrnehmungsunterschieden *Brockhoff* (1989), S. 43. Vgl. auch Abschn. 3.2.3.
[999] Vgl. hierzu Abschn. 3.2 sowie im Wirkungsfaktoren-Modell Abschn. 4.2.1.2.2 ad 4. Schnittstellen.
[1000] Versteht man die neue Funktion des FuE-Controllings als ein funktionsübergreifendes Board, welches Ideen prüft u. den Entwicklungsprozess auf Basis des IAS 38 überwacht, so versprechen auch empirische Studien hohe Integrationswirkungen. Vgl. *Leenders/Wierenga* (2002), S. 307f. Vgl. zur Umsetzungsverantwortung der Bilanzierung im FuE-Controlling die Ausführungen im Bereich des Wirkungsfaktoren-Modells, speziell im Bereich der Organisation im Abschn. 4.2.1.2.2.

ons- und zielkonfliktbedingte Ineffizienzen möglichst optimal koordiniert werden.[1001] Das Zusammenspiel der genannten Funktionen ist durch die Rechnungslegungsvorgaben explizit enthalten und wird daher intensiviert, d.h. grundlegend integrierter sowie transparenter organisiert. Die Integration anhand des untersuchten Abbildungsansatzes von FuE im IAS 38 erfolgt dabei durch Standardisierung und durch entsprechend abzustimmende Informationen und Prozessabläufe, wobei situative Faktoren, wie z.B. die Organisation, einen deutlichen Einfluss haben.[1002] Durch die vom FuE-Controlling durchzuführenden Planungen und Kontrollen, Neuausrichtung der Aufgaben- und Prozessstruktur und den zusätzlichen Schnittstellenwirkungen kann man im Zusammenhang mit der Umsetzung des **IAS 38** sogar von einem **Integrationsinstrument** sprechen.[1003] Eine Begründung hierfür liegt in der hohen innerbetrieblichen Akzeptanz der Rechnungslegungsnormen, welche u.a. in den Informationswirkungen verdeutlicht wurden.[1004] Hierdurch können Konfliktpotentiale zwischen Funktionsbereichen in Form von Zieldivergenzen, Glaubwürdigkeitsproblemen oder auch subjektiven Wahrnehmungen abgebaut werden.[1005] Analog hierzu wirkt der einheitliche Strukturierungsansatz aus IAS 38 für das Thema FuE wie eine **integrierende**

1001 Vgl. *Brockhoff* (1993a), S. 399f. Durch die Betonung funktionaler Eigenheiten resultieren schwerwiegende Kommunikationsprobleme. Vgl. *Brockhoff* (1993a), S. 396 mit weiteren empirischen Nachweisen. Vgl. zu den funktionalen Koordinationsproblemen komprimiert auch *Wind* (1982), S. 483f., zitiert nach *Brockhoff* (1989), S. 14. Hier zeigen sich auch Einflüsse der situativen Kontextfaktoren der Projektgröße u. der Organisation. Größere Projekte haben tendenziell höhere Koordinationsprobleme. Gleiches gilt für Zentralisierungsstrukturen im FuE-Bereich im Vergleich zu divisionalen Strukturen. „Achieving higher levels of integration in organisations is important for linking interdependent functions together and thus maximizing their joint contribution to the overall goals of the organisation. People from different departments that are integrated seek and give information, divide labor effectively, and assist each other readily. The benefits of more integration are that better new products can be developed more quickly, with less cost, and with a higher profit." *Leenders/Wierenga* (2002), S. 306.

1002 Vgl. grundlegend zur Integration u. Integrationsmaßnahmen *Warschkow* (1993), S. 21ff. Vgl. zum Kontextfaktor der Organisation Abschn. 4.2.1.2.2. Die Organisation des FuE-Bereichs ist sowohl insgesamt, als auch speziell mit seinen Prozessabläufen u. Schnittstellen ein strategischer Erfolgsfaktor. Vgl. *Brockhoff* (2003), S. 344f. Vgl. auch *Brockhoff* (1989), S. 46f. Ebenda fordert Brockhoff eine bessere Abstimmung dezentraler FuE-Maßnahmen zur Herbeiführung gleichartiger Umweltwahrnehmungen sowie einen frühzeitigen Informationsaustausch, damit eine gemeinsame Basis erreicht wird. Ebenda findet sich auch ein Nachweis, dass die Organisation bzw. Mängel in Zuständigkeiten u. Kommunikation für ca. 10 % der gescheiterten Produktinnovationen verantwortlich sind. Vgl. ebenda, S. 94f.

1003 Vgl. *Warschkow* (1993), S. 24, der die Prozessfaktoren Planung u. Kontrolle, Gestaltung der Aufgabenstruktur u. Schnittstellenbeziehungen als Integrationsinstrumente versteht. Vgl. zur besseren Abstimmung im Kontext des Schnittstellenmanagements auch *Schmeisser u. a.* (2006), S. 164f., wo insbesondere die bessere Abstimmung von technology push u. market pull über das phasenübergreifende integrative Zusammenwirken von Produktion u. Marketing im FuE-Bereich genannt wird.

1004 Vgl. hierzu die Ausführungen im primären Wirkungsbereich (Abschn. 4.2.2.2).

1005 Vgl. *Brockhoff* (2005d), S. 22. Vgl. auch in diesem Abschn. die Ausführungen zum „Multi-Informanten-Ansatz". Die Notwendigkeit glaubwürdiger Informationen bei Schnittstellenkooperationen wurde in einer empirischen Studie mit 80 FuE-intensiven Unternehmen für die Verbindung zw. Marketing u. FuE nachgewiesen. Vgl. *Gupta/Wilemon* (1988), S. 20ff. Glaubwürdigkeit ist ein Grundsatz der IFRS. Vgl. hierzu Abschn. 2.1.2. Vgl. auch Abschn. 4.2.2.5.

„**Sprachbrücke**" zwischen kulturell sehr verschiedenen Bereichen.[1006] Die hieraus zum Teil beobachteten und möglichen Verbesserungen sind auch der Tatsache geschuldet, dass die Schnittstellenkoordination vor der Einführung der IFRS nicht immer zufriedenstellend funktionierte. So berichteten bspw. die WP in der Untersuchung, dass die notwendige Schnittstelle zwischen der Entwicklungs- und Marketingabteilung in der Praxis nicht immer existierte, sodass die Kosten- und Nutzenperspektiven von Entwicklungen nicht systematisch gegenübergestellt wurden. Das Marketing bzw. der Vertrieb konzentrierten sich auf die Planungen der Absatzzahlen und die Entwicklungsabteilung fokussierte die Produktentwicklung mit der Kostenperspektive.[1007] Dieses **Abstimmungsdefizit** zwischen der marktbasierten Nutzenperspektive und der Kosten-/Produktionsperspektive führt häufig zu deutlichen Ineffizienzen und Fehlallokationen von Einsatzfaktoren (Zeit- und Ressourcenverschwendungen).[1008] Folgen schlechter Schnittstellenabstimmung sind z.B. auch eine schlecht vorbereitete Markteinführung, Probleme beim Produktionsanlauf oder riskante Insellösungen. Durch die im Folgenden detailliert erläuterte **Integrationsnotwendigkeit aufgrund** des **IAS 38** wurde der wettbewerbsentscheidende Charakter der *„Geschwindigkeit und Produktivität der Innovationsmaschine im Unternehmen"*[1009] qualitativ gestärkt und auch bereichs-, geschäftsbereichs- und länderübergreifende Schnittstellen wurden organisatorisch über die neue Bilanzierung stärker verbunden.[1010] Dabei gehen die Integrationswirkungen zum Teil sogar über das Prozessintegrationspotential im Unternehmen hinaus und beziehen systematisch auch unternehmensexterne Marktpartner entlang der Wertschöpfungskette im FuE-Kontext ein (siehe Abb. 34).[1011]

Aufgrund der zumeist marktlich orientierten FuE-Tätigkeiten in Unternehmen ist die **Schnittstelle** zwischen dem FuE-Bereich bzw. dem **FuE-Controlling** und dem **Marketing** ein zentraler Koordinationspunkt, der für die imperativ notwendige Einbeziehung der

---

[1006] Vgl. zur Problematik der Kulturdifferenzen *Brockhoff* (1989), S. 43. Vgl. auch die analoge Argumentation einer einheitlichen Sprachbasis auf der Ebene der Harmonisierung in Abschn. 2.5.2. Auswirkungen zeigten sich auch im Bereich der Heterogenität der Geschäftsfelder im Abschn. 4.2.1.2.2.

[1007] Im Folgenden wird aus Vereinfachungsgründen nicht mehr zw. Marketing u. Vertrieb unterschieden, sondern nur noch der Begriff des Marketings verwendet.

[1008] Aus der Perspektive der Multiplikatorengruppe der WP stecken die Integrationen der zentralen Schnittstellen Marketing u. Produktion noch „in den Kinderschuhen".

[1009] *Goldbrunner* (2006), S. 31. Ebenda heißt es auch „Kürzere Produktlebenszyklen halten Kunden mit immer neuen Angeboten in Atem, während gleichzeitig der Wunsch nach differenzierten, individualisierten Produkten eine nie gekannte Komplexität in der Produktplanung u. –fertigung hervorbringt."

[1010] Vgl. hierzu die Ausführungen im Bereich der Heterogenität der Geschäftsfelder (Abschn. 4.2.1.2.2).

[1011] Diese Forderung wird auch aufgrund der heutigen Wettbewerbssituation immer entscheidender. „Companies have to understand that suppliers and customers are a natural extension of their business divisions, and that value and competitive leadership must be gained from both external and internal business re-engineering". *Brockhoff* (1997), S. 177.

Kundenperspektive maßgeblich ist. Dieser wird im Folgenden vor dem Hintergrund des IAS 38 beleuchtet. Ausgangspunkt ist hierbei die mangelhafte Zusammenarbeit und strategische Harmonisierung zwischen den Bereichen FuE und dem Marketing, die sowohl in empirischen Studien als auch an vielen Stellen der im Rahmen dieser Arbeit geführten Interviews und Beobachtungen zum Ausdruck gekommen ist.[1012] Betrachtet man daraufhin zunächst die **„neue Marketingrolle"** aus IAS 38, so beinhaltet und verantwortet dieser Bereich bei der Bilanzierung von FuE-Ausgaben schwerpunktmäßig die **Aktivierungsgröße** des **„zukünftigen Nutzens"** aus einer Entwicklung.[1013] Dabei kann es sich einerseits um den Absatz eines die Innovation enthaltenden Produktes und den damit verbundenen erzielbaren Nutzen handeln. Andererseits kann auch der Verkauf der Innovation an sich über dieses Aktivierungskriterium abgebildet und vom Marketing entsprechend quantifiziert werden.[1014] Ferner obliegen dem Marketing neue **Kontrollaufgaben** aufgrund des **Impairment-Tests**, welche sich über den gesamten Phasenzyklus eines FuE-Projektes bzw. den Prozessablauf einer (potentiellen) bilanziellen Ressource aus FuE beziehen.[1015] Hierbei sind von Seiten des Marketings die externen Informationsquellen im Bereich der Kunden- und Marktentwicklungen systematisch auf wertverändernde Tendenzen zu prüfen (z.B. in Bezug auf die verwendeten Bewertungsprämissen).[1016] Steht nach IAS 38 ein FuE-Projekt in der Entwicklungs- bzw. Aktivierungsprüfphase und soll auf Basis der geplanten marktbasierten Verwertung beurteilt werden,[1017] so obliegt dem Marketing die Generierung der relevanten Inputfaktoren/-variablen zur Bestimmung des erzielbaren zukünftigen Nut-

[1012] Vgl. z.B. die Studie von Brockhoff, in der sich zeigte, dass in weniger als der Hälfte der empirisch untersuchten deutschen Unternehmen eine Harmonisierung von Marketing u. FuE im Strategiebereich vorhanden ist. Vgl. *Brockhoff* (1990). S. 452 m.w.N. Eine gute Abstimmung dieser Bereiche hat aber eine überragende Bedeutung u. erhöht die Wahrscheinlichkeit für Projekterfolge u. durch gezielteren Einsatz beim Marketing-Aufwand zu Effektivitätssteigerungen. Vgl. ebenda S. 465 u. S. 469. Einen Überblick über empirische Belege des Zusammenhangs zw. mehr Integration von FuE u. Marketing u. einer besseren Neuproduktentwicklung finden sich z.B. bei *Leenders/Wierenga* (2002), S. 311 u. S. 306.

[1013] Vgl. hierzu grundlegend Abschn. 3.3.1.2 u. im Wirkungsfaktoren-Modell die entsprechenden Stellen der Abschn. 4.2.1.2.2, 4.2.1.2.3 sowie auf der FuE-Projektebene 4.2.1.2.4. Bewertungsrelevant sind – neben der Nutzungsdauer aus dem geschätzten Produktlebenszyklus – die der Produktenwicklung aus Kundensicht zugeschriebenen harten Produkteigenschaften (d.h. technisch, physikalischen od. chemischen) im Zusammenspiel mit den weichen Faktoren (immaterielle, nicht funktionale Nutzenkomponenten wie etwa die Marke, das Design, spezielle Distributionskanäle od. Kombinationen mit anderen Produkten/Dienstleistungen). Vgl. *Herrmann u. a.* (1999), S. 510.

[1014] Vgl. zur Bestimmung des zukünftigen ökonomischen Nutzens einer originären immateriellen Ressource Abschn. 3.3.1.2.2. Auf den komplexeren Fall einer Kombination dieser od. auch anderer Nutzungskonstellationen wird an dieser Stelle nur hingewiesen. Vgl. hierzu z.B. den situativen Einflussfaktor der „Heterogenität der Geschäftsfelder" im Wirkungsfaktoren-Modell (Abschn. 4.2.1.2.2).

[1015] Vgl. zum Impairment-Test die Prozesswirkungen im vorherigen Abschn. 4.2.2.3.

[1016] Vgl. zu den Informationsquellen Abschn. 4.2.2.3.

[1017] Für FuE-Projekte mit anderen Verwertungsoptionen lässt der Standard auch nicht-marktbezogene Bewertungsverfahren zu, auf die z.B. im Folgenden bei der Analyse der Schnittstelle zw. Produktion u. FuE eingegangen wird.

zens bzw. direkt des konkreten Beurteilungswertes.[1018] Die systematische, den Prozessablauf begleitende Markt-, Kunden- und Wertbeobachtung durch das Marketing integriert sämtliche relevanten Veränderungen, etwa in der Kundenwahrnehmung der Produkteigenschaften, sowie mögliche verbundene Nutzwertanpassungen in die Beurteilung der strategischen Potentiale aus FuE.[1019] Gleichzeitig werden zeitbezogene Wirkungen (time-to-market,[1020] Market-Leader, First-Mover-Advantages usw.) auf den Markterfolg bzw. den Entwicklungswert der (potentiellen) originären immateriellen Ressource im Rahmen dieser Bewertungen und Wertkontrollen einbezogen sowie in Planungen oder Anpassungsmaßnahmen expliziert.[1021] Auch berücksichtigt das Marketing bewertungsrelevante Kombinationswirkungen aus neuen Entwicklungen, wie z.B. Kannibalismus- oder Verbundeffekte. Diese sollten etwa als Opportunitätskosten in Entscheidungsplanungen und -bewertungen einfließen.[1022] Der konsequente Fokus auf den Kunden- bzw. Verwendungsnutzen bei der Entwicklungsbewertung auf Basis des IAS 38 führt zu einer markt- und zielgerechteren Entwicklung, die sich nicht am technisch Möglichen orientiert.[1023] Die beschriebene **prozessbegleitende** und **integrative** Stellung des Marketings auf Basis des neuen Bewertungsansatzes für originäre immaterielle Vermögenswerte bedeutet für das **Marketing** eine neue Intensität in der Verknüpfung mit dem FuE-Bereich bzw. FuE-Controlling sowie eine Mitverantwortung für die Rechnungslegung. Über den hier beschriebenen „Bilanzierungskanal" werden die in der Praxis als besonders schwerwiegend beurteilten Kommunikati-

---

[1018] Vgl. hierzu auch die Gestaltungsunterschiede in Abhängigkeit der verschiedenen Kontingenzfaktoren im Wirkungsfaktoren-Modell, auf die an dieser Stelle nicht weiter eingegangen wird.

[1019] Studien zeigen, dass ca. 50 % der Misserfolge von Produktinnovationen auf eine fehlerhafte Marktbeurteilung zurück zuführen sind. Vgl. *Brockhoff* (1989), S. 94f. Diese Einflussgrößen sind abhängig vom Kontextfaktor Branche, wie eine Studie belegt. Vgl. *Staudt/Bock/Mühlemeyer* (1992), S. 1001.

[1020] Die time-to-market ist eines der wichtigsten Ziele, sodass ein verzögerter Markteintritt in seinen Auswirkungen auf Absatzvolumen, durchsetzbare Preise, erzielbare Gewinnspannen sowie auf Wettbewerbssituation u. Zielmarktakzeptanz abgeschätzt werden muss. Vgl. *Riedrich/Sasse* (2005), S. 175.

[1021] Controlling-Probleme von FuE im Bezug auf das Timing am Markt sind eine häufige Ursache für Innovationsmisserfolge. Vgl. *Brockhoff* (1989), S. 94f.

[1022] Inwieweit sich hier die internen u. externen Rechnungssysteme synchronisieren lassen, muss im Einzelfall beurteilt werden, da diese wert- u. entscheidungsrelevanten Faktoren bisher weder in der Literatur noch in den Interviews aufgegriffen wurden.

[1023] Vgl. ausf. zu Problemen bei der Kundenintegration in den Entwicklungsprozess *Brockhoff* (2005e), S. 859ff. Vgl. hierzu auch die in den Sekundärwirkungen enthaltenden Risikoaspekte dieses Methodik.

onsprobleme zwischen Marketing und FuE aufgegriffen und gemildert und eine gemeinschaftliche Verantwortungshaltung für Produktentwicklungen erzeugt bzw. unterstützt.[1024]

Die **Integration** im Themenfeld des **Marketings** kann auch über die **Kombination der Nutzenermittlung mit Kunden- oder marktorientierten Instrumenten** wie etwa dem **Target Costing** systematisch vollzogen werden.[1025] Die Projekte könnten dabei so zerlegt werden, dass sie den einzelnen Bewertungseinheiten im Target-Costing entsprechen und über die Funktions-Komponenten-Matrix anteilig einen marktbasierten Wertbeitrag erhalten. Eine weitere Kombinationsmöglichkeit wäre auch über die Zuordnung von Zielkosten zu den einzelnen Phasen gegeben.[1026] Ferner ist die Messung der Verbesserung durch das betrachtete FuE-Projekt in Form einer Deltabetrachtung im Vergleich zu einem Kostenziel für ein Basisprodukt denkbar, wobei der zusätzliche funktionale Nutzen durch den Kunden bewertet wird und hiernach Zielkosten ermittelt werden. Diese könnten dann auf die einzelnen FuE-Phasen bezogen werden bzw. der Gesamtprojektbewertung gegenübergestellt werden. So könnten auch verschiedene FuE-Projekte für ein Endprodukt im Rahmen dieser Bewertung einbezogen werden. Diese Verknüpfungen eignen sich auch zur Anwendung im Rahmen der Werthaltigkeitskontrolle.[1027]

Bevor weitere strategische Kombinationsmöglichkeiten der bilanziellen Größen beschrieben werden, soll zunächst die zweite bedeutsame **Schnittstelle** im Kontext der originären immateriellen Werte – die Schnittstelle zwischen dem **FuE-Controlling** und dem **Produktionsbereich** – auf strategische Integrationswirkungen untersucht werden. Auch hier verlangt und bewirkt der IAS 38 eine stärkere Zusammenarbeit beider Funktionen. Die Pro-

---

[1024] Das Kommunikationsdefizit ist in der Praxis ein Hauptproblem. Vgl. *Brockhoff* (1989), S. 29. Explizit empirisch belegt sind dort der geringe Informationsstand zw. den beiden Bereichen, die Abhängigkeiten der Informationsflüsse von persönlichen Sympathien, die Kompromissbereitschaft im Entscheidungs- u. Entwicklungsprozess sowie die ungebremste Weiterentwicklung auf eigene Faust. Ebenda findet sich auch der folgende über IAS 38 nun positiv beeinflusste Problembereich: „Synchronisationsmängel der Planungshorizonte od. der Umweltwahrnehmung erweisen sich vor allem dann als gefährlich, wenn 1. der längerfristigen Planung die Bindung an die Markterfordernisse verloren geht, ihre Ergebnisse aber später das Angebotsprogramm eines Unternehmens determinieren, od. 2. mit der beruhigenden, aber meist falschen Annahme operiert wird, dass die zeitlich kürzer greifenden Planungen mechanisch fortgeschrieben werden könnten;…" *Brockhoff* (1989), S. 76.

[1025] Riedrich/Sasse stellen einen Mangel u. Ergänzungsbedarf bei der Einbeziehung von Entwicklungskosten in die Methode des Target Costing fest u. schlagen konkret die Integration von Earned Value Methode u. Target Costing über die Bottom-Up Verifizierung eines Top-Down geplanten Entwicklungsbudgets via Target Costing vor. Vgl. *Riedrich/Sasse* (2005), S. 173f. Vgl. auch *Bürgel* (1994), S. 115f. u. zur Methode *Specht/Beckmann/Amelingmeyer* (2002), S. 176ff., *Seidenschwarz* (1993), S. 1ff.

[1026] Vgl. *Bürgel* (1994), S. 116. Vgl. ausf. zum Multi Market Target Costing *Ortelbach* (2005), S. 163ff.

duktionsabteilung ist hierbei immer dann eingebunden, wenn ihr die **Beurteilung** des **Aktivierungsmeilensteins** der „**technischen Realisierbarkeit**" im Sinne einer Fertigungsfähigkeit auferlegt wird. Die unternehmensindividuelle Operationalisierung dieses Kriteriums kann – auch in Abhängigkeit des FuE-Vorhabens oder in Verbindung mit Klassifizierungsansätzen – sowohl im FuE-Bereich selbst beurteilt werden als auch von der späteren Produktionsstätte.[1028] Wird die zweite Variante, also eine systematische Einbindung des Funktionsbereiches der Produktion, zur Erfüllung der Aktivierungsvoraussetzung gewählt, so können auf diese Weise bestehende defizitäre Schnittstellenkoordinationen und damit verbundene mögliche Probleme (z.B. beim Produktionsstart) verringert werden. Gemeint sind damit sowohl die Beurteilungspunkte vorhandener Kapazitäten, Maschinen und sonstiger Produktionserfordernisse als auch die Abstimmung notwendiger Testläufe und Feedbackschleifen mit den FuE-Bereichen, bis die endgültigen Produkteigenschaften in der Produktion erzielt werden. Besondere Bedeutung besitzt die Schnittstelle zur Produktion im Rahmen der bilanziellen Abbildung, wenn aus FuE-Projekten neue Produktionsverfahren oder hier verwendbare technische Verbesserungen hervorgehen. Diese werden dann naturgemäß von den Produktionsbereichen – als geplanten Einsatzorten – auf entsprechende Umsetzbarkeit geprüft. An dieser Stelle könnte auch die Komplexität einer mehrfachen Verwendung der entwickelten Anwendungstechnik sowohl im eigenen Unternehmen als auch durch Verkauf oder Lizenzierung am Markt dazu führen, dass engere Beurteilungsabstimmungen notwendig werden und dabei auftretende Interdependenzen, etwa zwischen Produktion und Marketing, berücksichtigt werden.[1029]

Gleichzeitig kann der bereits mehrfach erwähnte Aspekt der Kostendeterminierung im Entwicklungsstadium systematisch im Rahmen der prozessualen Aktivierungsprüfphase implementiert werden. Zukünftige Produkt- bzw. Produktionskosten können hier über den gesamten Phasenablauf von oder zumindest in Zusammenarbeit mit der Produktionsabteilung beurteilt werden, z.B. wenn Veränderungen aufgrund misslungener Testläufe zu anderen Produktionskosten führen. Auch sind besonders bei Prozessinnovationen im B2B-Bereich die zukünftigen (variablen) Betriebskosten ein relevanter Parameter der Investiti-

---

[1027] In einem Unternehmen der Automobilbranche wurde angesprochen, dass die Werte für die Impairment-Tests aus der Produktentscheidungsrechnung stammen würden. Diese wäre nicht ganz analog zur Berechnung der Werthaltigkeit durch die Rechnungslegungsabteilung, würde sich aber auf Ergebnisse des Target Costing stützen. Vgl. zum Target Costing im Zusammenhang mit dem Performance Measurement von FuE *Nixon* (1998), S. 341.

[1028] Vgl. hierzu die situativen Kontextfaktoren im Wirkungsfaktoren-Modell im Bereich der Organisation „Informationsflüsse/Anforderungen" u. „Schnittstellen" (Abschn. 4.2.1.2.2).

onsentscheidung und damit für das verkaufende Entwicklungsunternehmen ein strategischer Faktor. Dieser muss von den Produktionsstellen quantifiziert und im Rahmen der marktbezogenen Verkaufsbeurteilungen vom Marketing einbezogen werden.

Im Gegensatz zur operationalisierungsabhängigen Beteiligung der Schnittstelle zur Produktion gibt es bei der technischen Realisierbarkeit einen Beurteilungspunkt, in welchem diese Funktion regelmäßig involviert und integriert wird. Die betrachtete Schnittstelle ist nämlich immer dann im Rahmen der Bilanzierungsnorm involviert, wenn es um die **Bewertung** einer **Entwicklung** geht, die im Unternehmen eingesetzt werden soll. Meist handelt es sich dabei um neue Verfahren, Rezepturen oder Techniken, die die Produktion beschleunigen, verbessern oder andere Rationalisierungseffekte versprechen. Ist diese **unternehmensinterne Verwendung** für einen „Bilanzierungskandidaten" aus FuE geplant, so wird die Aktivierungsvoraussetzung des „zukünftigen Nutzens" analog einer Rationalisierungsinvestition aus dem Einsparpotential bei Anwendung der Entwicklung berechnet.[1030] Die Inputdaten für diesen **vermögenswertspezifischen Nutzungswert** oder sogar direkt der bilanziell relevante Wert werden dabei sinnvollerweise von der Stelle im Unternehmen ermittelt, welche für die zu verbessernden Produktionsmethoden/-maschinen verantwortlich ist. Dies wird regelmäßig die Produktionsabteilung sein.[1031] Seltener kann hierbei auch eine spezielle Technikstelle (zusätzlich) eingeschaltet werden. Je nach Organisation, FuE-Objekt und Umsetzung wird der Nachweis dieses Aktivierungsmeilensteins auch durch den FuE-Bereich erbracht.[1032] Im weiteren **Nutzungsverlauf** einer solchen intern eingesetzten substanzlosen Ressource besitzt der Produktionsbereich im Zusammenhang mit den routinemäßigen **Werthaltigkeitskontrollen** bei der Beurteilung der Produktionseigenschaften eine Kontrollfunktion. So ist z.B. die Frage der tatsächlichen Leistungsfähigkeit im Abgleich mit den Planungsrechnungen, eine Prämissenkontrolle sowie Einschränkungen in

---

[1029] Vgl. hierzu z.B. den Einflussfaktor der „Heterogenität der Geschäftsfelder" im Wirkungsfaktoren-Modell (Abschn. 4.2.1.2.2).

[1030] Vgl. hierzu die Berechnungsgrundlagen für den „zukünftigen Nutzen" im Abschn. 3.3.1.2.2.

[1031] Unter Umständen findet auch eine Integration vorgelagerter Funktionen wie der Logistik statt, indem die Materialbeschaffung u. die diesbezügliche Abstimmung ebenfalls im Zuge dieser Bewertung od. im Zusammenhang mit dem Aktivierungsmeilenstein der „notwendigen Ressourcen" erfolgt. Hierbei könnten dann auch Zielsetzungen einer konsequenten Reduzierung der Einkaufskosten durch Anstrengungen in frühen Planungsphasen berücksichtigt werden.

[1032] Hier zeigen sich einige der empirisch beobachteten situativen Kontextfaktoren, auf dessen detaillierte Wirkungen hier unter Verweis auf das vorangestellte Wirkungsfaktoren-Modell nicht eingegangen wird.

der physischen Leistungsfähigkeit etwa aufgrund von Überalterung oder Schäden von der Produktionsstätte qualifiziert zu beurteilen.[1033]

Simultan gelingt es dem FuE-Controlling über die dargestellte **Integration** von **Produktions**- und **Marketingfunktionen** in der Bilanzierung nach IAS 38 das Kostenmanagement an der „richtigen" sehr frühen Entstehungsphase im Entwicklungsprozess unter gleichzeitiger konsequenter Ausrichtung auf die Kundenwünsche und Marktanforderungen besser zu steuern. Ferner können durch Prozess- und Integrationswirkungen auch schwache Signale in Bezug auf **Technologie- und Marktchancen/-risiken** besser erkannt werden. Es entsteht hierdurch eine **strategische Kontrolle**, durch *„deren Einbindung in den unternehmerischen Entscheidungsprozess sowie das Aufzeigen des Zusammenspiels aller Umweltbeziehungen der Unternehmung und innerbetrieblicher Vorgänge"*[1034] eine zentrale Erfolgsvoraussetzung des FuE-Controllings erreicht wird.

Neben den beiden bekannten Schnittstellen im FuE-Bereich tritt aufgrund der Norm des IAS 38 eine **neue Verbindung** des **FuE-Controllings** zur Bilanzierungsabteilung bzw. der **Konzernstelle für externe Rechnungslegung** hinzu.[1035] Hier müssen sämtliche bilanziell relevanten Vorgänge und Informationen zu den Bilanzierungsstichtagen vorliegen, Einzelfragen der Umsetzung oder Handhabung spezifischer oder genereller Situationen und Sachverhalte besprochen werden sowie die Haltung gegenüber den WP abgestimmt werden. Auch die initiale Implementierung und Operationalisierung des IAS 38 erfolgte unter intensiver Zusammenarbeit dieser beiden Abteilungen, wobei das FuE-Controlling die Kenntnisse der unternehmerischen FuE-Inhalte einbrachte und die Bilanzierungsabteilung das Detailwissen der IFRS Normen.[1036] Da die hiermit verbundene neue Verantwortung und gestiegene Komplexität im Themenfeld des FuE-Controllings als begleitende Veränderungswirkungen im Rahmen des Wirkungsmodells verstanden wird, erfolgt die detaillierte Behandlung im nachfolgenden Abschnitt.[1037]

Die neuen **Bilanzierungsgrößen** können im Rahmen des strategischen FuE-Controllings mit einigen **existierenden Controllinginstrumenten** in der Praxis **kombiniert** werden. Im

---

[1033] Die Produktion ist somit wesentlich in die Beurteilung der internen Informationsquellen i.R.d. Impairment-Test aus IAS 36 einbezogen. Vgl. hierzu Abschn. 4.2.2.3.

[1034] *Schmeisser u. a.* (2006), S. 152. Zielsetzung der strategischen Kontrolle ist das rechtzeitige Erkennen von Fehlentwicklungen u. anschließende Plananpassungen u. -revisionen. Vgl. ebenda, S. 213. Vgl. grundlegend Abschn. 3.2.3.

[1035] Vgl. hierzu auch den Abschn. zu den Schnittstellen im Wirkungsfaktoren-Modell (4.2.1.2.2).

[1036] Vgl. hierzu im Wirkungsfaktoren-Modell den Abschn. 4.2.1.2.2 ad b) institutionelle Aspekte von FuE.

[1037] Vgl. Abschn. 4.2.2.5.

Rahmen der Analyse der Schnittstelle zum Marketing wurde bereits die Synchronisation mit dem Target Costing angedeutet.[1038] Weitere praktisch mögliche Integrations- und Anknüpfungsstellen finden sich u.a. in den nachfolgend genannten vier Themenfeldern, wobei aufgrund der Limitationen dieser Arbeit nur der erste Punkt ausführlich dargestellt und erläutert werden kann und die weiteren Kombinationsmöglichkeiten lediglich angedacht werden können:

1. Implementierung in **Budgetierungsansätzen**,
2. Kombination mit **Portfolio**-Abbildungen,
3. Einbindung bei der **Anreizsteuerung** und
4. Integration in die **Balanced Scorecard** (BSC).

Bevor die einzelnen **Integrationsmöglichkeiten** näher ausgeführt werden, sei noch auf eine **grundlegende Einschränkung** hingewiesen, die bereits für die operative Informationsverwendung im Bereich der Primärwirkungen diskutiert wurde.[1039] Die **Entscheidungsnützlichkeit** der neuen Kennzahlen und ihrer Kombinationsmöglichkeiten wird von vielen Faktoren beeinflusst und muss für jede Unternehmung individuell beurteilt sowie über einen bestimmten Zeitraum geprüft werden.[1040] Eine generelle Aussage kann hier also nicht getroffen werden, sodass die folgenden strategischen Einsatzvariationen als theoretische Überlegungen zu verstehen sind, die einer „Tauglichkeitsprüfung" in Form einer Validierung oder Falsifizierung durch die Praxis bedürfen.[1041]

Ad 1: Implementierung in **Budgetierungsansätzen:**

Steuerungsaspekte der via Bilanzierungsnorm gewonnen Informationen können über eine Einbeziehung als Parameter in den **Budgetierungsprozess** realisiert werden. Obwohl FuE-Projekte eine ziel- und zukunftsbezogene Bemessung ihrer Ressourcen nahe legen, erfolgt die Budgetierung in der Praxis vorwiegend über vergangenheitsbezogene Heuristiken.[1042] Die bilanzielle Kennzahl der **Entwicklungskosten** eines Projektes oder der Entwicklungskostenquote (als dem Anteil der aktivierten Herstellungskosten an den gesamten FuE-Ausgaben) könnte die Brücke zwischen der problembehafteten Budget-Bemessung und

[1038] Vgl. auch die Anlehnung an die ABC-Analyse im Bereich der Informationswirkungen sowie die Verbindungsüberlegungen in Netzpläne im Rahmen der Prozesswirkungen.
[1039] Vgl. ausf. die Primärwirkungen im Wirkungsmodell im Abschn. 4.2.2.2.
[1040] Im Wirkungsfaktoren-Modell wurden diese Einflussgrößen der Umsetzungen ausf. thematisiert.
[1041] Keine der im Folgenden dargelegten Möglichkeiten wurden in der Praxis beobachtet.

einer angestrebten zukunftsbezogenen und kausalen Mittel-Zweck-Beziehung liefern. Die Besonderheit dieser existierenden Kennzahl liegt in ihrer **simultanen Abdeckung von Unsicherheiten** und dem **Zeitfaktor** über die zu erfüllenden Aktivierungskriterien „zukünftiger Nutzen" und „technische Realisierbarkeit" sowie der **regelmäßigen Wertkontrolle** mit unmittelbar erfolgswirksamen Konsequenzen in der Periode.[1043]

Hierbei kommt die **bilanzielle Abbildung** hauptsächlich in **Verbindung** mit dem **projektorientierten Budgetierungsansatz** in Frage, welcher als Anwendungsvoraussetzung die Messbarkeit von Erfolgsbeiträgen und Erfolgswahrscheinlichkeiten auf Projektebene verlangt. Aber auch die zielorientierte Budgetierung wird durch die Operationalisierung aus IAS 38 unterstützt, indem der Zielbeitrag der einzelnen Projekte anhand ihres zukünftigen Nutzens oder sogar im Sinne der geschaffenen immateriellen Werte direkt aus den Entwicklungskosten bestimmt bzw. definiert werden kann. Ebenfalls kann die Größe der Entwicklungskostenquote des oder der leistungsfähigsten Konkurrenten zur Budgetierung herangezogen werden,[1044] um seine Marktstellung in Relation zur Konkurrenz zu behaupten oder sogar auszubauen.[1045] Über die Segmentberichte können die Daten sogar auf dieser Ebene generiert werden, wodurch bestehende bereichsspezifische Strukturunterschiede berücksichtigt werden können.[1046] Möglich ist unter Verwendung der Bilanzierungsinformationen auch eine Kombination verschiedener Budgetierungsansätze, sodass die isoliert nicht überlegenen unterschiedlichen Ansatzpunkte hierdurch zu einem verbesserten Entscheidungsmuster gelangen.[1047]

Ausführlich wird der folgende **Integrationsansatz** beschrieben: Möglich wird eine **Staffelung** der Budgetierung **nach** den **Entwicklungskostenquoten** auf Projekte anhand **strate-**

[1042] Vgl. *Heidenberger/Muthsar/Stummer* (2000), S. 1006, vgl. für empirische Belege auch *Brockhoff* (1989), S. 82f. sowie die Ausführungen im Grundlagenteil in Abschn. 3.2.3.

[1043] Vgl. hierzu die Grundlagen der bilanziellen Abbildung nach IAS 38 in Abschn. 3.3.1.2 u. 3.3.1.3.

[1044] Aufgrund der individuellen Einflussgrößen auf die Höhe der absoluten Entwicklungskosten sollte als Orientierungsgröße die Relation von Entwicklungskosten an den gesamten FuE-Ausgaben verwendet werden. Auch die Mitarbeiteranzahl im FuE-Bereich kann als Verhältnisgröße einbezogen werden. Vgl. hierzu im allgemeinen Kontext der konkurrenzorientierten Budgetierung *Engelke* (1991), S. 158.

[1045] Unter anderem an diesen Kombinationsmöglichkeiten wird deutlich, warum die Integration von Entwicklungskosten im Rahmen der operativen Budgetierung hier in den strategischen Wirkungsbereich fällt. Vgl. hierzu auch die Ausführungen in Abschn. 3.2.3.

[1046] Vgl. zur Neutralisierung von bereichsbezogenen Strukturunterschieden im Rahmen der konkurrenzbezogenen Budgetierung *Kern/Schröder* (1977), S. 127. Vgl. allgemein zu diesem Budgetierungsansatz z.B. *Heidenberger/Muthsar/Stummer* (2000), S. 1011f. Insgesamt sind die folgenden Substanzdimensionen budgetrelevant: Unternehmens- u. FuE-Ziele, FuE-Projekte, Kapazitäten, Finanz- bzw. Liquiditätsgrößen u. Konkurrenz. In Anlehnung an die Klassifizierung von Budgetierungsansätzen aus *Kern/Schröder* (1977), S. 122ff. Vgl. auch *Blanning* (1981), S. 1006ff. u. Abschn. 3.2.3.

[1047] Einen Aufruf hierzu sowie die notwendige Grundlage aus den bestehenden Ansätzen findet sich bei *Heidenberger/Muthsar/Stummer* (2000), S. 1020ff.

gischer Zielsetzungen. So könnten die aussichtsreichen Projekte mit einem noch sehr geringen oder gar keinen Entwicklungskostenanteil stärker unterstützt werden, um eher den zukünftigen Ertrag zu forcieren. Ebenfalls könnte eine gleich bleibende FuE-Intensität in Form einer Balance zwischen FuE-Projekten angestrebt und entsprechend umgesetzt werden. Denkbar wäre auch eine kurzfristige Sichtweise mit starkem Budgetfokus auf den weit fortgeschrittenen Projekten, also denjenigen mit hohem Entwicklungskostenanteil.

Die **Einbeziehung** der **Entwicklungskostenquote** in die Budgetierung könnte auch in Form einer **Risikostrukturierung** im Budgetierungsprozess dieser naturgemäß sehr riskanten Projektklasse verstanden werden. Der **zentrale Risikogedankengang** hinter dem hier vorgeschlagenen **Klassifizierungsansatz** ist folgender: Projekte mit einem hohen Anteil an bereits aktivierten Entwicklungskosten befinden sich in einem fortgeschrittenen Phasenabschnitt und beinhalten weniger Risiken als Projekte, die sich noch in frühen Stadien, wie z.B. der Forschungsphase, befinden. Der Verwendung der Entwicklungskostenquote als Risikoindikator liegt demnach die **Annahme** zugrunde, dass **zwischen** dem **FuE-Projektrisiko und** der **Aktivierungsquote** eine **negative Korrelation** besteht und von der Quote auf das Risiko geschlossen werden kann. Die sachlogische Verknüpfung von FuE-Mitteln und ihren (sowohl internen als auch externen) Rückflüssen wird dadurch transparenter, dass im Falle der Aktivierung von Entwicklungskosten die Erfolgsaussichten der Projekte bereits nachweisbar quantifiziert werden können und die Risiken damit gleichlaufend sinken. So könnte z.B. vor der eigentlichen substanziellen Projektbudgetierung eine risikobezogene Clusterung der Projekte anhand ihrer bisher realisierten Entwicklungskosten im Verhältnis zum Gesamtaufwand erfolgen.[1048] Im Vergleich zum Realisierungsgrad nach dem Verhältnis von geplanten und bereits ausgegebenen FuE-Budget enthält die hier vorgeschlagene Größe der Entwicklungskosten eine systematische Wertkontrolle und basiert auf einem mehrstufigen Meilensteinplan.[1049] Die Aussagequalität der Entwicklungskostenquote ist daher höher als die reine Ausgabenrelation im Soll/Ist-Vergleich oder Gesamtplan zu Istzustand. Speziell in Mehrjahres-Planungsmodellen wirken sich die systematischen Werthaltigkeitsprüfungen der aktivierten Entwicklungskosten positiv in der Budgetplanung aus. So werden z.B. die Konsequenzen einer negativen Entwicklung im Vergleich zu den Planungen im Rahmen des systematischen Impairment-Tests aufgedeckt und das Risiko des FuE-Projektes „richtig“, d.h. konsistent abgebildet. Bei außerplanmäßigen

[1048] Einen Überblick über Modelle zur Budgetierung nach substantieller Ausrichtung findet sich bei *Heidenberger/Muthsar/Stummer* (2000), S. 1007ff. Zum hier angesprochenen projektorientierten Ansatz vgl. speziell S. 1008f.

Wertminderungen reduzieren sich nämlich die aktivierten Entwicklungskosten, die Entwicklungsaufwandsquote sinkt und ceteris paribus erhöht sich die dem Strukturierungsmodell zugrunde liegende Risikokennzahl. Allerdings darf diese Vorgehensweise nicht zu einer vollständigen Umverteilung der FuE-Ausgaben in Projekte des sichereren Reifestadiums der Aktivierung führen, da Projekte in der „Pipeline" die Zukunftsfähigkeit des Unternehmens sichern.[1050]

Die zweistufige Vorgehensweise soll anhand eines fiktiven Beispiels gezeigt werden. Die Projekte A-F sind mit den für eine solche Klassifizierung relevanten Daten in Tabelle 8 abgebildet. Dabei wird neben der Berechnung der einstufungsbezogenen Entwicklungskostenquote auch das Verhältnis von Ist-Ausgaben zu den Gesamtausgaben aufgezeigt. Über die Gegenüberstellung beider Relationen wird die Überlegenheit der Entwicklungskostenquote deutlich, welche bereits im obigen Argumentationsweg angesprochen wurde. Betrachtet man z.B. das Projekt F, so suggeriert die Ausgabenrelation Ist/Gesamt einen hohen Fertigstellungsgrad und damit auf Basis der vor IAS 38-Einführung regelmäßig angenommen Korrelation auch einen weit fortgeschrittenen sicheren Projektverlauf.[1051] Die neue Risikokennzahl zeigt aber an, dass erst ein sehr geringer Teil der Projektausgaben in die Vermögenswert-Bildungsphase nach IAS 38 fallen. Genau anders liegt der Fall bei dem Projekt C im Beispiel. Hier sind lediglich 38 % der Projektausgaben bereits verbraucht, trotzdem handelt es sich hierbei um ein sehr „reifes" Projekt im Abbildungsmuster des IAS 38, da es bereits einen hohen Anteil an Entwicklungskosten enthält.

Projekte	geplante Gesamtausgaben	bisherige FuE-Ausgaben	Ausgabenrelation Ist/ Gesamtplan	aktivierte Entwicklungskosten	Entwicklungskostenquote	Risikogruppierung nach Entwicklungskostenquote
A	1.000,00	100,00	10%	-	0%	**Risikoklasse 1** (0-19%)
B	2.000,00	800,00	40%	500,00	63%	**Risikoklasse 4** (60-79%)
C	800,00	300,00	38%	250,00	83%	**Risikoklasse 5** (80-100%)
D	3.500,00	2.000,00	57%	1.000,00	50%	**Risikoklasse 3** (40-59 %)

[1049] Vgl. hierzu ausf. den Abschn. der Prozesswirkungen im Wirkungsmodell (Abschn. 4.2.2.3).

[1050] Vgl. hierzu den Gedankengang zur strategischen Budgetierung zu Beginn der Implementierungsüberlegungen in diesem Abschn.

[1051] Auf die Projektbeurteilungen vor IAS 38-Einführung auf Basis von Schätzungen bzw. einfachen Ausgabenrelationen wie dieser wurde an diversen Stellen der Arbeit, insbesondere mit Blick auf die WP-Aussagen hingewiesen.

E	5.000,00	2.000,00	40%	500,00	25%	Risikoklasse 2 (20-39%)
F	10.000,00	7.000,00	70%	1.000,00	14%	Risikoklasse 1 (0-19%)

Tab. 8: Projektbezogene Risikogruppierung anhand der Entwicklungskostenquote.[1052]

Nachdem die projektbezogenen Entwicklungskosten/-quoten bestimmt wurden, kann eine Risikoklassifizierung analog der hier vorgeschlagenen Gruppierung vorgenommen werden. Projekte mit einer Entwicklungskostenquote von 0-19 % werden hierbei z.B. in der Kategorie 1 mit dem höchsten Risiko eingestuft. Natürlich können die Unternehmen bzw. die Praxis andere Grenzen ziehen. Auch eine Verknüpfung mit Referenzwerten oder etablierten Entwicklungsvorhabensarten ist denkbar.

Neben der **grundsätzlichen Strukturaussage** zu den **FuE-Projekten** und ihren **Risiken**, geht das Klassifizierungskonzept hier weiter, indem es in einem zweiten Schritt in die Budgetierung integriert wird. Auf Basis dieser Einteilung der Projekte wird eine Top-Down-Budgetierung vorgenommen, bei der sich die Verteilung der Budgets an den ermittelten Risikoklassen grundlegend orientiert. Insgesamt verläuft der zweistufige Budgetierungsprozess mit integrierter Risikoklassifizierung für FuE-Projekte dann nach dem in Abb. 35 zusammengefassten Muster.

[1052] Quelle: Eigene Darstellung eines fiktiven FuE-Projekt-Portfolios.

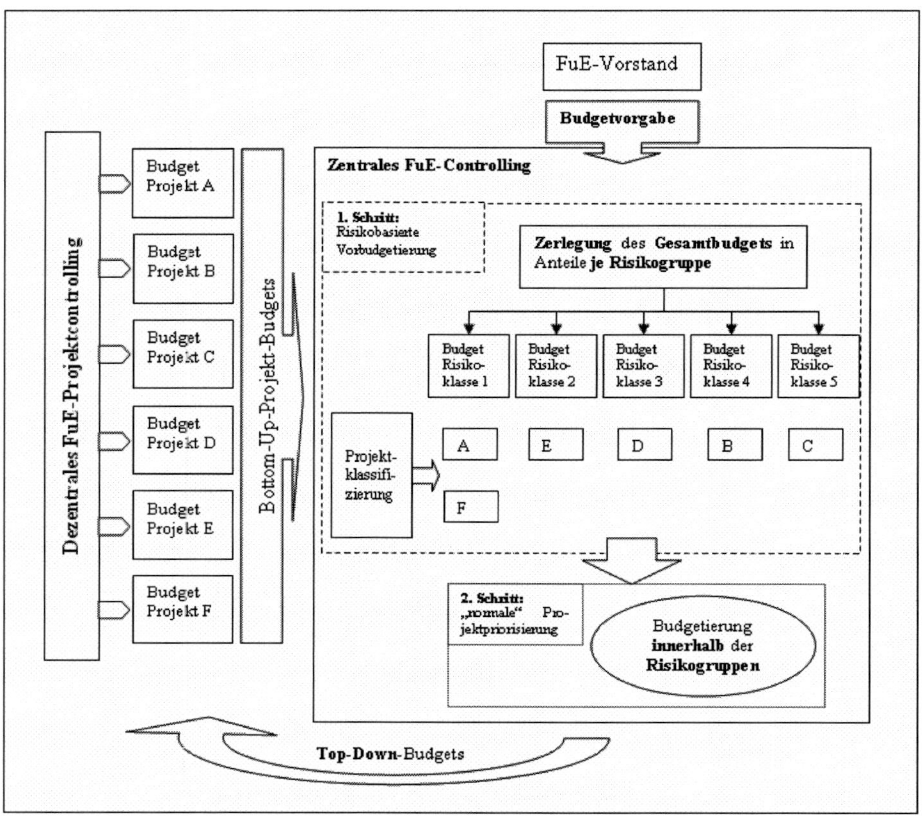

Abb. 34: Zweistufiger Budgetierungsprozess auf Basis der Risikoklassen aus den Entwicklungskostenquoten am Beispiel aus Tab. 8.[1053]

Nach der hier verfolgten Logik wird das **Gesamtbudget** im **ersten Schritt nach Risikogruppen zerlegt**. So könnte z.B. das Zentrale FuE-Controlling in Übereinstimmung mit der Unternehmensstrategie eine stärkere Forcierung „reiferer und risikoärmerer" Projekte verfolgen und folglich die Budgets der Risikoklassen 4 und 5 stärken. Auf Basis der Bilanzierungsdaten werden die FuE-Projekte den risikoklassenbezogenen Budgets zugeordnet (vgl. Tab. 8). In einem **zweiten Schritt** erfolgt dann die Budgetierung innerhalb der Risikogruppierung in unternehmensüblicher Form unter Einbeziehung der dezentralen Budgetplanungen für die einzelnen Projekte. Diese **Systematik** kann als **Filtermechanismus** verstanden werden, welcher **der normalen Projektpriorisierung vorgeschaltet** ist und auf den Risikoklassen nach Entwicklungskostenquoten basiert.

[1053] Quelle: Eigene Darstellung.

Voraussetzung für diesen Ansatz ist, dass die Planung und Dokumentation der FuE-Ausgaben die notwendige Stringenz und Kontrollierbarkeit aufweisen, sodass die hier relevante Top-Down-Planung auf Basis der eingereichten Bottom-Up-Vorgaben erfolgen kann. Die projektbezogenen Entwicklungskosten müssen dazu nicht zwingend in den dezentralen Planungen verfügbar sein. Es kann sogar vorteilhaft sein, wenn diese Informationen, wie in einigen zentral dominierten FuE-Bereichen praktiziert, dort nicht bereitgestellt sind und zum Zwecke der Projektklassifizierung erst nach Einreichung der dezentralen Projektplanungen eingefügt werden. Auf diese Weise können die Spielräume und das strategische Agieren aus der Bilanzierung bei diesem Analyseschritt ausgeschaltet werden. Nachteilig an einer nicht vollständig offen gelegten Verteilung der Projektbudgets könnte der Eindruck in den dezentralen Stellen sein, dass eine willkürliche und damit als ungerecht empfundene Budgetzuteilung erfolgt.

Der hier gezeigte Budgetierungsprozess in der praktisch sehr häufig verwendeten kombinierten Form von Bottom-Up und Top-Down kann auch in anderer Weise mit den Risikoklassen kombiniert werden. So schlägt z.B. *Blanning* einen Variable-Base Budgetierungsansatz vor, indem eine Brücke zwischen dem Zero-Based-Budgeting und dem System der starren Budgetfortschreibung geschlagen wird.[1054] Beide Ansätze sind durchaus miteinander vereinbar, etwa wenn der flexible Teil des Budgets über die hier vorgestellte Risikoklassifizierung verteilt wird.

Insgesamt kann das folgende **Fazit** gezogen werden: Die **Verwendung der Entwicklungskosten** besitzt die bereits mehrfach angesprochenen **Vorteile** der kostenlosen Verfügbarkeit, hohen Qualität, Validität und Akzeptanz.[1055] **Schwachpunkte** sind allerdings die in einigen **Branchen** nicht existenten Entwicklungskosten sowie die je nach **unternehmensinterner Operationalisierung** bestehenden **Ausschnittsbetrachtungen**, **Steuerungsbrüche** und **Ermessensspielräume**, die bei der Anwendung dieser und anderer Integrationskombinationen berücksichtigt werden müssen.[1056] Dennoch erscheint eine Implementierung in Optimierungs- und Simulationsmodelle oder heuristische Ansätze zur Budgetierung aus theoretischer Sicht als sinnvoll.

[1054] Vgl. *Blanning* (1981), S. 547ff. Vgl. auch Abschn. 3.2.3.

[1055] Die in der Praxis häufig bestehende Problematik bei der Anwendung komplexer Budgetierungsansätze, die mangelnde Verfügbarkeit der hierfür notwendigen Daten, ist in diesem Fall keine Limitation. Vgl. zur angesprochenen Praxisbeobachtung z.B. die Studie von *Wolff* (1994), S. 19.

[1056] Vgl. hierzu die Ausführungen zu den Wirkungsfaktoren in Abschn. 4.2.1.2.

Neben dem hier gezeigten Kombinationsansatz bietet sich nicht nur die absolute oder relative Höhe der Entwicklungskosten als Orientierungsgröße im Budgetierungsprozess an, sondern auch z.B. die noch zu erwartende Zeitspanne eines Projektes, bis es den Meilenstein der Aktivierung erreicht hat. Auch wäre eine Verknüpfung der Aktivierungsrate mit der Budgetierung analog zum Vorgehen bei der Budgetierung nach einer geplanten Produktinnovationsrate möglich.[1057]

Die im Rahmen des Budgetierungsprozesses ausführlich dargestellte **Risikogruppierung** aus Tab. 8 ist aber **auch in anderen Controllingfeldern** einsetzbar. So können z.B. die verschiedenen Entwicklungsvorhabensarten durch ihre durchschnittlichen Risikoeigenschaften näher beschrieben werden und hierdurch wertvolle Informationen für die Preisbildung als Kompensation zum spezifischen Risiko erzielt werden oder eine bessere Vergleichbarkeit von Rendite und Risiko erreicht werden. Dabei sind sowohl auf unterster Projektebene die Vergleiche sinnvoll als auch innerhalb der dezentralen Business Units oder der Segmente.

Darüber hinaus kann die hier dargestellte **Risikoexplizierung** von FuE-Projekten auch in **weiteren FuE-Controllinginstrumenten** zum Einsatz kommen, wie z.B. in **mehrdimensionalen Bewertungsmodellen** (Nutzwertanalysen, Scoring Modellen usw.) oder in **strategischen Frühaufklärungssystemen.**[1058] Vorstellbar wäre ferner eine neue **Art „Landkarte" oder FuE-Bilanzierungsradar** der FuE-Projekte mit den neuen zusätzlichen Projektdaten darstellt, anhand der sowohl der Status quo in aggregierter Form als auch die Zukunftsaussichten der FuE-Projekte erkennbar werden. Hierdurch könnte man die komplexen Interdependenzen aus dem vielfältigen Zusammenwirken verschiedener Unternehmensressourcen (s. z.B. die Prozesswirkungen oder auch die diversen Schnittstellen in Abb. 33) abbilden und steuern.

Im Folgenden werden die Integrationsüberlegungen in den Bereichen der Portfolio-Abbildungen (Ad 2), der Anreizsteuerung (Ad 3) sowie der BSC (Ad 4) beschrieben, bevor eine abschließende Zusammenfassung der Kernintegrationspunkte erfolgt.

[1057] Die Produktinnovationsrate stellt die Beziehung von Neuproduktumsatz zum Gesamtumsatz dar. Die Inputparameter sind dabei die Zielrate, die Anzahl der Perioden, innerhalb der Produkte als neu gelten u. die Gewichtungsfunktion zur Modifikation der alten Budgets in Abhängigkeit zur Lücke zw. laufender u. angestrebter Zielrate. Vgl. für eine diesbezügliche Simulation *Heidenberger/Schillinger/Stummer* (2003), S. 25f. Es wäre interessant zu sehen, wie sich eine Budgetierung auf Basis der Aktivierungsquote in der Simulation verhalten würde.

[1058] Einen Überblick über diese häufig für Innovationsprojekte verwendeten Bewertungsverfahren gibt z.B. *Schmeisser u. a.* (2006), S. 238f. Vgl. ausf.zu strategischen Frühaufklärungsmodellen ebenda, S. 170ff.

Ad 2: Kombination mit **Portfolio**-Abbildungen:

Im Portfolio-Management sind die wichtigsten Ziele: Maximierung des Portfoliowertes, eine gute Balance im Portfolio-Mix, also das Erreichen eines optimalen Rendite-/Risikoverhältnisses, und die Verbindung des Portfolios als strategischem Instrument mit der Unternehmensstrategie.[1059] Dabei wird eine effektive Projektauswahl und Ressourcenallokation verfolgt, welche zentrale Erfolgsfaktoren im FuE-Bereich darstellen. Über die neuen Bilanzierungsvorgaben können die Projekte aufgrund der geschilderten Prozesswirkungen detaillierter und vergleichbarer dargestellt werden und neue Informationen über den Status (z.B. erreichte Meilensteine) und in Form der Entwicklungskosten generiert werden. Neben den Vergleichs- und Analyseverwendungen aus den Primärwirkungen im FuE-Controlling könnte eine Informationsintegration in FuE-Portfolio-Abbildungen sinnvoll sein. Vorstellbar ist z.B. die **Entwicklungskostenquote** der einzelnen Projekte als **Kreisgröße innerhalb der Portfoliodarstellung** zu verwenden. Diese Information integriert den Risikogedanken auf leicht verständliche Weise in die vielfach zweidimensionalen Portfolios.[1060] Eine sonst übliche Orientierung am Umsatz ist bei den noch nicht in der Nutzungsphase befindlichen FuE-Projekten nur auf Basis von Plandaten möglich, da diese noch keine tatsächlichen Umsätze generieren.[1061] Auch lassen sich Veränderungstendenzen aus der Größe der Entwicklungskostenquote von Projekten visualisieren, die Aufschluss über das Wertschaffungspotential und die Entwicklungsrichtung geben können.

Ad 3: Einbindung bei der **Anreizsteuerung**:

Die Anreizsteuerung über dezentrale Hierarchien verfolgt das Ziel, die Verhaltensweisen der einzelnen Entscheidungsträger im Sinne der Gesamtunternehmensziele so zu beeinflussen, dass „ex ante“ die „richtigen“ Entscheidungen getroffen werden.[1062] Eine Integration der Entwicklungskosten im Rahmen der Anreizsteuerung muss folglich zu dem Ergebnis kommen, dass dies im FuE-Bereich zu einem verbesserten Entscheidungsverhalten bezo-

---

[1059] Vgl. *Cooper/Edgett/Kleinschmidt* (1997), S. 16.

[1060] Für die Verwendung der Entwicklungskostenquote als Risikoindikator siehe auch ausf. das Beispiel im Budgetierungsmodell in diesem Abschn.

[1061] Vgl. zur Nutzungsphase das Phasenmodell im Bereich Prozesswirkungen (Abschn. 4.2.2.3).

[1062] Vgl. *Weißenberger* (2003), S. 59ff. Ebenda werden als wesentliche Anforderungen das Verhaltenssteuerungsprinzip u. die Manipulationsfreiheit (subjektives Know-how der dezentralen Akteure darf keinen Einfluss auf die Erfolgsmessung haben) genannt. Die über eine Anreizsteuerung adressierten Prinzipal-Agenten Probleme in der Delegationsbeziehung zw. Eignern u. Management werden über die IFRS besser abgebaut als über die aus Investorensicht verzerrende HGB-Bilanzierung. Vgl. Abschn. 2.1. Hieraus kann man ableiten, dass die Verwendung dieser Daten in internen Anreizsystemen gleichfalls vorteilhaft ist u. nur einen vordergründig anderen Adressatenkreis bedeutet. Vgl. *Kirsch/Ewelt* (2008), S. 319f.

gen auf die zentralen Aktionsprioritäten führt.[1063] Diesem Aspekt werden die Entwicklungskosten im Vergleich zu den vormals eindimensionalen FuE-Ausgaben in einem Punkt gerechter, nämlich aufgrund der besseren Periodisierung.[1064] Eine periodenbezogene FuE-Ausgabenbetrachtung motiviert kurzfristiges Verhalten, indem langfristige FuE-Projekte mit hohem Chancen-Risiken-Profil – welche sowohl zeit- als auch kostenintensiv sind – in der kurzfristigen Periodenbetrachtung nachteilig bewertet werden. Dieser Betrachtung wirkt der angesprochene Paradigmenwechsel zur Vermögenswertbetrachtung von FuE-Ausgaben über die Aktivposition der Entwicklungskosten entgegen, birgt aber das Problem erheblicher Manipulationsspielräume, welche die Objektivität und Neutralität der Beurteilungsgröße „Entwicklungskosten" beeinträchtigen.[1065] Als wesentliche Bedingung einer Kennzahl der Anreizsteuerung ist insbesondere der nachteilige Spielraum in den Interviews immer wieder angeführt worden, u.a. als Begründung für die zentralseitige Umsetzungsvariante.[1066] Eine Harmonisierung der Interessen und Informationsstände über diese Größe ist problematisch. Als Erfolgsmaß könnten die Entwicklungskosten zu ineffizienten Anstrengungen führen, die auf die Beeinflussung dieses Steuerungsparameters gerichtet sind und nicht mehr für die eigentlichen Aufgaben und Ziele verwendet werden.[1067] Ferner stellt sich die Frage nach der Zurechenbarkeit von „zufallsbehafteten Schwankungen" im FuE-Bereich, die von den dezentralen Stellen nicht verantwortet werden können und folglich auch nicht in der Anreizsteuerung auf „ihr Konto gehen" dürfen.[1068] Zufällige und subjektive Bewertungs- und Beurteilungskomponenten können die interne Wirtschaftlichkeit von Projekten in einer Weise beeinflussen, die das Management nicht vertreten kann bzw. mit

---

[1063] Laut Brockhoff ist die Anreizsteuerung im FuE-Bereich unterentwickelt. Vgl. *Brockhoff* (2005d), S. 16.

[1064] Vgl. hierzu ausf. die Ausführungen im Bereich der Informationswirkungen (Abschn. 4.2.2.2).

[1065] Hier wird den IFRS die i.R.d. Konvergenz (vgl. Abschn. 2.5.2.1) grundsätzlich zugesprochene Eignung im Bereich der Anreizverträglichkeit abgesprochen. Vgl. zu den Problemen ausf. Abschn. 4.2.2.2. Positiv wirken hier die systematischen Wert- u. Verwertungskontrollen. Vgl. auch hierzu die Informationswirkungen. Angesprochen wurde in diesem Kontext z.B. die Anreizsteuerung auf Basis von Projektwechseln vom Projekt-Contollings in den neuen Teil des Anlagen-Controllings. Als Probleme wird in diesem Wirkungsfeld z.B. ein mögliches Hinauszögern von Aktivierungsnachweisen angesprochen.

[1066] Vgl. hierzu die Ausführungen im Wirkungsfaktoren-Modell im Abschn. Organisation (4.2.1.2.2).

[1067] An dieser Stelle entstehen dann Agency-Kosten. „Bei nicht streng informationseffizienten Kapitalmärkten hat der Manager dann letztlich keinen strengen Anreiz mehr an einer realwirtschaftlichen Verbesserung der Leistungsprozesse im Unternehmen, sondern nur noch an einer möglichst guten Abbildung des Unternehmens im Zahlenwerk der externen Unternehmensrechnung." *Weißenberger* (2005a), S. 193, welche diesen Konflikt im Zusammenhang mit einer integrierten Erfolgrechnung u. dem daraus resultierenden derivativen Zielkonflikt auf Managementebene beschreibt.

[1068] Auch dieser Aspekt ist schwierig umzusetzen u. zu „controllen" bei der Implementierung der Entwicklungskosten. Von Vorteil ist hierbei die dezentrale Existenz eines FuE-Controllers, der die Performancegrößen nah am realen Geschehen prüfen kann. Problematisch könnte jedoch die Unterstellung dieser Person sein, denn bei einer disziplinarischen Unterstellung im dezentralen Bereich besteht für den Controller ein Anreiz, seinen Bereich „positiv" zu präsentieren. Die Unabhängigkeit in der Unterstellung, d.h. die fachliche u. disziplinarische Unterstellung unter dem zentralen Controlling bzw. FuE-Controllingbereich wäre hier vorteilhaft. Vgl. grundlegend Abschn. 3.2.2.

der die Managementleistung nicht direkt verknüpft ist. So kann ein intern erfolgreich durchgeführtes Entwicklungsprojekt aufgrund von marktlichen Anpassungen unrentabel werden, was nicht vom entsprechenden Projektmanager oder dem Geschäftsbereich zu verantworten ist. Die Beantwortung der Frage, ob die Entwicklungskosten als anreizkompatibles Erfolgsmaß eingesetzt werden können, muss daher im Einzelfall und in Abhängigkeit der unternehmensindividuellen Operationalisierung geprüft und vom FuE-Controlling beurteilt werden.[1069]

Ad 4: Integration in die **Balanced Scorecard** (BSC):

Die strategischen Ziele des FuE-Bereichs können durch die Normierungen des IAS 38 in quantitativer und qualitativer Form in die BSC integriert werden.[1070] So wird der zukunftsorientierte Aspekt der Innovations- und Wachstumsperspektive durch die Größe der Entwicklungskosten der Periode valide gespiegelt. Vorstellbar ist diese Zahl auch als Kontrollgröße in der vergangenheitsbezogenen und gleichzeitig übergeordneten Finanzperspektive. Hier könnte die **Entwicklungskostenquote** als **Erfolgindikator** für die Performance im **Innovations- und Wachstumsbereich** fungieren und so eine logische Verbindung zwischen den Perspektiven herstellen.[1071] Wird eine hohe Aktivierungsquote erreicht, so steigert dies unmittelbar die Eigenkapitalquote und die Eigenkapitalrentabilität und vermehrt den für Investoren bedeutsamen Cash Flow aus Investitionstätigkeit. Die Integrationswirkungen in der Finanzperspektive können somit auf der Ebene der Implementierung direkter Kapitalmarktziele in das Unternehmenszielsystem sowie eine damit verbundene einheitliche Kommunikation gesehen werden.[1072] Für den FuE-Bereich ist dabei zu berücksichtigen, dass dadurch nicht nur eine Stringenz erreicht werden kann, sondern gleichzeitig aufgrund der Risikoreduzierung einer verbesserten Abbildung von FuE die Kapitalkosten gesenkt werden können.[1073] Auch die phasenbezogenen Zeitfenster könnten eine Erfolgsrückmeldung im BSC-Kennzahlensystem für den FuE-Bereich darstellen. Ein „Herunterbrechen" der Kennzahlenwirkungen ist je nach detaillierter Auffächerung und bilanzieller Datenerfassung auch auf Bereichs-, Segment- oder sogar Projektebene vorstellbar, sodass

[1069] Vgl. hierzu auch *Weißenberger* (2005a), S. 198f. Vgl. zu Operationalisierungsvarianten Abschn.4.2.1.

[1070] Für einen Überblick zum Stichwort BSC s. z.B. *Gleich* (1997), S. 432ff., ausf. im Kontext der Intangibles s. *Schmeisser u. a.* (2006), S. 360ff. u.im FuE-Kontext z.B. *Bremser/Barsky* (2004), S. 229ff.

[1071] Vgl. zur Entwicklungskostenquote als Erfolgsmaß auch die Ausführungen im Bereich der primären Informationswirkungen im Abschn. 4.2.2.2.

[1072] Vgl. zu diesem Argument die grundlegenden Wirkungen der Harmonisierung im Controlling in Abschn. 2.5.2.

[1073] Vgl. zur Risikominderung ausf. die Prozessperspektive (Abschn. 4.2.2.3). Vgl. auch Abschn. 2.5.2.

die FuE-Strategie mit den Funktionsbereichen und Segmenten über die Entwicklungskosten verknüpft wird.

Die **Verbindung** von **FuE- und Unternehmensstrategie** könnte z.B. über die folgenden neuen Relationsmöglichkeiten hergestellt werden. Verfolgt ein Unternehmen die Strategie des Marktführers, so sollte es mehr in Entwicklungskosten „investieren" als seine Konkurrenten. Liegt der strategische Fokus auf der Effizienz, so sollte das Unternehmen die Verhältnisse der Entwicklungskosten pro Mitarbeiter oder pro gefertigtes Produkt als Indikator im Blick behalten.[1074] Gleichzeitig kann auf diesem Wege auch ein Innovationsbewusstsein in der Unternehmensphilosophie und -kultur verankert werden.

Der zentrale Wert der Ressourcen aus FuE leitet sich im Betrachtungskontext der BSC aus der Frage ab, ob diese die Unternehmensstrategie unterstützen. Auf eine Abgrenzungsschwierigkeit bei den stofflosen Werten sei an dieser Stelle verwiesen: Letztlich erfolgt hier eine Beurteilung eines ganzen **Bündels von Intangibles**, womit eine weitere Facette der Integration deutlich wird. Die aktivierten Entwicklungsressourcen spiegeln nämlich nicht nur das „Innovationskapital" in Form von neuen Technologien, Rezepturen oder Patenten, sondern beinhalten auch Bestandteile eines Marktwertes oder Images, resultieren aus Organisations- bzw. Prozesskapital und bilden sogar auch Elemente des Humankapitals über das Know-how der beschäftigten Mitarbeiter ab.[1075] Damit sind auch die Prozesssowie die Kundenperspektive indirekt in den Werten aus FuE enthalten, sodass auch die Verknüpfungen zu anderen Bereichen gegeben sind bzw. berücksichtigt werden müssen.[1076]

Analog zu den vorangegangenen Wirkungsbereichen schließt auch der Bereich der Tertiärwirkungen mit einer komprimierten Zusammenfassung der zentralen Aussagen:

[1074] Vgl. hierzu die externen Vergleichsmöglichkeiten im Primärwirkungsbereich des Wirkungsmodells (Abschn. 4.2.2.2). Vgl. ausf. zur Integration von Strategie, FuE-Projekten u. FuE-Bereichen z.B. *Schmeisser u. a.* (2006), S. 297ff. Ebenda finden sich die auch hier über das IAS-basierte Verknüpfungskonzept integrierten Aspekte wie z.B., dass die Informationssammlung/-bewertung zwar arbeitsteilig von Spezialisten zu erfolgen hat, diese aber frühzeitig einer Gesamtbewertung unterzogen werden sollte (vgl. S. 211). Ferner sind entscheidungsbezogene Informationsbereitstellungen über verschiedene Verdichtungsebenen vom FuE-Controlling zu koordinieren u. konzeptionell zu integrieren (vgl. S. 212).

[1075] Vgl. zu den vielfältigen begrifflichen Abgrenzungen u. Klassifizierungen immaterieller Ressourcen die komprimierte Gegenüberstellung bei *Schmeisser u. a.* (2006), S. 293ff. Kritisch sind hierbei allerdings die Bewertungskomponenten „externer Intangibles", wie z.B. der Mitarbeiter, Kunden od. Geschäftspartner zu sehen, da diese nicht im Eigentum u. damit der Verfügungsgewalt des Unternehmens sind. Vgl. zu diesen Werten ebenda S. 302.

[1076] Auch Schmeisser u.a. kommen im Kontext der BSC zu dem Ergebnis, dass die strategische Rolle von immateriellen Werten nicht isoliert betrachtet werden kann, sondern eine integrierte Sichtweise erfordert. Vgl. *Schmeisser u. a.* (2006), S. 383. Für eine komprimierte Übersicht u. Bsp. s. ebenda S. 372ff.

- **Integration** der gestiegenen Detailkenntnisse aus dem FuE-Prozess in ein **Wissensmanagement**
- Vorteile aufgrund der Integration verschiedener Informationsquellen in Form eines „**Multi-Informanten-Ansatzes**"
- **Verbesserte Schnittstellenintegration** mit den für **FuE** besonders bedeutsamen Funktionen des **Marketings** und der **Produktion**
- **Integrations- und Kombinationsmöglichkeiten** der bilanziellen Größen, z.B. in Form
    - eines **risikoorientierten Klassifizierungskonzeptes** für die Budgetierung sowie
    - bei Portfolio-Darstellungen, der Anreizsteuerung oder der Balanced Scorecard.

Im letzten Abschnitt des Wirkungsmodells werden die übergreifenden Veränderungswirkungen der betrachteten Bilanzierungsnorm für das FuE-Controlling dargestellt.

4.2.2.5 Begleitende Veränderungswirkungen im Controlling von FuE

Dem FuE-Controller kommt aufgrund der hier untersuchten Norm eine neue Aufgabe als Informationsdienstleister mit weit reichendem Wirkungsgrad zu.[1077] Sowohl im Rahmen der initialen Umsetzungsphase als auch im weiteren Verlauf der Bilanzierung verantwortet das FuE-Controlling die neuen Informationen aus IAS 38 gegenüber der **Konzernstelle** für externe **Rechnungslegung** sowie gegenüber dem WP, als externer Kontrollinstanz.[1078] Unmittelbar entstand hierdurch eine intensive Zusammenarbeit und **neu** zu koordinierende **Schnittstelle** von FuE-Controlling und Konzernrechnungslegung, welche zum Teil sogar durch eine aufbauorganisatorische Zusammenlegung umgesetzt wurde.[1079] Im Zusammenhang mit den neuen Informationsflüssen zwischen diesen Bereichen müssen z.B. sämtliche bilanzierungsrelevanten Sachverhalte, Berechnungen sowie die ihnen zugrunde liegenden Annahmen vom FuE-Controlling so belegt werden können, dass sie den Dokumentationsanforderungen aus einer externen Informationsverwendung genügen.[1080]

[1077] Vgl. konkret dazu die Ausführungen auf den vorangegangenen Ebenen des Wirkungsmodells u. allgemein *Fülbier/Hirsch/Meyer* (2006), S. 238f., *IGC/Weißenberger* (2006), S. 35ff..

[1078] „Wichtig ist, dass das FuE-Controlling originärer Ansprechpartner für den Prüfungsprozess ‚selbsterstellte immaterielle Vermögenswerte' ist." Zitat eines WP im Interview. Vgl. auch *Fülbier/Hirsch/Meyer* (2006), S. 237, die ebenfalls der Meinung sind, dass die Prüfungsinhalte des IAS 38 regelmäßig nur in Zusammenarbeit mit dem FuE-Controlling überprüft werden können.

[1079] Im Untersuchungssample war dies in einem Unternehmen der Automobilbranche explizit angesprochen worden. Vgl. zu dieser Möglichkeit auch *IGC/Weißenberger* (2006), S. 60 m.w.N. u. Abschn. 2.5.2.2.

[1080] Vgl. hierzu Abschn. 2.5. Vgl. auch *Kirsch/Steinhauer* (2003), S. 429f.

Der insgesamt aufgrund des IAS 38 **gestiegene Abstimmungsbedarf** erstreckt sich damit zunächst auf die notwendige **enge Koordination und Kommunikation** zwischen der Bilanzierungsstelle und dem FuE-Controlling.[1081] Neben den Routine- und Einzelfallfragestellungen zur Abbildung von FuE-Sachverhalten sind auch die Veränderungen der IFRS ein zukünftig wichtiges Thema. Die rasante Veränderungsgeschwindigkeit dieser macht einen regelmäßigen Informationsabgleich der hier aktuellen Normen zwischen den beiden Abteilungen notwendig. Das FuE-Controlling muss hieraus – je nach Gleichlauf und Integrationsausmaß der Controllinginformationssysteme mit den bilanziellen Informationen – die Veränderungen beurteilen und interpretieren. Dies geschieht vor dem Hintergrund der unternehmensindividuellen Operationalisierung und dem aus den Normenveränderungen resultierenden Handlungsbedarf. Hieraus könnten z.B. aufgrund negativer Steuerungsimpulse neue Anpassungen, Überleitungen oder die (Teil-) Rücknahme bereits integrierter Vorgehensweisen für den FuE-Bereich notwendig werden. Je konvergenter die Systeme von externem und internem Rechnungswesen sind, je mehr muss das FuE-Controlling bei Änderungen die gesamten Abläufe und Informationen auf Konsistenz prüfen.[1082]

Neben dieser neuen Schnittstelle waren auch die **Wege zu Marketing- und Produktionsfunktionen** im Rahmen der Standardumsetzung involviert und in einigen Unternehmen mussten diese grundlegend neu koordiniert werden.[1083] Dabei mussten und müssen die FuE-Controller die erforderlichen Kenntnisse in den dezentralen Stellen implementieren. Sie müssen dafür Sorge tragen, dass die Funktionsbereich mit den Unterstützungssystemen und etablierten Prozessen bzw. Abläufen harmonisieren, damit eine zeitlich und inhaltlich ausreichende Informationsbereitstellung gewährleistet ist (bspw. im Bezug auf die Meilensteine). Das bedeutet, dass die Planungs-, Steuerungs- und Kontrollaufgaben des FuE-Controllings auch bei diesen Schnittstellen um eine neue Dimension erweitert wurden.

Aber auch die FuE-bezogenen Analysen und Vergleiche werden durch die neue Abbildungsvorgabe vielschichtiger und komplexer. Zu den bisherigen Interpretationen tritt eine **neue bilanzielle Wirkungsanalyse** von FuE-Entscheidungen hinzu.[1084] Dabei zeigen sich Veränderungen in der externen Rechnungslegung nicht nur in der ersten Entscheidungspe-

[1081] Probleme könnten sich aus einer verstärkten „Einmischung" der Rechnungslegungsabteilungen in die Zuständigkeiten der FuE-Controller bzw. der FuE-Bereiche ergeben. Über die neuen Reportingzahlen erhalten diese Abteilungen zukünftig einen guten Einblick in die Aktivitäten u. die Performance der Bereiche, was auch zu negativen „Stimmungen" u. unliebsamen Diskussionen führen könnte.

[1082] Die Grenzen der Integration sind z.B. diese Risiken u. Gefahren, sodass regelmäßig eine partielle Integration zu empfehlen ist. Vgl. z.B. *IGC/Weißenberger* (2006), S. 56ff.

[1083] Vgl. hierzu die Integrationswirkungen im Abschn. 4.2.2.4.

riode einer FuE-Investition, sondern betreffen über den neuen Periodisierungsansatz dieser originären immateriellen Vermögenswerte auch die Folgejahre, sodass die Ergebnisse vom FuE-Controlling für den gesamten bilanziellen und wirtschaftlichen Zeithorizont zu analysieren sind. Hierbei müssen z.B. die Konzernbilanzierungsrichtlinien mit möglichen Höchstgrenzen für die Abschreibungsdauer für diese Werteklasse vom FuE-Controlling berücksichtigt werden.[1085] Neben den **unmittelbaren** Wirkungen sind auch die **mittelbaren** Abbildungskonsequenzen in absoluten und relativen Bilanzkennzahlen zukünftig wichtig. Zu nennen sind hierbei z.B. die Eigenkapitalquote, die Eigenkapitalrentabilität, der Gewinn pro Aktie sowie das Cash Flow Statement.[1086] Mit dieser neuen Verlinkung interner und externer Sphären gilt es die Bereichs- und Unternehmensziele mit der bilanziellen Darstellung im vielseitig „flexiblen" FuE-Bereich zu „synchronisieren".[1087]

Ferner fungieren die neuen Informationen im FuE-Bereich als **Informations- und Entscheidungsgrundlage** für den **Vorstand**.[1088] Das FuE-Controlling muss nun neben der komprimierten Information über die betriebswirtschaftlichen Sachverhalte in ihrem Themenfeld auch die bilanzielle Dimension aus IAS 38 abdecken. Die neuen Informationen müssen so integriert und hinreichend aufbereitet werden, dass die Konsequenzen aus verschiedenen Entscheidungsoptionen deutlich werden. Insgesamt müssen den Führungsverantwortlichen die Berichte in einfacher Form einen schnellen und umfassenden Überblick über die gesamte FuE-Situation sowie differenziert nach Teilbereichen und in relevanten Vergleichsdimensionen liefern.[1089] Gleichzeitig muss das FuE-Controlling bestehende rechnungslegungsbezogene Unterschiede (etwa in Segmenten) erklären können.[1090]

Bei den Begründungen der bilanziellen Darstellungen muss das FuE-Controlling sowohl dem Vorstand als auch der neuen Schnittstelle der Konzernrechnungslegung und der exter-

---

[1084] Vgl. hierzu auch grundlegend Abschn. 2.5.2.2.

[1085] Vgl. hierzu ausf. 4.2.1.2.4 ad d).

[1086] Die Auswirkungen im Cash Flow Statement sind z.B. dahingehend, dass durch eine Aktivierung der Entwicklungskosten die FuE-Aufwendungen im operativen Bereich sinken u. diese sozusagen „umdeklariert" werden in Cash Flow aus Investitionstätigkeit. Vgl. *Wagenhofer* (2005), S. 581, *Meyer* (2005), S. 291.

[1087] Vgl. hierzu den Bereich zur wirtschaftlichen Unternehmenssituation im Wirkungsfaktoren-Modell (4.2.1.2.1).

[1088] Vgl. zu diesem Thema auch die Informationswirkungen in Abschn. 4.2.2.2.

[1089] Vgl. *Schmeisser u. a.* (2006), S. 268.

[1090] Diese Tatsache wurde in der empirischen Studie deutlich u. im Rahmen des Wirkungsfaktoren-Modells an unterschiedlichen Stellen zum Ausdruck gebracht. Je nach individueller Implementierung u. z.B. Projektgröße war das Vorstandsvotum als Erfüllung des Aktivierungskriteriums der „Absicht" in das Meilensteinkonzept des IAS 38 integriert. Vgl. hierzu z.B. das Beispiel in den Prozesswirkungen (Abschn. 4.2.2.3) od. die Ausführungen im Bereich der Informationsflüsse im Bereich der Organisation (4.2.1.2.2). Vgl. für die neuen Grenzen den Abschn. zu den Informationswirkungen (4.2.2.2).

nen Prüferinstanz Rede und Antwort stehen. Diese Rolle birgt **Konfliktpotential** aufgrund verschiedener Interessen und stellt folglich hohe **Integritäts-Anforderungen** an das FuE-Controlling.[1091]

Aufgrund des **durchschlagenden Paradigmenwechsels** in der Abbildung der FuE-Ausgaben erfährt das **Anforderungsprofil** des **FuE-Controllers** hier eine **deutliche Erweiterung.**[1092] Das Spektrum des FuE-Controllers wird zukünftig um eine Bilanzierungs- und Shareholder Value-Perspektive ergänzt, in der der **FuE-Controller als „Übersetzer“** der FuE-Aktivitäten in eine (neu zu erlernende) Sprache – die IFRS – fungiert. Dies bedeutet z.B., dass die Personalentwicklung im FuE-Controlling sich dahingehend verändert hat bzw. verändern muss, dass entweder die Kenntnisse der einschlägigen IFRS vorausgesetzt werden oder diese zumindest im Rahmen von Weiterbildungsmaßnahmen vermittelt werden.[1093] Die Grundvoraussetzung der detaillierten Kenntnis des IAS 38 sowie angrenzender IFRS-Normen waren im FuE-Controlling vor Operationalisierungsbeginn weder notwendig noch vorhanden.[1094] Im Untersuchungssample konnte dieses Know-how regelmäßig intern aus der Zusammenarbeit mit der neuen Schnittstelle der externen Rechnungslegung erworben werden und/oder wurde durch die WP in die Unternehmen eingebracht.[1095]

Der **Verständniswandel** wirkt aber nicht nur im Profil des FuE-Controllers, sondern auch im direkten **„Aufgaben- und Möglichkeitsspektrum“**. So setzt z.B. das im Bereich der Informationswirkungen dargestellte **zweigeteilte FuE-Controlling** die Abbildungsanpassung von einer eindimensionalen FuE-Aufwandsbetrachtung zu einer Vermögenswert-Betrachtung systematisch um, verlangt dabei implizit vom Anwender aber die notwendigen Grundkenntnisse der Bilanzierungsnorm. So sind vor der weitergehenden Verwendung **vielfältige Veränderungsimplikationen** und **Problembereiche** im Kontext der bilanziellen Informationen vom FuE-Controlling zu durchdenken und zu lösen. Exemplarisch sei hier nur auf die entstehenden Abgrenzungsfragestellungen hingewiesen.[1096]

[1091] Vgl. im allgemeinen Kontext der IFRS *Fülbier/Hirsch/Meyer* (2006), S. 238. Auf die vielfältigen Ermessensspielräume u. Wirkungen geht insbesondere der Abschn. der 4.2.2.2 ein. Aber auch an anderen Stellen im Wirkungs- u. Wirkungsfaktoren-Modell wird das Konfliktpotential deutlich.

[1092] Vgl. im allgemeinen Kontext zum Thema Know-how z.B. *Fleischer* (2005), S. 194.

[1093] Diese Veränderung wurde von einem Leiter FuE-Controlling der Automobilbrache direkt angesprochen.

[1094] Die bilanziellen Grenzen sind besonders bei verschiedenen Abbildungen interner FuE-Aktivitäten in den IFRS (z.B. über IAS 11) wichtig. Vgl. hierzu die Ausführungen in den Primärwirkungen (4.2.2.2).

[1095] Vgl. hierzu an verschiedenen Stellen des Wirkungsfaktoren-Modells, z.B. im Bereich der Organisation (Abschn. 4.2.1.2.2).

[1096] Vgl. hierzu ausf. in den Informationswirkungen in Abschn. 4.2.2.2. Für weitere Kombinations- bzw. Integrationsmöglichkeiten vgl. auch die Tertiärwirkungen (Abschn. 4.2.2.4).

Die neue Vorschrift erzeugt insgesamt mit anderen Bereichen und Funktionen einen **gestiegenen Abstimmungs- und Kontrollaufwand** im FuE-Controlling. Ein Teil dieses zusätzlichen Managementaufwands hängt mit dem neuen **Meta-Konzept des Meilensteinplans** aus IAS 38 zusammen. Dieser bringt eine neu zu koordinierende Dimension in den FuE-Bereich, die neben den direkten Meilensteinbedingungen besondere Anforderungen stellt, z.B. bei interdependenten FuE-Aktivitäten und -Projekten oder bei der Abstimmung der Phasen innerhalb hochkomplexer FuE-Vorhaben. Der Prozess kann zwar als ein sinnvolles, neues Controlling-Instrument zur Standardisierung verwendet werden, muss aber in seiner hohen **Systemkomplexität** und Formalität im FuE-Bereich mitsamt den vielfältigen Informationsverknüpfungen und Abstimmungsprozessen auch **beherrscht** werden.[1097] Im Ergebnis entsteht ein **sehr vielschichtiges Gefüge** an **verschieden integrierten Unternehmensdaten**, die in ihrer Entstehung, Zusammensetzung und den zugrunde liegenden Annahmen vom FuE-Controlling zu überblicken sind.

Das folgende Zitat eines FuE-Controllingleiters der Automobilbranche fasst die angesprochenen Punkte treffend zusammen: „*Es ist eine völlig neue Denke. Der Aufbau neuer Berichtswege, neue Verdrahtungen, IT-Lösungen, Spielregeln definieren, kurz- und langfristige Wirkungen der bilanziellen Größen untersuchen und analysieren. Z.B.: Wann erschlagen uns die Abschreibungen oder auch nicht? Wie muss sich die Projektlandschaft entwickeln? Welchen Umfang aktivieren wir? Wie paketieren wir die Umfänge auch vor dem Hintergrund des Impairment? ...Ganz neue Themen sind auch: mit der Konzernbilanzierung Aktivierung und Abschreibungen von Entwicklungskosten abstimmen und mit dem Konzerncontrolling die innerjährige Steuerung, Ziele und Zielerreichungen.*“

Insgesamt sind von FuE-Controlling die gesamte Umsetzung des IAS 38 mit ihren Informations-, Prozess- und Integrationswirkungen zu konzipieren, umzusetzen und im Zeitablauf auszusteuern. Die neue Abbildungsnorm führt im Bereich des **FuE-Controllings** zu neuen Kenntnisanforderungen im Bereich der IFRS sowie einem deutlichen **Anstieg der Komplexität** in folgender Weise:

- Mehrdimensionale Berichterstattung und Wirkungsanalyse

[1097] So strahlen z.B. Informationsprobleme auf die Integrationsebene aus, wenn Subsumtions- u. Ermessensspielräume in Kombination mit der Prozessumsetzung auf die Nutzung von Kennzahlen im Kombinationsfeld der Risiko- od. Anreizverwendung. Beim EBIT als Erfolgsgröße spielen z.B. die Abschreibungen auf Entwicklungskosten eine Rolle. Diese Konstellation wurde in einem Unternehmen der Chemiebranche praktiziert.

- Gestiegener Abstimmungsbedarf aufgrund zunehmend integrierter Rechnungen und der gestiegenen Schnittstellenzahl und -nutzungsfrequenz
- Erhöhte Systemkomplexität

Den Abschluss der Wirkungsfaktoren- und Wirkungsanalyse bildet die Zusammenfassung der Untersuchungsergebnisse im anschließenden Abschnitt, bei der die spezifischen Auswirkungen der Harmonisierung auf das Controlling von FuE über die Kombination beider Modellansätze erfolgt.

4.2.3 Zusammenfassung der spezifischen Auswirkungen der Harmonisierung auf das Controlling von Forschung und Entwicklung

Die Ergebnisse der qualitativen Untersuchung dieser Arbeit sind zweigeteilt. Zunächst wurde ein Wirkungsfaktoren-Modell entworfen, welches die Heterogenität im Untersuchungsfeld über beobachtete Kontextfaktoren detailliert auf verschiedenen Ebenen abbildet. Auf der Grundlage der zirkulären inhaltsanalytischen Protokollauswertungen und unter Rückgriff auf den situativen Ansatz eines Kontingenzmodells konnten so die vielfältigen Einflussbereiche und -variablen aufgezeigt werden sowie Regelmäßigkeiten, Verflechtungen und Kausalitäten analysiert werden. Der gewählte Modellrahmen ging hierbei über eine stufenweise Konkretisierung ausgehend von der Unternehmenssituation über die Organisation und bestehende Strukturierungen bis hin zu den einzelnen FuE-Projekten auf die empirischen Befunde ein. Innerhalb dieser Bereiche wurden die Ergebnisse erneut einer Gliederungsordnung unterzogen, indem die relevanten Einflussfaktoren dieser Subebenen differenziert erläutert wurden. Damit bildet der neue Strukturierungsansatz des Wirkungsfaktoren-Modells auf verschiedenen Detailebenen maßgebliche Bestimmungs- und Einflussfaktoren ab. Eine initiale Wirkungsbeurteilung der Harmonisierung der Rechnungslegung im Bereich des FuE-Controllings wurde so über zentrale Kontingenzfaktoren und Handlungsvariablen unternehmerischer FuE-Aktivitäten vor dem Hintergrund des IAS 38 zusammengestellt, systematisiert und wirkungsbezogen analysiert.

Aufbauend auf diesem Modell folgte das stärker normativ ausgerichtete Wirkungsmodell für den Bereich des FuE-Controllings. Die Kernpunkte des dreigliedrigen Strukturierungsansatzes sind in einem aggregierten Überblick in Tabelle 9 aufgelistet. Hinzu treten die begleitenden Nebenwirkungen in Form von Komplexitätswirkungen im Feld des FuE-Controllings sowie die gestiegenen Anforderungen in Bezug auf die IFRS-Normen.

<table>
<tr><th>Informationswirkungen</th><th>Prozesswirkungen</th><th>Integrationswirkungen</th></tr>
<tr><td>

- Einstieg u. Auslöser waren die **Informationsdefizite** in Bilanzierung u. Controlling von FuE
- Umfangreicher neuer **Informationsbedarf** aus IAS 38 für das Controlling
- Abbildungsverbesserung durch **Paradigmenwechsel** in beiden Betrachtungswelten (intern und extern) von der Ausgaben- zu einer Vermögenswertperspektive
- Möglichkeit für ein verbessertes **zweigeteiltes FuE-Controlling** bestehend aus Projekt-Controlling u. Anlagen-Controlling
- **Anwendungslimitation** wegen des Brancheneinflusses
- Implementierungskosten primär Rechtsnormerfüllungskosten, daher **positive Kosten- Nutzen-Relation** der Informationen
- **Informationsgüte** ist abhängig von unternehmensbezogener Umsetzung
- **Neue Ausschnittsbetrachtung** aus bilanziellen u. definitorischen Grenzen
- Notwendigkeit einer **Eignungsprüfung** der **Entscheidungsnützlichkeit** der bilanziellen Informationen
- Probleme aus den im IAS 38 begründeten **Ermessens- u. Subsumtionsspielräumen**
- **Positives Informationsfazit** im Untersuchungssample.

</td><td>

- **Meilensteinkonzept** des IAS 38 als **Controlling-Instrument**
- **Prozessanforderungen** des Standards verlangen Umsetzung einer **speziellen Ablaufsystematik** (vgl. Abb. 31)
- **Meta-Konzept** zur Kombination mit interner Prozessperspektive **mit Zeitpunkt-** u. **Aktivierungs**meilensteinen
- **Kombinierte Phasen im neuen Meilensteinkonzept:** FuE-Phase, Herstellungs-, Aktivierungsprüfphase, Vermögenswert-Bildungsphase, Nutzungsphase
- **Aktivierungsprüfphase** mit **stufenweiser Konkretisierung bzw. Prüflogik**
- **Verknüpfung** mit Problemen aus **Informationsperspektive**
- **Entscheidungskriterien, Ausstrahlungswirkungen** u. **Verantwortlichkeiten** transparent
- **Langfristige Synergiepotentiale** aus organisatorischen u. inhaltlichen Strukturierungen u. systematisierten Prozessabläufen
- **Vorteil**: **Akquisitionsbewertungen u. -eingliederungen** durch Einheitlichkeit erleichtert
- **Initiale Ist-Bestandsaufnahme** u. **Prozessanalyse** im FuE-Bereich
- **Strukturvereinheitlichung unterstützt FuE-Controlling**: verbesserte Prozessqualität, -effizienz u. -transparenz steigert Einsatzmöglichkeiten, gleichzeitig kostensenkende Wirkung
- **Höhere Abbildungsqualität und** -genauigkeit bewirkt **gesteigerte Lernfähigkeit**
- **Synchrone Berücksichtigung** aller Dimensionen des magischen Dreiecks **„Kosten, Zeit, Qualität bzw. Leistung**
- **Permanente Prozess- u. Wertkontrolle** in Form einer **doppelten** (intern u. extern) **Kontrolle** wirkt **risikomindernd**

</td><td>

- **Integration** der gestiegenen Detailkenntnisse aus dem FuE-Prozess in ein **Wissensmanagement**
- Vorteile aufgrund der Integration verschiedener Informationsquellen in Form eines **„Multi-Informanten-Ansatzes“**
- **Verbesserte Schnittstellenintegration** mit den für **FuE** besonders bedeutsamen Funktionen des **Marketings** und der **Produktion**
- **Integrations- und Kombinationsmöglichkeiten** der bilanziellen Größen, z.B. in Form
  - eines **risikoorientierten Klassifizierungskonzeptes** für die Budgetierung sowie
  - bei Portfolio-Darstellungen,
  - der Anreizsteuerung oder
  - der Balanced Scorecard.

</td></tr>
</table>

	▪ **Realisierungseinschränkung** auf **tatsächlich abgebildete FuE-Projekte** ▪ **Praxisurteil** über Chancen u. Belastungen aus der Strukturierungsnotwendigkeit **positiv**	

Tab. 9: Zusammenfassung der Kernpunkte des Wirkungsmodells ohne Berücksichtigung der begleitenden Wirkungen.[1098]

[1098] Quelle: Eigene Darstellung. Vgl. hierzu ausf. die jeweiligen Abschnitte des Wirkungsmodells.

5 Zusammenfassung, Fazit und weiterer Forschungsbedarf

In Theorie und Praxis finden die gravierenden Veränderungen im Kontext der Harmonisierung der Rechnungslegungsnormen zu Gunsten der IFRS meist aus der Perspektive des externen Rechnungswesens Beachtung. Gleichwohl wirken die neue Verbindlichkeit und der resultierende Bedeutungszuwachs der IFRS nicht nur vordergründig in Form einer veränderten Unternehmensberichterstattung, sondern betreffen auch das traditionell intern ausgerichtete Controlling. Neben einer zu beobachtenden grundlegenden Modifikation der Unternehmensrechnung in Form einer Konvergenz von internem und externem Rechnungswesen, stellen die IFRS über die im Mittelpunkt stehende Vermittlung entscheidungsrelevanter Informationen erhebliche zusätzliche Informationsanforderungen; beides Veränderungstendenzen, die den Controllingbereich vielfältig und nachhaltig beeinflussen.

Im Rahmen der vorliegenden Arbeit wird dieses sehr junge Forschungsfeld aufgegriffen und dabei erstmals ein spezifisches Controllingfeld fokussiert. Der ins Zentrum gerückte Themenkreis FuE bietet hierbei in zweifacher Hinsicht interessantes Forschungspotential. Als erster Grund kann die fundamental veränderte und sehr komplexe Abbildung von FuE-Ausgaben im externen Rechnungswesen nach IFRS im Vergleich zum generellen Ansatzverbot des § 248 (2) HGB angeführt werden. Die neue Bilanzierungsnorm bewirkt an dieser Stelle einen grundlegenden Paradigmenwechsel von einer reinen Ausgabensicht zu einer Vermögenswertperspektive. Zusätzlich steht das funktionale FuE-Controlling seit jeher vor Koordinations-, Kommunikations- sowie Planungs- und Kontrolldefiziten, die mit den spezifischen Charakteristika von FuE einhergehen. Im Kontext der ökonomisch geprägten IFRS erforscht die Arbeit sämtliche empirisch beobachtbaren Auswirkungen im FuE-Controlling und analysiert Anpassungs- und Erweiterungsbedarfe sowie verknüpfte Probleme und Einflussfaktoren.

Die Arbeit beginnt mit den allgemeinen Grundlagen im Bereich der Rechnungslegung, des Rechnungswesens und der Harmonisierung. Wesentlich sind dabei die insgesamt im Zusammenspiel von IFRS und Controlling entstehenden Wirkungen in Form neuer Aufgaben- und Verantwortungsbereiche sowie die zunehmende Verschmelzung im Rechnungswesen. Die Zentrierung auf das Untersuchungsobjekt FuE beginnt mit der organisatorischen Einbettung dieser Aktivitäten, wobei die Grundvarianten einer zentralen und dezentralen Einbindung sowie Kombinationen dieser Strukturierungsformen erläutert werden. Die besonderen Charakteristika des untersuchten Controllingobjektes FuE, namentlich ihre einmalige und einzigartige Beschaffenheit, die häufig sehr langen Laufzeiten, die Immaterialität der

Ergebnisse und die unklaren Kausalzusammenhänge zwischen Ausgaben und späteren Erträgen, bilden die Ausgangsbasis für ein entsprechendes Controlling. Das hierbei zu berücksichtigende typische Chancen-Risiken-Profil von FuE-Projekten besteht einerseits in der strategischen Bedeutung dieser Zukunftsinvestitionen und andererseits in den ihnen anhaftenden, hohen externen und internen Unsicherheiten. Diese Kombination mündet im Controlling in zahlreichen potentiellen Rationalitätsdefiziten und begründet viele existierende Problemfelder. Bei der Gegenüberstellung der „Bilanzierungswelten" von HGB und IFRS treffen diametrale Standpunkte aufeinander: auf der einen Seite die IFRS mit ihrer differenzierten und vermögenswertorientierten Sichtweise der FuE-Ausgaben; auf der anderen Seite die im HGB (noch) gelebte grundsätzliche Negierung jeglicher geschaffener Ressourcen aus originärer FuE-Tätigkeit.

Zur Beantwortung der Untersuchungsfragen wird ein qualitativer **Forschungsansatz** gewählt. Die dabei empirisch erhobenen qualitativen Daten sind anhand eines semistrukturierten Gesprächsleitfadens in persönlichen Interviews generiert worden. Über ein mehrstufiges Vorgehen sind Unternehmensvertreter aus den Bereichen Rechnungswesen und FuE-Controlling bzw. FuE befragt worden. Darüber hinaus wurde die externe Experten- bzw. Multiplikatorengruppe der Wirtschaftsprüfer in die Untersuchung einbezogen. Die elektronisch aufgezeichneten Daten der insgesamt 20 Interviews sind in einem zirkulären Auswertungsprozess analysiert worden.

Die **Forschungsergebnisse** zeigen, dass die allgemeinen Wirkungen der Harmonisierung und Konvergenz im Controlling des FuE-Bereiches sehr weit reichend, nachhaltig und vielfältig sind. Aus diesem Grund ist das Ergebnis der vorliegenden Arbeit zweigeteilt. In einem ersten Schritt erfolgt die Abbildung und Konkretisierung der zum Teil sehr heterogenen Umsetzung der einheitlichen Rechtsvorgaben aus IAS 38, indem die Arbeit situative Kontextfaktoren herausstellt. Diese erklären aus den beobachteten unternehmensindividuellen Operationalisierungen die Wesensmerkmale des Untersuchungsfeldes in ihren Kausalitäten, Variabilitäten und Interdependenzbeziehungen. Das zu diesem Zweck entworfene **Wirkungsfaktoren-Modell** zeigt auf unterschiedlichen Detaillierungsebenen externe und interne Einflussgrößen, ihr Zusammenspiel sowie existierende Verknüpfungen bzw. Abhängigkeiten und Handlungsvariablen. So wurden z.B. die Branche sowie die wirtschaftliche Unternehmenssituation als Kontingenzfaktoren identifiziert und ihre Wirkungsweisen im Untersuchungskontext expliziert. Aber auch die Projektgröße und -anzahl sind relevante Variablen, die sich auf der untersten Konkretisierungsstufe des Wirkungsfaktoren-Modells niederschlagen und ebenda unter Berücksichtigung zentraler Rückkopplungen zu übergeordneten Modellbereichen beschrieben werden. Über die hier gewählte Darstellungsform der Ergebnisse sind neben der initialen Aufhellung der Thematik die im Zusammenspiel von Situation, Entscheidungsfeld und umgesetzter Struktur bestehenden Beziehungen aufgezeigt und erläutert worden. Zusätzlich legen die differenziert dargelegten Vorgehensweisen auf verschiedenen Einflussebenen die hierbei aufgedeckten und analysierten Kausal- und Argumentationsketten offen. Auf diese Weise ermöglicht das Modell der Praxis, eigene Vorgehensweisen auf den jeweils „passenden“ Einstiegsebenen zu spiegeln, Verknüpfungen und Problemfelder zu erkennen und darüber mögliche Optimierungspotentiale auszuschöpfen.

Der zweite Ergebnisteil dieser Arbeit enthält einen weitergehenden Strukturierungsansatz, der dem Forschungsziel einer sowohl für die Theorie als auch für die Praxis relevanten Wirkungsanalyse gerecht wird. Das hierfür konzipierte dreigliedrige **Wirkungsmodell** greift die praktisch beobachteten Ergebnisse bzw. Einflussfaktoren auf. Zusätzlich enthält es theoretisch mögliche Effekte sowie sich bietende, weitergehende Verwendungsmöglichkeiten und controllingrelevante Potentiale im Kontext der Bilanzierungsänderung. Somit geht das Wirkungsmodell unter Einbindung der empirischen Beobachtungen stärker in den normativen Bereich über. Konzeptionell besteht das Wirkungsmodell aus drei interdependenten Ebenen, welche die Controllingwirkungen in ihren unterschiedlichen zeitlichen Relevanzbereichen vom Operativen bis zum Strategischen darstellen. Hinzu tritt eine begleitende Veränderungsdimension im Arbeitsfeld des FuE-Controllings. Diese steht in der Abbildungssystematik neben den drei Hauptebenen des Modells, da sich die hier enthaltenen zwei Effekte – die deutlich gestiegene Komplexität sowie die Verantwortungs- und Anspruchssteigerungen – durch alle Wirkungsebenen ziehen. Die im Modellfokus stehenden drei Hauptdimensionen sind im Einzelnen die primären Informationswirkungen, die sekundären Prozesswirkungen und schließlich die tertiären Integrationswirkungen. Grundlage bilden die **Primärwirkungen**, welche detailliert die operativen Informationswirkungen im Zusammenhang mit IAS 38 aus der Controllingperspektive beleuchten und erläutern. Dabei werden die neuen Informationen charakterisiert sowie ein auf dem Paradigmenwechsel zur Vermögenswertperspektive aufbauendes zweigeteiltes FuE-Projektcontrolling abgeleitet. Gleichzeitig stellt die im Verantwortungsbereich des FuE-Controllings liegende Generierung der benötigten Informationen ein neues Problemfeld dar, bei dem besonders die neuen Abgrenzungsschwierigkeiten und Ermessensspielräume hervorstechen. Darauf aufbauend folgen im Wirkungsmodell die **Sekundärwirkungen**, in denen die Veränderungen auf der Prozessebene behandelt werden. Ausgangspunkt für diese ist die der Norm zugrunde liegende standardisierte Ablaufsystematik für den FuE-Prozess, welche in den Unternehmen zur Operationalisierung der Informationsanforderungen geschaffen bzw. umgesetzt werden muss. Die damit erzwungene Prozessrestrukturierung verlangt einheitliche bilanzielle Meilensteine für FuE-Projekte, die sich in Zeitpunkt- und Aktivierungsmeilensteine untergliedern lassen und auch im FuE-Controlling eine Strukturierungs- sowie Koordinations- und Kontrollunterstützung sein können. Das Ausmaß der resultierenden Controllingwirkungen bzw. der Grad der „Hilfestellung" aus der Umsetzung der prozessualen Standardvorgaben sind von dem jeweils vor IFRS betriebenen System, dessen Kompatibilität mit IAS 38 sowie der konkreten Umsetzungsform abhängig.[1099] Die zeitlich tief greifendsten Veränderungswirkungen finden sich im **Tertiärfeld** des Wirkungsmodells, welches integrative Aspekte aus der Rechnungslegung des IAS 38 im Controlling thematisiert. Die neuen Informations- und Prozesspflichten resultieren in einer stärkeren Abstimmungsnotwendigkeit verschiedener Personen, Abteilungen und Funktionen in Form eines „Multi-Informanten-Ansatzes" und damit in einer intensiveren Vernetzung bzw. Zusammenarbeit speziell mit den im FuE-Kontext wichtigen Schnittstellen Marketing und Produktion. Zusätzlich entstand auch eine neu zu koordinierende Schnittstelle zum Bereich des externen Rechnungswesens bzw. der externen Kontrollinstanz der WPs. Die strategisch ausgerichtete tertiäre Wirkungsebene des Modells enthält darüber hinaus Handlungsempfehlungen für eine Integration der sehr validen und „qualitativ hochwertigen" Informationen in Controlling-Instrumente bzw. zur weitergehenden Nutzung für strategische Controllingzwecke. So wird hier bspw. eine mögliche Risikoklassifizierung auf Basis der Entwicklungskosten vorgestellt. Diese neu entdeckte Kenngröße adressiert gezielt das klassische Risikoproblem originärer immaterieller Vermögenswerte und wurde exemplarisch in einen zweistufigen Ansatz zur Budgetierung von FuE-Ausgaben eingebunden. Dieser ermöglicht es, bei der komplexen Budgetplanung das spezifische Risikoprofil dieser Ausgabenkategorie explizit zu berücksichtigen. Darüber hinaus werden weitere Kombinations- bzw. Integrationsmöglichkeiten in diesem Abschnitt skizziert.

Insgesamt liefern die beiden aufgestellten Modelle erste strukturierte Erkenntnisse über die Wirkungen aus der Umstellung der Rechnungslegung von FuE-Ausgaben für das hiermit beauftragte Controlling, welche ergänzt durch die theoretischen Vertiefungen der em-

[1099] Das Sample lies hier eine deutliche Heterogenität erkennen, welche schwerpunktmäßig über das Wirkungsfaktoren-Modell abgebildet wurde.

pirisch gewonnenen Erkenntnisse praktische Lösungsmöglichkeiten und Nutzungsoptionen der quasi „kostenlosen" Bilanzierungsinformationen für Controllingzwecke aufzeigen. Das aufgezeigte Gefüge von Einflüssen und Wirkungen entfaltet sowohl für die Theorie als auch für die Praxis Relevanz. Die Theorie wird durch die initiale Bearbeitung des Themenfeldes grundlegend ergänzt. Hinzukommen die aus der detaillierten Aufbereitung abgeleiteten neuen Problemfelder, die es zu lösen gilt, sowie die neuen Ansatzpunkte und Konzepte zur Unterstützung des spannungsgeladenen und problembehafteten FuE-Controllings. Besonders kann aber die Praxis von den hier erarbeiteten Modellinhalten profitieren. Neben den bereits bei der Vorstellung des Wirkungsfaktoren-Modells erläuterten Möglichkeiten zur Realisierung von Optimierungschancen bietet das Wirkungsmodell über die entwickelten Kombinationen und Anwendungskonzepte tief greifendere Synergiepotentiale. So lassen sich aus dieser Arbeit direkte Lösungsansätze bzw. Verbesserungsvorschläge für die praktische prozessuale Gestaltung der Norm im FuE-Controlling ableiten. Die detaillierte und „geschichtete" Darstellungs- und Analyseform beider Ergebnismodelle bietet der Praxis in strukturierter Form eine Orientierungs-, Entscheidungs- und Relationshilfestellung. Dabei werden die relevanten Einflussfaktoren und ihre Interdependenzen expliziert, sodass praktisch auftretende Insellösungen, Inkonsistenzen oder teiloptimale Operationalisierungsformen überdacht werden können. Neben den Chancen aus den ineinander greifenden Modellbereichen können die Unternehmen auch die theoretisch erarbeiteten Anwendungskonzepte im Wirkungsmodell aufgreifen und einsetzen. Die hier enthaltenen neuen Theoriekonzepte zur Nutzung der „neuen Informationen" – etwa das zweistufige FuE-Controlling, die Klassifizierungs- oder Vergleichsideen oder der Risikostrukturansatz – bedürfen dabei einer praktischen Eignungsprüfung. Bei dem auf Anwendbarkeit und Entscheidungsnützlichkeit zielenden „Praxistest" gilt es relevante Einflussgrößen, Abbildungs-, Anwendungs- und Interpretationsprobleme herauszufiltern sowie die hierbei jeweils auftretenden Grenzen abzustecken. Interessant wären auch weiterführende Verwendungsoptionen, die an die Vorschläge dieser Arbeit anknüpfen, diese weiter ausbauen und dabei z.B. die vorgestellte Risikokennziffer in anderer Form integrieren.

Da die Arbeit einen bisher gänzlich unerforschten „Fleck" auf der Wissenschaftskarte beleuchtet, bietet sie nicht nur der Praxis „Testmaterial" sondern auch für **nachfolgende Forschungsarbeiten** vielfältige Anknüpfungspunkte. Grundsätzlich kann Aufbauforschung an speziellen Ergebnispunkten, den thematischen Grenzbereichen einer Untersuchung oder den dieser Arbeit bzw. Forschungskonzeption anhaftenden Limitationen aufsetzen. Zunächst könnten die qualitativen Ergebnisse dieser Untersuchung über eine klassische Methodenintegration in quantitativer Form abgesichert werden. Die bei dieser Aufbauforschung verfolgte Zielsetzung ist die statistisch fundierte Validierung oder Falsifizierung der hier aufgestellten Wirkungen und Wirkungsfaktoren. Dabei kann die repräsentative Ausweitung des Untersuchungskreises in einem ersten Schritt über eine zusätzliche Breite und Heterogenität der Untersuchungsobjekte erreicht werden. Gleichzeitig können Folgeprojekte auch eine konzentrierte quantitative Ergebnisprüfung vornehmen, wobei sich in dieser Thematik speziell der thematisch weit entwickelte Automobilbereich eignen würde. Ferner können die in der vorliegenden Arbeit gezogenen Schlussfolgerungen weiter ausgebaut werden, indem bspw. in Form des Fallstudienansatzes eine tiefer gehende Analyse spezifischer Wirkungsfaktoren oder Wirkungsebenen vollzogen wird oder die hier ausgegrenzten Bereiche, wie z.B. Kooperationsmodelle oder angrenzende Bilanzierungsformen von FuE (z.B. für Auftragsforschung) mit in die controllingrelevante Wirkungsanalyse einbezogen werden. Auch die aufgezeigten Probleme aus im Controlling zu beantwortenden Abgrenzungsfragestellungen sowie den Kontrollschwierigkeiten im Zusammenhang mit den zahlreichen Ermessensspielräumen bieten, neben einer gezielten Schärfung der Chancenpotentiale, besonders für Längsstudien und Zeitreihenanalysen ein weites Analysefeld.

Aktuell ist das hier aus der Controllingperspektive untersuchte Forschungsfeld der Bilanzierung von FuE-Ausgaben in Deutschland im Umbruch und bietet daher vor dem Hintergrund des BilMoG auch zukünftig Forschungspotential. Durch die sich abzeichnenden Veränderungen in der HGB-Rechnungslegung mit der geplanten Abschaffung des § 248 (2) HGB entfalten nicht nur die Resultate der hier entwickelten Modelle und Ergebnisse für einen breiteren Anwenderkreis Relevanz, sondern auch die Anzahl der Forschungsobjekte nimmt deutlich zu. Der Abschied von einer eindimensionalen defizitären Ausgabensichtweise scheint im FuE-Bereich damit aber in beiden Sphären der Rechnungslegung und gleichlaufend dem Controlling besiegelt. Zugleich wird hierdurch der Einstieg in eine vermögenswertorientierte Sicht mit dem einhergehenden Informationsgewinn vollzogen.

Literaturverzeichnis

ADAM, DIETRICH; JOHANNWILLE, ULRICH:
Die Komplexitätsfalle, in: Komplexitätsmanagement, hrsg. von: D. ADAM. Wiesbaden 1998, S. 5-28.

ADLER, HANS; DÜRING, WALTHER; SCHMALTZ, KURT:
§ 248 Bilanzierungsverbote, in: Rechnungslegung und Prüfung der Unternehmen - Teilband 6, hrsg. von: H. ADLER, W. DÜRING, K. SCHMALTZ. 6. Aufl., Stuttgart 1998, S. 377-389.

AHMED, KAMRAN; FALK, HAIN:
The value relevance of management's research and development reporting choice - Evidence from Australia, in: Journal of accounting and public policy, 25 (2006) 3, S. 231-264.

AHRENS, THOMAS; CHAPMAN, CHRISTOPHER S. :
Doing Qualitative Field Research in Management Accounting: Positioning Data to Contribute to Theory, in: Handbook of Management Accounting Research - Volume 1, hrsg. von: C. S. CHAPMAN, A. G. HOPWOOD, M. D. SHIELDS. Oxford u.a. 2007, S. 299-318.

ALBACH, HORST; KLEIN, GÜNTHER:
Die Entwicklung des europäischen Konzernrechts, in: Harmonisierung der Konzernrechnungslegung in Europa, hrsg. von: H. ALBACH, G. KLEIN. Wiesbaden 1990, S. 1-10.

ANDERSON, NICHOLAS:
Value Judgements, in: Accountancy, 134 (2004) 1335, S. 86-87.

ARBEITSKREIS "IMMATERIELLE WERTE IM RECHNUNGSWESEN" DER SCHMALENBACH-GESELLSCHAFT FÜR BETRIEBSWIRTSCHAFT E.V.:
Kategorisierung und bilanzielle Erfassung immaterieller Werte, in: Der Betrieb, 54 (2001) 19, S. 989-995.

ARBEITSKREIS "IMMATERIELLE WERTE IM RECHNUNGSWESEN" DER SCHMALENBACH-GESELLSCHAFT FÜR BETRIEBSWIRTSCHAFT E.V.:
Freiwillige externe Berichtserstattung über immaterielle Werte, in: Der Betrieb, 56 (2003) 23, S. 1233-1237.

ARBEITSKREIS "IMMATERIELLE WERTE IM RECHNUNGSWESEN" DER SCHMALENBACH-GESELLSCHAFT FÜR BETRIEBSWIRTSCHAFT E.V.:
Erfassung immaterieller Werte in der Unternehmensberichterstattung vor dem Hintergrund handelsrechtlicher Rechnungslegungsnormen, in: Intangibles in der Unternehmenssteuerung, hrsg. von: P. HORVÀTH, K. MÖLLER. München 2004, S. 221-250.

ARBEITSKREIS "IMMATERIELLE WERTE IM RECHNUNGSWESEN" DER SCHMALENBACH-GESELLSCHAFT FÜR BETRIEBSWIRTSCHAFT E.V.:
Corporate Reporting on Intangibles - A Proposal from a German Background -, in: Schmalenbach Business Review, 57 (2005) 3, S. 65-100.

ARBEITSKREIS "INTEGRIERTE UNTERNEHMENSPLANUNG" DER SCHMALENBACH-GESELLSCHAFT FÜR BETRIEBSWIRTSCHAFT E.V.:
Integrierte Forschungs- und Entwicklungsplanung - Forschung u. Entwicklung als Bestandteil der Unternehmensplanung und Unternehmensorganisation, in: Zeitschrift für betriebswirtschaftliche Forschung, 38 (1986) 5, S. 351-382.

AVERCH, HARVEY A.:
The political economy of R&D taxonomies, in: Research Policy, 20 (1991) 3, S. 179-194.

BACHFELLNER, MANFRED:
Harmonisierung Internes-Externes Rechnungswesen, in: Controller Magazin, 31 (2006) 5, S. 411-413.

BAETGE, JÖRG:
Grundsätze ordnungsmäßiger Buchführung, in: Handwörterbuch Unternehmensrechnung und Controlling, hrsg. von: H.-U. KÜPPER, A. WAGENHOFER. 4. Aufl., Stuttgart 2002, S. 635-647.

BAETGE, JÖRG; FEY, DIRK; WEBER, CLAUS-PETER:
§ 248 HGB Bilanzierungsverbote, in: Handbuch der Rechnungslegung – Einzelabschluss, hrsg. von: K. KÜTING, C.-P. H. WEBER. Loseblatt, 5. Aufl., Stuttgart 2004.

BAETGE, JÖRG; KIRSCH, HANS-JÜRGEN; THIELE, STEFAN:
Bilanzanalyse, 2. Aufl., Düsseldorf 2004a.

BAETGE, JÖRG; KIRSCH, HANS-JÜRGEN; THIELE, STEFAN:
Konzernbilanzen, 7. Aufl., Düsseldorf 2004b.

BAETGE, JÖRG; KIRSCH, HANS-JÜRGEN; THIELE, STEFAN:
Bilanzen, 9. Aufl., Düsseldorf 2007.

BAETGE, JÖRG; MARESCH, DANIELA; SCHULZ, ROLAND:
Zur (Un-)Möglichkeit des Zeitvergleichs von Kennzahlen, in: Der Betrieb, 61 (2008) 9, S. 417-422.

BAETGE, JÖRG; VON KEITZ, ISABEL:
IAS 38 Immaterielle Vermögenswerte (Intangible Assets), in: Rechnungslegung nach IFRS - Kommentar auf der Grundlage des deutschen Bilanzrechts, hrsg. von: J. BAETGE, P. WOLLMERT, H.-J. KIRSCH, P. OSER, S. BISCHOF. Loseblatt, 2. Aufl., Stuttgart 2006, S. 1-87.

BALACHANDRA, RAMAIYA; BROCKHOFF, KLAUS; PEARSON, ALAN W.:
R&D Project Termination Decisions: Processes, Communication, and Personal Changes, in: The Journal of Product Innovation Management, 13 (1996), S. 245-256.

BARTELHEIMER, JÖRN; KÜCKELHAUS, MARKUS; WOHLTHAT, ANDREAS:
Auswirkungen des Impairment of Assets auf die interne Steuerung, in: Controlling & Management, 48 (2004) Sonderheft 2, S. 22-30.

BECKER, WOLFGANG; SCHMEKEN, GREGOR MARK:
IFRS und Controlling: Bedeutung neuer Rechnungslegungsstandards am Beispiel des Economic Value Added (EVA), in: Controller Magazin, 33 (2008) 3/4, S. 46-52.

BEHRENS, SABINE:
Wettbewerbsorientierter Einsatz von Informationstechnologie, Frankfurt am Main 1999.

BEIERSDORF, KATI; DAVIS, ANNETTE:
IASB-Standard für Small and Medium-sized Entities: keine unmittelbare Rechtswirkung in Europa, in: Betriebsberater, 61 (2006) 18, S. 987-990.

BERENS, WOLFGANG; HOFFJAN, ANDREAS:
Jahresabschlusspolitische Sachverhaltsgestaltungen, in: Das Wirtschaftsstudium (1999) 10, S. 1282-1294.

BERENS, WOLFGANG; SCHMITTING, WALTER:
Zum Verhältnis von Controlling, Interner Revision und Früherkennung vor dem Hintergrund der Corporate Governance, in: Zeitschrift für Planung & Unternehmenssteuerung, 14 (2003) 4, S. 353-377.

BESCHORNER, DIETER; PEEMÖLLER, VOLKER H.:
Allgemeine Betriebswirtschaftslehre - Grundlagen und Konzepte, Herne u.a. 1995.

BEVERLAND, MICHAEL; LOCKSHIN, LARRY:
A longitudinal study of Customers' desired value change in business-to-business markets, in: Industrial Marketing Management, 32 (2003), S. 653-666.

BEYER, SVEN:
Fair Value Bewertung von Vermögenswerten und Schulden, in: Unternehmenskauf nach IFRS und US-GAAP, hrsg. von: W. BALLWIESER, S. BEYER, H. ZELGER. Stuttgart 2005, S. 141-189.

BITSCH, VERA:
Qualitative Forschung in der angewandten Ökonomie, Habil., Univ. Hannover, Aachen 2001.

BLANNING, ROBERT W.:
Variable-Base Budgeting for R&D, in: Management Science, 27 (1981) 5, S. 547-558.

BLAUFUS, KAY:
Fair Value Accounting, Wiesbaden 2005.

BMBF:
Bundesbericht Forschung 2006, Bonn, Berlin 2006.

BMBF:
Bericht zur technologischen Leistungsfähigkeit Deutschlands 2007, Bonn, Berlin 2007.

BORN, KARL:
Rechnungslegung international - Rechnungslegung nach IAS/IFRS im Vergleich mit HGB und US-GAAP, 4. Aufl., Stuttgart 2005.

BRAMANN, JULIANE:
Investorenbindung als ein Ziel des Finanzmarketing - Eine Analyse des Verhaltens privater Investoren von DAX-Unternehmen, Diss., Univ. St. Gallen, Bamberg 2004.

BREMSER, WAYNE G.; BARSKY, NOAH P.:
Utilizing the balanced scorecard for R&D performance measurement, in: R&D Management, 34 (2004) 3, S. 229-238.

BROCKHOFF, KLAUS:
Forschung und Entwicklung im Lagebericht, in: Die Wirtschaftsprüfung, 35 (1982) 9, S. 237-247.

BROCKHOFF, KLAUS:
Controlling in Forschung und Entwicklung der Unternehmen, in: Zeitschrift für betriebswirtschaftliche Forschung, 36 (1984a) 8/9, S. 608-618.

BROCKHOFF, KLAUS:
Forecasting Quality and Information, in: Journal of Forecasting, 3 (1984b) 4, S. 417-428.

BROCKHOFF, KLAUS:
Abstimmungsprobleme von Marketing und Technologiepolitik, in: Die Betriebswirtschaft, 45 (1985) 6, S. 623-632.

BROCKHOFF, KLAUS:
Budgetierungsstrategien für Forschung und Entwicklung, in: Zeitschrift für Betriebswirtschaft, 57 (1987) 9, S. 846-869.

BROCKHOFF, KLAUS:
Schnittstellen-Management - Abstimmungsprobleme zwischen Marketing und Forschung und Entwicklung, Stuttgart 1989.

BROCKHOFF, KLAUS:
Funktionsbereichsstrategien, Wettbewerbsvorteile und Bewertungskriterien - Eine empirische Untersuchung am Beispiel der Biotechnologie, in: Zeitschrift für Betriebswirtschaft, 60 (1990) 4, S. 451-472.

BROCKHOFF, KLAUS:
Schnittstellen-Management - Koordination ohne Hierarchie, in: Zeitschrift Führung und Organisation, 62 (1993a) 6, S. 396-403.

BROCKHOFF, KLAUS:
Zur Erfolgsbeurteilung von Forschungs- und Entwicklungsprojekten, in: Zeitschrift für Betriebswirtschaft, 63 (1993b) 7, S. 643-662.

BROCKHOFF, KLAUS:
Business Process Re-engineering: Experiences in R&D, in: Technology Analysis & Strategic Management, 9 (1997) 2, S. 163-178.

BROCKHOFF, KLAUS:
Forschung und Entwicklung - Planung und Kontrolle, 5. Aufl., München u.a. 1999a.

BROCKHOFF, KLAUS:
Produktpolitik, 4. Aufl., Stuttgart 1999b.

BROCKHOFF, KLAUS:
Technological progress and the market value of firms, in: International Journal of Management Reviews, 1 (1999c) 4, S. 485-501.

BROCKHOFF, KLAUS:
FuE-Controlling, in: Handwörterbuch Unternehmensrechnung und Controlling, hrsg. von: H.-U. KÜPPER, A. WAGENHOFER. 4. Aufl., Stuttgart 2002, S. 597-606.

BROCKHOFF, KLAUS:
Exploring Strategic R&D Success Factors, in: Technology Analysis & Strategic Management, 15 (2003) 3, S. 333-348.

BROCKHOFF, KLAUS:
Die Forschungs- und Entwicklungsschwäche - Unternehmerische Forschung und Entwicklung als Innovationsvoraussetzung sollte stärker wachsen, in: Wissensmanagement, 11 (2005a) 5, S. 12-17.

BROCKHOFF, KLAUS:
Konflikte bei der Einbeziehung von Kunden in die Produktentwicklung, in: Zeitschrift für Betriebswirtschaft, 75 (2005b) 9, S. 859-877.

BROCKHOFF, KLAUS:
Technologie, Innovation und Corporate Governance, in: Journal für Betriebswirtschaft, 55 (2005c), S. 177-207.

BROCKHOFF, KLAUS:
Vom Forschung- und Entwicklungsmanagement zum Technologie- und Innovationsmanagement, in: Die Unternehmung, 59 (2005d) 6, S. 11-30.

BROCKHOFF, KLAUS:
Zur Einbeziehung von Kunden in die Produktentwicklung: einige ungelöste Probleme, in: Wissenschaftliche Schriftreihe des Zentrums für Marktorientierte Unternehmensführung (ZMU), hrsg. von: M. FASSNACHT. Vallendar 2005e.

BROCKHOFF, KLAUS:
On the novelty dimension in project management, in: Project Management Journal, 37 (2006) 3, S. 26-36.

BROCKHOFF, KLAUS; MEDCOF, JOHN:
Performance in internationally dispersed research and development units, in: Journal of High Technology Management Research, 18 (2007), S. 99-110.

BROCKHOFF, KLAUS; PEARSON, ALAN W.:
R&D Budgeting Reactions to a Recession, in: Management International Review, 38 (1998) 4, S. 363-376.

BROCKHOFF, KLAUS; URBAN, CHRISTOPH:
Die Beeinflussung der Entwicklungsdauer, in: Zeitmanagement in Forschung und Entwicklung, hrsg. von: K. BROCKHOFF, A. PICOT, C. URBAN. Düsseldorf u.a. 1988, S. 1-42.

BROCKHOFF, KLAUS; ZANGER, CORNELIA:
Messprobleme des Neuheitsgrades - dargestellt am Beispiel von Software, in: Zeitschrift für betriebswirtschaftliche Forschung, 45 (1993) 10, S. 835-851.

BROSE, PETER:
Konzeptionen, Varianten und Perspektiven der Kontingenztheorie, in: Journal für Betriebswirtschaft (1984) 5, S. 230-243.

BRÜCKS, MICHAEL; WIEDERHOLD, PHILIPP:
IFRS 3 Business Combinations - Darstellung der neuen Regelungen des IASB und Vergleich mit SFAS 141 und SFAS 142, in: Kapitalmarktorientierte Rechnungslegung (2004) 5, S. 177-185.

BRUNE, JENS WILFRIED; SENGER, THOMAS:
§ 15. Konzerne und assoziierte Unternehmen, in: Beck'sches IFRS-Handbuch, hrsg. von: W. BOHL, J. RIESE, J. SCHLÜTER. München 2004, S. 583-745.

BRUNS, HANS-GEORG:
Harmonisierung des externen und internen Rechnungswesens auf Basis internationaler Bilanzierungsvorschriften, in: Internationale Rechnungslegung, hrsg. von: K. KÜTING, G. LANGENBUCHER. Stuttgart 1999, S. 585-603.

BRUNS, HANS-GEORG; HORVÁTH, PETÉR:
Auswirkungen der IFRS auf das Controlling in: Controlling, 16 (2004) 11, S. 647-649.

BRYMAN, ALAN; BELL, EMMA:
Business Research Methods, New York 2003.

BUCHHOLZ, RAINER:
Internationale Rechnungslegung, 4. Aufl., Bamberg 2004.

BUHLEIER, CLAUS:
Der IFRS Goodwill Impairment Test - Schnittstelle zwischen internationaler Rechnungslegung und internationalem Controlling, in: Internationale Rechnungslegung und internationales Controlling - Herausforderungen, Handlungsfelder, Erfolgspotenziale, hrsg. von: W. FUNK. Wiesbaden 2008, S. 455-479.

BÜRGEL, HANS DIETMAR:
Controlling von Forschung und Entwicklung - Erkenntnisse und Erfahrungen aus der Praxis, München 1989a.

BÜRGEL, HANS DIETMAR:
Projektcontrolling in: Controlling, 1 (1989b) 1, S. 4-9.

BÜRGEL, HANS DIETMAR:
Forschungs- und Entwicklungs-Controlling: Hemmschuh oder notwendiges Steuerungsinstrument, in: Erfolgsorientiertes Forschungs- und Entwicklungsmanagement für den Mittelstand, hrsg. von: H. D. BÜRGEL. Stuttgart 1994, S. 99-119.

BÜRGEL, HANS DIETMAR; HALLER, CHRISTINE; BINDER, MARKUS:
F&E-Management, München 1996.

BÜRGEL, HANS DIETMAR; ZELLER, ANDREAS:
Controlling kritischer Erfolgsfaktoren in Forschung und Entwicklung, in: Controlling, 9 (1997) 4, S. 218-225.

BURGER, ANTON; BUCHHART, ANTON:
Integration des Rechnungswesens im Shareholder Value-Ansatz, in: Der Betrieb, 54 (2001) 11, S. 549-554.

BURGER, ANTON; ULBRICH, PHILIPP; KNOBLAUCH, JENS:
Zur Reform der Bilanzierung von Forschungs- und Entwicklungsaufwendungen nach IAS 38, in: Kapitalmarktorientierte Rechnungslegung, 6 (2006) 12, S. 729-737.

BUZAN, TONY:
Mind map - die Erfolgsmethode : Die geistigen Möglichkeiten steigern und optimal nutzen, München 2005.

CHANDLER, ALFRED DUPONT:
Strategy and structure - chapters in the history of the industrial enterprise, Cambridge 1962.

CHILD, JOHN:
Organization - A guide to problems and practice, London 1984.

CHRISTENSEN, JOHN:
Agency Theory, in: Handwörterbuch Unternehmensrechnung und Controlling, hrsg. von: H.-U. KÜPPER, A. WAGENHOFER. 4. Aufl., Stuttgart 2002, S. 28-39.

COENENBERG, ADOLF GERHARD:
Einheitlichkeit oder Differenzierung von internem und externem Rechnungswesen: Die Anforderungen der internen Steuerung, in: Der Betrieb, 48 (1995) 42, S. 2077-2083.

COENENBERG, ADOLF GERHARD:
Jahresabschluss und Jahresabschlussanalyse, 20. Aufl., Stuttgart 2005.

COENENBERG, ADOLF GERHARD:
Kostenrechnung und Kostenanalyse, 6. Aufl., Stuttgart 2007.

COENENBERG, ADOLF GERHARD:
Rechenschaft versus Entscheidungsunterstützung: Harmonie oder Disharmonie der Rechnungszwecke?, in: Kapitalmarktorientierte Rechnungslegung, 8 (2008) 1, S. 17-26.

COMMES, MAX-THEODOR; LIENERT, RICHARD:
Controlling im FuE-Bereich, in: Zeitschrift für Organisation, 52 (1983) 7, S. 347-354.

COOPER, ROBERT G.; EDGETT, SCOTT J.; KLEINSCHMIDT, ELKO J.:
Portfolio Management in New Product Development: Lessens from the Leaders, in: Research Technology Management, 40 (1997) 5, S. 16-41.

CORBIN, JULIET; HOLT, NICHOLAS:
Grounded Theory, in: Research Methods in the Social Sciences, hrsg. von: B. SOMEKH, C. LEWIN. London u.a. 2005, S. 49-55.

CORBIN, JULIET; STRAUSS, ANSELM:
Grounded Theory Reseach: Procedures, Canons, and Evaluative Criteria, in: Qualitative Sociology, 13 (1990) 1, S. 3-21.

CRESWELL, JOHN W.:
Research design: Qualitative, quantitative, and mixed method approaches, 2. Aufl., Thousand Oaks u.a. 2006.

CROPLEY, ARTHUR J.:
Qualitative Forschungsmethoden - Eine praxisnahe Einführung, Eschborn 2002.

D'ARCY, ANNE:
Aktuelle Entwicklungen in der Rechnungslegung und Auswirkungen auf das Controlling, in: Controlling & Management (2004) Sonderheft 2, S. 119-128.

DAWO, SASCHA:
Immaterielle Güter in der Rechnungslegung nach HGB, IAS/IFRS und US-GAAP, Herne u.a. 2003.

DAWO, SASCHA:
Fair Value-Bewertung nicht finanzieller Positionen - der Weg zur entobjektivierten Bilanz, in: Herausforderungen und Chancen durch weltweite Rechnungslegungsstandards, hrsg. von: K. KÜTING, N. PFITZER, C.-P. WEBER. Stuttgart 2004, S. 43-77.

DAWO, SASCHA; HEIDEN, MATTHIAS:
Aktuelle Entwicklungen zur Erfassung immaterieller Werte in der externen Berichterstattung, in: Deutsches Steuerrecht (2001) 40, S. 1716-1724.

DELLMANN, KLAUS:
Rechnung und Rechnungslegung über Forschung und Entwicklung (Teil I), in: Die Wirtschaftsprüfung, 35 (1982) 20, S. 557-561.

DENK, CHRISTOPH; FELDBAUER-DURSTMÜLLER, BIRGIT; MITTER, CHRISTINE; WOLFSGRUBER, HORST:
Externe Unternehmensrechnung, Wien 2004.

DEYHLE, ALBRECHT:
Forschungscontrolling, in: Controller Magazin, 15 (1990) 3, S. 113-116.

DEYHLE, ALBRECHT:
Controller-Handbuch, 5. Aufl., Offenburg 2003.

ECKERT, STEFAN:
Kapitalstrukturgestaltung von Auslandsgesellschaften: Relevanz - Ziele - Strategien, Diss., Univ. Bamberg, Wiesbaden 1997.

EIERLE, BRIGITTE; SCHULTZE, WOLFGANG; BISCHOF, BETTINA; THIERICKE, SANDRA:
Eignung der IFRS für Controllingzwecke, in: Controlling, 20 (2008) 6, S. 289-298.

ELLROTT, HELMUT; BRENDT, PETER:
§ 255 Anschaffungs- und Herstellungskosten, in: Beck'scher Bilanz-Kommentar - Handels- und Steuerbilanz, hrsg. von: H. ELLROTT, G. FRÖSCHLE, M. HOYOS, N. WINKELJOHANN. München 2006, S. 590-700.

ENGELKE, PETER:
Integration von Foschung und Entwicklung in die unternehmerische Planung und Steuerung, Diss., Univ. Göttingen, Heidelberg 1991.

ERCHINGER, HOLGER; MELCHER, WINFRIED:
Stand der Konvergenz zwischen US-GAAP und IFRS: Anerkennung der IFRS durch die SEC, in: Kapitalmarktorientierte Rechnungslegung, 7 (2007) 5, S. 245-254.

ERDMANN, MARK-KEN; WÜNSCH, MARTIN; MEYER, ULF:
Auswirkungen ausgewählter IFRS-Änderungen auf die Unternehmenssteuerung, in: Kapitalmarktorientierte Rechnungslegung, (Teil 1) 6 (2006) 5 , S. 333-341, (Teil 2) 6 (2006) 6, S. 385-395.

ESSER, MAIK; HACKENBERGER, JENS:
Bilanzierung immaterieller Vermögenswerte des Anlagevermögens nach IFRS und US-GAAP, in: Kapitalmarktorientierte Rechnungslegung, 4 (2004) 10, S. 402-414.

EWERT, RALF:
Fair Values und deren Verwendung im Controlling, in: Controlling und IFRS-Rechnungslegung, hrsg. von: A. WAGENHOFER. Berlin 2006, S. 21-47.

EWERT, RALF; WAGENHOFER, ALFRED:
Interne Unternehmensrechnung, 6. Aufl., Berlin u.a. 2005.

FASSELT, MARTIN; BRINKMANN, JÜRGEN:
B 211 Immaterielle Vermögensgegenstände, in: Beck'sches Handbuch der Rechnungslegung (Loseblatt), hrsg. von: E. CASTAN, G. HEYMANN, D. ORDELHEIDE, N. PFITZER, E. SCHEFFLER. München 2004, S. 1-98.

FIEDLER, RUDOLF:
Controlling von Projekten: Projektplanung, Projektsteuerung und Projektkontrolle, 2. Aufl., Wiesbaden 2003.

FISCHER, DIRK; NEUBECK, GUIDO:
Bilanzierung von Forschungs- und Entwicklungskosten nach HGB und IAS/IFRS am Beispiel eines Automobilzulieferers, in: Bilanzbuchhalter und Controller, 29 (2005) 10, S. 217-221.

FLEISCHER, WERNER:
Rolle des Controllings im Spannungsfeld internes und externes Reporting, in: Organisationsstrukturen und Geschäftsprozesse wirkungsvoll steuern, hrsg. von: P. HORVÁTH. Stuttgart 2005, S. 189-200.

FLICK, UWE:
Triangulation - Eine Einführung, Wiesbaden 2004.

FLICK, UWE:
An introduction to qualitative research, 3. Aufl., London u.a. 2006.

FLINT, DANIEL J.; WOODRUFF, ROBERT B.; FISCHER GARDIAL, SARAH:
Exploring the Phenomenon of Customers' Desired Value Change in a Business-to-Business Context, in: Journal of Marketing, 66 (2002), S. 102-117.

FRANZ, KLAUS-PETER; WINKLER, CARSTEN:
IFRS und wertorientiertes Controlling, in: Controlling, 17 (2006a) 8-9, S. 417-423.

FRANZ, KLAUS-PETER; WINKLER, CARSTEN:
Unternehmenssteuerung und IFRS - Grundlagen und Praxisbeispiele, München 2006b.

FREIDANK, CARL-CHRISTIAN; VELTE, PATRICK:
Rechnungslegung und Rechnungslegungspolitik, Stuttgart 2007.

FRITSCH, MICHAEL; WEIN, THOMAS; EWERS, HANS-JÜRGEN:
Marktversagen und Wirtschaftspolitik, 7. Aufl., München 2007.

FRÖSCHLE, GERHART:
§ 248 Bilanzierungsverbote, in: Beck'scher Bilanz-Kommentar - Handels- und Steuerrecht, hrsg. von: H. ELLROTT, G. FRÖSCHLE, M. HOYOS, N. WINKELJOHANN. 6. Aufl., München 2006, S. 241-249.

FÜLBIER, ROLF UWE:
Wissenschaftstheorie und Betriebswirtschaftslehre, in: Wirtschaftswissenschaftliches Studium, 33 (2004) 5, S. 266-271.

FÜLBIER, ROLF UWE; FEHR, JANE:
Aktueller Diskussionsstand im IASB/FASB-Leasingprojekt: Weiter Richtung full fair value?, in: Praxis der internationalen Rechnungslegung, 4 (2008) 6, S. 181-188.

FÜLBIER, ROLF UWE; GASSEN, JOACHIM:
Das Bilanzrechtsmodernisierungsgesetz (BilMoG): Handelsrechtliche GoB vor der Neuinterpretation, in: Der Betrieb, 60 (2007) 48, S. 2605-2612.

FÜLBIER, ROLF UWE; HIRSCH, BERNHARD; MEYER, MATTHIAS:
Wirtschaftsprüfung und Controlling - Verstärkte Zusammenarbeit zwischen zwei zentralen Institutionen des Rechnungswesens, in: Controlling & Management, 50 (2006) 4, S. 234-241.

FÜLBIER, ROLF UWE; HONOLD, DIRK; KLAR, ALEXANDER:
Bilanzierung immaterieller Vermögenswerte - Möglichkeiten und Grenzen der Bilanzierung nach US-GAAP und IAS bei Biotechnologieunternehmen, in: Recht der internationalen Wirtschaft (2000) 11, S. 833-844.

GAISER, BERND:
Schnittstellencontrolling bei der Produktentwicklung - Entwicklungszeitenverkürzung durch Bewältigung von Schnittstellenproblemen, Diss., Univ. Stuttgart, München 1993.

GEIGER, OLIVER:
Kennzahlenorientiertes Entwicklungscontrolling: Ein ganzheitliches, kennzahlenbasiertes Planungs-, Steuerungs- und Kontrollinstrument zur Analyse des Entwicklungsbereichs industrieller Unternehmen, Diss., TU Braunschweig, Aachen 2000.

GELHAUSEN, HANS-FRIEDRICH; PAPE, JOCHEN; SCHINDLER, JOACHIM; SCHRUFF, LOTHAR:
Abschnitt 8: Immaterielle Vermögenswerte (Intangible Assets) (IAS 38, IAS 23, IAS 36, IFRS 3), in: Rechnungslegung nach Internationalen Standards, hrsg. von: H. ADLER, W. DÜRING, K. SCHMALTZ. Loseblatt, Stuttgart 2006a, S. 1-135.

GELHAUSEN, HANS-FRIEDRICH; PAPE, JOCHEN; SCHINDLER, JOACHIM; SCHRUFF, WIENAND:
Abschnitt 1: Konzeptionelle Grundlagen, in: Rechnungslegung nach Internationalen Standards - Kommentar, hrsg. von: H. ADLER, W. DÜRING, K. SCHMALTZ. Loseblatt, Stuttgart 2006b, S. 1-106.

GENTZ, MANFRED:
Internationale Rechnungslegung als Instrument der Marktkommunikation, in: Internationale Rechnungslegung - Konsequenzen für Unternehmensführung, Rechnungswesen, Standardsetting, Prüfung und Kapitalmarkt, hrsg. von: A. G. COENENBERG, K. POHLE. Stuttgart 2001, S. 3-25.

GLÄSER, JOCHEN; LAUDEL, GRIT:
Experteninterviews und qualitative Inhaltsanalyse als Instrumente rekonstuierender Untersuchungen, Wiesbaden 2004.

GLEICH, RONALD:
Stichwort Balanced Scorecard, in: Die Betriebswirtschaft, 57 (1997) 3, S. 432-435.

GOLDBRUNNER, THOMAS:
Mehr hilft nicht mehr!, in: Wissensmanagement, 12 (2006) 1, S. 30-33.

GORNIK-TOMASZEWSKI, SYLVIA; MILLAN, MIGUEL A.:
Accounting for Research and Development Costs - A Comparison of U.S. and International Standards, in: Review of Business, 26 (2005) 2, S. 42-47.

GRAßHOFF, JÜRGEN; MELCHER, WINFRIED:
Ausgewählte Entwicklungstendenzen in der deutschen Rechnungslegung und deren Auswirkungen auf das Controlling, in: Controller Magazin, 26 (2001) 2, S. 101-111.

GÜNTHER, THOMAS:
Unternehmenswertorientiertes Controlling, München 1997.

GUPTA, ASHOK. K.; WILEMON, DAVID:
The Credibility-Cooperation Connection at the R&D-Marketing Interface, in: Journal of Product Innovation Management, 5 (1988) 1, S. 20-31.

HAAKER, ANDREAS:
IFRS und wertorientiertes Controlling, in: Kapitalmarktorientierte Rechnungslegung, 5 (2005) 9, S. 351-357.

HACHMEISTER, DIRK:
Auswirkungen der Goodwill-Bilanzierung auf das Controlling, in: Controlling, 17 (2006) 8-9, S. 425-432.

HAEGER, BERND:
Harmonisierung von Rechnungswesen und Controlling bei E.ON, in: Controlling und IFRS-Rechnungslegung, hrsg. von: A. WAGENHOFER. Berlin 2006, S. 243-266.

HAGER, SIMON:
Immaterielle Vermögenswerte in der Bilanzierung und Berichterstattung - eine empirische Bestandsaufnahme für die Geschäftsberichte deutscher IFRS-Bilanzierer 2005, in: Kapitalmarktorientierte Rechnungslegung (2007) 4, S. 205-218.

HALLER, AXEL:
Herausforderungen an das Controlling durch die Internationalisierung der externen Rechnungslegung, in: Das neue Steuerungssystem des Controllers, hrsg. von: P. HORVÀTH. Stuttgart 1997a, S. 113-131.

HALLER, AXEL:
Zur Eignung der US-GAAP für die Zwecke des internen Rechnungswesen, in: Controlling, 9 (1997b) 4, S. 270-276.

HALLER, AXEL:
Immaterielle Vermögenswerte - Wesentliche Herausforderung für die Zukunft der Unternehmensrechnung, in: Rechnungswesen als Instrument für Führungsentscheidungen, hrsg. von: H. P. MÖLLER, F. SCHMIDT. Stuttgart 1998, S. 561-596.

HARING, NIKOLAI; PRANTNER, RENATE:
Konvergenz des Rechnungswesens - State-of-the-Art in Deutschland und Österreich, in: Controlling, 17 (2005) 3, S. 147-154.

HAUSCHILDT, JÜRGEN; CHAKRABARTI, ALOK K.:
Arbeitsteilung im Innovationsmanagement - Forschungsergebnisse, Kriterien, Modelle, in: Zeitschrift Führung und Organisation, 57 (1988) 6, S. 378-388.

HAVERMANN, HANS:
Konzernrechnungslegung - quo vadis?, in: Die Wirtschaftsprüfung, 53 (2000) 3, S. 121-127.

HAX, HERBERT:
Integration externer und interner Unternehmensrechnung, in: Handwörterbuch Unternehmensrechnung und Controlling, hrsg. von: H.-U. KÜPPER, A. WAGENHOFER. 4. Aufl., Stuttgart 2002, S. 758-767.

HEBELER, CHRISTIAN:
Harmonisierung des internen und externen Rechnungswesens: US-amerikanische Accounting-Systeme als konzeptionelle Grundlage für deutsche Unternehmen?, Dissertation, Techn. Universität Darmstadt, Wiesbaden 2003.

HECK, MARCO:
Risikobewusstes F&E-Programm-Management - Theoretische und empirische Modellanayse, München 2003.

HEIDEMANN, CHRISTIAN:
Die Kaufpreisallokation bei einem Unternehmenszusammenschluss nach IFRS 3, Düsseldorf 2005.

HEIDENBERGER, KURT; MUTHSAR, HERBERT L.; STUMMER, CHRISTIAN:
Budgetierungsansätze für Forschung und Entwicklung im Überblick, in: Zeitschrift für Betriebswirtschaft, 70 (2000) 9, S. 1005-1029.

HEIDENBERGER, KURT; SCHILLINGER, ALEXANDER; STUMMER, CHRISTIAN:
Budgeting for research and development - a dynamic financial simulation approach, in: Socio-economic planning sciences, 37 (2003) 1, S. 15-27.

HEINTGES, SEBASTIAN:
Best Practice bei der Umstellung auf internationale Rechnungslegung, in: Der Betrieb, 56 (2003) 12, S. 621-627.

HENNRICHS, JOACHIM:
Immaterielle Vermögensgegenstände nach dem Entwurf des Bilanzrechtsmodernisierungsgesetzes (BilMoG) - Gemeinsamkeiten und verbleibende Unterschiede zwischen modernisiertem HGB-Bilanzrecht und IFRS (IAS 38, IFRS 3), in: Der Betrieb, 61 (2008) 11, S. 537-542.

HERRMANN, ANDREAS; GUSTAFSSON, ANDERS; HUBER, FRANK; VOLLMER, INGRID:
Ein integrativer Ansatz zur Produktentwicklung und Kundenzufriedenheitsmessung, in: Controlling, 11 (1999) 11, S. 509-516.

HERZIG, NORBERT:
Internationalisierung der Rechnungslegung und steuerliche Gewinnermittlung, in: Die Wirtschaftsprüfung, 53 (2000) 2, S. 104-119.

HEUSER, PAUL J.; THEILE, CARSTEN:
IAS-IFRS-Handbuch Einzel- und Konzernabschluss, 2. Aufl., Köln 2005.

HEYD, REINHARD:
Fair-Value-Bewertung von Intangibles sowie die bilanzielle Behandlung des Goodwill im Rahmen von Business Combinations, in: Intangibles in der Unternehmenssteuerung, hrsg. von: P. HORVÀTH, K. MÖLLER. München 2004, S. 269-291.

HINZ, MICHAEL:
Rechnungslegung nach IFRS, München 2005.

HOFFMANN, WOLF-DIETER:
§ 8 Anschaffungs- und Herstellungskosten, Neubewertung, in: Haufe IFRS-Kommentar, hrsg. von: N. LÜDENBACH, W.-D. HOFFMANN. 4. Aufl., Freiburg i.Br. 2006a, S. 303-342.

HOFFMANN, WOLF-DIETER:
§ 10 Planmäßige Abschreibungen, in: Haufe IFRS-Kommentar, hrsg. von: N. LÜDENBACH, W.-D. HOFFMANN. 4. Aufl., Freiburg i.Br. 2006b, S. 355-377.

HOFFMANN, WOLF-DIETER:
§ 11 Ausserplanmässige Abschreibung, Wertaufholung, in: Haufe IFRS-Kommentar, hrsg. von: N. LÜDENBACH, W.-D. HOFFMANN. 4. Aufl., Freiburg i.Br. 2006c, S. 379-448.

HOFFMANN, WOLF-DIETER:
§ 13 Immaterielle Vermögenswerte des Anlagevermögens, in: Haufe IFRS-Kommentar, hrsg. von: N. LÜDENBACH, W.-D. HOFFMANN. 4. Aufl., Freiburg i. Br. 2006d, S. 475-529.

HOKE, MICHAELA:
Konzernsteuerung auf Basis eines intern und extern vereinheitlichten Rechnungswesens - Empirische Befunde vor dem Hintergrund der Internationalisierung der Rechnungslegung, Diss., Univ. St. Gallen, Bamberg 2001.

HOLLIDAY, ADRIAN:
Doing and writing qualitative research, 2. Aufl., London u.a. 2007.

HOMMEL, MICHAEL; WÜSTEMANN, JENS:
Synopse der Rechnungslegung nach HGB und IFRS - Eine qualitative Gegenüberstellung, München 2006.

HORSCH, JÜRGEN:
Innovations- und Projektmanagement - von der strategischen Konzeption bis zur operativen Umsetzung, Wiesbaden 2003.

HORVÁTH, PÉTER:
Controlling, 10. Aufl., München 2006.

HORVÁTH, PÉTER; ARNAOUT, ALI:
Internationale Rechnungslegung und Einheit des Rechnungswesens, in: Controlling, 9 (1997) 4, S. 254-269.

HUMMEL, SIEGFRIED; MÄNNEL, WOLFGANG:
Kostenrechnung - Band 1: Grundlagen, Aufbau und Anwendung, 4. Aufl., Wiesbaden 1986.

HUTTERER, ROBERT:
Kausalität und Qualitative Forschung, in: Qualitative Forschungsmethoden in den Sozialwissenschaften, hrsg. von: G. DIEM-WILLE, H. RECHAR. Wien 1988, S. 34-51.

IASB:
Press Release - 15 November 2007, 2007,
http://www.iasb.org/NR/rdonlyres/7990D56A-15A8-4811-A5F3-D42EA73520B2/0/SEC_vote_to_remove_reconciliation_requirement.pdf. Datum des Zugriffs: 29.11.2007.

IGC; WEIßENBERGER, BARBARA E.:
Controller und IFRS: Konsequenzen für die Controlleraufgaben durch die Finanzberichterstattung nach IFRS, Freiburg 2006.

IGC (HRSG.):
Controller-Wörterbuch, 3. Aufl., Stuttgart 2005.

JONEN, ANDREAS; LINGNAU, VOLKER:
Internes und Externes Rechnungswesen - Theoretische Überlegungen zur Konvergenz und Vorstellung der praktischen Umsetzung, in: Jahrbuch für Controlling und Rechnungswesen 2005, hrsg. von: G. SEICHT. Wien 2005, S. 281-315.

JONES, T. COLWYN; LUTHER, ROBERT:
Anticipating the Impact of IFRS on the Management of German Manufacturing Companies: Some Observations from a British Perspective, in: Accounting in Europe, 2 (2005), S. 165-193.

KAHLE, HOLGER:
Unternehmenssteuerung auf Basis internationaler Rechnungslegungsstandards?, in: Zeitschrift für betriebswirtschaftliche Forschung, 55 (2003) 12, S. 773-789.

KAJÜTER, PETER:
Harmonisierung des Rechnungswesens: Ein Ansatz zur Vereinfachung des Controllings?, in: Einfachheit in Wirtschaftsinformatik und Controlling, hrsg. von: J. VOM BROCKE, J. BECKER. München 2008, S. 347-364.

KAMMER, KARSTEN:
Reporting internationaler Unternehmen: Auswirkungen der Harmonisierung und der Konvergenz des Rechnungswesens in Europa, Diss., Univ. Bamberg, Wiesbaden 2005.

KAMMER, KARSTEN; SCHULER, ANDREAS H.:
Konzept zur Harmonisierung des Rechnungswesens im internationalen Konzern, in: Controller Magazin, 26 (2001) 2, S. 144-151.

KAPLAN, ROBERT S.; ATKINSON, ANTHONY A.:
Advanced Management Accounting, 2. Aufl., London u.a. 1989.

KELLE, U.; ERZBERGER, C.:
Quantitative and Qualitative Methods: No Confrontation, in: A Companion to Qualitative Research, hrsg. von: U. FLICK, E. V. KARDORFF, I. STEINKE. London 2004, S. 172-177.

KERKHOFF, GUIDO; THUN, SOENKE:
Integration von internem und externem Rechnungswesen, in: Controlling, 19 (2007) 8/9, S. 455-461.

KERN, WERNER; SCHRÖDER, HANS-HORST:
Forschung und Entwicklung in der Unternehmung, Reinbek bei Hamburg 1977.

KIESER, ALFRED:
Der Situative Ansatz, in: Organisationstheorien, hrsg. von: A. KIESER, M. EBERS. 6. Aufl., Stuttgart 2006, S. 215-245.

KIESER, ALFRED; WALGENBACH, PETER:
Organisation, 5. Aufl., Stuttgart 2007.

KIRCHNER, CHRISTIAN:
Probleme von Ermessensspielräumen in der fair value-Bewertung nach Internationalen Rechnungslegungsstandards, in: Rechnungslegung, Kapitalmarkt und Unternehmensführung, hrsg. von: H.-U. KÜPPER. Düsseldorf 2006, S. 61-78.

KIRSCH, HANNO:
Anforderungen an das Controlling durch internationale Rechnungslegungsstandards, in: Controlling, 15 (2003) 1, S. 11-17.

KIRSCH, HANNO:
Steuerliche Auswirkungen des geplanten Bilanzrechtsmodernisierungsgesetzes, in: Deutsche Steuerzeitung, 96 (2008), S. 28-33.

KIRSCH, HANS-JÜRGEN; EWELT, CORINNA:
Die Konvergenz von internem und externem Rechnungswesen: Vereinfachung und Qualitätssteigerung durch Vereinheitlichung, in: Einfachheit in Wirtschaftsinformatik und Controlling, hrsg. von: J. VOM BROCKE, J. BECKER. München 2008, S. 317-330.

KIRSCH, HANS-JÜRGEN; STEINHAUER, LEIF:
Zum Einfluss der internationalen Rechnungslegung auf das Controlling, in: Zeitschrift für Planung & Unternehmenssteuerung, 14 (2003) 4, S. 415-435.

KISSER, TOBIAS A.:
Die Bilanzierung von Software nach IAS 38, Hamburg 2004.

KLEIN, GEORG A.:
Konvergenz von internem und externem Rechnungswesen auf Basis der International Accounting Standards (IAS), in: Kostenrechnungspraxis, 43 (1999a) Sonderheft 3, S. 67-77.

KLEIN, GEORG A.:
Unternehmenssteuerung auf Basis der International Accounting Standards - Ein Beitrag zur Konvergenz von internem und externem Rechnungswesen, Diss., Univ. Augsburg, München 1999b.

KLEY, KARL-LUDWIG:
Die externe und interne Rechnungslegung als Basis für eine offene Unternehmenskommunikation, in: Wertorientierte Konzernführung - Kapitalmarktorientierte Rechnungslegung und integrierte Unternehmenssteuerung, hrsg. von: K. KÜTING, C.-P. WEBER. Stuttgart 2000, S. 337-354.

KLEY, KARL-LUDWIG:
IFRS - Möglichkeiten und Grenzen ihrer Abbildung im Controlling, in: Controlling & Management, 50 (2006) 3, S. 150-157.

KLINGEBIEL, NORBERT; ANDREAS, JÖRN MICHAEL:
Outsourcing im Rechnungswesen, in: Deutsches Steuerrecht, 43 (2005) 23, S. 981-986.

KOCH, ALFRED; MENKE, JAN-PHILIPP:
IT Due Diligence, in: Due Diligence bei Unternehmensakquisitionen, hrsg. von: W. BERENS, H. U. BRAUNER, J. STRAUCH. Stuttgart 2005, S. 615-647.

KOUSSIS, NICOS; MARTZOUKOS, SPIROS H.; TRIGEORGIS, LENOS:
Real R&D options with time-to-learn and learning-by-doing, in: Annuals of Operations Research, 151 (2007) 1, S. 29-55.

KPMG (HRSG.):
Verborgene Schätze in: Edit Value (2005) Sommer 2005, S. 10-11.

KRCMAR, HELMUT:
Informationsmanagement, 4. Aufl., Berlin u.a. 2005.

KUHNER, CHRISTOPH:
Die Zielsetzungen von IFRS, US-GAAP und HGB und deren Konsequenzen für die Abbildung von Unternehmenskäufen, in: Unternehmenskauf nach IFRS und US-GAAP, hrsg. von: W. BALLWIESER, S. BEYER, H. ZELGER. Stuttgart 2005, S. 1-30.

KÜMPEL, THOMAS:
Ansatz immaterieller Vermögenswerte des Anlagevermögens nach International Financial Reporting Standards, in: Bilanz & Buchhaltung (2002) 7/8, S. 266-273.

KÜPPER, HANS-ULRICH:
Angleichung des externen und internen Rechnungswesens, in: Controlling und Rechnungswesen im internationalen Wettbewerb, hrsg. von: C. BÖRSIG, A. G. COENENBERG. Stuttgart 1998, S. 143-162.

KÜPPER, HANS-ULRICH:
Zweckmäßigkeit, Grenzen und Ansatzpunkte einer Integration der Unternehmensrechnung, in: Kostenrechnungspraxis, 43 (1999) Sonderheft 3, S. 5-11.

KÜPPER, HANS-ULRICH:
Controlling - Konzeption, Aufgaben, Instrumente, 4. Aufl., Stuttgart 2005.

KUPSCH, M.; MARR, R.; PICOT, A.:
Innovationswirtschaft, in: Industriebetriebslehre - Entscheidungen im Industriebetrieb, hrsg. von: E. HEINEN. 9. Aufl., Wiesbaden 1991, S. 1071-1154.

KUßMAUL, HEINZ:
Informationen des betrieblichen Rechnungswesens für das Management, in: Deutsches Steuerrecht, 37 (1999) 38, S. 1579-1588.

KUßMAUL, HEINZ; TCHERVENIACHKI, VASSIL:
Entwicklung der Rechnungslegung mittelständischer Unternehmen im Kontext der Internationalisierung der Bilanzierungspraxis, in: Deutsches Steuerrecht, 43 (2005) 14, S. 616-621.

KÜTING, KARLHEINZ:
Wie sich Volkswagen reich rechnet, in: Frankfurter Allgemeine Zeitung, Nr. 87 vom 14.04.2008, S. 22.

KÜTING, KARLHEINZ; DAWO, SASCHA:
Die Bilanzierung immaterieller Vermögenswerte nach IAS 38 - gegenwärtige Regelungen und geplante Änderungen: Ein Beispiel für die Polarität von Vollständigkeitsprinzip und Objektivierungsprinzip, in: Betriebswirtschaftliche Forschung und Praxis (2003) 4, S. 397-415.

KÜTING, KARLHEINZ; LORSON, PETER:
Grundsätze eines Konzernsteuerungskonzepts auf "externer" Basis (Teil 1) - Ein Beitrag zur Konvergenz von internem und externem Rechnungswesen, in: Betriebsberater, 53 (1998a) 44, S. 2251-2259.

KÜTING, KARLHEINZ; LORSON, PETER:
Grundsätze eines Konzernsteuerungskonzepts auf "externer" Basis (Teil II) - Ein Beitrag zur Konvergenz von internem und externem Rechnungswesen, in: Betriebsberater, 53 (1998b) 45, S. 2303-2309.

KÜTING, KARLHEINZ; LORSON, PETER:
Konvergenz von internem und externem Rechnungswesen: Anmerkungen zu Strategien und Konfliktfeldern, in: Die Wirtschaftsprüfung, 51 (1998c) 11, S. 483-493.

KÜTING, KARLHEINZ; LORSON, PETER:
Harmonisierung des Rechnungswesens aus der Sicht der externen Rechnungslegung, in: Kostenrechnungspraxis, 43 (1999) Sonderheft 3, S. 47-57.

KÜTING, KARLHEINZ; ULRICH, ANDREAS:
Abbildung und Steuerung immaterieller Vermögensgegenstände (Teil I), in: Deutsches Steuerrecht (2001) 23, S. 953-960.

KÜTING, KARLHEINZ; WEBER, CLAUS-PETER:
Der Konzernabschluss, 8. Aufl., Stuttgart 2003.

KÜTING, KARLHEINZ; WEBER, CLAUS-PETER:
Die Bilanzanalyse, 7. Aufl., Stuttgart 2004.

KÜTING, KARLHEINZ; WIRTH, JOHANNES:
Bilanzierung von Unternehmenszusammenschlüssen nach IFRS 3, in: Kapitalmarktorientierte Rechnungslegung (2004) 5, S. 167-177.

LAMNEK, SIEGFRIED:
Qualitative Sozialforschung, 4. Aufl., Weinheim 2005.

LANGECKER, ALEXANDER; MÜHLBERGER, MELANIE:
Berichterstattung über immaterielle Vermögenswerte im Konzernabschluss: Vergleichende Gegenüberstellung von DRS 12, IAS 38 und IAS 38 rev., in: Kapitalmarktorientierte Rechnungslegung, 3 (2003a) 3, S. 109-123.

LANGECKER, ALEXANDER; MÜHLBERGER, MELANIE:
Berichterstattung über immaterielle Vermögenswerte im Konzernabschluss: Vergleichende Gegenüberstellung von DRS 12, IAS 38 und IAS 38 rev., in: Kapitalmarktorientierte Rechnungslegung (2003b) 3, S. 109-123.

LAUX, HELMUT:
Unternehmensrechnung, Anreiz und Kontrolle, 3. Aufl., Berlin u.a. 2006.

LEE, RAYMOND M.; FIELDING, NIGEL G.:
Tools for Qualitative Data Analysis, in: Handbook of Data Analysis, hrsg. von: M. HARDY, A. BRYMAN. London u.a. 2004, S. 529-546.

LEENDERS, MARK A.A.M.; WIERENGA, BEREND:
The effectiveness of different mechanisms for integrating marketing and R&D, in: The Journal of Product Innovation Management, 19 (2002), S. 305-317.

LEIBFRIED, PETER; PFANZELT, STEFAN:
Praxis der Bilanzierung von Forschungs- und Entwicklungskosten gemäß IAS/IFRS, in: Kapitalmarktorientierte Rechnungslegung, 4 (2004) 12, S. 491-497.

LEISING, PHILIPP D.; ZAYER, ERIC:
F&E-Controller und F&E-Mitarbeiter, in: Controller Magazin, 28 (2003) 6, S. 567-569.

LEKER, JENS:
F&E Controlling, in: Handbuch Technologie- und Innovationsmanagement - Strategie - Umsetzung - Controlling, hrsg. von: S. ALBERS, O. GASSMANN. Wiesbaden 2005, S. 567-584.

LEV, BARUCH:
Sharpening the Intangibles Edge, in: Harvard Business Review (2004) June, S. 109 - 116.

LEWIS, JANE; RITCHIE, JANE:
Generalising from Qualitative Research, in: Qualitative Research Practice, hrsg. von: J. RITCHIE, J. LEWIS. London u.a. 2004, S. 263-286.

LEWIS, NEAL; ENKE, DAVID; SPURLOCK, DAVID:
Valutation for the Strategic Management of Research and Development Projects: The Deferral Option, in: Engineering Management Journal, 16 (2004) 4, S. 36-48.

LINOWES, RICHARD G.:
Corporate operating functions, in: Decentralization: Managerial ambiguity by design, hrsg. von: R. F. VANCIL. Homewood 1979, S. 185-225.

LITTKEMANN, JÖRN:
Die Innovationsabrechnung als Zweck des Rechnungswesens? - Eine Analyse zur abrechnungstechnischen Behandlung von Innovationen im externen und internen Rechnungswesen, in: Der Betrieb, 51 (1998a) 40, S. 1973-1979.

LITTKEMANN, JÖRN:
Projektmanagement und Projektcontrolling : Gestaltungsansätze in der Praxis, in: Zeitschrift Führung und Organisation, 67 (1998b) 2, S. 68-73.

LOHWASSER, EKATERINA:
Effizienz der Kapitalmärkte durch Enforcement von IFRS - Notwendigkeit, Herausforderung, Empfehlungen, Diss., Univ. St. Gallen, Köln 2006.

LOPATTA, KERSTIN:
IFRS und Controlling: die Segmentberichterstattung als Schnittstelle zwischen externer und interner Unternehmensrechnung, in: Internationale Rechnungslegung und internationales Controlling - Herausforderungen, Handlungsfelder, Erfolgspotentiale, hrsg. von: W. FUNK. Wiesbaden 2008, S. 405-423.

LORSON, PETER:
Neuere Controllingansätze in globalen Konzernen, in: Das Rechnungswesen auf dem Prüfstand, hrsg. von: K. KÜTING, C.-P. WEBER. Frankfurt a.M. 1997, S. 168-201.

LÖW, EDGAR:
Einfluß des Shareholder Value-Denkens auf die Konvergenz von externen und internem Rechnungswesen, in: Kostenrechnungspraxis, 43 (1999) Sonderheft 3, S. 87-92.

LÜDENBACH, NORBERT:
§ 31 Unternehmenszusammenschlüsse, in: Haufe IFRS-Kommentar, hrsg. von: N. LÜDENBACH, W.-D. HOFFMANN. 3. Aufl., Freiburg i. Br. 2005, S. 1483-1648.

LÜDENBACH, NORBERT; HOFFMANN, WOLF-DIETER:
§ 1 Rahmenkonzept (Framework), in: Haufe IFRS-Kommentar, hrsg. von: N. LÜDENBACH, W.-D. HOFFMANN. 4. Aufl., Freiburg i. Br. 2006, S. 25-79.

LUTZ-INGOLD, MARTIN:
Immaterielle Werte in der externen Rechnungslegung, Wiesbaden 2005a.

LUTZ-INGOLD, MARTIN:
Immaterielle Werte in der externen Rechnungslegung - Grundsätze und Vorschriften zur Bilanzierung nach HGB, DRS und IAS/IFRS, Diss., Univ. Freiburg, Wiesbaden 2005b.

MÄNNEL, WOLFGANG:
Harmonisierung des Rechnungswesens für ein integriertes Ergebniscontrolling, in: Kostenrechnungspraxis, 43 (1999a) Sonderheft 3, S. 13-29.

MÄNNEL, WOLFGANG:
Integration des Rechnungswesens für ein durchgängiges Ergebniscontrolling, in: Kostenrechnungspraxis, 43 (1999b) 1, S. 11-21.

MÄNNEL, WOLFGANG; KÜPPER, HANS-ULRICH:
Integration der Unternehmensrechnung, in: Kostenrechnungspraxis, 43 (1999) Sonderheft 3, S. 1.

MARSHALL, CATHERINE; ROSSMANN, GRETCHEN B.:
Designing Qualitative Research, 4. Aufl., Thousend Oaks u.a. 2006.

MARTEN, KAI-UWE; QUICK, REINER; RUHNKE, KLAUS:
Wirtschaftsprüfung - Grundlagen des betriebswirtschaftlichen Prüfungswesen nach nationalen und internationalen Normen, 2. Aufl., Stuttgart 2003.

MCGARTH, JOSEPH E.:
Dilemmatics - The Study of Research Choices and Dilemmas, in: American Behavioral Scientist, 25 (1981) 2, S. 179-210.

MEFFERT, HERIBERT:
Marketing - Grundlagen marktorientierter Unternehmensführung, 10. Aufl., Wiesbaden 2008.

MEHRWALD, H.:
Das "Not-Invented-Here"-Syndrom in Forschung und Entwicklung, Wiesbaden 1999.

MELCHER, WINFRIED:
Konvergenz von internem und externem Rechnungswesen: Umstellung des traditionellen Rechnungswesens und Einführung eines abgestimmten vertikalen und horizontalen Erfolgsspaltungskonzepts, Diss., Univ. Rostock, Hamburg 2002.

MENN, BERND-JOACHIM:
Internationale Rechnungslegung als Chance zur Annäherung von externem und internem Rechnungswesen, in: Investororientierte Unternehmenspublizität, hrsg. von: L. LACHNIT, C.-C. FREIDANK. Wiesbaden 2000, S. 195-213.

MEUSER, MICHAEL; NAGEL, ULRIKE:
Experteninterviews - vielfach erprobt, wenig bedacht. - Ein Beitrag zur qualitativen Methodendiskussion, in: Qualitativempirische Sozialforschung - Konzepte, Methoden, Analysen, hrsg. von: D. GARZ, K. KRAIMER. Opladen 1991, S. 441-471.

MEYER, MARCO:
Unternehmenswertorientierte Berichterstattung auf Basis der IAS/IFRS, Wiesbaden 2005.

MILES, MATTHEW B.; HUBERMANN, MICHAEL A.:
Qualitative Data Analysis: an expanded sourcebook, 2. Aufl., Thousend Oaks u.a. 1994.

MÖLLER, KLAUS:
Intangibles als Werttreiber, in: Intangibles in der Unternehmenssteuerung - Strategien und Instrumente zur Wertsteigerung des immateriellen Kapitals, hrsg. von: P. HORVÀTH, K. MÖLLER. München 2004, S. 483-495.

MÖLLER, KLAUS:
Forschungsmethoden und Forschungsstrategien im Controlling - Dargestellt am Beispiel des Controllings von Unternehmensnetzwerken, in: Internationalisierung des Controllings - Standortbestimmung und Optionen, hrsg. von: J. WEBER, M. MEYER. Wiesbaden 2005, S. 161-184.

MORET, MARGRIET; REUZEL, ROB; VAN DER WILT, GERT JAN; GRIN, JOHN:
Validity and Reliability of Qualitative Data Analysis: Interobserver Agreement in Reconstructing Interpretative Frames, in: Field methods, 19 (2007) 1, S. 24-39.

MÜLLER, ARMIN:
Controlling von Intangible Assets, in: Controlling & Management, 48 (2004) 6, S. 396-402.

MÜLLER, MARTIN:
Harmonisierung des externen und internen Rechnungswesens - Eine empirische Untersuchung, Diss., Univ. Ulm, Wiesbaden 2006.

MÜLLER, STEFAN:
Management-Rechnungswesen - Ausgestaltung des externen und internen Rechnungswesens unter Konvergenzgesichtspunkten, Habil., Univ. Oldenburg, Wiesbaden 2003.

MÜLLER, STEFAN; ORDEMANN, TAMMO; PAMPEL, JOCHEN R.:
Handlungsempfehlungen für die Anwendung der IFRS im Controlling mittelständischer Unternehmen, in: Betriebsberater, 60 (2005) 39, S. 2119-2125.

MÜLLER, STEFAN; REINKE, JENS:
Empirische Analyse der IFRS-Erstanwendung, in: Kapitalmarktorientierte Rechnungslegung, 8 (2008) 1, S. 26-36.

MÜLLER, STEFAN; WULF, INGE:
Zentrale Unterschiede einer Rechnungslegung gemäß HGB, US-GAAP und IAS, in: Investororientierte Unternehmenspublizität, hrsg. von: L. LACHNIT, C.-C. FREIDANK. Wiesbaden 2000, S. 123-162.

NEHLS, MARTIN:
Controlling in der Produktentwicklung - die wahren Kosten liegen in der Zukunft, in: Controller Magazin, 30 (2005) 1, S. 80-82.

NIEMAND, STEFAN; RIEDRICH, TIMO; BRETZ, KAY G.:
Earned Value-Management: Effiziente Steuerung großer Entwicklungsprojekte, in: Controlling & Management, 47 (2003) 5, S. 324-330.

NIXON, BILL:
Research and development performance measurement: a case study, in: Management Accounting Research, 9 (1998) 3, S. 329-355.

O. V.:
SEC stimmt Wegfall der IFRS-Überleitung für ausländische Emittenten zu, in: Kapitalmarktorientierte Rechnungslegung, 7 (2007) 12, S. 710.

O. V.:
Bilanzrechtsmodernisierung: Geplante Änderungen im Überblick, in: Kapitalmarktorientierte Rechnungslegung, 8 (2008a) 1, S. 60.

O. V.:
Endgültige Verlautbarung zur Abschaffung der IFRS-Überleitungsrechnung auf US-GAAP für ausländische Emittenten, in: Kapitalmarktorientierte Rechnungslegung, 8 (2008b) 2, S. 120.

OECD:
Frascati Manual - Proposed Standard Practice for Surveys on Research and Experimental Development, 2002, http://213.253.134.43/oecd/pdfs/browseit/9202081E.PDF. Datum des Zugriffs: 10.10.2007.

ORTELBACH, BJÖRN:
Multi Market Target Costing, in: Controlling, 17 (2005) 3, S. 163-171.

OSWALD, DENNIS; ZAROWIN, PAUL:
Capitalization vs. Expensing of R&D and Earnings Management, 2005, http://www.eaa2006.com/pdf/EAA2006_0614_paper.pdf. Datum des Zugriffs: 15.03.2006.

PAETZMANN, KARSTEN:
Zur Internationalisierung des Controlling, in: Internationalisierung des Controllings - Standortbestimmung und Optionen, hrsg. von: J. WEBER, M. MEYER. Wiesbaden 2005, S. 291-313.

PALMROSE, ZOE-VONNA; RICHARDSON, VERNON J.; SCHOLZ, SUSAN:
Determinants of market reactions to restatement announcements, in: Journal of Accounting and Economics, 37 (2004) 1, S. 59-89.

PAPE, JOCHEN:
IFRS für den Mittelstand - Das SME-Projekt des IASB, in: IFRS in Rechnungswesen und Controlling, hrsg. von: C. BÖRSIG, A. WAGENHOFER. Stuttgart 2006, S. 159-168.

PATTON, MICHAEL QUINN:
Qualitative Research & Evaluation Methods, 3. Aufl., Thousand Oaks u.a. 2005.

PEARSON, J. V.; MICHAEL, R. G.:
Zero-Based-Budgeting - A Technique for Planned Organizational Decline, in: Long Range Planning, 14 (1981) 3, S. 68-76.

PELLENS, BERNHARD; FÜLBIER, ROLF UWE:
Immaterielle Vermögensgegenstände in der internen und externen Unternehmensrechnung, in: Wertorientierte Konzernführung, hrsg. von: K. KÜTING, C.-P. WEBER. Stuttgart 2000, S. 119-155.

PELLENS, BERNHARD; FÜLBIER, ROLF UWE; GASSEN, JOACHIM:
Internationale Rechnungslegung, 6. Aufl., Stuttgart 2006.

PELLENS, BERNHARD; TOMASZEWSKI, CLAUDE; WEBER, NICOLAS:
Wertorientierte Unternehmensführung in Deutschland, in: Der Betrieb, 53 (2000) 37, S. 1825-1833.

PERÄKYLÄ, ANSSI:
Reliability and Validity in Research Based on Tapes and Transcripts, in: Qualitative Research - Theory, Method and Practice, hrsg. von: D. SILVERMAN. London u.a. 1997, S. 201-220.

PERRATON, JONATHAN; TARRANT, IONA:
What does tacit knowledge actually explain?, in: Journal of Economic Methodology, 14 (2007) 3, S. 353-370.

PETERSEN, KARL:
Die deutsche Rechnungslegung und Prüfung im Umbruch - Veränderte Rahmenbedingungen durch die geplanten Reformen des Bilanzrechtsmodernisierungsgesetzes (BilMoG) gemäß dem Referentenentwurf vom 08.11.2007, in: Kapitalmarktorientierte Rechnungslegung, 7 (2007) 2, S. 5-31.

PFADENHAUER, MICHAELA:
Auf gleicher Augenhöhe: Das Experteninterview - ein Gespräch zwischen Experte und Quasi-Experte, in: Das Experteninterview - Theorie, Methode, Anwendung, hrsg. von: A. BOGNER, B. LITTIG, W. MENZ. Opladen 2002, S. 113-130.

PFAFF, DIETER; KUKULE, WILFRIED:
Wie fair ist der fair value?, in: Kapitalmarktorientierte Rechnungslegung, 6 (2006) 9, S. 542-549.

PRANGE, CHRISTIANE:
Innovationen: Messung von Innovationen - Überblick und kritische Bewertung, in: Der Controlling-Berater (2007) 2, S. 243-268.

PRITSCH, GUNNAR; SCHÄFFER, UTZ:
Realoptionen als Controlling-Instrument in der Pharma-F&E, in: Controlling, 13 (2001) 1, S. 23-31.

RAMMERT, STEFAN:
§ 51 Bilanzpolitik und Bilanzanalyse, in: Haufe IFRS-Kommentar, hrsg. von: N. LÜDENBACH, W.-D. HOFFMANN. Freiburg i.Br. 2006, S. 1883-1934.

REICHMANN, THOMAS:
Controllingkonzeption, in: Vahlens Großes Controlling Lexikon, hrsg. von: P. HORVÁTH, T. REICHMANN. München 1993, S. 135-137.

REINERS, FRANK:
Integration von externem und internem Rechnungswesen, in: Kostenrechnungspraxis, 45 (2001) Sonderheft 3, S. 22-24.

RICHTER, HERMANN J.:
Gestaltungsaspekte eines Controlling integrierenden Rechnungswesen, in: Controlling - Theorien und Konzeptionen, hrsg. von: E. SCHERM, G. PIETSCH. München 2004, S. 125-142.

RIEDL, JOSEF E.:
Projekt-Controlling in Forschung und Entwicklung - Grundsätze, Methoden, Verfahren, Anwendungsbeispiele aus der Nachrichtentechnik, Berlin u.a. 1990.

RIEDRICH, TIMO; SASSE, ALEXANDER:
Ganzheitliche Planung und Steuerung von Innovationsprojekten - Verbindung von Target Costing und Earned Value Methode, in: Controlling, 17 (2005) 3, S. 173-179.

RIEG, ROBERT:
Änderungen von Controlling-Kennzahlen durch IAS/IFRS, in: Bilanzbuchhalter und Controller, 31 (2007) 1, S. 10-14.

RITTER, ADAM; WELLS, PETER:
Identifiable intangible asset disclosures, stock prices and future earnings, in: Accounting and finance, 46 (2006) 5, S. 843-864.

ROST, PETER:
Der internationale Harmonisierungsprozeß der Rechnungslegung - Theorie, Praxis, Perspektiven, Frankfurt a.M. 1991.

RUHNKE, KLAUS:
Rechnungslegung nach IFRS und HGB, Stuttgart 2005.

SCHÄFFER, UTZ:
Rationalitätssicherung durch Kontrolle, in: Controlling - Theorien und Konzeptionen, hrsg. von: E. SCHERM, G. PIETSCH. München 2004, S. 487-501.

SCHAIER, SVEN:
IFRS in Rechnungswesen und Controlling, in: Controlling & Management, 50 (2006) 1, S. 20-21.

SCHEINPFLUG, PATRICK:
§ 4 Immaterielle Vermögenswerte, in: Beck'sches IFRS Handbuch - Kommentierung der IFRS/IAS, hrsg. von: W. BOHL, J. RIESE, J. SCHLÜTER. 2. Aufl., München 2006, S. 97-128.

SCHEYTT, TOBIAS; UNTERRIEDER, ASTRID; BECKER, ALBRECHT:
Controllingbilder und Controllingpraxis: Epistemologische und methodologische Aspekte internationaler Controllingforschung, in: Internationalisierung des Controllings - Standortbestimmung und Optionen, hrsg. von: J. WEBER, M. MEYER. Wiesbaden 2005, S. 85-109.

SCHMALENBACH, EUGEN:
Selbstkostenrechnung Teil 1 und 2, in: Zeitschrift für handelswissenschaftliche Forschung, 13 (1919), S. 257-299 und S. 321-356.

SCHMEISSER, WILHELM; KANTNER, ALEXANDER; GEBURTIG, ANDREA; SCHINDLER, FALKO:
Forschungs- und Technologie-Controlling - Wie Unternehmen Innovationen operativ und strategisch steuern, Stuttgart 2006.

SCHMELZER, HERMANN J.:
Zeitmanagement in der Produktentwicklung, in: F&E-Management, hrsg. von: M. E. DOMSCH. Stuttgart 1993, S. 119-135.

SCHMIDBAUER, RAINER:
Die Bilanzierung und Bewertung immaterieller Vermögensgegenstände bzw. Vermögenswerte in der deutschen Rechnungslegung sowie nach IAS, in: Deutsches Steuerrecht, 41 (2003) 47, S. 2035-2042.

SCHNEIDER, DIETER:
Betriebswirtschaftslehre Band 1: Grundlagen, 2. Aufl., München u.a. 1995.

SCHNEIDER, DIETER:
Betriebswirtschaftswirtschaftslehre Band 2: Rechnungswesen, 2. Aufl., München u.a 1997.

SCHNELL, RAINER; HILL, PAUL B.; ESSER, ELKE:
Methoden empirischen Sozialforschung, 7. Aufl., München u.a. 2005.

SCHRÖDER, ERNST F.:
Modernes Unternehmens-Controlling, 8. Aufl., Ludwigshafen 2003.

SCHRÖDER, HARALD JÜRGEN:
Projekt-Management - Eine Führungskonzeption für außergewöhnliche Vorhaben, Wiesbaden 1970.

SCHRUFF, LOTHAR:
Immaterielle Vermögenswerte, in: Wiley-Kommentar zur internationalen Rechnungslegung nach IAS/IFRS, hrsg. von: B. J. EPSTEIN, A. A. MIRZA, W. BALLWIESER. Braunschweig 2004.

SCHULTZ, JOSEPH J.; LOPEZ, THOMAS J.:
The impact of national influence on accounting estimates: Implications for international accounting standard-setters, in: International Journal of Accounting, 36 (2001) 3, S. 271-290.

SCHUMPETER, J:
Theorie der wirtschaftlichen Entwicklung - Eine Untersuchung über Unternehmensgewinn, Kapital, Kredit, Zins und den Konjunkturzyklus, 9. Aufl., Berlin 1997.

SEELIGER, RONALD; KAATZ, SVEN:
Konversion und Internationalisierung des Rechnungswesens in Deutschland, in: Kostenrechnungspraxis, 42 (1998) 3, S. 125-132.

SEIDENSCHWARZ, W.:
Target Costing, München 1993.

SEIDLER, UTE:
Internationalisierung der Rechnungslegung und deren Auswirkungen auf Handels- und Steuerbilanz nicht auf den geregelten Kapitalmarkt ausgerichteter Unternehmen, Diss., Univ. Trier, Berlin 2008.

SEIDMAN, IRVING:
Interviewing as qualitative research, 2. Aufl., New York u.a. 1998.

SIEFKE, MICHAEL:
Externes Rechnungswesen als Datenbasis der Unternehmenssteuerung - Vergleich mit der Kostenrechnung und Shareholder-Value-Ansätzen, Diss., Univ. Münster, Wiesbaden 1999.

SIEGWART, HANS; RIEDER, LUKAS:
Controlling für Forschung und Entwicklung, in: Controller Leitfaden - Handbuch für ein wirksames Controlling und effektive Controllertätigkeit, hrsg. von: H. SIEGWART, L. RIEDER. Kissing 1999, S. 1-28.

SILL, HANNES:
Externe Rechnungslegung als Controlling-Instrument, in: Controllingprozesse optimieren, hrsg. von: P. HORVÀTH. Stuttgart 1995, S. 13-31.

SILVERMAN, DAVID:
Interpreting Qualitative Data - Methods for Analysing Talk, Text and Interaction, London u.a. 1993.

SILVERMAN, DAVID:
Doing qualitative Research - A Practical Handbook, 2. Aufl., London u.a. 2005.

SPECHT, GÜNTHER; BECKMANN, CHRISTOPH; AMELINGMEYER, JENNY:
F&E-Management - Kompetenz im Innovationsmanagement, 2. Aufl., Stuttgart 2002.

SPECKBACHER, GERHARD; GÜLDENBERG, STEFAN; RUTHNER, RAOUL:
Externes Reporting über immaterielle Vermögenswerte, in: Intangibles in der Unternehmenssteuerung, hrsg. von: P. HORVÀTH, K. MÖLLER. München 2004, S. 435-453.

STAUDT, E.; BOCK, J.; MÜHLEMEYER, P.:
Informationsverhalten von innovationsaktiven kleinen und mittleren Unternehmen, in: Zeitschrift für Betriebswirtschaft, 62 (1992) 8, S. 989-1008.

STEINBAUER, PETER:
Controlling in Forschung und Entwicklung - Die Anforderungen an ein F&E-Controlling und an den F&E-Controller in technologieorientierten Unternehmen, Diss., Technische Universität Graz, Graz 2006.

STEINBEIS, MAXIMILIAN:
Patente werden zu Aktivposten in der Bilanz - Zypries legt Eckpunkte zur Bilanzrechtsreform vor - Rückstellungsbewertung künftig auf Prognosebasis, in: Handelsblatt, Nr. 200 vom 17.10.2007, S. 4.

STIBI, BERND:
Die handelsrechtliche Konzernrechnungslegung nach dem Referentenentwurf des BilMoG, in: Kapitalmarktorientierte Rechnungslegung, 7 (2007) 2, S. 97-104.

STOI, ROMAN:
Controlling von Intangibles, in: Controlling, 15 (2003) 3/4, S. 175-183.

STRAUBE, PETER:
Integriertes Forschungs- und Entwicklungs-Controlling - Ein ganzheitlicher Ansatz für Industrieunternehmungen mit zusammenbauender Produktion, Diss., Univ. Gießen, Gießen 1992.

STRAUSS, ANSELM; CORBIN, JULIET:
Grounded theory methodology, in: Strategies of qualitative inquiry, hrsg. von: N. K. DENZIN, Y. S. LINCOLN. Thousand Oaks u.a. 1998, S. 158-183.

TANSKI, JOACHIM S.:
Bilanzpolitik und Bilanzanalyse nach IFRS - Instrumentarium, Spielräume, Gestaltung, München 2006.

THE BOSTEN CONSULTING GROUP:
Measuring Innovation, 2006,
http://www.bcg.com/publications/files/2006_Innovation_Metrics_Survey.pdf. Datum des Zugriffs: 23.10.2007.

TRIGEORGIS, LENOS:
Real Options - Managerial Flexibility and Strategy in Resource Allocation, Cambridge 1996.

VAN TRIEST, SANDER; VIS, WIM:
Valuing patents on cost-reducing technology, 2006,
http://www.eaa2006.com/pdf/EAA2006_0203_paper.pdf. Datum des Zugriffs: 27.03.2006.

VELTE, PATRICK:
Auswirkungen des BilMoG-RefE auf die Informations- und Zahlungsbemessungsfunktion des handelsrechtlichen Jahresabschlusses, in: Kapitalmarktorientierte Rechnungslegung (2008) 2, S. 61-73.

VELTHUIS, LOUIS J.; WESNER, PETER; SCHABEL, MATTHIAS M.:
Fair value und internes Rechnungswesen: Irrelevanz, Relevanz und Grenzen, in: Kapitalmarktorientierte Rechnungslegung, 6 (2006) 7-8, S. 458-466.

VON KEITZ, ISABEL:
Immaterielle Güter in der internationalen Rechnungslegung, Diss., Univ. Münster, Düsseldorf 1997.

VON KEITZ, ISABEL:
Praxis der IASB-Rechnungslegung: Derzeit (noch) uneinheitlich und HGB-orientiert, in: Der Betrieb, 56 (2003) 34, S. 1801 - 1806.

VON KEITZ, ISABEL:
Praxis der IASB-Rechnungslegung, 2. Aufl., Stuttgart 2005.

VON KEITZ, ISABEL; STIBI, BERND:
Rechnungslegung nach IAS/IFRS - auch ein Thema für den Mittelstand?, in: Kapitalmarktorientierte Rechnungslegung, 4 (2004) 10, S. 423-429.

WAGENHOFER, ALFRED:
Internationale Rechnungslegungsstandards - IAS / IFRS, 5. Aufl., Frankfurt a. M. 2005.

WAGENHOFER, ALFRED:
Zusammenwirken von Controlling und Rechnungslegung nach IFRS, in: Controlling und IFRS-Rechnungslegung, hrsg. von: A. WAGENHOFER. Berlin 2006, S. 1-20.

WAGENHOFER, ALFRED; EWERT, RALF:
Externe Unternehmensrechnung, Berlin u.a. 2003.

WARSCHKOW, KAI:
Organisation und Budgetierung zentraler FuE-Bereiche, Stuttgart 1993.

WEBER, JÜRGEN:
Neue Perspektiven des Controlling, in: Betriebsberater, 55 (2000) 38, S. 1931-1935.

WEBER, JÜRGEN:
Controlling einfach gestalten, Vallendar 2004a.

WEBER, JÜRGEN:
Einführung in das Controlling, 10. Aufl., Stuttgart 2004b.

WEBER, JÜRGEN:
Möglichkeiten und Grenzen der Operationalisierung des Konstruktes "Rationalitätssicherung", in: Controlling - Theorien und Konzeptionen, hrsg. von: E. SCHERM, G. PIETSCH. München 2004c, S. 467-487.

WEBER, JÜRGEN:
Brauchen Controller Theorie? - Wichtige Zusammenhänge am Beispiel der Kostenrechnung, Weinheim 2006.

WEBER, JÜRGEN; HIRSCH, BERNHARD; MÜLLER, GILBERT:
Die Zukunft des Shareholder Value, in: Harvard Business Manager (2004) 7, S. 17-20.

WEBER, JÜRGEN; HIRSCH, BERNHARD; RAMBUSCH, RENÉ; SCHLÜTER, HENDRIK; SILL, FRAUKE; SPATZ, ALMUTH:
Controlling 2006 - Stand und Perspektiven, Vallendar 2006.

WEBER, JÜRGEN; HUNOLD, CLAUS; PRENZLER, CARSTEN; THUST, SOLVEIG:
Controllerorganisation in deutschen Unternehmen, Vallendar 2001.

WEBER, JÜRGEN; WEIßENBERGER, BARBARA E.:
Einführung in das Rechnungswesen, 7. Aufl., Stuttgart 2006.

WEBER, JÜRGEN; WEIßENBERGER, BARBARA E.; HAAS, CORNELIA A. J.:
IFRS revisited: Quo vadis Unternehmensrechnung?, Weinheim 2006.

WEBER, JÜRGEN; WEIßENBERGER, BARBARA E.; LIEKWEG, ARMIN:
Risk Tracking and Reporting - Unternehmerisches Chancen- und Risikomanagement nach dem KonTraG, Vallendar 1999.

WEHRHEIM, MICHAEL:
Die Bilanzierung immaterieller Vermögensgegenstände ("Intangible Assets") nach IAS 38, in: Deutsches Steuerrecht, 38 (2000) 2, S. 86-88.

WEIDENFELD, WERNER; WESSELS, WOLFGANG:
Europa von A bis Z, Bonn 2006.

WEIßENBERGER, BARBARA E.:
Anreizkompatible Erfolgsrechnung im Konzern - Grundmuster und Gestaltungsalternativen, Wiesbaden 2003.

WEIßENBERGER, BARBARA E.:
Integrierte Rechnungslegung und Unternehmenssteuerung: Bedarf an kalkulatorischen Erfolgsgrößen auch unter IFRS?, in: Controlling & Management, 48 (2004) Sonderheft 2, S. 72-77.

WEIßENBERGER, BARBARA E.:
Controlling unter IFRS - Möglichkeiten und Grenzen einer integrierten Erfolgsrechnung, in: Internationalisierung des Controllings - Standortbestimmung und Optionen, hrsg. von: J. WEBER, M. MEYER. Wiesbaden 2005a, S. 185-212.

WEIßENBERGER, BARBARA E.:
Neuer Blickwinkel auf Controlling-Kennzahlen, in: Accounting, 5 (2005b) 1, S. 10-14.

WEIßENBERGER, BARBARA E.:
Ergebnisrechnung nach IFRS und interne Performancemessung, in: Controlling und IFRS-Rechnungslegung, hrsg. von: A. WAGENHOFER. Berlin 2006a, S. 49-79.

WEIßENBERGER, BARBARA E.:
Integration der Rechnungslegung unter IFRS - Ergebnisse des Arbeitskreises "Controller und IFRS" der International Group of Controlling, in: Controlling, 19 (2006b) 8/9, S. 409-415.

WEIßENBERGER, BARBARA E.:
IFRS für Controller - Einführung, Anwendung, Fallbeispiele, München 2007.

WEIßENBERGER, BARBARA E.; FÜLBIER, ROLF UWE; MAGES, MONIKA K.:
IFRS: Kaufpreisallokation und Goodwill-Impairment - Herausforderung für das Controlling, Weinheim 2008.

WEIßENBERGER, BARBARA E.; HAAS, CORNELIA A. J.:
IAS/IFRS: Der Veränderungsbedarf in Unternehmensrechnung und Controlling, in: Der Controlling-Berater (2004a) 7, S. 49-76.

WEIßENBERGER, BARBARA E.; HAAS, CORNELIA A. J.:
Neuausrichtung der Interpretationsfunktion des Controllings, in: Controlling & Management, 48 (2004b) Sonderheft 2, S. 54-62.

WEIßENBERGER, BARBARA E.; IGC:
Controller und IFRS: Konsequenzen der IFRS-Finanzberichterstattung für die Controlleraufgaben, in: Kapitalmarktorientierte Rechnungslegung, 6 (2006) 10, S. 613-621.

WEIßENBERGER, BARBARA E.; MEIER, MICHAEL:
Der Management Approach in der IFRS-Rechnungslegung - Fundierung der Finanzberichterstattung durch Informationen aus dem Controlling, in: Der Betrieb, 59 (2006) 39, S. 2077-2083.

WEIßENBERGER, BARBARA E.; STAHL, ANNE B.; VORSTIUS, SVEN:
Changing from German GAAP to IFRS or US-GAAP: A Survey of German Companies, in: Accounting in Europe, 1 (2004a), S. 169-189.

WEIßENBERGER, BARBARA E.; STAHL, ANNE B.; VORSTIUS, SVEN:
Die Umstellung auf internationale Rechnungslegungsgrundsätze - Wunsch und Wirklichkeit in deutschen Unternehmen, in: Kapitalmarktorientierte Rechnungslegung, 4 (2004b) 1, S. 5-16.

WEITZEL, UWE P.:
Forschungs- und Entwicklungs-Controlling in der pharmazeutischen Industrie, in: Controller Magazin, 29 (2004) 5, S. 481-485.

WENDLANDT, KLAUS; KNORR, LIESEL:
Das Bilanzrechtsreformgesetz - zeitliche Anwendung der wesentlichen bilanzrechtlichen Änderungen des HGB und Folgen für die IFRS-Anwendung in Deutschland, in: Kapitalmarktorientierte Rechnungslegung, 5 (2005) 2, S. 53-57.

WENNING, WERNER:
Internationale Rechnungslegung als Instrument der Unternehmenssteuerung, in: Internationale Rechnungslegung - Konsequenzen für Unternehmensführung, Rechnungswesen, Standardsetting, Prüfung und Kapitalmarkt, hrsg. von: A. G. COENENBERG, K. POHLE. Stuttgart 2001, S. 27-43.

WETHERBE, JAMES C.; DICKSOND, GARY W.:
Zero-based budgeting: An alternative to chargeout systems, in: Information & Management, 2 (1979) 5, S. 203-213.

WEULE, HARTMUT:
Integriertes Forschungs- und Entwicklungsmanagement - Grundlagen - Strategien - Umsetzung, München u.a. 2002.

WICKE, JAN MARTIN:
Controlling von Forschungs- und Innovationsprojekten, Aachen 1995.

WIND, YORAM J.:
Product policy: concepts, methods, and strategy, Massachusetts u.a. 1982.

WIRTH, JOHANNES:
Firmenwertbilanzierung nach IFRS - Unternehmenszusammenschlüsse, Werthaltigkeitstests, Endkonsolidierung, Stuttgart 2005.

WOHINZ, J.W.:
Industrielles Management - das Grazer Modell, Graz 2003.

WOHLGEMUTH, FRANK:
IFRS: Bilanzpolitik und Bilanzanalyse - Gestaltung und Vergleichbarkeit von Jahresabschlüssen, Berlin 2007.

WOHLGEMUTH, MICHAEL; RADDE, JENS:
B 162 Anschaffungskosten, in: Beck'sches Handbuch der Rechnungslegung, hrsg. von: E. CASTAN, H.-J. BÖCKING, G. HEYMANN, N. PFITZER, E. SCHEFFLER. Loseblatt, München 2002, S. 1-66.

WOLFF, MICHAEL F.:
Meet your competition: Data form the IRI R&D survey, in: Research Technology Management, 37 (1994) 1, S. 18-24.

WUSSOW, SABINE:
Harmonisierung des internen und externen Rechnungswesens mittels IAS / IFRS unter Berücksichtigung der wertorientierten Unternehmenssteuerung, Diss., Univ. Erlangen-Nürnberg, München 2004.

YIN, ROBERT K.:
Case Study Research - Design and Methods, 3. Aufl., Thousand Oaks u.a. 2003.

ZAYER, ERIC:
Überblick über das Forschungs- und Entwicklungscontrolling, in: Bereichscontrolling, hrsg. von: U. SCHÄFFER, J. WEBER. Stuttgart 2005, S. 43-70.

ZELGER, HANSJÖRG:
Purchase Price Allocation nach IFRS und US-GAAP, in: Unternehmenskauf nach IFRS und US-GAAP, hrsg. von: W. BALLWIESER, S. BEYER, H. ZELGER. Stuttgart 2005, S. 91-140.

ZIEGLER, HASSO:
Neuorientierung des internen Rechnungswesens für das Unternehmens-Controlling im Hause Siemens, in: Zeitschrift für betriebswirtschaftliche Forschung, 46 (1994) 2, S. 175-188.

ZIESEMER, STEFAN:
Rechnungslegungspolitik in IAS-Abschlüssen und Möglichkeiten ihrer Neutralisierung, Diss., Univ. Münster, Düsseldorf 2002.

ZIRKLER, BERND; NOHE, RALPH:
Harmonisierung von internem und externem Rechnungswesen - Gründe und Stand in der Praxis, in: Bilanzbuchhalter und Controller, 27 (2003) 10, S. 222-225.

ZIRKLER, BERND; NOHE, RALPH:
Ansätze zur Ausrichtung des internen Rechnungswesens auf die externen Bilanzierungserfordernisse - Harmonisierung von internem und externem Rechnungswesen, in: Bilanzbuchhalter und Controller, 28 (2004) 6, S. 135-139.

ZIRKLER, BERND; NOHE, RALPH:
Externe Rechnungslegung: Nutzungsmöglichkeiten für das interne Rechnungswesen - Harmonisierung von internem und externem Rechnungswesen, in: Bilanzbuchhalter und Controller, 29 (2005) 2, S. 35-40.

ZÜLCH, HENNING; LIENAU, ACHIM:
Die Bedeutung der Steuerabgrenzung für die fair-value-Bilanzierung nicht-finanzieller Vermögenswerte nach den Rechnungslegungsvorschriften des IASB, in: Die Wirtschaftsprüfung, 57 (2004) 11, S. 565-576.

Anhang

Anhang 1: Interviewleitfaden Unternehmen

Unternehmen:

Interviewpartner:

BLOCK 1: ALLGEMEINE BESTANDSAUFNAHMEN DES FUE-CONTROLLING:

1. Wie ist der Bereich FuE-Controlling in Ihrem Unternehmen aufgebaut und in der Organisationsstruktur verankert?
2. Welches sind die Hauptaufgaben?
3. Welche Instrumente benutzen Sie im Bereich des FuE-Controllings?
4. Welche Herausforderungen beobachten Sie in Ihrem Aufgabenfeld?

BLOCK 2: INFORMATIONSANFORDERUNGEN DES IAS 38 FÜR FUE

5. Welchen Einfluss bzw. welche Veränderungen beobachten Sie allgemein aufgrund der veränderten Rechnungslegungsvorgaben?

ANSATZ:

6. Wie haben Sie die Abgrenzung von Forschungs- und Entwicklungsphase operationalisiert?
7. Wie stellen Sie die ständige, auch unterjährige Prüfung der Ansatzvoraussetzungen nach IAS 38.57 sicher?
8. Wie erbringen Sie den Nachweis für die konkreten Kriterien im Einzelnen?
   a. Zukünftiger Nutzen
   b. Technische Realisierbarkeit
   c. Absicht und Fähigkeiten zur Nutzung
   d. Notwendigen Ressourcen
   e. Zuverlässige Bewertbarkeit
9. Gab es in Ihrem Unternehmen FuE-Projekte aus Unternehmenszusammenschlüssen, die sie nach IFRS 3 im Falle der Identifizierbarkeit zum FV ansetzten mussten? Falls ja, wie sind Sie in diesen Fällen vorgegangen?

BEWERTUNG:

10. Wie berechnen Sie die Herstellungskosten (insb. die GK)?
11. Waren hierfür Umstellungen etwa im Projektmanagement notwendig?
12. Wie bestimmen Sie die ökonomische Nutzungsdauer und die Abschreibungsmethode der Entwicklungsprojekte?
13. Wie stellen sie die Werthaltigkeit der aktivierten Entwicklungskosten sicher?
14. Existieren in diesem Zusammenhang Konzernbilanzierungsrichtlinien?

BLOCK 3: „INFORMATIONSKONVERGENZ" IM BEREICH FUE DURCH IAS 38

15. Welche Veränderungen sind im Einzelnen aufgrund der Bilanzierung von FuE nach IAS 38 im FuE-Controlling bei Ihnen vorgenommen worden?

Die folgende Graphik verdeutlicht die von mir im Folgenden untersuchten Anpassungen bzw. Veränderungen in den Informationen:

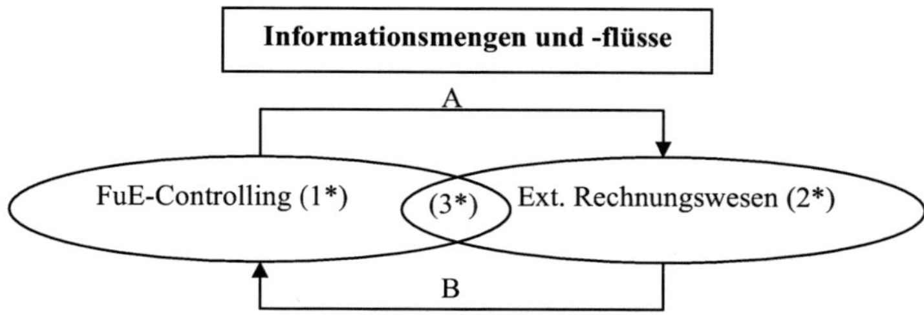

16. Welche Informationen liefert das FuE-Controlling für die Bilanzierung von FuE nach IAS 38 (A)?
17. Konnten Sie die Informationsanforderungen in bestehende Systeme integrieren (z.B. Projektmanagement, Kostenrechnung, FuE-Instrumente wie etwa dem Meilensteinplan)? Wo mussten hierfür neue Strukturen geschaffen werden?
18. Nutzen Sie diese „bilanziellen" Informationen auch weitergehend für interne Controllingzwecke? Wenn ja, welche und wie? (z.B. in Meilensteinplänen, Ressourcenverteilung, internen Reporting, Abweichungsanalysen, Entscheidungsunterstützung...)
19. Ist die Erbringung der zusätzlichen Informationen für die externe Rechnungslegung aus dem internen Rechnungswesen insgesamt eine Belastung oder eine Chance?
20. Gibt es auch Informationen, die das FuE-Controlling aus dem ext. Rechnungswesen bezieht und nutzt (B)?
21. Wo sehen Sie die Überschneidungen in den Informationen für die Bilanzierung und das FuE-Controlling (3*)? Gibt es Informationen, die in beiden Abteilungen separat erstellt werden?
22. Beobachten Sie aufgrund der neuen Bilanzierungsvorgaben eine Angleichung innerhalb des internen und externen Rechnungswesens im FuE-Bereich?
23. Sind hierdurch neue Interaktionen, wie z.B. neue Teams, organisatorische Verknüpfungen oder regelmäßige Besprechungen zwischen diesen Bereichen entstanden?
24. Welche Einflussfaktoren (z.B. Branche, Höhe des FuE-Aufwands, Organisation) spielen allgemein bei Art, Umfang und Ausgestaltung der Informationsschnittmenge und den Informationsflüssen Ihres Erachtens eine Rolle?

BLOCK 4: WEITERE AUSWIRKUNGEN IM FUE-CONTROLLING

25. Wie hat sich die FuE-Controller-Arbeit insgesamt verändert seit Umstellung auf IFRS?
26. Beobachten Sie Verbesserungen im Bereich der Koordinations-, Planungs- und Kontrollfunktionen des FuE-Controllings aufgrund der Bilanzierungsvorgaben? Wenn ja, in welcher Form?
27. Helfen Bilanzierungsverfahren bei der Transparenz, Akzeptanz und Begründbarkeit von z.B. Auswahlentscheidungen bei FuE-Projekten? (Oder ist dies potentiell vorstellbar?)
28. Der FuE-Planungs- und Kontrollprozess ist ein iterativer Prozess: Wie gehen Sie mit Anpassungen/ Veränderungen (wie z.B. Abbruchentscheidungen) und deren bilanziellen Auswirkungen um? Bestehen hier systematische Verknüpfungen/ Rückkopplungen?
29. Welchen Stellenwert haben die bilanziellen Größen oder davon abgeleitete Kennzahlen in der Projektbeurteilung? Welche nutzen Sie da?
30. Welche Veränderungen beobachten Sie im Bereich des Schnittstellenmanagements (insb. mit Produktion und Marketing) auf Basis der Umstellungen auf IFRS bzw. IAS 38?
31. Welche Art der Zusammenarbeit mit den Wirtschaftsprüfern beobachten Sie und wie sehen Sie diese?
32. Gab es in Ihrem Unternehmen aus der Schnittstelle zw. Bilanzierung von FuE nach IAS 38 und dem FuE-Controlling irgendwelche Besonderheiten od. Auffälligkeiten?

Anhang 2: Interviewleitfaden Wirtschaftsprüfer

Unternehmen:

Interviewpartner:

BLOCK 1: ALLGEMEINE ASPEKTE AUS DER PRÜFUNG DES IAS 38 IM BEREICH FUE

1. Welche allgemeinen unternehmensseitigen Veränderungen sind Ihnen im Zusammenhang mit der Umstellung auf die IFRS allgemein aufgefallen?
2. Welche Veränderungen beobachten Sie als WP aufgrund der Bilanzierung von FuE nach IAS 38 in den Unternehmen?
3. Sehen Sie diese Bilanzierungsvorschrift für die Unternehmen als Chance oder Belastung?
4. Welches sind Ihres Erachtens kritische Bereiche der Bilanzierungsvorschrift für originäre immaterielle Vermögenswerte und warum?
5. Welche Faktoren haben Einfluss auf die Umsetzung dieser Rechnungslegungsvorschrift und in welcher Form? (Branche, Unternehmensgröße, wirt. Situation usw.)
6. Wie gehen Sie bei der Prüfung der Aktivierung bzw. Aufwandsverrechnung von FuE allgemein vor? *(Mit wem diskutieren Sie welche Aspekte; welche Werte prüfen Sie wie?)*

BLOCK 2: OPERATIONALISIERUNG DER INFORMATIONSANFORDERUNGEN AUS IAS 38

Ziel dieses Blocks ist es, die Anforderungen von Seiten der Wirtschaftsprüfung in Bezug auf die Operationalisierung des IAS 38 in den Unternehmen zu erfragen.

ANSATZ:

7. Wie wird die Abgrenzung von Forschungs- und Entwicklungsphase in der Praxis operationalisiert?
8. Welche Anforderungen werden an die ständige, auch unterjährige Prüfung der Ansatzvoraussetzungen nach IAS 38.57 gestellt?
9. Wie sehen die Nachweise für die konkreten Kriterien aus und welche Abteilung erstellt diese in der Regel?
    a. Zukünftiger Nutzen
    b. Technische Realisierbarkeit
    c. Absicht und Fähigkeiten zur Nutzung
    d. Notwendigen Ressourcen
    e. Zuverlässige Bewertbarkeit

BEWERTUNG:

10. Wie prüfen Sie die Herstellungskosten (insb. die GK-Zurechnung)?
11. Welche Vorgehensweise befürworten Sie als WP in Bezug auf die ökonomische Nutzungsdauer und die Abschreibungsmethode von Entwicklungsprojekte?
12. Welche Werthaltigkeitsprüfungen der aktivierten Entwicklungskosten werden von den Unternehmen verlangt?
13. Existieren für diese Bilanzierungsvorschrift grundlegende WP-Richtlinien in Ihrer Prüfungsgesellschaft?
14. Wie gehen Sie mit den Ermessensspielräumen um und wie beurteilen Sie diese? *(In wieweit können Sie diese begrenzen, aufdecken, kontrollieren?)*

BLOCK 3: „INFORMATIONSKONVERGENZ" IM BEREICH FUE DURCH IAS 38

Dieser Block soll beleuchten, wie die Informationsflüsse und –mengen, welche im Zusammenhang mit IAS 38 stehen, in den Unternehmen (speziell auch dem FuE-Controlling) umgesetzt und genutzt werden.

Die folgende Graphik verdeutlicht die von mir im Folgenden untersuchten Anpassungen bzw. Veränderungen in den unternehmensinternen Informationsstrukturen:

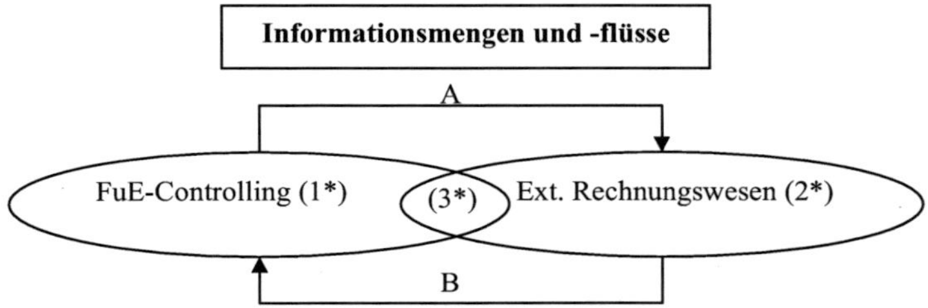

15. Welche Informationen liefert das FuE-Controlling für die Bilanzierung von FuE nach IAS 38 (A)? An welcher Stelle sprechen Sie mit diesem Unternehmensbereich?
16. Konnten diese Informationsanforderungen in bestehende Systeme integriert werden (z.B. Projektmanagement, Kostenrechnung, FuE-Instrumente wie etwa dem Meilensteinplan)? Wo mussten hierfür ggf. neue Strukturen geschaffen werden?
17. Beobachten Sie als WP, dass die „bilanziellen" Informationen auch weitergehend für interne Controllingzwecke genutzt werden oder an anderen Stellen im Unternehmen eine Relevanz entfalten? Wenn ja, welche und wie? (z.B. in Meilensteinplänen, Ressourcenverteilung, internen Reporting, Abweichungsanalysen, Entscheidungsunterstützung…)
18. Ist die Erbringung der zusätzlichen Informationen für die externe Rechnungslegung aus dem internen Rechnungswesen insgesamt mit großen Anpassungen einhergegangen? Wenn ja, welche waren dies?
19. Beobachten Sie aufgrund der neuen Bilanzierungsvorgaben eine Angleichung innerhalb des internen und externen Rechnungswesens im FuE-Bereich? An welchen Stellen sind hier ggf. noch separate bzw. getrennte Informationen vorhanden (3*)?
20. Beobachten Sie neue Interaktionen, wie z.B. neue Teams, organisatorische Verknüpfungen oder regelmäßige Besprechungen zwischen Unternehmensbereichen?
21. Welche Einflussfaktoren (z.B. Branche, Höhe des FuE-Aufwands, Organisation) spielen allgemein bei Art, Umfang und Ausgestaltung der Informationsschnittmenge und den Informationsflüssen Ihres Erachtens eine Rolle?

Block 4: Weitere Auswirkungen im FuE-Controlling

22. Welchen Einfluss beobachten Sie aus IAS 38 im Bereich des FuE-Controllings?
23. Welche Veränderungen beobachten Sie im Bereich des Schnittstellenmanagements (insb. mit Produktion und Marketing) auf Basis der Umstellungen auf IFRS bzw. IAS 38?
24. Wie werden Sie als WP im (FuE-)Controllingbereich gesehen (z.B. als Kooperationspartner im Sinne eines erfahrenen und objektiven externen Diskussionspartners und Beraters)?
25. Wie sehen Sie die Schnittstelle zwischen (FuE-)Controlling und dem WP? Welches sind hier Ihres Erachtens die Chancen und Probleme?
26. Welche Spezifika dieser Rechnungslegungsvorschrift und Ihrer Umsetzung und Auswirkungen in den Unternehmen sind bisher noch nicht angesprochen worden?